封建制度的缘起与中欧封建道路的不同走向

薛惠宗 著

武汉大学出版社

图书在版编目(CIP)数据

封建制度的缘起与中欧封建道路的不同走向/薛惠宗著.—武汉:
武汉大学出版社,2023.3(2023.11重印)
ISBN 978-7-307-23183-2

Ⅰ.封…　Ⅱ.薛…　Ⅲ.封建制度—对比研究—中国、欧洲—古代
Ⅳ.①D691　②D750.9

中国版本图书馆 CIP 数据核字(2022)第 133086 号

责任编辑:黄河清　　　责任校对:汪欣怡　　　版式设计:韩闻锦

出版发行:**武汉大学出版社**　　(430072　武昌　珞珈山)
　　　　(电子邮箱:cbs22@ whu.edu.cn　网址:www.wdp.com.cn)
印刷:武汉邮科印务有限公司
开本:720×1000　1/16　印张:30.75　字数:471 千字　插页:2
版次:2023 年 3 月第 1 版　　2023 年 11 月第 2 次印刷
ISBN 978-7-307-23183-2　　定价:118.00 元

自　序

2013 年，一直以为身体很好的我突然得了一场大病，与死神近在咫尺。在病床上惶惶不可终日的时间里，不免会梳理身前身后事，却发现人生追求的功名利禄在死神面前只如过眼烟云，而让自己最牵挂、最放不下的事居然是从大学毕业后一直萦绕在心、本想 70 岁再进行的一项学术研究计划。

1978 年，我进入武汉大学历史系学习，后来又读了吴于廑先生的研究生。当时全社会都在对"文革"进行反思，吴于廑先生在武汉大学历史系成立了 15—16 世纪以来的世界史教研室，以西欧、日本、中国为重点，比较研究世界历史上为何西欧能率先完成农业社会到工业社会、封建社会向资本主义社会的转变，而中国却从秦以后一直在中央集权专制体制下治乱离合、九道轮回。我认为这是吴先生以一个历史学家的角度，在对"文革"进行反思，对中国历史及未来的思考和研究。所以，我一直对这个研究课题充满兴趣。

毕业时正值改革开放，受大形势的影响，六根未尽的我义无反顾地放弃了本已留校任教的机会，扑向了火热的充满不确定性的社会，先后从政和下海经商。理想很丰满，现实很骨感。长期的社会实践，虽然丰富了我的人生阅历，却也让我清楚地认识到，因性格使然，自己并不适合从政、经商。一场大病终于让我重新审视自己的人生选择，也让我有了尽快开展心心念念的研究计划的紧迫感。也就是在 2013 年，当我的身体状况好转和恢复时，正式开始了我的研究计划——如果这也算研究计划的话。

早在 2004 年的某一天，在家阅读先秦历史时，我突然灵光一现地感悟到了血缘关系与封建社会之间的联系。当时很为这种灵感而激动，于是十分认真地把心得写在了笔记本上。此后类似这样的感悟一旦出现，我都会记录下来，延续至今。让我记忆犹新的是，一次读吴于廑先生《世界历史上的农本与重商》一文，文中详细论述了古代西欧国家耕田使用八牛共挽一重犁的情况，并说明这是由欧洲的土质黏结所致，《末日审判书》中一般以八牛一个耕畜组的耕作面积作为计量单位，这和古代中国一牛一犁有很大区别。先生的论述勾起了我极大的兴趣：欧洲这种因自然禀赋——土地黏结——形成的八牛共耕情况，对其生产组织及社会组织有什么影响？吴先生在他的文章中没有回答这些问题，但我觉得这是个非常重大的问题，可能系关古代欧洲的农业生产组织方式、社会组织方式乃至政治架构与秦以后中国的差异和不同。循此思路往下研究，发现欧洲以血缘关系为纽带的农村公社——马尔克公社一直保存到中世纪末期，与八牛共耕需要个体农户联合在一起耕种及欧洲半农半牧的生产方式密切相关。对这些问题的兴趣所在，就是我从事这项研究的原动力。但是毕竟离开学界太久，研究困难不少。首先是英语丢了，无法直接阅读外文资料，只能借助翻译过来的国外资料和国内学者对欧洲中世纪的研究成果进行研究；其次是对中国古代的甲骨文，我也是个还没完全入门的初学者，需借助其他学者的释义，才能了解殷商社会。这两大障碍，在一定程度上限制了我的学术视野。好在我心态很好，只是把这项研究作为一种兴趣和爱好，慢慢查资料，慢慢思考，并不急于求成。但真正沉浸进去就会发现，这不仅仅是个兴趣问题，而是我生活中的精神支柱，每天看书、思考、写作，会让我过得很充实，很有方向感和愉悦感。

本书从 2013 年至 2017 年，经过 4 年多的资料收集，2017 年年底开始动笔，到 2022 年历时 5 年完成书稿。如果从 2004 年开始酝酿、进行积累算起，到书稿写成已有十八载矣。我觉得本书的价值在于两个重要发现：

一是封建制度的起因。以前中外学者往往认为封建制度的起因，是原始社会末期的亲兵制、罗马因素或两者结合的产物。我认为罗马因素对封建制形成的影响可以忽略不计，因为罗马因素除对欧洲有一定影响外，对封建制在世界范围的生成没有一点关系。亲兵制只是封建制形成过程中的一个环节，而不是本源。从源头上看，封建制度缘起于原始氏族社会人口增殖、裂变带来的分宗别氏，及氏族分化过程中母体氏族对分离出去的子氏族胙土命氏的制度化安排。每一次母氏族对子氏族的胙土命氏过程，都是一次封(土)、建(氏)过程，这样原始氏族血缘世系传递的范式形成了封建制最初始的制度化基因。日后，这个封建制的基因在与时俱进的发育、演化中，形成了进入阶级社会后由封君、封臣、封土构成的一整套权利义务关系和社会治理模式。揭示原始氏族社会与封建制度产生的血缘内在联系，是以前学界没有触及的问题，它对我们重新认识人类社会形态内生性的演化和接续，认识人类社会发展内在规律有着重要意义。本书以血缘关系为主线，呈现了人类社会组织和社会治理模式由氏族——部落——部落联盟——初级阶段国家(封建社会大家族联盟)——统一国家(基于个体民众之上)的演变、进化过程。

二是中欧两地自然资源禀赋的不同，对古代中国和欧洲经济、社会、政治发展的影响。对古代中欧历史的比较研究会发现，如果我们以西周大分封作为中国封建制度成熟的标志，欧洲9世纪或10世纪作为封建制度成熟的标志，那么中国成熟封建制度的形成比欧洲早了两千多年；同样，公元前221年，以秦统一六国为中国封建制度灭亡的标志，欧洲以英国资产阶级革命作为封建制度开始消亡的标志，中国封建制度的灭亡比欧洲也早了约两千年；而且古代中国封建制度解体时并没有出现新质生产力，欧洲封建制度的瓦解则完全是工商业和城市为代表的新质生产力发展的结果。在中、欧共同经历的封建社会历史进程中，中、欧古代社会却呈现出不同的发展走向，演化出不同的文明结果，这种历史现象为什么会发生？是怎样发生的？在这方面，本书从一个独特的角度，提出了农业文明中，生产力水平的高低，是由人、生产工具、劳动对象(土地)三要素相互作用、共同发力的结果，其中任何一个要素的短缺，都会形成木桶的短板效应，从而对生产力水平的发挥产生决定性影响。中、欧古代虽然在农业生产力前两个要素，即人和生产工具上是同质的，但土地资源的禀赋却存在巨大差异，中国先民赖以生存的黄土地是千百万年来由西北季风从大漠带来的风尘堆积而成的，所以具有疏松柔软、极易开垦耕种的特点，使中国古代很早就发展出先进的以种植业为主的农耕文明，较早进入了成熟的封建社会；而欧洲的土地多为黏重板结的灰土，这在生产力低下，只有木、蚌、石及简单金属劳动工具的古代，开垦耕种的难度极大。所以，欧洲直到 11 世纪多牛共挽的重犁出现后，土地才得以大规模的开发。这大大迟滞了古代欧洲种植业的发展，进而拖累了欧洲整个经济社会的发展，使欧洲进入成熟封建社会的时间比中国晚了两千多年。同样是中国古代土地等自然禀赋的特点，使得中国的个体农户在掌握了金属生产工具和新的农业生产技术后，具备了耕织结合、自给自足的能力，逐渐从一直以来就生活其中的血缘大家族中独立出来，成为社会的基本细胞。这一现象极为重要，它使运行了千万年具有公共管理权力的血缘大家族失去管理对象而趋于瓦解；而社会公权力从大家族中流出的结果，在没有新质生产力和新型生产关系出现的情况下，致使中央集权式国家体制的形成。于是我们看到，古代中国历经春秋战国几百年的经济组织、社会组织、政治格局大变迁和大重组后，在仍是农耕文明的经济基础上，以个体农民小家庭为社会基础，以郡县制为行政组织基础，形成了大一统的中央集权帝国，完成了中国历史大变局。欧洲则因其自然禀赋的特点，种植业相对落后，形成了半农半牧的经济结构。土地的黏重需要多牛共挽重犁组成的耕畜组才能翻挖耕种；半农半牧的生产方式，需要不断地在农业和牧业两种生产模式中切换，这些都需要依赖血缘大家族的集体力量，统一指挥、相互配合才能完成，所以古代欧洲个体农户无法像中国农户那样从大家族中独立出来。欧洲血缘大家族的存在，使得封建制度在欧洲一直持续到以工商业为代表的新质生产力的兴起才瓦解。封建制度因血缘关系而生，也会因血缘关系而亡。中国古代的个体农户较早地从具有社会公共管理权力的血缘大家族中独立出来，成为社会的基本细胞，是中国封建制度消亡、中央集权制国家生成的根本原因；欧洲具有公权力的血缘大家族的存在，则是其封建制度延续的根本原因。在人类社会组织的发展演化进程中，家（族）与国呈此消彼长的关系：家族规模越大，社会公共管理权力越齐全，自治程度就越高，国家就会越弱小，此时的国家只不过是松散的大家族联盟；反之，只有个体农户从具有公权力的血缘大家族中独立出来，成为社会的基本细胞，家族中的公权力流入国家手中，国家组织才能发育成熟。本书论述了社会公共管理权力最早先于国家存在于血缘氏族、大家族中，后来随着历史的发展，才从血缘大家族中剥离出来流向国家的过程，这也就是近代国家从部落联盟、大家族联盟发展而来，一步步趋于形成的过程。中央集权制与封建制是两种截然不同的社会组织结构和国家治理模式，书中我们详细比较了中、欧两种不同国家治理模式在经济组织、社会组织、政治架构、政策取向等方面的不同，从而最终决定了中、欧两地经济、社会、政治发展的不同走向。

在本书的写作中，对我影响最大的是吴于廑先生的学术思想：他的中、欧历史比较研究的方法，他在哈佛大学博士论文中关于中西王权比较研究的观点，他对欧洲马尔克公社的研究、中国春秋战国时期封建制度消亡的研究等，都对我有重大的启发。除吴先生之外，摩尔根的《古代社会》，亦对我认识原始社会的社会组织和婚姻关系、血缘世系传递与氏族因人口增长而裂变分化等问题有重大的帮助。此外，在中国史方面，胡厚宣先生、李玄伯先生、朱凤瀚先生、林甘泉先生、漆侠先生等；欧洲史方面，顾准先生、马克垚先生，侯建新、刘景华、赵文洪、沈汉、徐松岩等学者的著述，为我提供了大量的资料和可供借鉴的观点。没有这些学术前辈和同仁的研究成果，我是无法完成这本书的写作的。

好在当下处在信息时代，可以通过互联网平台收集资料，省去了原来查找资料的许多麻烦。回忆研究生时作论文，和同窗刘景华、姚凯在北京沙滩《求是》杂志社地下室住了一个多月，天天到北京图书馆查资料，后来又去天津并南下南京、上海查资料的情景还历历在目。这次景华同学听说我要做这项研究，给我开了一列长长的参考书目，给我的写作带来不少便利。大学的同窗严双武教授，不厌其烦地帮我在武大图书馆借阅在网上查不到的书籍。另一个大学同窗罗积勇教授，是做古文献研究的，他惠我一个《甲骨文合集》的U盘，方便了我对甲骨文的查找。另外，我的三个小友薛晨、薛枫、张晓磊，利用他们在大学学习、工作的便利，帮我查找了所需的绝大部分资料。没有他们的帮助，没有今天发达的信息技术，要想在现在完成这本书的写作几乎是不可能的。

当我开始这本书的写作时，和我的研究生同窗、时任江汉大学校长的杨卫东教授，以及大学的几个同窗、仍在武汉大学任教的李工真、赵林、张星久教授，吴于廑先生的儿子吴遇，在一起讨论过这本书的提纲，他们提出了宝贵的意见。特别是杨卫东先生，在我写作的全过程中参与了讨论，提出了不少中肯的建议。对上述所有帮助过我的朋友在此一并感谢！

最让我感慨和遗憾的是，当我浪子回头般地回到书桌旁时，吴先生已经驾鹤西去。我一个人驾驭这么大一个研究课题，确实有些力不从心。如果先生能够在世给我指导的话，该有多好！这本书的学术价值肯定会得到很大的提升。当然，这只是梦想。我心中对先生充满着愧疚之情：一来当年研究生毕业后，没能按先生的意思留校任教；二来先生八十华诞暨世界史年会在武大召开的那年，先生在会上发病突然离世，远在天涯海角（海南）的我，因当时的信息、交通等原因，没能赶回来参加先生的后事处理，至今难以释怀。少不更事，往事无追。我写这本书也是对先生的追思和感恩，是想对先生所从事的学术研究事业贡献一点绵薄之力。

谨以此书献给我最尊敬的老师吴于廑先生。

薛惠宗

2022 年 6 月 19 日

目　　录

第一章 封建制度的缘起

"封建"一词，不是今人的发明，而是古老的概念。所以我们不应只从今天学者给出的繁杂概念中去理解，而更应该依循古人的思维，从本源上探究其在当时语境下的初始本意，以便于我们梳理出它的发展脉络。汉字的形制由象形文字发展而来，甲骨文和金文中均保留了古人造字、用字时的原始信息，也就使我们今天能够释读出它的原本字意。中国古文字是一字一意，所以我们对"封"和"建"分别进行论述。

"封"字在殷墟出土的甲骨文字中有好几种相似的字形：🌱、🌿、🌾，① 都为土堆上树木象形。

"封"在周代青铜器铭文中也有几种字形，象人手植树状：🌱、🌿。②

《周礼·夏官·大司马》："制畿封国，以正邦国"，汉代经学家郑玄注："封，谓立封于疆为界。"《周礼·地官·大司徒》讲到大司徒的职责之一就是划界或确立受封者的疆域："制其畿疆而沟封之，设其社稷之壝而树之田主。"郑玄注："封，起土界也。"

《小尔雅·广诂》："封，界也。"

许慎《说文解字》说"封，爵诸侯之土也"。③

从甲骨文、金文及古文献中可知，"封"的本义是立界，界定一块领地或领土。"封"既可以指立界的动作或程式，也可以指土界本身。甲骨

---

① 《甲骨文合集》20576、27160、28821。

② 《殷周金文集成》4293、4287。

③ （汉）许慎：《说文解字》，江苏凤凰美术出版社2017年版，第191页。

文卜辞中有"王其封眔"（《缀》203）、"王其封大眔"（《前》2、5、7）。葛英会先生认为这是与封疆有关的田猎活动。封土立界是古人建立经界，划分疆域的惯例，也为后来的法律所沿用。四川青川县发现的战国墓中，出土了秦武王二年《更修为田律》木牍，律文对界定田亩的"封"有具体的要求："封，高四尺，大称其高"，即作为土地疆界标志的封，高四尺，长宽高要对等。① 很明显，这个秦代田律中的封是指田界。小到家族田亩的经界，大到邦国疆域的标定，都要做封明界，"封"应为当时最简单最古朴的界定领地和领土的方式。

在甲骨文中，"封"与"邦"╪字形相同，都上部从丰，下部一从土、一从田，意思也相同，已为学界所认同。② 汉代刘熙在《释名·释州国》中曰："邦，封也，封有功于是也。""邦"多做名词用，如《尚书·周书·大诰》有"大诰尔多邦""我周邦"之称。"邦"即邦国，"封"与"邦"两字相同，说明邦国领域的界定与家族领地的界定都采用同一种程式。

"建"字在甲骨文中字形为⿰，③ 外部的类 U 字形似乎是封界，界内左边的点状物似泥土，中间一竖似木柱，右边如手形，字形整体来看似有在封土内大兴土、木之意。

"建"在周金文中字形有⿰（小臣⊠鼎）、⿰（蔡⊠纽钟）等。其蔡⊠纽钟铭文有"建我邦国"之语。④

《尚书·商书·说命中》"建"字用作"建邦设都"，是建立的意思。

---

① 葛英会：《释殷墟甲骨文的土田封疆卜辞》，《甲骨学 110 年：回顾与展望——王宇信教授师友国际学术研讨会论文集》，中国社会科学出版社 2009 年版，第 143 页。

② 马如森：《殷墟甲骨文实用字典》，上海大学出版社 2014 年版，第 156 页。另上引葛英会：《释殷墟甲骨文的土田封疆卜辞》，《甲骨学 110 年：回顾与展望——王宇信教授师友国际学术研讨会论文集》，中国社会科学出版社 2009 年版，第 143 页。

③ 《甲骨文合集》36908。

④ 《殷周金文集成》2556、211。

《说文解字》曰："建，立朝律也"，① 释为"设立""建立"之义。

综合上述"封"和"建"的字意，大约是说远古部族在自己的领地周边或起封土或植林木以为土界藩屏，这可能就是古人部族领地界标的构筑形制。在部族自己的封界以内，人们生产、生活，建立物质、情感、宗教、制度等一切需要的东西。

被学界通用的"封建"一词，较早见于《左传》僖公二十四年："昔周公吊二叔之不咸，故封建亲戚以蕃屏周。"此时的"封建"已成为在中国广泛实施的成熟的政治制度和社会制度。

欧洲的封建制度与周代的封建制度大体类似。西方学者对欧洲封建制度特点有各种描述和解读，但大体上如马克垚先生在其主编的《中西封建社会比较研究》一书导论中所概括的那样，包括以下三个方面：一是封君封臣关系的形成，二是与封君封臣关系相适应的封土制度，三是国家权力衰落，各封君在自己领地内享有独立的行政、司法等权力。②

本书"封建制度"一词与分封制同义，既取其原始的封土建氏、封土建邑、封土建国之初始本义，也包含后来等级分封、封土、封君、封臣等一系列权利、义务关系构成的社会政治制度和国家治理模式。

学界虽然对封建制度研究讨论的文章汗牛充栋，但对封建制度的起源和起因却语焉不详，或论之甚少，或浅尝辄止。而封建制度的起源直接关系到我们对封建社会形成的认识，也关乎人类社会发展规律的认知及人类社会发展形态的接续。所以，本书将从源头着手，探讨封建制度的缘起以及它在中国和欧洲历史上先同后异的轨迹。

中国古人对封建制度起源只有模糊的猜测。初唐，长孙无忌反对唐太宗分封诸臣，与房玄龄上表曰："缅惟三代，习俗靡常，爰制五等，随时作教。盖由力不能制，因而利之。"③柳宗元在《封建论》中也说："故封建非圣人意也，势也。"大约都是说，封建并非出于某个圣人的意

---

① （汉）许慎：《说文解字》，江苏凤凰美术出版社 2017 年版，第 67 页。
② 马克垚主编：《中西封建社会比较研究》，学林出版社 1997 年版，第 4 页。
③ 《旧唐书》卷六十五《长孙无忌列传》。

愿，而是当时天下的形势所致。此话不能说没有一定道理，却语焉不详。后世学者如范文澜先生认为："中国与欧洲封建社会基本上是相同的""恩格斯指出欧洲的封建社会是这样开始的：当法兰克民族占有了广大的罗马的国家领土以后，法兰克国王以礼物方式或恩赐方式分土地给他的侍卫。最初大半是把民有地整块整块地赐给侍卫们，后来是以采邑方式授给他们享用（起初大多场合是一直到国王逝世为止），这样，就靠牺牲人民而造就了新的贵族的基础。国王分给侍卫们土地，叫做封地，这种封地的大量存在，也就成为封建制度的开始。在中国的西周，周王明明分封了大量的诸侯国和大夫采邑，而且分封制度比法兰克王国周备得多，说中国封建社会开始于西周，应该是可通的。"①在范文澜先生看来，封建制度起初是由古代的国王占领大片土地后对侍卫和有功人员的赏赐而形成的。当代学者冯天瑜先生也持大致相同的看法，他在《"封建"考论》中说：欧洲封建制并非罗马奴隶制国家制度的自然衍生物，而是由处于氏族社会的日耳曼蛮族的军事组织与罗马的社会组织糅合而成的社会制度。中国的封建制度是刚从氏族共同体走来的周人与殷商典制相互作用的结果。冯先生还认为：西欧的封建制度与中国周代封建制度的不同之处在于，西欧的封建制是因罗马帝国崩解后，战乱频仍，民众需要地方上握有强权的贵族保护，强权者通过提供保护以赢得对民众和土地的控制，于是双方建立起一种契约关系，故西欧的封建制 feudalism，本为契约形态的法律术语，包括强权者对弱者的"保护"和弱者为强权者"服役"两个侧面，可称之为"契约封建制"。中国西周的封建制是通过周王军事征服后，周天子将土地和人民封赐给子弟及功臣，臣属继续往下"次分封"，领主与附庸之间没有契约可言，而是由宗法关系维系，通过血缘纽带及血亲伦理实现领主对附庸的控制，故称为"宗法封建制"。② 冯天瑜先生虽然看到了封建制度与古代氏族的关联，但没

---

① 范文澜：《范文澜历史论文选集》，中国社会科学出版社 1979 年版，第 47、93 页。

② 冯天瑜：《"封建"考论》，中国社会科学出版社 2010 年版，第 18、95、112~113 页。

有就此做深入的探讨。

国外学者在封建制度起源上大约有三种意见：

一是日耳曼派，认为日耳曼人古代社会中的基层组织是自由的马尔克公社和亲兵制，法兰克人征服高卢后，首领有土地分赐给亲兵，于是形成采邑，这是封建社会的起源。查理马特任宫相时就曾大规模分封采邑，促成封建社会的形成。孟德斯鸠即为此派。

二是罗马派，认为封臣制主要源于罗马的庇护制，同时从墨洛温王朝始，原罗马的恩地渐渐发展为采邑和封土。顾朗日认为：封建化源于罗马的赏地和庇护制。墨洛温王朝末年，王权衰落，罗马行政制度日渐破坏，内战迭起，小民求生存而投靠庇护，加洛林王朝被迫用封臣制代之原来的管理，于是封建制兴起。①

三是日耳曼因素和罗马因素结合派，不少学者持这个观点。著名学者梅因说："我曾不止一次地说过，封建制度是古代蛮族习惯和罗马法的一种混合物；其他任何解释都是不足信的，甚至是不可领会的。"②

从以上观点可知，中国古人对封建社会起源没有系统性分析，而后世国外学者多认为封建制度与氏族社会末期的亲兵制及罗马因素相关联，是国王或首领封赐土地的结果。当代中国学者也大体持相同观点。其实，土地的封赐，是封建制形成过程中的重要节点和比较晚近的形态，而非封建制形成的初始起因。梅因和冯天瑜虽然指出了封建制与古代氏族习惯有关，但具体的关联在哪？古代蛮族习惯与封建制度形成的内在联系在哪？无论梅因还是冯天瑜都没有给出具体说明。为什么当时的部落或邦国在征服别的部落和邦国之后，不采取中央集权的方式予以治理，而非要采取封建的方式呢？这是以前的历史学家没有回答的问题。那么，封建制度究竟缘起何因呢？要想回答这个问题，我们必须有新的历史视角，把目光投向人类初始的社会组织状态，投向遥远的原始氏族社会。

---

① 马克垚：《西欧封建经济形态研究》，人民出版社2001年版，第61~75页。

② [英]亨利·梅因：《古代法》，沈景一译，商务印书馆1996年版，第205页。

第一节　人口几何级数增长与分宗立族、胙土命氏的必然

按照学界一般观点，地球大约在一万二千年前步入第四季冰川期的冰后期和间冰期，全球气候开始变暖。著名气象学家竺可桢先生的研究表明："现代的温度和最近的冰川时期，即大约一、二万年以前时代相比，年平均温度要温暖到摄氏七、八度之多，而历史时期年平均温度的变化至多也不过二、三度而已。"西安半坡文化属仰韶文化，同位素测定为距今5600—6080年前，在半坡遗址中发现有竹鼠和麞，两者均为亚热带动物。① 可见当时中国北方的温度和现在的广东、广西差不多，是相当暖和的。人类的生产活动也在冰期以后的温暖期完成了由纯粹的捕猎、捕鱼、采集进入植物的种植栽培和动物的驯化饲养阶段，从而，人类才逐渐定居下来。温暖的气候给人类带来适合生产生活的环境，随着食物的增多和居住条件的改善，人类自身再生产即人类的繁衍也进入了高峰期。在原始社会，人口的出生率应该是比较高的，因为原始人在13—15岁性成熟时就可能进入交配期，他们没有今天人们在这个年龄段的各种约束。那时的婚姻不是建立在感情之上，而是建立在需要和方便之上的。这个年龄段的孩子今天还在上学，即使没有上学，两性之间要发生性关系还必须有恋爱、结婚这种社会形式。没有恋爱、结婚形式的性关系是不被社会认可的。这些道德的和其他物质条件方面的约束，对人口的出生率是有很大影响的。另外，远古人类也没有节育的概念，不会也没有能力去采取避孕措施，反而会刻意追求高出生率，追求人丁兴旺。当然，由于生活条件、卫生医疗条件等原因，原始人类的死亡率也是比较高的。但两者相抵，出生率还是会远高于死亡率，因此才会有人类生生不息的传承。在生活条件逐渐改善的情况下，人类一生二、二生

① 竺可桢：《中国近五千年来气候变迁的初步研究》，《竺可桢文集》，科学出版社1979年版，第476、477页。

四的几何级数增长速度就呈现出来了。

当人口以几何级数增长的时候，生活资料的生产却不能也以几何级数增长，生活资料的生产通常是以算术级数增长的，远低于人口的增长。事实上，在原始社会中，以千年计的时间长度里，生产资料和生活资料的增长都是停滞不前或少有变化的，可能连算术级数的增长也很难达到。早在先秦时期的中国古代思想家韩非子，就看到了人口增长所带来的社会影响，《韩非子·五蠹》说："今人有五子不为多，子又有五子，大父未死而有二十五孙。"于是造成"人民众而货财寡"的局面。韩非子这里讲的就是人口增长与生产生活资料增长的矛盾，这比后来马尔萨斯关于人口是呈几何级数增长而财富却是呈算术级数增长的人口理论早了两千多年。这个观点后来被历史事实反复证明。人口增长与生产生活资料增长不成比例的结果就是，经过一段时期后，每个氏族在其相对固定的活动区域内，生产生活资料的增长满足不了人口日益增长的需求，其解决的方案只有一个，即向周边殖民扩展生存空间。另外，当一个氏族的人口达到几百甚至几千人时，氏族内部管理也会出现复杂化的问题。不说别的，经过若干代人口的增长，有血缘和婚姻（当然不是现在意义上的婚姻，而是指男女之间的交配与生育关系。本章所说原始人的婚姻，都是这个意义上的婚姻）关系的亲属情况就无比复杂。美国民族学和人类学学者摩尔根先生整理了原始人类直系和头五个旁系的各种亲属关系，其数目就达一百个以上。[①] 当时美洲的印第安人多以母系为世系，也有少数已转为父系世系。如按父系上下追溯，则上及父、祖、曾祖、高祖，父亲的兄弟姐妹，祖父的兄弟姐妹，曾祖的兄弟姐妹，高祖的兄弟姐妹；下及子、孙、曾孙、玄孙及儿辈兄弟姐妹、孙的兄弟姐妹，曾孙的兄弟姐妹、玄孙的兄弟姐妹；还有父亲的从兄弟姐妹、再从兄弟姐妹、三从兄弟姐妹，等等；如此还有祖父的从兄弟姐妹、再从兄弟姐妹，三从兄弟姐妹及高祖、曾祖、子、孙、曾孙、玄孙的从、再从、三从兄弟姐妹等。还处于母系世系的氏族则以母系上下追溯，同样会有以

----

① ［美］摩尔根：《古代社会》，杨东莼、张栗原、冯汉骥译，商务印书馆1971年版，第678页。

上亲属关系。可见不只是人口呈几何级数增长，连亲属关系也是以几何级数增长的。除血亲关系外，还有姻亲关系，即两个互相通婚的氏族成员之间的亲属关系。因为氏族社会实行的是族外婚，同一血缘的氏族成员之间是不能通婚的，故两个或两个以上的不同血缘的氏族组成部落是常见的现象。如摩尔根先生所描述的，美洲尚处在原始社会时期的印第安人易洛魁—辛尼加部落的八个氏族，名称分别是：熊、狼、海狸、龟、鹿、鹬、鹭、鹰。① 这八个氏族分为两部，一部为熊、狼、海狸、龟四个氏族，他们同出一个祖先，是禁止成员间通婚的；另一部为鹿、鹬、鹭、鹰，出于同样的理由，内部成员不能通婚。两部之间是互通婚姻、结为姻亲的。从部落的层面看，血亲关系加姻亲关系，不仅人数众多，管理也更加复杂。所以我们看到，人类自身再生产的进度，深刻地影响着人类社会组织的发展与建构。血缘关系是原始社会能把人们组织在一起的唯一纽带，进入氏族社会时，人们是因同一血缘关系而组织在一个氏族之内的。可追溯的共同祖先使氏族成员彼此之间有高度的亲近感和认同感。氏族是当时社会最基本的基层组织，一个氏族就是一个社会。因此，在人口达到一定数量，原氏族领地无法承受时，氏族内部就会裂变、分化，按血缘亲等关系，组织血缘较亲近的若干氏族成员组团，以成建制的、有可能是上述两部氏族同时组团配对成部落的形式向外殖民。远古人类的一个氏族有多少成员，因缺乏资料而难以确认，但后期民族学的资料却可供参考。当美洲大陆被欧洲人发现时，印第安人都组织在氏族之内。其中有 3000 人口的辛尼加部落是由 8 个氏族组成的，平均每个氏族约 375 人。15000 人的阿吉布洼人有 23 个氏族，每一氏族约 650 人。每个印第安人氏族人口有 100~1000 人。②

1. 印第安人氏族人口增长、裂变、分化和殖民

印第安人的每个氏族人口增长过多时，就会沿着旧村落向周边移民，建立新村落、新氏族。摩尔根在其名著《古代社会》一书中对此有较

① ［美］摩尔根：《古代社会》，杨东莼、张栗原、冯汉骥译，商务印书馆，1971 年版，第 145 页。

② ［美］摩尔根：《古代社会》，杨东莼、张栗原、冯汉骥译，商务印书馆 1971 年版，第 140 页。

详细的叙述：密苏里族的八个部落被发现时，共同占有密苏里河沿岸一千英里以上的地带，及支流堪萨斯、普拉特两河和艾奥瓦数条小河流沿岸，还占有密西西比河西岸，并一直下连阿肯色河。他们的方言表明，他们在最后一次分割前，是属于三个部落的，而这三个部落又无疑是从一个原始部落派生出来的。他们沿河流向大平原扩张时，先从一个原始部落发生分化，分成三个部落，再由三个部落分化出八个部落。每一个分化出来的部落都保持了组织上的完整性。分化并不会给部落带来骇人的震动，更不是什么灾难，而是各部落在广大地域上自然地展开和分布。其住在上游奈奥剌剌河口的彭加部落与住在密西西比河和阿肯色河汇合处的跨把部落，两者相距竟达一千五百英里。当这些分化出来的部落成员沿着河流的原居住中心点许许向上下游两岸拓展时，与原住地渐行渐远，而距离会使他们与母氏族的联系减少，利益上疏远和分离，进而语言上生出差异，最后竟会导致独立。另一个实例是苏必利尔湖畔的印第安人诸部落。阿吉布洼部落是这些部落的正枝——母部落，其他皆为派生出来的分枝。分枝中有两个部落被称为"大兄"，奥达洼部落被称为"二兄"，坡塔窝托密部落则被称为"小弟"。这在其方言变异的比较上看得很清楚。1646年，阿吉布洼部落被发现时，他们居住在苏必利尔湖口瀑布旁，其后沿着湖的南岸向安托那干地区展开，更沿着湖的东岸向圣玛丽河、呼戎湖扩展。他们占据的地区极有利于捕鱼和狩猎，所以也必定有利于人口的巨大增长。由此连续地分化出许多移民团体到其他地区，发展成独立的部落也就不足为奇了。他们原为一族，出自共同的母体氏族。后来地域上的分离过于遥远，所以在被发现以前就形成了方言的变异及部落的独立。阿吉布洼、奥达洼、坡塔窝托密三个部落因领土相邻相接，为互相保护结成攻守同盟，即"奥达洼同盟"。与阿吉布洼部落相关联的部落还有迈阿密部落，它从阿吉布洼部落——或从一共通母族——分离出来，移居于伊里诺爱中部及印第安纳西部。另一个从上述同一母体中分离出来的是伊里诺爱部落，是分离较晚的一个分支。他们后来又分为波奥立亚、卡斯卡斯启亚、威阿、笔安克沙等部落。他们的方言可以在阿吉布洼语中找到最近的类似。所有这些部落从苏必利尔湖这个大渔场为中心地点向外移民的事实具有重要意义。因为它能说明部落形成与提供食物供给的自然中心之间的关系。至于新英格兰、德拉瓦、马里兰、维基尼亚及卡罗来纳等州的阿尔衮琴诸部落，极有可能也都是出自同一来源。以上所列举的方言变异，其经历的时间至少要达数个世纪之久。

除语言相似，部落的名称也能说明问题。坡塔窝托密部落中有八个氏族名称和阿吉布洼部落的氏族相同，但前者还有六个不同名称的氏族；后者尚有十四个不同名称的氏族。这一事实表明各氏族自分离后，有的还冠以母氏族的名号，表示己之所出；有的则用新的氏名。在被称为威安多特的呼戎部落，与易洛魁族分离了四百年之久后，还有六个保持了和易洛魁—辛尼加部落中同名称的氏族。摩尔根认为，南北美洲大多数方言和语族，除爱斯基摩语外，大约是由一种原始的语言派生的，完成这一演变，须文化上的三个时代。也就是说，印第安人各氏族都是从一个原始氏族或部落中分化出来的。氏族在分化后，因同一血缘的亲密关系，利益也较一致，会组成胞族，作为氏族与部落之间的一级组织。摩尔根认为，大多数美洲土族部落中都有胞族存在。易洛魁—辛尼加部落八个氏族分为两个胞族，第一胞族由熊、狼、海狸、龟四个氏族构成；第二胞族由鹿、鹬、鹭、鹰四个氏族构成。同一胞族内的同辈皆为兄弟姐妹，各氏族彼此互为兄弟氏族，和其他胞族的氏族互为从兄弟氏族。所有胞族是平等的，两个胞族之间互通婚姻。胞族内的各成员禁止通婚，表明每一胞族中的氏族都是从原来一个氏族分化出来的。辛尼加部落中有一个传说，其八个氏族中熊氏族和鹿氏族是基本氏族，其余六个氏族是从这两个基本氏族中分化出来的。摩黑冈部落也是如此。部落原有狼、龟、吐绶鸡三个基本氏族，后分化出十一个氏族，基本氏族的名称为胞族名称。狼胞族有狼、熊、犬、负鼠四个氏族；龟胞族有小龟、泥鱼、大龟、黄色鳗四个氏族；吐绶鸡胞族有吐绶鸡、鹤、雏鸡三个氏族。[①] 为共同的利益和需求这些胞族再组成部落。以不同胞族组成的部落来组织移民，不仅解决了人口膨胀后的生存空间问题，同时还解

---

① [美]摩尔根：《古代社会》，杨东莼、张栗原、冯汉骥译，商务印书馆1971年版，第173~176、145、163页。

决了氏族之间的婚配和人口的生育繁衍问题。摩尔根总结："随着一氏族内成员人数的增加，接着以氏族成员间的地方上的隔离，分裂就发生了，脱离的部分便采取了新的氏族名称。但是他们从前是统一的一种传统将要保留下来，成为重组为胞族的基础"，"氏族成员的数目渐次增加，遂分割而为两个氏族；此两个氏族又以同样的情形而引起分割，如此分割不已，及至一定的时期便再结合为两个或两个以上的胞族。这些胞族遂形成一个部落，其成员共操同一方言。历时既久，复因分割作用部落亦分为数个，此数个部落再结合成部落联盟"。①

上百号人从原来的氏族和部落中分化出来，到新的地方去集体落户，即使放在今天也是家族的头等大事，而且是一项十分繁琐复杂的事。我们知道，在原始社会，氏族每一个成员的权利和义务都是平等的，民主制度是原始氏族或部落的基本制度，氏族或部落的重大事项须经全体成年氏族成员组成的氏族大会或各氏族代表组成的部落会议的一致通过才能执行。像对外移民这样重大的事情，一定要氏族大会来表决：氏族内哪些成员留下，哪些成员出去移民；新居住地的选址及勘察；新居住地如何建设，包括建设期间食物、劳动工具、种子等生产生活资料供给；移居后新氏族的名号等皆须全体成员通过。整个移民过程从始至终皆须母氏族或部落来筹划、来组织。当时氏族实行的是族外婚，所以，对外移民不只是一个氏族的事，而应该是两个相互通婚的氏族同步进行的，于是还涉及双方行动的协调一致。在氏族分化的过程中，有三个环节是必不可少的，是在母氏族主持下进行的：首先是"封"，即母氏族首先要为新领地封土立界，对外宣誓领地主权，防止外族人的侵入。这是许多动物都会有的本能举措，比动物脑容量大得多、拥有高等智慧的人类，有比动物更强的领地意识，必然会这么做。这也是中国最早古文字甲骨文中"封"的含义。其次是"建"，即母氏族对新领地必须有初始的建设，以便分离出来的子氏族成员能在这里有一个基本的生产生活条件，但之后新领地的建设则要靠子氏族自己来完成。建设

---

① ［美］摩尔根：《古代社会》，杨东蓴、张栗原、冯汉骥译，商务印书馆1971年版，第146、160、161页。

的内容不仅是物质上的，还有精神层面的，如传承和建设源自母氏族的宗教、文化等。最后是"命氏"，母氏族需为新氏族命名，以表示子氏族与母氏族的血缘关系，也是母氏族为子氏族举行的成人礼，从此以后，子氏族就要在新的名号下独立生活，成为独立的法人团体了。这三个环节的排序不分先后，很可能是同时进行或交叉进行的。这样有组织、有计划、有实施细节的成建制的团体移民，就是母氏族对子氏族的分封，这就是原始意义上的封建——封土建氏，也是后来封土建国制度的胚胎和雏形。与后来阶级社会的分封、封建是由天子或国王主持进行的相比，这时主持分封的主体是母氏族，受封的主体是从母氏族分化出来的子氏族。但事情本身的性质、内容、实施细节和过程都是一样的，后来的封建只是原始分封制度在新形势下与时俱进的演化发展形态而已。

2. 远古中国氏族裂变、分化

我们把目光转向欧亚大陆东端的远古中国。关于原始社会时期的氏族或部落，并无可信的史料记载，即使有一些，也是模糊的、支离破碎的。黄帝、炎帝应是传说中的部落时代。《国语·晋语四》载"昔少典娶于有蟜氏，生黄帝、炎帝。黄帝以姬水成，炎帝以姜水成。成而异德，故黄帝为姬，炎帝为姜"。按照那时同族必然同姓这一血缘世系传递的通则，黄帝和炎帝为异姓是不可能的。既然这段记载说"黄帝以姬水成"，"炎帝以姜水成"，故黄帝为姬姓，炎帝为姜姓。唯一的解释就是，黄帝和炎帝所属的族氏从母体氏族分宗别氏后，一个沿姬水发展，一个沿姜水发展，在历经数十代人相隔之后，对母氏族的记忆已经淡去，于是便以别族之后所立的氏族名号作为本族氏的姓了，因此才会有原来同为一族的人成为异姓这种情况。《晋语四》还载："黄帝之子二十五人，其同姓者二人而已……其同生而异姓者，四母之子别为十二姓。凡黄帝之子，二十五宗，其得姓者十四人为十二姓。姬、酉、祁、己、滕、箴、任、荀、僖、姞、儇、依是也。"黄帝本身有无其人值得存疑，但如果把黄帝看成一个氏族的代表则是可信的。那么，这言之凿凿的十二个姓可能就是子孙繁衍、人口众多后，从黄帝氏族中分化出而新立的氏族。《史记·五帝本纪》载："昔高阳（黄帝之孙）氏有才子八人，世得其利，谓之'八恺'。高辛（黄帝曾孙）氏有才子八人，世谓之'八元'。此十六族者，世济其美，不陨其名。"这里十六个黄帝的后代成了十六族。黄帝之后颛顼的后代祝融亦为一独立氏族，经过一段时间人口增长，祝融之后又分立出八个姓氏，《国语·郑语》韦昭注这八个姓是：己、董、彭、秃、妘、曹、斟、芈。据谢维杨先生考证，见诸商周金文和先秦文献的原生姓、分化姓及无法考证其来源的姓有四十多个。① 这些姓其实有可能是极少数更古老的姓分化的结果。

有学者统计，铜器铭文中所能看到的殷商到周早期的族氏名号有1000多种，其中单一族名约600种，由单一族名组合而成的复合族名有三四百种。从时间上看，殷商早期单一族名多见；晚期则复合族名大量出现，并一直延续到西周早期。② 这1000多个族氏与古老的姓族之间有着怎样的一一对应的血缘关系，今天我们还不能还原其全貌，但是，由少数古老姓族生生不息地人口繁殖，进而分蘖、衍生出众多新立名号的族氏，应该是说得通的。例如到殷末周初出现"万邦林立的局面、会有一姓数邦乃至数十邦的事体，如任姓之国有谢、章、薛、舒、吕、祝、终、泉、毕、过，姒姓之国有彤、杞、莘，姜姓之国有向、州、齐、许、申，嬴姓之国有黄、江、徐、奄、终黎，妘姓之国有夷、偪阳、鄅等等"③。很显然，这些由一姓分衍出的数邦或数十邦，都是血缘世系传递过程中分宗别氏的结果，他们之间的血缘联系是一目了然的。

就像前面摩尔根推论南北美洲的印第安人语言大多是由一种原始语言派生，从而各氏族有可能是由极少两个氏族分化然后独立的一样。虽然受限于资料，我们无法得知中国远古时期这些氏族从母体氏族中分离出来的详细过程，然而分离本身是顺理成章的事。人口多了要分族立氏，分族立氏就要开辟新的领地，而拓展新领地必定是在母体氏族的策划、安排和帮助下完成的，如新领地的选址、确认，在新领地周边封土立界，新领地初期的建设等；新氏族的名号也是由母体氏族命名的，通过氏族名号就可以确认母氏族与子氏族的血缘关系。这就是中国先秦文献《左传》隐公八年记载的：古者"因生以赐姓，胙之土而命之氏"。所谓

---

① 谢维杨：《周代家庭形态》，中国社会科学出版社1990年版，第131页。
② 陈絜：《商周姓氏制度研究》，商务印书馆2007年版，第136、137页。
③ 陈絜：《商周姓氏制度研究》，商务印书馆2007年版，第198页。

"因生以赐姓"，是因为姓是血缘关系的外在符号，子氏族脱胎于母氏族，两者血脉相通，当然会是同一个姓；所谓"胙之土"，就是母氏族为分化出去的家族成员分一块封土，以为新家族成员的安身立命之所；所谓"命之氏"，就是母氏族为分化出去的子氏族命一个名号，以表示子氏族与母氏族的从出关系、血缘关系。氏族分化和新立的整个过程与美洲印第安人氏族部落的移民过程大致相似。氏族的不断裂变分化，是史前人类社会组织发展的必然趋势。

3. 古代希腊、罗马氏族人口增长、裂变、分化与殖民

我们再来看看欧亚大陆西端的希腊、罗马。一般人所熟知的古希腊、罗马，是氏族制已经进入父系社会时期的希腊、罗马，此时的氏族制还是非常有生命力的，即便是希腊的克里斯提尼改革时期，及罗马十二铜表法公布的公元前的 451 年，氏族制度在这两个城邦国家都还生机勃勃地存在着。那么，上溯几百年甚至上千年，这两个地区都处在氏族社会应是不争的事实。希腊从地形上看是个半岛，面积不大却又被阿尔卑斯——迪纳拉山脉的余脉品都斯山脉及地峡、海湾分隔成相互隔离的几个小区域。但是，希腊半岛海岸线长、港口多，两边相邻的众多岛屿把希腊与小亚细亚、意大利连接起来，从希腊出海向两边航行，前后都有肉眼可及的岛屿用来指示航向或成为停泊的地方，交通极为方便，这是世界上其他地区极少有的通达之地。由于地域狭小，早在公元前 12 世纪以前，希腊半岛上的各部落就因人口增长、氏族部落分化等原因开始向周边殖民。到了公元前 8 世纪以后，人口增加更为迅速。考古发现表明，这一时期雅典阿戈拉地区的水井数量大大增加，说明人口增加了两至三倍，同时雅典的墓葬也扩大了两倍。① 关于希腊人的殖民过程，作为经济学家的顾准先生，在晚年所著的《希腊城邦制度——读希腊史笔记》中记载得比较详细，我把它梳理、概括如下：一为早期殖民。公元前 12 世纪前，希腊本土的亚该亚人远征特洛伊，就是为了开辟移民小亚细亚西北部及进入黑海的通道。此战，希腊人占领了雷姆诺斯

---

① 李韵琴：《试析公元前八至六世纪希腊殖民运动的主要原因》，《世界历史》1989 年第 4 期。

(Lemnos)、伊姆罗兹(Imbros)、累斯博斯(Lesbos)等岛屿。战后，希腊人即殖民于特内多斯(Tenedos)、安坦德拉斯(Antandras)、西拉(Cilia)、库梅(Kyme)、彼坦尼(Pitaria)等地，称"新亚该亚"。同时，小亚细亚西南角海外的罗陀斯(Rhodes)、寇斯(Cos)、塞米(Syme)诸岛，也许还有塞浦路斯(Cyprus)，也有希腊人移居于此。其后原居住在希腊北部的多里安人南侵，占领了先前由亚该亚人控制的迈锡尼，这也迫使阿提卡(Attica，即雅典)地区和迈锡尼的科林斯、麦加拉、西息温诸城邦的人向海外殖民。在小亚细亚中部和西部被称为伊奥利亚的地方有不少来自阿提卡的移民建立的城邦。因为米利都(Miletus)四个族盟有三个和雅典的名称相同，说明至少这三个氏族是从雅典的几个氏族中分化出来的。希腊人在那个地区建立的殖民城邦还有佛西亚(Phocaea)、埃弗塞斯(Ephesus)、科罗封(Colophon)、厄立特立亚(Erythrae)及基俄斯(Chios)、塞莫斯(Samos)等。① 二是公元前 8 至前 6 世纪，随着经济的发展和海上贸易的增长，希腊诸部落的人口也大大增加了，于是迎来了史上大规模的海外殖民潮。这次不仅有希腊本土的部落向海外殖民，更为显著的是早期殖民地经过几百年的发展，不论经济规模还是人口规模都有了极大的增加，早期建立的殖民城邦已经无法容纳不断膨胀起来的人口和因人口过多分化出来的新氏族部落，于是出现二次或三次殖民。顾准先生引用荷格斯《小亚细亚的希腊殖民地》书中的话说："最初的希腊殖民地很早就在它们紧邻地区作二次殖民了。米利都建立了爱阿苏斯(Iasos)、库梅(Cyme)和累斯博斯(Lesbos)，移民于邻近的一切海岸和小岛……米利都这个亚洲诸殖民地最大的母邦……拥有海上霸权达十八年之久，这必定用来标志它的令人惊愕的扩张努力的开始，米利都在这次扩张中，最后(根据一个很可能是过甚其词的传统说法)在小亚细亚的北岸建立了七十个以上的殖民点。这次海上霸权的时间，攸西布伊斯定为公元前八世纪后半，看起来没有充分理由把它转到别的时候去。"②这

---

① 顾准：《希腊城邦制度——读希腊史笔记》，中国社会科学出版社 1982 年版，第 44、45、78 页。

② 顾准：《希腊城邦制度——读希腊史笔记》，中国社会科学出版社 1982 年版，第 55、56 页。

一时期，希腊殖民扩张最大的成就是开辟了黑海航路，从此在达达尼尔、博斯普鲁斯两个海峡的两岸，在马尔马拉海和黑海的南、北、东三面海岸，逐渐布满了希腊人的殖民地。而在克里米亚和诺曼两个半岛上，以旁提卡彭（Panticapacum）为主的一群殖民城邦是把南俄草原上粮食输送到希腊半岛去的重要商业中心。① 除了东向小亚细亚、黑海沿岸的殖民外，也有西向的殖民。卡尔西斯城邦的居民是来自阿提卡和优卑亚大岛的伊奥利亚人，他们先在西西里岛上建立了殖民地纳克索斯（Naxos）城，并在卡尔西狄克（Chalciidic）半岛建立了 32 个殖民城邦。麦加拉在西西里岛上建有麦加拉亥布拉（Megarahyblaea）城邦，并且也是博斯普鲁斯海峡西岸的拜战庭（今天的伊斯坦布尔）和海峡对面的卡尔西顿（Chalcedon）的殖民母邦。优卑亚半岛上一个名为库迈的部落，则在公元前 8 世纪，在意大利今天的那不勒斯附近建立了一个殖民地，也称"库迈"。此地距罗马不足两百公里，是希腊文明输入拉丁地区的前哨。科林斯人也在西西里岛上建有殖民城邦叙拉古（Syracuse），并在克基拉岛上建立了殖民地。科林斯的陶瓶以精美的自然主义风格享誉希腊世界。后来，希腊人又在西西里岛建有曾克利（Zancle）、林地尼（Leontini）、卡塔拉（Catana）、迈利（Mglae）、机拉（Gela）、希米拉（Himera）、卡斯门尼（Casmenae）等殖民城邦。有证据表明，公元前 6 世纪前，梯伯河以南完全处于希腊文明的影响之下。② 三是反向移民。公元前 7 世纪后，不少小亚细亚的希腊殖民城邦的移民又因遭受到东方吕底亚王国及后来的波斯王国的侵犯，扬帆西去。如佛西亚人在公元前 600 年，吕底亚入侵时跨海西行，建立了"远西"的殖民地马萨利亚（Massilia），即今天的马赛。后波斯人入侵时又有一些佛西亚的部族避居到科西嘉岛建殖民地。公元前 535 年，佛西亚人的舰队与迦太基人海战于阿拉利亚，战后双方签订条约，划了各自的势力范围，此后长期相安无事。和平的环境促进了经济和人口的发展，马萨利亚后来又二次殖民，所建城邦有法国、

----

① 顾准：《希腊城邦制度——读希腊史笔记》，中国社会科学出版社 1982 年版，第 57 页。

② 顾准：《希腊城邦制度——读希腊史笔记》，中国社会科学出版社 1982 年版，第 76、77、78、115 页。

意大利边境的尼斯、摩纳哥，西南有西班牙境内的伊波利亚（Emporiae）和罗德（Rhode）。除了西向移民外，也有的城邦向北走，提奥斯（Teos）城的人全体上船，去色雷斯海岸建立了阿布提拉（Abdera）城。这是哲学家德谟克利特的故乡。还有一部分人则移民黑海北岸。① 有的学者统计，到公元前6世纪的200多年内，参加殖民的希腊城邦（包括殖民城邦又进行新殖民者）共有44个，在地中海沿岸及保加利亚、罗马尼亚、乌克兰、俄罗斯、高加索等地建立的殖民城邦至少在139座以上。②

　　古希腊人的殖民运动轰轰烈烈，蔚为壮观。这个运动的幕后组织者是谁呢？当时只能是各氏族、部落。因为，当时的人们都是被组织在氏族或部落之中的。各城邦内部的管理是完全由各氏族、部落控制的，外来人无法介入其中。随人口的繁衍进而膨胀，致使氏族的分化是向外殖民的最原始最基本的动因。当然也不排除还有战争、商业等其他因素。我们以希腊最具代表性的城邦雅典为例，来看看当时社会的政治组织和管理情况。阿提卡地区的爱奥尼亚人分为机内温特、霍普内特、伊吉可尔、阿尔格德四大部落。他们操同一方言，占有共通的领土。每一部落包含三个胞族，每一胞族有三十个氏族，四部落共有十二个胞族，三百六十个氏族。这四个部落先是结成联盟，后因其他部落的压迫及长期聚居一地而逐渐合并，形成一个民族，在传说时代于雅典人名称下独立。希腊氏族成员的权利义务有十项：（1）有共同的祖先，参加共同的宗教仪典，有共同的区别其他氏族的姓氏；（2）共同的族人墓地；（3）对遗产的相互继承权；（4）相互援助、防卫、复仇之义务；（5）孤女、承宗女在氏族内结婚的权利；（6）共同的财产权；（7）世系只限于男系；（8）氏族内不得通婚（除特殊情况外）；（9）收留外人的权力；（10）选举和罢免酋长的权力。③ 随着氏族人口的增加和自身的发展，一个氏族会分裂及再

---

　　① 顾准：《希腊城邦制度——读希腊史笔记》，中国社会科学出版社1982年版，第106、114页。

　　② 吴于廑、齐世荣主编：《世界史·古代史编上卷》，高等教育出版社2011年版，第151页。

　　③ ［美］摩尔根：《古代社会》，杨东莼、张栗原、冯汉骥译，商务印书馆1971年版，第375、380～382页。

分裂，形成许多新的氏族，"这些氏族当然共具有一个共通的血统，这便成为这些氏族再结合成为一胞族的自然基础了"。在荷马史诗中，涅斯忒劝阿加棉农"把军队依照胞族和部落分开来，使胞族可以援助胞族，部落可以援助部落"。古代日耳曼部落也是采用同样的原则组织军队作战的。① 同一氏族、胞族或部落的人被组织在一支军队里作战，因大家平时在一起生活，彼此之间非常熟悉，又有血缘关系，所以会在一定程度上提高战斗力。这就是所谓"打虎亲兄弟，上阵父子兵"。

氏族民主制度与君主专制是水火不容的。在氏族制度普遍盛行的时代，社会管理方式只能是民主制。古代希腊社会的权力机构是酋长会议和人民大会，对公共事务，由酋长会议提出议案，然后提交人民大会表决。酋长及其他行政、军事、财政方面的公务人员皆由选举产生。公元前594年，梭伦就任执政官进行改革，以财产把雅典人分成四个等级，按等级来决定服兵役和纳税。但是城邦的管理仍然在氏族部落手中。虽然此时酋长会议被元老院所取代，但元老院四百名议员，仍然从四个部落中产生。元老院的一切议案均需人民大会表决通过才能生效。② 像海外殖民这样的大事，涉及各氏族的人谁走谁留，涉及费用的安排、物质的供应和携带，涉及运输工具即船舶的建造，涉及组织过程中前期的选址、勘察，后期的组织实施，涉及新殖民城邦的名称及分化出去的新氏族部落的名号，涉及母邦和子邦、母体氏族和子氏族之间的宗教、文化及利益关系等一系列问题的安排。可以说，殖民对于每一个氏族部落和城邦来说都是头等的天大的事，都是事出必然不得已而为之的事，也是最终必然要由人民大会来决定的事。我们现在没有资料，无法了解到当时的氏族、部落和城邦在酝酿、讨论及实际组织殖民过程中的情况。但可以想见，那是一个非常复杂和困难的过程。这个过程就是母邦与子邦的裂变、分化和封土建氏（新氏）、封土建邦——分封的过程，是母邦主持下的母体氏族和子氏族分离，再建一个新氏族和新城

① ［美］摩尔根：《古代社会》，杨东蓴、张栗原、冯汉骥译，商务印书馆1971年版，第405，408~409页。

② ［美］摩尔根：《古代社会》，杨东蓴、张栗原、冯汉骥译，商务印书馆1971年版，第449、450页。

邦的过程。

殖民后的母邦与子邦的关系，在修昔底德的《伯罗奔尼撒战争史》中可窥一斑。公元前5世纪后期，作为母邦的科林斯与子邦科基拉（Korcyra）发生矛盾，走到了战争的边缘。科基拉一向以不结盟自居，但面临科林斯的强大军事压力下，来雅典求援。而科林斯则原来就和雅典订有条约，所以也来雅典协商。双方在雅典的公民大会上发表演说，以获得支持。科基拉的使节说："任何一个受到良好待遇的殖民地都是尊重它的母邦的，只有在受到不公正待遇的情况下，它才对母邦疏远。派到国外去的移民不是留在母邦的人的奴隶，而是他们的平辈。科林斯显然对我们有所伤害。我们请求他们以仲裁的方式解决爱皮丹努斯的争端，他们不是以公平的裁断加以解决，而是想用战争来实现他们的要求。我们是他们的同族人，他们对我们的行为应该使你们警惕……"科基拉人发言结束后，科林斯使节发言："他们（指科基拉）是我们的移民，但他们对我们从来就是敬而远之，而今他们向我们开战了。他们说：'我们被派遣出来的目的不是受虐待的。'我们说，我们建立殖民地的目的也不是受他们侮辱的，而是要成为他们的领导者，并且要他们对我们表示适当的尊敬。总之，我们的其他殖民地都是尊敬我们的，我们也深受移民们的爱戴；显然，如果大多数殖民地对我们是满意的，科基拉就没有适当的理由说唯独他们不满意；我们对他们作战不是我们的错误，而是受到公开挑衅的结果。另外，即使我们错了，他们的正当做法也要得到我们的准许；如果我们不尊重这样合理的态度，那就是我们的耻辱。但是，他们妄自尊大，依仗财富屡屡对我们无礼，最严重的莫过于爱皮丹努斯事件。当这个地方遭受灾难时，他们不采取任何措施去调解。但是当我们来此排忧解难之时，他们却用武力攻占了它，并且至今还占据着这个地方。"①从科林斯人和科基拉人的这番对话中，我们可以解读出如下信息：一是母邦和子邦是同族人，他们之间有直接的血缘关系，这一点，科基拉人说得很清楚。也正因如此，一般而言，母邦和子

---

①　［古希腊］修昔底德：《伯罗奔尼撒战争史》，徐松岩译，广西师范大学出版社2004年版，第21、23页。

邦的关系是融洽的，这一点科林斯人说得也很清楚。按照科林斯人的逻辑，其他殖民地都对我们很满意，都能保持很好的关系，唯独你科基拉人不满意，这就是你们的问题了。特别是在子邦建立之初，子邦在各方面都还要仰仗母邦帮助，关系应该是非常紧密的。由此也印证了我们上面说的城邦殖民运动，表面上是城邦在运作，实际上是城邦中的各氏族和部落在具体运作。因为需不需要殖民首先要看每个氏族、部落人口繁衍和分化的结果，如果人口本来就缺乏，城邦内还有发展空间，就不会劳师动众地移民。其次，城邦的管理是受氏族、部落控制的，城邦自身的权力十分有限，城邦管理者是不能干预各氏族、部落事务的。后面我们还要谈到，凡是企图干预氏族内部事务的城邦领导者大多没有好下场。二是子邦是母邦派遣的人建立的。这说明子邦的建立，是一个有计划、有组织的行动。同族人中哪些人被派遣出去，只能是各氏族内自身协商的结果，亦是氏族分化过程中的"分封"行为。因为，分化出去的族人在新建的子邦也是要设庙祭祖的，也是要被母体氏族命以氏号的，也就是中国古代的"胙土命氏"。比如我们前面所提到的，作为雅典子邦的米利都，四个部族中有三个与其母邦的部族名号相同。科林斯人之所以对科基拉人有意见，就是后者在祭祀、节日等活动中没有给予母邦人应有的礼遇所致。三是母邦对子邦有一定的领导权。这一点科林斯人说得很明确。这种领导权在子邦建立的初始阶段应该会比较明显，那时子邦的经济实力、军事实力和外交实力都比较薄弱，别的城邦也不太把它们当回事，在这样的情形下，紧紧依靠母邦，跟着母邦指挥棒转是必然的。四是血缘亲属关系也经不起岁月的冲刷而逐渐淡漠，母邦与子邦之间关系上的利益取向日趋明显。中国古人认为再亲的血缘关系都不过五服，出了五服不论是直系更不用说旁系都不亲了。当血缘关系因天长日久而淡漠时，城邦间的利益关系会凸显成为维系二者关系的纽带。其时，科基拉城邦的经济实力、军事实力已赶上了科林斯，用他们自己的话说已经形成了雅典、科基拉、科林斯三强鼎立的局面，也自然不太愿意在母邦面前低三下四的，这才引发了两者的矛盾。五是两国的使节在雅典的公民大会上演说、辩论争取民心，说明那时的公民大会是雅典的最高决策机构。就像今天的西方国家的重大事项要在议会通过一样。

　　与风生水起的希腊殖民运动相比，古代罗马的殖民活动要平淡得多。古代罗马的史料记载也远比希腊要贫乏得多。约在公元前 8 世纪罗缪勒斯时代，罗马已形成三十个独立部落，为互相保护起见结合成松散的联盟。邻近的萨伯利亚人，阿斯堪人及安布立亚人也情况相同。罗缪勒斯的第四代继承者塔克文尼阿斯·普力斯可斯时，由于萨宾人部落和后来的卢西斯部落的加入，罗马社会组织整合成三大部落，每个部落有十个胞族，每个胞族有十个氏族，共三百个氏族组成罗马公民。关于萨宾人部落的合并有一段传说：萨宾部落的处女被拉丁部落诱拐成为诱拐者的妻室，两个部落协商处理的结果是共同合并成一个社会。这个传说所透露出来的事实，其实就是两个部落成为互为通婚的部落，是姻亲关系。罗马各氏族的酋长由氏族成员选举和罢免，酋长会议即为常设议事、预审机构，也是后来元老院的前身。人民大会称为胞族委员会，对有关氏族、胞族的一切重大事项有表决权。另外，还会选出负责军事的指挥官，称为列克斯（Rex）。罗马氏族成员的权利义务与希腊人及美洲的易洛魁人相似。直到罗缪勒斯改革后，才由元老院取代了酋长会议，它由被称为"父老"的议员组成，每个氏族产生一名议员，元老院负责制定重要的公共议案，提交人民大会即胞族委员会以备采纳或否决。所有议案、法律、及官员任免均由人民大会表决。①

　　各氏族在人口不断增长的情况下，会出现氏族的分化，如萨宾氏族最初迁徙到罗马时有三千人。后分化出克娄达氏族，最初，克娄达氏族不分支派，沿用沙宾的氏名，以表示己所自出。如此历经七代，人口甚多，仍不见有支派之分。直到第一次普民科战役时，在其第八代上一下分出三支，各有一氏名，分别是布鲁科氏、善兜氏、乃娄氏。罗马人的姓名由三个部分组成，一个是他自己的名字，一个是他父亲的名字，普通情况下这两个名字相连，合成罗马的氏，以表示胞族的支派，第三个是全胞族（在西方学者古朗士的书中胞族被译成演司）共有的姓。② 姓名

---

　　①　［美］摩尔根：《古代社会》，杨东莼、张栗原、冯汉骥译，商务印书馆1971 年版，第 476、477、479、480、488、532、537、544 页。

　　②　［法］古朗士：《希腊罗马古代社会研究》，李玄伯译，上海文艺出版社1990 年版，第 78、82、84 页。

是血缘符号，罗马人姓名的三个部分，姓——表示所自出的有共同祖先的族群，氏——表示所属的族群分支，加上自己的字名就构成了一个完整的血缘谱系。公元前8至前6世纪是罗马大规模移民时期。意大利的内陆比较广大，能够容纳较多的人口，故那时意大利人的氏族分化和移民多在本土内进行。研究希腊罗马古代社会的学者古朗士说，拉丁语 Jamiliam dueere 一词约兴于此时，以指各演司（胞族）分立出来另立新家的人，"称离开祖国另建殖民地的人为 dueere coloniam，两意大约相似。脱离长兄的兄弟，从此以后自有家火。家火燃自演司者，如殖民地的火燃自祖国者一样"，"他们不能忘了所自出的演司，他们尚冠演司的姓。在固定日期，他们皆聚集于公共家火旁，祭祖或祭神"①。建立新的居住地即新的封地——殖民地，或曰新邦，绝非一朝一夕能建成之事。俗话说，罗马不是一天建成的。虽然新居住地在建设规模上要远小于罗马，但要安置几百甚至上千人的居住、生产、生活谈何容易。它的建设周期以当时人们的建设能力，至少也是按年来计算的。我们可以想见，像几百号人迁移这样在今天如此发达的生产力水平下都很困难的事，对当时的氏族来说是何等麻烦。所以，移民、分封、建立新氏族必是每个氏族的头等大事，光是讨论谁留谁走，恐怕都要吵翻天。那时实行民主制度，不能由哪一个人说了算，大家必须讨论，最后少数服从多数。相比之下，后来的君主制下分封要容易些。因为君主的权威和权力，使得事情的决定、实施简单许多。即便去留人员定下来后，移民地址的勘察选定，生产资料、生活资料要带走多少，新邦（新领地）的封土立界和建设的组织实施，家（实际是氏族）火传递和祭祖祭神仪式的主持，新氏族的命名等一系列大事均须氏族大会作出决定，并由母体氏族的长老即酋长主持、实施。这个过程与古代中国甲骨文中"封""建"，与《左传》隐公八年所说："因生以赐姓，胙之土而命之氏"表达的是一个意思，也说明人类远古时期的社会组织演化进程是一致的。

在古代环地中海的殖民潮中，还有一个有声有色的民族，这就是腓

---

① ［法］古朗士：《希腊罗马古代社会研究》，李玄伯译，上海文艺出版社1990年版，第215、216页。

尼基人。早在公元前 16 世纪，他们就殖民于塞浦路斯和爱琴海诸岛。公元前 12 世纪，他们出现在地中海西岸。杜丹在《古代世界经济生活》中说：最早的腓尼基人殖民地，从东往西，为大雷普提斯（Leptis Magna）、哈德卢密塔姆（Hadrumetum）、乌提卡（Utica）、希波提阿尔希托斯（Hippo Diarhytos）、希波利斯乌斯（Hippo Regius）。[1] 腓尼基人在地中海沿岸建立的最大殖民地是公元前 9 世纪末的迦太基。到公元前 6 世纪，迦太基人已在非洲沿岸确立了海上霸权，并在西班牙、科西嘉和撒丁尼亚两岛以及后来的西西里岛建立了殖民地，与希腊人争霸。后来罗马时期的三次布匿战争也是腓尼基人与欧洲人争霸地中海的继续。[2]

从以上的考察可以看出，人口增长、氏族分化是一个世界性的现象，不论哪个民族都有自己的殖民历史。这个过程就是母体氏族分化出的一部分成员，在母体氏族的筹划、组织、安排下，有计划地向周边移民或曰殖民、扩展生存空间，给分化出去的氏族成员建一个新的领地，**衍生出一个新的氏族。其实这就是母体氏族给这些分化出去的移民"封土"——开辟、确定新领地，及"命氏"——建立新氏族的过程。这种以血缘为纽带的移民过程，就是母体氏族对子氏族最原始的分封；在母体氏族主持下对分化出去的子氏族所进行的常态化的封土建氏制度性安排，形成了封建制度最初始的基因。母氏族与子氏族、母邦和殖民地子邦之间这种制度化的封建基因，是可复制可遗传的。日后的封土建邑、封土建国等由一系列权利义务关系构成的封建制度，只是更加规范、成熟并注入了新的阶级分化内容而已。**

第二节 昭穆制、分级制和"以王父字为氏"制度

上面我们讨论了原始社会中母体氏族如何裂变分化，并帮助分化出

---

[1] 顾准：《希腊城邦制度——读希腊史笔记》，中国社会科学出版社 1982 年版，第 113 页。

[2] 顾准：《希腊城邦制度——读希腊史笔记》，中国社会科学出版社 1982 年版，第 113 页。

去的子氏族成员建立新领地，形成新氏族的情况。这也就是我说的原始版的封土建氏。现在我们从另一个角度，即新氏族命氏的角度来继续探讨这一问题。这方面的情况，国外文献资料较少，我们主要以国内资料为主展开讨论。

1. 昭穆制与分级制

昭穆制度是远古时期普遍存在的重要制度，在中国先秦文献中，主要表现为墓葬、宗庙、祭祀制度，但仔细研究，我们可从中解读出许多远古人类组织的制度密码。中国文献中关于昭穆制度有不少记载。

《周礼·春官·冢人》云："先王之葬居中，以昭穆为左右。"郑玄注："言居左右者，若父为先王是昭，则子为穆居右。若父是穆，则子为昭居左。"在昭穆制度下，若父亲为昭，儿子就为穆，昭辈和穆辈是固定不变的。这里是讲昭穆制度在墓葬中的形制。

《礼记·王制》载："天子七庙，三昭三穆，与太祖之庙而七；诸侯五庙，二昭二穆，与太祖之庙而五；大夫三庙，一昭一穆，与太祖之庙而三。"这是指的昭穆制度的庙制。

《礼记·祭统》："夫祭有昭穆。昭穆者，所以别父子、远近，长幼亲疏之序，而无乱也。是故有事于大庙，则群昭、群穆咸在，而不失其伦，此之谓亲疏之杀也。"又曰："凡赐爵，昭为一，穆为一。昭与昭齿，穆与穆齿，凡群有司皆以齿，此之谓长幼有序。"这是祭祀时的班次排序。爵者古之酒杯也，赐爵即指祭祀的一个环节，为祭祀后主祭者和其他参加祭祀的人互相敬酒。这个仪式中昭穆两辈是分开的，即"昭与昭齿，穆与穆齿"，以示辈分之别、长幼有序。

《左传》也有昭穆的记载：僖公五年"大伯、虞仲，大王之昭也……虢仲、虢叔，王季之穆也"。

《左传》僖公二十四年："管、蔡、郕、霍、鲁、卫、毛、聃、郜、雍、曹、滕、毕、原、酆、郇，文之昭也。邘、晋、应、韩，武之穆也。"杜预注：前"十六国皆文王子也"；后"四国皆武王子"。

《左传》定公四年："曹，文之昭也；晋，武之穆也。"

《国语·周语下》谈到"昭穆"，韦昭注："父昭子穆，孙复为昭，一昭一穆，相次而下。"

《国语·晋语四》："康叔，文之昭也。唐叔，武之穆也。"

《汉书·韦玄成传》说："父为昭，子为穆，孙复为昭，古之正礼也。"

很明显，昭与穆是区分辈分的制度，武王为文王之子，所以，如文王为昭，武王必为穆。武王之子又为昭，孙子为穆，如此而已。这是昭穆制度的行辈功能。古人为何要创建有行辈功能的昭穆制度呢？这就不得不上溯到远古社会的族外婚制度。我们只有在对最原始的血缘家族及后来氏族社会演化的分析中，才能认识它的重要性。

昭穆制度在世界其他地方被称为"分级制"或"婚级制"。摩尔根认为："血缘家族是社会的第一种有组织的形态，而它必然地是从以前的无组织的状态改进而来的，不管以前的这种无组织的状态是什么。"①血缘家族是家族内同胞兄弟姐妹可以互相通婚的人类婚姻的低级形态。1820年美国宣教师在夏威夷散得维齿群岛发现了血缘家族。②分级制或曰婚级制就产生于血缘家族或者更古老的混乱状态中。其时，不光是同胞兄弟姐妹之间可以互婚，甚至长辈和子女之间也可以互婚。经过人类文明漫长地进步，古人类首先认识到长辈与子女之间互婚的危害性，实行了初期分级制，即用行辈的方式明确界定两辈之间身份，以隔断两辈之间的互婚。其方式就是在氏族举行全体人员参加的祭祀、葬礼、宴飨等公众活动时，人们要按辈分分级，分列班次。也就是《礼记·祭统》说的："昭与昭齿，穆与穆齿。凡群有司皆以齿，此之谓长幼有序。""群昭群穆咸在而不失其伦。"虽然血缘家族实行族内群婚，父辈并不能确认他的亲生子女是谁，有可能造成父女通婚的现象。但分级制的实行便可以把两代人加以区分，从而阻断父女的互婚；母辈虽能辨认自己的亲生儿女，但在分级制实行前，仍有可能与亲生的儿子互婚，而实行分级制则能阻止这些行为。此时的分级制或曰昭穆制只具备一个功能，即行辈功能，因此称它为婚级制更为准确。随着人类文明的继续进步，婚级制也

_____

① ［美］摩尔根：《古代社会》，杨东莼、张栗原、冯汉骥译，商务印书馆1971年版，第711页。

② ［美］摩尔根：《古代社会》，杨东莼、张栗原、冯汉骥译，商务印书馆1971年版，第704、705页。

向前发展，进化出对家族内同胞兄弟姐妹互婚的禁止，开始实行家族外婚姻，人类迈入了氏族社会的门槛。可以说，分级制或曰昭穆制加上族外婚的实行，是人类婚姻史上一次革命性的进步。

摩尔根在《古代社会》一书中描述了澳大利亚原始部落的分级制。卡米拉罗依部落有六个氏族，依其婚姻权限分为两部：鬣蜥、袋鼠、负鼠；鸸鹋、袋狸、黑蛇。第一部中三个氏族是不能通婚的，因为他们源自一个氏族，有共同的血脉。第二部的三个氏族也一样。但两部之间是可以通婚的。这个部落里有八个级别，男子四个级别，女子四个级别。四级中属于某个级别的男子，只能与四级中属于同一级别的女子通婚。从理论上说，属于某一级别的男子，都是与他们通婚的那一部同一级别的女子的丈夫。八个级别的情况如下：

		男子		女子	
（一部）	1	依 摆	1	依 把 达	
	2	孔 博	2	布	达
（二部）	3	穆 利	3	马	达
	4	库 比	4	卡 波 达	

第一级别中的依摆（依摆是一部中同一级别所有男子统称），不问哪个氏族，彼此都是兄弟，因为他们都是一个共同的女性祖先衍生出来的后代。孔博、穆利、库比在他们所属的级别中也都一样。

第一级别中的依把达（一部中同一级别所有女子统称），也不问氏族如何，彼此都是姐妹。他们也都是源自同一个女性祖先。布达、马达、卡波达在其所属的级别中也一样。

其次，所有依摆及所有依把达，不问他们是否由同母所生，还是由旁系血亲所生，更不问其所属哪个氏族，彼此都是兄弟姐妹。孔博与布达、穆利与马达、库比与卡波达也一样。

所有的依摆只能与所有的卡波达结婚，而不得与其他级别的女人结婚；同样，所有穆利只能与所有布达结婚；所有孔博只能与所有马达结婚；所有库比只能与所有依把达结婚。也就是说，一部的某一级别的所有男人，都可以和二部同一级别的所有女人通婚，而不能和其他级别的女人通婚。这样做就出现了如下的结果：

男女	男女
依摆和卡波达结婚	所生子女是穆利与马达
孔博与马达结婚	所生子女是库比与卡波达
穆利与布达结婚	所生子女是依摆与依把达
库比与依把达结婚	所生子女是孔博与布达

虽然子女都留在母亲氏族中，但子女则编入了与他们父母不同的级别。[1] 从摩尔根所描述的澳大利亚卡米拉罗依部落两部六个氏族的婚姻和生育子女的情况来看，实际上其分级制就是中国古代的昭穆制度。摩尔根描述的分级制度太过繁琐，两部、八级容易把人绕糊涂。我们按中国远古的昭穆制加以梳理会非常清晰。首先，如果不考虑男女的话，即把同一级别的男女并在一起，就变成了四个级别：即一部中同一级别的长辈男子和女子，一部中同一级别的子辈男子和女子，二部同一级别的长辈男子和女子，二部同一级别的子辈男子和女子。其次，这四个级别是因两部的存在才产生的，如果不考虑两部的话，只按照长辈和子辈来分，就只剩下两个级别，即一昭一穆了。据此我们重新制成图表就可以看得非常直观：

	男子	女子
（一部三个氏族）	依　摆　（昭）	依　把　达（昭）
	孔　博　（穆）	布　达（穆）

---

[1]　[美]摩尔根：《古代社会》，杨东莼、张栗原、冯汉骥译，商务印书馆1971年版，第77~83页。

27

（二部三个氏族）　穆　利（穆）　　马　　达（穆）

库　比（昭）　　卡　波　达（昭）

对每一个氏族而言，实际上就只有两级，即一昭一穆。于是按照《礼记·祭统》说的"昭与昭齿，穆与穆齿"原则，一部中的昭级只能与二部中的昭级通婚；一部的穆级只能与二部的穆级通婚。两部之间昭级男女通婚生下的子女就是穆级，父母为昭辈，子女为穆辈。再往下循环，穆辈男女通婚，生下的子女又成为昭辈了。一辈（级）为昭，一辈（级）为穆，可无限循环下去。我认为，在原始社会的氏族内，有两个级别已经能满足需要，无需四级甚至八级那么复杂的级别。当时级别的功能主要是行辈，区隔两代人之间的婚姻。既然所有兄弟姐妹的子女都视为自己的子女，当然就不应该通婚。那么为何要设立分级制度呢？因为远古人类 13—14 岁进入性成熟期后就可以找性伴侣了。这个年龄段生下的孩子长到 13—14 岁时，其父母才 20 多岁。从外形上看，辈分的区别并不明显，完全有可能在两辈人之间互为性伙伴。比如，那时父亲的女儿是留在母亲氏族的，父亲不能辨认谁是自己的女儿，他再去那个通婚的氏族寻找性伴侣时，父女通婚的可能性是非常大的，所以要隔断父与女之间的婚姻，必须实行父（母）辈与子辈之间的分级制度。而到了孙辈，祖孙之间差了 30 多岁，仅从外形上就可以辨认出辈分，不易发生"失其伦"的情况，加上当时人的平均寿命比较短，可能只能活到 30 多岁，所以无需再以制度来区分。

2. 从"以王父字为氏"制度看昭穆制与封建制的关系

讲了这么多分级制或曰昭穆制的情况，它与封建制度缘起有什么关联吗？有的。在实行氏族外群婚的母系氏族中，子女都是留在母亲氏族的，父亲对自己的子女是无法辨认的。子女中的男性长大后，会和世代通婚的父亲所在的氏族中的女性结婚，生下的孩子会留在母亲氏族中。这样，对一个具体的父亲而言，尽管他不知道自己的儿子是谁，但他只要有儿子，他的直系血亲即儿子的儿子——孙子，一定会回到父亲所在的氏族。所以，父辈与儿女辈根本不在一个氏族生活，也自然不会亲近，而对回到自己氏族的孙辈，自然视为血脉相传的后代非常亲近。当时，人们是没有小家概念的。氏族就是每个人的家，他们只有氏族为家的概念。在氏族社会，所有同辈(级)的男女都是兄弟姐妹，他们的子女并不区分到个人，是所有同辈人的子女。如己身是男性，我兄弟姐妹的子女都是自己的子女；如己身是女性的话，所有兄弟姐妹的子女也都是自己的子女。那时的亲属关系称谓是等分式或曰类分式的，即按辈分分等或按辈分分类，如父辈中所有男性就一个称谓，比如父亲；母亲辈的也只有一个称谓，比如母亲。在中国三千多年前的甲骨文卜辞中，就有"多父""多妣"之称。甲骨文研究的前辈中，郭沫若认为，这些称谓说明殷代尚行"亚血族群婚制"。而胡厚宣则认为，殷代的历届王均有明确的婚配，如示壬之配曰妣庚，示癸之配曰妣甲，大乙之配曰妣丙等；且各王之子也都能明确辨识，如武丁之子就有 53 人。说明殷代不可能是群婚制。胡厚宣和唐兰认为，"多父""多妣"的称谓，与年纪大的皆称父或称母的远古习俗有关。① 我赞同胡厚宣、唐兰先生的观点，因为殷代去古未远，远古时期对长一辈皆称父或母的类分式称谓仍大行其道。在中国，远古时的父亲一辈也称舅，而且包括通婚氏族的同辈男性统称舅；而没有父亲与伯伯、叔叔、姑父、姨夫等区分；母亲辈都称姑，所有母亲辈的女性包括通婚氏族的同辈女性，远古时都称姑，而不区分什么妈、姨、姑等。汉代人刘熙在其解释古文词意的书《释名·释亲属》中说："夫之父曰舅。舅，久也。久老称也。夫之母曰姑，亦言故也。母之兄弟曰舅，亦如之也。妻之父曰外舅，母曰外姑，言妻从外来，谓至己家为妇，故以此意称之"从"妻从外来"的表述看，这些称谓已是血缘世系转入父系社会时期的事了。到后来，即便有了叔、伯之称，仍是称叔父、伯父、姨父、舅父等，总之还要称父，如《左传》隐公五年谈到"叔父"，杜预注："诸侯称同姓大夫，长曰伯父，少曰叔父。"《释名·释亲属》中则说得更明白："父之兄……又曰伯父。伯，把也，把持家政也。父之弟曰仲父。仲，中也，位在中也。仲父之弟曰叔父。叔，少

---

① 胡厚宣：《殷代婚姻家族宗法生育制度考》一文，见胡厚宣：《甲骨学商史论丛初集》，河北教育出版社 2002 年版，第 82、88、89、100 页。

也。叔之弟曰季父。季，癸也，甲乙之次，癸最在下，季亦然也。"这里的"伯""仲""叔""季"只是父亲同辈人的一个序号。女辈也一样，虽有了姑、姨之分，也还要称姑妈、舅妈、姨妈。把叔父、伯父、姨父、舅父后面的父字去掉，姑妈、姨妈、舅妈后面的妈字去掉，只称叔、伯、舅、姑、姨，已是相当晚近的事了。李玄伯先生认为：古时称夫之父与妇之父及母之兄弟同曰舅；夫之母与妇之母及父之姐妹同曰姑，而姐妹之子及婿同称甥，即为分级制之遗留。① 即便到了比较晚近的时期，我们还能从亲属称谓上，看到分级制的影响。唐代诗人朱庆馀有一首脍炙人口的诗：

> 洞房昨夜停红烛
> 待晓堂前拜舅姑
> 妆罢低声问夫婿
> 画眉深浅入时无

　　明明是拜见公婆，却仍然说拜舅姑，这就是远古遗风。要知道这首诗诞生的年代已是公元 9 世纪了，距远古称公婆为舅姑的分级制年代已去几千年矣，我们不得不感叹文化习俗遗传基因的强大！等分式或曰类分式称谓法的关键在于只把人按辈分分等或分类，而不再把同等或同类的人再做区分，细化地描述每个人称谓，也不去过问这些亲属关系的亲疏远近。这与当时人们以氏族为家，所生子女在氏族内由大家共养的群体生活方式密切相关，也与氏族成员共同占有、享用生产生活资料的共同所有制相关。因此，财产、权利、姓氏等一切东西都是氏族共同所有的，只能在氏族内传承，肥水绝不会流到外人（别的氏族）田里。在母系社会，对男性来说，儿女辈出生在母亲的氏族，是母亲氏族（别的氏族）的人；孙辈才出生在本氏族中，自然被视为本氏族的人，所以才有资格继承本氏族的一切权利。

　　生产力的进步，使得剩余产品逐渐丰富起来。由于男性在社会生产

---

　　① 李玄伯：《中国古代社会新研》，开明书店 1949 年版，第 40、41 页。

生活中的作用越来越大，地位越来越高，个人物品的出现，使得财富和权利的传承成为必要，这就要求男性必须能够辨认自己的儿女，因之婚姻的范围不断缩小，男女通婚相对固定在少数几个人身上，男女通婚的形式也进化到不再是男子到女性氏族去，而是女性到男性的氏族来，于是氏族社会渐次由母系转为父系。父系是以男系为本位往下传递世系的，其氏族名称当然以男性的姓名来确定。当一个男系氏族因人口膨胀发生分化，需移民新领地，另立新氏时，当然会用父系氏族的姓名命氏，以表示自己的已出及和原氏族的血缘关系。远古原始人为氏族命名的方式，最初往往以动物、植物命名，前面我们列举的美洲、澳洲的原始氏族都是如此。后来随着人类文明的不断进步，人们文化水平的不断提高，特别是进入父系社会及阶级社会后，私有观念形成，对个人作用的认知达到了全新的境界，作为个人标识的名字出现了，也就是每个人都有自己的名字了。对亲属关系不再是按等分或按类分来统称，而是细化为叙述式的称谓，如父、母、叔、伯、舅、姑、姨、堂兄、表兄等。氏族命名方式也与时俱进地采用了具体的人名来命名。这种对血缘亲属关系称谓由统称到细分至每个人的变化，与私有观念形成后，财产和权利需要按血缘亲疏精准的传承密切相关。在这个过程中出现了一个奇特的现象：孙辈不是以自己父亲的名字为新氏命名，而是以祖辈名字为新氏命名。因资料的缺失，我们对原始氏族社会进入父系时新氏族的命名方式无法予以呈现。但从去古未远的中国先秦文献中，却可以看到当时新氏族命名方式，与原始族外婚时儿辈和孙辈不同地位的明显联系。先秦文献中看到的新氏命名方式，主要是以王父（祖父）字命名。以地名和官名命名只是少数。《左传》隐公八年，鲁国大夫无骇卒，鲁隐公问众仲关于无骇谥号和族氏的事，众仲对曰："天子建德，因生以赐姓，胙之土而命之氏。诸侯以字为谥，因以为族。"于是"公命以字为展氏"，即命以无骇字——展——为族氏名号。杜预注："诸侯之子称公子，公子之子称公孙，公孙之子以王父字为氏。无骇，公子展之孙，故为展氏。"王父即爷爷。在春秋及之前，这是最普遍的最典型的命氏制度。如鲁桓公之后三桓立氏的情况：

鲁桓公——公子庆父（共仲）——公孙敖（穆伯）——仲孙毂（仲孙文伯）……

　　　　　公子牙（僖叔）——公孙兹（戴伯）——叔孙得臣（叔孙庄伯）……

　　　　　　　　　　　　　公孙休（武仲）——叔孙彭生（叔仲惠伯）……

　　　　　公子友（成季）——公孙无秩（齐仲）——季孙行文（季文子）……

可见，鲁桓公三个公子的孙辈都是以其王父（祖父）字，即仲、叔、季为氏的。

郑国也如此：郑穆公诸公子，如公子平（子丰）、公子发（子国）、公子騑（子驷）、公子喜（子罕）、公子偃（子游）、公子去疾（子良）、公子嘉（子孔），诸公子之孙皆以公子之字为氏，称丰、国、驷、罕、游、良、孔氏。①

除姬姓封国外，异姓诸国同样盛行"以王父字为氏"制度，如宋国重要卿族华氏，其公子说之子名督字华父，督之孙即以华为氏，名华御事。其他重要卿族乐、皇、向诸氏，则分别出自公子术（字乐父）、公子允石（字皇父）、公子肸（字向父）之孙，故以王父字分别为乐、皇、向氏。又齐国齐惠公之子公子坚，字子栾；子栾之子公孙竈，字子雅；子雅之子便以祖父的字"栾"为氏，称栾施，字子旗。② 当然，也有以父亲字为氏的情况，但为数不多。

祖孙之间的特殊亲近关系不惟体现在命氏上，在祭祀仪礼中也是如此，《礼记·曾子问》载："孔子曰：'祭成丧者必有尸，尸必以孙。孙幼，则使人抱之。无孙，则取于同姓可也。'"。《礼记·曲礼上》也载："《礼》曰：'君子抱孙不抱子。'此言孙可以为王父尸，子不可以为父尸。"这个仪礼表达的是以孙子来代表爷爷，而儿子则不能代表。世界上其他民族中也有类似的制度，如澳大利亚的阿兰达部落里，"阿兰加"这一称谓既表示祖父也表示孙子；阿拉巴拉部落里，"卡德尼尼"也有同样意义。居住在马绍尔群岛上的居民，"孙子的称谓是'伊比尤'，和祖辈

①　朱凤瀚：《商周家族形态研究（增订版）》，天津古籍出版社 2004 年版，第 440、441 页。

②　《春秋大事表·卿大夫世系表》。

相同"。①

春秋时代早已是父权大行其道，为何人们却如此重视祖孙之间的关系呢？这就是我们前面所分析的原因：母系氏族社会实行族外群婚，男方的子女都留在母亲氏族里，只有子女中的男性长大后，他会回到其父亲的氏族来和女子通婚，并留下所生的孩子。也就是说孙辈又回到了爷爷氏族。于是形成了祖孙是一个氏族的，而父子属于两个氏族的现象。这样父与子成为区分一氏族和另一氏族的天然界限，对男性及子女而言，昭辈为一氏族，穆辈必为另一氏族。昭穆制除了前面说的"行辈""别辈"功能外，对男性而言，还有"别氏"的功能，即将两辈人区分为两个氏族的功能。在氏族为家、氏族为大的社会里，一切东西的传承只能在氏族内进行，祖孙关系的重要性自然远大于父子。当世系转入男系后，随着私有财产的出现和私有观念形成，财产和权利继承成为重要的需求。要继承财产和权利就要梳理血缘的亲疏，确立继承人。毫无疑问，在所有的亲属关系中，自己的子女是最亲近的。于是确认亲生子女成为必要。为此必须要求固定的排他性的配偶，群婚制由此消亡，单偶制婚姻确立。虽然父传子，子传孙已成为现实，但氏族外群婚时的观念惯性，依然使人们觉得孙子比儿子更亲近，特别在仪礼上一直延续着过去的习惯。这就是昭穆制度、"以王父字为氏"的命氏制度及祭礼上的"尸必以孙"习俗中所暗含着的远古社会的一系列制度性密码。这就是原始文化基因的强大遗传作用！李玄伯先生说："我疑周人以王父字为氏者，乃系此制度（昭穆制度——引者注）的遗痕。氏所以别族，当然不能用王父姓，最初想系用名，后改用字。"②张光直先生也持大致的观点："在昭穆制下祖孙为一系；《公羊传》所谓'以王父之字为氏'，似与此也有消息相关。"③

李衡眉先生认为：昭穆制度应起源于母系社会向父系社会过渡时期。他引用苏联学者谢苗诺夫的观点：这时期，部落中处于两合氏族婚

---

①　李衡眉：《昭穆制度与宗法制度关系论略》，《历史研究》1996年第2期。

②　李玄伯：《中国古代社会新研》，开明书店1949年版，第41页。

③　张光直：《中国青铜时代》，三联书店1983年版，第164、165页。

姻组织中的成员"同时既属于同一个母系氏族,又属于同一个父系氏族,也就是说,他们既为父系相继关系所联系,同时又为母系相继关系所联系"。昭穆制度就处在这种"双重相继关系"之中。① 我认为,昭穆制度即摩尔根等国外学者所说的分级制度,起源远早于母系向父系转化的时代,因为它的出现首先是有行辈或曰别辈功能,即隔断相邻的两辈人(父子或母子)之间相互通婚。所以,不可能晚至母系社会向父系社会过渡时才出现。我赞同摩尔根的分析:分级制出现在血缘家族时代,是比氏族组织更古老更原始的制度。② 也正是分级制的不断改进:先禁止相邻的两辈人之间通婚,后又禁止家族内同胞兄弟姐妹之间通婚,从而导致氏族外婚姻的出现。氏族外群婚的出现,孙辈重返父亲氏族,别氏的功能就已出现了。可见,分级制或曰昭穆制也是在与时俱进的。进入父系社会及私有制出现后,这个制度也会有新的内容和表现,氏族的色彩逐渐隐去,家族和个人的色彩渐次清晰起来。

"以王父字为氏"的制度就是族氏分化,新氏建立过程中遵循的范式。新氏族分化出来后必定要有供其生存的地盘,故命氏必有封土。命氏的过程即封建的过程,也就是《左传》隐公八年说的"胙之土而命之氏"。只不过这时封的土可能是一个国,也可能是一个邑,抑或只是一个村庄。需要强调的是,这时的氏和远古时期的氏是有区别的。远古时的氏到春秋时期,多数已发展成为新的独立的"姓"。而春秋时期的氏多指同一血统内的各分枝。一个家族人口膨胀或其他原因需要一部分人分立门户,由家族长"胙之土而命之氏",以新命的氏名来和大家族内其他分枝相区别。《礼记·大传》说:"别子为祖,继别为宗,继祢者为小宗。有百世不迁之宗,有五世则迁之宗。百世不迁者,别子之后也。宗其继别子者,百世不迁者也。宗其继高祖者,五世则迁者也。"别子即从大家族中分化出来被命氏受土者,也即受封者,他就是新立氏名的族群之祖,成为新立氏族的大宗。他的继承者是长子,长子之后是长孙,以此

---

① 李衡眉:《昭穆制度与宗法制度关系论略》,《历史研究》1996年第2期。

② [美]摩尔根:《古代社会》,杨东莼、张栗原、冯汉骥译,商务印书馆1971年版,第72页。

类推，只有他们可以继承大宗的名号和权利，所以是所谓百世不迁的大宗。其他儿子是为小宗，须五世则迁。所谓迁者即五世之后须另立新氏。不断地分族就得不断地分封立氏。这也是封建社会为什么要层层分封的原因。我们前面说过，人口增长是原始氏族裂变、分化、新立氏族的原因。可春秋时期分族立氏还有另一层意义。

春秋时期，各诸侯国不论是公族还是卿族，分族立氏的速度都明显加快了。《左传》昭公三年，齐国大臣晏婴与晋国大臣叔向谈及公族时，叔向曰："晋之公族尽矣。肸闻之，公室将卑，其宗族枝叶先落，则公从之。肸之宗十一族，唯羊舌氏在而已。"杜预注："同祖为宗。"据朱凤瀚先生考证，叔向的宗族世系是：晋武公——伯侨——文——突（羊舌大夫）——职——叔向（羊舌肸）。叔向一族即羊舌氏始自其祖"突"，其氏名是典型的以王父字为氏。叔向所言公族皆是晋武公的后代，叔向所在的羊舌氏是其"广义公族"中的一支。[①] 从世系看，从"突"到叔向只三代人，就已经衍生、分化出十一族，说明羊舌氏的家族十分庞大。羊舌氏能有十一族分立，只是西周到春秋时期各大家族分族立氏的一个缩影。西周大分封后，作为各诸侯国国君都面临君位继承的问题。虽然当时实行长子继承制，但其他庶子和时君的兄弟因血缘较近，也都对君位虎视眈眈。为了消除隐患，把这些可能干扰长子继位的因素排除出去，各国国君利用了宗法制度，只将长子、长孙等极少数亲属留在时君为核心的公族里，以保证君位在直系亲近内传递。而对各庶子及自己的兄弟则"胙土命氏"，使之分封出去，另立公子之宗，从制度上将他们排斥在君统之外。别立新氏者已不再是公室成员，也就无权继承君位。这种出于政治考虑的制度化安排当然会让分族立氏的进程提速，即不是"五世则迁"，而是只要有政治上的需要就分族立氏。这种防止时君兄弟和庶子觊觎君位的做法效果还是不错的。朱凤瀚先生对鲁、卫、晋、郑、齐、宋、楚七国，从公元前770年到前476年，国君正常继位和非正常继位的情况作了梳理和统计：正常继位即国君所定继承人，包括嫡长子

---

① 朱凤瀚：《商周家族形态研究（增订版）》，天津古籍出版社2004年版，第434、435页。

或其他指定的人继位的 96 君，占总继位人数 114 君的 61%；非正常继位者即违背国君生前意愿，以强力或被其他势力(权臣或国外势力)所拥立者 45 君，占比 39%。[1] 即便是非正常继位者，也大多是时君的公子、公孙等近亲。

除了"以王父字为氏"之外，还有复合氏名的情况，即分立出来的氏族名号由所从出的氏族名和自己氏族(家族)名号两部分组成，如商代铜器铭文中的复合氏名冉屰，前者是商王族名号，后者是商王同姓亲族屰氏，说明屰是冉氏分化出来的分支。商铜器铭文复合氏名中较典型的是"戈"这一族氏名号。与"戈"相关的复合氏名青铜器共 44 件，属商代的集中出土于安阳及邻近地区计 30 件。从商王室大墓出土的铜器铭文中有"叉戈"、"戈自"和三字复合氏名"戈北单"。说明"戈"氏与王室的关系密切，卜辞中有"乎戈"，"取羊于戈"，晚期卜辞还有"令戈归"，表明了"戈"氏世代服役于商王的关系。"戈"氏很可能是从商王族中分化出来的子族，而复合氏名也表示从"戈"氏中再分衍出各分支，各分支再往下分衍，又与其他氏名复合，形成更小的分支。卜辞中的复合氏名还有"戊"氏、"幸旅"氏等。朱凤瀚先生认为，复合氏名普遍存在于历史上许多古代民族中，如日本大和朝廷时，从贵族世家(氏)分出去的分支其名号构成就是复合氏名；中亚哈萨克族各部落氏族与复合氏名类似的印记书写形式；古罗马贵族姓名以己名、氏族名、氏族分支名三个部分组成的制度及希腊人系谱形式的氏族名称等。[2]

不论是孙"以王父字为氏"，还是复合氏名，都说明一个问题，那就是从远古以来，人类是沿着血缘世系关系这根主干来分族命氏，传递、复制、标识家族关系的。只是在命氏方式上，前者包含了更多氏族外群婚时孙辈为何比儿子辈更重要的文化密码，更代表了原始社会氏族为家的古老观念。

以上我们考察了原始社会具有行辈功能进而到别氏功能的分级制或

---

① 朱凤瀚：《商周家族形态研究(增订版)》，天津古籍出版社 2004 年版，第 448、449 页。

② 朱凤瀚：《商周家族形态研究(增订版)》，天津古籍出版社 2004 年版，第 73、75、91、95、99 页。

曰昭穆制，发展为父系社会乃至阶级社会的孙"以王父字为氏"的封土命氏制度和复合氏名的制度，从一个特殊的角度看到了后来成熟的封建制度，与原始氏族社会婚姻、社会组织及继承制等制度化安排之间连续相继的进化脉络和血缘关系。由此也能说明，封建制度不是无源之水、无根之木。它是从血缘关系为纽带的氏族社会土壤中孕育、生发并最终长成枝繁叶茂的参天大树的。

第三节　血缘的排外性、社会各力量均势大格局与封建制度形成的外部环境

上面谈到了原始氏族或部落因自身人口增长须向外移民、扩展生存空间，从而引发了母体氏族为子氏族封土命氏这种内生性的需求，造就了一代又一代新氏族的诞生，形成了封土建氏，也即封土建邑及日后封土建国的强大制度性基因。本节我们要讨论当时社会政治大格局构成的外部环境，对封建制度形成和发展的影响。

当时社会大的政治态势就是各氏族、部落势均力敌，没有谁能凭一己之力一统天下，从而也就保持了天下政治格局的战略平衡。虽然远古时期地广人稀，氏族和部落在人口饱和、裂变分化时，可以向其他地方迁徙。但在洪荒的自然中找到一块适合人类居住生活的沃土并不容易，一个氏族或部落在不断地向周边扩张中，肯定会和其他氏族或部落的生存空间相遇，争斗是不可避免的。他们是如何处理和异族之间的关系呢？

(1)原始社会中血缘关系的唯一性，就必定包含了对非血缘关系异族的排他性。排他性的血缘关系思维定势，使得氏族成员不能接纳其他的异姓族群，即便是对战败的氏族或部落，也只是象征性地收取一点贡物，绝不会将其兼并、融合到自己氏族或部落中来。所以作为战胜方的氏族或部落也不会因战胜便急剧地扩大自己的实力。氏族或部落的发展只能依靠自身人口的自然增长，这是保持氏族之间、部落之间力量均势的内在原因。

　　远古时期的人类长期生活在由血缘关系构成的社会之中，形成了非血缘关系即为异类的排他性思维定势。他们不能和没有血缘关系的人一起祭祀自己的祖先，不能和没有血缘关系的人互称兄弟姐妹，加之语言不通，生活习惯各异，所以他们不愿和没有血缘关系的人们生活在一起，更加不懂兼并或同化其他氏族或部落来扩大和加强自己的实力。美洲的易洛魁人在领土扩展时曾征服过一些部落，如德拉瓦部落，但后者依然在他们自己酋长的治理之下，征服对于易洛魁联盟并没有增加任何力量。因为在当时排他性思维定势下，要把语言不同的部落纳入自己统一管理之下，或想对被征服部落于贡献物之外获得一些利益几乎是不可能的。处在中美洲的阿兹忒克部落联盟，1426年到1502年，与从墨西哥峡谷南出太平洋沿岸，再东向直至危地马拉的印第安人诸部落战事不断，使这一地区内的主要部落包括委拉·克路斯附近的托托纳克诸分散的村落成为了附庸。但他们并没有企图将这些被征服部落合并于阿兹忒克联盟以内，因为在他们的制度下，语言的障碍使其不可能。这些被征服的部落仍然接受他们自己酋长的领导，并遵循他们自己的风俗和生活习惯。阿兹忒克人有时会派一贡物征收者留住于那些部落中，以收取贡物。摩尔根感慨地说：一强者对于弱者的统治，除了只向其强取非所自愿交付的贡物外，没有任何其他的目的，甚至连形成一个民族的倾向都没有。[①]

　　摩尔根把人类史前社会组织分为氏族、胞族、部落、部落联盟四个阶段。[②] 最后的部落联盟已经站在了文明的门槛上了。氏族和胞族都是同一血缘关系的人群，因后者往往是从前者中分化出来的氏族组成的。而部落则有所不同，一个部落中是由两个不同血缘关系却又世代通婚的氏族或胞族组成，这里既有血亲关系也有姻亲关系。那时的家族成员一半是在自己氏族内，而另一半则在有姻亲关系的氏族里。血亲加姻亲的关系使部落成为较氏族更复杂和更高层次的社会组织，也是人类迈出血

---

　　① ［美］摩尔根：《古代社会》，杨东莼、张栗原、冯汉骥译，商务印书馆1971年版，第251、330、331页。

　　② ［美］摩尔根：《古代社会》，杨东莼、张栗原、冯汉骥译，商务印书馆1971年版，第226、227页。

亲关系组成社会的第一步。为了应对外部日益增加的安全威胁，也为了
实现共同的利益，几个有血缘关系和姻亲关系的部落又会结成部落联
盟。部落联盟是人类力图突破血缘关系，在更广阔的地域内组成更大社
会组织而迈出的一大步。但部落联盟没有改变社会的政治均势，只是把
氏族之间、部落之间的均势变成了部落联盟之间的均势。较早的部落联
盟是由有一定血缘关系的，即由一个原始部落分化出来的几个部落构成
的。易洛魁部落联盟的五个部落中，摩和克、温嫩多加、辛尼加部落彼
此为兄弟部落，他们是长辈部落；而奥奈达、撵由加及后来加入的塔斯
卡洛剌三部落互为兄弟部落，但相对于前三个部落则为子部落。因为奥
奈达部落系由摩和克部落分出，撵由加部落则由温嫩多加或辛尼加部落
分出。出于行辈关系，联盟开会时，各部落酋长分两组相对而坐：长辈
一组，子辈一组。会议唱名时先唱长辈部落，后唱子辈部落。在五个部
落中，狼、熊、龟三个氏族是共同的，如狼氏族由一个而分化为五个，
分处五个部落中，熊、龟氏族也是如此。鹿、鹬、鹰三个氏族在辛尼
加、撵由加、温嫩多加三部落中也是共同的。虽有长辈子辈之分，易洛
魁各个部落在联盟内地位、权利、义务、特权均是完全平等的。有时给
予某一部落一些特许，绝不是表示不平等和特权的意思，如温嫩多加部
落有十四名世袭酋长，多于其他部落，这是因为他们要负责保管整个联
盟的信物"贝壳珠带"，也是联盟会议火炬的看守者。"全场一致是易洛
魁联盟的根本法则"，若是各部落意见一致，则会议的决议便通过。否
则，议案就被否决，会议即告结束。①

易洛魁部落联盟形成于 1400 年至 1450 年之间，当时已有五个部落，
各部落领地接壤，并都操出自同一语言的方言，好些氏族在几个部落中
是共同的，这些为联盟提供了自然的、血缘的基础。从联盟的主要原则
规定上我们可以看到其本质特征：

第一，联盟是在平等基础上所建立的一个政府之下，由共通氏族所
构成的五个部落的结合；在所有事项上，各个部落都是独立的、自

---

① ［美］摩尔根：《古代社会》，杨东莼、张栗原、冯汉骥译，商务印书馆
1971 年版，第 231、234、235、236 页。

治的。

第二，酋长大会是联盟的最高权力机构，可以决定联盟内一切事项。酋长的数额有一定限制，但在地位和权限上各酋长完全平等。

第三，五部落共设五十名世袭酋长及其名号，他们永久地被规定限于五个部落的氏族内，如有空缺，所在氏族有权补充，方法为同一氏族全体成员选举产生；但在理由充分时，也可罢免世袭酋长。

第四，联盟的世袭酋长同时也是他自己所属部落中的世袭酋长，他们与其部落的普通酋长共同组成部落会议，对部落内一切事项有最高权力。

第五，每一次公共法令须在联盟会议中一致通过方能生效。这是联盟会议的基本原则。

第六，世袭酋长在联盟会议上以部落为单位投票，每一部落一票。这一办法使得每一部落对其他部落持一反对票。

第七，各部落会议有召集联盟大会之权，但联盟大会无自行召集联盟大会的权力。

第八，联盟大会在讨论公共问题时对人民完全开放，人们可以入会发表演说和意见，但决定权在联盟大会。

第九，联盟无领袖行政官员或正式领袖。

第十，联盟设军务指挥官，统一指挥联盟对外军事行动。但以二元形式设立，即两名军事指挥官权限相等，可以互相节制。①

从以上描述可以看出，组成联盟的各部落之间是有一定血缘关系或者姻亲关系的。部落联盟对于外人的进入是排斥的。其次，部落联盟的权限是有限的。它只有在全体部落意见一致的情况下才能发挥作用。这样的联盟其实是个非常设权力机构，它必须按照部落的意志来运行，而不可能有自己独立于部落之外的权力和利益。部落联盟是人类即将跨入国家门槛的最后一级社会组织，它的许多原则和习惯对后来的国家，特别是对初期形态的国家有着极为重要的影响。当然，易洛魁人没走到国

---

①　[美]摩尔根：《古代社会》，杨东莼、张栗原、冯汉骥译，商务印书馆1971年版，第212、213页。

家那一步，他们的历史就被西方殖民者打断了。但是，在远古的世界其他地方，人类历史正沿着自身的轨迹向前发展。

　　排斥外族的习惯和思维，其影响是巨大的和深远的，直到文明社会我们仍能感到它的强大作用。在中国的春秋时期，反映当时情况的编年史文献《左传》成公四年载："非我族类，其心必异。"这是赤裸裸的对外族人的不信任。那时的人们都还是生活在血缘大家族之中的，整个社会的各种政治力量也是以大家族为单位组织起来的，有这种思维非常正常。《左传》僖公十年："神不歆非类，民不祀非族。"僖公三十一年，卫成公："命祀相，宁武子不可，曰'鬼神非其族类，不歆其祀'。"都是说自家老祖宗不接受外族人的祭祀，人们不能祭祀外族人的祖先。用现在的话来说："不是一家人，不进一家门。"《国语·晋语四》说得更明白："异姓则异德，异德则异类""同姓则同德，同德则同心，同心则同志"。即只有同一血缘关系的人群，才有同一的利益、同一的志向、同一的价值观。在希腊、罗马也是如此，研究古代希腊、罗马的学者古朗士认为，古希腊语"家族"直译是"环圣火旁者"，由此可知家族成员是由崇拜同一圣火，祭祀同一祖先的人所组成的团体。每个家族都是排外的，不是同一血缘关系的成员是不能祭祀同一个祖先神灵的。祭祀的圣火是供奉于家族垣内或家族屋内的，以避开外人，若外人看见则视为不祥，故罗马人也称祖先为"内神"。每个家族的祭祀仪式都不相同，仪式的程序、歌曲、歌词也都不能泄露于外族。在印度，婆罗门说："我父给我的历祖相传的歌曲，敌人若想得它，我必尽力抵抗。"①可见氏族或家族的排外性，是世界各地远古先祖的共同现象。在这种思维定势下，一个氏族或一个部落的发展壮大不可能通过兼并、融合其他族群来实现，只能靠自身人口的自然增长及财富的积累。

　　公元前8世纪后的希腊，几个有一定血缘关系和利益关系的部落，组成了地域性的部落联盟。生活在阿提喀的希腊人有四个部落，由于长期占有相邻的土地，语言和生活习性相通，在受到周边其他部落的压迫

———————

　　① ［法］古朗士：《希腊罗马古代社会研究》，李玄伯译，上海文艺出版社1990年版，第26、22页。

下，逐渐团结一致，先形成地域性的部落联盟，后发展成一个民族。对其他人融入雅典社会，则是持排斥态度。罗马的拉丁人在罗缪勒斯时代，因氏族的分化作用形成了三十个独立部落，为互相保护结成了松散的联盟。拉丁部落因与萨宾部落通婚，两部落合为一体。后来又勉强接受了被称为"小氏族"的卢西勒部落，形成了完整的罗马民族。但此后就关闭了其他人进入罗马公民的大门。① 随着两地工商业的发展，进入希腊、罗马城邦的外来人口日益增多。但是这些外来人没有加入希腊、罗马人的氏族，就无法享受公民待遇，不能参与政府管理。伯里克利在公元前445年恢复了一条旧法："其父母皆为雅典人者，始能成为雅典人。"这一法律被严格地执行。② 排斥外人的心态也体现在城邦国家对外关系的层面上。那时希腊、罗马遍布星罗棋布的城邦，每个城邦几乎就是一个部落联盟构成的封闭的氏族社会。因为血缘关系不同，宗教文化不同，甚至语言上也有差异，所以每个城邦都把没有血缘关系和姻亲关系的其他城邦当外人。和其他城邦的关系，好的、利益一致的只是结盟而不是合并成一个国家。希腊的同盟很多，如有以斯巴达为首的拉凯戴孟同盟、以提佛为首的彼奥提亚同盟、特萨利亚四个州即四个部落组成的联盟等。最重要的要数近邻同盟，公元前600年，这个同盟包括了希腊北部和中部的全体城邦，雅典、斯巴达、西息温都是该同盟的成员。再往后，公元前479年，拜占庭战役时，雅典组建了"提洛同盟"。该同盟包括爱琴海、小亚细亚、色雷斯海滨的一切希腊城邦，达达尼、博斯普鲁斯海峡及马尔马拉海诸邦也都参加了同盟。同盟最盛时有城邦和小共同体(村镇)达三百个。同盟建立之初，各国地位还比较平等，金库设在提洛岛上，司库是由同盟会议选举出来的，不是雅典官员。但11年后，随着希腊、波斯战争中雅典地位的提高，雅典逐渐成为了同盟中的霸主。同盟的金库迁到了雅典，司库已由雅典官员担任，盟国之间的讼案要到雅典审理，各国还需向雅典纳贡以代替服兵役，差不多成了雅典

---

① ［美］摩尔根：《古代社会》，杨东莼、张栗原、冯汉骥译，商务印书馆1971年版，第476、558页。

② 顾准：《希腊城邦制度——读希腊史笔记》，中国社会科学出版社1982年版，第171页。

的附庸。① 虽然地位上差了一点，但是各盟邦还是独立的、自治的。当时的雅典不论是国力还是威望都如日中天，可是为什么没有完成统一呢？究其原因就是上面提到的氏族部落对非血缘关系外人的排斥心结在城邦关系上的表现。不只是雅典人不愿意接受其他城邦的人，其他城邦的人也不愿接受雅典人，各城邦之间也都是互不接纳，大家互不接纳的结果就是各自独立、自行其是。贝尔克尔在《公元四世纪的伟大政治思想和理论》一书中说："(公元前)五世纪中，雅典曾经企图搞城邦的统一，它的伸展的很远的帝国曾经包括爱琴海上所有的岛屿和海滨。它的政策失败了，它的失败是因为它和它的盟邦同等地受到了(自治，自给的城邦神圣不可侵犯)这种思潮的妨碍，所以不能上升到一个巨大的、非城邦的联合在一种共同公民权中的国家的概念。在雅典这方面，它不能把它的公民权扩大到盟邦去，因为它的公民权意味着——而且，也只能够意味着——出生于雅典，完全地参与在雅典当地的生活、习性和气质之中；在盟邦这方面，即使赋予雅典的公民权，它们也不能接受，因为这些城邦的公民权，对它们来讲所意味的是恰好同样的东西。共同的公民权会使有关系的一切人发生'一种无法忍受的一神主义'的宗教感情，因为对城邦的崇拜，事实上是一种宗教。政治上的多神主义是希腊的信条，这种信条倾覆了雅典帝国。要细心地琢磨，才能设想宗教(城邦的宗教)瓦解了雅典帝国。"②贝尔克尔所言极是。城邦的自治、本位主义和城邦的宗教，其实质都是氏族排斥他人的自恋情结在作祟，是血缘的排他性思维定势在作祟。由此可见，当时处于城邦国家状态的希腊文明区，血缘排他主义原则大行其道，只可能是一城邦一宗教、一城邦一世界，没法完成统一。

也有一个例外，这就是斯巴达部族。据说公元前 8 世纪，斯巴达人征服了邻邦美塞尼亚，对当地居民实行了残酷的统治，让他们交租纳税成为农奴，称"黑劳士(Helots)"。公元前 7 世纪，美塞尼亚人不堪斯巴

---

① 顾准：《希腊城邦制度——读希腊史笔记》，中国社会科学出版社 1982 年版，第 96、156、157、158、159 页。

② 顾准：《希腊城邦制度——读希腊史笔记》，中国社会科学出版社 1982 年版，第 163 页。

达人的压迫举行暴动，战争打得非常惨烈，持续了 20 多年。斯巴达人为镇压这次暴动，用了举国之力，适龄男子悉数从军，伤亡惨重。等战争结束，战士归来，后方的不少妇女和边区的居民私通所生的私生子都已成年了。而为了防止受压迫者再度反抗，斯巴达把自己变成了一个军营：禁止贵金属的流通，全民都过着军事共产主义生活。婴儿生下来要让长老检查，体质弱的会被丢弃，体质强壮的才能抚养成人。年轻人不能穿鞋，大部分时间在军营里过团队生活。成年男人都是战士，按军队编制纳入战斗集体中。① 应当说，这就是斯巴达人为奴役和兼并邻邦所付出的代价。斯巴达人在希腊世界里不论是经济还是文化上都乏善可陈，与此直接相关，因为他们把所有的精力都花在战争和奴役异族身上了。公元前 6 世纪，斯巴达人还曾想兼并另一个邻邦阿卡狄亚，遭到激烈反抗，战争持续 30 年而没有成功，后转为结成同盟。斯巴达人的兼并是一个特殊的例子，它从反面印证了兼并另一个部落在当时是行不通的。斯巴达后来在军事上能有所作为，靠的是同盟而非兼并。还有一个例子可以说明问题，当年波斯人入侵时，对征服国只要同意归顺即可，仍可保持邦国独立自治，所以许多小亚细亚的希腊城邦和希腊北部、中部的城邦都臣服了，并没有像斯巴达对邻邦的征服那样遭到激烈反抗。由此可见，降为藩属国，虽然地位有所降低，但对城邦国家却没有伤筋动骨的损害，城邦内的宗教、文化、生活习性都还保留着，因此不少城邦是能够接受的。

罗马人处理与周边国家的关系，也是采取结盟的方式以对付外敌。公元前 5 世纪，罗马人与拉丁人的同盟条约是这样说的："只要天地不毁灭，在罗马人和团结一致的全部拉丁城市之间便将要有永久的和平。让他们相互之间不发生战争并且不从外部招来战争并不使敌人从任何一方面随便进来。如果有谁受到攻击，他们应全力相互帮助，因而他们也便有权平分所得到的全部可以移动的缴获物。个别的争端要在十日内在争端发生的公社内部得到调解。这个条约不附加任何东西，也不减少任

---

① 顾准：《希腊城邦制度——读希腊史笔记》，中国社会科学出版社 1982 年版，第 83 页。

何东西，除非得到了罗马人和联合一致的全体拉丁人的一致同意。"①联盟是各部落或各城邦国家之间保护共同利益和对抗外部威胁的需要。由于血缘排外的心态，也由于任何一个部落或城邦都没有强大到可以靠一己之力统一天下的地步，所以，结为联盟是各部落或城邦壮大自身的唯一选择。但是，当大家都因血缘相近、姻缘相近或利益相近而结为联盟时，联盟与联盟之间还是保持着相对的平衡。即便是对那些被打败的部落，也是采取缔结盟约的方式，将其联合在自己的利益集团内。只不过这些部落在政治和外交上要与战胜部落保持一致，在对外战争中要提供一定的军事义务。在罗马人向外扩张的时候，数目众多的联盟者都是独立的城邦公社。即使对那些被打败的国家，罗马人也和他们缔结盟约，对不同的城邦、公社，条约可以是极其多样的，但联盟者照例都保留了国家的独立。属于"海上联盟者"的萨姆尼姆部落，希腊城邦塔连图姆、克罗托、洛克黎、图里伊、维利亚、列吉乌姆等，在城邦公社制度上与罗马相仿，都保持独立性，只是在战时要提供船舶和人员，和罗马人一起战斗。所以，那时以罗马为主的意大利联盟"绝不是一个领土的民族国家，而是一个实际上从属于罗马的、自治的和半自治的城邦和部落联盟"②。

成为常态的部落联盟以承认和保护各个部落既得利益和实际控制的领地为前提，为各氏族和部落的内部分化和新氏族的"封土命氏"，提供了外部空间和保护伞。部落联盟或城邦联盟既然是由各部落和各城邦组成的、操纵的，它就得把部落和城邦的利益放在第一位，否则，联盟就不能存在。维护各氏族各部落和城邦的利益，首先是承认各氏族各部落和城邦实际控制的赖以存活的领地和生存空间，这是不言而喻的。在没有文字的时代，这种承认是用行动表达的，即各部落都自觉地不去侵犯联盟内其他部落的领地和利益。如果各部落之间因偶然事件发生矛盾，也会在联盟之内通过协商解决问题。到了文字出现后，这些早已成为行

---

① ［苏］科瓦略夫：《古代罗马史》，王以铸译，上海书店出版社1957年版，第149、150页。

② ［苏］科瓦略夫：《古代罗马史》，王以铸译，上海书店出版社1957年版，第202、203页。

为准则的习惯就会形成罗马人与拉丁人的联盟公约。通过上面的论述，我们看到了两个层面的联盟，一个是部落联盟，如易洛魁人的联盟，及城邦内部各部落之间的部落联盟；另一个是城邦之间的城邦联盟。就部落联盟这个层面而言，上面所说的易洛魁人的部落联盟，在联盟这个层面上是没有任何权力的，连召集联盟会议的权力都没有。但希腊、罗马在部落联盟发展过程中一只脚已经迈入文明门槛，其形式便是早期城邦国家。虽然城邦国家已有了各部落共同的政府，产生了主持日常事务的领导人，雅典称巴赛勒斯（Basileus），罗马称列克斯（Rex），但他们是通过选举产生的，也可以通过投票被罢免。同时他们都要受制于酋长会议即后来的元老院和人民大会。酋长会议或元老院也只是提出议案，以供人民大会表决。所有重大的事项均须人民大会表决通过才能实施。① 在这种体制下，城邦的领导人必须对人民负责，而人民也能决定领导人政治生命。不管是部落联盟还是城邦都是按照人民的意志运行的。这和后来的君主制有天壤之别。应该说那个时期的领导，不论他叫酋长、长老还是叫巴赛勒斯、列克斯，都必须是德才兼备，为公众事业任劳任怨、兢兢业业工作的人。无德无才的人是不会被推选为公共领袖的。由于此时的人们仍然以氏族和部落为社会基本单位，所以，这种民主政体就保证了氏族和部落的利益远大于城邦国家的利益。城邦国家必须把氏族、部落利益放在第一位，而不是相反。让氏族、部落利益服从城邦国家利益基本是行不通的。城邦国家保护氏族、部落利益首先就得保护和承认各氏族、部落的实际占有的地盘即生存空间，因为这是氏族和部落最大的既得利益。如果城邦国家以法律或政令的形式宣告各氏族、部落的领地范围，就是以城邦国家的名义使实际存在的各部落的封土得以法律化。在一些后世的学者看来，这好像是国家在分封，其实这只是各部落控制下的国家为各部落的利益披上合法化的外衣而已。从城邦联盟的层面看也是这样，城邦联盟必须维护各城邦的既得利益，其中最大的既得利益就是承认和保护各个城邦的现有地盘，即各个城邦现有

---

① ［美］摩尔根：《古代社会》，杨东莼、张栗原、冯汉骥译，商务印书馆1971年版，第418、419、480、537页。

的领地和所建的国家。然后才能谈得上一致对外的问题。以联盟的名义向天下昭示各氏族或各大家族控制的领地的合法化，也就是把分封、封建制度扩大到了以地域组织组成的早期国家层面。可以看得很清楚，部落与部落之间，城邦国家与城邦国家之间的结盟而不是兼并，是部落之间、城邦国家之间势均力敌的结果，更是氏族部落和城邦在排斥外族心结下只联合不融合的结果。氏族与氏族，部落与部落，部落联盟与部落联盟，城邦国家与城邦国家之间的均势平衡，形成了天下政治均势的大格局。这种政治均势大格局恰恰是封建制大行其道的外部生存环境。

（2）在血缘排外的思维定势下，在各方力量均势的政治生态下，一统天下行不通，只能承认或任由各氏族、部落的独立和自治；只能以结盟的方式组成联合体实行天下的共同治理。而被推选的盟主以分封的方式来联合各方部落、邦国，是用大家都能接受的传统方式治理天下的成功选择。而且，既然实力均衡，靠武力征服不了天下，盟主就必须以德服人、以德治天下。中国古代的大禹是非常生动的例子。其一，《孟子·滕文公上》载："当尧之时，天下犹未平，洪水横流，泛滥于天下，草木畅茂，禽兽繁殖，五谷不登，禽兽偪人，兽蹄鸟迹之道交于中国。"可以想见，洪水所到之处一片汪洋，百姓流离失所、哀鸿遍野。传说大禹的父亲就因治水不力而获罪。所以，《史记·夏本纪》载大禹受命治水时"乃劳身焦思，居外十三年，过家门不敢入。薄衣食，致孝于鬼神；卑宫室，致费于沟淢"，又载："禹曰：'予娶涂山，辛壬癸甲，生启予不子，以故能成水土功。'"从辛日结婚到甲日外出治水，前后不过几天，连自己的孩子出生和养育也顾不上，过家门而不入，使大禹成为流传几千年的公而忘私的道德典范。其二，大禹到处奔波治水的过程是十分艰辛的。《庄子·天下》载："墨子称道曰：'昔禹之湮洪水，决江河而通四夷九州也，名川三百，支川三千，小者无数。禹亲自操橐耜而九杂天下之川，腓无胈，胫无毛，沐甚雨，栉疾风，置万国。禹大圣也，而形劳天下也如此。'使后世之墨者，多以裘褐为衣，以跂蹻为服，日夜不休，以自苦为极，曰：'不能如此，非禹之道也，不足为墨。'"治水治理的是一片区域，且水水相连，工程十分浩大，大禹穿着兽皮粗衣，亲操橐耜长期栉风沐雨泡在水里，和人民一道开挖河道、运土筑坝，腿上的汗毛都磨光了，劳累辛苦的程度可想而知，以至于后代的墨家就以大禹的这种苦行僧式的形象为楷模。《帝王世纪·夏》："(禹)继鲧治水，乃劳身涉勤……故世传禹病偏枯，足不相遇，至今巫称禹步是也。又手足胼胝……"这一段的描写更加生动了：由于长期辛苦劳累，大禹手脚长满了老茧，身体枯槁，而且腿脚有毛病，走路跛行，以至于今人把跛行者称禹步。《吕氏春秋·求人》："禹……不有懈堕，忧其黔首，颜色黎黑，窍藏不通，步不相过，以求贤人，欲尽地利，至劳也。"也是说大禹野外劳作，晒的皮肤黝黑，走路跛行，五脏六腑都有了毛病。不只大禹如此，远古时的首领都是如此。《淮南子·修务训》："神农憔悴，尧瘦臞，舜霉黑，禹胼胝。由此观之，则圣人之忧劳百姓甚矣。"又载神农、尧、舜、禹、汤"此五圣者，天下之盛主，劳形尽虑，为民兴利除害而不懈……且夫圣人者，不耻身之贱，而愧道之不行；不忧命之短，而忧百姓之穷"。古代圣人辛劳甚于百姓，百姓才能心悦诚服，服从他的领导。其三，礼贤下士，虚心好学。《吕氏春秋·谨听》载："昔者禹一沐而三捉发，一食而三起，以礼有道之士，通乎己之不足也。"当然，这时的大禹其实更像一个部落联盟的首领。从禹死后十分简单的墓葬就可看出端倪。《墨子·节葬下》载："禹……葬会稽之山，衣衾三领，桐棺三寸，葛以缄之，绞之不合，通之不坎，土地之深，下毋及泉，上毋及臭。既葬，收余壤其上，垄若参耕之亩，则止矣。"随葬的衣服仅有三件，桐木做的棺材以葛藤绞之，且密合不严，墓坑不深，下葬后余土盖住上面就行了，整个墓地仅宽约三尺。怎么看这都不像是天子之墓。

　　虽然，关于神农、尧、舜、大禹的描述多依据传说，但除了具体情节和细节不一定准确外，这些流传下来的基本的、本质的内容是大致可信的，并且这些是原始的平等、民主制度下，公众领袖必须做到的。我们之所以用这么多篇幅来描述大禹，就是想说明当时的部落联盟首领或已进入早期国家形态的首领，必须为公众的利益呕心沥血、恪尽职守，不仅要有经验和智慧，更要为人师表、率先垂范。否则人民就不会把他推选到领导岗位上，而其他部落也不会把他推选到部落联盟盟主的位置上。这与后来高高在上、颐指气使的君主完全不可同日而语。大禹治水成功，被推为联盟共主，靠的不是武力而是能力和德行。《史记·夏本纪》载："帝舜崩。三年丧毕，禹辞辟舜之子商均于阳城。天下诸侯皆去商均而朝禹。禹于是遂即天子位，南面朝天下，国号曰夏后，姓姒氏。"可见当时天下的人心所向。若仅按实力而言，大禹所在的部落，即便加上其姻亲涂山氏的部落，在当时的许许多多部落中，其实力也是极为有限的。《吕氏春秋·用民》："当禹之时，天下万国，至于汤而三千余国。"说那时有万国肯定有所夸张，但部落方国之多是可以肯定的。因此，大禹即位治理天下，不可能也没必要去触动其他部落的利益。那么承认各部落的现有地盘和利益，是他以德治理天下的不二选择。夏无文字传世，我们不知道禹被推为天下共主后——实际应是河流流域治理范围内的各部落联盟的共主——是如何诏告和治理天下的。但可以肯定的有两条：维持社会政治形势稳定和推行德政。《左传》宣公三年："昔夏之方有德也，远方图物，贡金九牧，铸鼎象物。"夏初应处在新石器时代末期，金即铜，为极珍贵之物，"贡金九牧"应指其时分布在各地的九个部落联盟的首领所贡献的青铜。这么珍贵的东西是不可能在上面刻画些没用的符号的，而一定会将当时最重要的信息表达在上面。"铸鼎象物"，我认为是将九个部落联盟所在领地的方位、形制铸于鼎上，也就是传说的九州，昭示天下。《尚书·夏书·禹贡》也载，大禹在治理大洪水的过程中，划定了华夏文明的四至范围，包括九个州，分别是冀、兖、青、徐、杨、荆、豫、梁、雍州。这实际上就是以天下共主的名义对九大部落联盟的各自地盘予以界定和承认，以规范各部落联盟的活动范围，避免因领域不清引发争端。同时，划定各部落联盟的活动地盘，也是确认部落联盟在各自的地盘里的独立和自治。这是当时治理天下的最基本最重要的一步。否则，天下不会太平。触动各部落联盟的利益，就意味着战事开启。这一步骤和过程，我们完全有理由把它理解成大禹以天下共主的名义在分封天下。这种以保护和承认各部落联盟现有地盘和利益的分封，当然能为各部落联盟所接受。这种分封，联合、合作的意义远大于君臣等级的意义。其实，大禹时代，大禹与各部落和方国首领之间并无君臣名分，地位基本上是平等的。各部落、方国只是鉴于大禹的功德，才在不损害本部落、方国利益的情况下，愿意接受他的指挥，以应对来自自然和人为的威胁。即便到了武王伐纣后，周王与异姓诸侯都没有确定君臣名分，从武王分封时仍称各路诸侯为"友邦君"①，可知一二。按照前辈学者王国维的说法："自殷以前，天子诸侯君臣之分未定也"，直到周公东征平叛后，周王与诸侯君臣名分才得以确立，"由是天子之尊，非复诸侯之长，而为诸侯之君"。② 君王作为天下共主与各部落、邦国之间的君臣关系是经过一个漫长的过程，随着实力对比的变化逐步建立起来的。那种认为在原始社会末期和刚进入阶级社会时就存在大权在握、高高在上的专制君主的观点，是与历史事实不符的。

综合前面我们考察的由于氏族和部落内部分化而形成的分封来看，分封有两种形式：一种是人口增加后，氏族或部落内部分化而形成的"胙土命氏"，即内生性的分封；第二种是在部落均势、政治均势的大格局下，各部落或部落联盟推选的联盟领袖，对血缘关系以外的部落或邦国，以天下共主的名义进行分封——实际上是对其各自控制的地盘的界定和确权，即外缘性的分封。第二种分封或可说是被动的分封，是在各部落和部落联盟势均力敌的大的政治均势下，保持天下稳定的最好的办法；是在一定区域内的不同部落间进行联合，形成民族和国家的唯一不用流血的途径；也是氏族或部落内生性分封的治理模式，在自己的领地之外，在更广泛的区域内，对非血缘关系异姓部族的运用和扩展。我们看到，不论是夏人还是后来的商人、周人，仅靠自身力量都无法一统天下，只能与各部落、邦国分享天下。以天下共主的名义对异姓分封，其实只是承认原来就已经存在的各部落、邦国的势力范围，是对各部落、邦国领地的法律意义上的确权。各部落、邦国为了自身能有和平发展的外部环境，联合应对可能发生的自然灾害和外族威胁，也愿意加入有德行有能力的盟主领导的联盟。从数量而言，异姓分封的情况会更多，因那时部落、邦国林立，各种文献记载的数量从几千到上万都有。对如此

---

① 《尚书·周书》之《牧誓》《大诰》。
② 王国维：《殷周制度论》，《观堂集林》卷十，中华书局 1959 年版，第 466、467 页。

众多的利益集团如不能——征服的话，就只能采用分封的方式加以安抚，承认他们的既得利益，使大家相安无事。夏有无分封制？今天的学者都持审慎的态度，因没有当时的资料，难以判断。而两千年前的史学家司马迁却认为夏有分封制，他认为："禹为姒姓，其后分封，用国为姓，故有夏后氏、有扈氏、有男氏、斟寻氏、彤城氏、褒氏、费氏、杞氏、缯氏、辛氏、冥氏、斟戈氏。"①这些分封的氏可能都是和禹有血缘关系的同姓。那么还有众多异姓邦国，应该也是用分封的办法治理的。**人们总是按照自己过去经验中所熟知的方式管理氏族、部落、家族乃至后来的国家的。**如前所述，"胙土命氏"或曰分封的方法是人们长期以来**管理氏族、部落分化，及处理母体氏族、部落与子辈氏族、部落关系的行之有效的方法，刚刚进入或正在进入国家形态的夏王朝，没有理由不实行这一方法。**最没有争议且被认为是典型的分封，如周公的分封天下，封的也是两部分人：一部分是与自己有血缘关系的亲属。《史记·周本纪》载从武王到成、康，封国数百，同姓五十五，但封地都不大，上不过百里，下三十里，以辅王室。而另一部分则是为数众多的异姓诸侯。异姓诸侯具体数量有多少我们不得而知，但据有关资料推测至少数以百计，远多于姬姓诸侯。《史记·周本纪》载殷末武王伐纣时"诸侯不期而会盟津者八百"。八百的数据也不一定准确，但有几百个是可能的。这几百个在灭殷战争中有功的部族或方国，战后周王朝能不承认他们原有的封土领地吗？能不给他们封个什么爵号吗？只不过这些小国影响力太小，史籍没有记载而已。《韩非子·难二》载晋献公"并国十七，服国三十八"。一个晋献公就兼并了五十五个名不见经传的小国，这些小国很可能都是原来一直居住在当地的原住民所建的国。其他大国周边也同样存在许多这样的小国。可见小国数量之多。对于异姓方国，只要它不反对盟主，不惹事不生乱，或者哪怕是口头上顺从盟主，盟主就会承认其既有的地盘和利益，或者给他个爵名之类的头衔。即便是对被征服的殷人和更早时期被灭的国家，周人也采取了"兴灭国、继绝世、举逸民，

---

① 《史记·夏本纪》。

天下之民归心焉"①的方式让其后人建国，如纣王之子禄父和微子后嗣的建国，"褒封"神农之后于焦，黄帝之后于祝，帝尧之后于蓟，帝舜之后于陈，大禹之后于杞等。这种不费一兵一卒就能安抚天下的事情何乐而不为呢！后世的分封只不过比大禹时代更加规范而已，本质上并无什么不同。由此可见，各部落、部落联盟及后来邦国的势均力敌是分封制实行的外部条件。

当然盟主有德则大家拥立、四方来朝，一旦盟主失德，就会众叛亲离，天下共讨之。《史记·夏本纪》载，夏初太康失德，在洛水南面游猎玩乐时，被顺应天下民意的有穷氏后羿阻止归国。太康的五个弟弟作《五子之歌》说：我们的祖父是贤明的万邦之主，设立了典章法度并传给子孙。如今太康失德、好的传统荒废失落了，天下所有的家族都仇视我们，我们能依靠谁？——"万姓仇予，予将畴依？"②可见，正是由于各部族对失德的天下共主采取了仇视敌对的态度，才造成了太康失国。虽然这次失国的时间不算太长，但夏末的桀和商末的纣都是这样灭亡的，新的盟主和新的王朝又会出现。在均势政治条件下，即便进入了国家的初级形态，一国之君依然是个权力有限、处处受限的盟主。主封者和受封者的权利和义务是契约式的、互相制约的。国家的管理模式只不过是氏族、部落及部落联盟管理模式的放大。在希腊、罗马刚刚进入城邦国家时也是这样。据说把希腊阿提喀各氏族、部落联合成雅典城邦的领袖是戴则（有学者译为提秀斯 Theseus）。城邦建立后也赋予他一定的权力，可能是戴则觉得城邦政府的权力不够大，而氏族和部落对城邦的掣肘太多，于是欲干涉各氏族、部落的内政，结果引发氏族、部落的强烈反对，斗争的结果是戴则被驱逐，客死他乡。各部落又拥立了新主。尽管后来戴则的族人又重登领袖之位，但仍然说明各部落对于执政者的制约作用十分强大。③罗马各部落联合组成城邦国家传说始于罗缪勒斯时期，他用元老院、人民大会、执政官（列克斯，不少学者称之为王）组成了所

---

①　《论语·尧曰》。

②　《尚书·夏书·五子之歌》。

③　［法］古朗士：《希腊罗马古代社会研究》，李玄伯译，上海文艺出版社1990年版，第203页。

谓的三权政府。摩尔根称他为第一个立法者和使罗马进入政治社会（即国家）的创始人。但罗缪勒斯可能因居功至伟而傲慢，并企图僭越古老的制度为自己攫取更多的权力，对元老院和人民大会的权威构成了危险，于是遭到由氏族和胞族组成的元老院的反对，据说罗缪勒斯最终被谋杀。① 由他开启的"七王"时代中，元老院与王的斗争一直进行，有时还很激烈。第二位王奴马被选举出来后，与元老院配合得很好，也无意改变祖制，所以得以寿终正寝。第三位王则不同，他欲改变氏族社会关于外族人不得入居罗马、成为罗马公民的规定，并要改变祭祀旧制，被认为罪莫大焉，他与其子同被处死。后几位王，除第四位得以善终外，第五位死于暗杀，第六位死在元老院的台阶上。第七位王虽也是选举出的，但他上台后滥用手中的权力，甚至像宣战、媾和这样的大事也不经元老院同意，便自作主张。他的下台更具有戏剧性。元老们乘他不在罗马城的机会，向人民宣告：王子看到朋友的妻子年轻貌美，便趁朋友不在家时强奸了她，导致朋友妻子自杀身亡。这种极不道德的行为引起了民愤，元老院宣布废除该王王位，并把他一家人赶出了罗马。② 后来，不论希腊还是罗马都废除了巴赛勒斯和列克斯一职，代之以多位执政官执政，以达到相互制约和分权，防止一个执政官专权的目的。

在希腊、罗马，这一时期社会的矛盾和斗争主要表现在两方面：一是由于希腊、罗马特殊的地理条件，工商业发展迅速，人们的流动性大大增加，一些人从氏族组织中分离出来。在旧体制下，人们的权利都是与氏族组织相联系的，不是氏族成员就没有公民资格，也就没有参与管理国家的权利，享受不到作为公民应有的福利。同时，私有制的产生，阶级的分化，人们的利益诉求也日趋多样化。当这一部分人日益增多时，按地域、按阶级而不是按血缘重新组织社会管理体系成为必要。这必然要和旧的氏族、部落制度发生冲突。二是私有观念产生后，人们对

---

① ［美］摩尔根：《古代社会》，杨东莼、张栗原、冯汉骥译，商务印书馆1971年版，第537、547、556页。

② ［法］古朗士：《希腊罗马古代社会研究》，李玄伯译，上海文艺出版社1990年版，第205、206、207页。

财富和权力意识的膨胀，被推选到执政领导职务的有些人，想利用手中的公权力来谋私利。这和氏族社会中的平等、民主、共享等原则格格不入，必然引发民主和集权的斗争。这些矛盾在历史的发展进程中相互交织和作用，使刚刚进入国家形态的各种政治力量在斗争中保持着平衡。希腊直到克里斯忒尼时代，才在梭伦等人改革的基础上，把城邦分为一百个德姆（Deme），即市区。每一个公民都要在居住的德姆中登记，财产也需登记，这是他们公民特权的证据与基础；德姆享有地方自治权，德姆会议选举出市长、司库官及三十名审判官；德姆分担税额和兵役；此外，每个德姆还有自己的寺院和宗教崇拜。十个德姆组成一个地方部落（Local trble），地方部落再组成联邦国家。我觉得，德姆只是氏族外在形式的变化，并没有改变德姆内人们仍由同一血缘关系组成的实质，因为每一德姆内都有自己的寺庙和宗教崇拜，如果不是出自同一血缘关系，就不会有共同的宗教崇拜了。罗马是在塞维阿·塔力阿时，外来人、脱离了原氏族的人口已经和氏族人口相当，再不改革就会引起社会动荡的情况下完成了改革：在血缘关系的人群中，增加了按财产分级，并由此承担不同的责任和义务；对不同血缘关系的族群，则按区域分类居住和管理。罗马的改革与雅典类似。

在原始社会和阶级社会相交的时期，人类社会组织演进过程的一个重要趋势是，血缘关系的组织形式发生了与时俱进的变化：原始的氏族和部落日趋消亡，而血缘大家族却壮大起来。在旧的氏族制度下，由于实行族外婚，家庭被分割成两个部分，有婚姻关系的男人和女人分别处于两个氏族中。父权制取得历史性胜利后，以父系为世系的大家族取代了氏族成为社会的基本组织，女性嫁到男性的族群中来，使家庭成为完整的家庭。原来氏族的领地和权利都转移到了大家族之内，这是血缘关系外在组织形式在新时期完成的自我调整和进化。每个大家族仍然是高度自治的独立的社会细胞，家族之间的联盟取代了部落联盟，血缘关系的实质并没有变化。不论氏族、部落还是大家族，在处理与异姓氏族、部落或大家族关系时，还是秉持非我族类不在一起生活的排他性原则。不在一起生活，就只能各自独立行事，有需要时就结成联盟；对那些被打败的族群，只要他们不继续反抗，只要他们表示顺从，就仍然允许他们保持独立和自治。各种社会力量的均势没有被打破，还继续保持着某种平衡。而政治均势的维系，使得封建制度能在这个大温床、大的政治生态中萌芽、成长。

第四节　血缘世系的传递与分宗别氏的内生要求
形成了封建制度的基因

原始社会中人口增长到一定程度后的氏族分化和分宗别氏，是人类基于血缘关系，自身种族繁衍和不断复制其社会组织形式的必然结果和制度化安排。其过程是人口增长——氏族分化——分宗别氏——胙土命氏。当母体氏族经过长期地孕育即将分娩出子氏族时，这个过程如同人自然分娩一样，也是一个艰难的过程。同一氏族内的所有成员都是血肉相连的亲属，特别是在远古，人们的亲属关系是类分式的，即所有长辈成员对于子辈成员都是父母，并不分直系和旁系；同样，所有子辈对于长辈来说都是儿女，也没有己出和旁出的亲等之分。这样的情况下，要确定哪些人分离出去是件不容易的事。到了父系社会，亲属关系的亲疏等分比较明显，分离出去的人群也容易界定了，但分离本身对母体氏族或家族来说仍是个伤筋动骨的事。成百上千人要离开他们一直生活的环境，离开他们朝夕相处的亲人，到一片荒无人烟的生疏之地，去开拓新疆域建立新领地，仅是物质的准备和后勤保障工作就是劳时伤神的事情。氏族分化也意味着母氏族或母邦数载的物质积累此时要被分割，一分为二。除了物质层面外，还有精神和文化层面的分和立：首先是分立后的子氏族氏名的命立，以此确立母氏族与子氏族的血缘关系，追溯他们共同的祖先。氏族名称是一个谱系，每一个氏名都具有标识性意义，是其他氏族不能使用的，氏名本身就是氏族权力的象征，同时氏名还蕴含着己氏族与其他氏族的权利义务关系，如他同母氏族和兄弟氏族的关系等。另外还有祖先神庙的建立，从母邦的邦火（社火）祭祀台上取一块石土，安放在新领地的祭台上，以示母邦"授土"，这是精神层面、宗教层面的封建，同样体现着母氏族与子氏族、母邦与子邦的精神联系与宗教联系。李玄伯先生说：古朗士认为古希腊、罗马建立殖民地都由甲邦的世族主持进行，就是我国古代的所谓封建。① 而与氏族分化和分宗别氏相伴生的则是建立新的领地，在新领地上"封"和"建"。"封"即划定疆界，"建"即建立用于人们物质生活和精神生活的各种设施、制度、仪轨等。领地是人类生存和活动的空间，领地意识是人类拥有的最原始的物权意识。没有领地人类就无法生存，也就没有人类的繁衍和发展。所以，建立领地、保护领地不受侵犯，是原始人类最重要的事情。在原始状态下，对自然物的最先发现和最先占有，是取得物产的最自然的方式，是自然法的应有之意。大自然是上天赐予人类的天然物权，对所有人和部族都是平等的，都是天然存在的。谁首先发现和占有，谁就等于获得了自然的所有权。如同梅因引用布拉克斯顿的话所说的："根据自然法律和理性，凡是第一个开始使用它的人即在其中取得一种暂时所有权，只要他使用着它，这种所有权就继续存在，但是不能比使用期更长……占有的权利只是与占有行为同时继续存在。"②发现一块适宜人类居住的地方，人们首先会行"封"，即立界宣示领地权。这其实是很多动物都会行使的本能，如同食肉动物会在自己领地的周围涂抹气味宣示领地一样。"封"的出现是人类物权意识形成的标志。所以，当一个氏族人口增长到一定规模需要分宗立氏时，母族给子族分封新的领地是非常自然的，也是必需的。母体氏族或家族在新领地立封标界并在新领地上经营、建设的过程，就是对子辈氏族或家族"封建"的过程。这样，我们看到的原始"封建"实际上有两层含义：一是分化、分立，即子氏族从血缘母体中分化出来分立新氏族；二是由母氏族主持，为分立出去的子氏族在新领地上封疆立界，建立生活生产设施和宗教、制度。这才是原始封和建的完整含义。在中国古代这被表述为"胙土命氏"。我认为，原始社会氏族不断分化和分宗立氏过程中的组织、制度、仪礼、规范等一系列常态化、固定化的制度性安排，形成了日后日益发展的封建制度初始的、强大的基因。

---

① 李玄伯：《中国古代社会新研》，开明书店 1949 年版，第 32、72 页。

② ［英］亨利·梅因：《古代法》，商务印书馆 1996 年版，第 142、143 页。

一、蕴含在各种礼仪之中的原始契约关系

有学者认为，欧洲封建制度是一种双向的契约关系，封君和封臣都要受此契约的制约，而原始社会中则看不到这种契约关系。梅因认为：把封建制度和原始民族纯粹惯例加以区分的主要东西，是"契约"在它们中间所占的范围。① 当然，原始社会时期的分宗别氏——原始分封制度，和后来的封建制度如中国周代的大分封、西方9—10世纪的封建制度相比，是不可同日而语的，因为两者一个处在初始萌芽状态，一个处于成熟状态。但要说原始时期人与人之间、血缘群体之间如母氏族和子氏族之间没有契约关系肯定是不对的。没有规则和秩序的社会是无法运转的，原始社会也是如此。那时的契约关系就是人们约定俗成的规则和习惯，它只是没有后来的契约那么成熟完备，没有文字加以描述和固定而已。原始时期人与人之间、氏族之间特别是母氏族和子氏族间的权利义务等契约关系肯定是存在的，只不过在表现形式上有所不同。原始社会时期，氏族内部的所有制度规范和氏族之间的契约关系，都是通过设置各种公众参加的仪式——祭祀、墓葬、宴飨、各种公民大会等，来宣誓、来广而告之深入民心的，靠自觉的行为来贯彻。这就是原始人的高明和质朴所在。正如法律史家梅特兰所说："只要法律是不成文的，它就必定被戏剧化和表演。正义必须呈现出生动形象的外表，否则人们就看不见它。"19世纪德国史学家和语言学家雅各布·格林也认为，日耳曼法中的"形象因素"，如用诗歌的形式表达法律规则，有助于使它们铭刻在人们心中。② 我们可以想见：在祖庙里或大树下的广场上，氏族的人们聚集在一起激烈讨论哪些人分离出去，分离出去的人们在哪里建立新领地；从母氏族带走多少物质和生活资料；新氏族采用什么名号；母氏族和子氏族关系如何规定、母氏族与子氏族如何相处等。在这些讨论和最终表决中，关于权利义务的契约关系就确定了。我们还可以想见，确定分离出去的人员后，留下的人们帮助他们整理行装或送他们到异地

---

① ［英］亨利·梅因：《古代法》，沈景一译，商务印书馆1996年版，第205页。
② ［美］伯尔曼：《法律与革命》，贺卫方译，中国大百科全书出版社1993年版，第69页。

安家的情景；特别是分离的人们出发时与留驻的人们依依惜别的情景。在所有这些充满仪式感的情景中，契约就已经产生了。子氏族会和母氏族发生战争吗？当然不会，至少在几代人之内不会，他们之间会互相保护、结成同盟，一如我们看到的那样——开始的部落联盟都是有一定血缘关系的几个氏族组成的；他们之间会争夺领地吗？当然不会。因为他们的领地是事先就由他们自己划分确定好了的。母氏族与子氏族之间的权利和义务关系，我们从科林斯人和科基拉人在雅典的公民大会上的发言中可以看到一二。科林斯人说："我们建立殖民地的目的也不是受他们侮辱的，而是要成为他们的领导者，并且要他们对我们表示适当的尊敬。"①母邦是子邦的领导者，这里肯定是有一定的权利义务约定的。而子邦对母邦的所谓"适当的尊敬"，也应该是有一系列礼仪制度安排的。据顾准先生分析，科林斯人和科基拉人的矛盾就源于在科林斯地峡举行的公共赛会上，科基拉人没有给科林斯人以特权和荣誉，即殖民地向母邦呈献牺牲，派遣代表参加科林斯人的节日典礼等。② 这些仪礼是标志宗主国和子邦关系的习惯做法，而科基拉人没有遵循这些习惯，所以引起科林斯人的不满。如果没有约定俗成的契约关系，如果科基拉不是科林斯人的子邦，二者也就不会有这些矛盾了。换句话说，两者矛盾的产生恰恰说明了他们之间是有某种契约关系的。只不过因为母邦与子邦分离的时间太久，几代相隔之后，血缘亲情淡化了，特别是母邦和子邦的实力发生了变化，其中一方对原来的约定不太遵守或遵守得不好才引发了矛盾。据摩尔根的描述：美洲易洛魁部落联盟的六个部落在开会时，分为两组分坐于会议炉两侧，一方为摩和克、温嫩多加、辛尼加部落的酋长，他们彼此为兄弟部落，对于其他三个部落为长辈，是母体部落。奥奈达、揆由加及后来加入的塔斯卡洛刺三个部落，彼此为兄弟部落，他们由对面三个长辈部落分出，所以他们是子部落。会议举行时先要唱名，顺序是先唱长辈部落，后唱子辈部落。如摩和克部落先唱名，他们

---

① ［古希腊］修昔底德：《伯罗奔尼撒战争史》，广西师范大学出版社2004年版，第23页。

② 顾准：《希腊城邦制度——读希腊史笔记》，中国社会科学出版社1982年版，第59页。

的部落绰号"楯"，第二唱名的是绰号"名号执持者"的温嫩多加部落，第三唱名的是绰号"门卫"的辛尼加部落，第四、第五唱名的分别是绰号"大树"和"大烟管"的奥奈达部落、揆由加部落，最后唱名的是加入联盟最晚的塔斯卡洛剌部落。摩尔根说："这样的形式，在古代社会中比我们所想象的要重要得多。"①这样的形式就是母体部落与子部落的地位、关系的体现。

在古代中国，能体现母氏族与子氏族等差关系的还有祭祀礼仪，这方面我们能从后来的记载中看到一些规定。如《左传》襄公十二年："凡诸侯之丧，异姓临于外，同姓于宗庙，同宗于祖庙，同族于祢庙。"这里说的同姓是指继承世系的大宗，也即母体氏族或家族，他们可以在宗庙中祭祀；同宗者则指分化出去的分枝，即小宗或子氏族、家族的成员，他们在祖庙中祭祀；而从小宗中又分化出的子氏族或家族是为同族，只能在祢庙中祭拜。虽然，《左传》里说的是春秋时期的情况，但它反映的却是远古时期流传下来的礼仪习惯。**习惯是一种自觉的行为，它是通过不断重复的教育和规范才逐渐形成和固化的。而礼仪本身就是人们设定的规范，参加礼仪的过程就是教育的过程。在没有文字的时代，为了让人们能够长长久久地记住这些人与人之间、氏族与氏族之间的规范和关系，公众都须参加的礼仪就是向人们宣誓、教育各种行为规范和氏族之间相互关系，将某些观念意识、价值取向、行为规范嵌入人们头脑中的最好场所和方式。在一个个充满仪式感的而且是经常重复的场景中，如丧礼、祭拜、宴飨、欢庆、聚会、迎送、公民大会等，人们会通过礼仪所宣扬的主题和规范，潜移默化地形成共同的价值取向：如纪念战争中死者的仪式，表达了对维护家族利益而献身的英勇无畏精神的崇敬；祭祀活动中，人们按血缘等差关系和长幼秩序排列，会让人们在礼仪中站位、座位的不同，参加礼仪过程中先后次序的不同、所起作用的不同，去体验、感受其中人与人之间的辈分、地位、等差等人际关系；在部落或部落联盟举行的各种仪式上，母体氏族与子氏族间的顺序排列，唱名**

---

① ［美］摩尔根：《古代社会》，杨东莼、张栗原、冯汉骥译，商务印书馆1971年版，第231~233页。

和发言的先后，就标定了母氏族与子氏族的从属关系、名分、等差关系
及包含在这些关系中的权利、义务。我们来看一个典型的事例——易洛
魁人哀悼大会的场景。这里说的是酋长的哀悼大会，因为对老酋长的哀
悼和新酋长的就职是一起举行的，所以是个重要的仪式，也是一般人具
有极大兴趣的事件。当某一酋长死亡时，其所属部落会召集大会，并派
使者邀请联盟内其他部落的人参加，人民会抱着极大热情从很远的地方
成群结队地赶来参加。集会通常为五天，第一天的日出之时，召集大会
的部落在部落居住地外列队欢迎其他部落的族人，他们都是前一天到达
并住宿在附近。宾主应酬后即排队向会场出发，主办部落沿途唱哀悼之
歌，其他部落则循声和之。这一唱一和之间拉近了各部落人们之间的感
情。第二天，新酋长就职仪式开始，通常要持续到第四日。各部落酋长
分两组对坐于会议炉两侧，一如前面介绍的行政会议。如新酋长是属于
三个先辈部落的，则就任仪式由后辈部落的酋长执行，后辈部落对前辈
部落自然有一定的礼数，新酋长如父辈一样就职；而新酋长如是子辈部
落的，则仪式由先辈部落执行，新酋长则以子辈名分就职。这样就把长
辈部落和子辈部落之间的名分、地位及蕴含其中的权利义务关系明明白
白地告诉所有参加的族人了。就职典礼上有个重要内容是宣讲"贝壳珠
带"，该物件被易洛魁人意为部落联盟的诸原则"已经谈如其中了"。一
巫师"将这些珠带一条一条地拿起来，徘徊于两组对坐的世袭酋长之间，
朗诵带中所记载的事实。根据印第安人的概念，此等贝壳珠带经解释者
之手能够把当时'谈与它'的正确规则、规定以及事项等，明明白白地说
了出来。关于这些，贝壳珠带是唯一的记录。由紫色及白色贝壳珠所串
成的珠带，或由种种色彩的贝珠所织成图形的珠带，是运用某一特殊事
实与某一特殊的串珠或某一特殊的图形、发生联想作用的原理而编成
的；所以此种贝壳珠带能够对各种事实予以系列的配置，同时对于过去
事实之记忆予以忠实性和正确性。这些贝壳珠带是易洛魁人的唯一能看
得见的记录；但是它们需要那些有训练的解释者，才能够把连锁在贝带
上的珠串和图案中的记录抽绎出来……在巫师的讲解中，就把这些贝壳
珠带中所包含的关于联盟形成的事实都连贯有系统的解说出来了。此种
传说，都全部的重与讲诵，每到其主要的部分时，又用带中所包含的记

录加以支持和巩固。如此，世袭酋长的起用会议，就变成一种教育的会议了；它使联盟的机构与原则及其形成的历史等，在易洛魁人的心目中永久常新。这些程序占据会议的上午直至中午为止，午后则专用于竞技与娱乐。当薄暮时所有来赴会的人共同聚餐……在飨晏以前，则举行祷谢。祷谢时，由一人唱冗长的感叹辞，其声始而高亢激扬，继而低下，入于静寂，出席者复答而和之。入夜，则举行舞蹈。此等仪式与其继起的庆祝，继续延至数日之久，他们的新酋长从此便就职了"①。只有像摩尔根先生这样在易洛魁部落生活多年的人，才能够如此细致生动地描绘出这样的场景。这也是我们所能看到的关于生活在原始氏族社会中人们生活、教育、参加重大仪式的不可多得的珍贵资料。**通过这样的充满仪式感的场景，更容易刺激人们的感官，让人留下深刻的印象，把仪式中所要表达的原则、规范植入人心。在所有仪式中，母体氏族对子氏族的命氏是最重要的仪式之一，通过对分化出来的新氏族的命氏和建立封地，一个新氏族就诞生了，而通过母氏族和子氏族名号之间的关联，就可以知道母氏族和子氏族彼此的血缘关系，从而也就知道他们之间应该具有的相互权利、义务关系。正是在这一次次公众参加的仪式体验中，人们的行为被逐渐规范和固化成一个个程式化的仪礼和教条，深入人心成为自觉遵守的习惯，契约也就熔化在这些仪礼和习惯之中了。这是没有文字的契约，这种契约的实际效用可能并不比文字契约差。**

二、向阶级社会过渡时期原始分封制的演化

原始的基于血缘世系传递和分宗别氏形成的分封制基因，在社会发展的进程中也会与时俱进，不断发展、完善和成熟。人类社会生产力的发展导致了剩余产品的出现，剩余产品的出现则催生了私有产品和私有观念的出现，而这直接导致了氏族组织形式和婚姻形式的几大变化：一是母系社会转变为父系社会，女方婚后进入男方氏族，这样男方对自己后代的辨识度大大提高，氏族的财富可以在父系的后代中传递继承。二

---

①　[美]摩尔根：《古代社会》，杨东蓴、张栗原、冯汉骥译，商务印书馆1971年版，第237~241页。

是婚姻形式由群婚进一步转变为对偶婚和单偶婚，男方可以准确分辨出自己的后代和别人的后代，于是也就有了直系与旁系的区分，使得继承权限更加明晰了。三是家的规模越来越小，个体家庭出现了，代表个体家庭的利益诉求也出现了，尽管个体家庭还不能从大家族中完全独立出来。四是氏族或大家族的管理层越来越固化在某些个人及子孙身上，尽管这时的管理层还是可以选举和罢免的。社会发展到后面三个阶段时，已经迈入了阶级和国家的初级阶段，而作为血缘世系传递和分宗别氏的制度化安排，分封制也由原来纯氏族之间的制度化安排，转变为与管理阶层个人相关联的制度化安排，出现了公权力和私权力并行、混淆的情况，同时这些安排也越来越带有阶级分化的色彩。于是，分封制从原始的制度化基因，随着氏族到家族社会组织形式、婚姻形式、家庭模式的一系列变化，逐渐发展出适应阶级社会的，由一整套权利、义务关系构成的封建制度。比如中国，进入阶级社会后，分宗别氏和权力的继承出现了以嫡长子继承制为核心的宗法制度。为规范诸多儿子继承，防止诸子无谓的争斗，这个制度更是发展出一套完备的操作模式，对此中国古代书籍中记载得非常清楚。《礼记·大传》曰："别子为祖，继别为宗，继祢者为小宗。有百世不迁之宗，有五世则迁之宗。百世不迁者，别子之后也。宗其继别子者，百世不迁者也。宗其继高祖者，五世则迁者也。"别子者，即宗族中分化出去的一枝。相对于嫡长子而言是小宗，由于无法继承祖业，故历经几世后便要分立出去。分立是在原家族的主持下进行的，经过胙土命氏，新的宗族形成了，这个别子便成为新宗族的始祖，故曰"别子为祖"。别子的嫡长子、长孙们可世代继承别子的基业和世系，故称"百世不迁者"。其他诸子诸孙为小宗，历经五世又要分化出去，则称"五世则迁者也"。世界上任何一种制度的确立，都不可能是某位圣人灵光一现的结果，而一定是人们在长期的生产生活等社会活动中，依当时情势的顺势而为；是充分吸取经验教训逐步调整校正后，将某些行为、做法逐步常态化、固定化的结果。封建制就是这样，它是基于血缘关系的氏族分化、分宗别族、胙土命氏自然发展的结果。欧洲的希腊、罗马也是实行长子继承制的，次子要去别处殖民。而日耳曼人长子继承制则没有中国周代那么严格、规范，他们先是诸子共权，如法兰克王国的几代继承者，但后来也有长子继承的趋势。

　　为什么会出现大家族管理阶层会越来越固化在某些人身上的情况呢？远古人们生活在氏族、家族中，对族群的管理是人们最初管理社会的唯一形式，经验教训都从中而生。在没有系统教育的情况下，族群中的长老就是经验教训的集大成者，就是最好的老师。因此，长老自然就成了族群的管理者，当然，他们是长老中被推选出来的德行兼备的佼佼者。《孟子·公孙丑上》："以德行仁者王。"《逸周书·谥法解》："仁义所在曰王。"这是古人对王的理解。在前面我们已举了大禹的例子说明，在原始民主制度下只有德才兼备的人才会被推选出来当首领。从古代氏族首领称谓上可看出他们与后世君王之间的关系。《尔雅·释诂》："林、丞、天、帝、皇、王、后、辟、公、侯，君也。"作为史学和民族学学者的唐嘉弘先生认为，这些称谓同源异音，按发音不同似可分为三组，三组字似由三个语根分化衍生，但意思完全一致。"按民族学上氏族增殖裂变规律，三个语根可能分属三个不同的部落或古代民族。在杂居、移徙和通婚的漫长历史行程中，不断融合同化，三个共同体合而为一了。"这十余种称号源流明了，称号的语根"子""莫""尹"为原始部落酋豪泛称，他们即是酋长，同时又是巫师，又是家长。① 我觉得上述这些称谓包括五等爵都是混称，即这些称谓中都包含两个方面的意义：一是有血缘关系的长辈，二是氏族、家族及后来的邦国的管理者。从人类社会组织演变来看，血缘大家族到封建国家(大家族联盟)的发展过程中，有个以家建国，家国不分的阶段，如西周初期大分封都是以大家族为单位进行，再以这些大家族为主体，在封地上建立国家的：鲁国是以周公家族为主体建立的，齐国是以姜姓大家族为主体建立的等。所以把原家族内管理层的称谓扩展到后来的国家官职的称谓，是一个逐步演化的自然过程。当时家(族)国合一，国之本在家。家族长辈中的佼佼者既是族长也是家族社会的管理者，到后来可能成为了封建国家的管理者。从血缘关系来说他们称"公"、称"伯"、称"子""男"，而从氏族、部落、家族管

---

　　① 唐嘉弘：《略论夏商周帝王的称号及国家政体》，《历史研究》1985 年第 4 期。

理者的职事来讲则称"王"、称"帝"、称"侯"。不唯中国古代如此,易洛魁人酋长称谓的含义是"人民的顾问"。古希腊、罗马也是如此,古希腊社会的酋长即为氏族长老,其酋长会议也是后来城邦国家治理体系中元老院的前身。罗马在罗缪勒斯之前,氏族酋长被称为"父老",借以表示他们职务上的宗长性质。① 即便到了中世纪初期,日耳曼国王也只是部落酋长或军事首领,"国王"一词本义乃家族或部落之子,"王(rex)只是户主一词的古书的大写"。② 由称谓本源可以看出古代管理者身份由家到国的流变。管理者身份的两重性,反映的是家与国既同一又有区别的两面性,反映的是大家(家族)与小家(家庭)既统一又有不同的两面性,其实质反映的是当时出现的权力的两重性——公权和私权的分离、统一和混淆。在私有观念尚未形成的远古时期,每一个封地都是氏族或大家族共同占有、共同使用、共同受益,那时只有公权没有私权。公有、共享、平等、民主的观念是那时人们的思想基础,这些原则在族群社会治理中表现出来,就是人人平等、共有共享、民主管理、公开透明、公平公正的社会管理模式。剩余产品及私有观念的出现、对偶婚的出现及对亲子的确定,管理阶层的相对固化,都诱发了私权的膨胀。族群社会的管理——公权力的运行,是需要族群公共财政支撑的,作为长期操控公权力运行的管理者,就有了以权谋私、化公为私的可能性。于是,私权从公权中分离出来,并披着公权的外衣悄悄地运行。古人治国是从治家(氏族、家族)开始的,公私不分、家(族)国不分,家即国,国即家,是私有观念出现和进入国家初级阶段的显著特征,其实也是整个社会由公有制转变为私有制过程中的显著特征,而封建社会恰恰就是处在这个过渡、转型过程中的社会形态。最初国家形态邦国或曰方国,如中国夏、商、周时期的方国,其实就是一个个独占一方领地的部落、部落联盟或大家族。相对晚近一点的希腊罗马的城邦也是,雅典城邦是雅典人的家国,罗马城邦是罗马人的家国,科林斯城邦是科林斯人的家

---

① [美]摩尔根:《古代社会》,杨东莼、张栗原、冯汉骥译,商务印书馆1971年版,第242、420、562页。

② 孟广林:《中世纪前期的英国封建王权与基督教会》,《历史研究》2000年第2期。

国，如此而已。以长子继承制为核心的宗法制度就是在这种家国不分的背景下逐渐形成的，它是家族内部基于血缘宗亲关系的法理和法治制度，是家族管理制度在国家层面的放大和延伸。当家发展为国时，原始封建制度的胚芽、也从氏族或家族的人口分化，分宗别族、封土建氏，发展到后来封土建邑、封土建国，以国家名义的分封、封建。

所以，进入国家阶段的封建君王都有两重身份，对于家族世系而言是大宗、宗主；对于天下异姓邦国而言是共主是盟主。比如中国的周代，周文王、周武王及成、康、昭、穆等计三十五位大宗；而周公、管叔、蔡叔、康叔、曹叔、唐叔则为别子、小宗。分封后，周公为鲁国的国君及他这一分支族人的始祖；管叔为管国国君及他这一支族人的始祖；蔡叔为蔡国国君及他这一支族人始祖；康叔为卫国国君及他这一支族人始祖；曹叔为曹国国君及他这一支族人始祖；唐叔为晋国国君及他这一支族人始祖等。他们对周王室为小宗，但在分化后的自己这一支系中却是继别的大宗。正常情况下，他们的嫡长子、长孙是各自世系的继承者，别子则历经几世后又要分化出去，重新胙土命氏。很清楚，这里国和家是合一的，甚至是有家(族)才有国的。即便是那些异姓的封国也一样，同样是以家族作为国之骨干和主导的。

三、封建社会还是奴隶社会？古代希腊罗马社会形态分析

李玄伯先生说：人类制度愈进化愈繁复，愈古愈简单亦愈相似。[①]氏族社会既然是全人类的共同现象，基于氏族血缘关系的人口分化、分立宗族、胙土命氏的分封制度也应该是一个普遍现象。在人们以往的教条中，说其他地方有封建社会还能接受，但要说古希腊、罗马是封建社会恐怕就没几个人会接受了。关于这个问题，我们前面已经从氏族分化的共同规律角度做了一些阐释，现在我们把李玄伯先生对公元前 8 世纪前后希腊、罗马和中国周代典型的封建制度的比较兹录于下，看看两者的相似之处：[②]

---

①　李玄伯：《中国古代社会新研》，开明书店 1949 年版，"希腊罗马古代社会研究序"，第 3 页。

②　李玄伯：《中国古代社会新研》，开明书店 1949 年版，第 77、78、79 页。

中国	希腊、罗马
祀祖	祀祖
氏族	演司(氏族或胞族)
立嫡长制	长子继承制
主	祀火
宗庙之正中为太室	火居院之中
社	邦火
族墓	每族各有族墓,族人皆葬其中
无子为(妇人)七出之一条	无子之妇出
大宗、小宗	长子独传家火,余子(去他地)另燃新火
(妇人)三从	妇人童年从父,少年从夫,夫死从子
父,家长率教者	pater 即家长
冠礼	toga 袍礼(罗马)
神不享非祀,民不祀非族	神不享外人的祭祀
虽蔬食菜羹必祭	吃饭前必祭
灌鬯	祭祀用香料
凡祭祀必先祭爃	各种祭祀必先祷告圣火
献新	食新米前必先供祭圣火
兵者不入兆域	犯重罪者不听葬
胙,享	公餐
祭牲尚纯	建城祭用纯白牛
封国受土自天子	罗莫庐斯建城时,将故乡带来的土放在城沟中
太牢	祓洗礼时,羊、豕、牛同时用
封疆	界石
祭祀与政务由邦君主持	王兼有政权、教权
世族	贵族
庶人	客人
皂、舆、隶、僚、仆、台、圉、牧	奴隶
先有车战,后有步卒	先有骑兵或乘车甲士,后有步兵

续表

中国	希腊、罗马
治兵于庙	出征必先集合，由大将祭祷
出征必载主	出征必载着神像及邦火
战前必卜	战前必占卜，吉则战，否则否
入而振旅献俘	凯旋时往庙中祭祀，献胜利品
放逐	放逐
封建	殖民
告朔	主教每月初一宣布每月佳节
甲子不乐	邦忌时公共生活皆停止
礼记	各邦都有记载礼仪的书
晋铸刑鼎，孔子讥之	法律初无写本，后写出亦甚秘密
各国史书由太史氏掌管	各邦皆有史记，由教士掌管
殳（木制武器）	积木斧

这些对比可谓细致入微，其中有几项值得我们特别重视。首先双方基于血缘关系的社会组织都是父系为世系的氏族或家族。周初的大分封是按姬姓血缘的亲疏进行的，异姓的分封也是以家族为单位的，这些前面我们已经谈到。希腊、罗马此时虽已进入城邦国家阶段，其人民还是被组织在氏族之内，前面我们也已谈到。氏族、家族的作用体现在从国家治理到日常生活的方方面面，如上所列的祭祀、战争、宗教、宴飨等。其次，周代中国实行嫡长子继承制，嫡长子是子辈中的大宗，是宗法制度下唯一合法继承人；其他的子辈相对于嫡长子而言是小宗，他们历经几世后，就会从原来的大家族中分离出去，被"胙土命氏"另立氏族，其别离出去的别子成为新的一支族群的始祖，也就是"别子为祖"。希腊、罗马家族世系的传承也是实行的长子继承制，余子会在原氏族的主持下往别处殖民，同样是被"胙土命氏"，成为新的氏族的始祖，长子和余子的关系类似于中国周代的大小宗。只不过在希腊、罗马"胙土命氏"封土建国的做法被称为殖民，而中国称之为封建。最后，封疆受国来自天子，即封疆受国这样重要的事是由天下共主主持的。中国的周代

自然如此。希腊、罗马最初建国是由提秀斯和罗莫庐斯（在摩尔根书中译为罗缪勒斯）主持的，他们也是希腊和罗马几个部落推选出的共主。这些主要方面的相同之处，说明了人类从最初的氏族社会发展到封建社会是具有内生性和共性的必然之路。

很多人会说希腊、罗马的奴隶制是明摆着的事实，该如何解释？我承认希腊、罗马有典型的奴隶制，但它不是社会的主流制度，它是处于从属地位的制度，是城邦时期氏族、部落管理体制的补充。希腊、罗马城邦国家的主流社会制度就是氏族成员为氏族公社劳动主体的经济制度和人民大会、元老院、执政官员三个权力机构分立的政治制度和社会治理体系。很明显，这个制度和治理体系是远古氏族、部落内部管理制度在城邦治理中的体现，是随着氏族到部落到部落联盟再到国家的内在的自然的完整的递进过程中不断发展的重要阶段，是氏族或家族自身治理体系在一定地域——城邦范围内——的延伸和完善。而作为氏族、家族自身治理原则的分封或封建的理念和制度安排始终主导着整个发展过程，从发展渊源上看和奴隶制根本扯不上一点关系。摩尔根先生说："当雅典人在领土与财产的基础上建立其新政治体制时，其政府是一种纯粹的民主政体。这不是出自雅典人心灵的一种新原理或独特的发明，只不过是与氏族自身具有同等悠久历史的、所习见的旧制度而已。民主的思想，从亘古以来便存在于希腊人的祖先的知识与实践之中。"①虽然希腊、罗马城邦在往后的发展中都引入了地区的元素，如市区、地方部落等，然而在这些看似地区性的组织架构下，在政治、经济、社会事务中真正起主导作用的，仍是原来那些构成希腊、罗马最早公民权的有血缘关系的大家族成员。外来的自由人仍然处于从属地位，更不用说奴隶了。

奴隶制主要源自战争，是非正常情况下的产物，可以视为人类发展过程中的突发事件，它不可能成为社会发展的主流制度和管理体系。由战争和掠夺而产生的奴隶及奴隶制，作为从属的次生的制度其实行的范

①　[美]摩尔根：《古代社会》，杨东莼、张栗原、冯汉骥译，商务印书馆1971年版，第435页。

围是有限的，可以在不同的社会中以特定的方式存在，如封建社会、资本主义社会。第一次世界大战和第二次世界大战都产生过大量战俘，也存在大规模使用这些战俘从事生产劳动的情况，但我们不能因此就说这时是奴隶社会。重要的是，奴隶制从来不是占主导地位的生产方式。古代雅典城邦在其整个历史时期都是以农业为主要生产部门，农业人口也就是归属各部落里的农民才是城邦的公民主体。有些国外学者认为公元前500年前后，雅典城邦的居民人数约2.5万，其中与工商业相关的人数，包括妇女儿童不会多于6000人，6000人中约2000人是奴隶。当时要5~6个农民才能生产出足以养活一个城里人的余粮。① 另有学者认为，奴隶在雅典城邦总人口的占比大多在11%~13%。构成雅典公民主体的小生产者是根本养不起奴隶的。② 在社会中占主导地位、基础地位的农业是如此，在使用奴隶最多的行业之一的建筑业，奴隶占行业从业人数的比例也不高：雅典奴隶人数最多的伯里克利时代，建筑业的奴隶占比为25%，后成下降趋势。公元前408—前409年，一件有关公共建筑业的铭文所提供的劳动者清单中，奴隶占总人数的23%，80年后的一件同行业铭文中，奴隶人数则占21%。③ 如果这些学者提供的资料是准确的(我们也没有看到哪位学者能提出与之相反的资料)，那么可以说，古代雅典奴隶不论在人数上还是在劳动者的占比上都不占主导地位，也就是说，雅典城邦的经济不是靠奴隶制生产来支撑的，而是靠雅典公民自己主导和支撑的。一个不占主导地位的生产关系和生产方式怎么能决定社会的性质呢？又怎么能说雅典是奴隶社会呢？

罗马的情况又怎样呢？认为罗马是典型奴隶制社会的学者马克垚先生从奴隶来源、奴隶占总人口比例，奴隶制经济在国民经济的占比，奴隶劳动在整个生产劳动中的占比等几个方面进行了分析：第二次布匿战争(公元前218—前201年)到凯撒和庞培之战(公元前49—前45年)这170年间，有记录可查的战俘被卖作奴隶的共计51.6130万人。即使把

① 廖学盛：《试析古代雅典民主产生的条件》一文注，《世界历史》1997年第2期。

② 徐松岩：《关于希腊奴隶制的理论和实际》，《世界历史》2000年第1期。

③ 徐松岩：《古典时代雅典奴隶人数考析》，《世界历史》1994年第3期。

这个数字增加到 100 万人，那么平均每年也只有 6000 多的奴隶补充。因更多的战俘要用来交换自己被俘人员或由对方赎回，只有投降后又叛乱者才卖作奴隶。另外，在二次布匿战争后的一个半世纪内，罗马平均每年要释放奴隶 1350 人；而到共和国末年，每年要释放 1.6 万人。所以奴隶的来源并不是无限供给的，而是非常有限的。当然，除了战争外，奴隶来源还有奴隶贸易、家生奴、自由人为奴等，但这些来源更是有限的，总的来说奴隶人数不占优势。罗马帝国时人口五六千万，奴隶主要集中在意大利，公元前 1 世纪，意大利有 600 万人，其中奴隶 200 万人。这是德国学者贝洛赫的估计。也有学者认为奴隶的人数有 300 万。马克垚先生认为这些数字偏高，不一定可信。如果把整个罗马帝国的人口都算进来，奴隶的占比就更低了。因为在许多行省中，有记载的奴隶数字占比都较低，如帝国时期的埃及，某一村庄奴隶占总人口的 7%；另一个村庄奴隶占 1%；发雍绿洲某村庄人头税册记载的 54 人中，有两个奴隶，占 4%。城市中奴隶人数会稍高，某街区统计 14—50 岁应纳人头税男子共计 385 人，其中奴隶 40 人，占 10% 强。从财政收入来看，罗马共和国在公元前 200—前 157 年的近半个世纪中，总计收入 6.1 亿第纳尔，其中战争赔款、掠夺财物、外省税收三项，合计为 3.9 亿第纳尔，占总数的 2/3。西班牙银矿、公民税款、意大利国有土地租金三项 1.7 亿第纳尔。前三项收入与奴隶没什么关系，后三项收入中只有西班牙银矿与使用奴隶有关，但占比不会很大。由于各行省的奴隶化程度都不高，所以从收入结构看，奴隶创造的价值是比较少的。而关于奴隶劳动在当时的占比，马克垚先生认为："通过对奴隶劳动的研究，说明汉代和罗马，从整个生产上看，奴隶占不到优势"，"汉代和罗马的情况都说明，奴隶社会中奴隶制经济不会占压倒的优势，拿现代术语来说，就是它不会在国民生产总值中占到多数。任何想证实这种多数的企图都是牵强附会的。"①虽然马克垚先生认为罗马和汉代都是奴隶制社会，但从他列举的材料来看，我们只能得出与之相反的结论。奴隶制劳动、奴隶制生产关系和奴隶主政治制度都不占主导地位的罗马帝国恐怕很难说是奴

---

① 马克垚：《罗马和汉代奴隶制比较研究》，《历史研究》1981 年第 3 期。

隶社会。之所以人们对雅典、罗马的奴隶制耿耿于怀，多半是因为奴隶制本身的残酷性和反文明的特性给当时的人们留下了太深的印象，使人们容易放大和夸张其作用，所以也给后世的研究带来误导。这种由人们感官印象而形成的放大和夸张作用在历史事件和历史人物上屡见不鲜。

我认为奴隶制和奴隶社会是两个概念，作为一种制度，奴隶制可在一定社会范围和一定时间内实行，它既可以在原始社会末期和封建社会出现，也可以在资本主义时期的一定范围内如美国建国之初的南方出现，而奴隶社会则必须是奴隶制生产方式占一个社会的主导地位。处于从属地位的生产方式和制度，不可能决定社会性质。我们前面已用史实证明，即便在希腊、罗马时期也没有出现过占主导地位的奴隶制生产方式，所以也不可能出现奴隶制社会形态。从历史事实和逻辑上说，奴隶制经济若要在一个国家内大范围实行，会面临自身难以克服的诸多困难：

其一，奴隶的使用成本和供给问题。奴隶的使用是有成本的，如成本过高，中小生产者根本使用不起，也就不可能普及。徐松岩先生认为：在雅典使用奴隶的成本是不低的，由铭文资料可知，公元前4世纪晚期，雅典一个国有奴隶每年要从国家领取伙食费180德拉克玛，另有劳动服价值45德拉克玛，也就是说一个奴隶一年的生活费用至少需要225德拉克玛，这与雅典国家分配给年轻公民的口粮钱240德拉克玛相差无几。一位工匠自述：我通晓一门手艺，可赚少量的收入，本人亲自经营，因为如果把它交给一名奴隶来做，就无力承担养活奴隶的费用。法国学者格罗茨引资料说，公元前410年，雅典献祭用的牛平均价格51德拉克玛，不足同期奴隶价格(1.7~1.8明那)的1/3。而到了公元前375年，牛价涨至77.25德拉克玛，不足同期奴隶价格的1/5，也就是说奴隶的价格涨幅更高。雅典第三等级公民财产平均约30明那，只相当于5~10英亩地的价格，属小地产，他们只能养家糊口，许多人还拖欠着税款，根本养不起奴隶，只有财产在65明那以上的才养得起奴隶。而这些小生产者构成了雅典公民的主体。① 在共和及帝国时期的罗马，

---

① 徐松岩：《关于希腊奴隶制的理论和实际》，《世界历史》2000年第1期。

正常情况下，一个没有一技之长的普通奴隶价格为 500 第纳尔，这些钱当时可买 4 吨多小麦，可供一个中等农户 4 年食用，所以也很昂贵。①广大小生产者肯定也是用不起奴隶的。罗马的大地产上使用奴隶应该说是一种无奈的选择，因为广大罗马公民在国家不断向外扩张中得到土地补充，从苏拉到奥古斯都时期，共有 50 万罗马士兵在意大利取得了土地，但土地面积不大，在 10~20 犹格，都属小土地。这些小土地生产者是罗马军团的主要构成者，他们自然不愿去给大地产者打工。即便是破产了，他们宁愿进入城市当流氓无产者，领取国家补贴也不去当雇工。②大地产从本邦人中找不到生产者，只能使用奴隶生产。由于农业的利润本来就极低，在农业生产中使用成本高昂的奴隶会带来一系列问题，所以才有后来大地产上把土地租赁给生产者，只收取租金，从而使隶农制逐渐发展起来。奴隶制生产比较适合的行业是采矿业，矿山往往在较偏僻的山区，需要集中人力开采，便于管理和组织。更重要的是采矿业是利润很高的行业，所以才能持续地使用奴隶生产。如当时的西班牙银矿就是奴隶最集中的地方，也是罗马财政收入的重要来源之一。

奴隶制形成的直接和主要原因是战争，奴隶的价格也与战争的规模和持续时间相关。战争毕竟是人类发展过程中的非常态现象，像罗马这样当时不可一世的国家要经常组织起大规模战争也并非易事，即便是罗马想不断地向外扩张，也绝不可能年年有仗打，特别是较大规模的战争几年甚至十几年都轮不上一次，所以，受奴隶来源供给的制约，奴隶价格较低的情况是少见的，而较高的情况则是经常性的。况且，战争是要流血伤人的，战争中的俘虏有相当一部分是伤员病号，并不能马上投入奴隶市场，必须先给他们养伤治病，待其身体恢复健康后方能使用。另外，战俘并不是被获胜者一方的将军或战士自己用作奴隶使用的，战俘从战场到奴隶市场也还有组织、运输等一系列环节，换句话说，从俘虏到市场上合格的奴隶劳动力，是需要经历一个复杂过程的，是需要成本的。**最重要的是，人类的生产、再生产过程是一个连续不断的过程，它**

---

① 马克垚：《罗马和汉代奴隶制比较研究》，《历史研究》1981 年第 3 期。

② 马克垚：《罗马和汉代奴隶制比较研究》，《历史研究》1981 年第 3 期。

一方面是生产、生活资料的再生产，另一方面是人的再生产，人的再生产中劳动力的再生产又是最重要的。而奴隶制生产方式中，奴隶的供给则是间断的、不可预期的、不可持续的；奴隶自身的再生产更是受到限制婚配、生存条件等种种制约，完全满足不了生产的需求。靠这样完全不对称的甚至是经常有缺失的生产要素配置方式，能支撑起一个社会的占主导地位的生产方式吗？我认为是不可能的。

其二，奴隶制生产的低效率问题。任何一个社会，劳动者的生产积极性都是与生产效率的高低成正比的，劳动者的生产积极性越高，生产效率就越高；反之生产效率就低。没有劳动者对生产工具、生产工艺和其他生产条件的持续不断地改进，不可能有生产效率的提高。而劳动者的生产积极性是与劳动者对生产投入的收益预期相联系的，收益预期越大，生产积极性就越高，古今中外莫能例外。奴隶是人类所有生产者中地位最低下、处境最悲惨的，他们根本没有自己的收益预期，生产的好坏与他们无关，他们只是会说话的工具。这样的状况下，他们能有生产积极性吗？不要说处境悲惨的奴隶了，就是有自由身份的原始共同体下的农民，在共同耕种、吃大锅饭的情况下同样存在出工不出力，生产效率较低的情况。这也是原始社会后期，公社把公有土地分给小家庭耕种的主要原因。这一点我们后面还会详细谈到。

公元1世纪罗马农学家（可能还是奴隶主）科路美拉在其《论农业》一书中写道："我听到，我们国家的领导人物怎样常常地责怪土地不生果实……我以为，事情不是在于上天的愤怒，而勿宁说是在于我们自己的罪过。我们把农业像交给刽子手去惩办那样地，交给奴隶中最不适宜的人去做，而在我们祖先的时候，从事农业的是最好的人物并且使用最优良的方法。"又说："奴隶……把主人的牲畜放到一边去工作，他们把作工的和其余的牲畜牧放的很不好，土地耕的也很恶劣；在播种的时候，他们显示出来的比真正花费的种子要多得多；他们不关心那些撒到土地中去的种子会不会得到丰富的收成；他们把它带到打谷场去的时候，他们甚至用藏起它的一部分，或是用不经心的工作来在打谷时减少它的数量。因为他们自己也偷粮食而且也不好好地防止其他的小偷来偷。最后，在把粮食放到粮仓里去的时候，他们不正确地在记录上标明它的数量。这样一来，管家和奴隶便都进行欺骗，而田地便处于不中用的状态了。"①科路美拉在比较奴隶和隶农的工作情况时认为："在主人不能常常亲身去的遥远的庄园里，与其把全部田地的耕种事宜交给奴隶管事，却勿宁交给自由的隶农了；这个规则特别适用于种粮食的土地，因为隶农对这种土地能够给予的损害，比对于葡萄园和果木园的损害要小得多；奴隶对于这种田地则会带来最大的损害。"②很明显，生活在哪个时代的农学家非常清晰地看到了奴隶的生产积极性是何等低下，生产效率是何等低下的，甚至对田地是有损害的；同时，他也看到了相比奴隶制，使用隶农生产更有优越性。

为了提高奴隶的生产积极性，科路美拉采取了一些小恩小惠的方法，如经常和表现好的奴隶温和地谈话，商量工作中的事情，以达到让奴隶们"看到主人的温和的待遇会使他们易于忍受他们那不间断的劳动……我有时便和他们开玩笑也容许他们开玩笑"。为使奴隶自身能够再生产出来，科路美拉对于生子的女奴隶是给予优惠的："女奴隶中多子而且由于她们的子裔而应有某种功劳的那些人，我们便不使她们工作，而有时还放她们自由，如果她们是许多孩子的母亲的话。实际上，有三个孩子的便可以有权力离开工作，有更多孩子的，便可以得到自由。"③当然，这些小儿科式的措施，不可能解决奴隶生产积极性和劳动生产效率低下的问题。这也是公元 1 世纪以后，罗马的奴隶制不可避免地向隶农制转化的主要原因。生产效率低的生产方式被生产效率高的生产方式取代是历史上任何人都无法逆转的大趋势。人们发现，给奴隶们一块土地，提供一些生产条件，让他们自己耕种、交纳租金的方式，远比强制奴隶劳动效率高，且省去了养奴隶、管理奴隶所需的成本，何乐而不为呢！于是我们看到从罗马共和国时期，罗马解放奴隶行动就一直

---

①　[苏]科瓦略夫：《古代罗马史》，王以铸译，上海书店出版社 1957 年版，第 805、806 页。

②　[苏]科瓦略夫：《古代罗马史》，王以铸译，上海书店出版社 1957 年版，第 807 页。

③　[苏]科瓦略夫：《古代罗马史》，王以铸译，上海书店出版社 1957 年版，第 813 页。

持续地增长。如前面提到的，在共和国早些时候，罗马平均每年释放奴隶1350人，到了共和国末年，则平均每年释放奴隶1.6万人。① 奴隶的法律地位也在改善。在克劳狄乌斯当元首时，便开始通过立法来改善奴隶的处境："主人不愿加以医治而送到埃斯库拉帕岛上去的那些病的或是软弱的奴隶，便规定认为他们是自由的；如果他们恢复了健康的话，他们可以不回到主人那里去。有谁杀死生病的或是软弱的奴隶而不把奴隶送到岛上去，他是要像对杀人的行为那样负责。"到尼禄时期，根据佩特洛尼乌斯法，"禁止主人杀死奴隶并命令依法判他们的罪，如果他们值得这样做的话；他还禁止没有足够的理由把奴隶变成剑斗士，把女奴隶卖为娼妇"。② 可见，世界上最典型的奴隶制在罗马存在了不太长的时间后便难以为继了。

其三，奴隶的组织和监管问题。这是最容易被学者忽略的问题，又是当时最棘手的问题。虽然有人把奴隶称为"会说话的工具"，但奴隶毕竟是人，是有血有肉有脾气的人。在沦为奴隶之前，他们都是自由的公民。经过战争等突发事件，才使他们陷入悲惨的奴隶地位。对过往的回忆，对自由的追求，对现实的不满，使奴隶充满着随时可能爆发的反抗情绪，只要一有条件这种反抗情绪就有可能爆发出来。因此，对奴隶的监管和组织是奴隶主们非常头痛的事情。在战场上，处于战败方的战俘们手无寸铁、精疲力竭，面对手持武器的强大胜利者，他们无可奈何只得听人摆布。但是到了和平环境下，不再面对强大的武装到牙齿的军人时，他们就不一定那么听话了。在原始社会的共有共享经济下，劳动者受到当时的观念、意识、习惯、道德等方面的制约；而后来的雇佣劳动则受契约关系制约，雇主和劳动者双方的权利和义务在契约中是清清楚楚的。而使用奴隶劳动，使用者即奴隶主和奴隶的地位是极不平等的，奴隶没有任何权利只有义务，这种不平等的关系只能靠强制手段来实行。上强制手段需要人力、物力、财力等成本，是有条件的。并不是每

---

① 马克垚：《罗马和汉代奴隶制比较研究》，《历史研究》1981年第3期。
② ［苏］科瓦略夫：《古代罗马史》，王以铸译，上海书店出版社1957年版，第815页。

个行业都适合使用奴隶劳动。像农业、畜牧业就不适合大规模使用奴隶劳动。

农业劳动是分散在广袤无垠的田野中进行的，农田周围不可能设置围墙和壕沟，如何防止奴隶的逃亡？给每个奴隶戴上镣铐，这是不可能的，因为这无法进行劳动。每个奴隶派一个管理者不可能，因为成本太高。当强制性手段碰到了田野上的分散劳作，还真有点无处发力。当时的罗马奴隶主是如何解决这个问题的，我们不得而知。在当时罗马关于农业劳动的农书中，能看到的都是被驯化得服服帖帖的奴隶，而且庄园奴隶的管家也是由奴隶担任的，似乎奴隶主不用担心奴隶的逃亡和反抗。这只有一种可能，即这些人决不可能是从战场上的俘虏转化而来的奴隶，而是奴隶的第二代或第三代，他们的父辈或祖先已世代为奴，所以他们已经能够接受奴隶的身份和地位。但由于奴隶没有合法的婚姻家庭，也并不是按男女匹配生活在一起的，加上凄惨的如同兵营式的生活状态，所以这种奴生子的数量不会很多。尽管我们前面提到有的奴隶主也会鼓励奴隶生育后代，这只是小范围的事情，是无关大局的。人口的再生产是需要一系列条件才能保证的，决不是处境悲惨的奴隶能够大量生产出来的。靠奴生子、奴后代来提供整个奴隶社会的劳动力供给，支撑起奴隶制社会的生产活动是不可能的，也是没有史实依据的。

畜牧业更不适合使用奴隶劳动。试想一下，在牲畜散养的情况下，放养一群牛羊需要在几十平方公里甚至更大的草场上进行，也就是说，如果使用奴隶来放养牛羊，方圆几十上百公里都见不到人，怎么对其进行监管？总不能一个奴隶后面跟一个监管人员吧，即便跟了也未必能监管得住。牲畜要逐水草而居，须不停地流动，所谓游牧是也。长期的大范围的游动在人烟罕至的原野，放牧者要自带食物、帐篷等吃住生活用品，这又为他长距离的运动创造了条件，如果使用奴隶放牧，他要想逃跑的话，该如何约束他呢？这些非常具体的问题，就是畜牧业使用奴隶面临的最大的天然障碍。

古代社会大规模使用奴隶还有一个重要问题，就是当时处于冷兵器时代。远古时期兵器和人们使用的劳动工具是同源的，多数兵器是从工具发展而来的，或者就是一物二用的。一根木棍前头削尖了，即可用来刺杀野兽，也可以用来简单地挖翻土地，如中国古代的耒耜。后来技术进步了，木棍前头装上了金属的头，更加锋利了，不同形状的金属头具有不同的功能，如锄头用来刨地，锹用来挖地，镰刀用来收割；但同样这些工具都是可以用来刺杀和砍杀的，刀和矛这些专用兵器也是从这些工具发展而来的。即使专业兵器出现了，它们与其前身劳动工具相比，在战斗中也并不会占有绝对的优势。远远比不上后来热兵器时代兵器与工具的差距。换句话说，古代冷兵器时代的手持兵器的士兵和手持农具的普通劳动者相比，战斗力相差不大。这就为当时大规模的奴隶监管带来了实际困难，特别是在农业生产中，如果奴隶人手一把劳动工具，就无异于武装了一支有一定战斗力的军队，奴隶主的监管力量不如他们强大时，何以威慑和压制住这些奴隶的反抗和逃亡？在古罗马，率先发起奴隶起义的地方是西西里，而西西里是意大利的粮仓，是农业中使用奴隶比较多的地方，西西里共发生过几起奴隶起义，这与此地农业奴隶较多及我们上述的农业奴隶特点是有关系的。公元前 2 世纪，是罗马的奴隶制大发展时期，也是大规模奴隶起义形成的时期。公元前 136 年到前 132 年（也有的学者认为是公元前 135 年或前 138 年），西西里爆发了第一次奴隶起义。起义酝酿了很长时间，头领是一个来自叙利亚的奴隶，此人善于圆梦、预言未来并会些小魔术，能从嘴里吐出火来，他对奴隶们说，叙利亚的"众神之母"对他显灵，预言他将成为国王，以此获得奴隶们对他的尊崇。起义是由对待奴隶残酷著称的大奴隶主达摩披洛斯庄园上的奴隶发起的，某一天他们在城外集合，奉献了牺牲并相互宣誓之后，就在其"会吐火"的首领优努斯的带领下杀入恩那城中，长期压抑的阶级仇恨变成了对奴隶主的疯狂屠杀，自由民也难免于难。达摩披洛斯被当即处死，其老婆则交由女仆处理，唯独他们的女儿因一直同情并帮助奴隶而受到了奴隶们的保护，把她安全送到了亲戚那里。起义军用城中的工匠为他们制造兵器，赦免了奴隶主中能善待奴隶的人，在 3 天内便组成了 6000 多人的武装。起义很快得到了西西里其他地方奴隶的响应，占领了西西里中部和东部的全部城市，并击溃了罗马派来镇压他们的军队，成立了自己的国家并发行了货币。公元前1世纪史学家、希腊人狄奥多洛斯记载了当时的情况："在所有这一切当中最值得注意的是起义的奴隶非常明智地关心到未来，而没有把小农庄烧掉，没有破坏其中的财产、贮藏的果品，也没有侵犯那些继续从事农耕的人们，（而城中的）庶民则由于嫉妒而装成奴隶的样子向乡村出动，他们不仅劫掠财产，而且烧毁了村庄。"①从这次奴隶起义酝酿时间长，首领优努斯装神弄鬼迷惑众人及几百名奴隶能聚集起来从容完成仪式然后发起起义这些情况来看，奴隶主对农业奴隶是疏于监管的。而后来西西里的奴隶一而再、再而三地发动起义，更说明奴隶主阶级对农业领域的奴隶监管是不成功的。另外，在西班牙银矿也发生过奴隶起义，说明即使在矿山这样人比较集中的行业，奴隶监管也是成问题的。

农业上使用奴隶较多的意大利大庄园主要集中在南部及西西里岛，而北部、中部则多以中小地产为主，使用奴隶十分有限。从使用奴隶较多的地方和行业都发生了奴隶起义来看，奴隶制下奴隶的监管问题即便在意大利本土也没有得到解决，而这个问题不能得到解决，奴隶制是不能可持续发展的，更不可能支撑起所谓的奴隶社会。

以上我们从奴隶使用成本和奴隶供给、生产效率、监督管理三个方面阐释了奴隶制生产要成为社会主导地位生产方式的不可能性。地理环境特殊、工商业较为发达的希腊、罗马，被认为是世界上最典型的奴隶制地方尚且如此，在世界其他地方都是农耕和游牧业占主导地位，更不太可能出现如同希腊、罗马这样大规模的奴隶制了。

本 章 小 结

封建制的缘起和发展，是沿着血缘世系的传递这个主干展开的，具体的表现形式就是，随人口增长，氏族不断裂变和分化，每一个新氏族

---

① ［苏］科瓦略夫：《古代罗马史》，王以铸译，上海书店出版社1957年版，第457～460页。

的产生过程，都是一次母体氏族对新生氏族的分封过程。也就是说，封建制缘起于血缘世系传递过程中的新氏族从母氏族中别立出来这个环节上，分宗别氏的范式形成了封建制最初始的基因。一如我们今天所熟知的姓和氏的关系，姓即为血缘世系的主干，所有同一血缘世系的成员都由特定的唯一的姓来标注、复制和传递其血统，而不可能有两个姓；氏则不同，在同一个血缘世系上可以裂变分化出许许多多个氏，随着世系的延续，新氏会越来越多。子氏族从母氏族剥离出来时，作为母体的旧氏族为其寻找、开拓和确立一块新领地，把它封授给子氏族，这就是中国古人所说的"因生以赐姓，胙之土而命之氏"①。毕竟子氏族就是自己的孩子，为其起名，为其封一块领地，安排好适宜其发展的生活生产环境，当然是母氏族的神圣责任和义务。母氏族之所以要给子氏族分封领地，是因为氏族是具有自我管理功能的高度自治的社会组织，为分化出去的子氏族分封领地，是其公共管理职能的重要组成部分。我们看到，分封是由两个环节构成的：一是"分"，即一部分氏族成员从母族中分离出来；二是"封"，即建立新领地。如果说，"胙土"只是物质上的分封过程，而"命氏"，就是母氏族为子氏族授予氏族法人权利，认可子氏族"法人地位"的过程，是母氏族为子氏族举办的成人礼，是精神上、法权意义上的封建。所以，即便是原始的封土建氏制度也不仅仅是政治制度，更是经济制度、社会组织制度、宗教文化制度(属于本族的宗教文化在子氏族的延续)。当新氏族不断增加，活动空间不断扩大，多个氏族组成胞族、部落、部落联盟。地域的因素加入进来，"家(族、氏族)"也就向国的方向进化，原本治"家(族)"的分封制就不仅仅在家族内实行，而且也对异姓家族、部落实行，进而扩大到国家层面；原来由氏族或家族主持的分封，变成了以国家名义主持的分封，封建制也由原来比较单纯的母氏族与子氏族之间的制度化安排，演变成由一系列权利义务关系构成的成熟的全社会治理体系。也正是在血缘世系的主干外，还有姻亲关系和利益关系这些枝干，封建制度的大树才得以在发展中枝繁叶茂。

---

① 《左传》隐公八年。

分封制或曰封建制绝不是周公、查理·马特或者其他什么人灵光一现、顶层设计的产物。封建制能在东方的中国和西方的欧洲都出现，说明它不是个别现象，它是适应氏族（家族）增殖、裂变、分化、新氏族产生的强烈需求，在当时的客观环境下所能采取的唯一可行的制度化安排和组织化措施。在人间没有谁是救世主，人类所有最原始的基本组织和制度，都是一定时期内生产生活即生存、繁衍需求所牵引、催生出来的。人们都是靠自己在日常生产生活中所掌握的经验、教训和由此积累起来的管理方式、制度、组织等一整套治理体系，用于氏族、胞族、部落、家族的治理，继而随着治理范围和边界的不断拓展，扩大到整个国家的治理。治理体系由"家（族）"到国的展开过程，就是由封土建氏到封土建国，封建制度在全社会实施，成为占主导地位的经济制度和社会政治组织制度的过程。因此我们可以说，封建制度是由血缘关系的胚胎中孕育出来，完全因氏族内生性裂变和分化需求而形成的一整套组织和制度化安排，它有一个由原始胚胎状态逐渐发育、进化并不断适应人类进入阶级社会这一环境的变化而最终生成的发展过程。封建制度是人类继氏族制度之后，系关全社会的又一次重大的制度创新和组织创新，是从基于血缘关系的氏族制度内生出来并与氏族制度血脉相承的人类社会发展必经阶段。由此也说明，人类社会从原始的氏族社会向前发展，只能进化到封建社会，而不是别的什么社会；封建社会是人类继原始社会之后必然出现的唯一的社会形态，而不是之一。

当然，氏族社会时，原始的分宗别族、"胙土命氏"制度和范式，只是具有了封建的基因或胚芽，与进入阶级社会后成熟的封建制度在内涵上是有差别的。首先，封建的主体不同。原始封土建氏制度下的封建主体是氏族或部落，决策者是全体氏族成员，受封者是分化出去的原氏族成员；而阶级社会中，封建的主体往往是大宗的宗主或大家公认的天下共主，这里个人替代了群体，受封者除了家族成员外，还有非血缘家族之外的异姓家族的成员。其次，在原始封土建氏制度下，没有阶级压迫内容，受封的子氏族与母体氏族虽然在名分上是有区别的，但这种区别只是氏族或家族中的血缘辈分关系形成的等差区别。阶级社会的封建制则有了阶级压迫和剥削的内容，封建主与受封者之间除血缘关系外，又多了君臣关系和等级关系。再次，原始分封制下，受封的子氏族与实施封建的母体氏族之间，是只有血缘依附关系的，但到了阶级社会，这种血缘依附关系，逐渐演化成了以一定权利和义务构成的人身依附关系。

　　奴隶制只是人类文明进化中的局部的基因突变，只要人类文明发展得不充分，只要世界上还有战争、劫掠和暴力犯罪，奴隶制就会在一定时间、一定范围内存在。即使是人类文明已经达到一定高度的现在，在宗教极端组织控制的地区都还可能有奴隶制在小范围、短时间存在的现象，但这远远不是奴隶社会。人们对奴隶制之所以印象深刻，多半是因为对奴隶的劫掠、奴隶的裸体展示和挑选，对奴隶非人的虐待和杀戮、角斗士的血腥场面等给人们造成的感官刺激。从而，奴隶制的作用被人为放大了。奴隶制在古代社会也只能是主流社会制度的补充，它本身如同前面我们所分析的，因其种种局限性是不可能成为主流社会制度的，因而也就不可能有所谓的奴隶社会。

第二章 不同自然环境对中欧生产方式和经济结构的塑造

越是在远古社会，人们认识和改造自然的能力越差，从而自然环境对人类生产生活方式的制约和塑造作用就越强。

第一节 古代中国自然环境与农耕为主生产方式的形成

中国地处欧亚大陆东部，幅员辽阔，东部面临太平洋，西北却处在欧亚大陆的腹地。青藏高原的隆起直接改变了大气环流的格局，阻断了印度洋水汽的进入，致使西北地区长期处于极度干旱少雨的气候条件下，形成大片沙漠，成为中国沙尘的源头。据刘东生院士等地质学家的研究表明，除青藏高原隆起因素外，地球轨道偏心率、地轴倾角和岁差的周期性变化引起的全球变冷，特别是大约 2200 万年以来北极冰量增加，也是导致内陆干旱化加剧的重要驱动力。这样就形成了自 2200 万年以来的一个陆地"风尘堆积系"，由此到 620 万年之间为较稳定的干旱化和气候波动时期；620 万年到 500 万年为一个干旱期，500 万年到 360 万年期间是一个相对温暖湿润时期；360 万年以后黄土高原粉尘沉积的速率持续增长，到 260 万年这种再次增长加强，第四记黄土大量沉积。① 独特的地理环境使中国冬季被极地或变性极地大陆气团控制，形成冷高

---

① 刘东生：《黄土与环境》，《西安交通大学学报（社会科学版）》第 22 卷第 4 期。

压，而温暖的海洋为低气压控制，于是冷空气流向低压区，生成西北季风；夏季则相反，热带、副热带气团源源不断地向被蒙古低压笼罩的内陆流动，使东南季风盛行，呈现出雨热同季的显著特点。如果聚焦气候变化的历史过程就会发现，某些时段西北季风常年控制西北地区，气候干旱，沙漠扩张，尘暴频仍，大量尘土被风搬运到黄土高原，纷纷扬扬的沙尘日积月累，堆积出高达100米至300米的黄土层，为中国的先民奠定了农耕文化最基本也是最重要的物质基础。而当东南季风长期控制西北时，气候温润，雨水使尘土发生碳酸盐化作用，地表发生强烈的生物风化成壤过程，孕育出生发万物的肥沃土壤。有学者根据黄土高原剖面的物质研究指出："在过去的250多万年里，黄土高原就有30多个这样的与冰期——间冰期季风气候变化相对应的黄土堆积与成壤旋回。"[1]其实，中国这种自然地理环境不仅对黄河流域土壤而且对整个中国土壤的形成都有极为重要的影响。

黄土高原及其黄河中下游冲积平原是中国先民主要活动区域，也是农耕文明的发祥地。中国的黄土分布于北纬34~35度，总面积近40万平方千米，黄河贯穿其中，加上次生黄土面积100万平方千米，是世界上最大的黄土地。同一纬度也是世界小麦、玉米带。"黄土是一种风成沉积，主要由粒径为0.01~0.05毫米的粉砂级颗粒组成，成分包括石英（约占60%）、长石、云母等和少量重矿物，富含碳酸钙（7%~30%）。黄土多大孔隙、松软且具有湿陷性。"[2]由西北季风搬运而来的尘土形成的土壤，最大的特点就是"没有水平层理，但垂直节理发育，其结构均匀细小、松散、易碎，此外不易风化，滤水性差，透气性好，土壤保持了大部分原始物质，较肥沃"[3]。颗粒细小、均匀、易碎、孔隙大，土质非常松软这些特点，对于农业生产的前两道工序即翻耕和整理土地十分有利。远古人类的生产工具是很简陋的，只有木棍、石器、蚌壳之类

---

① 黄春长、赵世超、王晖：《西周兴衰与自然环境变迁》，《陕西日报》2001年2月17日。

② 刘东生：《黄土与环境》，《西安交通大学学报（社会科学版）》第22卷第4期。另见王星光：《商代的生态环境与农业发展》，《中原文物》2008年第5期。

③ 何炳棣：《中国农业的本土起源》，《农业考古》1984年第2期。

的工具，如果面对的是板结或黏重的土壤，是无能为力难有作为的；而对风尘堆积形成的疏松黄土就不一样了，把木棍的前端削成刀刃状或在木棍前端装上锋利一点的石器、贝壳就可以翻挖土地了，中国古代的耒耜就是这样的生产工具。耒耜传说是神农发明的，它在中国古代的农业生产中发挥了极其重要的作用。考古工作者在对河北省武安磁山遗址的考古发掘中发现，遗址部分灰坑的"坑壁上留有似斧和木耒之类工具的痕迹"，根据碳素测定距今7000多年。① 耒的痕迹在后来的临潼姜寨、西安半坡遗址中也有发现。耒一般是双齿的，最早的耒可能就是一个分叉的树丫，而耜则是树棍的前端削薄，类似今天的锹或铲，人们用它来翻土。在商代，青铜虽然出现，但主要用于祭祀、酒器等，商代遗址中的生产工具仍以木、石、蚌、骨最为常见。② 1958—1959年在安阳殷墟发掘时发现"不少的窖穴壁上清晰的木耒痕，都是双齿的"，如小屯西地H305坑发现的大型耒痕，齿长19厘米，齿径7厘米，齿距8厘米；大司空村H112坑发现的小型耒痕，齿长18厘米，齿径4厘米，齿距4厘米。③ 但正是运用这简陋的农具，商代先民进行了大规模的农田开垦和整治。《礼记·月令》载每年立春之日："天子亲载耒耜，措之参于保介之御间，率三公、九卿、诸侯、大夫躬耕帝籍田，天子三推，三公五推，卿、诸侯、大夫九推。"这说的是天子亲自率领三公九卿用耒耜耕田的情景。天子都用耒耜耕田，一般的百姓耕田更是如此了。农业史家李根蟠认为："黄土由极细的土砂组成，疏松多孔，土层深厚，土层形成柱状节理，而且平原开阔，林木较稀，极便于在使用简陋的工具条件下进行垦耕，手推足蹠式发土的耒耜在这里能充分发挥它的作用。我国先民在主要使用耒耜的情况下垦辟了大规模的农田，奠定了进入文明时代的物质基础。"④土壤是人类赖以生存的最基本的物质，人类80%的热量、75%以上的蛋白质和大部分纤维直接来源于土壤。疏松肥沃的黄土是上天赐予中国先民的最好礼物，使中国成为世界上最先进入农耕文明

---

① 《河北武安磁山遗址》，《考古学报》1981年第1期。
② 李根蟠：《中国农业史》，文津出版社1997年版，第29页。
③ 《1958—1959年殷墟发掘简报》，《考古》1961年第4期。
④ 李根蟠：《中国农业史》，文津出版社1997年版，第38页。

的国家之一。由于土壤形成的原因，中国这片土地比较易于翻耕和治理。上古时期，大禹联合各部落治水，疏浚河道，大规模开挖沟渠，进行河流的流域治理，在没有金属工具的情况下，这一浩大工程能够成功，主要得益于松软的土壤。《淮南子·要略》："禹之时，天下大水，禹身执虆臿，以为民先，剔河而道九岐，凿江而通九路，辟五湖而定东海。"说的就是禹带领人民用耒耜疏通江河湖泊，使洪水分成九个支流流入东海。可以想见，疏通水道、凿除壅塞、引江河之水入海是何等浩大的工程。除了引江河之水入海外，还要把农田之积水排入川泽之中，因此就要在开垦土地时修沟洫，也就是《尚书·虞书·益稷》所说的"濬畎浍距川"。治理这些工程的工具主要就是木质的耒耜，如果不是十分特殊的黄土疏松土质，这些浩大的工程几乎是不可能完成的。

治理工程能够开展，除了疏松的黄土易于开垦外，还与地貌有关。这片黄土地上没有大量的原始森林，远不像古代欧洲那样，原始森林占了80%左右的面积。考古工作者对代表夏代的二里头文化一、二期遗址中的孢粉进行分析可知，夏代早中期的植物孢粉中，木本植物为孢粉总数的7.6%，草本植物占孢粉总数的90.2%，呈现出疏林草原的生态景观。[①] 而对郑州商代遗址样本的孢粉和硅酸体进行的测试分析同样表明，在属于商代早期的二里岗文化层中，发现孢粉数量很少，且以草本类型为主，包括藜科、禾本科、菊科和葫芦科，这和河南偃师二里头遗址四期（距今3650年）发现并测试的孢粉是吻合的。木本植物仅有松属、桦属、栎属、桑属，占孢粉总数的8.9%，属于稀树草原植被。[②] 因长期干旱等原因，黄土呈碱性。我们的先民往往在临水的河川薮泽之地开垦农田，排水、洗碱、保墒成为农田治理的第一要务。《吕氏春秋·任地》引述后稷关于农业生产十大问题中的前四个问题是："子能以窒为突乎？子能藏其恶而揖之以阴乎？子能使吾土靖而甽浴土乎？子能使（土）保湿安地而处乎？"也即：能使低洼的地变高吗？能去掉土地的盐碱而保持湿润吗？能用沟洫排水洗土保持土地的洁净吗？能使土壤保墒而不流失

①　王星光：《中国农史与环境史研究》，大象出版社2012年版，第187页。

②　王星光：《商代的生态环境与农业发展》，《中原文物》2008年第5期。

吗？在古代中国，农田的开垦和整理包括开挖沟洫、排水洗碱及把挖起来的土堆成垄台即我们今天说的亩。《国语·周语下》谈及"畎亩"，韦昭注："下曰畎，高曰亩。亩，垄也。"《诗经》中就有"东亩""南亩"之说，都是讲亩为垄台和沟洫相配套，是有其明确走向的。因为我国地势西北高而东南低，水必然是向东或南流，所以田中沟洫的走向与河水的流向相同。《吕氏春秋·辩土》总结古代农业生产技术说，当时庄稼一般是种在亩（垄）上的，"亩欲广以平，甽欲小以深，下得阴，上得阳，然后咸生"。《诗经·大雅·绵》记载了周人的祖先古公亶父率周的族人迁至岐下时，开垦和治理土地的情景，即"乃疆乃理"——划分井田经界，按地势规划沟洫田亩；"乃宣乃亩"——开通沟洫宣泄积水，修筑垄亩。《论语·泰伯》说大禹"卑宫室而尽力乎沟洫"。说明古代中国田地的开垦和整理及与之配套的沟洫是一套成体系的耕作制度，有久远的传统。

最能说明问题的是中国目前发现的最早的成熟文字——约3500年前的甲骨文，甲骨文是象形文字，实际是对客观事物的写实性描画。"田"字在甲骨文中写成多个方块构成的形状，分明就是土地被阡陌沟渠分割成块状的象形体，反映当时商人对田地的整理已达到相当的水平。再看甲骨文中力气的力字——)，像斜尖耒，翻土当然是力气活；男人的男——明，是用耒耕田状，耕田肯定是男人的事；协作的劦——彡，像三把耒同时耕地；而耤田的耤字——，则像一个人手持双齿耒耕地。[1]这些与农业耕作相关的字都与耒耜相关，可见耒耜在古代中国农业中的重要作用，木质的耒耜只有作用于松软的黄土地，才能形成沟洫阡陌纵横交错的田。从战国或更稍后一点成书的《周礼·考工记·匠人》中，我们可以看到古人对耒耜与农田沟洫体系关系的描述："匠人为沟洫，耜广五寸，二耜为耦。一耦之伐，广尺、深尺谓之畎；田首倍之，广二尺、深二尺谓之遂。九夫为井，井间广四尺、深四尺谓之沟；方十里为成，成间广八尺、深八尺谓之洫；方百里为同，同间广二寻、深二仞谓之浍，专达于川，各载其名。"这是说当时的沟洫，是由田间小沟、大沟

---

[1]　马如森：《殷墟甲骨文实用字典》，上海大学出版社2014年版，第308、109页。

到更大地域的水渠，再与河流连通的具有排、灌功能的水利系统。虽然有学者认为这是理想化的描述，但还是可以大体看出古代中国农业中沟洫体系的特点。李根蟠先生认为：“一个明显的事实是，世界不少地区原始农业的结束和文明时代传统农业的开始，是以利用畜力进行犁耕为标志的，而我国先民则是带着耒耜进入文明时代的”，这“也是中国上古文明的重要特点”。① 耒耜之所以在中国古代农业生产中发挥如此重大的作用，关键还在于中国这片黄土地土质的松软。如果在欧洲的黏重板结的土地上，是不可能发挥这么大作用的。类似耒耜的木质农具，及石、蚌等工具在欧洲上古时代也是有的，但远远没有发挥重大作用就是明证。

上述农田沟洫体系的建立，与之配套的是长条形的田亩形成；条播制度结合合理密植、间苗除草等生产技术的应用；建立起行列整齐、通风透光的农作物群体，不仅改变了涝渍返碱的土壤环境，而且形成了良好的农田小气候，标志着我国远在夏商时期的农业就已经达到了相当高的水平，从而使粮食生产有了一定的积余。这一点我们从商人好酒成风就能看出来。甲骨文中酒字既可是“酉”，也可是“酒”，两字相通，前者本义为酒器。甲骨文中的酒字有许多种字形，其中“酉”有，“酒”有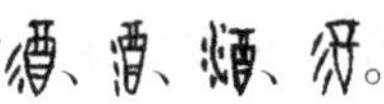。② 这么多的字形只能说明酒在殷人的生活中经常出现，与殷人生活密切相关。《诗经・大雅・荡》生动地描述了殷人酗酒场景：“靡明靡晦。式号式呼，俾昼作夜。”《尚书・酒诰》载不仅“惟殷之迪，诸臣惟工，乃湎于酒”，而且百姓也是如此“庶群自酒，腥闻在上，故天降丧于殷”。《史记・殷本纪》记载了纣王“大聚乐戏于沙丘，以酒为池，县肉为林……为长夜之饮”的奢靡生活。周人认为殷人嗜酒丧国，于是周得天下伊始，周公便以文王的口吻教训周人，宣布禁酒令说：只有祭祀时才可以用酒，人们作乱失德往往是因酗酒造成的，那些大大小小的诸国灭亡没有哪个不是因饮酒过度造成的。禁酒令对周朝的官员和殷朝归顺的官员作了区分：周朝官员聚众饮酒的格杀勿论，而殷

① 李根蟠：《中国农业史》，文津出版社 1997 年版，第 25、38 页。

② 马如森：《殷墟甲骨文实用字典》，上海大学出版社 2014 年版，第 331 页。

朝归顺官员则先教育，不听劝阻的才予惩罚。而且，这个禁酒令不仅是对官员的，也是对老百姓的。它告诉人们特别是原殷朝的遗民，要学好手艺，种好庄稼，侍奉好父母，或赶着牛车去做生意，以其所得孝敬父母，自己动手准备丰盛的饭菜，这时才可以喝酒。① 禁酒令至少说明两个问题：一是殷代朝野嗜酒成风；二是上上下下饮酒无度，已经到了失德丧国的地步，引起了刚刚取代殷王朝的周代统治者的高度重视。民间有句老话：三斤粮食一斤酒。只有粮食多了，能满足人们的温饱需求后才会酿成酒。如果老百姓还是饥不果腹，是不可能以酒充饥的。

与土地相关的农作制度此时也有重大变化，即从远古的撂荒制 转变为休耕轮作制。撂荒制是游耕游农的结果，开垦一片土地使用一两年后，地力耗尽了便撂荒，转而使用新开垦的土地。随着生产经验的积累特别是沟洫体系的建立，中国古代先人较早地转变了生产方式。因为沟洫体系的修建是要花费巨大人力、物力的，绝不可能轻易抛弃或长期处于撂荒状态。虽然有记载的轮耕制在周代才出现，但不能说明殷商甚至更早年代就没有。我认为沟洫体系的建立就意味着轮耕制的出现，否则古人是不会花费这么大精力去做这件事。《诗经·小雅·采芑》："薄言采芑，于彼新田，于此菑亩。"《毛传》："田一岁曰菑，二岁曰新田，三岁曰畲。"《周颂·臣工》："嗟嗟保介，维莫之春，亦有何求，如何新畲。"对于《诗经》中出现的"菑""新""畲"，哪个是现耕地、哪个是休耕一年的地、哪个是休耕两年的地？学界是有争议的，但对此时实行了休耕轮作制则无异议。《周礼·地官·遂人》载周人"辨其野之土，上地、中地、下地，以颁田里。上地，夫一廛，田百畮(亩)，莱五十畮，余夫亦如之；中地，夫一廛，田百畮，莱百畮，余夫亦如之；下地，夫一廛，田百畮，莱二百畮，余夫亦如之"，郑玄注："莱，谓休而不耕者"，即轮休的田。

到了春秋以后，随着铁器农具的普遍使用，及中国农业在选种育苗、防涝灌溉、施肥保墒、消灭虫害、垄沟轮作等生产技术上的大大提

① 《尚书·酒诰》。

高，土地耕作制度又由休耕轮作制逐渐过渡到以一块土地上的连作制为主。①《吕氏春秋·乐成》载："魏氏行田以百亩，邺独二百亩，为田恶也。"说明春秋晚期，除了"恶田"仍需休耕外其余都是连耕制了。土地连作制在欧洲实行是进入近代社会以后的事了，比中国整整晚了约两千年。之所以这样，我认为与中欧两地的土壤条件不同有着十分重要的关系。

中国的黄土除了松软易于耕种外还特别肥沃。美国学者庞波里这样评价："它(黄土)的肥力似乎是无穷无竭。这种性能，正如著名德国地质学家希特霍芬(Ferdinandvon Richthofen)所指明，一是由于土层中累年堆积、业已腐烂了的植物残体，雨后通过毛细管作用，把土壤中的各种矿物质吸到地面；一是由于从(亚欧大陆)内地刮来的风沙不时仍在形成新的堆积。它'自我加肥'(self-fertilizing)的性能可以从这一事实得到证明：在中国辽阔的黄土地带，几千年来农作物几乎不靠人工施肥都可以年复一年地种植。正是在这类土壤之上，稠密的人口往往继续不断地生长到它强大支持生命能力的极限。"②

生产技术和效率的提高，集中表现在粮食产量的增加上。《管子·治国》说："常山之东，河汝之间……中年亩二石，一夫为粟二百石。"银雀山汉墓出土的竹简有战国时的《田法》，其中记载："岁收，中田小亩二十斗，中岁也。"③这里讲的亩为战国时的小亩，约合今天三分之一亩。有学者依据考古出土的汉代量器计算(汉承秦制且相隔较近，故汉代量器与先秦基本相当)，当时一石约合今天 27 市斤，折合下来约合今天每亩产粮 187 市斤。④ 这已是相当高的产量了。欧洲直到 13 世纪，粮食亩产也不过 78 斤。⑤ 这么高的亩产已能基本满足个体家庭的生产生活需要。所以《孟子·梁惠王上》载："五亩之宅，树之以桑……百亩之田，

---

① 李根蟠：《中国农业史》，文津出版社 1997 年版，第 114、115 页。

② 何炳棣：《华北原始土地耕作方式：科学、训诂互证示例》，《历史地理》1992 年第 10 辑。

③ 银雀山汉墓竹简整理小组：《银雀山竹书"守法""守令"等十三篇》，《文物》1985 年第 4 期，后引银雀山竹简《田法》皆出该文，不另标注。

④ 林甘泉主编：《中国经济通史·秦汉经济卷》，经济日报出版社 1999 年版，第 243 页。

⑤ 马克垚：《中西封建社会比较研究》，学林出版社 1997 年版，第 107 页。

勿夺其时，数口之家可以无饥矣。"这是孟子对他所生活的年代的农民家庭状况的观察和判断，应该是可信的。农史学者李躬圃根据战国初期魏国丞相李悝列出的当时一个占地100周亩的自耕农全家的收支情况，对比13世纪英国《亨利农书》及其他资料，估算出中英两国农户在相差近2000年的时间距离上，劳动生产效率指数的比较，即13世纪英国三类农户的情况为：占地30英亩的农户，劳动生产效率指数为22.8；占地20英亩以下的为22.7；占地8英亩以下的为19.6；三者平均劳动生产率指数为21.7。而中国东周时期的两类农户，北方自耕农和租地农平均劳动生产率指数为287，比近两千年后的英国农户平均劳动生产效率指数高出13.22倍。[①] 对于这些数据的准确性，可能有的学者会有不同的看法，但从主要谷物单位面积产量为核心指标的劳动生产效率来看，古代中国远远高于欧洲应是不争的事实。唯一可争论的只是高多少的问题。当然欧洲的农业结构中，还有畜牧业作为补充，但这是另外的问题了。仅就作为人类主要食物的谷物的每亩产量而言，古代中国和欧洲会有这么大的差距，而且是比近两千年后的欧洲领先这么多，着实令人咋舌！

　　我想强调的是，以单位亩产为标志的中欧谷物种植业劳动生产效率的巨大差距，并不是因为中国古人比欧洲古人更聪明，生产工具和技术高出一筹——事实上，从以生产工具为标志的生产力水平来看，中欧当时处在同一水平上，但中国的这片黄土地的特点是欧洲的土地无法比拟的。无法比拟的并不是两地土地的肥沃程度，而是土地的可耕作性。中国的黄土地松软易耕，使用原始的木、石、蚌类工具，便可耕翻整理，使之成为高产的良田，加上雨热同季等因素，中国古代形成了以谷物种植业为主的较为单一的农业生产结构。与之相关联，需要排、灌的农田水利建设——沟洫体系，具有地域性和系统性，它要求远古时期的部落或后来的大家族不但在自己的领地内统一规划和行动；也要求一个较大区域内的所有部落或大家族互相协调、配合，而不是以邻为壑。只有这样才能把小块农田的"畎"（小水沟）与稍大的"遂"、更大的"沟"及方十

---

① 李躬圃：《中英古代农民家庭经济产业结构、劳动生产率及分化原因》，《中国农史》1991年第1期。

里的"洫"、方百里的"浍"相连接，最终将水排入河川，或将河川之水灌入田中。正是这种依托水利系统排灌的生产方式的内生要求，催生了中国古代农耕文明的较早成熟，也催生了世界上另外三个依托大河滋养的原生态农耕文明——古巴比伦、古埃及、古印度——较早成熟，较早进入部落联盟、大家族联盟等国家早期形态。欧洲的土地大部分比较黏重板结，只有使用金属工具，而且需要重型的农业工具比如重犁才能开垦和耕种。这个特点几乎决定了中欧两地农本经济甚至社会发展的走向和命运。

第二节　欧洲古代自然环境对其生产方式的塑造

欧洲的自然地理环境与中国有很大的不同，其天气受到五个气压中心的控制，分别是永久位于北大西洋上空的冰岛低气压，经常集中于伊比利亚半岛的亚速尔高气压，冬季位于地中海上空的地中海低气压，冬季位于中亚的俄罗斯高气压，夏季在西南亚的"季风"低气压。气候可大致分为两种类型：南部为地中海类型，属亚热带大陆西岸特有的气候类型，所处纬度是大气环流的过渡地带，北面是西风带，南面是信风带，夏季时副热带高压北移，地中海地区在亚速尔高压控制下，天气晴燥少雨；冬季副热带高压南移，亚速尔高压退到大西洋上，地中海地区受西风影响，气旋活动频仍，降水较多，气候温和，与西亚的气候十分相似。欧洲中北部则由于墨西哥湾暖流向东北的扩展，生成了北大西洋暖流，而北大西洋暖流的增温增湿作用，则形成了这个地区温带海洋性气候与温带大陆性气候，雨水在全年分布均匀，雨量丰富，年温差较小，雨热不同季。在夏季，欧洲西北部日平均气温在15.56℃以下；而在南部最热的西班牙、希腊等地，7—8月平均温度也只有26.6℃，而且地中海的夏季恰恰是干旱的。① 雨热不同季，夏季气温较低，不利于农作

---

① ［美］乔治·W.霍夫曼主编：《欧洲地理》，天津人民出版社1982年版，第29、31、36页。

物中淀粉的快速生成，是粮食产量远远低于古代中国的原因之一。

古代欧洲大陆另一个显著特点是 80% 以上的地区为原始森林所覆盖，欧洲土壤类型具有明显的同一性："大部分土壤是在原始森林的下面发育起来的，这些森林能够在冰后期比较短暂期间稳固地成长起来，发育在针叶树或落叶树覆盖之下的土壤，在构造上和化学上的特征具有这样明显的相似性，以致它们可以归入一个被称为森林土的大族类。它们都共同地在有机质表层下面紧接着有一个灰色或灰棕色层，在类属名称上叫做'灰壤'。灰化作用被认为是湿润温和的森林环境内土壤形成的主要过程，包括表层的脱钙作用和在底土层黏土的积聚过程。在北部森林地带的真正灰壤区内，整个土壤剖面具有强烈的酸性，而在较远的南部，灰化作用逐渐薄弱但在南部森林土地区，包括地中海区的红土在内，仍可辨认出来。"由于有大量降水，土地泄水不良，"过分的淋洗不断进行，从而造成所有碳酸盐以及除硅酸盐以外的其他可溶性物质的流失，随之又使它们聚积在黏土丰富，常常硬结的较低的土层里。呈现酸性极重的淋溶层，具有独特的灰白色的外观。灰壤在自然上是贫瘠的土壤"。① 土壤的黏重板结对于只有石、木、蚌等原始工具的古人来说，要进行农业耕作是致命的障碍，因为这些原始工具根本无法用来在这样的土地上开垦耕作。人们往往用刀耕火种来描述原始农田的开垦和耕种，但在古代欧洲即便是放火焚烧了森林，由于土地的黏重板结，树根也难以清除，垦耕土地几乎是不可能完成的工作。所以我们看到古代欧洲的农耕种植业起步晚，发展缓慢。但是古代欧洲的地理环境也有优点，即大山较少，土地相对平坦，欧洲平均高度只有 300 米，是世界上地势最低的一个洲。高度在 200 米以下的平原约占欧洲总面积的 60%，平原所占比重之大，在各大洲中首屈一指。② 雨量平均，草场广大，为畜牧业的发展提供了较好的自然条件。

地质学研究表明，在更新世冰期中，欧洲存在两大冰川中心，一是

① ［美］乔治·W.霍夫曼主编：《欧洲地理》，天津人民出版社 1982 年版，第 45、51 页。

② 吉林师范大学、上海师范大学、北京师范大学、河北师范大学地理系编：《世界自然地理》上册，高等教育出版社 1980 年版，第 117 页。

在斯堪的纳维亚山脉，由此向东、南和西南方向推进，掩埋了欧洲大部分地区，形成了巨大的大陆冰川；二是阿尔卑斯山脉冰川。① 欧洲大陆大部分处在温带地区，冰川的消融和整体气候的变暖要慢于处于亚热带的西亚地区。当欧洲的农业发展步履蹒跚时，西亚的农业文化却已经开始了向欧洲的扩展。从世界范围看，农耕文化的起源一是在第四纪冰期结束后，二是在纬度适宜的地区，如两河流域、长江黄河流域、南美安第斯地区等。② 也就是说，欧洲在新石器时代出现的农耕文化是一种次生的农耕文化，它是由西亚农耕文化向西向北扩张的结果。西方考古学者认为，欧洲所实行的早期农耕文明类型起源于近东。伦敦大学考古研究所的 A. J. 阿默曼和其他学者，对欧洲新石器时代的 53 个同位素碳14 测定年代误差等于或小于 200 年的考古遗址进行的研究表明，早在8000 年前，西亚或曰近东的农耕文明就已向欧洲大陆缓慢地扩展，每年的扩展速率约为 1.08 千米，每代人（25 年）平均扩展速率为 25 千米，整个扩展传播过程持续了 3000 多年。③ 国内学者黄其煦认为：西亚农耕文明向欧洲扩展的第一站是与其地理上相邻相连的东南欧地区，包括现在的爱琴海和巴尔干半岛。东南欧与土耳其的安那托利亚地区及整个小亚细亚是一个整体，而由爱琴海和马尔马拉海隔开，但博斯普鲁斯海峡最窄处只有 750 米，最宽处也只 2.4 千米，相当于一条内河的宽度；达达尼海峡也只有 1.3 千米~7.5 千米宽。这样的水域是阻挡不了人类跨越的。加上希腊海上一连串前后肉眼可见的岛屿，成为海上交通非常理想的中转站。从文化源流上看，东南欧洲的西亚文化风格明显，希腊、巴尔干半岛最早的新石器时代的村落明显带有安那托利亚的文化传统，特别是在彩陶器的特征上。从农业文化上看，东南欧洲与西亚也相当一致，大多数家畜和农作物种类与西亚相同，而这些动物和农作物的野生

---

① 吉林师范大学等编：《世界自然地理》上册，高等教育出版社 1980 年版，第 123 页。

② 徐旺生：《农业起源和传播对中西早期文明发展影响的比较研究》，《农业考古》1997 年第 1 期。

③ ［英］A. J. 阿默曼等：《欧洲早期农耕扩展速率的测量》，黄其煦译，《农业考古》1987 年第 1 期。

祖本原来只分布在西亚，只有少量动物如野猪、野牛在欧洲可能有野生分布。

西亚农耕文化在欧洲的传播有两条主线，一是沿地中海传播的东南欧印纹陶文化，二是在多瑙河形成的线纹陶文化。后者从中欧平原向莱茵河下游扩展，并逐次传播到东北欧。研究表明，这二者文化之间在传播过程中也有了很大差异。这说明离开起源地后，农耕文化的传播过程中，人与当地的自然环境有一个互相适应调整，从而变异出更适合当地的文化类型，如在塞尔维亚及马其顿地区的斯塔切沃遗址，土墩类型的多层叠压遗址基本上还是保留了东南欧文化，但在其文化的边缘地区则逐渐生出另外的文化类型。① 这种与当地自然环境相适应的新的农耕文化，才能在欧洲迅速地扩展开来。

西亚农耕文明向欧洲的传播和原居住在同一地方的雅利安人向欧洲的迁移进程是一致的。西方学者一般认为，操印欧语系的雅利安人在公元前的某个时间从西亚迁徙，一支迁往印度，一支迁往欧洲。早期史学家蒙森指出，梵语、希腊语和拉丁语中家畜的名称都是相同的。后来穆勒尔补充了这一说法，把其他雅利安语系的方言都包括在内。说明这些家畜在雅利安诸民族分离之前便已知道或假定被驯化饲养了。拉丁语和希腊语的谷物名称中，见于梵语中者只有 Zea 一词，这一名称从语言学上看来相当于梵语的 Yavas，但在印度语中是大麦之意，在希腊语中则是 Spelt 小麦。② 人是文化的载体，随着雅利安人向欧洲的迁徙，便把缘起于西亚的农耕文明在欧洲扩散开来。

与古代中国新石器时代就开始利用木质的耒耜及石、蚌等原始农具开垦土地，建造农田，基本奠定了种植业的主导地位不同，欧洲在新石器时代是以畜牧业为主。③ 有些学者甚至认为欧洲早期的种植业只是为

---

① 黄其煦：《东南欧的农耕文化及其在农业向欧洲扩展中的作用》，《农业考古》1987 年第 1 期。

② ［美］摩尔根：《古代社会》，杨东莼、张栗原、冯汉骥译，商务印书馆 1971 年版，第 34、35 页。

③ ［美］乔治·W. 霍夫曼主编：《欧洲地理》，天津人民出版社 1982 年版，第 87 页。

了给牲畜作饲料才发生和存在的,"在野蛮人及开化人看来,森林地带才是他们的自然的乡土。当他们习惯于牧畜生活以后,倘若他们不先学会种植一些谷物来在远离草原的土地上维持他们的畜群的话,而要他们连同他的羊群和牛群再回到亚洲西部及欧洲的森林地带中去,是不可能的事"①。其实,西亚两河流域很早就有了种植业,雅利安人西迁时也必定掌握了谷物的种植。但种植业在欧洲长期发展缓慢,主要原因是其自然环境特别是黏重的土壤,是石、木、蚌等原始工具无法开垦和耕种的。欧洲种植业的发展要等待一个历史的时机,即铁器农具的出现,特别是带有金属刀刃的重型农具如重犁的出现。

欧洲的自然环境不适合使用原始生产工具条件下种植业的发展,却很适合畜牧业的发展。希腊在荷马史诗时期畜牧业就占有重要地位。希腊是西亚农耕文明向欧洲扩展的第一站,所以,这里的种植业比起欧洲其他地方要发展得早一些,快一些。相比希腊,罗马那时要落后一些。"最早的拉丁人或原始的拉丁人,就全体而言,'仍不过是贫穷的半游牧民族,过着粗野的生活,并遵守野蛮的风俗习惯。……他们既不知道书写,或许连农业也不知道,这都是后来伊特卢利亚人教给他们的。罗马就是在这种环境中,经过了几百年的工夫,才发生和发展起来的'。"②近代考古发现,罗马历史开始时,人群的主要成分是猎人与牧人,居民的主要职业是畜牧业,以此为生活资料的主要来源,"例如拉丁文Pecunia 一字,作'财产'和'钱币'解释,显然是由 Pecus 一字变来的,Pecus 本义为'家畜'。……土地的耕种,似乎只以满足家族的需要为限"③。当然,随着文明的发展,种植业的比重会有所增加,但即使到了公元前后,由于有西亚和北非行省的源源不断的粮食供给,意大利人对谷物种植业的重视程度都是不高的。公元前 2 世纪意大利"占优势的

① [美]摩尔根:《古代社会》,杨东莼、张栗原、冯汉骥译,商务印书馆1971 年版,第36、39 页。

② [法]杜丹:《古代世界经济生活》,志扬译,商务印书馆 1963 年版,第 205页。

③ [法]杜丹:《古代世界经济生活》,志扬译,商务印书馆 1963 年版,第 206页。

农业部门是畜牧业、果艺、园艺、橄榄的种植、葡萄的种植和各种技术作物的培植（例如编篮子用的柳枝等）"。罗马农学家加图在种植业作物的重要性排序上，粮食只被排在第六位。①

至于希腊、罗马北部的广大欧洲腹地，在公元前和公元后的几百年里，畜牧业更是日耳曼人的主要产业。公元前 58 年至公元前 49 年，在欧洲腹地与高卢人征战了 9 年的凯撒，在其纪实体著作《高卢战记》中写道："他们（指高卢人）对农耕不怎么热心，他们的食物中间，绝大部分是乳、酪和肉类，也没有一个私人拥有数量明确、疆界分明的土地，官员和首领们每年都把他们认为大小适当、地点合宜的田地，分配给集居一起的氏族和亲属，一年之后，又强逼他们迁到别处去。"而在不列颠群岛人们也一样，"他们的习俗与高卢人没有多大差别。至于住在内陆地带的人，则大多数都不种田，只靠乳和肉生活，用毛皮当做衣服"②。从凯撒的这些描述中可见，当时的日耳曼人，还处于半游牧的状态，没有长期稳定地定居下来。在一百多年后塔西佗的《日耳曼尼亚志》中，同样在行省做过官员对日耳曼人有过接触和了解的塔西佗虽然也有类似的记载，但好像有了一些变化。书中记载："日耳曼人多以畜群的多寡相夸耀，这乃是他们所钟爱的唯一财富"，但书中还记载了这一带地方谷物颇丰，谷物已成为人们的重要食物，土地是共有的但已在家庭之间进行分配，并且，每家都有住宅、墓地，似乎已经定居下来。③ 到了公元5 世纪以后，日耳曼人的种植业已经成为至少与畜牧业同等重要的产业。从《萨利克法典》可见，此时人们的私有观念已经形成，土地已分到每户，虽然很难说这是所有权的分配，但至少是土地使用权进而土地收益权的分配。该法典的条款中许多都是针对公社成员之间在土地上的侵权行为而制定的。应该说，此时的日耳曼人的产业结构已经是半农半牧的了。

---

① ［苏］科瓦略夫：《古代罗马史》，王以铸译，上海书店出版社 1957 年版，第 441 页。

② ［古罗马］凯撒：《高卢战记》，商务印书馆 1979 年版，第 143、107 页。

③ ［古罗马］塔西佗：《阿古利可拉，日耳曼尼亚志》，商务印书馆 1959 年版，第 48、60 页。

虽然欧洲的先民完成了由游牧到定居的转变，但是当时的谷物种植业是相当落后的。有学者认为，公元6世纪的高卢地区，开垦出来的耕地只占全部土地面积的3.4%~4%；谷物产量9世纪时安那贝王室地产上种子与收获量之比，小麦为1∶1.8，大麦为1∶1.6，黑麦为1∶1。①即便到了11世纪，欧洲开垦出来的耕地仍然数量极少，占法兰西土地1/2以上、低地国家和德意志土地的2/3，英格兰土地的4/5都没有得到开垦。② 为什么会出现这种情况呢？我们前面谈到，欧洲特别是西欧的土地多以黏重板结的灰土为主。这种土地对种植业来说，最大的障碍就是开垦、翻耕、整理土地特别困难，即便是金属农具出现后，没有重犁的使用仍然难以实现，更不用说金属农具之前的木、蚌、石器时代了。早在公元前10世纪，希腊本土已掌握了铁矿的冶炼技术，因此，铁的使用便逐渐变普通了。公元前8世纪，铁在中欧被越来越广泛地用于制作武器和工具。大约公元前400年，制铁业的中心转移到凯尔特人的领地和西班牙。而公元前900年，意大利北部的伊特鲁里亚人则开发了埃利班和托斯卡纳的铁矿，这些铁矿可以看作早期罗马帝国扩张的原动力。在瓦罗(Varro，公元前116—前27年)时代，迁徙的铁匠走遍了意大利的各个村庄。③ 可见，欧洲使用铁器的时间比中国还要早不少。中国在春秋战国时才开始使用铁器。但从上面的论述我们看到，公元前，欧洲广大腹地也就是日耳曼人生活的地方是非常落后的，人们还处在原始社会氏族阶段，即使到了公元前后的时间，仍以畜牧业为主，种植业生产没有大的发展。这种情况只能有一种解释：欧洲土地黏重的特性，仅有铁器农具还不够，欧洲农耕经济的发展还需要开发的重器——重犁。

犁在公元前的第二个千年期间就已产生于西亚或北非的埃及，后又传入希腊、罗马。考古发现公元前6世纪希腊的一个陶罐上就有牛拉犁

① 沈炼之主编：《法国通史简编》，人民出版社1990年版，第71、73页。

② ［法］P. 布瓦松纳：《中世纪欧洲生活和劳动》，潘源来译，商务印书馆1985年版，第22页。

③ ［英］查尔斯·辛格主编：《技术史》第二卷，潜伟译，上海科技教育出版社2004年版，第40~42页。

的图案。但有铁制犁铧的犁出现在罗马时期。加图(Cato,公元前234—前149年)提到了可以拆卸的犁铧。公元前1世纪,不列颠的比利其族人部落也使用了铁制犁铧。但地中海沿岸的犁是轻犁,并不适合欧洲北部的土壤。所以,罗马时代地中海人与阿尔卑斯山外的欧洲人接触后,"犁开始被设计成能解决更难以耕作、更有黏着力的土壤的问题,这种土壤不能像沙性土那样很容易地翻到边上。为了得到适当的耕作深度,犁必须既能切开又能翻过生草土"。因此欧洲腹地的日耳曼人对犁要进行改进,改成更适合黏结土壤的重犁。可以想见这种改进是个缓慢的过程。真正的温带重犁是带泥土翻板的,用来引导切开生草土块,并将其翻转过来,它是重犁上一个有重要特点的部件。而带泥土翻板的重犁的出现是11世纪以后的事了。[1] 重犁的出现使开垦黏结的土地成为可能,但还需要有足够的大牲畜的牵引。

在古代中国的黄土地上,用原始的木、石、蚌类农具就可以开垦翻挖土地。而在温带欧洲,即便有了铁器农具,有了重犁,也不是用一两头牛就能耕作的。《技术史》的作者认为:重犁的发展要求使用四头耕畜,北部原始人(指日耳曼人)可能还使用更多头牲畜拉犁。"在公元后第一个千年末,四头耕牛拉犁在温带欧洲相当普遍,而且在整个中世纪都一直如此。"[2]但11世纪,在英国全国普查基础上编成的最具权威性和真实性的《末日审判书》中,一般以八头耕牛为一组,作为耕作面积计量单位。一个耕畜组的作业面积为120英亩(一海得)。该书记录了11世纪后期英国诺福克郡516个农庄中有941.75个耕畜组,合计7534头牛。这里一个耕畜组是严格对应八头牛的。[3] 这绝非偶然和随意的。把八牛一组的耕作面积作为一个较固定的计量单位,一定是基于当时的事

---

① [英]查尔斯·辛格主编:《技术史》第二卷,潜伟译,上海科技教育出版社2004年版,第60~64页。

② [英]查尔斯·辛格主编:《技术史》第二卷,潜伟译,上海科技教育出版社2004年版,第66页。

③ 吴于廑:《世界历史上的农本与重商》,《吴于廑文选》,武汉大学出版社2007年版,第93、95页。[英]查尔斯·辛格主编:《技术史》第二卷,潜伟译,上海科技教育出版社2004年版,第66页。

实，正因为这种生产单位的普遍存在，才使王室把它作为生产和计量单位。所以，八牛一组的耕畜组是更符合历史事实的记录，最起码是当时较为普遍的耕作方式。见于记载的重犁有八牛一组，有四牛四马混编，甚至六牛四马混编。① 在苏格兰，耕种"外田"即耕荒是农业活动的一部分，八牛甚至十二牛组成的联畜犁是异常笨重的无轮犁，它一直沿用到18、19世纪。② 当时许多农户并无耕牛或只有很少的耕牛，加上重犁价格昂贵，需要许多农户联合成一个耕畜组作为一个生产单位，才能满足生产所需要的各种条件。13世纪的英格兰，甚至在适宜畜牧的地区，相当数量的村民也根本没有大牲畜。在温彻斯特大主教庄园，这样的农户占47%。③ 有些农户虽然有一两头牛，却无法组成一支耕畜组。米勒等学者对1225—1297年英格兰动产和牲畜纳税人材料的研究发现，在所统计的纳税人中，挽力平均占有量在2.5头以下，其中牛津郡南部（1225年）为1.8头，萨福克郡的布莱克博恩百户区（1283年）为1头，亨廷顿郡拉姆庄园（1291年）的自由人有2.4头，贝德福德郡三个百户区（1297年）为0.8头，约克郡西赖丁的瑞喷庄园（1297年）的自由人有2.4头。不少农民因贫困而买不起牲畜。萨福克郡1283年家庭动产的价值在6先令8便士以下者免征动产税，而这笔钱刚够买一头公牛。④ 此外，制备一架重犁也费用不菲，一户农民难以承受。所以欧洲古代农民只有用集体共耕的方式，依靠大家族的共同财力、物力、人力来制备重犁、组成八牛共挽的耕畜组，完成农业耕作。可以说是牛的共耕要求人的共耕，是与生产条件和需求相匹配的生产组织形式塑造了人们的社会组织形式。由此我们就明白了，为什么在由重犁和多头大牲畜牵引的耕畜组普遍使用前，欧洲的耕地无法大规模开垦及种植业落后的真正原因：土地

---

① ［英］波士坦主编：《剑桥欧洲经济史》，经济科学出版社2002年版，第一卷，第125页。

② ［英］约翰·克拉番：《简明不列颠经济史》，上海译文出版社1980年版，第68~69页。

③ ［英］波士坦主编：《剑桥欧洲经济史》，经济科学出版社2002年版，第1卷，第476页。

④ 徐浩：《畜牧业的突破与中古英国的粮食生产》，《世界历史》1999年第3期。

的黏重不要说原始的木、石、蚌等生产工具，就连一般的铁器农具也无法发挥作用。土地开垦不出来，谷物种植业自然不能大规模地发展，这又大大拖累了欧洲社会的发展进程。

此外，欧洲半耕半牧的经济结构，对于生产过程中的统一指挥、统一组织提出了很高的要求。因为谷物种植业和畜牧业在生产流程上要互相衔接及转换，必须由全体村民统一行动、相互配合才能完成，这就需要原先一直存在的家族公权力继续发挥作用。于是我们看到这样的情景：在凯撒《高卢战记》、塔西佗《日耳曼尼亚志》和《萨利克法典》中都提到的，由血缘关系联结的大家族，或称马尔克公社一直在欧洲发挥着巨大的作用。马尔克公社是古老的氏族制度在新时期的次生形态，它仍然保留了血缘关系下公有制度的许多成分。从最基本的生产资料——土地的分配上看，"每一个社员（马尔克成员）从被分配的马尔克耕地中分到的一份，当初都是大小相等的，与此相类似，他们利用'公共马尔克'的权利也是相等的这种利用方法，由全体社员决定。当一向耕种的土地不够使用，需要从公共马尔克中划出一块土地来耕种的时候，耕地的分配方法也是如此"①。分到每家每户的耕地是分散在好坏远近不同地块中的长长的条地，这即是公平分配的需要，也是适应偌大一支牛队和笨重耕犁不易转弯掉头的需要。"一个持有 30 英亩份地的农民会发现，他的土地分散在村子的东头、西头和南边，就像有 60 英亩似的。"②庄园领主的自营地也不能例外。草地、森林都是公共的"公地"，分配给各家各户的条田也具有一定的公有性质，在三圃制或二圃制下，哪块地种什么庄稼，什么时候种，什么时候耕耘，什么时候收割，大家都得协商一致，统一行动。收割完毕后，各家拆除篱笆，土地恢复其公有的性质，村庄中所有的牲口都被放到耕地上啃食残梗过冬。贝内特说："在所有这些活动中，个人没有选择的余地。农民似乎被一种不能挣脱的规则束缚着。"贝内特认为：农民对其份地中的庄稼（不管是谷物还是干草）当然

---

① 《马克思恩格斯全集》第 19 卷，人民出版社 1963 年版，第 359 页。

② ［英］亨利·斯坦利·贝内特：《英国庄园生活：1150—1400 年农民生活状态研究》，龙秀清、孙立田、赵文君译，侯建新校，上海人民出版社 2005 年版，第 34 页。

拥有一切权利，一旦收获完毕，他们的地就属于整个乡村共同体了。这几乎是整个公地制度的必然结果，任何其他做法都行不通。"'公共权'是农民的各种权利中最有价值的一项权利，它使农民不仅可以使用没有耕种的牧场——即通常所说的'公地'——和四周蔓延的荒地，还可以使用栅栏拆除后的耕地和草地。"①

关于欧洲半耕半牧生产方式下，农业生产和畜牧业生产的衔接、转换，统一指挥、统一组织、相互配合，赵文洪先生有比较全面的叙述，具体来说：（1）条田的分配上，每家每户分配多少条田，在什么位置，牧场所占的比重，都是由村民集体依传统公平分配的。条田的实施，必然使农户之间在生产的各个环节上发生相互配合、相互协调的关系。因为任何一个农户在条田上耕作时都会影响到周边其他农户，从而使条田上的生产必定成为集体统一的行为。贝内特说，一方面，假如我们设想：每个农民都把自己的条田圈围起来，不让别人的牲畜进入自己的地里，但这样做的麻烦是，如每个人都用栅栏把自己土地圈围起来，他自己就无法带着犁或其他农具进入自己的条田，而且也没有地方掉转犁把，除非留出大量空地。另一方面，如果没有栅栏，要确保自己的牲畜严格限制在自家的条田中不会走失，这几乎超出了个人的能力，至少会引起各种纠纷。（2）在三圃制下，哪些土地种植庄稼，哪些土地休耕是由村民集体决定的，根据惯例，在休耕地上种庄稼是大罪，因为，这剥夺了邻人的放牧权。在现存最早的英国庄园法庭记录就发现了这方面的罚款记录。1352年，某村村规规定：每个第三年，该村"三分之一的土地都要休耕，如果任何人在休耕地里播种，不但要没收其产品交给领主，还要罚款半马克"；另一个村的村规规定"当其他人种庄稼时，每一个人的土地都必须种庄稼；当其他人根据古老的习惯将土地休耕时，他也必须休耕"；还有一个村规定村民"必须每年让一块土地休耕，所有其他土地种庄稼，否则没收其土地持有权"。（3）耕翻土地的时间必须一致，耕翻土地由大家共同组成的犁队来进行，自然要集体决定，也为后

① ［英］亨利·斯坦利·贝内特：《英国庄园生活：1150—1400年农民生活状态研究》，龙秀清、孙立田、赵文君译，侯建新校，上海人民出版社2005年版，第38、42页。

续的生产环节保持一致创造条件。(4)播种时间和谷物品种也要集体决定并保持一致，因为这直接决定了农作物以后的生产环节特别是收割时间的一致性。如果某个人播种时间比邻人晚，他就可能踩踏别人已经发芽的庄稼地到自家的地里播种，这在当时被认为是不友好的行为。根据惯例，如果一个人损害了邻人的田地或幼苗，他必须将其修补好，否则，有可能依据村规被告到庄园法庭受到处罚。1503年的一个村规规定"任何人不得在万圣节之后播种黑麦"，这就是统一播种时间的规定。(5)收割时间是一致的，只有这样才能保证统一收割后，大家统一放牧。如果有的地里庄稼收了而其他土地没有收割，牲畜就无法放入田中，因为此时放牧，牲畜会把没有收割的庄稼啃食掉。另外，收割方式上也有规定，即只能割去穗子的部分，下面的秸秆则须留在地里属集体的，任由牲口食用。如雇佣外人收割，付费也是统一的。在哈尔顿村和纽营顿庄园，村规规定雇请收割者的待遇是每天一便士工资另加免费吃饭。1300年另几个村规则为几种模式：有不供食物，每天1.5便士的；也有每天2便士工资不供食物的；还有供食物，每天1便士的。还有的村规定，自家收割完成后，要帮邻居收割，不得为高收入去其他地方工作。1379年，有一个庄园17名劳动者，每人被罚3便士，就是因为违反了此规定。1330年，纽营顿庄园的一位妇女曾为别人收割过庄稼，但当该镇镇长要她再次为别人收割时，她却拒绝了，于是受到了处罚。因该镇村规规定，当接到邻居请求后，每一个身体健全者都必须"帮助其邻居收割庄稼"。直到16世纪，有些村规还规定，所有身体健全的男女，如果被邻人要求帮助收割庄稼，都必须接受村规规定的工资为他们收割。(6)割草的时间是统一的，这样会比较公平。村社共同体每年要把相当大面积的休耕地或未开垦土地用来生长牧草，以便家畜过冬。因此规定在统一时间割草。(7)各家放牧的时间是统一的，每户可放牧的牲口数量是有规定的。有关集体放牧的记载如是说：村庄的牧羊人"每日两次(五月每日三次)将母羊赶到棚子里挤奶，因为人们需要黄油和奶酪，夜里，羊群回家，被关在休耕地上的'公共羊圈'里。这种羊圈定期移动，以让各处的土地多少能平均地得到羊粪。牧羊人睡在羊群附近的小屋里……夏季牛在露天生活，每天早上放牧人吹着他的号角经过村庄，听到角声，各家不用下地干活的牛都走出来加入到这个越来越庞大的畜群，它们沿着用篱笆或栅栏隔成的防牛走失的牛行通道走到牧场，放牧人整天与牛在一起，晚上带它们回到村庄，然后各家的牲畜回到各家的棚子里去"。(8)庄稼收割后剩余在地里的庄稼便又不是自己的私有物了，只能供穷人收取。1286年，纽营顿村村规规定："经全体法庭成员通过，本庄园任何人均不得在秋季接待任何有收割能力者为拾穗者。"1405年，某村规定："凡有能力收割而一天获得一便士工资及食物者，不得在秋季拾穗，否则罚款12便士。"还有的村规规定老、幼、弱者准许拾穗，身体健全的穷人可以拾穗。在拉姆塞地区的一个庄园里，村规规定，在庄稼收割完的3天时间里，"贫穷的男女应被允许拾穗"。1282年，有一个给王室庄园管理人的指示规定："年幼、年老、衰弱不能工作者应该在秋天当庄稼捆已经搬走后拾穗。"①在本来就属于公地的草场和森林，更是属于村社全体人所有，"整个村子的'公决'，既决定了公地各个部分的开放日期，也决定了庄园每一个成员在公共牧场上放养牲畜的数量。任何违反这些规定的行为，都会招致麻烦和诉讼"②。由此可见，欧洲的农民因为土地的黏重及农牧结合的经济结构，必须采用互相配合、协助的方式共同耕作，从而也就无法从大家族共同体中剥离出来，成为独立于共同体之外的个体农户。

在原始社会氏族制度下，人们依其血缘关系在生产活动中相互配合、相互协调，靠集体的力量来弥补个人的不足，是一定生产力条件下的必然选择。但在欧洲，即使当铁器农具和牛耕出现，却因土地的黏重和半农半牧的经济结构，农户需要依靠大家族集体的力量制备大型重犁，组成八牛或多牛共挽的耕畜组；需要在农牧业两种生产模式间不断切换，全体农户必须在生产组织上依赖村社共同体统一指挥、相互配合、协作共耕，才能完成整个生产流程。这样的情况下，血缘关系的脐

① 以上(1)—(8)之内容及村规引文均引自赵文洪：《公共制度中财产权利的公共性》，《世界历史》2009年第2期。

② ［英］亨利·斯坦利·贝内特：《英国庄园生活：1150—1400年农民生活状态研究》，龙秀清、孙立田、赵文君译，侯建新校，上海人民出版社2005年版，第44页。

带就不可能被割断，个体农户也不可能完成经济、社会上的独立。以血缘关系相连接的村社制度、公地制度、共耕制度是欧洲封建化之前、之中、之后直到封建制度解体时最稳固、最常态化的经济基础和社会基础。欧洲当时的社会组织关系和整个政治架构都是建立在这个基础之上的。

第三节　不同自然禀赋、生产方式和经济结构的比较

任何一个国家或民族的生产方式和经济结构的形成都不是哪位圣人的神来之笔，它一定是这些民族长期适应特定的自然环境，在生产生活实践中进行成本比较、收益比较、风险比较的结果。

（1）中欧不同自然禀赋对生产方式、经济结构及社会发展的决定性影响。中国古代的自然环境从大的方面可以概括为两个特点：雨热同季和非常适宜开垦耕种的黄土地。雨热同季能促成淀粉在谷物内的快速生成，有利于谷物的生长。而黄土地松软易耕的特点，使中国的先民在使用原始的石、木、蚌农具时，就开始大规模地疏通河道，开垦良田，建立沟渠排灌系统。但是全年雨水分配极不平衡，导致夏、秋季雨水有时过多形成内涝，春、冬季有时雨水又偏少形成干旱。所以中国的农业特别依赖沟渠排灌系统排涝或灌溉。甲骨文中由沟渠和阡陌构成的象形方块"田"字，说明当时的农田和水利系统已达到了相当高的水平。从民风嗜酒可以看出，那时的粮食产量是较高的，除满足日常所需外还有一定剩余，所以才能转化成酒。这一切都让种植业很早就在中国奠定了优势。用碳十三方法测定远古中国先民食谱表明，粟黍类在食物中的比重，仰韶文化时为50%，而龙山文化时已达70%。[①] 而且随着种植业技术的进步，畜牧业在经济结构中的比例不断缩小，到了有文献记载的周代，家庭的畜牧业只剩下鸡、鸭、鹅、猪之类的小家禽，牛羊的规模养殖已非常罕见。可以说，畜牧业在中国古代的经济结构中是微不足道

① 李根蟠：《中国农业史》，文津出版社1997年版，第97页。

的。比较单一的种植业成为中国古代经济结构的明显特点。中国先民把主要精力都放在了种植业上面，使谷物类种植业取得了领先世界的成就，支持了中国古代社会的快速发展。前面我们已经引用的学者研究表明，如仅从谷物类种植业的单位面积产量来看，中国战国时期的粮食亩产和劳动生产效率比约两千年后的西欧都要高得多，从而也造就了一个中欧封建化历史上的惊人现象：中国古代进入成熟封建社会的时间比欧洲早了 2000 多年——如果我们以大家比较公认的中国西周和欧洲公元9—10 世纪作为两地进入成熟封建社会标志的话。

这是何等巨大的差距！这些差距难道是因中欧之间生产力水平不同造成的吗？显然不是。前面我们也谈到，在标志生产力水平的先进生产工具的使用上，中欧水平相当，在时间上中国甚至还稍微晚于西方。如铁器的使用，欧洲是公元前 10—前 9 世纪，中国是春秋晚期和战国时期，欧洲比中国早几百年；犁特别是牛輓犁耕田，希腊在公元前 6 世纪以前就已普及，中国战国时期只有牛耕的零星记载，直到西汉时才多起来，即牛耕技术的普及，欧洲也比中国早几百年。生产力构成中最重要的要素是人的能力，在这一点上中欧更是没有区别的。与西亚、北非的密切交流，使希腊罗马人创造了极高的古代文明，其科学思想、哲学思想及城邦政治制度上的创新更是让人惊叹不已，其人民的智慧和能力是不容置疑的。既然两地人的能力、生产工具水平都差不多，为何古代中国作为主粮的谷物种植业劳动生产效率会比欧洲高那么多，进入成熟封建社会的时间也比欧洲早那么多呢？我认为：**在农业生产力要素构成中还有一个要素，也是学者们进行生产力研究中容易忽视的要素，就是人和工具作用的对象——土地。正是中欧两地的土地等自然禀赋的巨大差异，才导致了两地谷物种植业劳动生产效率的巨大差距、经济结构的不同及社会进入封建社会时间上的巨大差距。前面也已谈到，欧洲腹地谷物种植业的发展缓慢是因为黏重硬结的土地，在使用原始工具的情况下无法开垦和耕种，铁器农具出现后，没有重犁和大量牲畜牵引仍然难以开垦和翻耕土地，这大大延缓了欧洲种植业和社会发展的进程。**以往我们在谈及生产力水平时，特别强调生产工具的标志性作用和人的能力，而往往忽视作为农业劳动对象土地的作用。中欧古代农业经济发展的事实说明，在生产工具和人的能力相当或同质的情况下，劳动对象的作用同样是巨大的，有时是可以起决定性作用的。生产力水平的发挥，是生产力中人、生产工具、劳动对象三要素互相协调、共同发力、综合作用的结果。其中任何一个要素的短缺，都会产生木桶的短板效应，即木桶的盛水水平是由构成木桶的最短一块木板决定的。只要构成木桶的木板长短不一，就会严重影响整体水平的提升。从这个角度讲，生产力要素中的短板就是影响生产力水平发挥的决定性要素。我们说中欧之间的土地等自然禀赋的差异从源头上决定了两地种植业水平、农业经济结构的差异，而这些又导致了两地生产组织形式及后来的社会组织形式和政治结构的差异，都是从这个意义上讲的。越是在远古时期，生产力水平越是低下，自然环境和土地等资源禀赋对生产方式、经济结构及社会发展所起的塑造作用、推动作用就越大。所以，我们谈及生产力发展水平一定要综合全要素来考虑，而不是只及其一其二，不及其他。

黄土地对中国古代经济社会发展的影响，远不止影响劳动生产率那么简单。在后面的论述中我们将会论及，当铜、铁等金属工具得到普遍使用时，还导致中国古代在没有产生新质生产力的情况下，公共土地制度的消亡、具有社会公权力的血缘大家族的消亡、社会组织和整个政治制度的重构，使中国古代的封建制度不仅早熟而且早衰、早亡。

欧洲的自然环境也可用两大特点来概括：雨热不同季但全年雨水分配均匀；土地黏重板结。雨热不同季不利于淀粉类植物的生长，土地的黏重板结使得土地的开垦和翻挖特别困难，两者的结合，造成11世纪重犁出现之前欧洲的土地难以被大规模开发；即便后来重犁等生产工具出现后，粮食亩产也远远低于古代中国。但是，欧洲的自然环境有其有利的一面，即高山较少，地势相对平坦，可耕地面积远远多于中国，且温带气候，雨水平均，草原广大，适合畜牧业的发展。畜牧业是欧洲传统的优势产业，最初从事畜牧业的欧洲民族还是游牧民族，当他们后来掌握了农耕技术定居下来后，形成了半耕半牧的产业结构和生产方式。这种经济结构对欧洲的发展影响深远。在这种生产方式和经济结构下，随着私有观念的发展，农村中农田虽然分到了每家每户，但草地、森林等用于畜牧业的地方仍然是公共的，因为这些地方实在不好划分为小块土地分到每家每户。即便是划分给每户的农田，在收割后，为放牧的需要也要重新恢复为公共牧场，以供牲畜啃食庄稼的干茎。农业生产在种植业和畜牧业两种模式间不断切换，必须有全体农户都认可、服从的统一指挥机构，必须有全体村民的相互配合，这个机构就是以血缘关系为纽带的村庄共同体。农田恢复成公共牧场，也就让它保留了公共性质，所以中古欧洲实际上只是承认了每家农户对田地一定时段内的使用权和收益权。而就是在这些被承认有使用权、收益权的土地上，由于欧洲土地黏重板结的特性，农户仍然不得不依靠家族和集体的力量，组成庞大的犁队进行开垦耕种。也就是说，在黏重板结的土地上，在半农半牧的经济结构下，欧洲每家每户农民无法脱离血缘大家族或村庄共同体，从生产流程上独立出来，成为真正意义上独立的经济人。如我们以上所述，他们在农业生产的每一环节上都是离不开家族中其他农户相互配合的。对于每户农民来说，马尔克公社是他们的命运共同体和自治组织，他们的经济权利和政治权利都只能在此中得以确立。这就是欧洲农村血缘大家族得以长久延续的根本原因。

另外，不论是东方还是西方的农本经济中，耕和织都是最基本的要素。许多年前，我在研究生论文中，曾谈及"耕"和"织"这两大农本经济的基本生产要素在日后的商品化、工业化发展中的不同前景。我认为：耕——谷物种植业——使用简单的工具就可以进行，对使用机械的需求不很迫切；其各生产环节基本可由一个人完成，在空间上也不可能分离，故对社会分工的需求也不迫切；在当时没有保鲜技术的情况下，粮食的消费基本上是一次性的——即做即食，不可能进行深加工，这些特点都使得谷物种植业从种植到消费的生产链、劳动链较短。而织则不同，纺织必须借助机械进行，从一开始就对机械有很迫切的需求；纺织业的"各道工序在时间和空间上都可以分离，形成专业化生产；它的劳动环节多、劳动链长；在储运方面纺织品也比农产品方便得多，这些特点决定了织有利于分工并与机械有着不解之缘。纺织业内部分工使各道工序的半成品之间有了交换的必要，这就等于自己创造了市场，扩大了商品经济的范围。所以织必然成为自然经济解体及工业发展的历史起点"①。中国古代的纺织业和欧洲的纺织业又有不同，中国古代的纺织业主要产品是丝绸、麻布和后来的棉布，欧洲纺织业的主要产品是毛织品。按照李躬圃先生的研究，中国古代丝、麻纺织品只需要三道工序，使用两种机具，棉纺品也只需要四道工序，使用三种主要机具；而欧洲古代的毛纺织品生产却需要十三道工序、至少六种主要机具才能完成。所以英国古代农家妇女无法独立生产出毛织品成品，只能在市场上购买衣服，其产业结构对市场交换的依赖程度更大。② 中欧纺织业产品和纺织业工序上的这种区别，对日后两地农本经济的解体、商品经济和工业经济的发展也会产生深刻地影响。

综上所述，古代中国由于土地、气候等自然禀赋的特点，很早就形成了谷物种植业为主的生产方式；而且，丝、麻纺织的生产工序要远比欧洲的羊毛纺织工序简单得多，布、衣的成品在农户家里就可以完成，对社会分工协作的需求相对较低，这样就使得"耕"和"织"两种系关人民基本生活的生产要素完美结合在个体农户小家庭内，形成自给自足的家庭模式。中国古代农耕文明的特点，既导致了农业生产力的快速发展，从而使中国较早进入国家早期形态——封建社会；也导致中国古代农民在生产力进一步提高——铁器农具使用后，具备了从血缘大家族中独立出来的能力。欧洲的土地等自然资源禀赋，使得欧洲的先民使用简单农具无法大规模开垦土地，拖慢了其社会发展进程；而粮食亩产过低，其光靠种植业无法满足人们的生活需求，须以畜牧业为补充，其生产组织形式也不得不在这两种生产模式之间切换，这就要求村社的全体农户统一指挥、相互配合、行动一致；加上土地的黏重，需要多头牛组成庞大的耕畜组耕作，所以欧洲古代的农民无法像中国农户一样从血缘大家族中独立出来，而是非常依赖以血缘大家族为纽带的村社共同体。这样，中欧不同的自然禀赋塑造出了不同的生产方式和经济结构，与之相对应，两地"耕"和"织"均呈现出不同的生产流程和工序特点；这些不同的

① 薛惠宗：《15—17世纪英国乡村工商业的发展与其早期近代化》，《世界历史》1987年第6期。
② 李躬圃：《中英古代农民家庭经济产业结构、劳动生产效率及分化原因》，《中国农史》1991年第1期。

生产流程和特点进而又导致两地生产组织形式的不同，最终传导到人们的社会组织结构上，形成了中欧两地不同的经济基础和社会基础。这些都对中欧两地未来经济社会发展的不同走向，产生了极为重要甚至决定性的影响，后面我们将详细讨论这些问题。

（2）中欧不同的经济结构和生产方式对双方民族性格和民族精神的塑造起了决定性的作用。农耕生产方式和游牧生产方式在许多方面都存在巨大的差异，当置身于两种不同生产方式中的人们日复一日、年复一年地劳作和生活时，其习惯、文化、精神、性格就会被这些特定的生产方式、生活方式潜移默化地塑造出来，与这些不同的生产方式、生活方式相匹配。

首先，农耕生产方式中的植物是静止的不会移动的，农民在比较固定的土地上精耕细作，不违农时，用心呵护就能收获产品，实现生产和再生产。这种生产方式久而久之就塑造了耕种者安土重迁的性格。相对比较稳定的生产方式和安土重迁的民族性格，一方面有利于经验、文化的沉淀、积累、培育，使得农业生产和社会获得较快的、稳定的发展；另一方面，长期蜗居一地，缺乏对其他文明的了解，使人无法获得开阔的视野，从而坐井观天，故步自封，自我陶醉和满足，产生唯我独大、唯我为天下中心的认知。

游牧业生产方式则有很大不同。牲畜是要到处流动的，放牧者也须跟着牲畜流动，逐水草而居，人们几乎没有疆界意识。特别是当某一时期、某一地区发生自然环境异常如天气长期干旱、变冷等，他们就会长距离的迁徙，以至于从一个文明地区，迁到另一个文明地区。在迁徙中必然会侵扰其他民族或族群的生存空间，因此会带来战争、掠夺，但同时也会带来不同文化的交流、碰撞和融合。不停的迁徙自然不利于生产经验和文化的沉淀和积累，但不同文明的交流、碰撞又可能为文明的发展注入新的血液和新的基因。欧洲文明就是地中海周边不同远古文明相互碰撞、交融的结果，其主体民族雅利安人，从西亚向欧洲迁徙过程中，带去了西亚早期文明创造的诸多资产，如金属冶炼和制造、特别是铁器的使用，种植业的技术，马匹的使用等，甚至拼音文字也是从西亚传入的。当然，欧洲文明之所以能发展起来，还得益于进入欧洲的这些游牧民族停止了游牧，定居下来，形成了以农为主、半农半牧的生产方式。在这种生产方式中各种文明的杂交优势才得以发挥出来。

其次，种植业对土地的扩张，没有特别的冲动。虽然种植业需要土地，却因在一定的生产力水平下，每个人耕种土地的能力是有限的，在一定面积的土地上，靠吃苦耐劳、精耕细作的种植方式就能保证一定的收益，而盲目扩大耕种面积只能是广种薄收，整体收益并不理想。所以，农耕生产方式对土地的扩张是按生产力水平和人口增长的需求循序渐进的，而不是急速地盲目扩张的。畜牧业对土地的要求几乎是无限的。因为一定面积的土地对牲畜的承载力是有限的，要想获得大量的牲畜，就得占有大量的疆土；而畜牧业对劳动力的需求大大小于种植业，一个人或一个家庭就可以放牧和管理一大群牲畜。故而，开疆拓土是畜牧业本身的内在要求，是游牧民族的天然本性。

再者，植物的性格是温顺的，只要按照农作规律耕种、浇水、除草、施肥等就能有所收获。这也造就了农耕生产方式下生产者的性格温顺，不敢冒险，不善杀伐，容易管理的品性。从古代中国传统文化中，我们可以明显看到其与农耕生产方式的内在联系，汉文化中许多重要思想理念都来自农耕生产方式，因为在生存法则下，再精致的思想理论和文化表达，也都源自人们生活中最底层的逻辑架构，比如汉文化核心内容之一的中庸之道。中庸就是不偏不倚，就是不走极端，就是处理各种事务时对度的把握。在农业生产中，人们要根据节气该耕耘时要耕耘，该播种时要播种，该除草时要除草，该施肥时要施肥，做到不违农时。不违农时就是对气候与农作物生长关系度的把握。农业生产中不同的土地有的种水稻，有的种小麦，有的丘陵坡地种果树，这是因地制宜。因地制宜是对土地与农作物关系度的把握。农作物的生长需要水的润泽，但水少了会旱，水多了会涝，需要适时浇灌和排涝，这是对农作物与水的关系度的把握。农耕生产方式中人们对气候、土壤、水等各种农情适度把控的处理方式，深刻地影响和塑造了中国古人的思维方式及处理事情的行为方式。中庸之道不过是这种思维方式和行为方式在处理人际、人物、物物关系上的升华和总结。同时，这种思维方式和行为方式使人们在处理具体问题时，为了避免偏激而追求折中调和以至于过于委婉，形成了中国古人表达自己情感和思想时千迂百迴的文化特征。畜牧业的产品是牲畜，牲畜本身是有性格、会反抗的，在食用它们时是需要杀戮、流血的。在牧民看来流血和杀戮是家常便饭，也是畜牧生产方式下，人们生存、生活必须学会的技能。面对牲畜的挣扎、流血、哀嚎、反抗，如果你心慈手软，就意味着你无法获得食物，就意味着你无法生存。在严酷的生存法则下，其他任何东西都是次要的。在长期对动物的驯养、食用过程中，养成了游牧民族彪悍嗜杀的性格，他们甚至会把对牲畜的态度运用到对人类其他族群身上，如同《多桑蒙古史》作者多桑所说："盖此辈蛮人视人类如同牲畜也。"①一旦遇到天气等原因造成的水草枯竭，他们就会向四周农耕地区大肆扩张、屠杀、掠夺。在冷兵器时代，游牧民族往往凭借着这种不怕死的彪悍性格及骁勇善战的精神和技能，对农耕世界发起一轮又一轮的冲击。

最后，由于土地承载力的限制，古代畜牧业所需要的广阔空间，决定了其生产方式的分散性和游牧民族生活的分散性。羊群、牛群、马群的放牧都需要分散在极为广阔的土地上进行，不可能集中。这种生产管理模式，决定了生活其中的人们社会管理模式的分散性。游牧民族各家族和部落是高度自治的，而部落之间的联系则是松散的，所以游牧民族更适合采取分散式的——封建的治理模式，而不是集中式的中央集权的治理模式。在农耕生产方式下，种植业更需要集约化的管理方式，这样才能精耕细作，提高植物的品质和产量。这种生产方式下的人们也比较集中，居住地比较固定，为中央集权式的治理模式创造了前提。

我们可以从中国的万里长城看出农耕文化的典型特征。长城由渤海一直修到大漠，把北部、西部的大草原和荒漠与内陆农耕地区隔离开来，这当然是为了防止北方游牧民族的入侵，是一个战略性防御工事，从物理形态上看，它毫无疑问是古代人类创造的最伟大的工程之一。但它同时也是农耕民族的性格和心理写照：万里长城的修建实际上表达了当时已被农耕文化深深浸透的汉民族无向外发展的冲动，失去了开疆拓

---

① ［瑞典］多桑：《多桑蒙古史》上，冯承钧译，东方出版社2013年版，第111页。

土的扩张精神；表达了汉民族满足现状，固守现有疆域的保守心理；标志着汉民族曾经的勇敢、冒险、孔武、血性精神的流失；标志着汉民族不再选择进攻的方式抵御外敌的虚弱心态，是一个民族心理上对自身力量极不自信的表现；万里长城不仅是农耕世界和游牧世界的分界线，也是横亘在汉民族心中的自我封闭的精神桎梏。在中国历史上，只有极少数汉人当权者敢于主动出击，打击游牧民族的骚扰，如汉武帝、明成祖等。绝大多数当权者在长城之后，对游牧民族采取守势。所以凡农耕民族建立的朝代，对修建长城总是满怀热情；但草原游牧民族则绝不会去修建类似长城这样的防御工事。匈奴人、月氏人、柔然人、突厥人和蒙古人会修长城自保吗？答案显然是否定的。游牧民族的生活习性决定了他们绝不会这么做。《史记·匈奴列传》载：匈奴人"逐水草迁徙，毋城郭常处耕田之业……因射猎禽兽为生业，急则人习战攻以侵伐，其天性也"。打仗时"利则进，不利则退，不羞遁走。苟利所在，不知礼义"。一个连日常生活必需的、能够遮风避雨的房屋都不愿修建的民族；一个只知道进攻，"不利则退，不羞遁走"的民族，根本没有防御的概念，怎么会去修建固定的防御工事呢？罗马史学家马塞林对西迁的匈奴人也有类似描述："匈人有着常人难以想象的凶猛和野蛮……他们完全不知道使用犁来耕作，也不知道可以居住在房子或棚子等固定的住所里。长期的游牧生活，使他们从小练就了对寒冷、饥饿和干渴的耐受力。他们带着牧群和妻儿四处迁徙，妻儿住在牲畜拉的篷车里。女人们在车里纺线做衣，生儿育女，直到把他们抚养长大。如果有人问他们从哪里来，出生在哪里，他们根本回答不上来。……他们一生大部分的时间都是在马背上度过的，有时跨在马上，有时像女人一样侧坐在马上。他们在马背上开会、做买卖、吃喝，甚至躺在马脖子上睡觉。打仗的时候，他们发出可怕的嘶吼，冲向敌人。一旦受到阻挡，立即分散，马上又以同样的速度返回，砸碎和推翻阻挡他们的一切事物。在他们的观念里，根本没有建造防御工事或是加固营防这类概念。"①这些在马背上纵横天下的民

---

① ［法］勒内·格鲁塞：《草原帝国》，赵晓鹏译，中国致公出版社2019年版，第76、77页。

族，绝不会用一道城墙把自己禁锢起来。比如成吉思汗的世界观就是以
草原为中心的，农耕文明所有固定的房屋、城镇甚至宫殿，在他看来都
会限制草原民族的行动，所以是不能接受的。在蒙古大军攻掠过的地
方，从中国到西亚、欧洲绵延万里的广袤区域内，所有的房屋、城镇和
农田设施都遭到了毁灭性的破坏，即便是再繁荣的城市、再华丽的宫殿
也拴不住这位草原之王的心，留不住他驰骋天下的步伐，便是这种世界
观的体现。一位当时目睹了农耕地区被蒙古大军破坏后惨景的人描述
说："废墟是蒙古人大侵袭的结果，在那些日子里，民众被大批屠
戮……在将来，毫无疑问的是，就算在一千年的时间里，这个国家不再
遭此恶行的话，还是不可能弥补这些损失，并使这片土地恢复到之前的
模样。"①在农耕文明的废墟上，我们看不到草原民族对繁华生活的眷
念。毁灭是对农耕文明的漠视，是对游牧生活方式的坚守。正如 1219
年，成吉思汗面晤道教首领丘处机时的手诏所说："天厌中原，骄华太
极之性；朕居北野，嗜欲莫生之情。反朴还淳，去奢从俭，每一衣一
食，与牛竖马圉，共弊同飨。"②可见让成吉思汗眷念的还是"胡马依北
风"的粗粝生活。

　　如上面我们分析的，无限地扩张地盘是草原游牧民族的本性，是其
生产方式的内在要求。据 14 世纪初，由成吉思汗后代建立的伊利汗国
宰相拉施特奉命编撰的历史巨著《史集》记载，成吉思汗曾和他的将领们
谈论人生最大的乐趣是什么，众人都说是骑马狩猎。成吉思汗说："你
们说的不好！镇压叛乱者、战胜敌人，将他们连根铲除，夺取他们所有
的一切；使他们的已婚妇女号哭流泪，骑乘他们的后背平滑的骏马，将
他们的美貌的后妃的腹部当作睡衣和垫子，注视着她们的玫瑰色的面颊
并亲吻着，吮她们的乳头色的甜蜜嘴唇，这才是男子汉最大的乐趣。"③
对他的儿子们，成吉思汗则说："天下土地广大，江河众多，你们尽可

---

①　[美]巴菲尔德：《危险的边疆：游牧帝国与中国》，袁剑译，江苏人民出版
社 2011 年版，第 258 页。

②　《南村辍耕录》卷十。

③　[波斯]拉施特主编：《史集》第 1 卷第 2 分册，余大钧、周建奇译，商务印
书馆 2017 年版，第 397 页。

以各自去扩大营盘，占领国土。"①毫无疑问，成吉思汗的这些说法和做法与人类文明发展是极不协调的，但这就是当时游牧民族的情怀和志向。

另一个游牧民族的领袖康熙在回复镇守古北口的总兵蔡元要求修葺长城时说："秦筑长城以来，汉、唐、宋亦常修理，其时岂无边患？明末我太祖统大兵长驱直入，诸路瓦解，皆莫敢当。可见守国之道，惟在修德安民。民心悦，则邦本得，而边境自固，所谓'众志成城'者是也。如古北、喜峰口一带，朕皆巡阅，概多损坏，今欲修之，兴工劳役岂能无害百姓？且长城延袤数千里，养兵几何方能分守？"②这就是草原民族的心态，我有勇猛无敌的实力，有藐视天下的气概和血性，谁敢犯我！哪需要什么泥土堆砌的长城来保护。靠长城守国是守不住的。修城不如修德，不如众志成城。这就是一种自信，对自身武力和实力，对自身勇猛无敌精神的自信。也有一个汉人建立的王朝，其皇帝对长城的观点与游牧民族相同，他就是有一半游牧民族血统的大唐皇帝李世民。贞观二年，突厥屡屡来犯，朝廷官员不停上表，请求修筑长城。李世民说："朕方为公扫清沙漠，安用劳民远修障塞乎！"③在朝堂之上又说："炀帝不择人守边，劳中国筑长城以备虏。今我用勣守并（州），突厥不敢南，贤长城远矣！"④在历代汉民族所建的王朝皇帝中，也只有李世民这位有游牧民族血统的人对长城持这种观点。

当然，游牧民族如果不能在适当的时候定居下来，他们的文化就难以沉淀、积累为促进人类发展的正能量，就只能永远在主流文明的边缘游弋。幸运的是，欧洲诸民族在经过漫长的进化后，到公元纪年前后的几个世纪已经从游牧民族转化成半耕半牧的民族。但是只要畜牧业仍然占有重要地位，这种生产方式就会按其内在的要求塑造游牧民族的性格、民族文化。有人会说，欧洲也有许多城堡式的建筑，是否也说明他

---

① 《元朝密史》，第255节。转引自吴于廑、齐世荣主编：《世界史·古代史编下》，高等教育出版社2011年版，第157页。

② 《清圣祖实录》卷150。

③ 《资治通鉴》卷一百九十三《唐纪九》。

④ 《新唐书》卷九十三《李勣列传》。

们有农耕民族的心态呢？答案是否定的。欧洲中世纪的城堡只是家族防卫避难的设施，它并没有圈住他们的整个生活。只有像中国这样用万里长城把整个民族都与外面圈隔开来，才是一个民族失去血性和勇武，心理脆弱、不自信的表现。在15世纪以后的岁月中，我们看到逐渐强大起来的欧洲民族勇于冒险、跨海经略、开疆拓土、嗜血杀伐、纵横世界的勇气和品行，其中就有游牧民族文化打上的深深烙印。

本 章 小 结

人类只是自然界中的一个物种。生物进化史告诉我们，大约38亿年前，世界上所有的生命体只能以单细胞的形式存在着。而后处在不同自然环境中的单细胞生命体，因为地理隔离和生殖隔离，在漫长的岁月中进化、演变，努力适应各自的自然环境，才由简及繁衍生、进化出今天形形色色各不相同数目庞大的生物种群。这是自然淘汰和选择的结果，大自然淘汰了与之不适应的物种，选择性地催生了因基因突变等原因适应了自然环境的物种。人也一样，现在生活在世界各地的不同人种，不过是生活在不同自然环境中的远古人类，由于一段时间的地理隔离，适应了不同自然环境而进化的结果。也就是说，人类同样是大自然淘汰和选择的产物。越是在远古时期，包括气候、土地等在内的自然环境对人类经济、社会发展的决定作用就越大。环境的形成是大自然亿万年自身内在运动的结果。自然环境对人类的影响，首先是给定不同地区的人们以特定的生产生活条件。人类的一切生产生活活动，都只能依靠这些特定的自然条件进行，而不可能凭空去创造。其次，这些特定的条件，更适合或只适合某些生产生活方式，如400毫米等雨量线以北地区是不适合农耕文明形成和发展的，因此400毫米等雨量线就是农耕世界与游牧世界的分界线；中国雨热同季的季风性气候和由风尘堆积而成的黄土地更适合农耕文明的成长；欧洲温带气候、较平坦的地势及黏重的土壤条件，比较适合半农半牧的生产生活方式；欧亚大草原则更适合游牧生产生活方式。再次，在古代，人们的生产力水平低下，对自然环境更多的是适应，而不是改造。即便是在今日，我们也不可能把草原和沙漠改造成适合农耕的地区。古代的先民们如果不能适应某种类型的自然环境，只有一个应对办法——迁徙，迁徙到他们能适应的自然环境中去。我们说自然环境对不同的生产方式——人类获得生产生活必需品的方式——的塑造，就是从这个意义上讲的。人类历史上出现的覆盖面积较大的生产方式类型有：农耕生产方式、游牧生产方式和半农半牧生产方式，它们分别对应着不同的自然环境类型，也就是不同自然环境对人们生产生活方式塑造的结果。

游牧生产方式衍生于古老的狩猎，在动物人工驯化后变为以畜牧业为主的生产方式。游牧生产方式的特点，一是所需面积极大，几乎没有疆界概念。因为单位面积承载牲畜的能力是十分有限的，如果需要承载大量的牲畜就得有大量的水草丰美的草原或疆域。二是流动性大，牲畜逐水草而居，需要不断流动。游牧生产方式的这种特点导致游牧民族在不停的流动中，文明难以沉淀和积累，从而向更高的文明进化。尽管历史上游牧民族对文明程度更高的农耕文明有过几次大的冲击，但不论其在战争中是赢是输，最终都以被农耕文明同化告终。

农耕生产方式源自远古的采集，是最稳定的生产方式。其可靠性源自农耕生产方式的三个特点：一是稳定性，植物本身是不会移动的，因此种植业是非常稳定的生产方式，无需到处游走；二是可持续性，在同一块土地或区域内，可年复一年重复不断地生产出粮食，满足人们的需求；三是一定的可控制性和可操作性，人们在不断积累生产经验和教训的基础上，可参与对农业生产过程的控制和操作，如选育良种、排水灌溉、施肥、消灭病虫害等，由此稳定地获得收成，而不像游牧民族只能靠天收，一旦发生天灾就难以生存。农耕生产方式的可持续性和高稳定性，决定了农耕文明能够在不断的沉淀和积累中向更高文明进化。中国优越的适合农耕文明的自然环境，塑造出古代中国以种植业为主、经济结构较单一的农耕文明，也较早催生了成熟的封建社会。但是，后面我们会详细谈到，同样是较好的自然环境，特别是沙尘堆积形成的松软土地，使得古代中国个体农民家庭在金属工具普遍使用的情况下，获得了一家一户独立完成生产全过程的能力，过早地从具有社会公共管理权力的血缘大家族中剥离出来，成为社会基本细胞，导致了春秋战国时期社会组织和政治架构大变迁大重组，从而使中国的封建社会过早地步入衰亡。

半农半牧的生产方式以欧洲为典型，这种生产方式以耕为主以牧为辅，人们实现了定居。总体而言，这种生产方式与农耕生产方式相同，却又有自己的特点。其最重要的特点是，当时散养的畜牧业需要保留草场、森林的公有性质，甚至分到农户的条田，在收割后也要变成公共草场，从而在一定程度上保留了土地的公有性质；加上西欧大部分土地黏重板结，难以耕翻，需要多牛牵引重犁耕种，一家一户农民既无多头耕牛也难制备重犁，只能依靠原有血缘大家族的力量，共同耕作。这样的生产方式对农户之间的共同协作、统一指挥有很高的要求，因此不利于个体家庭从血缘大家族中分离出来，成为经济、社会独立的个体。

畜牧业或半农半牧的生产方式，更适合分散式的社会治理模式与之相适应；而农耕生产方式则更需要集约化经营管理，集约化的生产管理模式又为集中式甚至集权式的社会治理模式创造了条件。后面我们会谈到，中国和欧洲两种不同的自然环境及土地特性所塑造出的不同生产方式，对中欧社会的经济组织、社会组织、政治架构及不同走向起到的决定性影响。

第三章　中欧封建制度的成型

本章所说封建制度的成型，是指有文字记载的封君、封臣、封土等一系列封建关系已经在全社会较为普遍实行，且已形成一整套较为规范的权利义务关系体系的状态。

第一节　中国古代封建制度的早熟

关于中国何时进入成型的封建社会，学者有不同的看法，但多数学者认同以西周大分封为标志，中国进入了成熟成型的封建社会。按照我们的观点，封建制度是从血缘氏族的裂变和分化而孕育出来并通过自身的演化进入阶级社会的，它从基因到胚胎到雏形到成型自然有一个逐渐演化、成长的过程。原始社会时期的封建制胚胎，是世界各民族都有的，没有谁早谁晚的问题。但由原始胚胎进入成型的成熟的封建制度，或者说进入以封建制度为特征的封建社会，则各民族、各国家在时间上有很大的区别。在中国历史上，司马迁认为封建制的实行自古已然，《史记·五帝本纪》载："轩辕之时，神农氏世衰。诸侯相侵伐……而蚩尤最为暴，莫能伐。"于是黄帝乃征蚩尤，战于涿鹿并杀之，"而诸侯咸尊轩辕为天子，代神农氏，是为黄帝。……置左右大监，监于万国"。到了夏朝，司马迁的记载更明确："禹为姒姓，其后分封，用国为姓，故有夏后氏、有扈氏、有男氏、斟寻氏、彤城氏、褒氏、费氏、杞氏、缯氏、辛氏、冥氏、斟戈氏。"①如果说夏朝及夏以前进入成型的封建制

---

① 《史记·夏本纪》。

118

因没有当时的文字支撑，还多少带有传说性质，那么，甲骨文的记载告诉我们，殷商时期成型的封建制就已经实实在在地存在了。

一、殷代的封建制度

胡厚宣先生是国内较早认为殷代就已经进入封建社会的学者。读了胡先生《甲骨文商史论丛初集》之"殷代封建制度考"，笔者深以为然。胡厚宣先生以对甲骨文内容细腻的考证，非常简洁直白地论述了殷代封建制度的种种表现。下文沿着他的思路展开论述，所用甲骨文史料都是胡老先生在书中使用的卜辞资料(卜辞出处也源自胡老先生书中)，只是在有些观点上会与他稍许有所不同。

(1)武丁时期对自己妃子的分封。武丁之妃中，有帚妝、帚好、帚娟者，这些人在卜辞中屡屡出现，贞其田禾是否茂盛，是否受有丰年：

贞帚妝不其受年。(粹八八〇)

甲寅卜，㞢，贞帚妝受黍年。(后上三一、一〇)

甲□㞢，韦，贞帚妝受黍年。(续二、四六、四)

□□㞢，率，贞帚妝年雈。(龟二、一三、一二)

□丑，贞帚妝田雈。

雈为一种长势很茂盛的草，这里引申为茂盛之意。这几条卜辞大意相同，都是卜帚妝那里年景怎样，是否能丰收。卜辞又有贞帚好、帚娟的如下：

▨帚好▨受年。(粹八六四)

贞娟受年。(库三〇八)

娟受年。

娟不其受年。(虚)

胡厚宣先生认为，帚妝、帚好、帚娟都是武丁的妃子，妝、好、娟同时也是地名，除好、娟两地今已不可考外，妝地即春秋时的邢地。春秋时邢地有两处，一是在广平襄国，今河北邢台县西南襄国故城；二是《左传》宣公六年"赤狄伐晋，国怀及邢丘"，杜预注："邢丘今河内平皋县"，在今河南沁阳东南。因卜辞有：贞勿乎(呼)帚妝伐龙方(续四、二六、三)。龙方在西土，因此推测，呼帚妝伐龙方，必是与之相近之

119

地的邢丘。① 从考古发掘和卜辞看，帚好(妇好)、帚妝(妇妝)不仅是武丁的妻子，还是可领兵打仗的将军。殷王总是为自己的妃子卜问年景好坏，丰收与否，可见至少这三个妃子是有封地的。这事有点令人费解，除卜辞外，以后还没有听说那个王的后妃有封地的。胡厚宣先生认为，武丁至少有 64 个妃子，以其宠与不宠或留在宫中，或分封一地，出入朝野之间供王驱使。我觉得胡先生前面的判断都是正确的，惟后妃封地一说有点勉强。之所以会出现殷王卜问妃子封地之事，笔者设想换一种解释是不是更为合理：当时殷人刚刚步入国家初级阶段，氏族或部落依然存在并发挥着重要作用，这些后、妃来自另一个氏族或部落，她们与殷王的氏族或部落世代通婚。这些氏族或部落当然是有自己领地的，他们此时承认殷王为共主，受其分封，从而融入了以殷人为主的利益集团，所以他们的经济、军事实力都是殷王可以借用的，或者说就是殷王利益集团的一部分，殷王为之卜问佑福才是正常的。而如果这些妃子所从出的氏族没有自己的领地或封地，殷王为之卜问就是不可思议的事情了。即便是对妇好这样战功卓著的妃子，殷王如要封赐领地，也只会封赐给她的家族，因为只有人数众多的大家族，领地才是必需的生存空间。而作为个人，妇好在王宫中吃穿都会优先保障，领地的意义并不大。贞卜在当时是一件极其严肃庄重的事情，殷王自然不会为不相干的人或部族贞卜。我们在前面说过，封建制是沿着血缘世系传递这个主干展开的，那么除了主干外，还有姻亲关系和利益关系这两个枝干。殷王贞其妃子家族的地盘上丰收与否，就是姻亲关系的缘故，而并非给其妃子本人分封。当然，不论哪种解释都说明，这些妃子的家族是有封地的，这封地又是殷王朝的组成部分，所以才会让殷王为之求神问卜。

(2)殷王对诸子分封。武丁的儿子不少，见之于卜辞的有子画。

癸已贞画亡囚(祸)。(续四、四九、二，续六、一五、四，戬三一、四)

---

① 　所引甲骨文皆来自胡厚宣：《殷代封建制度考》，《甲骨学商史论丛初集》上，河北教育出版社 2002 年版，第 22、23、24 页。句中"□"字为卜辞中的缺字。

120

……三日丙申，允虫（有）来婞（艰）自东，画告曰，儿⊿。（前七、四〇、二，通五五〇）

癸未卜，贞旬亡囚（祸）。三日乙酉，虫（有）来自东，画乎（呼）卣告芳舌⊿。（后下三七、二，通五五二）

⊿东，画告曰，儿白⊿。（后下四、一一）

⊿东，画告亡戋。（戬二、二）

这几组卜辞大意是受封于东方的画有难，告之殷王朝，似有求援之意。画也是地名，画即当年孟子去齐宿画之画地，在今山东临淄之西北三十里，说明该地是殷王之子画的封地。又有卜辞曰：

□□卜，贞今夕多子步画。（前二、二八、六）

贞吏（使）人于画。（虚）

这里的画作地名用，多子到画和使人于画似乎意味着援助子画的援兵到了画地。

武丁之子有子宋者，卜辞曰：

□寅卜，午虫子宋。（虚一〇七）

□□卜，自，⊿中子⊿牛不⊿子宋⊿。（甲三二八一）

宋也是地名，应为子宋的封地：

乙卯卜，⊿令⊿于夫，⊿于宋。（续六、二四、五）

⊿宋。（甲二六二）

他辞还曰：

乙卯卜，王，贞敱其取宋白歪敱囚，叶朕事，宋白歪从敱。二月。（佚一〇六）

这里，白与伯通，宋白即宋伯。子宋的封地名宋，胡厚宣先生认为与河南商丘县微子所封之宋地合，故宋国之封，决不始于周公之于微子启，宋地自殷武丁时即已封子宋为宋伯矣。

武丁有子奠者，卜辞言：

庚寅卜，鸮贞子奠隹令。（虚）

卜辞中有地名奠，当为子奠所封之地，胡先生考证为今陕西华县境内。

贞今日勿步于奠。（虚）

121

贞我奠受年。（拾一〇、二）

言"我奠"可知其必为殷之所属，而言奠受年者，则知奠为农耕产粮区域。辞有言奠地受到侵犯：

☑正（征）我奠，戈四圕。（续五、三一）

……厹戈□告曰：舌方正（征）于我奠。（续三、四〇、二，续四、三三一，续五、一〇、一合，徵田一二二，徵地五八，徵地三一合）

子奠不仅受封在奠地，且被封为侯爵。

贞勿曰侯奠。（龟二、七、二）

卜辞中有子渔者，亦为武丁之子。辞曰：

☑团渔☑受黍年。（粹八七七）

贞子渔之受黍年，说明子渔必有封地食邑。卜辞还提到其他的王子。[1]

（3）武丁对有功之臣的分封。对功臣分封是当时的经常性做法，由于这些功臣不管是领兵打仗还是从事其他活动，都是以大家族为单位进行的。给这些大家族的最好制度性奖励和安排，就是为其分封一块领地，让其大家族有个自己的生存空间。武丁时有猛将截，有时称沚截。

丁巳卜，穸，贞截亡囚（祸）

贞截允其来

贞截不其来

贞王告沚截若。贞不若（甲三〇〇八）

武丁时西北有两大劲敌，舌方和土方。敌人来犯，截必告之殷王，截每次征战，殷王必从之。可视为督战，也说明王对战事的重视。截亦名沚截，如卜辞中常言沚截：

王从沚截。（续五二〇、一二，续六、二〇、七）

贞王从沚圗。（库七〇四）

王从沚截。五月。（龟二、四、六）

贞王从沚截伐土方。（后上一七、六）

---

①　胡厚宣：《甲骨学商史论丛初集》上，河北教育出版社 2002 年版，第 25~31 页。

□□囝，□，圆囲戬冉册王从伐舌 囻（续三、五、五）

此类贞王从或勿从戬的辞条较多，可见西北战事重要且激烈，有一定风险。此外还有呼其他部属即"多臣"，甚至让王妃妇好、妇妩也亲自随沚戬上阵的卜辞。

贞囻从戬。王从。

贞叀（唯）多臣乎（呼）从沚戬。

己巳卜，㱿，贞勿囲帚好乎（呼）从沚戬囜。下上若受（授）我囜。（前四、三八、一）

□□贞囷囵井□□从沚或。（后下三九、六）

沚戬之沚也为一地名，沚地与西方及西北方向的强敌舌方、土方相邻，是防御或进攻敌人的边疆地区。因此将戬封于此地，以抵御诸强敌。辞中把沚戬连称，恰恰说明沚是戬的封地。殷王经常来此督战，并卜其受年。

己卯囜，圆沚不囻受年。（续二、二八、四）

后来祖庚、祖甲时沚地也是殷王的常去之地，有时还在沚地行卜。另外，武丁时卜辞称戬为白，连称为白戬。白者即伯，伯爵也。从沚戬有封地有爵称来看，戬为殷王封臣应该是没有问题的。

贞白戬执。四月。（天九〇）

武丁时有名雀的近臣，卜辞贞他受"又"与否，"又"与祐通，即福祐之意。雀与殷王田猎、祭祀、随从，均可见其为殷王近臣。

辛巳卜，贞雀受又（祐）。十三月

甲辰卜，雀受侯又（祐）。（续二、三一、四，戬四七、七）

丁丑，余卜，令雀从。（前八、一〇、二）

贞乎（呼）雀臣正。（虚）

辞中明确称雀为臣，而且是臣正，即为官名。卜辞中有"帝五臣"或"帝五臣正"之说。雀亦为地名，辞中有奠祭于雀，或令人往雀地，或卜雀地受年。

贞乎（呼）往奠于雀。

乎（呼）人不入于雀。

庚子卜，雀受年。（前三、一、二）

卜雀地年景如何，说明雀地是农耕地区，是臣雀的封地。不唯如此，雀地还是边境伐战之地。伐亘、伐犬、伐羌都是从这里发起的。诸敌也屡犯雀地。

癸卯卜，㱿，贞乎雀衔伐亘𢦏。十二月。

勿乎(呼)衔伐亘，弗其𢦏。

乙巳卜，㱿，贞雀弗其隻(获)亘。

乙巳卜，㱿，贞雀隻(获)亘。

己酉卜，贞雀往正(征)犬弗其𠬪。(禽)十月。(铁一八一、三)

叀(传)雀伐羌。(甲二三二六)

亘地在今山西垣曲县西北，在当时殷之西；犬地在今陕西与平县以东，亦为殷之西方；羌也在殷之西。由此可知，雀地是在殷的西边，与这几个方国相邻。臣雀封于此地，为镇守殷之西北边疆的大将。辞中有侯雀连称的。

乎(呼)侯雀。(甲四四〇)

可见雀为当时的侯爵。到武乙、文丁时雀的后人爵位有了变化，成了男爵。

□□卜，贞□雀男□受□。(龟二、二二、一二)

武丁时有吏臣旨，也被称为西吏。

贞旨叶王事。(续五、二九、一六)

贞旨弗其叶王事。一(续三、二六、三)

庚子卜，㱿，贞西吏旨亡𡆥(祸)，由(叶)。一

西吏旨其㞢(有)𡆥(祸)。二

西吏应为殷之西边的边防官员。叶王事即承担王事。还有称为北吏的，当为殷之北部边防官员。

癸巳卜，其乎(呼)北御吏卫。(甲一六三六)

贞在北吏亡其隻(获)羌。(善斋藏)

这些边防官员受封边疆，在长期与敌对的部落或方国打交道的过程中也有因种种原因叛变的。如上面谈到的旨，可能到武乙、文丁时已经背叛殷朝，故卜辞有征旨方的。

于辛巳王正(征)旨方。(佚五二〇)

☑王登☑往伐旨受又(祐)。(粹一一二六)

那时的分封不是只一人，而是整个家族，封地也是家族的领地。旨背叛是整个家族的背叛，故又称旨方。能称一方者必为一群体。

帝辛时卜辞中还提到攸侯喜，喜是人名，攸为地名，也是喜的封地，辞称侯喜则表明喜的爵称是侯。

……在十月又二，正(征)夷方，在淊，癸卯卜，黄，贞王旬亡畎(祸)。在正月，王来正(征)夷方，在攸侯喜畾(鄙)永。……在正月，王来正(征)夷方，在攸。(明义士藏)

甲午，王卜……朕来西，余步从侯喜正(征)夷方……(前四、一八、一与三、二七、六合)

癸亥，在攸，贞王今夕亡畎(祸)。(前二、一六、五)

癸酉卜，在攸，派，贞王旬亡畎(祸)。王来正(征)夷方。(前二、一六、六)

卜辞中王到攸地的记载很多，有的是征夷方，有时是问卜。夷方又称东夷，攸地是伐夷方的前沿地区，应该也在殷的东面。

以上几位伯、侯，都是镇守一方的大员。与他们相同的，卜辞中还提到了侯虎、壘乘等。[1]作为殷王朝的重要将领，他们表现的好坏，直接系关殷王朝的国家安全。给他们封地及爵名是朝廷给予他们的待遇，如待遇不好，很有可能像旨一样转身成为敌方了。如我们在第一章中说的，在部落联盟及国家雏形之时，分封制是管理异姓族群的最常见的方式。

(4)对异姓方国的分封。方国者都是殷人周边的邻国。在双方实力相近的时候，大家可能会相安无事，和平共处，或时有小的摩擦，但不会有大规模冲突。一旦双方实力发生变化，若弱者识时务，接受强者的领导，认其为共主，并承担一定的义务如纳贡，有军事行动时听从指挥，则其族人和领地都会受到保全。而不识时务者，强者可能就会对其

---

[1]　胡厚宣：《甲骨学商史论丛初集》上，河北教育出版社2002年版，第31~48页。

125

进行征服，远古时期人们解决问题的方法是简单粗暴的。我们关心的是强者对弱者征服后的管理方法：不是去占领，而是要对方臣服纳贡便可，你的大家族仍然存在，你的领地也依然存在，但你要承认我的天下共主地位，承认你的领地是我分封的，我还可以给你个爵位称呼。从此以后，你就加入了我的利益集团，成为命运共同体了。

武丁时被封的方国见诸于卜辞的，有井方、虎方、鬼方、犬方、周方等。这几个方国都是先未归顺殷，在被殷人征服后成为臣属，在其后与殷人的共处中或表现不错，还被封为伯、侯。

乎(呼)从井白。

勿乎(呼)从井白。(善斋藏)

戊戌卜，彀，贞王曰，侯虎女(母)归。御。

征服鬼方则用了三年时间，《易·既济》九三："高宗伐鬼方三年克之"。《礼记·丧服四制》"高宗者武丁，武丁者殷之贤王也"。见诸于武丁卜辞中的鬼方似已归顺殷。辞曰：

己酉卜，宄，贞鬼方易亡囝(祸)五月。

辞中说的"鬼方易"中的"易"，可能是鬼方的一个地区，其为易之部族的领地。因又有辞曰：

辛巳卜，彀，贞叀易白姊从。(前四、三、四)

有数辞说到"易白姊"。说明此时的易族首领已为伯爵了。关于另一个方国犬方，有辞曰：

己酉卜，贞雀往正(征)犬，弗其毕(禽)十月。(铁一八一、三)

可见此时犬还是殷人征伐对象。后又有辞曰：

辛酉，贞犬受年。十月。(虚四四)

贞令多子族从犬罙𝕬 𝕾叶王事。(前五、七、七与六、五一、七合)

贞令多子族罙犬侯𝕬周，叶王事。(前五、七、七与六、五一、七合)

很显然，雀先是受命征犬方，但犬方归顺殷后，得到了信任，还被封为侯爵。

武丁时在殷西北的敌国还有周方，有不少卜辞是说讨伐周的。但后来周归顺了殷，辞中于是又有

壬戌卜，令周🏠若。（铁一二八、二，佚六六〇）

辛卯卜，贞令周从辰正。八月。（龟一、二六、一八）

令周侯。（甲四三六）

说明周已成为殷的属从，而且被封为侯爵。不仅如此，殷人还与周人通婚，成了姻亲。辞曰：

☑帚周出☑。（邺下四六、一五）

"帚"就是妇，"帚周"者即武丁的妃子。周归顺殷后，与殷联姻以加强两族两国之间的感情和关系，是古代常用的做法。①

据胡厚宣先生统计，武丁时卜辞中出现的侯、伯有丁侯、禾侯、伊侯、先侯、侯光、侯唐、侯告、雇白、叶白等30个，加上前面提到的井、虎、易、犬、周、等至少有35个以上的侯伯。② 也有学者统计，甲骨文中常见的侯、伯名号有近八十个，另外还有十几个称王某或某王的，如诞王、听王、应王、王古、王何、王陆、王离、王卧、王黄、王舌、王矢、王癸等。③ 这么多王、侯、伯名号在甲骨文中出现，说明殷商时期中国的封建制度已经比较成型了。除了有血缘关系的家族进行分封外，非血缘关系的姻亲和有利害关系的异姓家族或方国也都实行分封制的管理方式。封建制度从氏族、部落、家族的内部管理方式，扩展到整个社会、整个国家的管理方式。

关于殷人的家族关系，朱凤瀚先生认为，卜辞中常见"王族""子族""多子族"之称呼。"王族"是在位商王以诸亲子为骨干再结合其他近亲，如未从王族中分化出去的王之兄弟与亲侄等组成；"子族""多子族"均为商王族后代分化出来新立的族氏。"子"在商周都作为家族长的通称。"某子"即某族氏之长，如微子、箕子等。武丁时期王卜辞中出现的"子某"一百一十余名，较习见者二三十名。"子某"与非"子某"的区别在于，"子某"与殷王有更密切的亲属关系，可能是商王之子，但不一定都

---

① 胡厚宣：《甲骨学商史论丛初集》上，河北教育出版社2002年版，第50~58页。

② 胡厚宣：《甲骨学商史论丛初集》上，河北教育出版社2002年版，第60~64页。

③ 齐文心：《关于商代称王的封国君长的探讨》，《历史研究》1985年第2期。

是时王之子，也可能有先王之子。① 非"子某"一部分可能是"子族"后裔，但因隔代较多，分族立氏太久，血缘关系淡化了，如同《礼记·大传》所说："四世而缌，服之穷也；五世袒免，杀同姓也；六世，亲属竭矣"；另一部分则是姻亲关系和有利益关系的异姓家族。

作为从王族中分化出来的"子族"，他们与商王是怎样的关系呢？由卜辞可见，经常出现的三十余名"子某"中，有十九名"子某"之"某"同时作地名使用，② 即族长名或族名与地名相同，说明这些地区是这些家族的领地。据宋镇豪先生大略统计："甲骨金文中称'子某'者有156名，称'某子'者有29名，其中人地同名者有90例，约占总数185名的49%。"宋镇豪先生认为："子名与地名的同一，有其内在的自然属性和社会属性，而后者是人地同名的本质所在。换言之，这批子已成家立业，以其各自的土田族邑相命名，由此构成分宗立族的家庭标志，跟那批纯以私名相称的子名，在性质意义上应有所区分。……'子'已构成商代社会特殊政治形态下的亲属称谓，意味着在同一'姓族'下，已分衍出许多等次不一样的世系群，产生了不同类型的宗氏、分族或贵族分支家族。"③之所以出现地名与族名相同的情况，可能是因为某家族长期在此居住、经营，人们习惯和方便起见，以族名称呼地名，如同现在我们经常可见的"张家岗""李家寨"一样；也可能因为地名在先，某家族分封时即以地名称呼族名。总之这些分族立氏的"子族"是有自己封地的。他们受封的唯一理由就是他们是商王的后裔，是按照古老的血缘世系传递的法则"胙土命氏"自立门户的。受封的领地是他们家族安身立命的场所，他们自然会好好经营。这些"子族"的封地多集中在王畿不远的地区，而那些非"子某"的族群则多受封于商王朝西部，与外族发生摩擦较多的地区。不管怎么说，商人的各宗族都是有自己属地的，有不受王朝支配的

---

① 朱凤瀚：《商周家族形态研究（增订版）》，天津古籍出版社2004年版，第69、41、50、55、81页。

② 朱凤瀚：《商周家族形态研究（增订版）》，天津古籍出版社2004年版，第57页。

③ 宋镇豪：《夏商社会生活史》上册，中国社会科学出版社1994年版，第264~266页。

独立经营的经济，有农田、畜群等作为诸宗族的经济基础。在自己的属地上，各宗族长管理着生产全过程，并支配劳动产品。①

自然，受封的"子族"和非"子族"与商王朝是有权利义务关系的。首先，这些封地是商王朝的组成部分，是一级地方政权组织，负有管理一方平安的职责。如前所述，卜辞中有很多是商王为这些地方卜问佑福的，有时还会亲自去这些地方占卜，占卜这些地方年景如何、收成如何；如果这些地方发生战事，就会卜问这些地方的战事如何，这些地方的族人会不会受到伤害等。所有属于商王朝的地区都会受到商王的关心。当时，血缘关系是管理社会、治理国家的最重要依托，强化、理顺血缘关系就是强化和理顺国家管理体系，而祭祀活动则是实现这一目标的最重要的方式。我们看到，卜辞中各种祭祀活动的记载极多。在这种由商王组织和主持，众多商人家族宗族长参加的祭祀活动中，通过追溯大家共同的先祖，祈求先祖的保佑，来确认商王作为整个商人大家族的宗主地位，告示所有商人要以宗主为核心，加强商人血缘大家族内部团结；通过一系列充满仪式感的祭祀场景和环节的设立，如庄严的宗庙、众多的牺牲及一系列祭祀程序，通过家族各成员在祭祀活动中的排序级差来标识、彰显家族内各成员的亲等关系，如谁是谁的伯、谁是谁的叔、谁是谁的子、谁是谁的侄，以及他们各自在家族、社会中的血缘排序和政治等级。从而使这个庞大的商人家族的主要成员都知道，自己在大家族和国家中的定位、职责及义务，收到《礼记·祭统》所说的"见事鬼神之道焉""见君臣之义焉""见亲疏之杀焉""见上下之际焉"的效果。祭祀是分层次的，在国家层面上的祭祀由商王组织、主持，在各家族的封地，则由各宗族的家族长组织、主持，目的都是一样的。

其次，各封地上的家族要在商王朝的统一指挥下展开军事行动，这就是当时"国之大事，在祀与戎"的"戎"。军事行动既有抵御外来入侵，也有对外扩张。战争是比较多的，武丁、祖庚卜辞中所见的商各宗族武

---

① 朱凤瀚：《商周家族形态研究(增订版)》，天津古籍出版社2004年版，第172页。

装对敌的战争计41次。① 由前面所引卜辞可知，当外族来犯时，封地的官员要及时报告朝廷，并立即组织抵抗。如遇敌方过于强大，则会呼求朝廷支援，卜辞有"雀其乎王族来？"；也有王调集军队前往支援的，如"□戊卜，乎爰（援）$\mathbf{\mathcal{F}}$"（《文》579，宾）。"癸巳卜，王其令五族成甾"（《粹》1149，无），"丁酉卜，王族爰（援）多子族立（涖）于召？"（《合集》34133、历）②那时，是寓兵于民、兵民合一的，每个封地的宗族都有自己的武装，而且装备、粮草等军需物资均由各宗族自己准备。所以，王室关心各地的年景收成，不仅仅是为了人们的温饱和贡赋，也是关心各地的军备工作是否有保障。服军役是封建义务中最重要的义务，因为它系关家族和国家的生死安全。没有军役的保障，王朝的安全是岌岌可危的，王这个天下共主的地位是坐不住的。

再次，各地的封臣对朝廷是有纳贡义务的。辞中就有"雀入二百五十"，"雀入二百"，"周入十"，"犬廿"，"虎入百"，"唐来卅"，"奠入廿"，"画入百"，"画来十三"等。③ "贞，妻来牛？""贞，妻弗其来牛？"（《合集》9525正），"贞，乎弓出羊五百，豕五百？"（松丸道雄《日本散见甲骨文字搜汇》540甲），"戊辰卜，雀氐象"、"戊辰卜，雀不其氐象？十二月"、"己巳卜，雀氐猱？"（《乙》4718，《合集》8984）等。④ 也有朝廷临时征取的："乎取马于甾氐？三月"（《合集》8797正），"令良取何？"（《合集》4954），"乎取戌？"（《柏》1）。后两辞是取某种物品的省略形式。⑤ 还有服其他劳役，如"……贞王大令众人曰劦田其受年。十一月"。⑥

---

① 朱凤瀚：《商周家族形态研究（增订版）》，天津古籍出版社2004年版，第187页。

② 朱凤瀚：《商周家族形态研究（增订版）》，天津古籍出版社2004年版，第195页。

③ 胡厚宣：《甲骨学商史论丛初集》上，河北教育出版社2002年版，第68页。

④ 朱凤瀚：《商周家族形态研究（增订版）》，天津古籍出版社2004年版，第205页。

⑤ 朱凤瀚：《商周家族形态研究（增订版）》，天津古籍出版社2004年版，第201页。

⑥ 胡厚宣：《甲骨学商史论丛初集》上，河北教育出版社2002年版，第70页。

另从殷墟西区家族墓地考古发掘来看，一个较完整的家族墓地，包括若干更小的家族墓地，即次级家族墓地，同一家族墓地内所有随葬品有明显共性。这种共同墓地和相似的葬品、葬俗，说明一个家族内各分支（次级家族）间有着不可分割的血缘关系。这些次级家族墓地中还存在更小的如同夫妻并穴墓之类的核心家庭墓葬集合，但没有形成相对独立的一级墓地。这表明这些核心小家庭在经济等方面还没有独立出来，而其上一级的家族即次级家族墓地也仍然依存于大家族的墓地之中，亦表明次级家族也要依赖大家族才能生存。① 可见，此时的殷人的经济、政治等一切活动都被组织在各级家族之中。家族是社会的基本细胞。

综合以上情况来看，殷商时期，整个社会的治理体系已经具备了封建制度的基本本质特征：以血缘关系为主干，以姻亲关系、利益关系为支系的分封制全面实行。不只是血缘亲属、姻亲关系，有功之臣，主动归顺的方国，甚至连敌对的部族和方国被征服后也是采用分封的方式进行管理。在全国范围内，任何地方出现安全问题，朝廷都有责任援助。殷王在殷人大家族内是宗主，在全国而言是天下共主；各受封家族在封地内有自己完全的自主权，有自己的家族武装，有自己的土地、畜群，各家族聚族而居，以"众人劦田"的方式共同参加生产经营活动。家族有自己的共同宗庙，有自己组织的祭祀仪式，有家族共同的墓地，族长也主要依血缘关系来管理自己的封地。封地就是家族的领地，族长就是领主；每个封地和领主都有义务向朝廷服军役、纳贡，可能还有些不固定的劳役。从卜辞中可见的纳贡的物品和数量上看，似乎是一地一征，并没有形成统一的征收标准，有贡羊的、有贡牛的还有贡大象的；有给二百的，有给二百五十的，有给二十、三十的。无一定之规，应该是纳贡的常态，在后面我们可以看到欧洲封建社会时的纳贡情况，也是鸡鸭鹅兔什么都有。

离后来周朝更完备的封建制度，殷商时期还差一个嫡长子继承制。

———————

① 朱凤瀚：《商周家族形态研究（增订版）》，天津古籍出版社2004年版，第174页。

也许当时人们的私有观念还没有充分发展起来，权力欲望也远远不如后来的人们那么强烈，所以殷商时期还存在兄弟共权及诸子共权的现象，即兄终后王位不是传给自己的儿子，而是传给自己的弟弟，或叔侄相传。李玄伯认为："自汤至帝辛共十七代，三十一帝，其中父子或叔侄相传者十六次，兄弟相传者十四次。商人至少在称谓上，下一代对上一代皆称为父，而无叔、伯与父之分；上一代对下一代皆称为子，而无兄子、弟子与己子之分。"①也有学者认为：殷商有二十九王，父传子共十位，兄传弟十二位，此外还有王位传与兄之子、堂兄之子的六位。② 这至少说明殷人早期尚无长幼嫡庶之分，原始的共权观念还占主导地位。但到了晚期，这种情况有了变化，自小乙到帝辛，九代中有七代传子，③子承父业的观念逐渐占了上风。

学术界一直有殷代是奴隶制的说法，但从卜辞中我们看不到关于奴隶制的记载。因为那时社会的主体是家族，参加经济活动、军事活动、祭祀活动、政治活动的主体都是各家族成员。在卜辞中这些家族成员被称为"众"，前引卜辞中有："贞王大令众人曰：劦田其受年"，这是众人参加农事活动；卜辞中有令众人伐羌，伐𠭰，这是众人参加军事活动；卜辞还常常担心众人的得失，"贞，竝亡𢦏，不丧众"，"贞，我其丧众人"，"贞，皋其丧众"。皋是武丁时的将军，常率军出征，故殷王为之担心，佑福。贞众人丧不丧众的卜辞很多，可见这些众人是军事行动的主体，也是生产活动的主体。④ 人祭是许多人认定殷为奴隶制的重要依据，其实这也很好解释，当时战争较多，这些用来作人祭的主要是俘虏。据胡厚宣先生统计，甲骨文关于人祭的卜辞有 131 次，其中不记人数的 80 次，记人数的 51 次，共用人 736 人；而武丁时人祭最多，计61 次，其中不计人数的 35 次，记人数 26 次，共用人 435 人。前面说

① 李玄伯：《中国古代社会新研》，开明书店 1949 年版，第 237 页。

② 沈长云：《论殷周之际的社会变革》，《历史研究》1997 年第 6 期。

③ 胡厚宣：《殷代婚姻家族宗法生育制度考》，《甲骨学商史论丛初集》上，河北教育出版社 2002 年版，第 128 页。

④ 胡厚宣：《殷非奴隶社会论》，《甲骨学商史论丛初集》上，河北教育出版社2002 年版，第 137、144、145、146 页。

过，武丁时战事频繁，所以战俘也较多。胡厚宣先生认为人殉其大部分必为奴隶，其来源多为战俘。殷虽然有奴隶，但数量很少，殷之奴隶多为供贵族祭祀殉葬之牺牲，至于社会生产之主要阶层则绝非奴隶。故不能称之为奴隶社会。① 我认为供祭祀之用的战俘甚至都不能称其为奴隶。因为对战俘的杀戮在各种社会形态下都存在，只有把这些战俘投入生产或生活服务活动中，并将他们视为会说话的工具，由此形成一整套特殊的管理方式和制度，才能称之为奴隶。

二、周代的封建制度

《论语·为政》载孔子说："殷因于夏礼，所损益，可知也；周因于殷礼，所损益，可知也。"在孔子的眼里，夏商周三朝的制度大致是一脉相承的。周灭商后并没有遇到商人及其盟友的大规模反抗，这一现象十分耐人寻味。唯一的解释是，当时的人们是生活在宗族血缘关系之中的，每个宗族或家族都是经济、行政、司法独立的高度自治的社会单位，只有宗族、家族的利益与每个人息息相关，对人民来说家族即天下。人们对国家的概念是十分模糊的，商王朝也不过是各宗族的松散联合体，商王是这个联合体的名义共主而已，商王朝灭亡对各宗族家族并无实质性影响，特别是对那些异姓宗族而言更是如此，所以那时的人们也没有什么亡国之痛。只要社会、政治、经济体制照旧，人们的生产生活照旧，那个远离人民的王朝和王的更迭，对广大人民生活的影响很小，人民是不会有多少反抗情绪的。作为"小邦周"取代商以后，十分重视总结商朝灭亡的教训，在沿袭商封建制度的基础上，又做了精细化的修正，开启了人类历史上最明白无误的大分封过程。周的分封有以下三个层面。

首先，周以天下共主和周人宗主的身份对有血缘关系、姻亲关系、利益关系(功臣、归顺的部落或邦国)的宗族及夏、商等先朝望族的分封。《左传》僖公二十四年：周公"封建亲戚以蕃屏周"，"其怀柔天下

---

① 胡厚宣：《殷非奴隶社会论》，《甲骨学商史论丛初集》上，河北教育出版社2002年版，第147、151页。

也，犹俱有外侮，扞御侮者莫如亲亲，故以亲屏周"。定公四年也载："昔武王克周，成王定之，选建明德，以蕃屏周。"昭公二十八年还载："昔武王克商，光有天下，其兄弟之国者十有五人，姬姓之国者四十人，皆举亲也。"封建亲戚，以蕃屏宗主，并不是周公的发明，殷有之，夏有之，从人类出现就有类似现象，不过，到周时已更加成熟、成形而已。我觉得实际受封的应远远不止这个数，当时帮助武王伐纣的至少有几百个邦国，《史记·秦楚之际月表》中载："不期而会孟津八百诸侯"，这些邦国都应在受封之例。因为分封制是那时最简单、最有效的治理社会和国家的方法。据谢维杨先生考证，西周受封的诸侯和畿内贵族中，与周王室有明确世系关系的姬姓有鲁、蔡、卫、曹、滕、晋、郑、邢、凡、郜、管、聃、雍、毕、酆、韩、蒋、茅、胙等，还有在太王和王季时代分出的吴、虞、虢几支也属这一类。畿内贵族有周、祭、原、毛、成、甘、刘、儋等。另外是异姓诸侯，如齐、宋、秦、陈、薛、纪、杞、郯、莒、邾、邓、楚、许、申等。姬姓诸侯中的芮、随、耿、滑、霍、密、沈等及畿内贵族召、单二氏与周王室世系关系不明确。[1]

其次，各诸侯在自己的封国内，对家族的后裔和其他成员进行分封，这些贵族多以自己王父（祖父）的字为氏，少数以受封的采邑名称和官职名称为氏，如鲁国的众、展、臧、郈、施、仲孙（孟孙）、叔孙、季孙；齐国的高、国、崔、庆、东郭、栾等。[2] 类似这样的二次分封，在每一个封国和封地内都在上演。因为大家都是按照同一个原则，即按血缘的亲疏把家族其他成员安排在自己周围，以达到屏藩的作用。当然，二次分封也包括各诸侯的姻亲家族和有功劳的异姓家族。各国执政的卿大夫均出自和国君有血缘关系的公族，即为时君或先君的儿孙。当时著名的卿大夫家族有：鲁之"三桓"，即鲁国鲁桓公之后的季孙氏、孟孙氏、叔孙氏；郑之"七穆"，即郑国郑穆公之后的良氏、游氏、罕氏、驷氏、丰氏、印氏、国氏；齐之"二惠"，即齐国齐惠公之后子雅、子尾二

---

① 谢维杨：《周代家庭形态》，中国社会科学出版社1990年版，第162、163页。

② 谢维杨：《周代家庭形态》，中国社会科学出版社1990年版，第163页。

族等。《国语·晋语四》中载："公食贡，大夫食邑，士食田，庶人食力……"，这些卿大夫身有封地，有自己的家族武装，是各国国君所依托的主要政治力量。春秋之前，不论是国君还是卿大夫，对下属有功的大臣，最好、最普遍的奖赏就是给予他一块封地。不惟各国国君对卿大夫如此，卿大夫在自己的封地上对家臣也是如此。《左传》成公十七年："施氏之宰，有百室之邑"，可见，家臣的俸禄就是一块封地。这种情况到了春秋以后才有所改变。

再次，包括周天子、各国诸侯、卿大夫在内的所有家族，在历经几代繁衍后，家族随人口增加而裂变分化，一部分成员需要别立宗族、胙土命氏，故而产生新的分封。关于这方面的情况，我们在第一章引用《左传》隐公八年："诸侯以字为谥，因以为族"，杜预注"诸侯之子称公子，公子之子称公孙，公孙之子以王父字为氏"，已经列举了各国诸侯之后、卿大夫之后胙土命氏的情况，这里不再赘述。值得强调的是，春秋以来，各国国君为了防止家族中其他成员，如自己的兄弟、兄弟之子，自己儿子中的非嫡长子觊觎君位，保证君权能按照自己的意愿传授下去，于是只与自己的直系儿孙组成公室，是为君统；而将家族集团中的其他男性另立公子之宗，即对他们胙土命氏，把他们分封出去，将其排斥在君统之外。这就加速了分封的进程。原先按《礼记·大传》所载宗法制度惯例，小宗分支五代之后才从大宗中分出，另立新氏。现在只要条件许可，比如有可供分封的采邑，便分族立氏，以至于到了春秋末年出现无地可封的现象。原来应该"食田"的士阶层成为无田可食的吃俸禄的阶层。正因为领地的缺乏，所以我们看到，春秋期间，国与国之间的战争都是为争取更大的生存空间；各国内部，家族与家族之间的争夺也是为了更大的生存空间。社会乃至天下也就大乱了。

大分封的实施过程，也与武装殖民的过程相伴随。周灭商后便由陕西进入河南，封管、蔡、康叔就在此时；成王时，周公诛武庚、践奄，更进入山东，封了鲁、齐等国；后成王北伐入山西，封晋、韩等国；再往后，昭王南征，穆王征淮夷，直到宣王南征，周人一直在武装扩张殖民。能征服的就征服，不能征服的就招安。征服了的，就封自己的亲戚或功臣；征服不了的部族或方国，招安过来的还是用分封的方式，承认他们原来的所占地盘的合法性。《后汉书·东夷传》载：淮夷中最强大的一支徐淮夷"率九夷以伐宗周，西至河上，穆王畏其方炽，乃分东方诸侯，命徐偃王主之"。①　封一个名号就能安定一方，是那时国家最常用的方法，也是分封制得以大张其道的原因。以上是由周王朝组织实施的国家层面的具有战略意义的殖民，这只是第一步。第二步，是各个封国对周边的扩张。周朝初期，人稀地广，荒山、荒地到处都是。大分封时按《孟子·万章下》说法："天子之制，地方千里，公侯皆方百里，伯七十里，子、男五十里，凡四等。不能五十里，不达于天子，附于诸侯，曰附庸。"《礼记·王制》所载与之相同。除了天子之地还算有点规模外，其他的都不大，作为一个国家似乎小了点，说明当时受封的各宗族规模也不会很大。大分封开始，也不见各宗族、各国家为土地争斗的记载。岁月流逝，随着人口的增长，领地不足的矛盾就凸显出来。西周晚期的琱生簋铭文反映，召氏小宗琱生家族和其他家族因占有土地附庸问题发生诉讼，求助于大宗召伯，召伯令其时为王朝执政大臣的儿子召伯虎从中斡旋，最终琱生胜诉。②　这个实例表明，此时的大家族的领地已经彼此相连，所以才会发生纠纷。还是西周晚期，厉王将原为畿内世族分享的山林薮泽之利统统收归王室，以解决王室财政收入日益困难的窘境。不想此举却引起各大族的强烈反抗，结果如《国语·周语》所载："诸侯不享，王流于彘。"为争自然资源，各大族居然不顾宗法、君臣关系把周王赶走了，在当时是惊动天下的大事。这件事暴露出当时人口增长与领地资源不足的矛盾十分突出，领地只能扩大不能流失哪怕一点，流失就意味着一部分家族成员没有生存空间，所以才会有各大家族敢冒天下之大不韪驱赶周天子的事发生。春秋以降，人与土地的矛盾更加突出，列国向四周扩张的步伐从未停止。《左传》襄公二十五年："且昔天子之地一圻，列国一同，自是以衰。今大国多数圻矣！若无侵小，何以至焉？"用白话文来说，就是今日大国的领地已是昔日天子的数倍，如果不是侵吞小国，怎么会这样呢。大国的形成必然是兼并小国的结果。《韩非

---

①　《后汉书》卷八十五《东夷列传》。

②　朱凤瀚：《商周家族形态研究（增订版）》，天津古籍出版社2004年版，第301页。

136

子·难二》载：晋献公"并国十七，服国三十八"，也就是征服了、兼并了十七国，归顺了三十八国，这五十五国皆纳入了晋国的势力范围。其实不惟晋国，各国都一样，在互相兼并中的胜出者便成为大国。周初那种国与国之间相隔甚远，荒野遍布天下的景观再也见不到了。

与殷商比起来，周人的封建制度更加成熟，原因如下：

（1）以嫡长子继承制及大宗、小宗等级排序为核心的宗法制度的确立。上面谈到，殷人有兄终弟及、叔侄相传的兄弟共权、诸子共权的现象。周则确立了嫡长子继承制及大小宗等级关系。为什么要实行嫡长子继承制？按王国维先生的说法："盖天下之大利莫如定，其大害莫如争。任天者定，任人者争。定之以天，争乃不生。故天子诸侯之传世也，继统法之立子与立嫡也。……皆任天而不参以人，所以求定而息争也。"[①] 此言有道理。沿血缘世系传递而缘起的封建制度，自远古以来，一直采取血缘关系内的共权形式，即氏族整体是一个法人，而不是哪个人是氏族法人，族长、酋长充其量只是氏族法人的代表。某个族长、酋长死后，附着在他身上的法律人格将由新选出的族长或酋长承担。通过氏族成员民主选举和罢免程序，氏族权力是以共权的形式往下传递的，并不传给某个个人，就其实质而言，氏族成员共同掌控、分享权利，是共同继承人。大小宗的区分在远古时也并不存在，那时氏族成员间只有辈分之间的等差，而无同辈之间的等差，所有同辈的兄弟姐妹都是平等的；上辈视下辈每个人为自己的子女，下辈同样视上辈每个人为自己的父母。没有哪个人能因特殊的血统而高人一等。进入私有制社会后，氏族、部落及初期国家的权利继承出现了变化，由全体成员的共权化转为在某一个小集团内的共权化，比如殷王朝时，氏族成员的共权关系已演变成某一父系家族内的共权关系，兄终弟及便是其表现形式。当小范围共权也可能引起骨肉纷争时，为了使血缘世系的传承不至于在骨肉相争中遭受阻断、封建制度在混乱的争斗中覆灭，于是与时代变化相适应的以嫡长子继承制和大小宗等级排序为核心的宗法制度应运

---

① 王国维：《殷周制度论》，《观堂集林》卷十，中华书局1959年版，第457、458页。

而生。这种成熟的宗法制度在确立嫡长子继承制的同时，视嫡长子的世系为大宗，视庶子、次子为小宗，规范出大小宗之间不可逾越的等级关系。从而为新时期下王权世系的传承确定了制度化的安排。这套周密的宗法制度下，以血统维护君统，以族权捍卫君权，保证了君王世系的传承不出现大的问题。虽然在实行中，仍会有少数君王按自己喜好立爱、立少、立贤等情况，但大多数君王的世系传递还是按照大宗宗子继承的原则进行的。

周王室的传承就是在文、武、成、康、昭、穆等约三十五个大宗宗子中传递的；周公、管叔、蔡叔、康叔、曹叔、唐叔等则为别子，即小宗，他们被分封后，在自己的封国里又成为鲁、管、蔡、曹之始祖，唐叔为晋之始祖，是自己封国上的姬姓大宗。前引朱凤瀚先生依据《左传》《史记》记载，对公元前 770 年至公元前 476 年，鲁、卫、晋、郑、齐、宋、楚七国的君位继承做的统计，结果是以正常继位方式父死子继者 69 君，占总数的 61%。这些正常继位者中也有极少是庶子，如鲁昭公是在襄公太子已卒的情况下立为新君的；在非正常继位方式中(即继立为君者不是先君所立)，有公子、公孙身份者 40 人，占非正常继位者总数的 95%，其中被继承国君亲子 9 人，余皆为未立新氏的先君子孙共 31 人。① 可见，君位传递总的来说是在其血缘世系中进行的。

(2)与血缘亲疏等差所对应的政治等级制度的形成。**血缘关系一直被古人视为所有社会关系中最值得信赖和依托的关系，周灭商后，血缘关系更是很自然地被植入国家治理体系之中，以血缘亲疏等差形成的宗法关系完全对标于国家治理体系中的政治等级关系。**周初，王室所依仗的大臣虢仲、虢叔、周公、昭公、毕公、荣公等皆为文王、武王的兄弟亲属；七十一个封国中，五十三个(也有说是五十五国)是周之姬姓。这些都表明了血缘关系在国家治理中的重要性，作为武王亲弟弟的周公、昭公等更是在周初的政治治理中发挥了难以替代的作用，辅助年幼的成王和周朝廷度过了建国初期碰到的种种困难，制定了比较完善的宗法制

---

① 朱凤瀚：《商周家族形态研究(增订版)》，天津古籍出版社 2004 年版，第450 页。

度和政治管理制度，为周王朝八百年的生存奠定了政治基础。

相比殷商，血缘关系的政治化趋势在周代明显呈现出来。朱凤瀚先生用西周穆王时期的铜器铭文来说明这个问题：一为繁卣，其铭文曰："……公祮彤辛公祀，……易宗彝……，车、马两，繁拜手稽首对扬公休，用作文考辛公宝尊彝，其万年宝。或。"（《集成》5430）。这里"繁"是为辛公作此卣以为祭器。公当是繁的长兄，并可能是族长，故有资格主持对辛公的祭祀，居于宗子的地位。而繁在受其兄赏赐后，居然采用当时臣下对君主的礼仪，如"拜手稽首对扬公休"，还感到受宠若惊，特意铭之宗彝，以为纪念。证明在贵族家族内，即使是兄弟关系也已打上宗法等级关系的深深烙印，并导致两人政治地位上的严格等差。二为虞簋，其铭文曰："虞拜颉首，休朕宝君公伯易厥臣第虞……虞弗敢望（忘）公伯休，对扬伯休，用作祖考宝尊彝。"（《三代》6、52、3，《集成》4167）。虞称其兄公伯为君，是因为自己身为小宗而奉其兄为宗族之宗君，在其兄面前，虞自称"臣弟"，接受公伯赏赐后恭恭敬敬地言"弗敢忘"公伯之休美，故"对扬伯休"，亦证明大家族内作为宗子的长兄和作为小宗的诸兄弟之间的宗法等级关系，已采取了政治上的君臣隶属关系的形式，并由此得到强化。①

从另一个方面，也可以说明血缘关系政治化的问题，这就是春秋末期之前，周王室和诸侯国的公职，基本上是周王和各诸侯国国君的兄弟、子孙或其他亲戚担任，而且他们在这些公职任上只要不犯大错误，是可以继承的。最典型的例子莫过于受封于各国的诸侯，他们的封国都是可以继承的。即便是异姓诸侯，在自己的封地内也都是按血缘关系的亲疏来安排和传承国家公职的。在列国中，几乎所有的卿大夫都是时君或先君的兄弟或子孙担任的，其依据的就是他们与国君之间的血缘关系，前面提到的鲁之"三桓"、齐之"二惠"、郑之"七穆"都是例证。唯一例外的是晋国，由于之前有"曲沃并晋"的教训，所以晋献公继位后，逐杀群公子，重用异姓贵族，故晋公族不显。

---

① 朱凤瀚：《商周家族形态研究（增订版）》，天津古籍出版社2004年版，第310页。

　　(3)层层分封式的分权治理体系的形成。分封原本是氏族和后来家族内部处理母族与子族关系的治理方式，进入国家形态后，它又成为国家与地方关系中几乎唯一的治理方式。天子封诸侯，诸侯封卿大夫，卿大夫封下属都是如此。从血缘关系来划分，分封是沿两条路径展开的：一为血缘世系的传递。《礼记·大传》说："别子为祖，继别为宗，继祢者为小宗。有百世不迁之宗，有五世则迁之宗。百世不迁者，别子之后也。宗其继别子者，百世不迁者也。宗其继高祖者，五世则迁者也。"别子本身就是因小宗而别立新氏的，别立新氏之后，其宗子又成为新氏的始祖和大宗，他的嫡长子、嫡长孙可将他的名号及权利继承、延续下去，故"成为百世不迁之宗"；其他庶子则成为小宗，历五世就要从母族中别立出去，另立新氏，这样，每隔五世就要有新氏族的诞生，每一个新氏族别立出去都要分封，给予他们封地供其生存所用。这是血缘世系内的层层分封。二为对异姓的分封，除了封有功的和归顺的异姓诸侯外，对下属职官也是给予采邑封地作为俸禄。因官职而得的封地似乎是有标准的，《左传》襄公二十七年："公与免馀邑六十，辞曰：'唯卿备百邑，臣六十矣，下有上禄，乱也，臣弗敢闻。'"大臣免馀认为他这个级别职务受封的采邑数是六十个，超过了就是"下有上禄"，不合规范了。《国语·晋语八》载：秦后子和楚公子仕于晋，韩宣子问太傅叔向二公子之禄，对曰："大国之卿，一旅之田；上大夫，一率之田……"韦昭注："五百为旅，为田五百顷"；"百人为卒，为田百顷"。

　　层层分封实际上就是层层分权，在每一个封地里，封臣都有较高的自主权，都是相对独立、自治的。这表现在几个方面：一是经济上的独立。每个封地上都有农田，有自己的族人耕种，做到自收自支。春秋末年之前，家族的公共财政来源是公地上的收入。二是包括司法权在内的行政权的独立。那时没有中央统一的、垂直管到地方的行政机构，每个封地几乎就是一个地方行政单位，封地内的司法、行政事务基本上是各封地自行处理。卿大夫家族自有一套仿朝廷的管理系统，有管理家族总务的，有管各采邑事务的家臣。《左传》定公十二年载："仲由(即子路)为季氏宰。"《论语·先进》则载："子路使子羔为费宰。"这里子路是季氏家族的总管，故能举荐子羔为采邑费的主管。《左传》《国语》记载的家臣官职有：宰、室老、宗人、祝、司马、马正、工师等。① 家族内部的管理也称为内朝，《国语·鲁语下》：公父文伯之母言于季康子曰："自卿以下，合官职于外朝，合家事于内朝……夫外朝，子将业君之官职焉；内朝，子将庀季氏之政焉，皆非吾所敢言也。"韦昭注："内朝，家朝也。""庀，治也。"三是军事上的独立。那时实行的是寓兵于民、兵民合一的军事制度，没有职业的常备军。当时的生产力水平还不足以支撑常备军的存在。各大家族都有自己的家族武装，这些人平时是生产者，有战事时则拿起武器成为战士。诸侯有公室的武装，卿大夫有自己家族的武装。西周穆王时的班簋铭文记载，王令班的父亲毛伯"以邦冢君、土（徒）驭、戜人伐东国瘄（滑）戎"，并令吴伯、吕伯左右配合毛伯作战，最后令班曰："以乃族从父征。"②春秋以来，随着卿大夫家族实力的不断壮大，家族武装也发展到惊人的地步。《左传》哀公十一年："鲁之群室，众于齐之兵车，一室敌车，优矣。"鲁国卿大夫的家族兵车比齐国整个国家的还多，可见家族武装是多么强大。四是人们的观念中家比国大，知家而不知国。因为人们的生产生活都是被组织在家族里进行的，家族的好坏与族人利益直接相关，人们的政治地位、经济收入均来自宗族，而国家则与人们的生活关系不大。所以在人们的观念中家比国大，在国与家族发生矛盾时，人们往往"不敢知国"，只能为家族而战。《左传》昭公二十五年，鲁昭公伐季氏，叔孙氏之司马言于众人曰："我，家臣也，不敢知国。凡有季氏与无，于我孰利？"皆曰："无季氏，是无叔孙氏也。"此时不光是季氏、叔孙氏家族的人，还有得益于这个家族的家臣都是属于家族共同体，所以大家为这个与他们利益休戚相关的家族共同体而战。知家不知国，知家主不知国君被视为当时主臣关系之正统，成为大家共识。《国语·晋语八》载：范宣子逐栾盈奔楚，范宣子令栾氏之臣勿从，从者杀。但栾氏之臣辛俞仍从之，被捉后，晋平公问他何以违反禁令，辛俞对曰："臣闻之曰：'三世仕家，君之；再世以下，主

---

① 朱凤瀚：《商周家族形态研究（增订版）》，天津古籍出版社 2004 年版，第485 页。

② 朱凤瀚：《商周家族形态研究（增订版）》，天津古籍出版社 2004 年版，第398 页。

之.'……自臣之祖，以无大援于晋国，世隶栾氏，于今三世矣，臣故不敢不君。"在辛俞眼中，栾氏才是他的君主而不是晋国之君。这也就是西方中世纪流行的"我的封君的封君，不是我的封君；我的封臣的封臣，不是我的封臣"的原则。这样的例子很多，不一一列举。

（4）血缘依附向人身依附的转化，封建权力义务关系的全面建立。我所说的血缘依附是指远古时期人们无法脱离氏族血缘群体独立生产生活，从而对血缘氏族不得不产生的依赖或依附。人身依附则指进入阶级社会后，出现了人与人之间的不平等关系，主要指被统治阶级对统治阶级的人身依附。原始社会中人与人是平等的，自然不会有某些人依附于其他人，有的只是所有单个的人对血缘群体的依附，这种依附是自然的，不带有任何屈辱性的不平等的依附。在阶级社会中，人与人的关系从平等走向分层，走向不平等。殷代的墓葬中已可看出这种变化。殷墟西区墓地发掘就发现了两种墓地类型：一类墓地在墓室规模、规格、随葬品、殉人墓比例都要超过二类墓，有成套的铜礼器、车马器、金玉饰物等，且在墓地数量上要比二类墓少得多，显然是贵族墓地。二类墓地属于殷人的一般民众的墓地。这类墓地有 915 座，除因被盗无法确认墓种的墓地外，还有 701 座。其中 50 座有铜礼器，墓室多在 2~4 平方米；368 座无铜礼器，有陶器，墓室多在 1.5~3.5 平方米；283 座无铜器和陶器，墓室多在 1~3 平方米。可见平民阶层中也有一定分化。另外在这 701 座墓地中，无任何随葬品和葬具的墓仅 7 座，不到墓地总数的 1%，说明赤贫者是极少数。整个平民阶层基本上是有生产资料和生活资料的。[①]

周以后，阶级分化更明显。分化主要在血缘大家族内发生，家族的宗族长及其近亲，由于长期掌握着宗族的公权力，已逐渐成为"劳心者治人"的管理阶层，广大宗族成员则成为"劳力者治于人"的劳动者阶层。在采邑、土地分封的情况下，只有宗族、家族中的宗族长和家族长才是宗子，才有资格受封，于是形成一种宗族或家族的土地都来源于族长的

---

① 朱凤瀚：《商周家族形态研究（增订版）》，天津古籍出版社 2004 年版，第 126~129 页。

印象。宗族或家族成员对宗族或家族的血缘依附慢慢转化成了对族长为代表的管理阶层的依附，也就是由血缘依附转变为带有阶级剥削性质的人身依附。必须强调的是，许多学者在谈到人身依附关系时都有一种倾向，好像统治阶级可以随意对被统治阶级实行压迫和超经济的剥削，这种情况在封建社会中是不太可能存在的。原因很简单，封建社会是建立在血缘关系的基础之上的，不论是中国还是西欧，血缘关系是社会的基石，每个家族都有封地内的行政、军事、司法等自治权。从国家到各级贵族家族，最重要的专政工具军队都是由人民构成的，当时实行的是寓兵于民、兵民合一的制度，主要兵员就是大家族的普通成员。没有建立常备的职业军队，这即因生产力水平限制，也是古老传统的延续，从我们前面所举的例子中可以明确地看到这一点。这就意味着统治阶级对人民进行统治最重要的工具——军队掌握在人民手中，统治者想为所欲为是不可能的，那只会招致他的灭亡。尽管周以后人身依附关系已经形成，但是它还带有浓厚的血缘关系的外形：宗族长们还是按照祖制、传统管理家族，即便有些变化也会是循序渐进的、为大部分家族成员所能接受的。改变祖制在当时是件大事，定会遭到各方的反对。前面谈到周厉王改变祖制，把原属大家共享的山林薮泽之利收归王室所有，马上遭到各大家族的强烈反抗，赶走了厉王。《国语·周语上》载：厉王儿子躲进了邵公家中，邵公以自己的儿子冒充他，才使后来的宣王躲过了一劫。周宣王即位后"不籍千亩""料民太原"，也遭到大臣的反对。因为行籍礼的田是公田，是王室公共财政的来源；同时，天子行籍田礼，是重视农本精神、鼓励农耕的礼仪。所以虢文公说"不籍千亩"会导致"匮神之祀而困民之财，将何以求福用民"，是说这样做既不利于祭祀列祖列宗，也不利于人民劳作致富。而对"料民太原"，大臣仲山父的反对意见是，古代人民聚族而居，家族内有专人管理族务，每一家族有多少人、有什么事都是知道的，天子平时籍田农耕和狩猎时都可以了解人数多少，现直接清查人口不和祖制礼法，有越级干预下属家族之嫌。所以"无故而料民，天之所恶也，害于政而妨于后嗣"。① 说"天之所恶"，其

①　《国语·周语上》。

实就是得罪了周大家族其他成员和违反实行于天下的祖制礼法。厉王、宣王父子两人频遭大臣和家族其他成员(也是姬姓家族分支)的反对，说明周天子的威望在西周末年已江河日下，西周王朝也终于在宣王儿子幽王任上走到了尽头。厉王、宣王都贵为天子，一旦违反祖制都会遭如此强烈的反对，甚至性命不保，就不用说其他贵族了。也正因为此时统治阶级身上还披着血缘关系的外衣，其统治手段也带有传统祖制的印记，所以才更具蒙蔽性，才更容易被人民所接受。

　　封建关系中，作为封臣有两大重要义务：一是服兵役。服兵役是封臣对封君必尽的最重要的义务，也是封臣出于对自身安全和利益保护的需要，所以大家能够接受。家族成员中的平民阶层是基层士兵，也是基本力量。春秋前期，各国的家族武装主要是国人，由国君和卿大夫家族中比较亲近的亲属成员构成。后来各国及各卿大夫家族之间互相争斗，需要扩大兵源，于是兵源范围又扩大到"野"人。所谓"作州兵""作丘甲"是也。《国语·齐语》载，齐桓公时，管仲改革，将齐国君直辖的区域，分为国、鄙两部分，鄙为农业区，那里主要是农民，可不服军役，要向封主交农业税；国分二十一乡，除六个工商之乡外，余十五乡为士之乡，居民不负担农业劳役和税，但要服军役。齐国军事制度是与其居民组织合一的："五家为轨，轨为之长；十轨为里，里有司；四里为连，连为之长；十连为乡，乡有良人焉。"其军队组织是建立在居民组织之上的，是"五家为轨，故五人为伍，轨长帅之；十轨为里，故五十人为小戎，里有司帅之；四里为连，故二百人为卒，连长帅之；十连为乡，故二千人为旅，乡良人帅之；五乡一帅，故万人为一军，五乡之帅帅之"。齐国的三军由国君和国、高二子统帅。把人民的居住地分成国和鄙是春秋时的常例，国中居民称国人，是与国君血缘关系较近的家族成员，所以要服军役；鄙是较偏远的地方，因国(城)外百里之内为郊，郊外为鄙。鄙人一般是士大夫和家臣的封地，其居民的血缘关系与国君要远得多，还有不少异姓家族。《国语·齐语》记载的这些制度是不是在当时就严格实行可以存疑，但至少说明春秋早期，作为齐国国君血缘关系比较亲近的国人下层是军队的基本成员。正因为国家的军队构成是各家族武装，各家族武装的基层是平民阶层，所以才能有敢于抗衡天子的力量。

可以想见，如果比周天子地位低得多的各级贵族领主违反祖制、侵害到大多数族人的利益，只会得到比周天子更惨的下场。二是纳贡。贡是下级封建主向上级封建主表示封建等级关系的象征性礼物，贡在数量上、品种上没有严格规定，但有大致的礼制。《左传》昭公十三年："昔天子班贡，轻重以列。列尊贡重，周之制也。"各国的贡品往往是封地的农产品或土特产品。鸡鸭鹅和捕获的珍稀野兽都可以。如有不上贡者则可能会受到惩罚。《左传》僖公四年，齐国以楚国不上贡包茅于王室，致使王室祭祀不能正常进行为由，与其他诸侯兴师讨伐。结果楚国认错说："贡之不入，寡君之罪也。敢不供给。"有意思的是，虽然诸侯有向天子进贡之义务，但天子依礼却不能主动索贡，所以当周天子向鲁国求车、求金时，被孔子以讥讽的笔调记录在案，左丘明、公羊、穀梁三氏都认为周天子此举是非礼行为。① 可见，周礼是互相制约的。各国卿大夫对各国君也是要进贡的。《国语·晋语四》曰："公食贡。"《左传》昭公五年，鲁之三桓将公室的中军瓜分完，"而贡于公"。虽然三桓把原属于鲁国公室的兵瓜分了，但贡还是给了鲁国国君。和贡不一样，春秋中晚期以前，周天子和各诸侯国都没有统一的税收。周天子和各诸侯的收入主要来自自己的领地，贡则为补充。

在每个封地之内，封建主向人民征收的封建收入主要是来自公田上的劳役地租，即《礼记·王制》所载："古者公田籍而不税。"人民之所以能接受交纳劳役地租，原始的起因是封主之前都是家族的族长，其管理阶层是代表整个家族来管理的，所以是公共权力的代表。公共权力的运行是要有公共财政来支撑的，而公共权力是保护家族成员利益的，所以人们习惯了交纳劳役地租。进入国家形态后的封主虽然有了阶级身份，但他们身上仍然披着家族成员的血缘外衣，封地即是家族的生存空间，也是一级具有公共管理职能的社会组织，封建主阶级的双重身份，使文化程度不高的广大人民很难看到其中血缘关系已向阶级关系转化的实质，交纳劳役地租便被一以贯之的延续下来。这种劳役地租的数额也是由传统的习惯固定下来的。古代劳役地租数额是多少、占比是多大，没

---

① 瞿同祖：《中国封建社会》，上海人民出版社 2005 年版，第 67~72 页。

有明确记载,《孟子·滕文公上》曰:"夏后氏五十而贡,殷人七十而助,周人百亩而彻,其实皆什一也。"此言大致可信。古人的租税不可能太高,否则将招致人民的激烈反对。而这些租税并不光是给统治阶级个人消费的,还有公共财政的作用。那时财政支出数额是有限的,因为国家和地方没有常备军,没有大量的官员,统治阶级成员还要受到家族其他成员的监督,不会有太大的挥霍。这与公权力后来从家族中流失出去以后的情况大不相同。另一文献记载可以佐证孟子关于租税十分之一的说法,《论语·颜渊》:"哀公问于有若曰:'年饥,用不足,如之何?',有若对曰:'盍彻乎?'曰:'二,吾犹不足,如之何其彻也?'"可见之前的租税额就是十分之一,即"彻"也。当有若提出行"彻"法时,哀公才会说:"二,吾犹不足,如之何其彻也?"哀公说的"二",是指税收当时已经改为十分之二了。一贯遵循旧制的孔子,对一些国家改税制为十分之二是非常反感的,季孙派冉有拜访孔子问田赋问题,被孔子婉拒,并私下对冉有抱怨地说:"若不度于礼,而贪冒无厌,则虽已田赋,将又不足,且子季孙若欲行而法,则周公之典在,若欲苟而行,又何访焉?"[1]

本节我们说中国是早熟的封建社会,主要是和欧洲相比较而言的。即便我们把中国成熟的封建社会定在周代,那么相比大家普遍认同的欧洲9—10世纪进入封建社会则早了约两千年。之所以出现这种情况,主要原因是上一章我们说到的两地的自然环境不同,特别是中国古代的土壤条件,使中国先民们在使用和欧洲先民同一水平的生产工具时,创造出了更高的劳动生产效率,从而不仅使种植业水平远高于欧洲,而且使社会形态的发展也快于欧洲。

第二节 姗姗来迟的欧洲封建社会

与公元前1000年左右中国古代西周时就已进入成熟的封建社会相比,欧洲的封建社会发育成熟则迟缓了两千多年。欧洲的青铜器和铁器

---

① 《左传》哀公十一年。

的使用甚至还早于中国古代，至少不晚于中国古代。在以生产工具作为标志的同质的生产力水平下，欧洲封建社会形态发育的迟缓，我觉得只能用两地影响生产力发展水平的另一个重要因素，也是生产工具作用的对象——自然环境，即自然环境的禀赋、特别是土地条件的差异——来解释。欧洲的自然环境、特别是土地的黏重板结和雨热不同季的气候，拖累了农业生产的发展，从而也拖慢了欧洲社会形态封建化的发育成熟进程。

在第一章中我们讲到了希腊、罗马城邦国家的殖民运动，那就是氏族、部落内部以血缘世系传递为主干的分封制度的初始表现或曰萌芽状态。而稍晚随着罗马对周边的征服设立的行省和结成的联盟，也是分封制度在国家层面的扩展。比如，意大利本土的各城邦联盟——意大利联盟，就是政治上从属于罗马的自治城邦和部落联盟，他们不用纳税，但在军事行动中，要服从罗马的统一指挥，或出兵或提供后勤保障，内部事务则是独立的，罗马甚至会给予他们的公民罗马公民权。对于行省的统治也差不多，罗马人并不干预其行省各部落的内部事务（行省的名头下实际的社会组织是部落或部落联盟），只是各行省要缴纳税收，也要为罗马的军事行动提供支持。正如古罗马时期的官员和史学家塔西佗所说："我们把某些国家委托给国王柯基社姆努斯（Cogidumnus）来管理，他一直到现在仍然矢忠如一。利用他们的国王作为我们统治的工具，这乃是罗马人自古相承的办法。"①从塔西佗的描述中可见，罗马对行省中各部落的管理至少有两种形式，一种是罗马人的联盟，如巴达威人部落"他们据有莱茵河中一个岛屿以及河岸一条很狭的地带。他们本是卡狄人（Chat-ti）的一支，后来因为内乱才被迫迁到现在的住处，因而成为罗马帝国内的一部分。他们仍然保持着古代盟友的光荣表记，那就是：他们不受进贡之辱，也不受包税人的压迫。我们为了攻守之利，所以才让他们免除一般的赋役，而独处一方，作为我们的兵库。马提雅契人（Mattiaci）也和巴达威人同样臣属于我们"。另一种是"那些耕种什一税

---

①　[古罗马]塔西佗：《阿古利可拉传，日耳曼尼亚志》，商务印书馆1959年版，第11页。

地（agri decumates）的部落，虽然远居在莱茵河和多瑙河以外，我也不能将他们算在日耳曼人之内"。① 什一税地区是需要向罗马人缴纳税收的地区。罗马统治行省的几百年里，各行省的经济、社会结构并没有发生实质性的变化，就说明罗马人的统治并没有触动当地人民的社会生活和生产方式。当然，这时希腊、罗马的分封制度还处在初级阶段。由于希腊、罗马的文明是因其独特的地缘环境下生成的，它的发展在当时并不具备可持续性，所以一旦其失去了对周边的军事征服能力后，很快就被周边的蛮族吞噬了。希腊、罗马城邦如同一颗璀璨的流星在历史的天空上划过一道闪亮夺目的痕迹后便消失了，当然，它们留下的文明还会在未来深刻地影响着欧洲乃至全人类。

此时意大利北边的各部族都处在原始社会或原始社会末期，他们有受罗马文明影响稍微开化的凯尔特人和更为落后的日耳曼人。凯撒在《高卢战记》中对日耳曼人的社会形态和生活状况有一定的描述："苏威皮族是所有日耳曼人中最大最骁勇善战的一族，据说他们有一百个部，每年都从每一个部征召一千名武装人员到境外去作战，其余留在本土的，即从事生产，以维持自己和那些出征者的生活。……他们中间没有私有的、划开的土地，也不允许停留在一个地方居住一年以上。他们不大吃粮食，生活大部分都依靠乳类和家畜，特别着重打猎。……而且他们还让自己养成一种习惯，即哪怕在最寒冷的地方，除了兽皮之外，什么东西也不穿，同时又因兽皮的稀少，迫使他们不得不把身体的大部分都裸露在外面。他们就在河里洗澡。""因为男男女女同样都在河中洗澡，身上掩蔽的同样只是一片兽革或一块鹿皮遮布，身体的大部分都听其裸露在外面。他们对农耕不怎么热心，他们的食物中间，绝大部分是乳、酪和肉类，也没有一个私人拥有数量明确、疆界分明的土地，官员和首领们每年都把他们认为大小适当、地点合宜的田地，分配给集居一起的氏族和亲属，一年之后，又强迫他们迁到别处去。对于这种做法，他们列举了许多理由：怕他们养成习惯，从而作战的热情转移到务农上

---

① ［古罗马］塔西佗：《阿古利可拉传，日耳曼尼亚志》，商务印书馆1959年版，第61、62页。

去……（遇到战争时，他们）总是选出握有生杀大权的首领来指挥战争，和平时期，他们就没有这种掌握全面的领袖，只有各地区和部落的头头，在他们中间主持公道、解决纠纷。"①这里说的是欧洲大陆上的日耳曼人，在英伦三岛的不列颠人则最为落后。靠大陆的沿海海滨地区人民生活和高卢人没有太大区别，"至于住在内陆地带的人，则大多数都不种田，只靠乳和肉生活，用毛皮当做衣服。所有不列颠人都用菘兰染身，使人看来带有天蓝颜色，因此在战斗中显得更为可怖。他们还蓄着长发，全身除了头部和上唇之外，到处都剃光。妻子们是由每一群十个或十二个男人共有的，特别是在兄弟们之间和父子们之间共有最为普遍，如果这些妻子们中间有孩子出生，则被认为是当她在处女时第一个接近她的人的孩子"。② 从这些描述中我们可知：其一，北方各部族社会发展是不平衡的。不列颠内陆的部族最为落后，其婚姻状态是十分原始的。凯撒没有说清楚，那些妻子们是本族人还是外族人，如果是本族人，说明他们还没有发展到族外婚阶段，这似乎是不可能的；如果妻子是族外其他氏族的人，能与父子共夫，仍然不太正常，因为昭穆制度或曰分级制度的出现就是为了防止隔代婚姻的。特别是进入父系为主的世系后，女子应该进入男方氏族生活，应该是能分清父与子的关系的。尽管共妻情况下，父亲不能辨认谁是自己的亲生儿子，但妻子是完全可以辨认自己儿子的。父辈和母辈也完全可以辨认哪些人是子辈的。总之，凯撒所说的情况至少说明一点，不列颠人的婚姻状态是混乱的。另外，日耳曼人的衣着仍是兽皮遮身，大部分裸露也说明其整个社会生产生活发展的原始和落后。凯撒专门提到高卢人与他们的不同，说明高卢人比他们要进步些。其二，日耳曼人的经济结构此时是以畜牧业为主的，而且似乎还处于半游牧状态，部族每年都要迁徙。高卢人应该已经定居下来了，经济结构已是半农半牧了，因为在高卢已经出现了不少城镇。没有稳定的农耕生活，是不会出现城镇的。其三，日耳曼人的社会组织仍

---

① ［古罗马］凯撒：《高卢战记》，任炳相译，商务印书馆1979年版，第79、143页。

② ［古罗马］凯撒：《高卢战记》，任炳相译，商务印书馆1979年版，第107页。

处在氏族、部落和部落联盟阶段。战时由各部落推举出军事领袖领导战争，平时则各氏族、部落独立处理各自的事务。

约比《高卢战记》晚150年成书的《日耳曼尼亚志》，是又一本由当时人记载日耳曼人社会生产生活的书籍。塔西佗的记载有几点值得我们重视：一是经济结构上，除了畜牧业外，似乎种植业也占了一定比重。书中提到了日耳曼人"这一带地方谷物颇丰"，但"日耳曼人多以畜群的多寡相夸耀，这乃是他们所钟爱的唯一财富"。这和凯撒时期日耳曼人甚至有点排斥农耕的做法相比，已经发生了变化。谷物种植已经成为日耳曼人生产生活中的组成部分。二是土地由公社共有，"土地是由公社共有的，公社土地的多少，以耕者口数为准；公社之内，再按贵贱分给各人。土地的广阔平坦，使他们易于分配。他们每年都耕种新地，但他们的土地还是绰有余裕"。① 土地按人口分到个人，说明私有观念已经深入人心，小家庭已经成为社会经济生活的基本单位。三是婚姻状态与凯撒描述的内陆不列颠人部族有了天壤之别，这里实行的是一夫一妻制。"他们大概是野蛮人中唯一以一个妻子为满足的一种人：虽然也有极少数的例外，但那些例外者并非出于情欲的作用，而是由于出生高贵才招来许多求婚者。至于说到订婚的礼物，不是女方把嫁妆送给男方，倒是男方向女方交纳彩礼。由父母和亲戚出面鉴定彩礼，但这些彩礼只是一轭牛、一匹勒缰的马、一面盾、一支矛或一把剑，既不是为了迎合女人的口味，也不能用作新妇的装饰；当送了这笔彩礼以后，妻子就被娶过来了，而她也带来一些盔甲之类送给自己的丈夫。"② 一夫一妻制的小家庭出现，土地分配到各家各户，表明日耳曼人已进入原始社会末期。四是政治民主、军事民主的体制。"日耳曼人中，小事由酋帅们商议；大事则由全部落议决。人民虽有最后决议之权，而事务仍然先由酋帅们彼此商讨。会议的日期是固定的，或在新月初上的时候，或在月盈的时候；因为他们相信在这个时候处理事务最吉利了……在聚合了相当多的

① ［古罗马］塔西佗：《阿古利可拉传，日耳曼尼亚志》，商务印书馆1959年版，第48、60页。

② ［古罗马］塔西佗：《阿古利可拉传，日耳曼尼亚志》，商务印书馆1959年版，第54页。

人以后，会议便开始，大家都带着武器就坐。祭司们宣布肃静，在这时候，他们有维持秩序的权力。于是在国王或酋帅们之中，或以年龄、或以出身、或以战争中的声望、或以口才为标准，推选一个人出来讲话；人们倾听着他，倒并非因为他有命令的权力，而是因为他有说服的作用。如果人们不满意他的意见，就报以啧啧的叹息声；如果大家很满意他的意见，就挥舞着他们的矛：这种用武器来表示同意的方式，乃是最尊敬的赞同方式。……他们还在这种会议上选举一些长官，到各部落和村庄里处理诉讼事件：每一个长官都有一百名陪审者，他们是由人民中选出来作为他的顾问的。”“他们的国王是按照出身推举的，而选拔将军则以勇力为标准。国王的权力并不是无限的，他不能一意孤行；将军们也不是以命令来驾驭士兵，而是以身作则地统帅着士兵，他们借作战的勇敢和身先士卒的精神来博取战士们的拥戴。……他们的军阵的编制并非临时随意排列，而是按照各个家庭和血缘关系编制的，最足以激发他们勇气的一个原因也就在于此：因为，站在自己身旁的就是自己最亲爱的人，他们可以听到妇孺的悲号声，这里有着每个男子心目中所最重视的旁观者；这里有着他们所急于想博得的赞誉：他们把自己的创伤带到母亲和妻子们面前，而她们也毫不畏惧地要求看一看和数一数那些伤口：她们管理战士的饮食和给他们以鼓励。”①这段描述可以让我们清楚地认识到日耳曼人处在军事民主制阶段。五是日耳曼人已经有了贫富分化和阶级分化。国王(酋长)按出身推举，说明已有贵贱等级意识，而人们“按照他们国内的习俗，每人自愿地将自己的牛群或谷物的一部分献给酋帅，这是作为礼物收下的，但也满足了酋帅们的需要。酋帅们特别喜欢接受邻近部落的馈赠，这些馈赠不仅有个人送来的，还有全体部落送来的：礼品之中 有精选的良马、厚重的盔甲、马饰及项链等物。现在他们还从我们这儿学会了接受钱币”②。很显然这是酋长们利用了手中的公权力和威望敛财致富。私有欲望是人类的本能欲望。在原始公有制

---

① ［古罗马］塔西佗：《阿古利可拉传，日耳曼尼亚志》，商务印书馆1959年版，第52、53、50页。

② ［古罗马］塔西佗：《阿古利可拉传，日耳曼尼亚志》，商务印书馆1959年版，第54、55页。

度下，这种欲望是一直被压抑着、隐藏着的，它一旦被释放出来，如果没有适当的制度对其加以制约，就会泛滥成灾，形成社会的极大不公平和灾难。六是变了种的奴隶制。日耳曼人的奴隶和我们想象的不一样，作为罗马人的塔西佗说："至于一般的奴隶，不像我们的奴隶这样被分派以各种不同的家务，他们每人都有自己的一所房屋和一个家庭。像我们对待佃农一样，奴主只从奴隶那儿索取一定数量的谷物、牛和衣服；奴隶的属从关系仅此而已。"①这样的奴隶如同塔西佗自己所说的那样，其身份已接近佃农了。从上述几个方面的描述来看，塔西佗比较全面地记录了处在原始社会末期的日耳曼人的社会生产生活及政治、军事组织制度等方面的状况。

塔西佗之后的罗马帝国驶入盛极而衰的轨道，国内经济衰退，政局动荡。从公元2世纪中叶起，罗马已无力发起大规模对外战争，中央政府的权力逐渐衰落，地方割据势力兴起。公元3世纪以后，欧洲历史上大规模的民族迁徙席卷而来，日耳曼人中几个大的部落联盟法兰克、勃艮第、阿勒曼等不断入侵高卢，各行省的军事统帅也拥兵割据，中央政府几乎瘫痪，帝国大厦处于风雨飘摇之中，终于在公元476年轰然倒塌。人类历史上没有哪个国家靠军事征服就能维持国家的长治久安，罗马帝国也不例外。不能靠自身强大的经济实力来带动周边行省中各部落、民族的经济发展，给人民带来稳定的不断向好的生活，而只是一味地靠军事掠夺和征服来支撑帝国的生存，这就注定了罗马帝国必将衰亡的命运。**文明的发展需要较大的地域空间，不论希腊还是罗马的自身文明都建立在过于狭小的点状空间上。尽管罗马帝国的疆土横跨欧亚非洲，但是，罗马的文明却没能植入罗马城邦之外的地区。没能植入是因为周边地区的蛮族文明与罗马文明差距太大，没有合适的"土壤"以供罗马文明成长；没能植入就说明罗马文明本身的脆弱，它并不适合广大的农耕文明地区。再就是分封制的特点：它并不是以改造其他部族原有的生产生活方式及社会管理模式为己任，而是只满足于受封**

---

① ［古罗马］塔西佗：《阿古利可拉传，日耳曼尼亚志》，商务印书馆1959年版，第59页。

者提供一定军役或缴纳一定的贡赋。**不能靠自身文明征服别人，就只能被别人所征服。罗马帝国在蛮族人的海洋中被淹没也就是情理之中的事了。**

罗马帝国灭亡后，欧洲大陆更是处于混乱的无政府状态，蛮族各部落或部落联盟互相攻伐，自立为王，先后成立了西哥特王国、勃艮第王国、法兰克王国等。法兰克人国王克洛维是个极具政治头脑和军事天赋的领袖，在天下纷扰、群龙无首的乱局中，他比其他王国的领袖略高一筹地看到了基督教会力量在完成天下统一和国家治理方面的重要性。毕竟，基督教会在欧洲经营了很长时间，特别是 313 年罗马帝国颁布"米兰敕令"使其合法化后，在欧洲各地设立教堂、修道院进行传教活动，成为独立于各部落之外的一支重要的社会和精神力量。496 年，克洛维率三千亲兵皈依天主教，此举受到罗马天主教的高度赞赏，也受到了教会的大力支持。罗马时期，虽然基督教完成了从贫民宗教到国家宗教的华丽转身，但罗马帝国灭亡后，基督教也失去了国家政权的支持。此时，各日耳曼部落各有自己的原始宗教，如果没有国家力量的支持，基督教也难以取代各部落自己的宗教，形成全欧洲统一的宗教。所以，如同克洛维要寻找一个精神力量和独立于各部落之外的社会组织来支持自己一样，基督教会也在各部落联盟中寻找自己的同盟者，双方一拍即合。有了教会的支持加上自身的军事实力，最终法兰克人在其首领克洛维的带领下于 6 世纪初征服了整个高卢，形成了表面统一的法兰克王国。克洛维把战争中获得的大量土地分封给亲兵扈从及支持他的教会，迈出了法兰克人封建化的重要一步。

关于法兰克王国，有些学者对其作用有点夸大，比如称法兰克王国为法兰克帝国，中央王权强大，其后封建制度的实行才逐渐削弱了王权，从而导致欧洲又回到了诸侯割据的状况。我认为，法兰克王国充其量就是一个比较成型的部落联盟，它从来就没有建立起一个中央集权制的大一统国家，所谓国王就是各部落公认的共主。虽然，全国也分成若干个区，由国王任命的伯爵管理。这些任命基本都是被动的任命，因为这些伯爵中的不少人本来就是各地大家族或部落的领袖。他们所在的部落，本来就各自占据着一块领地，在归顺法兰克王国后，自身仍然保持着独立和自治。法兰克王国对他们统治一方的承认，就是我们前面所说的被动分封。从当时都尔教会主教格雷戈里写的《法兰克人史》中，我们可以略知当时法兰克王国的几任国王的社会、政治等状况。书中记载，一次战争胜利分战利品时，克洛维看上了一只瓶子，一个战士却说："除了你自己抽中的那份东西以外，这只瓶子你一点也拿不到手！"说完，这个战士居然当着大家的面一斧子劈碎了瓶子。这种完全不给国王面子的做法，只能说明当时的克洛维，其权威还在建立的过程之中，远远没有达到让人敬畏的地步；也说明那时的战利品分配是公开、透明、公平的由抽签决定的，显示了原始民主制浓浓的遗风。当然，后来克洛维借故杀掉了这名战士，也反映出原始民主制与部落酋长个人专权的矛盾和斗争。① 克洛维的后代，继承了王位的提乌德贝尔特娶妻的故事，也很耐人寻味：他原和叫维西加尔德的女子订婚 7 年，后来又迷上了叫德乌特里亚的女人，并和她同居。从此不肯娶已订婚的维西加尔德，这事违背了族人的祖制，遭到了族人的反对。法兰克人举行了民众大会，谴责国王这样的行为，在祖制族规的压力下，国王只能服从，娶维西加尔德为妻。还有一件事也能说明问题：洛塔尔任国王时，法兰克人进攻萨克森人，萨克森人三次进贡要求讲和，国王答应了。但其族人却不愿意，他们一拥而上，"扯破他的帐篷，粗野地咒骂他，甚至还强行把他拖走，要是他再不与他们同住，他们就把他杀死了。洛塔尔国王眼看事已至此，只好无可奈何地跟着他们去了"②。这两件事都说明了法兰克国王的部落首领的性质。所谓的国王权力是有限的，民众大会才是最高权力机构，没有民众大会的同意，祖制族规是不可更改的。对于国家超出传统习惯强加在人民头上的捐税，人民的反抗是非常激烈的。乌德贝尔特国王时，"法兰克人对帕尔特尼乌斯深为痛恨，因为他在先王在位时期把捐税的负担加在他们身上。这时他们去追捕他。他看到自己的处境危险，离城脱逃。他急切地请求两个主教护送他到特里夫斯去，请求他们

---

① [法兰克]格雷戈里：《法兰克人史》，寿纪瑜、戚国淦译，商务印书馆1981年版，第82页。

② [法兰克]格雷戈里：《法兰克人史》，寿纪瑜、戚国淦译，商务印书馆1981年版，第131、155页。

规劝愤怒的人民停止暴动"。但人民还是追到了教堂，把他搜了出来，并且"喊道：'上帝已经把敌人交到我们手里了。'然后他们用拳头打他，用唾沫啐他；后来将他双手反缚，绑在一根柱子上，用石头把他砸死了"①。被打死的帕尔特尼乌斯可能是个宫廷负责征税的官员，人民对他的惩罚其实也是做给国王看的。

从墨洛温王朝的国王继位方式上，我们可以看出很浓厚的原始社会兄弟共权、诸子共权的遗留。克洛维死后，四个儿子平分天下，这有点类似中国古代的商朝，但商朝是兄终弟及的继位方式而不是平分天下。诸子共权的继承方式是非常不利于国家统一的，甚至是合法地破坏国家统一的。所以墨洛温王朝尽管在某些国王在位时，王权得到一时的加强，但分裂状态却是常态。7世纪初，克洛塔二世虽然在名义上恢复了国家统一，却不得不在614年的巴黎高级宗教会议上，以敕令形式接受贵族的要求：国王只能任命当地的贵族为伯爵，放弃对各地继承事务的干预，扩大教会司法权等。任命当地的贵族为统治地方的伯爵，就是我们所说的外缘性分封或曰被动分封；放弃对各地方继承事务的干预，就是明确各地方的独立性和自治性质。法兰克王国最终也没有建立起全国统一的、自上而下的行政体系、军事体系、法律体系、税收体系，所以根本谈不上什么真正统一的中央集权的国家。墨洛温王朝初期，王室曾想学罗马帝国收人头税、土地税，但遭到强烈反对后放弃了。各部落对王室的义务就是纳贡和服军役，前者是名义上的作用不大，后者是主要的，在战时能起到一定作用。国家没有固定的首都，王室的收入主要来自王室领地收入。国家对各个部落给予一个爵位名称，承认各部落对其原有实际占领或控制的领地有占有、使用权利。对为王室服务的官员，也不能酬以薪金，而是封一块土地以作薪酬。墨洛温王朝后期，国王坐着牛车辗转于王室各领地，状况凄凉。纵观墨洛温王朝241年，有28位国王，平均任期只有8年7个月，其中能有全法兰克国王名义的只有5

---

① ［法兰克］格雷戈里：《法兰克人史》，寿纪瑜、戚国淦译，商务印书馆1981年版，第138、139页。

位，在位总共 31 年，这 5 位中还有 2 位是 4 岁的小孩。① 可见，法兰克王国并不是什么王权强大的统一的国家，国王也就是比较大的部落中的比较大的领主而已。此时的法兰克国家形态和中国古代的夏和商朝时比较类似，还处于封建化的初期阶段。

能反映这一时期社会经济生活的另一个重要资料，是形成于 5 世纪的《萨利克法典》。该法典被法律史家认为"是 5—9 世纪，最著名的最典型的'蛮族法典'"②。从法典中我们可以看到：（1）人们仍然生活在氏族组织之中，但这时的氏族组织已处于即将解体的阶段。法典第六十条第 1 款说脱离氏族关系的人："他应出席司法会议，站在县长面前，在头顶上折断作为短尺的三根木棍。又应在司法会议上把它们向四面抛撒，并当场声明：放弃共同宣誓义务，放弃遗产权，并不用这些短尺来计算任何东西。如果以后他的亲属中有人被杀或死亡，他完全不应分享遗产，或分负罚款的缴付，而他本人的遗产也归入国库。"③也就是说，此时人们可以脱离氏族关系。这在氏族社会兴盛期是不可能的，那时每个人都在氏族组织中生活，没有氏族的人是无法生存的，氏族中有人们共同的祖先和神灵，有共同的血脉、共同的生活乃至共同的墓地，脱离氏族组织是大逆不道的事。允许脱离氏族关系，就说明氏族关系已经开始淡化了。虽然氏族关系开始淡化，氏族本身还是存在的，这是一个非常重要的历史事实。（2）土地以条田的形式分配到各家各户，每一个农户与邻居的条田是用篱笆隔开的，于是有不少法律条款是针对损害邻人条田的，如第九条第 4 款："如果有不知谁的猪，或不知谁的牲畜，跑到人家的谷田中去，而牲畜主人被揭破，不管怎样顽强狡赖，应罚付六百银币，折合十五金币。"该条文补充条文第二条："如果任何人由于仇恨或阴险，打开人家的篱笆，放入牲畜到谷田或草地或葡萄园里，或任何其他耕地里，那么，当劳作所属的人提出证物和证人的时候，他应向被害

---

①　沈炼之主编：《法国通史简编》，人民出版社 1990 年版，第 41 页。胡玉堂：《中世纪西欧的政权、教权与封建制度》，《历史研究》1981 年第 5 期。

②　《萨利克法典》，法律出版社 2000 年版，第 1 页。

③　《萨利克法典》，法律出版社 2000 年版，第 41 页。

人赔偿损害，此外又应罚付一千二百银币，折合三十金币。"①条田的存在也意味着可能实行了三圃制或二圃制的休耕轮作制度。(3)自由份地的继承权只能由男性继承，女性没有继承权。法典第五十九条第 5 款："土地遗产无论如何不得遗传于妇女，而应把全部土地传给男性，就是弟兄。(奥格英译本此条作：'在萨利克法律实行地区，妇女不得继承土地，全部土地必须由男性继承。')"②土地不能由妇女继承，是以男性为世系的氏族中，担心土地由妇女继承后，将来随着女子的出嫁土地就流入外族人的手里了。这是族规不能允许的做法。直到 14 世纪，英法百年战争开战的理由就是法国三级会议依据《萨利克法典》中女子没有土地继承权的条款，拒绝英王爱德华三世以法王外甥身份继承法王王位。可见该法典的影响之深远。法典中最重要的条款是氏族组织的存在，只要氏族还是社会的基本组织，那么建立其上的就只能是有各自领地、各自文化传统、各自军队、各自行政和司法系统、讲各自方言、高度自治的，部落组成的松散的邦联形式的国家。这样的国家形态是初级的国家形态。

在欧洲封建化的进程中，查理·马特的采邑改革是一个重要节点。如果说墨洛温王朝时，封臣赐地的记录还不太多，那么查理·马特的采邑改革则拉开了大规模封臣赐地的大幕。改革的核心就是分封采邑与服兵役挂钩，即土地作为采邑分授给下属，下属则向他效忠，服兵役。按照古日耳曼人的习惯法规定，服军役一般是四十天。法兰克人军事立法本身也是四十天。服役期结束，这些封臣也称附庸便可以自由返回家中。超过四十天的服役，封主要向其支付工资或费用。③ 从查理·马特的父亲丕平做宫相到查理·马特时，加洛林家族就主要靠自身的力量和封臣的力量，与萨克森人、弗里斯人、萨拉森人作战及与阿勒曼、巴伐利亚、普罗旺斯等不断起来反抗的地方割据势力作战。频繁的战争急需大量的兵源补充，用封臣赐地的方式不断增加封臣数量从而增加兵员，

①　《萨利克法典》，法律出版社 2000 年版，第 6、7 页。

②　《萨利克法典》，法律出版社 2000 年版，第 40 页。

③　［法］马克·布洛赫：《封建社会》，张绪山、李增洪、侯树栋译，商务印书馆 2004 年版，第 357 页。

在当时是唯一可行的办法，其实也是每一个封建主所采取的办法。查理·马特采邑改革的重要性在于，他当时是墨洛温王朝的宫相，是王朝的实际控制人，他可以挟天子以令诸侯，以国家的名义在全国推行这项制度。而且，由于战争中掠获的大量土地和没收教会的大量土地使查理·马特有能力推行这项改革。应该说，这项改革本身并无多少新意，这种方式自古以来一直就在实行，但这次以国家的名义大规模推行并使之规范化则无疑大大加快了欧洲封建化的过程。此外，因为战争的专业化水平越来越高，对骑兵的需求越来越大，而骑兵的装备不是一般的农民阶层能装备起的，只有那些受封的小封臣才有可能成为骑兵。所以，采邑改革也促使了骑士制度的兴起。

查理·马特的后代们，不论是加洛林王朝的首位国王矮子丕平还是其子查理曼大帝及后代，都在延续着这项改革，使封土封臣制度在欧洲逐步完善、规范起来，迈入成熟封建社会的阶段。查理曼时，除一般的封臣外，宫廷的官职也封采邑，成为封臣，主教和修道院也成了封臣并领有封土。在不断的大规模的分封过程中，欧洲逐渐发展出一套与分封制相适应的仪式——臣服礼。臣服礼的形成和流行，可以看成欧洲封建制度走向成熟化规范化的一个标志。行臣服礼时，封臣要合掌置于封君手掌中，向封君宣誓效忠。如琅城主教的效忠词说："我，兴马克，琅城主教，从此时起将忠于我的主人查理，犹如一个封臣忠于其主人和主教忠于其国王那样，并将服从他犹如一封臣服从于主人那样。同时，因为我是基督的主教，我还要在我的愿望与力量所及的范围内，服从于上帝的意志和国王的安全目的。"①826 年，丹麦王哈罗德向诚笃者路易行臣服礼："他合掌伸向国王……而后皇帝把他的双手放在自己尊贵的掌中"，臣服礼后又宣誓效忠。最早记载这两种仪式结合的是 757 年的编年史："巴伐利亚公爵塔西卢来到此地(指贡比涅)，以手行臣服礼而成为封臣。他把手放在圣徒遗址上，发了无数的誓言，答应效忠国王丕平及子查理和卡尔卢曼，愿意像一个封臣那样虔诚正直地行动，像一个封

---

①　马克垚：《西欧封建经济形态研究》，人民出版社 2001 年版，第 94、95 页。

臣那样维护他和封君的关系。"①

　　封君和封臣关系形成后一般不允许背离，除非有重要的理由。查理曼及继承者的许多敕令都强调了这一点。9世纪初的一条敕令说："任何封臣如果想背弃他的主人，他必须证明他的封君犯有下列任何一种罪行才可：第一，封君想不公正地奴役他；第二，封君想谋害他的生命；第三，封君和他的妻子通奸；第四，封君拔剑向他进攻，企图杀死他；第五，在封臣向封君行过臣服礼后，封君未向他尽保护之责。"847年的敕令则说："我们命令，任何人没有正当理由不得背离其封君，而且任何人也不能接受他，除非按照我们的祖上的习惯。"②从这些敕令和臣服礼中我们可以看到，封君和封臣的关系是双向的，封臣应向封君效忠，履行应尽的军役等义务；封君也要保护封臣的利益，封君并不能随心所欲地奴役封臣，否则，封臣可以背离他。在西方法学家看来，采邑是服役的报酬。"由于臣服礼，附庸对领主负有多少效忠和忠诚，领主对附庸就承担多少义务。"③采邑开始按规定是不能世袭的，但在实际中却很难做到。分到采邑的封臣们都会把它当做自己的私产来经营，自然不会轻易让它吐出去，只要他不做出违反封臣约定的出轨行为，封君也不好收回，所以，在实践中采邑变成了可以世袭的私产了。868年，兰斯的主教对秃头查理说："当主教以军役为条件把教会财产赐给某人作采邑时，他也应把采邑赐给此人的儿子们，只要他们适合继承他们的父亲"，秃头查理877年的凯尔西敕令承认了采邑可以世袭的习惯，敕令说：伯爵死亡，可以让其子继承父业。又说，对他的封臣亦可同样办理。伯爵、主教等对其下面的封臣应同样办理。④应该说，到了9世纪，封建制度已经在西欧基本建立起来了，至少是得到了广泛的认可。847年秃头查理的墨尔森条例中说："我希望我的王国中的每一个自由人都选择一人

---

　　①　马克垚：《西欧封建经济形态研究》，人民出版社2001年版，第96页。

　　②　马克垚：《西欧封建经济形态研究》，人民出版社2001年版，第97页。

　　③　[法]马克·布洛赫：《封建社会》，张绪山、李增洪、侯树栋译，商务印书馆2004年版，第367页。

　　④　马克垚：《西欧封建经济形态研究》，人民出版社2001年版，第99页。

为自己的封君，我自己或我的忠实的臣下都行。"①

法兰克王国在虔诚者路易去世后，经其儿子们 840 年的凡尔登分割和 870 年的墨尔森分割，使原本名义上统一的国家变成了东、西法兰克国家，也就是德意志和法国的前身。西法兰克国家约公元 9 世纪已经进入了封建社会。而东法兰克国家公元 911 年，在加洛林家族的最后一位国王去世后，日耳曼贵族选举士瓦本·巴伐利亚公爵康拉德为国王。后几经争斗，919 年由萨克森公爵捕鸟者亨利获得王权。第二年将东法兰克王国改为德意志王国。有学者认为，德意志王国的封建化过程要慢于法国，于公元 11—12 世纪才完成封建化。②

说完欧洲大陆，我们再来看看英国。在凯撒眼中比欧洲大陆更落后的英国，盎格鲁萨克森人入侵后成为这里的主导民族，他们以氏族、部落为单位在英格兰定居下来，公元 7 世纪时形成了七个主要国家，史称七国。此时虽然已进入国家初级形态，也有了阶级分化，但人民还是生活在氏族或宗族之中的，各宗族在长期的生活和斗争中确立了各自的领地范围。七个国家也就是七个大的部落集团。地名学研究可发现有某人的 Tun，某郡长的 Villa，某领主的 Ham 等，这是最初的世俗贵族的土地。③ 因为当时每个人的名字都与自己的家族相联系，家族名与地名相同是古代通常的现象，说明某家族长期在某地生活，久而久之人们便二者合一来称呼了，某人的土地解释为某家族的土地更确切。那时没有哪个人能独立于家族之外，包括国王。国王的土地也是家族的，也不能由国王随意处置，也要受到氏族或家族习惯法的约束。亚弗烈特国王在遗嘱中说："如果我有未清偿的债务，我要求我的族人定为之清偿。我愿意我遗赠给我的书田的人，在他们死后，勿将其给外族之人，我愿意当他们死后，把这些书田传给我的最近的族人……"④麦西亚国王赐给自

①　马克垚：《西欧封建经济形态研究》，人民出版社 2001 年版，第 97 页。
②　丁建弘：《德国通史》，上海社会科学出版社 2002 年版，第 26 页。
③　马克垚：《英国封建社会研究》，北京大学出版社 2005 年版，北京大学出版社 2005 年版，第 21 页。
④　马克垚：《英国封建社会研究》，北京大学出版社 2005 年版，北京大学出版社 2005 年版，第 17 页。

己封臣某郡长一块土地，后该郡长儿子将地转赠给伍斯特教堂。继任的麦西亚国王奥发不愿意了，他认为这块土地是本族人的，教堂无权继承。该案在 781 年布伦特福宗教会议裁决：该块土地一部分还给奥发，另一部分由奥发再转赠给伍斯特教堂。① 国王都要受家族祖制的约束，普通人民就更不用说了。每个人都必定属于自己的宗族，对宗族有义务，同时，也受宗族的保护。形成于 7 世纪的伊尼王法典 38 条规定：如果一个家庭中丈夫死了，孩子归其妻子养育，则丈夫的族人应负责供给他们生活，照看他们的住宅，直到孩子长大成人。② 如果有人做贼入狱，阿瑟尔斯坦法规定，先监禁 40 天，处以 120 先令罚款，并由族人担保永不再犯。即便是无地的人，到别处服役返回后，族人应收留他；如他犯罪，族人带他出庭；如他负债，族人代他偿还。③

　　7 世纪英国已经开始了等级封建化过程。伊尼法典中已出现了"领主"名词，当时还称"养主"，意为庇护贫困者给予衣食之主人。该法 39 条规定：如下属私下离开领主，被发现后要返回主人处，并处 60 先令的罚金。这些人包括普通农民——刻尔，及作为小封臣的塞恩、格塞特。亚弗烈特法 42 条第 6 款则说：如果一个人的族人无故遭到攻击，他可以为族人作战，但不得由此而反对自己的领主。④ 可见这时领主的地位比族人要高，当然此时的领主也是族人。封臣封土制度在英国已经在实行，前面提到的麦西亚王奥发收回的那块土地，就是由先王分封给郡长埃格伯特的，奥发收回的理由之一是郡长埃格伯特是国王的塞恩即封臣，所以该地没有国王的同意是不能把土地转赐给别人的。根据英王爱德华(899—924 年)法律，英国的土地分为民田和书田两大类，民田是氏族按习惯法占有的受习惯法的约束；书田原也是民田，后因战争等原因成为国王用文书形式封赐给属下的田。现在保存下来的盎格鲁萨克森时期的赐地文书约一千多件，大部分是封赐给教会的土地。教会再将土地封受给他们的封臣，并要求他们服军役，表示忠诚。伍斯特教堂在 10

① 马克垚：《英国封建社会研究》，北京大学出版社 2005 年版，第 18 页。
② 马克垚：《英国封建社会研究》，北京大学出版社 2005 年版，第 33 页。
③ 马克垚：《英国封建社会研究》，北京大学出版社 2005 年版，第 35 页。
④ 马克垚：《英国封建社会研究》，北京大学出版社 2005 年版，第 15 页。

世纪将 70 余块土地封受给塞恩，其主教给国王埃德加的信中说："我曾封赐土地给他们，要他们受领之。其条件是，他们应完成骑士所应完成的骑巡规定，还应缴纳教会有权享有的一切东西，即教堂捐、牲畜税、牧猪捐及其他捐纳，除非主教向某人免除其某项负担；他们还应宣誓，当他们领有土地时，应一直恭谨地服从主教的命令……"如不完成义务则收回土地。① 一望而知，这是标准的封臣封土制度即封建制度。

从诺曼征服后的英国，我们可以更清楚地看到成熟的封建制度的轮廓。1066 年作为英王爱德华私生子的威廉率其领地诺曼底公国的 7000 精兵渡海登陆英国，战胜了由英国贤人会议推选出来的国王——戈德温家族的哈罗德，统一了英国。威廉没收了英国约一半的耕地，将其中 1/6 未垦荒地和森林留作王室领地，其余土地按照在诺曼底实行的分封制度进行了分封。英格兰领授封地的国王直属封臣 1400 人，其中 180 人为高级封臣，包括世俗贵族 150 人，教会贵族 30 人。高级贵族多为威廉的亲属和原诺曼底的随从要员。大贵族至少又将一半的田产分封给下属。如瓦尔特·吉法德男爵将其 71 份田产中的 51 份分封给了家臣。作为封臣，大男爵要提供 40~60 名骑士，中下级男爵提供 10~40 名骑士，其余的 1200 个封臣各有一块采邑，各提供 1 名骑士。教会领地如坎特伯雷大主教、温彻斯特主教、林肯主教、伍斯特修道院院长，其领地与大男爵不相上下，也要分别提供 60 名骑士。小教会领地按地产的大小分摊军事义务。这样，威廉一世就组织起了一支 5000~7000 人的骑士军队。此外，威廉一世还要求所有领主在王室庆典时根据领地的多少缴纳礼金；领地继承时缴纳继承税；领主死后无嗣则其领地由国王收回。②

第三节　关于中欧封建化进程中的几个特点

中欧封建化过程中呈现出几个有共性的特点，我们来逐一分析。

---

① 马克垚：《英国封建社会研究》，北京大学出版社 2005 年版，第 22、23 页。
② 阎照祥：《英国贵族史》，人民出版社 2000 年版，第 35、36 页。

第一，以家族为单位的基于血缘关系的分封是整个社会封建化过程的主干，或者说血缘大家族内部的封建化是全社会封建化的主干。从本质和最初形态上来讲，分封制就是氏族或后来的大家族内部发生裂变和分化的产物。在第一章里，我们把分封制分为内生性分封和外缘性分封两种形式，前者是氏族或家族人口增多，氏族或家族内部发生裂变，分化出新的氏族或家族，是母氏族或大家族对分化出去的子氏族或家族的制度性安排。后者又有两种形式：一是某一个强势家族被其他家族公推为全社会共主后，以共主的名义——国家的名义——对其他家族的分封，这种分封实质上是对其他家族实际控制地盘的认可和确权；二是对异姓的有功家族人员的分封，如同盟中的其他家族、自己的随从、家臣。先看内生性分封。摩尔根关于易洛魁人氏族因人口增长发生裂变和分化，产生出新氏族的描述第一章里已有详细描述，不再赘述。中国周代基于血缘大家族关系的内生性分封轨迹更是十分清晰和规范。《左传》僖公二十四年说"故封建亲戚以蕃屏周""扞御侮者莫如亲亲，故以亲屏周"。周初大分封，姬姓封国占了相当大比重。周天子以下分封的是诸侯；诸侯又以血缘亲疏关系向下分封卿大夫；卿大夫也在家族内继续向下分封。按照宗法制度的原则，每个家族除继承父业的长子（大宗）外，其他兄弟（小宗）则经五世又要分宗立族、胙土命氏，如此层层分封不已基本上是在血缘大家族内进行的。再看我们称为外缘性的分封，即对异姓的分封，也是以家族为单位进行的，绝不会只对某一个人。那时没有哪一个人是能单独游离于大家族之外的。虽然所封的爵位可能是对一个人的，但他必定是一个大家族的代表，有家族所以才需要封地，封地是家族生存的空间，如果只是一个人，要封地何用？拿俸禄就够了。对异姓家族的分封虽然看起来数量较多，但有一次性的特点，即对一个异姓家族不会多次分封；就国家层面而言，也不可能不断地分封，只有在新征服的土地上才有可能进行新一轮分封。真正常态化的分封主要还是在各家族内部进行的，即便是异姓家族在受封后，依然会按照血缘世系传递的规律，进行内生性分封。在中国先秦文献中关于这类分封的记载很多，前面我们已有详细论述。

比中国古代社会发展迟缓多的欧洲社会，其家族血缘关系的保留比中国要牢固得多。大约能反映5—9世纪社会经济组织情况的《萨利克法典》，明确地证明那时的人民是生活在氏族组织之中的。墨洛温王朝、加洛林王朝、卡佩王朝之所以能够建立，靠的就是各个家族力量的强大。家族的强大靠的是人口多、兵源多。而人口多、兵源多就能攻城略地、扩大领地，力压群雄，成为其他众家族的共主。各个朝代治理国家的方式都是实行封建制，国王作为家族的大宗首先会在家族内按血缘的亲疏进行分封，也会在全国的范围内对拥护他为天下共主的各大异姓家族以国家的名义进行分封。公爵、伯爵、子爵、男爵是国王分封的产物，而更小的封臣则可能是公爵、伯爵分封的产物。所有的分封都是对家族的分封，国王所在家族以外的各异姓家族，在家族内同样按血缘亲疏关系进行再分封。如此的分封、再分封就形成了封建社会中特有的等级关系，这种等级关系在开始是与血缘亲疏的等差关系一一对应的，也就是血缘关系越亲，其所任的职务就越高、等级也越高，封地也越大。

学界对欧洲封建化过程比较一致的观点是：法兰克国王在战争中把虏获的土地分封给亲兵侍卫，形成了封建制度。法兰克王打天下时的亲兵侍卫是什么人呢？在上古时期不论哪个民族或国家，兵源都来自血缘大家族。塔西佗在《日耳曼尼亚志》中说得很清楚："军队的编制并非临时随意排列，而是按照各个家庭和血缘关系编制的……站在自己身边的，就是自己最亲爱的人。"虽然法兰克王国比塔西佗时代晚了几百年，但欧洲社会的血缘关系并没有什么变化，前面我们已经举例谈到了这一点，如克洛维是率领族人打天下的，其缴获的战利品也是在族人中抽签分配的；洛塔尔国王在进军萨克森人的途中，经不住萨克森人三次进贡讲和，想与萨克森人和解，但其身边族人不答应，"扯破他的帐篷"，要求国王与他们住在一起，最终逼迫国王就范。所以亲兵必然是血缘关系中比较亲近的族人担任的，所谓亲兵在当时就是亲属之兵。当时还有比自己的亲属更亲的人吗？"打虎亲兄弟，上阵父子兵"说的就是这种情况。血缘关系一直都有很强的排外性，在"非我族类，其心必异"①的观

---

①　《左传》成公四年。

念下，守护在国王身边的亲兵一般都是血缘关系比较近的族人，直到中世纪中前期都是如此。13 世纪法国编年史学家儒安维尔，年轻时曾随法王路易九世的十字军东征，他认为："盖伊·德·毛瓦辛的军队之所以在曼苏拉大获全胜，是因为他的军队完全是由这位首领的忠实的部下或者与他有亲属关系的骑士组成。当这两种连带关系交结在一起时，忠诚感就变成了炽热的激情，如史诗所说，两千名'出于同一家族'的附庸对贝格公爵就是如此。"①只有外围一点的随从才可能用血缘关系较远的族人或异族人。这种情况在中国古代社会是一样的。中国殷商时期的甲骨文中，"族"的字形是，到后来的周金文中为，均是旗帜与箭矢的结合体，意指"族"就是团结在族旗之下，有共同血缘关系的族人组成的，拥有武器的武装集团。②如前所述，商朝的军队来自商人的各族群。西周时期周天子及各诸侯国的军队也都是以家族亲兵为主构成的。《左传》哀公十一年，齐国军队入侵鲁国，大夫冉求曰："鲁之群室，众于齐之兵车。一室敌车，优矣。"是说鲁国各大家族的族军比齐国的兵车（军队）还多。《国语·楚语上》载："楚师可料也，在中军王族而已。"显然，王族是楚国军队的中坚。可见，不管是王室的军队，还是卿大夫（也是领主）的军队都是以族人为主，有血缘关系的族人在各个层级的领地上和政治集团内均为绝对的核心武装力量。这样的例子在先秦文献中多不胜举。除古文献记录外，现在考古发现也能证明这一点。在山东曲阜鲁国故城，考古发现了三处墓葬，时间跨度为西周早中晚期，少数为春秋时期，从墓葬形制和出土随葬物的器型来看，其中一处为周人墓葬，另两处为当地土族墓葬。周人墓葬中有铜器和兵器（戈），土族墓葬中则没有兵器。朱凤瀚先生据此认为：鲁国周人男性多为武士，具有中小贵族等级；土族皆为小型墓，说明其属于平民阶层。③ 这就是具有血缘关系的

① ［法］马克·布洛赫：《封建社会》，张绪山、李增洪、侯树栋译，商务印书馆 2004 年版，第 216、217 页。
② 马如森：《殷墟甲骨文实用字典》，第 162 页，族字释义；唐汉：《发现汉字》，红旗出版社 2015 年版，第 375 页，族字释义。
③ 朱凤瀚：《商周家族形态研究（增订版）》，天津古籍出版社 2004 年版，第 257 页。

族人与非族人的区别。鲁国是周公旦的封地，这里的周人都是周公的后代宗亲。在英国，威廉征服后，所分封的180个高级封臣中多半是他的亲属，其中12名获地最多的称为伯爵或大男爵，威廉的同父异母兄弟莫坦斯伯爵地产最多，共800份，分布在7个郡。这些封臣又在家族内层层分封。至1086年，多数大贵族将自己多半地产分封给了下属。后来的爱德华三世为了抬升血缘宗亲的地位，以示和别的封臣区别，于1337年，把康沃尔郡升为公国，将公爵号授予年仅7岁的"黑太子"爱德华。其后相继设立的几个公国，如兰卡斯特公国（1351年）、约克公国（1385年）等，也都是王室的宗亲。① 当然，除了家族内的分封外，还有对异姓家族的分封，如威廉征服后直属封臣共1400名，其中许多就是对有功的异姓家族的分封。但值得注意的是，每个异姓家族的亲兵也是由最亲近的族人组成的，在家族内也会形成对这些族人的分封。**既然亲兵都是族人，都是以家族为单位编制、作战的，对亲兵侍卫的分封当然是基于血缘关系的、在家族内部的分封，这就是家族关系的等级封建化进程。异姓的分封，在某一个时点上看可能数量不少，如周刚战胜殷分封时，威廉刚统一英国分封时，但这只是一次性的。这些异姓受封者，在自己的封地内还是要基于血缘亲疏关系进行层层分封；更要强调的是，所有封主和封臣的后代，几世之后都要分族立户，胙土命氏，也就是内部分封，这才是常态化、普遍性的社会现象。正是从这个意义上讲，大家族内基于血缘关系的封建化过程是整个社会封建化的主干。**

封建化是一个有组织的行为。当时的社会组织就是血缘大家族，上自国王、贵族，下至平民百姓，都是出自血缘家族的成员。几乎所有的事情，要么发生在家族内部，如由人口增长发生的家族裂变和分化——内生性的分封；要么发生在家族之间，如天下共主即国王对其他家族的分封——外缘性的分封。当是时，离开家族，就不会发生有影响的社会事件。国王也好，贵族也罢，他们的权力、地位和名声都来自自己家族的支撑，离开了自己的家族，他们可能什么都不是，当自己的家族衰败了，或别的家族强大了，他们的权力、地位就会受到严重影响，甚至失

---

① 阎照祥：《英国贵族史》，人民出版社2000年版，第34、35、102页。

去天下共主的宝座。墨洛温王朝末期的国王就是很好的例子，"法兰克人一向从中选举国王的墨洛温世系一直延续到希尔德里克国王的时候（墨洛温王朝最后一任国王——引者注）"。查理大帝的同时代人、也是查理的宠信艾因哈德，对希尔德里克这位失势的国王有一段很有意思的描述，不妨记录于下："无论到什么地方去，他（指希尔德里克——引者注）都乘坐一辆车子，车子由两只牛拉着，一个牧人赶着，颇具乡村风味。他通常就是这样到王宫或民众大会去的，也是这样回家的。民众大会每年举行一次，讨论国家大事。"[1]国王这么落魄，是因为当时的朝廷大权已落入宫相矮子丕平手中，矮子丕平在政坛的强势与其家族的强大有直接关系。当然仅从希尔德里克的坐牛车的行头也可能说明不了什么，可能这种行头就是当时早期欧洲国王的正常行头，说明那时去古未远，国王和普通民众还没有太明显的差别。但矮子丕平最终于751年在苏瓦松贵族会议上被推举为国王，结束了墨洛温王朝的统治，可以说明政权在家族中的轮换。丕平的家族是法兰克人中的一支强大家族，其父查理·马特为宫相时，曾率军击败进犯的阿拉伯人而名声大噪。同时，查理·马特通过主持采邑改革，掌握了法兰克王国分封大权，成为法兰克王国实际控制人，大大推动了欧洲封建化的进程，也为其子矮子丕平上位奠定了坚实的基础。可以说，加洛林家族是经过几代人的经营才最终登上国王宝座，实现改朝换代的。

另外，从王位继承这样的大事可以看出国王对其家族的依赖，欧洲的王位继承不光是在位的国王指定的，而且还须经过部族民众大会同意认可，不论是墨洛温王朝还是加洛林王朝都是如此。这两个王朝的王位继承方式都是由几个儿子均分国土完成的。儿子均分国土是原始社会末期兄弟共权或诸子共权的遗留。如墨洛温王朝的开创者克洛维死后，四个儿子平分国土。561年，当克洛维的最后一个儿子洛塔尔一世去世时，他的四个儿子再次瓜分领土。此时的法兰克人还没有建立如西周那样以嫡长子继承制为核心的宗法制度。当然，以均分国土的方式来解决诸子

---

① ［法兰克］艾因哈德：《查理大帝传》，戚国淦译，商务印书馆2014年版，第7页。

争权的矛盾，也不失为一种办法，只是这个方式的代价是国土的分裂。中、欧古代这两种王位继承方式都是为了一个目的：避免王室家族内的骨肉相残。家族的重要性、家族血脉的有序传承，是这两种制度设立的初衷。所以许多学者认为，墨洛温时代，家族在人们心中的重要性远超国家，人们"只知有家，不知有国"。① 之后，加洛林王朝的开创者查理·丕平也是由"他的法兰克人拥立为王，主教为他举行宗教仪式"的。② 丕平死后，留下两个儿子，"法兰克人召开了一次庄严的民众大会，选举他们两人做国王。附带条件是：他们应该平分全部国土，而查理应该专门管理他的父亲丕平所掌握的地方；同时卡洛曼（查理的弟弟）则得到他们的伯父卡洛曼所曾经统治过的地方。他们接受这些条件，分别得到分给自己的一份国土"。可见，民众大会不但选举国王，而且连他们俩各自统治的地盘也要由民众大会确立。兄弟俩必须接受这些条件才得以分别成为各自领土的国君。后来，弟弟卡洛曼死去，哥哥再经全体法兰克人同意，被推举为唯一的国王即后来的查理大帝。声势显赫的查理大帝晚年，虽然想让仅存的儿子路易与自己共同执政并享有皇帝称号，但不能自行做主，还得"庄严地召集全国的法兰克贵族，取得大家同意，让路易（查理的儿子——引者注）与他共同治理国家并且继承皇帝称号"③。欧洲封建制度形成时期的8—9世纪，加洛林王朝的最高权力机构仍然是法兰克人的民众大会，它的前身是日耳曼人的部落民众大会，原在每年三月举行，称"三月校场"，7世纪中叶改为每年五月举行，即"五月校场"。查理曼在位的770—813年，共参加了35次这样的民众大会。④ 虽说民众大会后来已日益变成王室统御人民的工具，但从民众大会还必须举行，仍然可以看出血缘关系对法兰克人的重要性——人民仍然是被组织在家族、部族的体系之内的，部族中的大事如推选国

---

① 陈文海、王文靖：《墨洛温王朝的"国土瓜分"问题》，《历史研究》2014年第4期。

② ［法］瑟诺博斯：《法国史》上卷，沈炼之译，张芝联校，商务印书馆1972年版，第89页。

③ ［法兰克］艾因哈德：《查理大帝传》，戚国淦译，商务印书馆2014年版，第8、9、32页。

④ 沈炼之主编：《法国通史简编》，人民出版社1990年版，第50页。

王、对外战争等大事还是需要得到部族全体民众的支持。兰斯大主教富尔克在893年(这一年他为法王傻瓜查理加冕)写道："法兰克人的习惯总是在他们的国王死时在王室内选举另一国王。"①王室即王所在的家族。

选举国王不仅只在某一家族内部，也会在不同家族之间挑选。卡佩王朝取代加洛林王朝就是王权在大家族中轮换的最好例证。987年，卡佩家族的休·卡佩经过大部分法国贵族在桑利斯开会推选出来登上王位。在这次会议上，兰斯大主教率先发言，他批评了王位世袭的继承制度，主张按是否有利于公共福利来取舍国王。他说："假如你们宁愿有损于公共利益，那么使查理(加洛林家族的王位竞争者)成为君主；如果你们希望公共利益兴盛，请为休这位卓越的公爵加冕吧！"结果众贵族推选休·卡佩成为国王。② 大家之所以推选卡佩家族的人为国王，是因为卡佩家族是法兰西最有实力的家族。从9世纪中叶，卡佩家族的先人巴黎伯爵"强者"罗伯尔就担任起抵抗罗曼人入侵，保卫法兰西的任务。885年罗曼军队兵临巴黎城下时，又是罗伯尔之子厄德率众解了巴黎之围。由于战功显赫，厄德于888年在贵族的拥戴下登上了王位。从888年到987年，形成了两大家族轮流统治法兰西的局面：加洛林家族出了四位国王，而卡佩家族则有三人登上王位。到10世纪中叶，休·卡佩的父亲一身兼任法兰西公爵和勃艮第公爵，是王国的实际控制人。985年，兰斯的一个教士写信给他的密友说："罗退尔(加洛林王朝国王)仅仅在名义上是法兰西国王，休不是名义上而是实际上的国王。"③休·卡佩能够上位是因为卡佩家族的强大，而加洛林家族查理的落选则是加洛林家族的败落。吴于廑师认为：事实上，整个中世纪，特别是日耳曼王朝的王位世袭中，选举原则和神授原则一直存在。1077年的福希海姆会议记录称，王权不能依世袭而传，即便是国君之子名副其实，也须经选举而登王位。《萨克森法鉴》中也规定："日耳曼人根据法律选举国王。"

---

① ［法］马克·布洛赫：《封建社会》，张绪山、李增洪、侯树栋译，商务印书馆2004年版，第619页。

② 沈炼之主编：《法国通史简编》，人民出版社1990年版，第65页。

③ 沈炼之主编：《法国通史简编》，人民出版社1990年版，第66页。

尽管后来选举对人民来说不过是同意而已，吴于廑师风趣地说，在这种情形下，"呼举"一词可能比"选举"更为贴切。① 不管怎样，国王继位必须经过民众选举的程序，就说明部族的民众对国王还是有一定的制约作用的，如果完全没有作用，这个兴师动众的程序就会被废掉。国王是由各大家族推选出来的，标志着国家是掌握在各大家族之中的，国王是要受各大家族制约的。国王也好，贵族也罢都只不过是大家族的一分子，只有先获得家族成员的拥戴才能成为家族的代表。离开实力强大的大家族，他们就成不了国王和贵族。靠家族力量的支持获得天下的国王们自然要首先照顾家族的利益，在分封天下的过程中分封他们的亲属，既是对这些人拥戴自己获得江山的回报，也是为了继续利用这些血缘亲属关系屏藩王室。这和中国西周时期的"封建亲戚，以蕃屏周"没有两样，各大家族的贵族在自己的家族内层层向下分封，同样也是这个原因。

国王和贵族都离不开大家族，一般老百姓更是如此。法学史家梅因说：在第9世纪和第10世纪，封建主连同其属臣大概属于一个宗法家庭，这种家庭……是用"分封土地"的方式补充成员的。② 另一位西方学者亨利·皮朗认为："领主的权威大部分是基于对他臣民所具有的酋长的特质，而不是基于作为土地所有者的特质。庄园组织实质上具有宗法制的特质。语言本身就是这一事实的证据。'领主'（即长者）这个字，如果不是指对被自己保护的'家族'具有权威力量的长者，那是指什么呢？"③著名王权研究学者科恩指出："中世纪国王在某种程度上仅是一个村社首领而已"，两者"仅仅是程度上的差异"。④ 科恩的话可以理解为，国家只是放大版的村社而已。由于不论王族、贵族还是人民都是隶

---

① 吴于廑：《士与古代封建制度之解体 封建中国的王权和法律》，武汉大学出版社2012年版，第193页。

② ［英］亨利·梅因：《古代法》，沈景一译，商务印书馆1996年版，第134页。

③ ［比］亨利·皮朗：《中世纪欧洲经济社会史》，乐文译，上海人民出版社2001年版，第60页。

④ 侯建新：《交融与创生：西欧文明的三个来源》，《世界历史》2011年第4期。

属各自的血缘关系，被组织在各家族之中的，所以各家族内部的封建化过程，才是整个社会封建化的主要路径。

第二，**家族封建化过程是一个由血缘亲疏等差向阶级等差关系发展的漫长过程**。在原始社会中，人人都是平等的、自由的，不存在谁压迫谁、谁剥削谁的问题。而等级社会、阶级社会则存在等级或阶级之间的不平等，那么，习惯了平等、自由的人民何以会接受这种不平等的呢？传统的解释是统治阶级依靠国家机器进行镇压和威慑的结果。这样的解释看似简单有理，但很难经得起仔细推敲：私有观念形成和社会开始产生贫富分化的初期，公权力包括最强大的专政工具军队，是掌握在人民自己手中的——他们是军队的基本成员，军队的统帅是他们推选并可以罢免的，他们为什么不阻止不平等和阶级压迫的产生呢？我认为，历史的真相应该不是统治者利用暴力强迫人民接受压迫和剥削的，而是有一个血缘亲疏形成的等差关系逐渐过渡到阶级等差的过程，在这个过程中，当时大家都特别依赖和信任的血缘关系起到了隐身衣和润滑剂作用。**封建制度在其萌生和长期演化过程中，在不同发展阶段又有两种类型，即原始氏族分封制和进入阶级社会后的等级封建制。原始氏族分封制是基于血缘世系传递和氏族裂变分化而形成的关于母族与子族关系的制度性安排，是处理氏族内部血缘关系的治理体系；等级封建制则是进入阶级社会后，血缘关系政治化、等级化的制度性安排，是把氏族、部落、家族的内部治理体系在国家层面的扩展和完善。**

从原始氏族分封制向等级封建制的发展，是私有财产和私有观念产生后人类社会发展的必然趋势。虽然原始社会中人们都是平等的，却也有血缘等差存在，如长辈与子辈之间，母族与子族之间是有等差关系的。摩尔根记载的部落会议上，子族氏族对母族氏族的尊敬、遵从就是这种等差关系的体现。在父系社会，除上述等差关系外，还发展出以血缘亲疏为标志的等差关系，如直系亲属亲于旁系亲属，即自己的儿子亲于自己的侄儿等。进入阶级社会和初级国家形态时，在血缘亲疏等差关系上逐渐生发出基于阶级分化的等差关系也就是等级关系。这是一个让人们逐渐适应和接受的漫长过程。在中国周代，血缘关系政治化、等级化已十分明显，但这种关系仍然包裹在厚厚的血缘外衣下的宗法等级制度中。宗法制度的原则就是以血缘亲疏划分等级：直系优于旁系，长子优于庶子。由此产生大宗与小宗的关系。大宗继承父业祖业，小宗历经几代就要分化出去重新胙土命氏、另立家门，也就是分封或封建。中国的宗法制度后来规定的极为细致，深入到生活的方方面面，形成了一整套行为规范，也就是所谓礼制：如不同等级的人在公共场合要穿不同的衣服，出行有不同的车马配置，朝堂上和正式礼仪中要奏不同的乐曲、享受不同的仪仗，甚至吃饭时大家所坐的位置也是不同的。通过这些规范，使原先不讲规矩的原始人，在生活中慢慢体会和接受等级制度的安排。以丧礼中的丧服制度为例，周代的丧服等级有五种，对应着不同的血缘亲疏关系，分别是：斩衰、齐衰、大功、小功、缌麻。如斩衰，一般是父亲去世后，儿子要服的丧礼，是最重的丧礼。在丧礼时间、头冠、衣服、腰带、鞋子、手杖及饮食起居等方面，五种丧服制度都有所不同，以标志血缘亲疏的等差。①

当时的家与国是合一的，家族中的血缘亲疏，决定了一个人在家族中的地位及在由家族所建的国家中的地位。中国春秋末期以前的夏、商、周三代，人民都是被组织在大家族之内，共同生产、生活和居住的。阶级的分化是从家族的首领阶层开始的，这些人先是大家十分信任的家长或家族的长老，经验丰富、足智多谋。在长期管理氏族或家族公权力的过程中，他们不但积累了专业管理的经验和知识，而且积累了一定的财富。这些财富开始并不是以他们个人名义占有的，而只是因为公权力的运行必须公共财政的支撑，是他们以公权力运作的需要为由占用的。这个理由使氏族或家族其他成员无话可说。中国古代文献《诗经》中所说的"公田"就是家族其他成员服劳役的地方。"公田"二字明确无误地表明了该田收入的公用性质。欧洲领主的自营地也有类似的性质，村民在自营地上服劳役也有提供公共财政的意义。在公田上以共同劳动的方式提供公共财政收入，是原始社会中的唯一方式，在向阶级社会转化过程中，人们自然会沿用这一古老方式，后世学者眼中象征人身依附标志物的劳役地租就是这样形成的。这样，族长或长老们在进入阶级社会

---

① 《仪礼·丧服》，另见《礼记·丧服四制》，《礼记·三年问》。

时，有了双重身份：一方面他们仍然是家族的长老或家长，看似大家族的成员之一；另一方面他们在血缘关系的掩盖下悄然变身为统治阶级的一员。家族的管理也是公权力和私权力合为一体的。于是我们看到，原先家族内的有血亲关系的称谓：帝、王、后、公、侯、伯、子、男等，逐渐演变成政治等级的称谓。父亲和儿子在血缘大家族里是亲密无间的父子，可在阶级社会里，父亲成了君父，儿子成了儿臣；原来血浓于水的兄弟，也变成了有大宗身份的君兄与小宗臣弟的关系。在封建社会形成的过程中，我们可以明显看到血缘关系向阶级关系嬗变的痕迹。前面我们引用西周铜器铭文记载的两个例子即是很好的说明：一是长兄公，身为宗子，可能也是族长，为其弟繁主持祭礼，繁对长兄采用臣下对君主的礼仪"拜手稽首对扬公休"，还受宠若惊地铭之宗彝，以为纪念。二是虞簋铭文中载，虞因自己是小宗，称其兄长为君，并自称"臣弟"，接受兄长公伯的赏赐后，毕恭毕敬地行臣礼"对扬伯休"，并铭文纪念。对异姓家族也有一个阶级等差关系的变化，前面我们引用了《尚书》中《牧誓》《大诰》两文内容，提到周武王伐商纣王时称呼与之共同作战的其他部落或方国为"友邦君"，直到周公平叛武庚、淮夷之乱时仍用这个称谓。前辈学者王国维据此认为，开始周王与诸侯只有类似兄弟的"长""次"之分，并无君臣名分，直到周公平叛之后再行分封时才确立君臣名分"由是天子之尊，非复诸侯之长，而为诸侯之君"[1]。应该说君王与诸侯阶级等差关系的变化，是随着双方实力、威望和整个政治局势变化而变化，逐渐拉开并固定下来的。

在法兰西有一种称之为"帕拉日"（parage）制度，即长子一人向领主行臣服礼，承担义务，弟弟们再从兄长那里取得份地，有时这些兄弟要向兄长行臣服礼。[2] 而这个长子又可能是从父亲手中领取的份地，所以原则上说，长子也是父亲的附庸。在巴塞罗那伯爵法庭所作的裁决中认定："在父亲对儿子或儿子对父亲的诉讼案中，为了做出判决，父亲应

---

　　① 王国维：《殷周制度论》，《观堂集林》卷十，中华书局1959年版，第466、467页。

　　② ［法］马克·布洛赫：《封建社会》，张绪山、李增洪、侯树栋译，商务印书馆2004年版，第334页。

被视作由效忠礼所决定的领主，而儿子则被视为附庸。"①虽然有了血缘等差关系逐渐演变成政治等级关系这样的变化，虽然人民已需要在公田上服一定的劳役，以便支撑家族内的公共财政支出。但人民还是生活在大家族之中，领导和管理他们的仍然是以往那个有亲属关系的家长，家长的管理也还是按照祖制族规来进行的，服兵役和劳役是因为应对外族的入侵和家长管理大家族的公共需要，而且劳役并不繁重，所以，一切又都是可以接受的。这一点西方学者布洛赫也隐约看到了，他说：大多自由佃领地源于古老的农民耕种地。"土地所承载的地租和强制役务，原来只表示持有者对村长、部落或氏族首领及庇护人的服从，这些人已经逐渐变成了真正意义上的领主。"塔西佗记载的日耳曼首领收取的礼物，后悄然无迹地演变为地租。封建社会第一阶段，佃农给领主的租佃负担可能就是几捆谷、几只鸡，帮领主运输等。②

英国的情况也大致类似。盎格鲁萨克森时期，英国生活在各宗族之中的基本民众称刻尔，他们是自由人，有自己的家庭、房屋和土地；他们有服军役的义务，这是古代男子皆是战士的传统。伊尼法第51条规定，如刻尔不愿服兵役，须罚30先令；他们有权出席法庭，百户区法庭实际是农村公社人民会议的变形，按例须全体成员参加，对一些事情全体人员可按习惯法表决；刻尔参加地方上的治安活动，在王室法庭上可诉讼、担保等。但此时的刻尔已经要给领主缴纳一定的食品地租，伊尼王法中列出了食品地租的名目清单：10海德土地约1200英亩（约合7200市亩），须交10桶蜂蜜、300条面包、12安普（量名）麦酒、30安普清酒、2头大牛或10只阉羊、10只鹅、20只母鸡、10块干酪、1安普牛油、5条鱼、20磅饲料、100条鳗鱼。③ 从数量上看，与其说这是地租，不如说是贡物更为恰当，我觉得除此之外应该还有村民在领主自营地上的劳役。但总体而言，上古时代的农民租役负担是按古老的祖制

---

① ［法］马克·布洛赫：《封建社会》，张绪山、李增洪、侯树栋译，商务印书馆2004年版，第374页。

② ［法］马克·布洛赫：《封建社会》，张绪山、李增洪、侯树栋译，商务印书馆2004年版，第390、391、399页。

③ 马克垚：《英国封建社会研究》，北京大学出版社2005年版，第36页。

收取的，因此不会很高，否则人民不会答应。在血缘宗族关系的外衣下，族长既是领主，又是一族之长。他们往往打着为全族人服务的旗号运作族人赋予他们的公权力，使族人不会把他们当作压迫者和剥削者而反抗他们。10世纪末的马尔登之役，英国与丹麦交战，死了不少人。其中有一个领主战死后，其下属很是悲伤地说："这事对我的悲痛决不寻常，因为他既是我的族人，又是我的领主。"①这个事例足以说明此时的领主与下属还是有一定感情的。

如果说，封建化初期由于资料的缺乏，家族内部封建化的记载很少。那么从12—13世纪英国家族地产（封土）继承权的法规和实践中，仍可以清晰地看到血缘世系传递与封建分封的关联。当时英国的普通法规定："家族地产由家族中的长子继承，余子不得继承。""地产主不得自行安排地产继承。"②因为地产是家族的核心资产，也即封地，其上承载着家族的世系传递、家族的名号（姓氏）和封建义务，所以长子继承制就是英国版的大宗小宗——宗法制度。核心家产由长子继承，余子怎么安排呢？在实践中家长们普遍采取"限嗣继承"，为余子提供地产资助。限嗣继承往往通过"家内分封"的形式进行。"家内分封"具备封君、封臣、封地等要素，在封授关系中，封君通常是父家长，封臣是长子之外的余子。当然，这种家内的分封，与政治上的分封是有一定区别的。为余子提供有限地产继承——部分权力有限继承——的方式早已存在，它是有条件的继承，早期有三种形式：一是嫁资，地产主把地产分封给女儿、女婿，并规定该地产只能由其本身之后嗣继承，如没有后嗣，则须归还封地。二是免义务嫁资，地产主把地产分封给女儿、女婿，规定地产只能由其本身之后嗣继承，如无后嗣，须归还封地；还规定，他们的后嗣在三代之内无须行效忠礼（homage），无须履行任何义务。三是条件分封地，地产主把地产分封给余子，规定地产只能由其本身之后嗣继承，如没有后嗣，须归还封地。13世纪以后，英国最流行的三种限嗣继承方式是：（1）"婚姻中的限嗣继承"，即余子结婚时为其分封部分家产，限定

① 马克垚：《英国封建社会研究》，北京大学出版社2005年版，第16页。
② 陈志坚：《中世纪英格兰家产继承中的限嗣继承》，《世界历史》2014年第5期。但陈志坚认为："家内分封"与封君、封臣制无关，不具法权性质。

余子夫妇二人如无后嗣继承则应归还封地。1280 年，托马斯·德·马尔顿以此方式分封给余子托马斯夫妇一份地产。1305 年，沃德哈姆伯爵罗伯特·沃尔特以同样的方式分给余子罗伯特夫妇两处地产。（2）"直接赠予余子限嗣继承"，即分封时间不限于余子结婚时，而是随时分封地产给余子，限定余子如身后无嗣，须归还封地。1377 年，伯克利勋爵莫里斯以此方式为次子、第三子提供了位于格洛斯特郡和萨默塞特郡的四处地产。伯克利勋爵二世托马斯用同样的方式，为再婚所生余子提供了 10 处地产，占其家族地产的五分之一。（3）"死后有效的限嗣继承"，地产主先将地产交换给封君，或者委托给受托人，然后，地产主要求封君或受托人以"终身地产"形式将地产授予自己与妻子共同持有，并规定，自己去世后，地产由某余子及其本身之后嗣继承，如余子无后嗣，须归还封地。例如，1344 年，沃里克伯爵托马斯·德·比彻姆以此方式将四处地产分封给次子托马斯，并以同样方式将另三处地产分封给第三子雷布恩。当然，把地产分封给余子容易，但当余子无后嗣时，要他们归还土地则没有那么爽快，以至于不少地产主向国王申诉。1285 年，爱德华一世颁布《限嗣继承条例》，责令余子务必遵守约定的分封条件归还土地。这一法令虽然解决了一些争端，但此类事情依然不时发生。14 世纪中期以后，家产继承又转向"限男嗣继承"。"'限男嗣继承'也是一种特殊形式的家内分封，封君仍是家长，但封臣是长子。"家长把核心家产分封给长子，并限定由长子男嗣继承；长子无男嗣，则由次子及其男嗣继承；若次子无男嗣而终，则由第三子及其男嗣继承；若所有子嗣均无男嗣而亡，则由家族里旁系男性及其男嗣继承。"限男嗣继承"的限制永久有效。[①] 很显然，限男嗣继承而把女嗣继承排斥在外，是为了保持核心家产在本家族内的男性之间继承，使家族的世系能够传承下去。因为女性出嫁后一般不再使用父系姓氏，改为夫姓，这就可能使父亲家族的名号（姓氏）消失。上述事例说明，家族的家长本来和其子女是直系血亲关系，可是因为存在辈分之间及兄弟长幼之间的血缘等差，在分家立户或

---

①　陈志坚：《中世纪英格兰家产继承中的限嗣继承》，《世界历史》2014 年第 5 期。

财产继承时，就变成了封君、封臣关系；长子和余子（庶子）之间则变成了大宗、小宗关系，于是血缘等差演变成了阶级等差。可见，分封制是在家族裂变分化或发生权利继承时发生的，是家族裂变分化时期父辈与子辈、大宗与小宗之间关于权利分割继承的制度化安排。家族血缘世系传递与分封制是一对孪生关系的事实，同样说明封建化是以家族内的封建化为主干进行的。

封建化在家族内进行的事实说明，阶级压迫和剥削的过程是在血缘关系的亲情掩盖下悄然发生的：随着各地人口的增长，家族、部落间争夺生存空间发生战争的概率大大增加了，家族外部的安全形势紧张了，家族成员当然要服兵役；家族内部也时常发生矛盾纠纷，需要有人来主持公道；属于大家族的公共用地和自然资源如森林、河流、荒地需要整治，得有人组织，这一切都需要家族的公权力机构的运行。面对家族式的管理，人们是习惯和适应的。当这些家族管理者已经固化为统治阶级，取代过去的家族或公社对人民收取带有阶级压迫和剥削性质的劳役地租或其他赋税时，因为它还披着厚厚的家族血缘关系的外衣，所以人们很难辨识它，人们不会把劳役和兵役看成阶级压迫的象征，而是一如既往地把它们看成对家族共同体应尽的义务，就像自古以来所做的那样，于是会自然而然地选择服从。人们从血缘依附转变为带有阶级压迫色彩的人身依附的进程大致就是这样发生的。由此我们认为，封建制度下的人身依附是附着于血缘依附之上的，或者说血缘关系是人身依附的载体。没有血缘依附，就没有人身依附。人身依附的主要体现是服劳役，家族的公田是产生劳役地租的主要原因，当公田消亡时，劳役地租也就消亡了；作为封建经济主要特征的劳役地租和所谓人身依附消亡之时，就是封建制度解体之日。

传统的说法把封建化过程中的农民转变为农奴，将其描述成领主对农民的超经济强制和压迫的结果，我觉得这是不符合实际的。封建化过程中的等级分化应该是一个漫长的较为柔和的转变过程，血缘关系的色彩逐渐褪去，阶级压迫和剥削的实质逐渐凸显，等到民众都能认识到这一转变时，一切都为时已晚。如果这个转变过程十分突兀、不近人情，一定会激起民变。可是我们在这个历史转变过程中并没有发现因此而出现的十分激烈的民变。

第三，**封建化过程中领主与农民的关系——即对立（利益分割上）又统一的矛盾共同体**。不少学者认为，欧洲封建化之初天下战乱频仍，农民个人没有安全感，于是委身投靠领主，求得领主保护，把自己的田地交给领主，再从领主那里领回来并承担相应的地租，由此形成了封建化下特有的农奴制。对此说法，我表示深深的怀疑。首先，农民是因担心战争带来的伤害而委身于领主的，可当时领主没有自己的私人职业武装，他靠什么来保护这些农民？领主自身充其量是个骑士或武士，靠他的一己之力能在战争中为别人提供保护吗？当时的生产力水平根本不足以支撑领主建立一支常备军，而古代的基本兵制都是兵民一体、寓兵于民的，农民是兵源的主体，真正在战争中能保卫农民的，正是农民自己，无论中国还是欧洲都是如此，前面我们已反复论证过这个问题。封建制度的核心就是封君封臣关系：封君为封臣封授领地，封臣为封君服军役。和平时期，不论是国家还是各领主，都没有常备军；在外族入侵时，国王是靠封臣提供的军役与外敌作斗争的。如丹麦人入侵时，英王就起着组织英格兰各大家族抵抗外敌的作用，为此，英王在全国收取丹麦金。战争结束，丹麦金就取消了。真正在抵抗外族入侵战争中的战斗编队，是各家族的族军；而领主只是家族军队的领军，真正在第一线战斗的战士还是家族中的平民。在英国，虽然1159年亨利三世通过征收免服兵役税，免去封臣的兵役，那主要是应对封臣们不愿去国外打仗的临时举措。他的解释是，为减少臣民流血而招募外国雇佣兵去打仗。不久他就取消了这一措施，通过了《武装法》，恢复了过去的做法。直到英国资产阶级革命时期的《权利法案》还宣称：英王詹姆斯的罪状之一是在和平时期未经议会同意就组建和维持了一支常备军。并进一步宣称，和平时期在王国境内组建和维持常备军是违反法律的，除非经过议会的同意。[①] 可见，封建时期的英国国王是没有常备军的，没有议会同意，国王建常备军是非法的。如此，各大家族更不可能有常备军。仗要靠农民

① ［英］梅特兰：《英格兰宪政史》，李红海译，中国政法大学出版社2010年版，第177、211页。

自己打，家园是农民自己保卫的，特别在冷兵器时代，农民手中的农具可以随时变成兵器，人员的数量几乎就可以决定战争的胜负，有着绝对人数优势的农民，凭什么会主动成为领主的附庸、降低自己人格并承担以前没有的超经济强制压迫和剥削？这是不可思议的、不合逻辑的。农民寻求庇护在中国古代也出现过，那是在封建制度灭亡、个体农户从血缘大家族中剥离出来后的中央集权体制下发生的，而在封建制度大行其道的西周没有出现过。农民寻求庇护的前提是，在庇护下的农民的租税负担比以前更轻，生活比之前更好，否则他们为什么要去寻求庇护呢？在封建制度形成过程中的欧洲，原来是自由的、平等的，在马尔克公社中有一定权力和地位而且租税也比较轻的农民，为什么想去当没有人格、没有尊严、没有权力、租税繁重、可以被人任意欺负的农奴呢？这是说不通的。其次，这种说法的前提是，土地的产权原来是属于农民的，农民现在把它让渡给领主，再从领主手中租回。实际情况是封建化之初的农民对土地是没有所有权的，土地实际控制权是在血缘大家族和马尔克公社手中的，从《萨利克法典》看得很清楚，氏族成员如果要脱离氏族，必须放弃土地等一切氏族成员享有的权利，他怎么拿去交给领主？即使他要这样做，马尔克公社会同意吗？再次，即使有这样的情况出现，可能只是极少数情况，如大家都在引用的公元 7 世纪一个自由人的委身文件等零星事例。它们能占多大比例？我认为这类资料可能就是个例，或者是一些特殊情况下的产物，不能代表西欧封建社会的普遍现象。如果认为这些就是普遍现象，那么首先就要证明欧洲的农民在 6—9 世纪时都从马尔克公社中独立出来了，可以不受马尔克公社的约束，自由地处理公社共同体分配给他的条田了。可这是没有事实依据的。因为条田制一直到中世纪末期才开始衰落，而封建化时期正是条田大行其道之时。条田制度是一个需要所有公社成员相互配合、统一行动的土地制度和生产制度，如果某人把自己的条田从公社共同体中分割出去自行其是，整个条田制度就无法实行下去了，历史上并没有看到这样的记载。马尔克公社是与整个欧洲中世纪共生存的组织和制度，从来没有中断过。马尔克公社本质上是公社成员之间靠血缘关系维系的利益共同体。具有共同血缘关系的亲属生活、居住在一起，血缘关系的同一性导致了人们利益的一致性。马尔克公社只不过是远古氏族公社进入阶级社会后的次生形态。最能说明这一问题的，是社会上普遍且一直存在的"血亲复仇"或曰"族间复仇"现象。12世纪，英格兰的法律还明确规定，在血亲复仇中，母系亲属接受偿命金的1/3，父系亲属接受偿命金的2/3。法庭证人起初只限于被告亲属担任的习俗，一直沿用到13世纪。[1]"1208年，圣德尼修道院教士的管家在阿让特伊与被他打伤的蒙莫朗西领主的管家议和时，被迫偕同他的29位家属一道表示赎罪臣服。1134年3月，奥尔良副主教被暗杀后，死者的所有亲属聚集起来接受臣服礼，表示臣服的不仅有一位凶手、帮凶和他的附庸，而且还有'家族中的大部分人'，共计240人。在每个方面，一个人的行动都连续不断地波及整个家族圈。"[2]可见血亲关系在中世纪是何等牢固、何等重要。法国史学家瑟诺博斯认为，法兰克人血亲复仇遗风"一直继续保留到中世纪末叶"。[3] 如果当时的农户不是按血缘关系聚族而居，而是分散在各地，就不可能有血亲复仇。血亲复仇现象的普遍存在，说明社会上血缘关系牢固存在而且比较密切，有血缘关系的族群是以一个整体来面对社会，承担民事或刑事责任，于是才会有也才可能有血亲复仇，才会有一人做事、全族人受牵连的现象。只有靠血缘关系的维系，马尔克公社才能长久存在。血缘大家族与马尔克公社是互为表里的关系，血缘关系是连接马尔克公社成员的内在纽带，是马尔克公社的里；马尔克公社是血缘关系的外部形式。关于欧洲农村中的村社共同体前面已经涉及，后面我们还将详细论述，它一直生机勃勃地存活到中世纪末期。由此可见，血缘大家族及由血缘大家族组织起来的马尔克公社在欧洲存留的时间是相当长久的。不但民众都隶属各自的家族，国王和贵族也是如此。所以，我认为委身制不具有普遍性。马克垚先生在其《英国封建

① 徐浩：《中英封建社会农村的行政、司法和教化体制的比较》，《世界历史》1988年第3期。
② ［法］马克·布洛赫：《封建社会》，张绪山、李增洪、侯树栋译，商务印书馆2004年版，第226页。
③ ［法］瑟诺博斯：《法国史》，沈炼之译，张芝联校，商务印书馆1972年版，第74页。

社会研究》一书中也认为，盎格鲁撒克逊时代，农民较少发生委身求庇的现象，几乎没有这方面的材料。① 最后，很多学者认为欧洲的农奴制形成于 12 世纪甚至 13 世纪，因为 11 世纪时，英王威廉一世的法典中"维兰"还被称为"耕者"，与不自由的土著形成对比，直到 12 世纪下半叶后的森林法中，维兰才没有了自由。② 12 世纪、13 世纪，西欧封建制度早已形成并进入成熟期，此时也没有大规模的外族入侵和战争，农民又为什么要委身求庇于封建主呢？所以，"委身求庇说"在时间上也是说不通的。

中欧历史上领主阶层的来源不外乎两大类：一类是从自身家族中分化出来的领主，就是我们前面说的原来家族中的长老，逐渐固化而成的家族统治阶层。这类领主面对的是自己的大家族成员，他们还生活在自己家族的领地上，虽然由于利益关系的分化，他们与大家族普通成员有对立的一面，但更多的是合作的一面，与村社共同体的关系处理上也比较融洽。另一类是因战功等原因成为了其他家族共同体领地上的领主，比如周天子在新征服的土地上分封的诸侯、威廉成为英王后在英国分封的领主。这类领主就有一个如何与领地上原来的家族共同体及其成员相处的问题。没有资料表明，新领主与领地上原家族共同体及成员有普遍的、激烈的冲突。这只能有一个解释，不管是哪种类型的领主都没有破坏受封领地上原有的社会组织、制度和生产、生活方式，而是继续发挥这些全社会通行的古老组织和制度的作用，来获取自己的利益。事实上，资料所反映的情况也确实如此。这就是我们在第一章中说的，由于血缘关系的排他性，远古时期一个族群战胜另一个族群后，并不会把对方强制性地融入自己的族群，而是只要对方愿意降服于自己，就仍然让其保持独立，比如中国的西周灭商之后就是如此。《史记·乐书第二》载："武王克殷反商，未及下车，而封黄帝之后于蓟，封帝尧之后于祝，封帝舜之后于陈；下车而封夏后氏之后于杞，封殷之后于宋，封王子比

---

① 马克垚：《英国封建社会研究》，北京大学出版社 2005 年版，第 40 页。

② 侯建新：《现代化的第一块基石——农民个人力量与中世纪晚期社会变迁》，天津社会科学出版社 1991 年版，第 122 页。

干之墓，释箕子之囚，使之行商容而复其位。"第一句中的"反"字，郑玄曰："反，当为'及'，谓至纣都也。"周武王灭殷商之后，在进军纣都的车上，就迫不及待地分封前三朝的后裔，下车后又封夏、殷后裔，这是武王在当时的政治形势下做出的安定人心、稳定大局的重要举措。不这样做，就有可能会危及刚刚诞生的周王朝自身的安全。据《尚书·周书·多士》《多方》载，周人灭商后保留了商朝的原有制度，他们对商人说：讨伐殷商是顺应天意，因为殷王失德。我们只把你们王家作为敌人，其他人都不是我们的敌人。你们可以继续保有你们的土地、宅邑、生活——"尔乃尚有尔土""今尔惟时宅尔邑，继尔居""今尔尚宅尔宅，畋尔田"；只要你们顺从我们，你们会有安定的生活，你们的子孙也会兴旺——"尔乃尚宁干止""尔小子乃兴"。周成王任命康叔（名封）治理殷商旧地时，周公特意作《康诰》：命令他求教于殷之先哲贤者，保民安民——"往敷求于殷先哲王，用保乂民。汝丕远惟商耇成人，宅心知训，别求闻由古先哲王，用康保民"；还谆谆教导康叔不要制造怨恨，不要采取不好的意见，不要采用违背常理的办法——"呜呼！封，敬哉！无作怨，勿用非谋非彝"；还说现在殷民心还没有安定下来，如果我们政策失误，上天就会惩罚我们，只有遵循法度、勤奋修德，安定民心，民安宁了，就没工夫跟你闹乱子了——"今惟民不静，未戾厥心，迪屡未同。爽惟天其罚殛我，我其不怨""用康乃心，顾乃德，远乃猷裕，乃以民宁，不汝瑕殄。"对于分封在殷商地区建立的鲁国、卫国及殷王的弟弟微子建立的宋国，受封者都用殷商原有的制度治理封地——"皆启以商政，疆以周索"；对分封在原夏朝土地上建立的封国，则用夏朝的制度治理——"启以夏政，疆以戎索"。①《礼记·明堂位》载："凡四代之服、器、官，鲁兼用之，是故鲁、王礼也，天下传之久矣。君臣未尝相弑也，礼、乐、刑、法、政、俗，未尝相变也，天下以为有道之国，是故天下资礼乐焉。"吴于廑师认为："当周占领商时，商的所有东西都被周占有。它的政府被推翻，领土被兼并，人民被驯服。但是，它的法律依

---

① 《左传》定公四年。

旧，并被占领者认为是古代国王们的永久法律。在治理占领国时，周朝的统治者多次命令其臣属坚持商的老法，咨询年长的商民，不要以自己的意志来妄下判断。当周的族人受封于旧商领土时，他们都被告之要维护当地人民久已熟悉的古法。例如，鲁国的法律就是夏、商、周法律的混合。……古老的法律就是所有的法，无论它在哪里被发现都一样。被占领者的法律，如同占领者的法律一样不可改变。"①事实证明，这种方式安抚了殷朝、夏朝故地的人民，实现了社会的安宁。

在英国，威廉征服英格兰后，从每个郡寻找 12 名长老，询问古老的法律。② 如果威廉不想依据英国的习惯法治理国家，就没有必要这样做。著名法律史家梅特兰认为，威廉基本还是沿用英格兰原有的法律，因为威廉所在的法国流行的法兰克习惯法与英格兰的法律非常相似，因此，"我们千万不能认为威廉给英格兰带来了什么全新的法律制度"。梅特兰引用威廉的法令予以证明："我在此决定并命令，所有人都将拥有并遵守爱德华国王时期关于土地和所有其他事务的法律。"亨利一世又重新对此作出肯定："我将过去爱德华国王时期的法律返还给你们，同时还有我父王在其贵族的建议下对它们做出的修订和改进。"③我们在后面的章节中可以看到，领主与农民依据习惯法在庄园法庭上争取自己的利益，而不是否定古老的习惯法；也可以看到领主和村民一起订立新村规和新村法并付诸实行。这说明，进入阶级社会后的领地（庄园或村庄），是领主阶层和原村社共同体依据古老的习惯法共同管理或曰双重管理的，领主和农民的关系是既对立又统一的矛盾共同体。

关于封建制度下农民的身份和地位问题，一般的观点是：欧洲农奴没有人身自由、没有人的尊严、甚至是可以被主人任意处罚、监禁、拷打或转让的，他们与奴隶的差别只是有一块自己耕种的土地和房屋、是

---

① 吴于廑：《士与古代封建制度之解体，封建中国的王权和法律》，武汉大学出版社 2012 年版，第 274、275 页。

② 吴于廑：《从中世纪前期西欧的法律和君权说到日耳曼马克公社的残存》，《吴于廑文选》，武汉大学出版社 2007 年版，第 313 页。

③ ［英］梅特兰：《英格兰宪政史》，李红海译，中国政法大学出版社 2010 年版，第 5、6 页。

地位十分低下的人。对欧洲中世纪农奴地位的判断最初来自中世纪的法学家，也为后来学者们所沿用。有不少西方学者不同意这些中世纪法学家的看法，这些学者认为：中世纪法学家受罗马法中奴隶概念的影响，把维兰等同于心目中的奴隶。12世纪，法学家格兰维尔坚称农奴属于领主，无产可持，不能赎买自由。13世纪，布莱克顿仍声称维兰不能用自己的钱赎买自由，可他本人就记录了不少维兰赎买自由的案例，并承认现实生活与他依罗马法认定的维兰制之间有着某种断裂。可见这是多么自相矛盾。近世学者对此批评颇多。如贝内特评论说，格兰维尔的解释是相当牵强的，难以自圆其说。哈瑞森指出，那些中世纪法律文献的描述与佃农的实际生活"远不相符"。海姆斯依据详实的史料认为："事实上，维兰在相当大程度上享有土地占有安全，即使在13世纪也是如此。"①我觉得，把封建制度下的农民看成地位十分低下的农奴的判断，是不符合历史实际情况的：在欧洲封建化形成的9—10世纪，几乎所有农民都还生活在马尔克公社之中，享有村社成员应有的权利和义务——这些权利和义务是自古以来自然延续下来的，村民有立法权、司法权和一定程度上的行政权，也是重要的兵源所在(后面章节我们将详谈这个问题)，他们的地位怎么就一下子和奴隶差不多了呢？奴隶的悲惨地位源于战争的失败，而延续远古自由、平等、民主的习俗，以及在实际生活中享有各种权利的马尔克公社成员，为什么会被当时并不掌握军队等专政工具的领主变成了农奴？领主的超经济强制和压迫的手段又从何而来？

　　我认为，西方学者判断农奴身份地位的几项标准是可以商榷的：

　　(1)关于农民服劳役问题。西方中世纪法学家把农民服劳役作为判断其身份是农奴的标准，如布莱克顿关于农奴身份的著名定义是："如果一个人提供的是不确定的劳役，即今天晚上还不知道明天早晨要干什么，那他肯定是个农奴。"②后世不少国内外学者也持这一观点。我觉得服劳役的农民是不是地位低下的"农奴"，是大有疑问的。所谓劳役是指

---

　　①　侯建新：《法律限定负担与英国农奴身份地位的变动》，《历史研究》2015年第3期。

　　②　[英]亨利·斯坦利·贝内特：《英国庄园生活：1150—1400年农民生活状况研究》，龙秀清、孙立田、赵文君译，上海人民出版社2005年版，第81页。

农民参加领主自营地——公田——上的集体劳动，集体劳动存在一个组织、分工、协调、指挥的问题，必定要有组织者、指挥者，这个人一般就是有着丰富生产经验的庄头。集体劳动的分工、指挥只有庄头心中有数，一般的农民当然不知道第二天要干什么。在第二天的田头，等人们集合之后，庄头才会对每个农民作出具体分工，这是再正常不过的农业生产活动的程序问题，像我们这一代参加过农村集体劳动的人都还记忆犹新，这跟农奴地位扯不上一点关系。甚至可以说，只要是集体劳动，每个劳动者每天的分工多半是不确定的，因为生产指挥者要根据当天的天气等情况才能作出具体生产安排。由于本人阅读的国外资料有限，我没有看到欧洲农民在领主自营地上服劳役时，能反映领主与农民关系的形象、详细的描述，只能借助中国西周封建化时期的资料来说明"劳役"与农民的身份问题。在原始社会时期，人民参加集体公共劳动是再平常不过的事了。对领地生产资料的共同占有、共同劳动、共同分享是原始社会的基本特征，人们参加共同劳动是常态，是氏族或家族成员资格的表现；既然是公共劳动，自然就有组织、分工问题，氏族成员接受族内有生产经验的长者的分工、指挥也是正常现象。可见公共劳动和地位低下没有一点关系。在分田到户的次生形态农村公社中，由于家族公共管理职能的存在，仍然需要留有公地，以公地上的收入作为公共财政的主要来源，因此也仍然需要农民参加公地上的集体劳动。《诗经·小雅·大田》："有渰萋萋，兴雨祈祈，雨我公田，遂及我私。"这首诗反映了西周时期的农村土地占有情况，具有很高的史料价值，透露出很多有用的信息。诗中"公田"的"公"字表明了该田的性质。当时的人对国家的概念是模糊的，他们生活在大家族或宗族之中，家族或宗族就是人们心中的天下，族事就是公事。公田的存在就是为了其收入能够支撑家族公共财政的支出。此时族人的安全保障，与周边部族关系的处理，族内领地的统筹治理，沟洫道路的修建，人们日常生活中矛盾纠纷的解决等，都要在家族内处理，一句话，家族是负有社会公共管理职能的，家族公共权力的运作是当时所必须的。另外，**一直以来公田都是宗族共同体的重要象征，是连接宗族内各家庭成员的纽带。人们通常在公田上的集体劳作，既是为家族公共财政做贡献，也可以看作一种仪式——一种家族成**

员互相接触、了解的公共活动。集体劳动的场面在《诗经》中多有反映。《诗经·周颂·噫嘻》：

> 噫嘻成王，既昭假尔。率时农夫，播厥百谷。骏发尔私，终三十里。亦服尔耕，十千维耦。

这首是歌颂周初成王籍田的诗，应该是在王室的公田上进行的场面宏大的仪式。三十里应为虚数，指地域广阔。耦指耦田，两人持耒耜共同翻土为耦，"十千维耦"即有万人耦耕，结成五千对。这一句可能有夸大之嫌，是为了烘托成王行籍田礼时的宏大场面，但其人数众多则是肯定的。这种成千上万人在田地里集中耕耘的现象，就是在公田上集体劳作的写照。王室有公田，以维持王室的收入和支出；各家族也都有各自的公田，以维持各家族的公共支出。当然，家族族长的私人和家庭消费也都在公共收入中了。族长要忙于族里的公共事务，没有时间种田，也就不能自己创造收入，其消费公共收入大家也能够理解。先是公私不分，再化公为私是一个缓慢的发展过程。

在古代商品、货币经济不发达的情况下，人们不会想到用钱来支持公共财政，用公田上的直接劳动所得提供家族公共财政收入是当时的不二选择。西欧的领主自营地开始也是公田，即便到后来仍带有公田性质，因为领地即是家族占有、使用之地，也是地方的一个行政管理单位，是地方公共权力的组成部分，这里公权和私权是混合在一起的，家族权力和地方行政权力是合为一体的。因此，农民附着于土地，须在公田上服劳役在当时的情况下是很自然的，也是必尽的义务。只不过原始社会时人们是共同占有土地，共同劳动，共同分配，共同获益，公共劳动和为自家的劳动是不作区分的；而随着私有观念的形成，出现了分田到户即公田、私田分开的情况，这样公共劳动与私家劳动就严格区分开了，于是支撑家族共同体公共财政的公田就需要人们来共同耕种，这是封建社会的经济特征。只要是家族的成员就须在公田上劳作，在上古中国连周天子都得这样做，即历史上的"籍田礼"，更何况普通的家族成员。上引《诗经·周颂·噫嘻》，就是描述周成王与成千上万农人参加劳役的情况。《国语·周语上》的记载更为详细："籍礼"是非常隆重的仪式，头几天，主管官员就要查看天气、土壤情况。"籍礼"那天，百官各就其职，太史在前面引导，天子恭敬地跟在后面，到田里后，天子耕一下，百官耕三下，庶民耕完整个籍田，即"王耕一墢，班三之，庶民终于千亩。其后稷省功，太史监之；司徒省民，太师监之；毕，宰夫陈飨，膳宰监之。膳夫赞王，王歆大牢，班尝之，庶人终食"。说的是耕作过程有官员检查质量，有官员负责监督。耕田结束，有盛大的宴飨，天子、百官先后享用大牢(牛、羊、猪)等食物，庶民最后进食。虽然天子、百官参加籍礼只是摆摆样子，但是意义重大，说明公田上的劳动和行"籍礼"除了有提供公共财政收入的功能外，还有周天子以此联络姬姓大家族下层成员的感情，表达周天子重视宗族血缘关系、重视农业这个最重要的生产活动的功能。能参加这种劳役的庶民如果不是周天子家族中的下层成员还会是谁？能和天子一起劳作、一起参加宴飨，服这样劳役的农民难道是地位低下的"农奴"吗？

说完周天子在其公田上的"籍礼"，我们再来看《诗经》中另一首关于家族中农民参加劳役的记载，感受一下农民及大家族其他成员在公田上劳作的气氛，有助于我们对当时劳作的农民身份的判断。《周颂·载芟》：

> 载芟载柞，其耕泽泽。千耦其耘，徂隰徂畛。侯主侯伯，侯亚侯旅，侯彊侯以。有嗿其馌，思媚其妇，有依其士。有略其耜，俶载南亩。播厥百谷，实函斯活。驿驿其达，有厌其杰。厌厌其苗，绵绵其麃。载获济济，有实其积，万亿及秭。为酒为醴，烝畀祖妣，以洽百礼。有飶其香，邦家之光。有椒其馨，胡考之宁。匪且有且，匪今斯今，振古如兹。

这是一首西周前期农村生活大写意的画卷，描述一个人口众多的大家族全都参加劳作的场面。有人认为这也是描写"籍田"的诗。我觉得不是，因为"籍田"只是一个时点——春耕的劳作场面，而这里则是包括耕田、耘土、播种、收获、酿酒、祭祀、宴飨等一系列跨季节的各种活动。这应该是一个大家族一年中重要的生产活动的总汇。侯主、侯伯、侯亚、侯旅、侯彊、侯以等人员的描述，说的是家族中男女老少、家长、族长（即领主）及众子弟一起参加田间劳作，光田中手持耒耜干活的壮劳力就有两千多人——"千耦其耘"。诗中还描述了午间吃饭时的情景——"有嗿其馌"；男女调情的情景——"思媚其妇"；以及粮食丰收后堆积如山——"载获济济，有实其积，万亿及秭"；人们酿酒，祭祀祖先，遵循祖制——"为酒为醴，烝畀祖妣，以洽百礼"；人们参加集体宴飨，感到家邦荣耀——"有飶其香，邦家之光"；鳏寡老人得到安宁——"胡考之宁"，而且从古到今人们一直都是这么做的——"匪且有且，匪今斯今，振古如兹"。这里我们看到的是和谐的、欢乐的，不分家长、族长（领主）和群众，不分长辈和晚辈，男女老少齐劳作、共享家族丰收之乐的景象。怎么也看不出这里的农民地位低下，在遭受奴役之苦。

如果说上面两首诗反映的是王室家族和大家族的事情，我们就再从普通农民的视角看看当时的家族生产生活场景。《诗经》中的《风》类诗相当于现在的民歌民谣，比较接地气。《诗经·豳风·七月》是西周早期农民生产生活全景式的描述，全年的农事活动都描述得栩栩如生：有正月修理农具，二月下田耕作，有与妻儿一起在田头吃饭，有女子采桑织布做衣裳，有砍柴狩猎，有收谷打粮，有白天割运茅草晚上做成绳索，有修建房屋，有酿造春酒，有杀牲献祭。可以看出，一年中农活安排得满满当当，农民生活得比较艰苦、也比较劳累，有时年末连一件粗布新衣都没有——"无衣无褐，何以卒岁？"我认为这就是生产力比较低下时，农民生产生活的真实写照。诗中涉及农户与家族或领主关系的有三处：一是"言私其豵（小猪），献豜（大猪）于公"，是说猎获的小野猪归自己，大野猪则献给族长（领主），作为族里的公共物品；二是"上入执宫功"，应指为公室即家族公共场所做事；三是年末整个大家族成员聚会，"跻彼公堂，称彼兕觥，万寿无疆"，也就是民众在家族的公共活动场所——公堂——参加宴会，举着酒杯，高呼"万寿无疆"。这里说得很明白，族人在公堂聚会、狂欢。可见，虽然农民生活得不富裕，农活劳役也不少，但是其身份地位并不低下，能与家族长（领主）在一起举杯欢呼"万寿无疆"，说明他们的关系也还融洽。当然，公田的劳作及家族其他公共劳动太多，会影响到小家庭私田的耕作，特别是服军役，男人一上战场就可能占据很长时间，从而影响到小家庭的生产生活。《诗经》中也有抱怨的诗句，如《诗经·王风·君子于役》："君子于役，不日不月，曷其有佸？"这句诗应该是妻子抱怨丈夫长期在外服军役顾不上家。但这些都与农民的身份地位低下无关。从西周的文献资料可见，周代的农民并没有沦为地位低下的"农奴"。西周社会的基本民众——"庶人"和"国人"，是构成各大家族的主体成员，他们既是各家族的主要劳力，也是兵源主体。各国和各家族的大事，国君或家族长都要与他们商量，至少要经过他们同意，如春秋时期晋国国君准备"作爰田""作丘甲"等重大改革时，就召集国人说明情况并经得他们同意。国人参政、干政的事，先秦资料多有记载，我们后面会有所涉及。**上述说明，服不服劳役并不是判断一个人地位低下的标准，而是判断他与领主亲不亲、是否有血缘关系的标准。反倒是外来人可能不必参加家族的公田劳作，因为他不是家族成员，没有资格参加家族的活动。一个大家族在长期的自我封闭的环境中，其成员共同劳作、共同生活、共同祭祀祖先、共同接续传统，会形成具有浓烈家族意识的排他性的共同宗教文化。外族人是很难融入其中的。这就是古人所说的"神不歆非类，民不祀非族"①。即自家祖先不接受外族人的祭享，人们也不能祭祀外族的祖先。不能进祖庙祭祀就不属同一个宗教，就不能参加家族内的活动，包括生产活动，也就不是家族成员。**

今天的人们很难理解上古时期的人对血缘家族的依赖，它远远不只组织和领导人们生产生活、抵御外侵那么简单，那时的大家族就是人们心中的天下、就是唯一的世界、就是全部宗教信仰和命运所系，而祖先就是族人心中的真正上帝。一个典型的例子是殷人尊神。《礼记·表记》曰："殷人尊神，率民以事神，先鬼而后礼。"殷人信奉的神灵有三种：天、地、祖先。这三种神中最重要最核心的是祖先，前两种只是殷人对自然的敬畏。殷人坚信只有自己的祖先才能保佑殷人的命运，所以在甲骨文卜辞中，对天神、地神主要是占卜气候、农时等情况，而涉及战争、生产生活、生儿育女、生老病死、消灾免祸等事关殷人命运的事，

---

① 《左传》僖公十年。

只祈求自己的祖先。而且，男女先祖也有区别，关系劳作、狩猎、生活、战争等家国大事求佑于男性先祖；而孕娩、生子则求佑于先妣。胡厚宣先生考证了卜辞中大量求孕、求生、求子的辞条，他认为："惟殷代生产之神，并非上帝，亦无高禖，乃已死之先妣。""惟年者受之于帝天，此生者则受之先妣也。"①从甲骨文卜辞的内容来看，关于祖先神的卜辞有15000多条，而关于天帝的卜辞仅600多条。从祭品多寡来看，祭天帝神是没有祭品的，而祭祖先神有用"羊百""羊三百""百牛""千牛"、"五十豚""三百犬"的；还有用人作牺牲的，如"羌三百于祖"，"御自唐、大甲、大丁、祖乙百羌百牢"，最多甚至达"千人"，用作祭祀的牺牲包括羌、大、亘、奚、印等部族的俘虏。② 在祭祀对象上，几乎所有的殷人祖先包括父系的、母系的在其内。可见从祭祀种类、祭品多寡、祭祀次数来看，祖先神的地位都远高于天神、地神，是殷人心中真正的神灵。到周代这一状况虽然有了与时俱进的调整——周人不像殷人那么注重占卜，但祭祀祖先仍是家事国事的重中之重。《左传》成公十三年说："国之大事，在祀与戎。"用几百头牺畜，甚至几百个大活人祭祀祖先（殷代），其场面之惨烈、壮观，仪式之繁杂，足以震撼每个人的心灵。统治阶级为什么要煞费苦心弄出这么大动静来祭祀祖先，其目的何在呢？关于祭祀的意义，《礼记·祭统》说得很清楚："凡治人之道，莫急于礼。礼有五经，莫重于祭。夫祭者，非物自外至者也，自中出生于心也；心怵而奉之以礼。"《礼记·大传》又说："自义率祖顺而下之，至于祢。是故人道亲亲也，亲亲故尊祖，尊祖故敬宗，敬宗故收族，收族故宗庙严，宗庙严故重社稷，重社稷故爱百姓。"用今天的话说，祭祀是教化人心的重要手段，通过祭祖使族人对共同的血统有认同感——敬宗，有了认同感就能使族人更加团结——收族，族人团结了社稷就安定了。这是通过人们的血缘认同感和文化认同感，从内心驯化人们的最有效的治人之道。古文字学家唐汉先生甚至认为，象形文字的产生就与祖先神沟通有关，因为远古人类的语言早已产生，足以满足人们之间的日

---

① 胡厚宣：《殷代婚姻家族宗法生育制度考》，《甲骨学商史论丛初集》上，河北教育出版社2002年版，第116、117页。

② 李辑：《中国远古暨三代思想史》，人民出版社1994年版，第62、58页。

常沟通需要，但是"将那些与祖先神祇通话的结果刻画出来，以此为据，昭示给大众，借以统一部族大众的行为"是"文字之所以被创造"的"一个直接的动机，一种非常现实的需求"，"这就是古埃及象形文字呈现在陵墓与宗庙之中，第一批汉字为什么出现在龟甲卜骨上的原因和答案"。"只有与祖先神祇的通话，对神谕的渴望，以及昭示民众使之同一步调的需求，才会在炽热的神祇崇拜之中产生巨大的热情，产生实实在在的'需求'和'创造'动力，或者说，制造出了一种社会化的启动刺激。"①甲骨文就是在这种需求之下产生的，它也成为服务于教化和团结宗族全体成员的重要手段。在这种文化、信仰甚至宗教背景下，大家族的统治阶层更注重的是怎样团结族人，而不是违背祖制，剥夺下层民众原有的权利、地位，造成两者之间明显的阶级对立。

宗教的本意和原生形态，就是产生于宗族内部，与所有宗族成员有共同血缘关系、能庇护、福佑全体族群利益的神灵，及由此而生的对祖宗神灵的崇拜信仰和繁琐的祭拜仪式。在远古的宗族成员看来，自己逝去的先祖是以另外一种形式存在着，他们已羽化升华为神灵，他们就是本宗族真实的"创世主"——因为没有他们就没有本宗族，他们就是宗族的上帝，这些神灵能为宗族消灾免难、福佑子孙。祭祀是与先祖神灵沟通的最重要方式。当这些神灵、信仰和祭祀仪式固化以后就形成了宗教。如果说共同的神灵、信仰、仪式只是外在的形式，那么，通过这种形式对宗族成员精神和行为的教化才是实质所在。所以，我对宗教本意的理解是，源自于宗族先祖的神灵崇拜及对宗族成员的教化。古朗士认为，世界各地的古代宗教与后代的宗教不同，古代的宗教是家族的，每个家族都会有自己的宗教，家族先祖神灵与后代子孙的关系是友善互惠的，祖先需要子孙的祭祀使灵魂永存，后代子孙需要祖先神灵的福佑，维系家族的兴旺和血脉的传承。② 对本宗族或部落神的崇敬是世界性的现象，本宗族的祖先就是族人心中的真正神灵，其地位是不容挑战的，背叛宗族神灵者会遭到宗族成员最严厉的惩罚。当年，苏格拉底被雅典

---

① 唐汉：《发现汉字》，红旗出版社2018年版，第595、617页。

② ［法］古朗士：《希腊罗马古代社会研究》，李玄伯译，上海文艺出版社1990年版，第21页。

城邦公民处以死刑，原因就是苏格拉底否定城邦的旧神而引进新神。所谓的新神今天看来就是强调个人的自我意识，而个人自我意识与旧神所要求的族群意识是对立的。后来随着法兰克王国的建立，基督教成为欧洲的统一宗教，但基督教与各部族的宗教并不矛盾而是互相补充的，如同殷人也接受天神、地神一样，基督教的原罪说、彼岸说是慰藉人们心灵的精神食粮。但在现实中，各部族的祖先神灵及由这些神灵产生的神谕——祖制族规，仍然是指导族人一切行为规范的绝对权威，这就是所谓"习惯法"。从行为规范的角度看它是法规；可从精神文化层面，它就是任何人都不容挑战的宗教和信仰。这些宗教和信仰的核心都指向一个目的：族人的团结，即中国古人所说的"收族"。那是一个只有靠族人团结一致、互相帮助、共同努力，全族人才能安身立命的时代。因此，导致族人对立的分裂行为，是绝对不可能被接受的，谁要是一意孤行，只能自取灭亡。阶级分化和剥削，如前所述只能在血缘关系的外衣下悄悄地、隐蔽地进行。

欧洲封建化时期的农村，血缘关系普遍存在，与古代中国西周时期差不多，领主多为家族长，家族中的下层成员即为在土地上耕作的农民。领主自营地具有公地性质，农民在公地上集体劳动具有支撑公共财政的意义，而且这是自古以来的传统，并不是封建化以后领主强加给农民的。所以把服劳役和农民身份低下联系在一起，并没有说服力。即便是外来领主的庄园或村庄也一样，由于这些外来领主并没有拆散领地上原来的血缘大家族，也并不干预领地上原村社共同体的管理和习惯法的实行，原来村庄上生产生活习惯照例进行并无改变，只是农民在公田或自营地上的劳役地租和贡赋，已由领主享有或大部分由领主享有。当然，农民参加公地上的集体劳动会影响自家土地上的生产，而且还存在集体劳动出工不出力生产效率低下的现象。所以劳役地租向实物地租和货币地租转化是历史的必然。

(2)关于农民不得迁徙，农奴逃亡一年零一天才能成为自由人——迁徙权问题。我所理解的欧洲中世纪的自由人与非自由人，主要是指其有没有脱离家族共同体而言的。古时所有生活在家族共同体中的成员，都要承担家族共同体的责任和义务，当然也有相应的权利；每个家族成员还要受到祖制族规的制约。从这个意义上讲，每个家族成员都对血缘大家族有血缘依附和一定的人身依附，每个家族成员都是不自由的。只有脱离家族的责任和义务的制约才是自由人。但成为自由人的同时，他就失去了家族对他的保护及他在家族中应享有的权利。身为村社共同体成员，如果想脱离家族，就需要举行仪式，放弃作为家族成员所享有的权利及所应尽的义务，而不能随意地离去。如《萨利克法典》第60条规定：有人要脱离氏族关系，应出席司法会议，站在地方官员面前，把头顶上象征短尺的三根木棍折断，向四面抛撒，并当场声明放弃共同宣誓义务，放弃遗产权，不用这些短尺计量任何东西，若以后亲属中有人死亡，他不应分享遗产，也不用为族人分担罚款，他本人的遗产则归共同体所有。① 可以看出，脱离氏族是很重要的事情，因此需要地方官员亲自到场见证。如果有人不经过这样的正式程序而离去，则被视为违法。离开这个村社共同体的人，必然加入另一个村社或者城市共同体。如果此人在其他地方不被接纳返回家乡，族人还得收留他。英国早期的《阿瑟尔斯坦法》第8条就规定：在别郡打工的人返回后，族人应收留他；如他犯罪，族人应带他出庭；如他负债，则族人代他偿还。② 可见，即便是某人脱离了大家族去了别的地方，如果混不下去返回家乡，族人还得为他负责，承担原来对他的种种义务。因此，设定一个时间上的程序，给脱离氏族或家族的人充分融入其他共同体留足时间，就成了必要。这就是《萨利克法典》第45条第3款规定的，外人来村庄住满一年，没有族人的反对就可以成为本村的一员。也就是说，没有本村人的反对，他从住满一年后的第一天即一年零一天算起，就成为本村人了。但这期间村社中有一个人反对，他就不能成为村社的一员而必须离开。③反过来也一样，一个氏族成员如果到另一个地方去住了一年零一天，就说明他已经被别的族人所接受，也就不是本族人了，本族就不用再接纳他了。如果他不到一年零一天回来了，本族人还得接纳他为族人，他也还可以享有族人所享有的权利。可见，一年零一天的提出，只是适应当

---

① 《萨利克法典》，法律出版社2000年版，第41页。
② 马克垚：《英国封建社会研究》，北京大学出版社2005年版，第35页。
③ 《萨利克法典》，法律出版社2000年版，第28、29页。

时族人流动，而设置的脱离和融入村社或城镇共同体机制中的一个程序，与是不是农奴身份似乎关系不大。

（3）继承税即所谓的死手捐。这也应该与古老的传统有关。凡是公社中的一员，因都有血缘关系，是有互相帮助、照应及负有连带责任和义务关系的，如族人中有人杀人、欠债或其犯有其他罪，其亲属是有相应赔偿、教育责任的；而在平常，一家有困难，其他家族成员是要帮忙的。所以当某家的男主死后，他的妻子、儿女会得到公社共同体成员的关照，共同体还有责任对其家庭资产进行监管，以用于妻子、儿女的生活和成长。英国早期的《伊尼王法典》第 38 条，是关于丈夫死后族人应当抚养其孩子的规定："丈夫死后，孩子归妻子并由她抚养，（族人）则为供其抚养应给他 6 先令，夏天给一母牛，冬天给一公牛，族人应负责照应其父住宅，直到孩子长大。"①正因为族人对孩子有抚养义务，所以如果家中有适龄男子可以继承父亲的遗产，继承税相当于继承人向族人共同体缴纳的将来要履行族人权利和义务的保证金。这笔钱原来是交给氏族公社的，进入阶级社会后领主成为村社共同体的代表，故这笔钱要交给领主，或由领主代收。

（4）婚姻税。婚姻税同样来自进入阶级社会后的氏族公社管理制度。古希腊梭伦改革时曾规定：父亲死亡后遗产在儿子间平分，没有儿子的则在女儿间平分。这些继承父业的女性便称作承宗女。为防止财产流出氏族之外，承宗女必须嫁给父系后代亲属，尽管这在以前是被禁止的。在罗马的氏族公社中，也有类似的规定。② 中世纪的婚姻税，同样是防止马尔克公社内财产和人口在孩子婚嫁时外流而设置的补偿机制。因为农奴在本庄园内找配偶是没有问题的，只是到庄园以外寻找其他庄园的人作配偶才须缴纳婚姻税。③ 许多庄园规定，继承了丈夫财产或拥有一

---

① 马克垚：《英国封建社会研究》，北京大学出版社 2005 年版，第 33 页。
② ［美］摩尔根：《古代社会》，杨东蓴、张栗原、冯汉骥译，商务印书馆 1971 年版，第 963、964 页。
③ 马克垚：《西欧封建经济形态研究》，人民出版社 2001 年版，第 200 页。
［英］亨利·斯坦利·贝内特：《英国庄园生活：1150—1400 年农民生活状态研究》，龙秀清、孙立田、赵文君译，上海人民出版社 2005 年版，第 213、214 页。

定嫁妆的寡妇，不能嫁到庄园以外，以免庄园受到损失（地租、劳役、罚金等），因此，她须为离开庄园缴纳一笔钱。有的村庄共同体和领主会强迫农民找本庄园的寡妇结婚，1274 年，"罗姆斯莱的约翰和尼古拉斯·西沃被要求在下一次法庭上决定是否与指定给他们的两个寡妇结婚"。1275 年，英国北安普顿一个庄园法庭对当时普遍流行的习惯作了明确规定："法庭一致同意，一旦庄园的女人完全离开领主的领地而嫁给一个自由人，她可以回到庄园并恢复其对地产的权利；但如果她与一个农奴结婚，则在该农奴有生之年她就不能拥有上述权利，但她丈夫死后可以。"①这些规定的意图非常明显，就是防止庄园或村社财产外流。从北安普顿的法庭规定来看，还有另一层意思，即自由人在中世纪欧洲很可能是指脱离了家族关系的人，并非仅指其身份的自由；而农奴则可能都是指有血缘关系的家族成员。因为按照远古时期嫁女的原则，女儿嫁入男方，就等于加入了男方的家族，与己方家族完全割断了关系，所以不可能回来继承遗产。北安普顿庄园法庭却允许嫁给自由人的女性，回到原庄园恢复其对地产的权利，只有一种可能，即这些自由人是脱离家族的。嫁给一个脱离了家族的人，对本庄园或本村社共同体的财产是没有威胁的——财产没有外流到别的家族。嫁给脱离大家族的自由人，很可能在当时被视为嫁给了一个倒插门的女婿，所以才对他不设防。而嫁给农奴的女人要等农奴死后才可以回来继承，说明农奴都是大家族的成员。丈夫死后，女人也就可以不再是丈夫家族的人了，恢复了自由身，所以才可以回来继承地产。另外，如梅特兰所说，一些地方封建主也要向封君交嫁女钱，在苏格兰、威尔士，无论自由的贵妇还是女农奴都要交。② 这也说明，婚姻税应是源自古老的防止女人外嫁而导致本族资产流失的补偿机制，与农奴身份关系不大。

（5）关于普通法不适应普通农民，王室法庭不受理庄园农奴民事案

① ［英］亨利·斯坦利·贝内特：《英国庄园生活：1150—1400 年农民生活状态研究》，龙秀清、孙立田、赵文君译，上海人民出版社 2005 年版，第 217、216 页。

② 马克垚：《英国封建社会研究》，北京大学出版社 2005 年版，第 176 页。

件问题。不少学者也因此认为这是农奴身份低下的表现。我觉得这种对封建制度的认识是有问题的。在古老的公社中，司法权就是家族内的管理权，村民大会就是最高法庭，判决都是由村民自己作出的，从来不需要也不允许外部力量干涉。进入封建社会也一样，以血缘大家族为核心和纽带组织起来的各级封建组织，是不允许外族人干预内部事务的。封建制度就是分权制度，层层分封，就是层层分权。每一个封建领地，都是有军事、司法、财政、行政权力的高度自治的独立王国。领地内的司法权当然是国王不能干预的，如果国王强行干预就会引发各大家族的强烈反抗。中国西周时，周宣王想"料民太原"，也就是清点下面封臣家族的人数，以便为以后的税制改革做前期的铺垫，结果遭到了身边大臣的强烈反对而作罢。英国爱德华一世1274—1275年组织全国调查，其中一项内容是各领主的司法权有无国王的授权证明文书。当调查到瓦隆伯爵时，他拿出一把生了锈的剑，对调查的法官说，这就是我的（司法权）证明文书，我祖先拿着它和私生子（威廉一世）一起征服了这块土地，我也要拿着这把剑保卫我的土地，以反对想要夺取它的人。瓦隆伯爵的话很明确：我的司法权是用剑夺来的，我还将用这把剑来保卫它。后来英国王权和封建主妥协，于1290年颁布法令，承认这些封建主司法权的有效性。[①] 实际上，按照封建制度的政治治理模式，国王原则上只能管理自己领地的事务，他要是想直接管理每个庄园上的农民，就是越界管理，违反了封建制度下的分权管理原则，必然会遭到各级封建主的反抗，毕竟国王也只是众多封建主中的一个。但从另一个方面来讲，国王同时又是天下共主，是一个国家的代表，王权想强化自己权力的企图一直存在。但国王的这种企图能否实现取决于各国王权和各级封建主的实力对比和斗争状况。所以，把农民不能参加王室法庭诉讼作为其身份低下的标准，也是没有说服力的。自由人既能参加庄园法庭，又能参加王室法庭诉讼，只能说明当时的自由人是脱离了血缘大家族的人，很可能是后来才迁徙到庄园或村庄中的，他们被视为外族人，因此他们可以不

---

① 马克垚：《英国封建社会研究》，北京大学出版社2005年版，第107页。

受村社共同体家族规范的制约。

　　我们指出劳役制、迁徙权、继承税、婚姻税与家族共同体古老习俗一脉相承的联系，并不是想否定这些制度在中世纪已具有的阶级剥削和压迫性质，而是要说明这些制度从古到今的流变，以及在血缘外衣的隐蔽下，剥削和压迫悄悄发生并被人们接受的真实过程。此时的农民虽然受到领主的剥削，但在血缘外衣的掩盖下，这种剥削还有一层温情脉脉的面纱，这些剥削受祖制族规的制约，不会太重；农民的地位也不可能像中世纪欧洲法学家认为的那么低下，相反，不论中国还是欧洲，生活在古老村社共同体制度下的农民，享有自古以来就有的权利。当然，他们也受到村社共同体的制约，要承担相应的责任和义务。从这个意义上讲，他们对大家族有血缘依附和人身依附，故而不如完全脱离大家族的人那样自由。以劳役制、迁徙权、继承税、婚姻税等制度的存在来判断农民身份低下，把农民几乎等同于奴隶的观点并不符合当时的实际情况。同时也想说明，在血缘大家族共同体依然生机勃勃的存在，人们（包括领主）所有的制度规范必须符合古老的习惯，习惯即当时的法律，领主要想制定古老习惯法所没有的劳役制、继承税、婚姻税、限制农民迁徙等新制度是完全不可能的。所有这些制度应该都是古老村社共同体原来就有的制度，只不过进入阶级社会后发生了一些变化而已，比如原来村民只受村社共同体管理，现在则要受领主和村社共同体的双重管理；原来村社共同体制定的制度及执行执行这些制度所获取的利益，因领主参与后，领主也会有所受益等。如前所述，在军队的主体还是农民、庄园司法权也一定程度掌握在农民手中的情况下，领主想违背祖制，违背一直实行的习惯法，制定对自己更有利的新规定，是没有这个能力和手段的。正因如此，领主通过超经济的强制性手段来压迫农民接受剥削、压迫的说法，是不符合历史事实的。至于说为什么农民要交租税给领主，是因为进入阶级社会后，任何一个家族都不再是与外界独立的世外桃源。整个社会通过家族内分封和家族间分封，组成了一个地域性的封建体系——封建国家。在这个封建体系内，每个家族都要与上下左右发生关系，都负有一定的责任和义务，这些责任和义务必须落实到家族的某个人头上，这个人就是家族长，就是领主——家族的法人代表。领主代表家族负有这些责任义务，当然也就享有相应的权利，领主是代表家族共同体在行使这些权力——包括使用集体共同劳动（劳役）、征收租税，管理、协调、解决家族事务和纠纷等。这也就是封建制度形成后，我们看到封建主的权力日益凸显的原因。也许，我的这些解释，可能还需要更充足的资料支撑，但是比较符合封建社会时农民生活在血缘大家族维系的村社共同体之中，按习惯法行事、被习惯法约束这一大背景和事实的。

第四，封建制度即分权制度，层层分封即层层分权。不能以王权是否强大来作为封建制度是否建立的标准。封建制或分封制是同一个意思，它是由封和建两个程序或环节组成的。分封即授权确权，建是建立。每一级封土都是经授权确权而建立起来的一级地方自治组织或实际的地方政府，也就是说，每一级封土或采邑都是有行政权、司法权、军事权、立法权、经济管理权的。因此，封建制度不仅是政治制度，也是经济制度、军事制度、财政制度、法律制度。不同层级的公民大会，如马尔克村社、自治城市、百户区、郡公民大会，以及国家层面的贵族议事会议，就是不同层级的立法机构和最高行政机构。所以，封建制度和后来的中央集权专制体制是管理原则完全相反的两种社会治理体系。在层层分封的制度下，实行中央集权是不会成功的。充其量只能在某些国王特别强势时，王权暂时得到了加强，而该王一死，分割照旧。这是体制造成的。中国西周时的武王、周公时代如此，西方的查理曼时代也是如此。封建制度的本质就是分权而治，这是封建制度最明显的政治特征。不论是古代英国、法国，还是所谓德意志"神圣罗马帝国"的贵族们，所做的最重要的事情就是不让国王集权。日本的天皇能够历经各朝各代，在各式各样的贵族统治下历经千年相安无事，维系着天皇的体面，就是因为他只是一个傀儡，他不会威胁到各大家族的利益和各个政权的统治。历代统治者也才能允许他的存在。否则，天皇的命运也会和中国古代专制帝王一样短命。由此可见，封建制度也是大一统集权国家形成的最大的制度性障碍，封建制度下的国家充其量只是各大家族的联盟，并不具有现代国家统一的组织机构和治理体系，只有封建制度衰亡之时，具有全国统一的行政管理制度、军事管理制度、税收制度、司法等制度的现代意义上的国家组织形态才能形成。

本 章 小 结

"封"和"建"为同一事物的两个方面："封"原为氏族或家族地界之标志；后为宗族别立之标志，如"胙土命氏"；再后来为政治别立之标志——封土建邑、封土建国。分封之后，必然是建氏、建土（领地）、建国。原始封建制度的胚胎——分宗立氏制度——进入阶级社会后，演化成以等级分化为特征的、由封君封臣一系列权利义务关系构成的成熟的封建制度，并涵盖了几乎整个社会。成熟的封建制度是原始的氏族增殖、裂变、分宗立氏制度，是在私有财产和私有观念出现、社会阶级分化后的表现形态，它和原始氏族分封制有一脉相承的内在血缘联系，是原始氏族裂变和分立在阶级社会发展的新阶段、新形态。在这个演化进程中，整个社会的封建化是通过各大家族内部的血缘等差关系逐步演化成阶级等差关系来完成的；是各大家族按照血缘世系的传递，层层分封形成的，或者说，各家族内部的封建化是全社会封建化的主干。之所以这么说，是因为对异姓大规模的分封，往往是在大的战争或征服之后，如周灭商、法兰克人征服别的部族形成法兰克王国、威廉征服英国等。表面上看对异姓分封的数量不少，但是这样的分封是一次性的。而真正常态化的、不断重复的分封还是在征服者家族内部或受封的各异姓家族内部发生的。也正因如此，封建化过程中的阶级分化是一个在血缘关系掩盖下悄无声息发生的比较温和的过程。在这个过程中，我们并没有见到社会变迁通常所有的社会矛盾激化和社会激烈反应。另外，封建化过程也是分宗立氏制度在国家层面的应用和拓展。由各大家族选出或拥立的国王，具有双重身份：一方面他是其所在家族的大宗，是所有同一血缘关系的各分支家族的宗主；另一方面，他又是天下各异姓家族认可或推选出来的共主，是当时各大家族联盟——国家——的代表。作为宗主，他要在家族内按血缘亲疏进行分封，以亲属关系织起一道保护王室的血缘屏障，维护君权的世代传承；作为天下共主，他必须对支持他、归顺他的各异姓家族进行分封，这种分封的实质，既是对各家族原来实际控制的地盘的确权，也是对一些有功家族的赏赐。此时的国家或封建社会的国家就是家族联盟，而并非现代意义上的主权国家。分封之后领地的占有、使用、受益等实际权利在各领主手中，国王也只是众领主中的实力排在前面的一个。封建制度最明显的特征是政治上的层层分封，层层分封就是层层分权，封建制度下的各级封土都是一级高度自治的经济单元、社会单元和政治单元，相当于一个拥有完整治权的独立王国。所以，封建制度不仅是政治制度，也是经济制度、司法制度、军事制度、行政管理制度。封地上的公田、私田并存的土地制度及农民须缴纳的劳役地租，构成了封建关系在农村经济方面的主要内容；封臣需向封主服军役、纳土贡，封主则需保护封臣的安全及封地的高度自治，依自古已有的习惯法进行行政、司法等方面的组织和管理，则是封建关系的政治内容。因为封建制度层层分封、层层分权的特点，所以与大一统的中央集权专制体制是两种格格不入、背道而驰的社会治理模式。

第四章 历史大拐点：中国封建制度的 早夭与中央集权帝国的形成

与欧洲封建制度形成的时间相比，中国封建制度是早熟的；但与欧洲封建制度存在的时间相比，中国的封建制度又是早夭的。

第一节 从"雨我公田，遂及我私"到个体家庭的独立

《诗经·小雅·大田》"雨我公田，遂及我私"一句中的"私"指私田，是与上一句"公田"相对应的。中国的私田起源于何时，不得而知。这句诗说明西周时土地已经分田到户，形成了所谓的私田。但此时农民拥有的，只是分给自己的这块土地的使用权和收益权，而并非指所有权。分田到户不仅在中国而且在世界范围内都是有重要指标性意义的事件，它是人类生产资料从公有制向私有制转变的第一步和初始阶段。这一把公田和私田结合在一起的土地制度，在古代中国称"井田制"。周代金文对井田就有记载，《虞彝铭》："锡乃臣叔虞井五困"，困即古代装谷物的容器或仓库。学者认为这是指以一井之公田的粮食五困赐虞。①《春秋穀梁传》宣公十五年："古者三百步为里，名曰井田。井田者，九百亩，公田居一。"那时的农民要在公田上服劳役，是为"古者什一，籍而不税"。"籍"者借也，即借民力种公田，农民不用再交税。提到这一制度的古文献还有《左传》襄公二十五年：楚国"井衍沃，量入修赋"。杜预注："衍沃，平美之地。则如《周礼》制以为井田。"杜预说得很明白，"井衍沃"

---

① 吴慧：《井田制考索》，农业出版社1985年版，第3页。

就是在这些地方实行井田制。《国语·齐语》载管仲"陆、阜、陵、瑾、井、田、畴均"，也是类似的制度。《国语·鲁语下》载孔子追述先王税制："其岁，收田一井，出稷禾、秉刍、缶米，不是过也，先王以为足。"是说古时税收是按井田来收取的。《孟子·滕文公上》中也载："方里而井，井九百亩，其中为公田，八家皆私百亩，同养公田。公事毕，然后敢治私事。"关于古代中国的井田制，一些学者在井田制的形制上是否如孟子说得那么规范，井田制的实施时间等问题存在争议。我们关心的问题不是井田制的形制、存在时间，而是井田制所代表的古代血缘大家族内公田和私田同时存在，是人类历史上从完全土地公有制向私有转化过程中的一个阶段，那么，土地公有制为什么会发展为公田、私田并存？如果公田完全瓦解，还需要什么条件？公田瓦解后会产生什么影响？

原始社会中被开垦出来的土地都是公有的，可以说都是公田，人们在公田上集体劳作、共享收益。为什么会出现分田到户的现象呢？首先，随着私有观念和对偶婚的形成，个体家庭的出现，人们在利益分配上已有了私与公的区别，表现在生产劳动上就是在公田上集体劳作的弊端——出工不出力、劳动效率不高的问题——会慢慢凸显出来。两千多年前的中国古人早就看到了这个问题，《吕氏春秋·审分》载："今以众地者，公作则迟，有所匿其力也；分地则速，无所匿迟也。"说的就是大家在公田上劳动出工不出力，生产效率低下；而在私田上干活，大家都会尽心尽力。《吕氏春秋》指出了土地分田到户的必然性。而早在更远古的时代就已经修建的农业生产所必需的沟洫体系和田界系统，把耕田分成了无数个小块，即甲骨文中"田"字所显示的形状，客观上有利于把小块农田交由个体家庭生产管理，进而最终演变成分田到户。但公田毕竟是家族公共财政收入的来源，因此，第一步是分田到户，以提高农民的生产积极性；保留公田以支撑公共财政需要，农民以在公田上服劳役的方式提供公共财政收入。然而公田上集体劳动生产效率低下的致命缺陷决定了公田没有好的未来。其次，土地能分田到户还与种植业生产本身的特点相关。粮食的种植是分散在每一块土地上进行的，从下种到收获，都是同一块土地，不会出现类似工业产品的不同生产工序分散在不同空间、需要不同的人来分工协作完成的情况。粮食生产过程中，需要别人协同操作的环节，只会产生在土地的翻耕阶段，如欧洲土地黏重需要多牛牵引重犁组成的耕畜组耕翻土地；中国在金属工具出现前，也是两人用耒耜共同发力翻挖土地。但土地耕翻以后的生产程序，在种植业生产中都可以由一家一户完成，这样将土地分田到户耕种在生产工序的操作上就成为可能。

在第二章中我们已经谈到，古代中国雨热同季的气候条件，特别是黄土地的疏松多孔、极易耕作的特点，使中国的先民使用木、蚌、石等最原始的工具，都能开沟挖渠、梳理河道，创造出集排水灌溉于一体的农田沟洫体系，让原始农业较早地上了一个台阶，进入传统农业的阶段。随着铜特别是铁等金属工具在生产中的应用及牛耕的使用，西周以后的农业生产力有了进一步发展，在选种育苗、防涝灌溉、施肥保墒、消灭虫害、垄沟轮作等生产技术方面都有了极大的提高。土地耕作制度由原来的"菑""新""畲"三田轮作休耕制，转变为一块土地上的连作制。《吕氏春秋·乐成》载："魏氏之行田也以百亩，邺独二百亩，是田恶也。"说明春秋中后期除了"恶田"仍需休耕外，其余的"好田"都采用连作制。在生产力水平提高的基础上，春秋以后中国的个体农户已能够完全独立地完成农业生产的整个流程，原来需要双人共耕的翻土方式因铁器农具和牛耕的出现而退出历史舞台，农民在农业生产流程的各个环节，获得了不再依赖大家族的共同协作而能独立操作的能力，及越来越多的生产经营自主权。另外，如前所述，中国古代以桑、麻为主的纺织业所需机具少、工序简单，妇女在家就能独立操作。耕和织这两个农本经济中最重要的生产要素在小家庭中密切结合，形成了自给自足的小家庭生产模式。在生产经营领域对家族的依赖性越来越小的结果，就是个体农户最终获得了经济上的独立，原先由族人组成的经济共同体，春秋以后开始崩塌了，一家一户的农民小家庭成为了社会独立的经济细胞，取代了实行了千万年的氏族经济、家族经济。在这个过程中，最明显的标志性事件，就是公田的瓦解。在家族共同体公田与私田并存的情况下，私田上农民的生产积极性和劳动效率要明显高于公田，使统治阶级在实践中看到，改变剥削方式——变原来公田上劳役地租为实物地租——不会使自己的利益受到损失，而且，随着生产效率的提高，实物地租的方式还会使自己的收入有所增加。这样，作为家族公有地"公田"的最大受益者统治阶层，对公田也失去了兴趣，公田制度也就走到了尽头。

关于公田的瓦解，史料并没有详细的记载，但我们可以从先秦的资料中间接地看到这一变化。早在公元前789年，周朝军队伐姜氏之戎，周军大败。周宣王想改革旧制，于是要"料民太原"和"不籍千亩"。前者是清查家族的人口数，为以后征兵征税打基础；"不籍千亩"是放弃公田——籍田。《国语·周语》谈及"不籍千亩"，韦昭注："籍，借也。借民力以为之。"《孟子·滕文公上》孟子曰："助者，籍也"，即借助民力在公田上耕种。宣王想放弃籍田，可能也是看到了公田的弊端，想改变以公田收入作为王室公共财政收入主要来源的方式，准备在清理人口的基础上推出按人或按亩征税的方案。当然这只是猜测，宣王号称中兴之主，他做出"料民太原"和"不籍千亩"这些大动作，不会只是好玩，而是要有所改变。当然，他的举动遭到了大臣们的极力反对。籍田是公田中有特殊意义的一种，即天子行籍礼之田。"不籍千亩"说明公田的重要性下降，宣王对公田的作用已失去信心，准备有所改变；同时，籍田作为公田，在籍田上劳作也有团结族人、重视血缘宗族关系的意味。宣王放弃籍田同时也说明此时人们血缘关系已经淡化，王室对宗族共同体的认同感已大不如前，而这些原本都是周王朝立家立国的根本。周王如此，各国诸侯也会如此，反映出公田行将解体的趋势。《左传》僖公十五年即公元前645年，晋国和秦国交战，晋国国君战败做了秦国俘虏，后在秦准备放他回国时，他为笼络国人，使近臣"朝国人而以君命赏，且告之曰：'孤虽归，辱社稷矣，其卜贰圉也。'众皆哭，晋于是乎作爰田。……作州兵"。《国语·晋语三》则记为"作辕田"。"辕田"和"爰田"只一音之转。杜预注《左传》，以为"作爰田"是用公田之税赏众人；而孔颖达疏："服虔、孔晁皆云：'爰，易也。赏众以田，易其疆畔。'"《国语·晋语三》记为"作辕田"，该书注引贾侍中云："辕，易也，为易田之法，赏众以田。易疆界也。"认为是用公田赏众人。韦昭赞同这一说法"此欲赏以说众"。杨伯峻、童书业等后世学者也认为这是以公田赏众人，争取民心和国人支持。①从事情发生的逻辑来看，此说确有道理。公田及公田上的收入是包括国君在内的各大家族公共财政的主要来源，公田分给农户了，公共财政靠什么支撑呢？其实，"作爰田"即分公田到农户，是劳役地租向实物地租转变的必要前提。由于分田到户能极大地提高农户的生产积极性，从而大大提高生产效率和农业收入，所以，分田到户和实物地租也能提高统治阶层的地租收入，是双赢的做法。随后发生在各国的"初税亩""初租禾""用田赋"等改革，都是与"作爰田"相配套的后续措施。"作爰田""作州兵"也是扩大国家财政收入，扩充兵源和军备，以适应当时国内外政治上争夺，军事上扩张的需要。公田分赏众人了，也就不存在了。

公田解体的过程，也就是自古以来一直运行的氏族、家族经济共同体瓦解，个体小家庭独立出来，成为了社会基本经济细胞的过程。《诗经·魏风·硕鼠》："硕鼠硕鼠，无食我黍。三岁贯女，莫肯我顾。逝将去女，适彼乐土。乐土乐土，爰得我所。"这是以农民的口吻诉说对统治者征收赋税的不满，准备离开去寻找轻徭薄赋的乐土。这说明此时的农民已经能够自由迁徙，血缘依附的束缚已经解体。《管子·问》："余子父母存，不养而出离者几何人？……君臣有位而未有田者几何人？外人之来从而未有田宅者几何家？国子弟之游于外者几何人？……外人来游在大夫之家者几何人？"从管子之问可以看出，当时既有本土本国的人到外乡外国去的，也有外乡外国的人到本国本乡来的，人员的流动已成为事实。农民要想流动迁徙，需要一个前提即要有能够接受他的地方。而这时，有些大家族或国家恰恰就在乘机以优惠的手段招募流民，争取民心，以扩大自己的实力。银雀山汉墓竹简《孙子兵法·吴问篇》载：晋之范氏、中行氏以一百六十步为亩；智氏以一百八十步为亩；而韩、魏以二百步为亩；赵氏面积最大以二百四十步为亩。说明晋国的卿族均以突破周亩一百步的旧制来收买人心，人民分得的土地面积大，税还是按原来的亩积收的，当然愿意来此耕种。② 卿族们用优惠的土地和税收政策

① 童书业：《春秋左传研究》，中华书局2006年版，第194页。
② 银雀山汉墓竹简《孙子兵法》，文物出版社1976年版，第94、95页。

互相抢夺人民和民心，这也印证了春秋中晚期血缘大家族开始解体，人民可以小家庭为单位自由流动的事实。因为如果当时血缘大家族没有解体，小家庭没有独立，人民都还对自身大家族有血缘依附和人身依附关系；如果人们还是秉持原来"非我族类，其心必异"的排他性心理，大家族之间的人员不能流动，那么，韩、赵、魏三家采取任何优惠、吸引民众的措施也是徒劳的，而事实并非如此。

《左传》昭公三年（公元前539年），记载了齐国丞相晏婴与晋国大夫叔向的一段对话，晏婴说："齐其为陈氏（也称田氏）矣！公弃其民，而归于陈氏。"老百姓归附田氏，是因为田氏采取了大斗出——借粮给老百姓和小斗进——小斗收回——的方式收买人心，即杜预注说的："贷厚而收薄"，从而导致老百姓"归之如流水"。当时齐国的公量（容器）与田氏家族的家量，是不是如同晏婴说的相差那么大并不重要。重要的是民归之如流水，说明当时的人民在齐国也是可以自由流动的。《史记·田敬仲完世家》载：齐景公时，田氏"其收赋税于民以小斗受之，其予民以大斗，行阴德于民，而景公弗禁。由此田氏得齐众心，宗族益强，民思田氏"。后至田成子还以此收买人心，吸引民众。"齐人歌之曰：'妪乎采芑，归乎田成子！'"说明当时的人心所向。《晏子春秋·内篇问上》也记载了这件事：齐景公问晏子将来谁会拥有齐国君位。"对曰：'田无宇之后为几。'公曰：'何故也?'对曰：'公量小，私量大，以施于民。其与士交也，用财无筐箧之藏。国人负携其子而归之，若水之流下也。'"田氏收买人心是其家族几代人一以贯之的措施，其目的显而易见。"国人负携其子而归之"，说明人们是以小家庭为单位迁徙的，而非单个劳动力到田氏家族去打工。

国与国之间也存在人民的相互流动。与晋国交界的秦国因地广人稀，就通过优惠政策招徕晋国的边民。《商君书·徕民》中，商鞅请秦王发布优惠政策吸引周边国家的流民：凡归附秦国的人免其三代的徭役赋税；不用从军作战；丘陵、洼地、坡地十年不收赋税，并把这些优惠措施都写入法律。这样"山东之民无不西者矣"，商鞅甚至期望能吸引百万民众在秦国从事农业。可见其野心之大，同时也说明当时各国之间人民可以自由流动的事实。

此时这些大家族或国家用种种优惠政策吸引人民，又加速了人民从大家族中的剥离。流动出来的人民再也不是按血缘关系组织起来，而是按地域原则被重新组织和编制，成为以后国家掌控的编户齐民。这些用心吸引流民的家族在大量招徕了人民后，变得兵强马壮，实力大大增加，最终或取代公室，如田氏代齐；或单独立国，如韩、赵、魏三家分晋。人员的流动性，也体现在人们不再按血缘关系齐聚一处，而是出现了按地域混居的现象。《庄子·则阳》载："少知问于大公调曰：'何谓丘里之言?'大公调曰：'丘里者，合十姓百名而为风俗也，合异以为同，散同以为异。'"丘、里皆居民的编制管理单位，如在以前，居民以血缘关系聚集，一个小地方的居民基本是同一姓氏，而这时的风俗已是丘、里居民"十姓百名"，表明人口流动性比较大，居民不是按血缘而是按地域长期混居了。

小家庭经济上的独立，会导致贫富分化。《管子·问》："问宗子之收昆弟者，以贫从昆弟者几何家?"宗子原为一族之长，负有保护族人、收族的责任，在血缘大家族内是统治阶层。在公田存在的情况下，他们掌握着劳役地租提供的公共财政，经济上也比一般家族成员富裕。可是小家庭独立后，一些有头脑、善经营的农户迅速致富，而有些大家族统治者却因只收固定地租、不懂生产经营而衰败，贫困潦倒到依赖族人昆弟的地步。可见此时血缘等级与经济地位已严重背离，小家庭之间的贫富分化已经出现，经济关系的重要性已高于血缘关系。原来以血缘亲疏决定的政治等级关系，也随着家庭的贫富分化而失去了意义。

明确记载春秋时期以小家庭为社会组织基本单元的资料是《国语·齐语》。齐桓公用管子治国，将全国分为国与鄙，国大致相当于城区和近郊；鄙则为农村。国设二十一乡，其中工商之乡六个，士乡十五个。士乡中："五家为轨，轨为之长；十轨为里，里有司；四里为连，连为之长；十连为乡，乡有良人焉。以为军令：五家为轨，故五人为伍，轨长帅之；十轨为里，故五十人为小戎，里有有司帅之；四里为连，故二百人为卒，连长帅之；十连为乡，故二千人为旅，乡良人帅之；五乡一帅，故万人为一军，五乡之帅帅之。"很明显，"家"是最基本的社会细胞，社会组织由此组成。《国语·齐语》中只提到士乡中的民众要服军役，没有说明他们要交租税。鄙也是以家为基本单位："制鄙。三十家为邑，邑有司；十邑为卒，卒有卒帅；十卒为乡，乡有乡帅；三乡为县，县有县帅；十县为属，属有大夫。五属，故立五大夫，各使治一属焉；立五正，各使听一属焉。"这是鄙——农村的管理体制。鄙中之人实行"井田畴均"，虽不服军役，但要交租税，即"相地而衰征"。关于《国语》的作者和成书年代，学界有争议，司马迁和东汉的班固等都认为作者是著《左传》的左丘明，但唐、宋以后有学者认为作者另有其人，成书年代可能在战国初期。不管怎么说，都还是那个时代的人的作品，其所记载的事情真实性比较大。从内容上看管仲治理国和鄙的这两套制度，既有血缘家族关系的成分，也有国家按地域上的小家庭为基础来组织和管理人民的成分。首先，国中的国人之乡才服军役，鄙中之人则不用服军役，这当然是因为国中之人均为同国君血缘较近的亲属所致，由此可见这是按血缘关系居住的。其次，鄙中之人"井田畴均"，也是标准的血缘大家族田地分配制度——井田制。再次，国中人员按轨、里、连、乡进行组织，鄙中人员按邑、卒、乡、县、属进行组织，又是国家以一家一户的小家庭为基础，以地域为单位对人民进行组织、编制和管理的。似乎这时个体小家庭已经从血缘大家族中剥离出来了。最后，"相地而衰征"是国家按土地的好坏来确定收税标准；而在血缘大家族中，地租是劳役地租，即使后来改实物地租也是各家族长按祖制收取，国家并不能制定全国的收税标准，国君也不能对自己领地之外的其他大家族领地征收租税。乍看起来，《国语》的这些记载互相矛盾，但细细想来，如果《国语》这些记载是真实的，唯一的解释就是：齐国是当时经济最发达、在各国中执改革之牛耳的国家，血缘大家族和国家在组织和管理人民中都在发挥一定作用，有可能是齐国的社会公共管理职能渐次从血缘大家族中剥离出来，逐步向国家过渡时期的现状。如果管仲的改革是成功的，齐国的国家权力就会大大增加，国家就会直接掌控人民、军队、税收，各大家族的力量就会被大大削弱，就无法撼动国君的地位。可是，从后来齐国的历史发展来看，管仲的这次改革并没有达到预期目的。因为各大家族在齐桓公以后的政治舞台上继续扮演着有声有色的角色，最终由田氏大家族取代了姜子牙这一脉血统，原本周天子分封和认定的姜氏齐国，变成了田氏治下的齐国。《国语》记载的这些资料，只能说明此时的国家已经想通过改革，来和血缘大家族争夺对人民、土地、军队、税收的控制权，但是在实施过程中肯定会遭到各大家族的反抗，改革还有很长的路要走。

战国时期，有更多资料明确记载大家族公共管理职能的瓦解。银雀山竹简《田法》中载："州、乡以地次受（授）田於野""三岁而壹更赋田，十岁而民毕易田，令皆受地美亚（恶）□均之数也"。银雀山竹简《田法》是战国时齐国的作品，这条资料很明显地反映了当时齐国地方政府——州、乡——向农民授田的情况。分配土地的主体由大家族变成了国家，可见此时家族的公田及大家族原有公共管理职能都已瓦解，流入国家手中。秦国是诸国中经济比较落后的，又处在偏远之地，春秋之际中原各国变法改革风生水起，秦国并没有太大动静，但战国以后改革最彻底的却是秦国。《汉书·食货志》说："及秦孝公用商君，坏井田，开阡陌，急耕战之赏，虽非古道，犹以务本之故。"《汉书·食货志》还引用董仲舒的话说：秦"用商鞅之法，改帝王之制，除井田，民得买卖"。《汉书·地理志》："孝公用商君，制辕田，开阡陌，东雄诸侯"。"辕田"即"爰田"，学者认为是以公田分赏众人。① 我觉得秦国制辕田比晋国晚了约三百年，商鞅应该是看到了晋国等国的改革成果，看到了公田瓦解后个体农户从大家族中剥离出来为国家所掌握，有利于国家实力增长的事实，故而推行了比东方六国更为彻底的改革，即由国家对农户直接授田，使人民都成为国家掌控的编户齐民。这也就是司马迁《史记·六国年表》说的："'东方物所始生，西方物之成熟。'夫作事者必于东南，收功实者常于西北。"比较有说服力的资料是1975年湖北云梦县睡虎地出土的秦简，记载了自商鞅以来秦国的部分法律条文，其中《田律》明确记载了国家对农户授田："入顷刍稾，以其受田之数，无垦（垦）不垦（垦），顷入刍三石、稾二石。"②"刍"和"稾"是喂牲畜的草料，这句是说"刍"和"稾"两种草料是按国家授予农户的田地来收取的。不少学者认

---

① 王毓铨：《爰田（辕田）解》，《历史研究》1957年第4期。
② 《睡虎地秦墓竹简·秦律十八种·田律》，文物出版社1990年版，第21页。

为睡虎地秦简，结合秦简附抄《魏户律》、银雀山汉简《守法守令十三篇》及其他文献佐证，可以断言：授田制是秦国和战国时"无可争辩"的基本土地制度。这个制度是建立在严密的户籍和田籍制度之上的。①《史记·秦始皇本纪》载：秦献公十年（公元前375年），秦国就已经"为户籍相伍"，即农民按户籍组成五户联保。说明那时秦国的人民已经从原来的大家族中剥离出来，成为了国家控制的编户齐民。个体农户的独立与国家授田是相辅相成的两个方面，农民如果都还组织在大家族中，受大家族的管控，国家就不可能为他们授田；反过来说，国家能够直接对个体农户授田，说明他们已经从大家族中独立出来，成为国家掌控的公民了。纵观中国历史上的土地制度，原始社会是氏族、部落成员共同占有、共同劳动、共享收益的土地公有制度。进入阶级社会和国家初级阶段——封建社会后，土地开始在保留公田的基础上分田到户——实行井田制。井田制是土地公有向私有过渡的一个历史阶段，是血缘大家族内的土地分配制度，由各大家族自己主持分配土地。封建制度下，天下的土地都在分封中成为了各家族的领地，即便是天子也只能在自己的家族内占有土地，所以不存在除家族之外的属于国家的土地，也就不存在国家直接对农民授田的事情。封主对封臣只是分封领地，却不能干预各大家族包括土地分配在内的各项事务。每个大家族都是高度自治的血缘共同体，家族成员只接受家族管理，而一般不接受国家管理，所以与国家没有直接联系。战国以后出现的国家对农民直接授田制度，说明随着井田制的瓦解，及生产力水平提高到一定程度后，个体农户逐渐获得了经济上的独立，从血缘大家族中剥离出来，成为被国家掌控的编户齐民。国家对他们授田表明，国家即掌控了人民，也掌控了土地，形成了一种不同以往的土地国有制度。

战国时期小家庭已经成为社会的普遍现象，这从战国时期的文献资料中有所反映：

《孟子·万章下》："耕者之所获，一夫百亩，百亩之粪，上农夫食

---

① 晋文：《睡虎地秦简与授田制研究的若干问题》，《历史研究》2018年第1期。

九人，上次食八人，中食七人，中次食六人，下食五人。"

《孟子·梁惠王上》："五亩之宅，树之以桑，五十者可以衣帛矣；鸡豚狗彘之畜，无失其时，七十者可以食肉矣；百亩之田，勿夺其时，数口之家可以无饥矣。"

《孟子·尽心上》："五亩之宅，树墙下以桑，匹妇蚕之，则老者足以衣帛矣。五母鸡，二母彘，无失其时，老者足以无失肉矣。百亩之田，匹夫耕之，八口之家足以无饥矣。"

《礼记·王制》："制农田百亩，百亩之分：上农夫食九人，其次食八人，其次食七人，其次食六人，下农夫食五人。"

《周礼·地官·小司徒》："上地家七人，可任也者家三人；中地家六人，可任也者二家五人；下地家五人，可任也者家二人。"

银雀山汉墓竹简《田法》篇："食口七人，上家之数也。食口六人，中家之数也。食口五人，下（家之数也）。"

《汉书·食货志》："是时，李悝为魏文侯作尽地力之教。……今一夫挟五口，治田百亩，岁收亩一石半，为粟百五十石，除十一之税十五石，余百三十五石。食，人月一石半，五人终岁为粟九十石，余有四十五石。"

从上述几条资料来看，战国时家庭的人口有5~9人，也即大家者夫妻、四至五孩加两老；中家者，夫妻、两孩加两老；小家者，夫妻加三孩。这肯定是标准的小家庭了。按照孟子的说法，这样的小家庭只要不违农时，勤劳耕作，种桑养蚕，养鸡养猪，就能衣食无忧。作为战国时代的人，孟子对耕织结合、农副业结合的自给自足小家庭的描述，应该反映了当时已从大家族中剥离出来，获得了经济上独立的个体农民真实的生存状况。战国以后，各国是鼓励小家庭从大家族中剥离出来的。《史记·商君列传》中载，商鞅在秦国推行分户令，对"民有二男以上不分异者，倍其赋"。这是国家在强推个体农户从大家庭中剥离出来，这样做的目的是便利国家对人民的控制和满足国家增加赋税的需要。小家庭的独立意味着血缘大家族的解体。而从血缘大家族中独立出来的小家庭，被国家重新组织、编制，就成了国家的编户齐民。《汉书·高帝纪》注引颜师古语："编户者，言列次名籍也。"《汉书·食货志》注引如淳语："齐，等也。无有贵贱，谓之齐民，若今言平民矣。"这些成为国家编户齐民的老百姓，与大家族也再无血缘依附和人身依附关系。**如我们前面所说：封建制度下的人身依附是附着于血缘依附之上的，或者说血缘关系是人身依附的载体，没有血缘依附，就没有了人身依附。**

和古代中国不同的是，西欧的农民在公元 5 世纪之前，虽然也已分田到户，但是西欧大部分土地黏重板结，必须使用八牛共耕的犁队才能耕种，而一般农户根本制备不起这么庞大的重犁犁队，必须依靠家族成员之间互帮互助才能合力完成耕翻土地的过程；加上欧洲的半农半牧的生产结构，大家在条田上必须统一耕种、统一种植品种、统一收割时间，粮食收割后土地又需拆除篱笆恢复成公共牧场，而这些都需要家族共同体的统一组织、指挥和协调。这种生产方式下，欧洲的农民根本不可能像古代中国的农户一样，从血缘大家族中剥离出来保持经济上的独立。所以，欧洲的农民虽然也较早地分田到户了，却没能像中国的农户这样再往前走一步，从大家族共同体中剥离出来，成为经济上完全独立的个体。

第二节　权力大家族在政坛上的衰亡

周王朝的等级权力家族为王族、诸侯公室、卿大夫家族等。西周初年，姬姓大家族是十分重视家族内的团结的。他们以一个西域的小邦夺了天下，没有半点理由可以自家相斗。《诗经·小雅·斯干》："秩秩斯干，幽幽南山。如竹苞矣，如松茂矣。兄及弟矣，式相好矣，无相犹矣。似续妣祖，筑室百堵，西南其户，爰居爰处，爰笑爰语。"歌颂的就是兄弟之情、血缘之情。而且，诗中的这个家族有百室（百堵），规模不小，属整个家族聚居状态。但是，即便是血浓于水的亲情，天长地久之后也会如《礼记·大传》所说："四世而缌，服之穷也；五世袒免，杀同姓也；六世亲属竭矣。"一方面日久情淡；一方面利益关系相悖，还可能拔刀相向。

《论语·季氏第十六》："天下有道，则礼乐征伐自天子出；天下无道，则礼乐征伐自诸侯出。自诸侯出，盖十世希不失矣；自大夫出，五世希不失矣；陪臣执国命，三世希不失矣。天下有道，则政不在大夫。天下有道，则庶人不议。"这是生在春秋末期的孔子对当时政治大变局的高度概括。天下有道，礼乐制度由周天子制定，征伐由周天子发起。各国诸侯无权制定礼乐，也无权发动私战的。天下无道则分了三个层次：礼乐征伐由诸侯出，由大夫出，甚至陪臣执国命。这三个层次也是天子以下逐次分封的三个层次。

周之初，周王室权威是很高的，王族实力是很大的，灭大邦殷，平管、蔡、霍"三监之乱"，征戎狄，伐东夷、讨淮夷，都显示出周王室强大的军事能力。对不受之于王命，自行讨伐的诸侯间战争，周天子是反对的。《左传》成公二年，晋侯使巩朔献齐捷于周，王弗见。使单襄公辞之，说了一番道理："王命伐之，则有献捷，王亲受而劳之"，但对不受王命的互相征伐，王法是禁止的，所以王不接受。周王反对各诸侯国间的私战，却已无法阻止。当初，各诸侯国对周王朝也是尊重的，每年都要朝觐、纳贡。如《左传》昭公十三年所载："昔天子班贡，轻重以列。列尊贡重，周之制也。"楚国没有纳贡就遭其他诸侯国群起而攻之。如果周王室受到外族的威胁，各国也是要出兵勤王的，幽王烽火戏诸侯的例子就说明，尽管幽王在做戏，诸侯还是认真履行了义务的。对于各国诸侯，周王还有生杀大权。周夷王时，听信纪国国君纪炀侯谗言，"周烹哀公"。①《古本竹书纪年·周纪》载周夷王三年"致诸侯，烹齐哀公于鼎"，一个诸侯说杀就杀掉了，而且是非常残忍地用鼎烹了，可见此时周王朝还是很有权威的。当然，此时周王朝已经在走下坡路，有些诸侯不来朝觐，表现出对周天子的漠视，周夷王此举可能也有杀鸡儆猴的意思。但从周夷王朝觐时一改过去朝堂上接见诸侯为下堂接见，可以看出他的内心是虚弱的，也被后人称作天子失礼的开始。

我们前面说过，分封制是分权制，层层分封就是层层分权。假以时日，出现下属尾大不掉的现象是必然的。东周以降，随着诸侯国实力的

---

① 《史记·齐太公世家》。

增大，王室越发衰落，诸侯对周王朝的态度已经不是进不进贡、朝不朝觐的问题，而是稍不如意即可拔刀相向了。郑国是周宣王弟弟友的封地，在周东迁过程中发挥了一定作用，郑武公和郑庄公相继为周平王卿士。郑国这两个国君在东周初期表现的特别活跃，先是借天子名义联合齐、鲁等国打宋国，重立宋庄公，引起周王不满。周桓王时，闹到"周郑交质"地步，即周王子狐与郑公子忽作为人质互换。未几郑庄公又派祭足帅师取温地之麦、取成周之禾，也就是掠夺到天子领地上了。周桓王十三年（公元前 707 年），周王解除郑庄公在周朝的司徒之职，召集蔡、卫、陈等几个国家讨伐郑国。可能周桓王认为，天子的大军出动了，郑国会老老实实地认错投降。没想到郑庄公奋起反抗，大败周天子军队，更要命的是周天子还被郑国的勇士祝聃"射王中肩"，虽然当祝聃准备再射一箭时，被郑庄公阻止，没有要了天子的命，但天子却从此威信扫地。① 周天子成了名义上的天子，周王朝对天下的统治也成了摆设。

各诸侯国在受封之初不过是百里、几十里的小国。可是经过一两百年的发展，由于各国自然禀赋不同，国内的政策和国君能力相异，每个国家呈现出不同的发展态势：有的国家发展成大国，有的则原地踏步，仍然是蕞尔小国。国与国之间开始相隔较远，后来在长期的发展中逐渐靠拢、相邻，再后来则相争。此时，春秋无义战便开始了。各国的制度、政策和向外的攻伐，均不报告周天子，而是自行决定，即孔子所说的"礼乐征伐自诸侯出"。一方诸侯就是实际的一方天子。据说，周初封立的国家有一千二百余国，远在春秋之前王室衰落之际，便互相兼并，至平王四十九年孔子因鲁史修《春秋》时，诸侯国之存者，仅余一百六十余国。这些国家中亦仅有十余国为强国，其余皆依附逢迎，苟安旦夕而已。② 有些大国国君在本国当王尚嫌不过瘾，还要去管列国之间的事情，代行了本属周天子的职能，如春秋五霸之一的齐桓公就曾"九合诸侯，一匡天下"。那位真正的周天子因无权无势，反而没有多少人去搭理他，

---

① 《史记·郑世家》、《左传》桓公五年。
② 吴于廑：《士与古代封建制度之解体——封建中国的王权和法律》，武汉大学出版社 2012 年版，第 12 页。

也没有诸侯企图篡夺他的位子。而各诸侯国国君的位子却成了最诱人的香饽饽。

周之初，为了防止君权继承中出现兄弟相争，周公在制度设计上还是煞费苦心的。嫡长子继承制的确立就是想从根本上解决权力之争问题，如王国维先生所说是想以"天定"代替"人争"，但实行起来也不尽理想。各国公室内部围绕君权的废立展开了血腥地屠杀，甚至完全不顾骨肉同胞之情。《史记·太史公自序》云："春秋之中，弑君三十六，亡国五十二，诸侯奔走不得保其社稷者不可胜数。"有学者统计春秋时弑君事件是三十八起之多。① 见诸《左传》《史记》等著作中的君权之争触目惊心。《左传》鲁隐公四年也就是公元前 719 年，卫公子州吁弑卫桓公完。州吁与卫桓公同为卫庄公儿子，卫庄公无嫡子，其夫人庄姜领养了卫庄公的妾戴妫之子完做儿子，后庄公便立完继承君位是为卫桓公。公子州吁从小就喜欢舞刀弄枪，为卫庄公所喜爱。卫国的大夫石碏见此曾劝卫庄公说，如果想立州吁为太子就尽早定下名分，否则一定要约束州吁的行为，要不然州吁一定会闯下大祸。庄公不听，于是石碏在家交代自己儿子石厚与州吁不再往来，石厚也不听。石碏后来便告老还乡。卫桓公十六年，州吁弑卫桓公。据《史记·卫康叔世家》载：州吁在卫桓公二年就被赶走到他国，州吁在他国结交了郑庄公的弟弟段，并组织杀手袭杀了卫桓公。州吁自立后，联合宋、陈等国攻打郑国，为送公子段回国均未成功。于是州吁派石厚问计于石碏，石碏将计就计，说如能得周王的支持就好办了，陈国的国君陈桓公正得宠于周王，你们去找陈桓公帮忙吧，我给陈桓公打个招呼。州吁和石厚信以为真去了陈国，哪知陈国是卫桓公的母国，石碏请陈桓公待两人一到便将其抓了起来，然后派人杀了州吁，并派自己家宰杀了石厚。所谓大义灭亲即出自《左传》隐公四年："君子曰：'石碏，纯臣也，恶州吁而厚与焉。大义灭亲，其是之谓乎。'"这是春秋时期文献记载的第一次弑君事件。弑君者不是别人，而是同父异母的兄弟。

---

① 吴于廑：《士与古代封建制度之解体 封建中国的王权和法律》，武汉大学出版社 2012 年版，第 27 页。

　　还有儿子杀父亲的例子。楚成王是一位奋发有为的君主，即位后灭国十二，扩地千里，可是在晚年君位继承问题上却犯下大错。《左传》文公元年载：楚王早就想立商臣为太子，当时就有大夫反对，认为商臣"蠭目而豺声"，心狠手辣不可立，成王不听。后来成王改变了主意又想废商臣而改立王子职。商臣听到风声后，问计于自己的老师潘崇，潘崇问他：能否侍奉王子职，商臣说不能。又问能否出逃，商臣答不能。再问能否行大事，商臣答能。于是商臣按老师的指点从楚成王的妹妹那里打探到确切的消息后，于公元前626年（鲁文公元年），先下手发兵攻入宫内，抓住了楚成王。楚成王请求吃了熊掌再死，商臣不允，逼楚成王自缢而亡。46年前楚成王杀掉了亲哥哥，当上了国君。如今却是自己的儿子重演弑君的一幕，可谓因果报应乎！

　　再看一个齐国公卿弑君的例子。《左传》襄公二十五年载：崔杼是齐国的卿大夫，在对待晋国等政见上与当时国君齐庄公不太一致，庄公在朝中有对崔杼不尊之意。崔杼的妻子棠姜貌美，被齐庄公看中，并几次到崔氏府中与棠姜私通，这一切都使崔杼萌生弑君之意。而齐庄公却毫无觉察。这年夏五月，崔杼称病不朝，齐庄公到崔府看望，并想借机和棠姜私通。齐庄公进入崔府后，姜氏和崔杼从侧门避开，此时埋伏在家中的武士冲了出来围住了齐庄公，庄公登上高台要求甲兵退去，被拒绝；要求崔杼出来与之结盟，被拒绝；要求到祖庙自杀，仍被拒绝，最后庄公翻墙逃跑被箭射中后被杀。庄公死后，崔杼在太庙与国人结盟，立庄公弟弟公子杵臼为君即齐景公。事后，齐国的太史直书"崔杼弑其君"而被杀，但太史的两个弟弟继续直书事实又被杀。第三个弟弟还是这般，崔杼无奈只得放了他。还有齐国的南史氏听说太史三兄弟因直书被杀，居然也拿着竹简准备去记录，半路听说太史小弟弟直书后被放了，这才没有去。这次事件有几点值得我们注意：一是齐庄公行事荒唐，明目张胆与崔杼妻子棠姜私通。而棠姜本是大夫棠公之妻，棠公死后崔杼娶之。作为本朝同事和君臣与同一个女人发生关系，可能是去古未远，古代兄弟共妻的遗风。二是齐庄公被围住后曾登台高呼，要求崔氏的族兵退去被拒绝，说明当时族人只对自己家族负责，并不对国君负责，所谓"家臣不知国"，也即西方中世纪流行的准则：我的封君的封君不是我的封君，或我的封臣的封臣不是我的封臣。不同的家族，不同的封地就是不同的利益集团，就是当时人心中的全部，没有国大于家之说。三是不得不说，中国古代的太史官是值得尊敬的职业，后人难以超越。

在家族关系政治化的过程中，各国都分化出两大血缘亲属利益集团：一为各国的时君与其儿孙组成的公室，也可称君统体系，将来的君位由这些儿孙继承，这也是宗法体系中"百世不迁"的大宗。时君的兄弟及其子孙则为小宗，是为宗统，他们是君统的藩屏。但实际上，对新君威胁最大的恰恰就是新君的亲兄弟，他们原本也有希望继承大统的，只是或因其为庶子、或因其不为先君所爱才没有继承君位。所以，一些新君继立往往先拿这些人下手。晋献公八年"尽杀诸公子"①。齐桓公立，杀公子纠。齐庄公立杀异母兄弟公子牙，并或执或逐其他公子。② 在宋国，宋文公即位三年，杀母弟须和昭公子，又尽逐武、穆之族。③ 在卫国，卫惠公借诸侯之力归国继位后，逐公子黔牟于周，杀左公子泄、右公子职。④ 在楚国，楚庄敖即位，欲杀其弟熊恽，恽出奔，后又借随人之力杀庄敖，是为成王。⑤ 对于那些不杀不逐的则封地受邑，另立新氏，以从原公室中别立出去。按宗法制度原则宗统是不能觊觎君统之位的。这一点各国似乎都做得不错。按前引朱凤瀚先生的统计，春秋鲁、卫、晋、郑、齐、宋、楚七国正常继位的为61%，非正常继位(没有按国君指定的人继承)者中，有公子、公孙身份者40人，占非正常继位者总数的95%，其中，是被继承国君亲子的9人，其余均为未立新氏的先君子孙共31人。也就是说，那些别立出去的先君或时君的兄弟及其子孙——多为各国的卿大夫，再怎么闹腾也只是选一个自己能够控制的，信赖自己的君主，他们一般不会自立为君。如果自立为君，别的亲族也不答应。

这些在各国执政的卿大夫多为国君的近亲，每个人背后又都有一个

① 《左传》庄公二十五年。
② 《左传》庄公九年，襄公二十一年。
③ 《左传》宣公三年。
④ 《左传》庄公六年。
⑤ 《史记·楚世家》。

强大的家族在撑腰。虽然他们自己并不一定会自立为王，却在积极参与君权废立，左右朝政，在不少国家形成了"礼乐征伐自大夫出"的局面。所以，"去大族不偪"①，成为各国国君确立权威的首要任务。按照封建制度的初衷，与国君有血缘关系的这些卿大夫本应成为君权的屏障，在实际中它确实起到了屏蔽外人对君权威胁的作用，但是不能阻止他们内部的相互攻伐争斗。卿大夫争权夺利也多围绕着君权展开的，能拥立信任自己的国君，自己和本族的权势就会大于他人。下面我们来看看各国的具体情况：

郑国卿大夫的专恣之祸主要来自公族。如后来子产说的："国小而偪，族大庞多，不可为也。"②卿大夫祭仲先是立太子忽为昭公。昭公的弟弟突是宋国的外孙，宋庄公见祭仲立昭公，极不满意，便诱捕祭仲，要祭仲立突。祭仲只得废昭公立突为厉公。后厉公不满祭仲专权，想去之，哪知事情败露。再后来祭仲又逼厉公退位，请回了昭公。昭公即位不到两年，死于贵族高渠弥之手，祭仲又立新君。不曾想新君死于齐襄公的首止之会，祭仲又继立公子婴为君。这不到十年工夫，祭仲就翻手为云覆手为雨地立了四位国君。③ 祭仲死后，郑国的乱局仍在继续，又有六位国君在争斗中被弒。④

宋国的贵族之乱主要在几个大家族，如华氏之华督弒殇公；华亥劫杀诸公子，并要宋元公与之盟；华臣之乱等；⑤ 又如南宫氏之南宫万弒闵公，群公子奔萧；南宫牛围公子御说于亳，⑥ 都是动摇国本的大乱。

在卫国闹事的主要是公族，前面提到的州吁弒卫桓公而自立。后又有公子亹弒昭公而自立，为怀公；公子穨弒怀公而自立，是为慎公等。⑦

鲁国是周公的封地，成熟的周朝封建制度及宗法制度即为周公所

① 《左传》成公十七年。
② 《左传》襄公三十年。
③ 《史记·郑世家》。
④ 吴于廑：《士与古代封建制度之解体 封建中国的王权和法律》，武汉大学出版社2012年版，第20页。
⑤ 《左传》桓公二年，昭公二十年，襄公十七年。
⑥ 《左传》庄公十二年。
⑦ 《史记·卫康叔世家》。

定，但鲁国同样没能逃脱君位争立之乱和大家族把持朝政的局面。鲁隐公元年是《春秋》一书的开端，可鲁隐公即位十一年被公子挥派人弑于蒍氏之馆。① 传至庄公著名的"三桓"专权已见端倪，"三桓"者是庄公三个弟弟：庆父、叔牙、季友。庄公病危问嗣于叔牙，叔牙曰："庆父材"；问季友，则曰欲保公子般。兄弟三人为此展开斗争，先季友鸩杀叔牙，立公子般，可公子般即立未及两月，庆父使人弑般，立公子开为闵公。闵公刚立两年，庆父又欲自立，派人弑闵公于武闱。季友听说闵公被弑，即拥立僖公即位，庆父出逃被迫自杀。此后，"三桓"中季氏最强。自季友起历代均为公室重卿：季友相僖公、文公；之后季文子杀嫡立庶，立宣公而相之，后又辅佐成公、襄公；季文子之后为季武子，相襄公和昭公；季武子之后为季平子，其专断比其先人有过之而无不及。昭公二十五年，季平子与孟孙氏、叔孙氏联合抵抗公室之师，逐昭公于乾侯，使其终身不得返回。平子之后又有桓子，虽有家臣阳虎作乱，但平乱后季桓子仍相定公等。季桓子之后为唐子，辅佐哀公，哀公本想抑制"三桓"的势力，仍落得被"三桓"所逐的下场。② 司马迁说："悼公之时，三桓胜，鲁如小侯，卑于三桓之家。"③司马迁对强族专权之下，鲁公室卑如小侯，不及"三桓"的描述是何等生动。

在齐国，姜太公死后百余年，贵族家族逐渐做大，春秋之前就有哀公之弟杀胡公自立，是为献公；后又有胡公子杀厉公。④ 进入春秋以后，公族内争斗更加激烈，弑君之事层出不穷，如公孙无知弑襄公；桓公死后群公子争斗；孝公之子死于孝公之弟，昭公子死于昭公之弟等。⑤ 除血缘关系较近的公族外还有世家，如高氏、国氏、鲍氏、崔氏、庆氏、栾氏，后来还有田氏。齐桓公就是靠高氏、国氏、鲍氏起来的。崔氏出道较晚，得势于惠公之时，惠公一死，崔杼被高、国二氏逼走。惠公之

---

① 《史记·鲁周公世家》。

② 吴于廑：《士与古代封建制度之解体 封建中国的王权和法律》，武汉大学出版社2012年版，第21、22页。

③ 《史记·鲁周公世家》。

④ 《史记·齐太公世家》。

⑤ 《史记·齐太公世家》，《左传》庄公八年。

子灵公及灵公两立太子均由高厚所为。但灵公死，崔杼乘机迎立故太子为庄公，杀高厚，权倾一时。后来崔氏又弑庄公立景公，和庆氏并立。再往后，庆氏灭崔氏。三年后，高、鲍、田、栾四家共除庆氏。① 田氏更为晚出，除庆氏后才显露出来，但却后来居上。景公卒后，田氏联合鲍氏及诸大夫逐国惠子、晏孺子，杀高昭子，立公子阳生为悼公。悼公后为鲍氏所杀，其子继立为简公。此时田常成子为相，以小利争取民心，及羽翼丰满遂弑简公，立平公，尽诛鲍氏及其他公族，成为一家独大的强族，所食之邑竟大于公室食邑。后来田氏索性逐齐康公于海滨，自立为王，取姜太公所立齐国而代之。②

另一个中原大国晋国与前几个国家略有不同，开始也是公族作乱，最典型的就是曲沃并晋：晋穆侯去世后，其弟殇叔自立为君，而太子仇出奔。若干年后仇带人回国袭杀殇叔，自立为晋文侯。文侯之子晋昭侯继位后，为和殇叔一系抗衡，封自己的叔叔成师于曲沃，称曲沃桓叔。谁知这是前门驱狼，后门进虎。从公元前 739 年起，经过曲沃桓叔、曲沃庄公、曲沃武公三代人的努力，杀死了四位国君，终于取代了晋国之大宗。此时的周天子也只能无奈地承认这一现实，册命曲沃武公为晋君，并更号为"晋公"。为防止公族继续干政，曲沃桓叔一系特别防范公族成员。晋献公即位后，尽杀诸公子，去公族旧支，而重用世家。③ 晋文公即位后当然要用跟随他出奔，与之同生死共患难的那些成员。晋文公死后，这些家族中最先出头的是赵氏，晋襄公时赵襄、赵盾父子先后执政。襄公卒，赵盾立公子雍为灵公，后灵公死于赵氏之手，继位者成公。至景公诛赵同、赵括，赵氏始被打压。景公作六卿分任不同官职，防一家独大。但六卿同样乱政。晋之大族并不止六卿，其世卿之族有：赵氏、魏氏、韩氏、狐氏、胥氏、先氏、郤氏、栾氏、范氏、智氏、中行氏。其中智氏和中行氏同出荀氏，故实际共为十族。这十族之间为权力之争，相互攻伐，多数家族在互相攻伐中被消灭：厉公时胥童灭三

---

① 《左传》宣公十年，成公十七年，襄公二十五年，襄公二十七年，襄公二十八年。

② 《史记·齐太公世家》。

③ 《史记·晋世家》。

卻、栾书、中行偃又杀胥童，并弑历公，立悼公。平公八年，栾盈攻绛，范宣子御之，大败栾氏，灭其宗。昭公时，以范、中行、智、韩、赵、魏为六卿，经顷公而至定公，范氏、中行氏反抗公室，其他几族助公室打败二氏。出公十七年，韩、赵、魏和智氏共分范氏、中行氏领地。出公不满却遭放逐。哀公时，共灭智氏。此后三家分晋并受周威烈王册命为诸侯。①

楚、秦二国相比中原各国，贵族专权现象略好。楚国动乱出自公族，先有熊通杀先君之子自立为楚武王；后有熊恽弑君自立为楚成王；接着楚成王被自己儿子商臣所弑；还有公子围弑君自立为灵王；灵王十二年，公族的几个公子叛乱，弑灵王，公子弃疾自立为平王等。② 秦国正式立国已是周平王东迁以后的事，秦国的贵族专擅的事例更少，有秦宁公卒，三贵族废太子，立出子为君之事件；有大臣逼秦怀公自杀，改立怀公孙为灵公；有秦惠公之子出子刚立二年，即为大臣所杀而立灵公之子献公。③ 但自献公死后，其子孝公用商鞅变法，秦国便向中央集权的方向迈进了。

总观春秋之际，不论是公族还是世家，卿大夫擅权有目共睹，以至于《春秋》在记晋侯、宋公、卫侯、郑伯、曹伯、莒子、薛伯、杞伯、邾娄子、小邾娄子之盟会时，不言诸侯盟，只言大夫盟。这是讥讽当时各国政出卿大夫。《春秋公羊传》襄公十六年曰："诸侯皆在是，其言大夫盟何？信在大夫也。何言乎信在大夫？遍刺天下之大夫也。曷为遍刺天下之大夫？君若赘旒然。"

虽然卿大夫家族在春秋的政治舞台上表现得风生水起，但他们也面临着巨大的挑战。这些挑战除了来自我们上述讲到的与君权的斗争及与其他家族的争斗之外，还面临着来自家族内部的小宗甚至家臣。宗法制度中一个重要原则就是大宗管理整个家族，小宗要服从大宗。这本身就

---

① 《左传》文公六年，宣公二年，襄公二十三年；《史记·晋世家》，《史记·韩世家》，《史记·赵世家》，《史记·魏世家》；《国语·晋语五》；另见吴于廑：《士与古代封建制度之解体　封建中国的王权和法律》，武汉大学出版社2012年版，第24、25页。

② 《史记·楚世家》、《左传》昭公元年，昭公十三年，襄公十六年。

③ 《史记·秦本纪》。

是血缘关系在阶级社会政治化的表现，也是全社会普遍认同的原则。《左传》昭公元年，郑国执政子产欲逐游楚，先征求游吉的意见。游吉曰："吉不能亢身，焉能亢宗？彼国政也，非私难也。子图郑国，利则行之，又何疑焉？"游吉是游氏家族的大宗，所以子产才会在处置游楚之前征求他的意见。可见社会是认同大宗保族这个原则的。大宗在必要时甚至掌有对小宗的生杀之权。《左传》定公十三年，晋赵氏大宗赵鞅与小宗邯郸午为卫贡五百家发生矛盾，"赵孟怒召午，而囚诸晋阳……乃使告邯郸人曰：'吾私有讨于午也，二三子唯所欲立'，遂杀午。"大宗对小宗可以召来、囚禁、杀掉，还振振有词地说这是"私有讨"，意即这是家内私事，谁也管不着。而这时邯郸午从赵氏分立别氏已超五世了。另《左传》昭公二十八年，晋祁胜与邬臧通室，祁盈欲抓祁胜并说："祁氏私有讨，国何有焉？"杜预注："言讨家臣，无与国事。"可见，"私有讨"是家族中大宗管理家族并对小宗进行惩罚的制度化的权利。但是到了春秋中晚期，随着一些小宗家族实力的增长，这些小宗开始对大宗的权威提出挑战，甚至想取而代之。在《左传》中这类事情不乏其例：

襄公十七年，"宋华阅卒，华臣弱皋比之室，使贼杀其宰华吴"。华阅是华氏宗族的大宗，华臣是华阅的弟弟，华阅死后其子继之，华臣欲乘机夺大宗地位，故先杀其家宰华吴以试探。

昭公四年，鲁叔孙氏小宗竖牛"欲乱其室而有之"，致死大宗叔孙。而当国家以公卿身份厚葬叔孙时，竖牛和小宗叔仲带居然主张不以卿礼葬叔孙。小宗为贬低大宗地位的嘴脸昭然若揭。

昭公六年，还是华氏家族，小宗华亥想取代大宗宗子华合比出任右师，就与寺人柳合谋诬陷华合比，导致华合比被逐。

定公八年，鲁之季氏小宗季寤、公鉏极在季氏家族内不得志，叔孙氏小宗叔孙辄也在家族内不顺心，于是他们居然投靠当时有一定实权的家臣阳虎，而阳虎欲去"三桓"而代之，所以一拍即合。但他们的阴谋没有得逞。

哀公三年，季桓子对家臣交代后事：如其夫人南氏生男则立之，生女则立季康子。后南氏生了个男孩，"（季）康子请退。公使共刘视之，则或杀之矣"。明眼人一看便知，杀人者季康子也。因为他是杀人后的最大受益者。

以上都是家族中小宗对大宗地侵害或挑战，其中最成功的例子，是前面提到的曲沃并晋的故事。由此，曲沃桓叔这一支小宗取代了大宗的地位，成为了周天子册封的晋君，进而也导致了这一系的后代晋献公即位后，对晋国公室的其他小宗特别防范，故有尽杀诸公子、除公族旧枝之举。除了小宗对大宗的挑战外，还有家臣对宗室的挑战。

春秋中晚期，随着某些诸侯国公卿家族实力的不断壮大，有些家臣的实力也水涨船高。《左传》襄公二十九年，鲁襄公举行射礼，"射者三耦，公臣不足，取于家臣"。可见鲁国此时公室卑微，家臣势力之大非同一般。公卿大夫们往往忙于政务，家族的事情都由家臣处理，他们也就乘机掌控了公卿家族的家政大权。有钱有势后，一些家臣开始野心膨胀，反叛家主的事例不断出现。在鲁国，昭、定、哀公三世，家臣叛乱的事就发生了六次。上面提到的鲁季氏家臣阳虎就是典型的例子，他不仅左右季氏的家政，还一度控制了鲁国的行政大权，形成了"陪臣执国命"的局面。《史记·鲁周公世家》和《左传》定公五年载：阳虎囚家主季桓子，逐仲梁怀，杀公何貌，想去在鲁国政界长期居于统治地位的"三桓"而代之，可谓野心不小。后"三桓共攻阳虎"才将其打败，可见其实力非同一般。另外《左传》所记：昭公十二年，鲁季氏费邑之宰南蒯将叛季氏而投靠齐国，其乡人知道后叹曰："家臣而君图，有人矣哉！"定公十二年，鲁季氏费邑宰公山不狃帅费邑之徒攻"三桓"和定公；哀公十五年孟氏成邑宰公孙宿叛孟氏投齐。这些都是家臣之乱。家臣之所以也能乱政，同样源自分封制度，重要的家臣也是有封邑的，有封邑就有人民（家臣的家族），有经济基础，有私家武装，故能待机而乱。所以，孔子认为大夫之家应该："家不藏甲，邑无百雉之城。"在季氏政权下任职时，孔子极力主张"堕三都"，"三都"者，费邑、成邑、郈邑，都是陪臣控制的根据地。①

以上我们还只是列举了春秋期间主要诸侯国公室内部兄弟或父子之

---

① 《左传》定公十二年。

间，卿大夫家族之间的相互斗争的情况，如果算上其他不太知名的小国，这种事例更是多不胜数。经过差不多两三百年的反复攻伐，绝大部分权力大家族被去宗灭族，退出了政治舞台。《左传》昭公三年，齐相晏婴使晋时，晋叔向就哀叹：“晋之公族尽矣，肸闻之，公室将卑，其宗族枝叶先落，则公从之。肸之宗十一族，惟羊舌氏在而已。”一个肸宗族就分衍出十一个分支，而十一个分支如今只剩下羊舌氏，可见政治斗争之惨烈。总览各国情况都是如此，曾经在各国政治舞台上呼风唤雨的家族到春秋末期，大部分销声匿迹了：如齐国的高氏、国氏、鲍氏、崔氏、庆氏、二惠等；晋国的狐、胥、先、郤、栾、智、范、祁、中行氏、羊舌氏等；楚国的养氏、郤氏、费氏、鄬氏、若敖氏等。另一种情况是一些小国，如宋国有戴族（包括华氏、乐氏、皇氏、老氏）、桓族（鱼氏、向氏、荡氏、鳞氏）、庄族（仲氏）、文族（灵氏），此外还又有武族、穆族、宣族、襄族等；卫国的孙氏、宁氏、齐氏、孔氏、北宫氏、公叔氏；郑国的丰、国、印、良、游、罕、驷之七“穆”；鲁国的三桓等。这些小国的公族和卿族在春秋之际相互杀伐，但到春秋晚期及战国，随着各国被强国兼并，被尽数消灭，可谓覆巢之下岂有完卵！这些权力大家族覆灭之后，其上层多死于非命，而下层则大部分沦为平民。上引晋叔向的话说：“栾、郤、胥、原、狐、续、庆、伯，降在皂隶。”杜预注：“八姓，晋旧臣之族也。皂隶，贱官。”《国语·晋语九》也说：“夫中行、范氏不恤庶难，欲擅晋国，今其子孙将耕于齐，宗庙之牺为畎亩之勤。人之化也，何日之有！”

在大贵族消亡的过程中，士阶层出现了。士是贵族家族中的下层，应是家族中的小宗庶子。当家族血缘关系在长期的社会动荡中渐渐瓦解时，士作为一个阶层，从原大家族获得封地的可能性已不存在。新的形势逼迫他们以一种新的方式来生存。今天为我们大家所熟知的思想家孔子、孟子、墨子、韩非子等，改革家吴起、商鞅、李悝等，战略家苏秦、张仪等，都是士阶层的杰出代表。士阶层不再靠血缘关系获得一官半职，而是靠自己的知识技能服务于官场、社会；不是靠封田制禄，而是靠实物薪俸养家糊口。他们也并不是帮助自己家族操心劳神，而是或为理想或为生计为别族别国出谋划策、出将入相。为别族甚至别国服务不再是"罪莫大焉"的事，① 而是成为一种常态。食俸禄的士阶层的出现和他们的价值取向表明，建立在血缘关系之上的封建制度在那时已经无法实行下去了：原来的封地现在都分给个体农民，公田也已经瓦解，原来受封的社会组织——大家族也解体了。一种全新的政治制度和官俸制度正在生成之中。

如果说贵族之间长达几百年的互相攻伐、血腥杀戮，是自上而下地将血缘关系和宗法制度一刀一刀割断，消融于血泪之中，那么更关键的是上一节我们所说的个体农户从原封建大家族中独立出来，从根本上破坏了血缘大家族的经济基础，则是从下而上地消灭封建家族。这自上而下和自下而上的双向运动，从春秋到战国一直在持续，终于撼动了封建制度的经济、社会、政治基础，中国的封建社会已摇摇欲坠。血缘大家族的衰亡所带来的一个最重要的情况，就是原来存在于大家族中的政府公共职能和公权力从家族中剥离出来，导致了整个政治架构、社会架构的重组。当然，这也是通过一个漫长的过程来实现的。

第三节　各国改革过程就是公权力从家族剥离流向国家的过程

当个体小家庭从大家族经济独立出来之前，不论是周天子还是各诸侯国，都没有针对个体家庭的国家层面的税收政策。天子、诸侯到卿大夫，都是在自己的领地上靠公田的收入、靠劳役地租和少数贡品来生活的。每一块领地或封地都是一个经济上自给自足、自收自支的经济体；政治上拥有司法权、行政权、军事权的自治体。各封建体之间一般情况下是互不干涉的，即便是上级封建主也不会干涉下级封建主的内部事务，更没有权力到下级封建主的封地去收税。封建即分权，每个封主只能在自己的领地内行使权力，是当时通行的为大家所认同的准则，谁违反此规则就会遭到强烈的反抗。西周后期周厉王想垄断本来和其他家族

---

① 《左传》昭公二十五年。

共享的自然资源，结果遭到利益受损方的共同反抗。这些王畿地面上的家族是和周王有很近血缘关系的亲戚，但在事关家族利益的问题上一点也不含糊，硬是把周厉王赶走才算了结。而且当时没有哪个人甚至史家赞同周厉王的做法。不要说干涉别的家族利益了，即便是周宣王想到下面的家族中清点人数——"料民太原"，也遭到了大臣的激烈反对。从原则上说那时的一个领地就相当于现在的一个主权国家，是不允许他人，哪怕是自己有血缘关系的上级来干预的。

封建制度是与国家发展的初级形态联系在一起的，所有的封建国家其实都是一个个邦联式的松散联盟，它实质上是各大家族的利益联合体。各大家族合则在一起组成联盟，不合则互相征伐，于是天下分久必合、合久必分。西周分封之初，地广人稀，各诸侯国之间相距甚远，大家还能相安无事。后随着人口的不断增长，各国疆域也不断扩大，兼并于是开始。等把周边的小国兼并完了，大国就直接碰面了。各国间战争频仍，最稀缺的资源就是钱和兵。原来兵和钱都是在家族内部产生的，国家要打仗就临时从各家族抽调族人武装组建军队，那时周王朝和诸侯国的上、中、下三军中，实力最强的往往是中军——王族或各诸侯国的公族组成，如《国语·楚语上》："楚师可料也，在中军王族而已……"粮草则来自家族公田的收入和各家自备。当个体小家庭生产上不再依赖大家族，故而取得经济上的独立，从大家族的血缘关系中逐渐剥离出来后，大家族就失去了对小家庭的控制，原来大家族中承担的公权力不断流失，这就为国家重新组织和管理人民、形成一套全新的国家治理体系创造了必要的条件。春秋以来，各国进行了一系列的税制改革、军制改革、户籍制度改革，就是当时大家族衰亡、小家庭独立后，整个社会和国家治理体系的大调整、大重组的实际进程。

公元前 685 年，齐国"相地而衰征"。前引《国语·齐语》记载，管仲把公室直辖地分为国三（区）鄙五（区），国设 21 个乡，其中工商之乡 6 个，士乡 15 个。士乡是服军役的，15 乡以家作为基本单位进行编制，5 乡为一军，15 乡共组成三个军三万人。鄙也是按小家庭为基本单位编制，鄙中农户按土地的好坏征收租税——"相地而衰征"。我们无法判断管仲的这些措施是否已在齐国全国实施，抑或这只是《国语》的作者对管仲以后齐国发生的情况的描述。如果此时齐国真如《国语》记载的这样改革，必定要有个前提——齐国原来大家族的公权力已经流入国家手中，小家庭已从家族中独立出来了。否则这些改革是不可能实施的。事实上。齐国权力大家族的消亡比齐桓公时代要晚得多，所以管仲的这些改革至多只是先在齐王公室的辖区内试行，推广到齐国全国会晚很多。

公元前 645 年，《左传》僖公十五年，晋国"作爰田"，《国语·晋语三》记为"作辕田"。二者是一个意思，都是用公室之公田分赏众国人。晋国君要分赏众国人，只拿公田的一部分是肯定不够分的，而且每人分的太少意义也不大。所以应该是整个公田都分了。分掉晋公室的公田后，晋公室靠什么生活？他只有改革以前靠公田上的劳役地租为财政来源的制度，向一般家庭征税，这样才能维持公室的生存和运行，也就是改劳役地租为实物地租。另外，公室的公田分赏众人，成为个人的私田，这些个体农户与公室大家族的经济依赖就没有了，原来由血缘依附而形成的人身依附也大大松弛了，这就为个体农户最终从血缘大家族中剥离出来创造了前提。

公元前 594 年，鲁国实行"初税亩"，即按亩征税。《左传》宣公十五年："初税亩，非礼也。穀出不过籍，以丰财也。"杜预注："周法：民耕百亩，公田十亩，借民力而治之。税不过此。"《左传》这段话，代表了作者对"初税亩"政策的批评：古代制度是靠公田上的劳役提供税收的，你现在按老百姓的亩来征税是非礼的，是违反古制的，无非是要敛财。这是史家对按亩征税的态度。统治阶级把劳役地租改为实物地租，无非是为了提高地租而采取的措施。

公元前 590 年，鲁国"作丘甲"。《左传》成公元年："三月，作丘甲"，杜预注："《周礼》：九夫为井，四井为邑，四邑为丘。丘十六井，出戎马一匹，牛三头。四丘为甸，甸六十四井，出长毂一乘，戎马四匹，牛十二头，甲士三人，步卒七十二人。此甸所赋，今鲁使丘出之，讥重敛，故书。"鲁成公"作丘甲"也是改变旧制，增加百姓军赋负担的方法。问题在于，征税也好，军赋也罢，当血缘大家族是社会基本单位和一级行政组织时，这些都不是国家要干的事，而是各家族自己的事，国家是不能随便插手的。现在国家要来制定统一的税赋，只能说明大家族已经解体或正在解体之中。

公元前 563 年，郑国"为田洫"。《左传》襄公十年："初，子驷为田洫，司氏、堵氏、侯氏、子师氏皆丧田焉。"于是几个家族联手叛乱杀了子驷。修理田洫原来应该是家族内部的经济活动，现在却由国家出面来完成，作为郑国执政的子驷，应该是在全国范围内修理田洫，形成统一的田洫系统，所以有些地方必须裁弯取直，才会影响到一些家族原先的田界，进而引发叛乱。二十年后，郑国执政子产继续改革，"从政一年，舆人诵之曰：'取我衣冠而褚之，取我田畴而伍之。熟杀子产，吾其与之'"。这是众人反对子产改变原有田界。可三年后，子产的政绩显露成效，"使都鄙有章，上下有服，田有封洫，庐井有伍"，改革取得了成功。国人"又诵之曰：'我有子弟，子产诲之。我有田畴，子产殖之。子产而死，谁其嗣之？'"①子驷、子产在郑国改革的故事让我们看到，春秋中晚期，随着大家族的衰落，国家的作用开始凸显。以国家名义推行的改革会和家族的利益发生矛盾，遭到家族的反对甚至反抗。从司氏、堵氏、侯氏、子师氏他们叛乱很快被平定、子产的改革先遭众人反对、三年后又获众人支持来看，当时血缘大家族消亡及建立在个体家庭之上的新型国家组织的出现已是无法阻挡的了。子产执政时亦作丘赋，类似鲁国的丘甲，遭至国人反对。《左传》昭公四年载："浑罕曰：'国氏其先亡乎！君子作法于凉，其敝犹贪；作法于贪，敝将若之何？'"浑罕认为丘赋过贪，是因为丘赋比以前的军赋增加太多，老百姓负担太重。但子产认为这是强国强军的唯一办法，于是振振有词地说："苟利社稷，生死以之。"显示他不顾个人生死，推广新法的决心。

公元前 548 年，楚国"书土田"。《左传》襄公二十五年载，楚国用蒍掩做司马，他度量山林、水泽、土地，按土地的等级"量入修赋"。国家开始度量评估全国土地，按土地等级和国家需要制定赋税。

公元前 483 年，鲁国"用田赋"。《左传》哀公十二年鲁国"用田赋"，按亩征军赋。《春秋公羊传》哀公十二年："春，用田赋。何以书？讥。何讥尔？讥始用田赋也。"《春秋穀梁传》哀公十二年则曰："古者公田什

①　《左传》襄公三十年。

一，用田赋，非正也。"很显然，史家对按亩征赋是持批评态度的。孔子对此事也极为不满。季孙派孔子学生冉有找他咨询再三，他都不作答，只是对冉有私下说："君子之行也，度于礼，施取其厚，事举其中，敛从其薄。如是则以丘亦足矣。若不度于礼，而贪冒无厌，则虽以田赋，将又不足。且子季孙若欲行而法，则周公之典在。若欲苟而行，又何访焉？"杜预注："丘，十六井，出戎马一匹，牛三头，是赋之常法。"①杜预说的丘赋，是古之常法。孔子对各国扩充军备、增加军赋、增加人民负担的做法是反对的。

公元前 408 年，秦国"初租禾"。《史记·六国年表》记秦国按亩征收田税。与鲁国"初税亩"内容差不多。到公元前 359 年以后，秦国又进行商鞅变法：废井田，开阡陌，由国家向农户授田，按实际耕种的田亩征收租税；废除原先由血缘关系固化的世卿世禄制，以军功受爵；家中有两男者，必须分户，否则倍其赋等。

上述这两百多年中各国发生的改革都指向一件事，将原来在血缘大家族中的财税和军役两项最重要的公权力，在家族解体的过程中接转到国家手中。在各国的改革中，秦国的改革最为彻底，它从土地制度、税收制度、官爵制度、军事制度等入手，摧毁旧有的封建管理体系，为形成中央集权制的国家治理模式奠定了基础。

第四节　国家治理模式的重大变化：郡县制的设立

在封建制度长期实施的过程中，君权受到了极大的限制和挑战。残酷的现实让不论是受封之初一脉相承下来的国君，还是靠家族强大而篡位的国君，如齐之田氏和晋之韩、赵、魏氏等，都在寻找巩固君权的新方法。上节所述税、赋两项改革是把原由各大家族掌握的财权、军权收回到国家手中，还有一项可以直接取代封建制的新的行政体系改革，这就是郡县制。春秋时期，一些诸侯国便将新辟的土地设为县或郡，由国

---

① 《左传》哀公十一年。

君命官治理，直属国君。楚国是设县较早的诸侯国，《左传》记载：

哀公十七年：楚文王以彭仲爽为令尹"实县申、息"。杜预注："楚文王灭申、息以为县。"

宣公十一年："楚子为陈夏氏乱故，伐陈……遂入陈……因县陈。"杜预注："灭陈以为楚县。"

成公六年：韩献子谓"败楚二县"。

文公三年："庄叔会诸侯之师伐沈，以其服于楚也。沈溃。"沈溃后，楚国在其地设县。宣公十二年，晋楚交战，楚军"沈尹将中军"，这位沈尹应是沈县的县尹。杜预注："沈，县也。"

宣公十二年，楚围郑，郑伯肉袒牵羊迎楚，并对楚王说："若惠顾前好，徼福于厉、宣、桓、武，不泯其社稷，使改事君，夷于九县。"郑伯说的九县即指以前为楚所灭国后设立的申、息、陈、蔡等县。

昭公十二年，楚灵王曰："今我大城陈、蔡、不羹，赋皆千乘……诸侯其畏我乎?"把两个不羹与陈、蔡两国并称四国，可见二不羹也应是西周的封国，后被楚灭国设县了。

杨宽先生认为：春秋许多楚县是灭小国而置，还有一些是利用小国的旧都改建，少数由别都改设。[1] 楚国灭许国后，在其故都叶和析，分设叶县和析县。楚国的县官称县公（也称县尹）。《左传》宣公十一年载，楚庄王责备申叔时说："诸侯、县公皆庆寡人，女独不庆寡人，何故?"《左传》襄公十六年载，楚惠王时有叶公诸梁。叶公即叶县的县官。《国语·楚语上》载，楚庄王有析公臣，这里的析公，也是析县的县官。又如《左传》庄公十三年有申公斗班，僖公二十五年有息公屈御寇，昭公十一年有蔡公弃疾等。申公、息公、蔡公分别是申县、息县、蔡县的县官。这些灭国后设的县一般都是边境的军事重镇，如灭申、吕两国后设置了申、吕二县，《左传》成公七年："楚围宋之役，师还。子重请取于申、吕以为赏田，王许之。申公巫臣曰：'不可。此申、吕所以邑也，是以为赋，以御北方。若取之，是无申、吕也。晋、郑必至于汉。'"这段话说明，设县的目的是为国家提供军赋，作了赏田后，赋就成了封臣

---

① 杨宽：《春秋时代楚国县制的性质问题》，《中国史研究》1981年第4期。

所有而非国家所有了，所以才不能拿这两地作赏田。由此也区别了县和封地的不同，前者为国君控制，后者为封臣控制。这些县已不是封地，而是国家新行政体系下的县。郡县制下的县是直属国君管理的，官员是由国君任命和更换的，必须对国君负责的。

晋国设县也比较早。《左传》的记载有：

宣公十五年："晋侯赏桓子狄臣千室，亦赏士伯以瓜衍之县。"

襄公二十六年，楚伍举奔晋。楚臣蔡声子谓令尹子木曰：伍举"今在晋矣，晋人将与之县，以比叔向。彼若谋害楚国，岂不为患？"看来，晋国以县赏人的情况比较普遍。

昭公五年："晋韩宣子如楚送女，叔向为介"，楚灵王欲辱晋，其大臣劝说"韩赋七邑，皆成县也；羊舌四族，皆强家也。晋人若丧韩起、杨肸，五卿、八大夫辅韩须、杨石，因其十家九县，长毂九百，其余四十县，遗守四千，奋其武怒，以报其大耻，伯华谋之、中行伯、魏舒帅之，其蔑不济矣。"从这段话来看，晋国的县是不少的，韩氏有七县，羊舌氏有二县（杜预注：羊舌四家，共二县），另外还有四十县。而且晋国县的军事实力明显大于邑，杜预注："成县，赋百乘也。"光韩氏、羊舌氏的九县之兵就有"长毂九百"，即戎车九百乘，能与楚一战。亦可见晋六卿在其辖区，以设县方式集中权力已成气候。晋县官称大夫，一般不能世袭。

昭公二十八年，"晋韩先子卒，魏献子为政。分祁氏之田以为七县，分羊舌氏之田以为三县"。

《战国策·赵策一》载：知伯与韩、魏围赵襄子于晋阳，知过对知伯曰："魏宣子之谋臣曰赵葭，韩康子之谋臣曰段规，是皆能移其君之计。君其与二君约，破赵，则封二子者各万家之县一，如是，则二主之心可不变，而君得其所欲矣。"知伯曰："破赵而三分其地，又封二子者各万家之县一，则吾所得者少，不可。"县有万家，说明春秋末年晋国县的规模已经不小。

《左传》襄公三十年谈及县师一职，杜预注："县师，掌地域，辨其夫家人民。"可见晋国的县不仅是边境军事重镇，也是一级行政组织了。

秦设县较早。《史记·秦本纪》秦武公十年，即春秋初期，"伐邽、冀戎、初县之"。十一年，"初县杜、郑。灭小虢"。

齐国设了县，虽然《左传》没有记载，但叔尸钟铭文却记载，（齐）公赐尸"县三百"，① 从一次赐县三百看，齐县较小。《国语·齐语》也有管仲治国"三乡为县，县有县帅"。

吴国有县。《史记·吴太伯世家》："王馀祭三年，齐相庆封有罪，自齐来奔吴。吴予庆封朱方之县，以为奉邑。"这里说得很清楚，给庆封的县只是奉邑，而不是封地。

春秋后期有的诸侯国已设郡。《左传》哀公二年晋郑之战，赵简子誓曰："克敌者，上大夫受县，下大夫受郡。"杜预注引《周书·作雒篇》："千里百县，县有四郡。"郡主要设在北部边境，抗击胡人侵扰。《史记·匈奴列传》："秦有陇西、北地、上郡，筑长城以拒胡。而赵武灵王亦变俗胡服，习骑射……而置云中、雁门、代郡。……燕亦筑长城，自造阳至襄平。置上谷、渔阳、右北平、辽西、辽东郡以拒胡。"此外吴也设郡，《史记·仲尼子弟列传》：吴王"遂发九郡兵伐齐"。

进入战国，郡县制更加成型。三晋首先实行以郡统县制度。《史记·秦本纪》：惠文君十年"魏纳上郡十五县"。很明显，这十五县归上郡管辖。《战国策·秦策一》张仪对秦惠王说："西攻修武，逾羊肠，降代、上党。代有三十六县，上党十七县。"《齐策二》秦攻赵，赵令楼缓"因以上党二十四县许秦王"。此上党非彼上党，那时，韩、赵均有上党。这里的上党是赵的上党二十四县。后来，各国相继实行郡下设县制度。《秦策五》："赵攻燕，得上谷三十六县，与秦什一。"《燕策二》："乐毅为燕昭王合五国之兵而攻齐，下七十余城，尽郡县之以属燕。"可见燕国是普遍实行郡县制的。楚国也行郡县制。据《史记·春申君列传》："考烈王元年，以黄歇为相，封为春申君，赐淮北地十二县。后十五岁，黄歇言之楚王曰：'淮北地边齐，其事急，请以为郡便。'因并献淮北十二县，请封于江东，考烈王许之。"这番话中"淮北地边齐，其事急，请以为郡便"，道出了设郡县的理由，也就是与齐交界的淮北边地，经常会有战事，所以要实行事权集中的郡县制。春申君对这十二县的管

---

① 《殷周金文集成》273、285。

理模式是怎样的？是沿袭过去层层分封的方式，还是直属春申君管理？我觉得后者的可能性较大，因为后来他又把这些县献出，"请封于江东"了。如果已经层层分封下去了，按照封建制的原则，这些封地已不归春申君管辖，也就无法退还了。一人就有十二县，足见楚在战国时设县是比较普遍的。《战国策·楚策一》载，城浑对楚新城公说："'楚王何不以新城为主郡也，边邑甚利之'……楚王果以新城为主郡"注引《大事记》曰：郡者，县之主，故谓之主郡。主郡应该是有下属的县或邑的。齐国是唯一没有设郡的，但它有都，和郡的功能一样。《燕策一》还载，孟轲对齐宣王说："今伐燕，此文武之时，不可失也。王因令章子将五都之兵，以因北地之众以伐燕。"说明都和郡一样是军事重镇，此等重镇可统北地之众，也就是各有管辖之地。从《史记·田敬仲完世家》所载来看，齐之五都，应为西北邻近燕、赵的高唐、平陆，东方与莒相邻的即墨，西边与赵相邻的阿，南方与楚相邻的南城。

秦实行郡县制最为积极，前面说过秦武公十年，就对征伐占领的地方开始设县，到商鞅变法，更是"并诸小乡聚，集为大县置，县一令，四十一县"①。后又在边境设陇西、北地郡，实行郡县制。再往后，秦在兼并战争中都设郡管理。《史记·秦本纪》载，惠文王十三年，攻楚汉中，取地六百里，置汉中郡；昭襄王二十九年，白起攻楚，取郢为南郡；昭襄王三十年，蜀守若伐楚，取巫郡及江南为黔中郡；昭襄王三十五年，初置南阳郡；庄襄王元年，使蒙骜伐韩，韩献成皋、巩，秦界至大梁，初置三川郡；庄襄王三年，王龁攻上党，初置太原郡。秦王政即位后，更是攻城拔寨，广设郡县，《史记·秦始皇本纪》载，统一六国后，"初并天下为三十六郡"。

另外，战国时仍有封君，但此时的封君已和以前的封地大不相同了。战国时各国有功的封君很多，如封之于商地的商鞅、齐之孟尝君、魏之信陵君、楚之春申君、赵之平原君等。但是后来的分赐给他们的城邑只是食邑或俸邑，即封君只有收税的权利，而无治民之权。城邑中的行政、司法、军事等权力皆由国君掌握，并且这种俸邑也不能世袭，为

---

① 《史记·秦本纪》，《史记·商君列传》记为三十一县。

官则食邑在，去官则收回。《史记·秦始皇本纪》载，权倾一时的嫪毐发动政变时，必须"矫王御玺及太后玺"才能征发其封邑内的"县卒及卫卒、官骑，戎翟君公、舍人"。可见其没有兵权。

从以上论述可以看到，县、郡起初都是设在与他国相邻的边境上，其功能主要是军事的。既然主要是军事功能，郡县的事权处理原则就和封地有很大的区别：封地是分封制下的产物，分封即分权，封建即独立。封地只要分下去，就和封主脱离而自治，封主对其就没有直接行政管辖关系了。封主和封臣只有事先约定的权利义务关系。如封主有义务保护封臣的人身、财产安全；封臣应服军役并交纳数量十分有限的贡品等。封地上的所有资源都成了封臣的，封主再想统一调动和指挥这些资源是不可能的。郡县则不一样，作为军事用途的郡县，是按照军事行动的原则处理事情的。它要求高度集权，像军事指挥官一样能统一调动和指挥人、财、物等一切资源用于战争。一个是分权原则，一个是集权原则，这就是两者的最大区别。从春秋到战国，经过几百年的国与国的战争，特别是国内的公族、卿族之间残酷流血的杀伐，统治者逐渐认识到，依靠血缘关系建立起来的封建制度，在抗击外族侵犯时是有效的，可以起到藩屏的作用，但是无法解决血缘关系内部的争权夺利问题。那些大族显贵们为一己之利，杀起自己的骨肉同胞来一点也不比外族人来得仁慈。春秋后期至战国，国君和掌握执政大权的公卿们为自己的利益着想，都在寻找巩固自己权利地位的方法。在长期的实践中，他们看到了郡县制的集权功能，看到了郡县制下的行政效率，经过长期探索后，都逐渐在自己国内或在自己封地上实行这种制度，把军权、财权、行政权集中在自己手中，形成了自上而下、统一指挥的国家治理新体制。最先彻底实行这种制度的秦国取得了最终扫平六国一统天下的胜利，并将这一制度推广到统一后的全国。封建制度在中国灭亡了，中国古代的历史在公元前221年，发生了惊天大变局。

第五节 封建制在中国走向灭亡的根本原因

上天弄人。2200万年以来全球变冷时形成、后来因青藏高原隆起而更为加剧的"风尘堆积系"，造就了中国古代的黄土地，这几乎决定了中国古代农业社会的走向。

中国古代封建制度的消亡，可以总结出许多原因，我们这里只讲其中一条根本原因：成也黄土地，亡也黄土地。由风尘堆积而成的黄土地，是世界上绝无仅有的自然奇观，也是中国古代先民赖以生存的最基本的自然条件，中国封建社会由它早熟，也由它早夭。

在第二章中，我们曾对生产力三要素的关系有所阐述，鉴于它的重要性，这里再作强调：在生产力的三要素中，人们往往把劳动工具看作三要素中最重要的要素，比如，人们往往用石器时代、铜器时代或铁器时代来定义人类历史上生产力发展水平的各个阶段。这毫无疑问是正确的，因为劳动工具或设备是人类智慧的物化表现，是人们改造自然的重要凭借。但也正因为这一点，人们往往容易忽视生产力三要素中劳动对象对生产力形成的影响。生产力的形成是这三个要素相互作用的结果，而不是单一要素发挥作用的结果。特别在远古，劳动工具相对简陋，劳动对象对生产力水平形成的作用就显得格外重要。在两个地区，如果总体生产力水平是同质的，比如都处在石器或铁器时期，那么，劳动对象的差异和不同禀赋，就有可能成为影响生产力水平发挥的决定性因素。越是在远古时期，人们受制于那时的知识水平，改造自然的能力极为有限，劳动对象和自然条件对生产力水平的决定作用就越大。

中国和欧洲古代时期的生产方式和经济发展水平在很大程度上就是被这两个地区的劳动对象——土地的状况所决定的。欧洲（主要指西欧广大腹地）土地的黏重板结，使较早使用铁器的欧洲一直无法大规模开垦土地，直到八牛共耕的重犁出现，土地的大规模开垦才得以实现。如我们在第二章所述，11、12 世纪欧洲开始的大规模垦荒和移民运动被称为"拓边运动"。当时意大利和西班牙只有很少一部分土地有人耕种。法兰西土地一半以上，低地国家和德意志土地的三分之二，英格兰土地的五分之四都没有开垦。[①] 开垦土地是种植业的第一道工序，土地翻耕不

---

① ［法］P. 布瓦松纳：《中世纪欧洲生活和劳动》，潘源来译，商务印书馆 1985 年版，第 22 页。

了就无法开垦，甚至土地翻耕、整理得不到位，下面的工序都难以进行。土地难以耕种，粮食产量过低，大大拖累了古代欧洲经济、社会的发展进程。而中国就大不相同了，由风尘沉积的黄土地，自然就有颗粒细小、疏松、透气、易于耕种等特点。正是这些特点，让我们的先民在使用木、石、蚌等原始农具时，就已经能够开荒造田，疏通河道，挖沟成渠，形成沟渠与道路纵横交错的、有排水灌溉系统的"田"字状的农田。在比较成本优势，比较效益优势的选择下，中国先民较早地确定了以农耕种植业为主的经济结构和生产方式。也正是凭借着这个农耕文明的优势，中国先民较早地（至少在殷商时期）解决了稳定的农业再生产问题，使人们可以定居下来，人的生存和繁衍有了保障，从而也使中国较早地确立了成型的封建制度，或者说较早地进入了封建社会。这个问题我们在第二章、第三章已经讨论过了，此处不再赘述。

中国古代封建社会的解体同样是因为黄土地。原始社会的人们都是被组织在血缘大家族之中的，那个时期的生产力水平低下，使用原始石器、木器劳动的人们只能依靠大家的相互协作，在公共土地上集体劳作，来勉强维持生存。但从本质上讲，人是一个个个体，每个个体必然具有天然的独立倾向，只要客观条件允许，这种独立的意愿就会强烈地表达出来。随着人们对自然规律认识水平的不断提高，以及生产工具的进步，西周出现了《诗经》中记载的"私田"。私田的出现说明，人们已经认识到集体劳动的生产效率低下的弊病，而更倾向于独立的劳作和收获，从而在保留必要的"公田"的情况下，实行分田到户。私田的收入归个体家庭所有，公田的收入则分成两个部分：一部分维持已经固化为管理阶层或统治阶层的原家族的上层生活所用；另一部分仍然用于整个家族的公共财政开支，如防灾救灾、战争、家族内部日常管理等。私田的出现是个体小家庭从大家族中分离出来的第一步，中国至少在西周，欧洲至少在公元 5 世纪，都走到了这一步。但在小家庭再进一步、完全从血缘大家族中独立出来的过程中，中欧两地走了完全不同的道路。欧洲的小农束缚在家族中的时间要远远长于中国，而且，他们后来是因为一种新质的、以商品经济和工商业为代表的生产力出现后，才从血缘大家族中脱离出来。这主要是因为，虽然欧洲农村也早已分田到户，但是，黏重的土地需要八牛牵引的重犁共耕，一般的小农家庭既没有八头牛，也制备不起重犁，所以农民还必须依靠血缘大家族的集体力量，组成一个个庞大的犁队来集体耕种土地。而且，农牧结合的经济结构，粮食收割后土地要还原成公共牧场，因此，每家农户的种植品种、耕种时间、收获时间都得整齐划一，由马尔克公社集体决定，以便于农、牧业之间的转换。另外，欧洲毛纺织业所需的机具较多、工序较多且复杂，难以在小家庭内完成。于是，在耕和织两个方面，欧洲古代的个体农户都难以形成耕织结合、自给自足的经济体。所以，尽管分田到户，欧洲的农户却无法再进一步，从血缘大家族或马尔克公社中真正独立出来。经济上不能独立，其他方面更不可能独立，于是我们看到欧洲的血缘大家族和马尔克公社长期存在，与封建制度相始终。

古代中国的小农则不同，在用原始石器、木器就能耕种的松软土地上，我们在古文献中能看到的需要和别人在生产中协作配合的环节就是"耦耕"，即两人持木质的耒耜，共同发力翻挖土地。当生产力水平进入生产工具以铜器特别是铁器为主的时代时，耕翻土地不再需要"耦耕"，个体农户已经能够不再依赖大家族，而是靠一家之力便可完成粮食种植的全过程；同时，桑、麻纺织业所需的机具少、工序简单，可以在农户小家庭内完成，形成耕织结合、自给自足的经济体，从而使他们能够首先在经济上从血缘大家族中独立出来，成为社会的最基本的细胞。小农家庭经济上的独立，使血缘大家族失去了继续存在的经济基础，随之而来的则是小农家庭政治上和社会意义上的独立。小农家庭的独立使血缘大家族出现了两大变化：一是小农和家族之间虽然还会保持着纯粹的血缘关系，但原来由血缘亲疏而决定的社会等级关系，则因小农家庭独立后各自发展的好坏，发生了根本性的变化。如我们引述《管子·问篇》中所说的，家族的宗子即族长，原为家族的管理阶层，也就是我们通常所说的贵族，后来却沦落为其昆弟的从属，与其原有的社会等级严重背离，也就是说，原来以血缘关系决定等级关系的封建社会一整套制度安排被彻底打乱了。小农家庭对家族的原始血缘依附，及后来附着于血缘依附之上的人身依附亦随着小农的经济、社会、政治上的独立而消失了。二是血缘大家族的社会公共管理职能被剥离出来。小农独立后，进入由地域组成的更大的被称为国家的社会组织之中。而血缘大家族在失去家族基本成员后，也就处于无人可管的地步，其公共管理职能也就随着社会基本成员进入国家体制中。

概而论之，中国古代松软易耕、特别适合农耕文明发展的黄土地，既催生了封建制度的发育早熟，也促成了封建制度的早衰早夭。在自然禀赋与人类社会制度相关联的链条中，最关键的一环是：当金属工具作用于黄土地后，农业生产力的潜能被大大释放出来，个体农民能够独立完成农业生产的全部流程，从而不再像以前那样必须依靠血缘大家族集体的力量来进行生产。经济上的独立是最重要的，为个体农民真正的政治、社会上的独立奠定了基础。个体农民独立了，具有社会公共管理职能的血缘大家族就失去了管理对象和存在的必要，终于走向衰亡。

封建制度因血缘关系而生，是血缘氏族裂变、分化而生成的制度化基因不断发育、成长的结果。封建制度又会因血缘关系而亡，准确地说是封建制度会因血缘关系中的大家族社会管理功能消失而亡。在阶级社会，封建制度则是依附于血缘大家族之上的，犹如毛之附着于皮之上一样，当具有公共管理职能及公权力的血缘大家族这张皮消亡了，依附在血缘关系之上的封建制度也就无法存活了，这就是"皮之不存，毛将焉附"的道理。

本 章 小 结

从人类社会发展进程可知，血缘组织是人类的第一个社会组织（包括氏族、大家族，可看成一类，下面统称为大家族），它远远早于国家的出现。当人们被普遍组织在血缘组织之中时，人们的眼中只有大家族没有国家，因为只有大家族才与他们的生活和利益息息相关。整个社会就是由许许多多的血缘大家族构成的血缘王国，血缘大家族是这个社会的基本细胞，我们甚至可以称之为血缘社会。后来国家出现了，初级阶段的国家只是一个松散的部落联盟，是为应对外部的生存安全而成立的。对生活在氏族或大家族中的人民来讲它只是外来的、临时的（战争时出现的）、可有可无的机构，它与普通人民的生产生活关联性不大。人民的生产生活仍然都是在大家族内进行的，大家族的兴衰存亡，才系关每个家族成员的命运。这时的大家族几乎拥有组织、管理家族成员的一切公共权力，包括生产、行政、司法、军事、财税、民事等，俨然就是一个拥有自身领地和治权的小国家。如果人民一直组织在家族之中，国家作为一种社会组织就不会发展出今天的形态。也就是说，家族与国家的关系是成反比互为消长的。只有血缘大家族社会的消亡，现代意义上的国家才能出现。换句话说，现代国家的出现以具有公权力的血缘大家族的消亡为前提，而具有公权力的血缘大家族的消亡则以个体小农的独立为前提。这就是中国古代小农家庭从大家族中完全独立出来的意义所在。在第一章中，我们说过封建制度是由血缘世系的传递衍生出来的，具体而言它是血缘大家族公共管理职能中关于家族裂变分化、世系传递的制度性安排，当具有公权力的血缘大家族消亡了，或者说大家族中的公共管理职能消亡了，附着于其上的封建制度也就消亡了。当然，我们一再所说的血缘大家族的消亡，并不是指血缘关系在中国古代社会就消亡了，而是指具有社会管理职能的、具有公共权力的血缘大家族消亡了。随着公权力从血缘大家族中的剥离，只剩下了纯具血缘关系的家族，这些家族一直伴随历史脚步走到今天，在农村中都还可以看到它们的踪影。但是它们已经从政治上退出了历史舞台，不再是国家或社会管理制度和机构中的一部分，而仅仅只具有标识血缘谱系的作用了。

问题在于，春秋战国时中国的小农家庭从血缘大家族中独立出来，主要是因为中国独特的自然环境禀赋——由沙尘堆积而成的松软土地，以及当时铁器等生产工具的出现，使个体农民家庭已经能够不再依赖血缘大家族，而独立完成所有的生产流程所致。这种经济上的独立是其在社会上独立的前提，最终导致了血缘大家族的公共管理职能逐渐消亡。正因为中国古代具有公权力的血缘大家族的消亡，并不是由于一种与过去生产力相比有质的变化的全新的生产力出现造成的——那时的中国在生产力水平上与古代欧洲完全处在一个档次上。在没有新的生产技术，没有新型手工业工厂，没有连接国内国外的统一大市场，没有以工商业为主的城市及市民阶层出现的情况下，当时的中国不可能进入工业社会，不可能进入以商品经济为特征的近代社会。所以，伴随中国封建制度的解体，原先一直由血缘大家族掌控的社会公共管理职能，也就是我们所说的公权力剥离出来后，流入国家手中，整个社会组织架构和政治架构出现了大变迁、大重组，也就是本章我们所谈到的各国先后进行的改革：国家对人民实行户籍制度改革，使老百姓统统成为国家的编户齐民；建立由国家掌控的统一的税收和军队；推行上下统一的郡县制行政治理体系等。重组的结果是一个经济上仍基于农耕文明的、社会组织细胞以个体小农家庭为基础的、政治上以郡县制为基础的中央集权式帝国的出现。

自此，中国历史以公元前221年秦统一六国为标志，出现了惊天大拐点：在欧洲尚由原始封建制的胚胎向阶级社会成熟的封建制度进化的过程中，中国的封建制度和封建社会已然崩塌，在仍是农耕文明的基础上，以从血缘大家族中剥离出来的小农为社会细胞，建立了不再依赖高度自治的血缘大家族，而以郡县制为行政管理基础、国家高度集权并覆盖全社会的新型治理体系。截至当时，人类社会只出现过三种社会治理模式，一是由血缘关系为纽带的氏族、部落的原始治理模式；二是以血缘大家族为社会基础，同时又由大家族结成跨地域的大家族联盟的治理模式——成熟的封建制度；三是以小农为基础，完全按地域而非血缘关系组织起来的国家治理模式——中央集权、皇权至上的国家治理模式。后者是在有着社会公共管理职能的血缘大家族解体的情况下建立起来的。封建制度因血缘而起，又因具有社会公共管理职能的血缘大家族的消亡而亡。中央集权式的国家治理模式与封建制度下的以血缘大家族为主体的治理模式，是两种截然不同的治理模式，中欧古代社会从此走上了不同的发展道路。

第五章　秦统一后中国和西欧政治生态

——中央集权专制制度治理模式与封建制度的比较

秦统一后的中国，个体小家庭已从血缘大家族中独立出来，成为社会的基本细胞，成为掌握在国家手中的编户齐民；原来由各大家族掌握的社会公共管理职能——公权力，也从大家族中流入国家，形成了中央集权专制政体。而欧洲仍然保留了血缘大家族，保留了由血缘大家族维系的村社共同体。在此基础上，欧洲的封建制度仍在延续。中国秦以后的中央集权专制体制与欧洲的封建制度，构成了完全不同的两种社会、政治治理体系，深刻影响了两地的历史走向。

第一节　血缘大家族还是个体家庭为社会基本细胞，
决定了整个社会的治理架构

中国具有公权力的血缘大家族解体了，但欧洲仍以血缘大家族为社会基础。在农村，以血缘为纽带的马尔克公社是欧洲社会治理体系中最基础的部分。第二章中我们从纯生产流程和生产管理的角度谈及马尔克公社对农户的管理。我们也谈到欧洲的血缘大家族之所以能够长期保留下来是因为两点：一是欧洲大部分土地的黏重，耕翻土地需要多牛共耕，一家一户的农民既没有多头牛，也制备不起价格不菲的重犁，所以只能依靠家族的力量，共同耕种；二是欧洲半耕半牧的农业结构，农田里的庄稼收割后要统一恢复成牧场，这就要求村社共同体的农户必须统一耕地、统一播种、统一种植品种、统一收割时间，这样才能保证农牧业之间的转换，这样的生产方式只能依靠大家族成员间的共同协商和公

社的统一指挥才能运转。所以欧洲的农户虽然也早已分田到户，但是他们不能像中国古代农民一样从大家族中独立出来。

欧洲的马尔克公社或曰村庄共同体是欧洲古代社会组织的基本细胞，从它们身上可以明晰地看到原始村社制度在当时的流变。恩格斯说：关于耕地、草地、牧场和其他土地占有、分配、利用的规定"构成了从各个不同时代流传下来的许多马尔克章程的主要内容"①。西方学者杰罗姆·布拉姆认为在欧洲作为法人团体的村庄共同体在中世纪出现，解体于18世纪，于20世纪初消失。它们是经济共同体、财政共同体、互助共同体、宗教共同体、和平秩序的保卫者，是居民公共的私人的道德的守护人。② 显然杰罗姆·布拉姆没有看到原始氏族或家族村社和中世纪村庄共同体之间一脉相承的血缘关系，也许是出于学者的谨慎而没有把它们联系起来。但是布拉姆对村社共同体的概括还是相当准确的。我们还是以马尔克公社这种更具古老性的称谓来称呼村庄共同体，以便使人们更容易知晓它与原始氏族或家族的传承。国内学者中，赵文洪先生对此有比较深入的研究，他在多篇文章中从多个角度对这一问题作了论述。综合赵文洪先生和其他学者的论述，我们把马尔克公社这一高度自治的社会基础组织的功能和特征做如下概括。

一、马尔克公社对土地的占有和分配

西方学者称马尔克公社为公地制度，这是其基本特征之一，凡村庄共同体都与公地制度有关。英国著名公地制度专家琼·瑟克给公地制度所下的定义是："它由四个要素构成：第一，耕地和草地在耕种者之间分为一些长方形的条田，每一耕种者可以占有分散于田野各处的一些条田。第二，在收割之后和休耕季节，耕地和草地都对公地共同体成员（commoners）开放，任其共同放牧其牲畜。在耕地上，这必定意味着人们遵守某些关于种植庄稼的规则，以便春播和冬播的庄稼能在错开了的土地上生长。第三，有着共同的牧场（pasturage）和荒地，条田的耕种者

---

① 《马克思恩格斯全集》第19卷，人民出版社1963年，第359页。
② 赵文洪：《中世纪欧洲村庄的自治》，《世界历史》2007年第3期。

们有权在其上放牧牲畜，拾取木料、泥炭以及可能得到的其他物品，例如石头和煤。第四，所有这一切活动均由一个耕种者会议管理。在中世纪大多数地方，这一会议就是庄园法庭，或者——当一个以上的庄园聚于一个镇上时——村民会议（village meeting）。"①马尔克公社的土地公有性质还可从土地的分配上看出来，之所以每人都分成条田，连领主的自营地也不例外，体现大家对土地好坏远近平等占有的原则。每家有一条好田，也有一条坏田，有远的田，也有近的田。这样的搭配对大家都是公平的。有人不无调侃地说："一个持有 30 英亩份地的农民会发现，他的土地分散在村子的东头、西头和南边，就像有 60 英亩似的。"②当时欧洲普遍实行三圃制，土地被分成三大块：一块用于秋播，一块用于第二年春播，一块用于休耕。土地分配时，要使每一个村民都能在三块土地上得到大小与其家庭成员数量相匹配的份地，这样才适合马尔克公社的三圃轮作制，使每一块土地的种与收及休耕统一起来，也才能适应土地收获后统一变为公共牧场的要求。在某些地方，如东欧大部分地区及西欧的一些地区，耕地还周期性地在农户中重新分配。从不列颠群岛到俄国的几乎每一块土地，村庄草地中的条田，当收干草的季节来临的时候，每年都抽签重新分配。③土地的公有性质还表现在森林、草地、沼泽、荒地、采石场、池塘都是公有的，没有分到农户。每个农户都可以利用这些公共资源而受益。即使是分田到户的条田，在收割后又变成了公共牧场，恢复了公共性质。法王路易十四时期的法律规定：只在庄稼未收割时才保护个人的份地，收割之后，土地即依法转化为全体村民公有，无论贫富一律平等。④

马尔克公社的公地制度并不是欧洲人的首创，它就是原始社会氏族成员共同占有、权益平等原则在土地制度上的体现和延续，绝不是到了

① 赵文洪：《中世纪欧洲村庄的自治》，《世界历史》2007 年第 3 期。

② ［英］亨利·斯坦利·贝内特：《英国庄园生活》，龙秀清、孙立田、赵文君译，上海人民出版社 2005 年版，第 34 页。

③ 赵文洪：《中世纪欧洲村庄的自治》，《世界历史》2007 年第 3 期。

④ 慈鸿飞、王志龙：《村社共有土地份地制的历史考察》，《中国农史》2013 年第 4 期。

中世纪人们才脑洞大开想出来的新举措。中国古代也实行过公地制度，也就是血缘大家族分配土地的制度，孟子所说的"井田制"就是这样的制度。虽然国内学者对"井田制"实行的方式等有一定争议，但谁也不能否定当时土地由大家族平等分配，一家大约百亩（周亩）的事实。人类是从对自然资源和生产资料的公共占有及利用开始自己的社会生活的，这样的状态延续了成千上万年，刚刚跨入文明门槛的人们，只是有了点私有观念，还不可能马上建立起一套行之有效的私有制度，特别是生产资料的分配制度，而只能沿用原始社会分配制度的遗产。我们看到的封建社会对生产资料的占有、使用，都不是今天法律意义上的所有权。可以说整个中世纪还没有形成所有权的概念。那时对物的占有、使用仍然如法学家布拉克斯顿说的："根据自然法律和理性，凡是第一个开始使用它的人即在其中取得一种暂时的所有权，只要他使用着它，这种所有权就继续存在，但是不能比使用期更长。……占有权力只是与占有行为同时继续存在。"[1]原始社会是只承认家族法人和部落法人而不承认个人法人的。如梅因所说：家族分明具有法人的特性——它是永生不灭的。族长就是家族法人的代表，我们甚至可以称他是"公务员"。此族长死亡会被彼族长代替，换一个名字而已。原来依附于此族长的权利、义务会毫无间断地依附于其继承人身上[2]。进入封建社会，在私有观念的侵蚀下，产品的分配上出现了私有的现象，但在生产资料的分配上只是占有权、使用权和受益权给予了个人，而不是将整个所有权给予个人。在欧洲这点看得很清楚，分田到户只是土地使用权和受益权的暂时分割，是庄稼收割前的暂时分割，之后又恢复了公有性质。如果碰到了土地纠纷，村社共同体会在其中发挥重大作用。12世纪，贝德福郡塞泽恩荷村的土地需要在两个领主中重新分割和确权，因为1173—1174年封建主内战时，当地村民趁机互相侵占土地，造成彼此地界的混乱，使一些土地占有权产生了争议。后来，庄园档案记载，经村社内部充分协商，"根据全体

---

① ［英］亨利·梅因：《古代法》，沈景一译，商务印书馆1996年版，第142、143页。

② ［英］亨利·梅因：《古代法》，沈景一译，商务印书馆1996年版，第106页。

村民的意见，并在该村两个领主在场的情况下"，全体村民都交出土地，然后由村社组织重新丈量和分配，最终解决了土地纠纷。[①] 像土地纠纷这类矛盾，领主个人反而不如村社出面更容易解决，因为村社本身就是村民组成的利益共同体，使用民主协商的方式解决纠纷，比较容易被村民接受。中国古代因其农耕结构的单一，土地在庄稼收割后也不用像欧洲农村那样闪回公有，恢复成公共牧场，所以土地被个体农民长期占有、使用，也就更容易成为私有物。

欧洲村社土地公有的性质反过来印证了血缘大家族的存在。因为这二者之间是存在因果关系的，即先有血缘大家族的存在，才会有对生产资料和自然资源的共同占有、使用和分配。所以在古代社会，存在共同占有、使用、分配生产资料的地方一定存在着某种程度的血缘大家族关系。大家族成员血缘的一致性导致其利益的高度一致性，使家族成员自然结成了命运共同体，这也是马尔克公社高度自治的基础。

二、马尔克公社的社会行政管理职能

公社的生产管理职能，我们已在第二章中作了叙述，这里不再重复。公社的社会管理职能有：拥有或租用磨坊、面包炉、铁匠铺等公共生活设施，为村民提供服务；组织检查生产生活中使用的度、量、衡，以保证买卖的公平和统一；检查面包和啤酒等商品的质量，制定大宗商品的价格，及公社内使用日工和仆人的工资；选任治安警官维护治安，处罚过失者，拘捕侵犯土地和财产者，防火防盗，赶回走失的牲畜；组织村民修理道路、桥梁、沟渠、篱笆、堤坝等公用设施；维修教堂、教区的设施，供养牧师，要求村民参加宗教活动，监督村民的道德和宗教生活；惩罚村民中的酗酒、赌博、卖淫等现象；开办学校，照看未成年人；照看穷人、病人、孤儿、老人，在田地庄稼收割时，规定只能割去麦穗的头部，田里的残留和掉落的庄稼只能由穷人、孤寡老人拾取；在发生灾难时，组织紧急救援等。有些时候，为了履行这些职能，公社会

---

① 侯建新：《现代化第一基石——农民个人力量与中世纪晚期社会变迁》，天津社会科学院出版社1991年版，第171页。

在村民中摊派一定的税收和劳役。在英国,从盎格鲁撒克逊时代,村庄中就有亲属互保的制度。诺曼征服后,在此基础上建立了十户村民为单位的联保组,维护社会治安,缉捕盗贼。原则上,村庄中年满12岁的男性都要编入该组。① 自1233年开始,每个村社须组织4人进行治安巡逻。除管理村庄治安外,一些国家的税收也是由村庄共同体征收的。11世纪早期,英国的自由人和不自由人在内的所有土地持有者须缴纳的国税盖尔德(geld),就由村庄而不是庄园征收。1334年以后,英国国王向俗人征收的一项税收(the lay subsidy)也是由村庄共同体征收的。如某地共同体,每年除了收集领主的22镑地租外,还要征收国会批准的2镑9便士的税收。15世纪,英王甚至把征发兵役和劳役等差事也交给村社完成。在法国,参加民兵的人必须经村民会议投票,从未婚男子和无子女村民中选出。17世纪,意大利罗马附近的内罗拉村的村民须缴纳教皇国税,征收税款通常是村民会议的议题。在中东欧,一些地方共同体,除了负责征兵,有时还要装备新兵,并为他们提供交通费用。② 当然,并不是每一个村社都能有这么齐全的管理职能,除了一些基本功能外,它们可能有的会侧重这些方面,有的会侧重那些方面。

这么多的社会行政职能,公社是依据什么来管理的呢?答案是依据古老的习惯法。琼·瑟克认为:每个村庄共同体都有自己的规则,外面的人,甚至国王都不能改变它们。③ 这些规则就是一直以来形成的习惯和惯例,或称为村规民约,它在公社范围内具有法律效力。在相当长的时期里,这些习惯法都是以口耳相传的方式告知人们,直到后来才有文字记录。在德国一个村庄,1724年时村规还是口耳相传的。村规对公共生活和生产的规定是非常详尽的,有的村庄甚至连村民晚上熄灯和早晨起床的时间都做了统一规定。村规是庄园法庭司法判决书的主要依据,或者它本身就是司法判决书。见诸法庭卷宗中的村规文字记录最早见于

---

① 徐浩:《中世纪英国农村的行政司法及教区体制与农民的关系》,《历史研究》1986年第1期。

② 赵文洪:《中世纪欧洲村庄的自治》,《世界历史》2007年第3期。《公地制度中财产权利的公共性》,《世界历史》2009年第2期。

③ 赵文洪:《中世纪欧洲村庄的自治》,《世界历史》2007年第3期。

13 世纪，16—18 世纪最多，它们主要分散在庄园法庭卷宗中。有首当时的歌谣唱道："公地的制度就是习惯。"①我们在第二章中讲到了村规的一些细节，比如，在哈尔顿村和纽营顿庄园，村规规定雇请收割者的待遇是每天一便士工资另加免费吃饭。1300 年，有个村庄的雇人规则为几种模式：有不供食物，每天支付 1.5 便士的；也有每天 2 便士工资不供食物的；还有供食物，每天 1 便士的。还有的村庄规定，自家收割完成后，要帮邻居收割，不得为高收入去其他地方工作。1379 年，有一个庄园 17 名劳动者，每人被罚 3 便士，就是因为违反了此规定。又比如，1286 年，纽营顿村村规规定："经全体法庭成员通过，本庄园任何人均不得在秋季接待任何有收割能力者为拾穗者。"1405 年，某村规定："凡有能力收割而一天获得一便士工资及食物者，不得在秋季拾穗，否则罚款 12 便士。"还有的村规规定老、幼、弱者准许拾穗，身体健全的穷人可以拾穗。在拉姆塞地区的一个庄园里，村规规定，在庄稼收割完的 3 天时间里，"贫穷的男女应被允许拾穗"。1282 年，有一个给王室庄园管理人的指示规定："年幼、年老、衰弱不能工作者应该在秋天当庄稼捆已经搬走后拾穗。"②后面这几条关于老、弱、贫困者在田里庄稼收割后拾穗的村规，与《诗经·小雅·大田》中所说的"彼有遗秉，此有滞穗，伊寡妇之利"，即让孤寡妇女拾穗的情景十分相似。可见在大致相同的社会发展阶段，在血缘大家族主导的村社制度中，很多村规民约是差不多的，因为它们关乎村民生产生活的方方面面。

三、马尔克公社的权力机构和管理人员

公社的权力机构最开始是村民会议，为古老的氏族成员大会的延续。它既是公社的立法机构同时也是执行机构。进入封建社会后有庄园的地方也称庄园法庭。13 世纪，许多地方把庄园法庭叫 halimotum，英文为 hallmote，意为"在庄园房子里举行的村民会议"。欧文先生发现，英国诺丁汉郡的莱克斯顿地区数百年的庄园法庭档案中，有大量关于庄

---

① 赵文洪：《中世纪欧洲村庄的自治》，《世界历史》2007 年第 3 期。
② 赵文洪：《公地制度中财产权利的公共性》，《世界历史》2009 年第 2 期。

园法庭以集体形式制订、修改村规的记录。著名村规专家美国波士顿大学奥特的研究结论是：当庄园和村庄重合时，庄园法庭就是一个村民会议，"它可以非常恰当地为村共同体制订村规"①。对违背村规行为的处罚，大多是在庄园法庭以审判的方式进行的，其记录保存在庄园法庭的卷宗之中。庄园法庭后来实行的陪审员制度也是从原始的村民大会审判制度沿袭而来的。因为每个家庭纠纷和公共案件都让所有村民参加，会占用人们太多的时间，甚至会影响到多数人的生产生活，所以，由村民选出少数陪审员来担任法庭审判职责慢慢变成一种常态。

在庄园法庭之外举行村民会议，制订和修改村规也是经常的事情。因为村民会议比庄园法庭起源早得多，村民一直以来都是以这种民主协商的方式来进行自我管理的。福汉姆发现庄园出现之前的6世纪，村民就以民主的方式进行治理。村民会议有时在教堂开，更多的时候在村会议室或外面的大树下开。罗赛纳指出：中世纪有充分自治权力的村庄共同体，最重要的农民行政管理组织就是村庄或堂区中的村民会议。村民会议至少一年一次，处理村庄财务和耕种、放牧等集体事务，要求每个村民都参加。在欧洲大多数国家，村民会议都有权力通过本村社的法律，选派官员和任命村官。村民会议在各国召开的时间、地点都不尽相同。波西米亚和匈牙利一年一两次；丹麦和法国北部，有时每个星期召开一次；有的地方是有必要就召开。村官通常预先通知开会日期，当鼓敲响或教堂钟声响起，会议就要开始了。许多地方村民在露天开会，大树下、教堂院子里或村大会堂前的广场上，都是经常开会的地点。在丹麦，村民会议要举行前，会向每个参加者发一张票，以使每个村民能对号坐在某一块石头上，座位排成半圆形，每一个有投票权的人都要参加。无故缺席者、迟到者要被罚款。直到19世纪，这样的会议习惯还在延续。这可能是最规范的村民会议了。这样的会议上，吵架、争论是常事，因此也有地方明令禁止村民带武器进入会场，以免控制不住情绪时发生械斗。会议要求每一个村民都有服从村民会议制定的成文和不成

---

① 赵文洪：《中世纪欧洲村庄的自治》，《世界历史》2007年第3期。

文法律的义务。①

14、15 世纪后，随着领主和农民之间封建纽带的松弛，村民共同体更需要加强自我管理。在法国特别是废除领主司法权后，地方的管理和惯例完全靠村民自己来维护。在英国的小村庄诗汝顿，1596 年庄园解体，庄园法庭停止工作。3 年后，由于村庄生活过于"不规范，无次序"，于是村民在教区牧师的组织下召开村民会议，以法律形式确认传统习惯——村规，并制定了处罚条例，但罚金不归领主，而归本镇的穷人。

公社有自己的管理人员。村最高行政负责人，各地称呼不一，英格兰称村头，也有人译为庄官、庄头、村官；意大利称长老或执政官；爱尔兰称村王（king），与国王同一个词。除村头之外，村庄管理人员还有："干草监管员"，协助村头管理农耕事务，以及"草地划分员""护林员""牛倌""羊倌""猪倌""蜂倌"等。为了执行村规，还会选出检查员（warden），负责监督村规的执行情况。1289 年，英国的纽营顿庄园法庭卷宗记录了选举"秋季法令督查员"的情况，这一年村民会议选出了 4 名督察员，是庄园的 4 个村庄各选一名。这样的记录一直到 15 世纪卷宗中止。英国诺丁汉郡莱克斯顿堂区法庭卷宗的罚款清单，记录了从 1651 年至 20 世纪，选举村庄管理人员的情况，只有一次中断。首先选出的是陪审团成员及负责人，并由他们宣誓；然后选出治安警官及副手（一般两人），牲口监管员，十户联保区负责人，村规监管员等。苏珊·雷诺滋发现：村庄居民或庄园佃农，能够作为一个共同体成员，都有资格选举管理人员。有时村庄选举的官员取代领主任命的官员，有时两者一起管理村庄。1116 年，某地村民经领主同意后，选出 12 人作为执政官，管理领主和村民的事务。②

村官的任期不一，有的一年，有的六个月，也有两年以上甚至终身的。一般情况下，村官是不领薪金的，但他们会被免交领主和国家的劳役、实物或现金。在奥地利、德国中部、波西米亚和英国，村头能全部

---

① 赵文洪：《中世纪欧洲村庄的自治》，《世界历史》2007 年第 3 期。
② 赵文洪：《中世纪欧洲村庄的自治》，《世界历史》2007 年第 3 期。

或部分拥有一些小罚金和村民的缴费。而俄罗斯则由公社和领主付给村头薪酬。许多人并不愿意当村头，13 世纪英国的一些村庄，村民宁愿交罚款也不愿意当村头。① 不愿意当村头，可能是这些人怕村庄事务繁多，会影响自己的耕种和收益。同时也说明村头是不能从这个公职中获取太多好处的。这也恰恰说明了公社民主监督机制是健全的。

四、马尔克公社的司法管理职能

在庄园出现之前，村民都是通过村民会议来制订村规民约，依习惯法处理村民之间发生的矛盾。庄园出现后，设立了庄园法庭。但庄园法庭的主体仍然是村民，法庭并不是以领主的意愿来判决，而是由村民为主组成的全体陪审团成员集体决定来判决的。正如恩格斯谈到马尔克公社法庭时所说："就是在这种法庭里，领主也仅仅是个提问题的人，判决者则是臣仆自己。"②1278 年，英国某庄园的管家将一个农奴扭送到庄园法庭，告发他装病不服劳役，在家里偷干私活。庄园法庭的陪审团在调查后作出如下判决：管家与该农奴之间积有宿怨，管家是利用职权公报私仇，为此管家要受到处罚。1315 年，英国凯克哈姆庄园法庭，受理了一些佃户的申诉，他们认为根据惯例，他们没有用马车为领主运送粪肥的义务。法庭经过调查，准许佃户的恳请，佃户们胜诉。③

西方学者文诺格拉多夫认为：实际上，领主不得不交出他凌驾于农民的专断权力，必须服从村庄长期形成的固定规则。霍滋沃斯也认为："在许多情况下，领主被迫服从农业的公共制度。以使用庄园的荒地为例，尽管他是荒地的主人，他也得服从使用荒地的规则。不仅他的自由持有佃农，也有整个村庄共同体，包括自由人与不自由人，都用这些规则来对抗他。甚至维兰对于荒地的权利如此完整，以至于有时候领主不得不通过谈判，就这些权力与维兰们达成协议。"④在 15、16 世纪之前的

---

① 赵文洪：《中世纪欧洲村庄的自治》，《世界历史》2007 年第 3 期。
② 《马克思恩格斯全集》第 19 卷，人民出版社 1963 年版，第 360、361 页。
③ 徐浩：《中世纪英国农村的行政司法及教区体制与农民的关系》，《历史研究》1986 年第 1 期。
④ 赵文洪《中世纪欧洲村庄的自治》，《世界历史》2007 年第 3 期。

欧洲，还没有一种力量能够冲破血缘家族关系编织成的社会组织网络。领主在村庄中面对的不是一个个单打独斗的农民，而是被马尔克公社组织起来的农民共同体。单个农民的诉求可能是微弱的，但农民共同体的诉求则是不可忽视的，它有可能产生巨大的社会影响，形成巨大的力量，这是任何层次的统治者都不能也不敢忽视的。1058年，某地修道院长与该地全体居民签署协议：居民为修道院修建75%的围绕城堡的围墙；作为回报，他保证他本人及继承者不得逮捕、惩罚任何居民，不能毁坏任何居民的房子，不能强夺居民的货物，居民及继承人可以继承个人财产、土地、树木、草地等。任何一方破坏协议，都要被罚款，修道院长及继承人违约，罚款100镑。村民违约，则依富有程度罚3镑至20先令不等。① 这个协议说明，修道院是把村民共同体作为一个完整的法人来看待的，协议双方的权利和义务关系是明确的，协议是具有法律效力的，协议是对村民自治地位的承认。

1644年，意大利内罗拉村庄被巴贝里尼家族购买，该家族接受了一份该村的《法规》并一直保存到现在。《法规》概述了村庄的民法和刑法，明确了违反村规的惩罚，确定了村民应交给领主的捐纳，列举了村民和领主的权利(例如狩猎权)及村庄的管理模式。《法规》是以后数十年间，村民捍卫自身权益，与领主斗争的有利武器，村规就是全体村民在生产生活中一贯遵循的习惯法。1644年，领主管家张贴告示，对牲口侵入庄稼地的惩罚，由原来的货币处罚上升为身体处罚。村里长老发现此规定不符合《法规》，在村民会议上报告了此事，会上有村民提出，以前的领主从未引进过任何与《法规》不一致的规定，因此要求长老与管家交涉，请其收回成命，否则直接找领主交涉。大家一致投票支持该村民的建议。1645年，领主管家擅自将度量村民交纳橄榄油的杯子容量扩大，从而增加了村民的交纳量。长老与之谈判无果，于是召开村民大会，宣布管家违背《法规》，并认为："如果我们想调整《法规》，我们就召开村民会议。"言外之意是不应该由管家任意修改。会上还有人建议备份一份《法规》，将原件和备份锁在箱子里，3个村长各持一把箱子钥匙。1680

① 赵文洪：《中世纪欧洲村庄的自治》，《世界历史》2007年第3期。

年，村民不但告状到罗马的领主那里，还聘请律师，把官司打到了教皇宫廷。①

以村民为主体的庄园法庭，经常是村民抵制领主干预或侵犯，捍卫村民自身利益和权力的有力武器。如有的学者所说"农奴甚至可以在庄园上与领主达成协议。庄园法庭的法治气氛使农奴与领主之间的交易显得很自然"。有专家对英国艾尔顿村进行过档案调查，发现有大量的村民起诉领主和总管的案例。1300年，村民控告管家阻碍了村民经由某条道路出去放牧。领主代表反驳说，领主在路边的田里种了种子。记录中写道，庄园法庭陪审员强烈抗议说：村庄所有人有权在任何时候使用这条路。领主代表说：过去此路附近条田播了种子，村民路过此处要交4先令过路费。法庭卷宗记录，村民（含12名陪审员）愤怒地回答："如果任何习惯佃农曾经为此交过任何钱的话，那么，这位领主就是任意地非法地勒索了他们。"村民的愤怒使得代表领主主持庄园法庭的管家不敢断案，而是将本案交由领主去处理。由于记录中断，结果不得而知。② 但从管家不敢做主的态度来看，村民的斗争是有成效的。

从以上马尔克村社具有的生产管理权、社会行政管理权、司法管理权等方面来看，村社确实是高度自治的利益共同体。这个共同体的组织和运作均因袭血缘大家族自古相传的习俗。我们大可不必把马尔克公社和领主完全对立起来，如前面的章节所述，领主和马尔克公社中的村民是村庄或庄园中的两个阶层。领主阶层不过是原来家族中长老、军事领袖和长期从事家族管理的人员，进入阶级社会后身份发生了流变。他们虽然在利益分割上与村民有了相对立的一面，但是更有一致的一面。他们要共同面对家族外、领地外纷繁复杂甚至是危机重重的世界，他们要共同确保家族成员和领地的利益和安全，确保家族内或领地内生产和社会生活秩序地正常运行，他们之间是既对立又统一的矛盾共同体。上述资料中，领主和村民都是基于习惯法共同管理庄园或村庄的，我们看到领主的管家和村民在法庭上都以习惯法为依据做出对自己有利的解释，

---

① 赵文洪：《中世纪欧洲村庄的自治》，《世界历史》2007年第3期。
② 赵文洪：《中世纪欧洲村庄的自治》，《世界历史》2007年第3期。

但没有谁否定古老的习惯法；我们看到领主和村民在遇到具体问题时一起研究解决；我们也看到当领主管家的行为超出习惯法范围时，村民利用村民大会做出了坚决的反对。即便是外来领主所在的庄园或村庄也一样，这些外来领主并不想、也没有能力去改变领地原有的公地制度、村社共同体管理体制和习惯法，他们要做的就是享有庄园领地上的收益，并将这些领地作为加强自身家族力量的重要支撑。这些都说明，领主和村社共同体共同管理村庄或庄园的机制，运行是比较稳定的。领主的强大源自家族的强大，领地的强大，没有大家族和领地的支撑领主什么都不是。下至普通家族，上至王族都是如此。普通家族要靠家族力量保住家族的领地，必要时还要扩大家族的领地空间；王族则要靠家族的力量打天下坐天下。所以，各级领主阶层最关心的是家族和领地的强大，而不是破坏家族的团结和导致领地上农民的对立情绪。

在古代欧洲，直到 15、16 世纪新型生产力和商品经济发展起来之前，没有一种强悍的力量能够瓦解自古延续下来的血缘大家族。恩格斯说："马尔克制度，直到中世纪末，依然是日耳曼民族几乎全部生活的基础。"①说马尔克公社是中世纪日耳曼民族全部社会生活的基础，就是说血缘大家族是中世纪欧洲社会生活的基础，因为马尔克公社是基于大家族的血缘关系来连接各个家庭的。正因血缘纽带的维系，才有原始人对生产资料、领地的共同占有、使用、收益权，也才有家族共同体的存在和延续。《剑桥欧洲经济史》的作者说："加洛林时代有一个似乎可以确认村庄和族谱的巴伐利亚公式。我们从手中的材料以及伦巴第和勃艮第的地名中，以及有时定居在罗马的法兰克人地名中了解到，各种群体按血统关系组成。"②古代的地名和家族名一致应该是个世界性现象。前面我们也讲到，一个家族长期在一个地方生活，别人就会习惯地用家族名来称呼这个地方。比如在中国到处可见的李家村、赵家堡、王家湾等。大家族在中世纪欧洲的存在，决定了欧洲中世纪的社会政治格局：

---

① 《马克思恩格斯全集》第 19 卷，人民出版社 1963 年版，第 539 页。

② ［英］M. M. 波士坦等主编：《剑桥欧洲经济史》（第一卷），经济科学出版社 2002 年版，第 250 页。

家族是社会的基本细胞，是社会的基层组织，也是社会、政治的基本力量。各大家族都是各占一方的高度自治的实际上的诸侯。各王朝的王只是领主中的较大的一个，因为其家族力量的强大，被其他家族承认为天下的共主，不论是墨洛温王朝、加洛林王朝还是卡佩王朝概莫能外。克洛维再骁勇善战，一个人也打不了天下，他的成功靠的是自己的家族和家族同盟的力量。加洛林王朝的建立，靠的是从丕平、查理·马特再到丕平、查理曼等加洛林家族几代人的努力。卡佩王朝虽然是被贵族推选出来的，但也是因为卡佩家族的实力强大，才被他人尊崇的。由于全社会各大家族政治力量保持着大致的均衡，所以，那些被推选出来的天下共主，只能以分封的方式治理天下。分封制作为全社会的治理准则，它既是当时社会上各大家族势均力敌的结果，也是当时大家族具有血缘排他性，不愿与没有血缘关系的异姓族群同化融合的结果。同时，分封制也是一种非常简单甚至廉价的治理模式，对于胜利者来说可以扩大自己的领地和实力；对于战败者来说，只要降服、顺从战胜者就能保全自己的领地和家族，这等于保住了全族人的饭碗，何乐而不为呢？分封制会大大降低被征服者的反抗烈度，有利于社会各种政治力量的联合。封主或宗主所要做的就是对原来就已经占有一方领地的家族进行确权，及对战争中收取的无主土地（战败者土地）进行分封。分封就是确权，确立每个家族领地的占有、使用、受益权。因为分封制度下，封主并不干涉封臣家族领地的内部事务，即便是外来领主也不干涉领地内原有家族共同体的管理和习惯法，所以分封制很容易被全社会接受。可见，只要高度自治的血缘大家族存在，封建制度就会大行其道；架构在血缘大家族之上的封建国家，就只是一个各大家族的联盟。

当欧洲的血缘大家族普遍存在之时，古代中国的个体家庭却早在春秋末期至战国，就获得了经济上的独立，从血缘大家族中逐渐剥离出来，成为社会的基本细胞。具有社会公共管理权力的大家族也走向消亡。血缘大家族只剩下一个具有血缘标记的谱系继续存在着，提醒着人们对古老血统的追忆。在没有新型生产力出现和经历商品经济洗礼、改造的古代中国，具有公权力的血缘大家族的消亡，个体家庭的出现带来的只能是公共权力在国家层面的高度集中，产生中央集权制的国家。中央集权制下国家和农民是什么关系呢？简单地说就是国家代替了原来的家族对人民进行管理，这首先是国家对人民进行编户入籍。我们在前面提到的《国语·齐语》所载，管仲将齐王直辖地分为国与鄙，国中的居民编为二十一乡，其中工商之乡六个，士之乡十五个。士乡居民"五家为轨，轨为之长；十轨为里，里有司；四里为连，连为之长；十连为乡，乡有良人焉"。士乡是服军役的，"故五人为伍，轨长帅之；十轨为里，故五十人为小戎，里有司帅之"等。这是春秋时期看到的国家准备按户编制和管理人民的记载。进入战国以后，这一进程在各国先后发生，而以秦国最典型。《史记·秦始皇本纪》载：秦献公十年（公元前 375 年）"为户籍相伍"，即以户为籍登记造册，每五家为"伍"作为基本联保单位。1975 年，湖北云梦县睡虎地出土了秦代的竹简，涉及秦律的很多内容，其中《田律》内容有六条，记载了秦国农民从血缘大家族中分离出来后由国家管理的情况。律文中规定，农民土地中已开垦而未耕种和耕种了庄稼已抽穗的要向官府报告面积，如遇旱灾、涝灾、虫灾也要报告。离县城近的地方，派走得快的人报告，距离远的由县驿站传送，在八月底以前要送达。律文又规定早春二月，不准到山中砍伐树木；不到夏季，不准烧草作肥料；不准采集刚发芽的植物；不准捕捉幼兽和兽卵；不准毒杀鱼鳖；不准设置陷阱和网捕捉鸟兽。七月之后才解除禁令。律文还规定，农民要根据授田土地的数量缴纳喂牲口的饲料，不论土地开垦与否，均按每顷刍三石，稿二石缴纳。干叶和乱草只要成束也可缴纳。另外还有不准农民卖酒等。① 给农民授田、收租及关于农事安排的细致规定，原本都是由家族共同体按惯例来规定和实行的，现在却成为国家的管理职责。

汉承秦制，继续实行严格的户籍制度，作为管理人民、授田征税的基本制度。刘邦称帝伊始，便下"复故爵田宅"诏，要求战争中逃亡的流民各归其县，"复故爵田宅"。后更是在秦律的基础上完善了户籍制度。据考古发现的《张家山汉简》《户律》记载：每年八月，乡部官吏要校对人

---

① 《睡虎地秦墓竹简·秦律十八种·田律》，文物出版社 1990 年版，第 19~22 页。

口，办理新户登记和户口迁徙手续，审定户籍档案。档案包括户主、人口数、田宅数量及位置顺序、租税数量等。户口的等级也很严格，每人自己申报年龄，因年幼不能自己申报者，由父母兄弟代为申报，无父母兄弟者由基层官员推定其年龄。谎报年龄达三岁者给予惩罚。不按时办理户口登记者"罚金四两"。所在乡官员知情不报者"与同罪"，罚金各一两。所有登记造册统一报到县廷收藏。① 汉代国家授田以名籍为准，有名于上，则有田于下。数量仍是每夫一顷（一百亩，每亩240步），有军功者依次增加土地面积。土地一经授予即为私有，可以买卖、赠予、世袭。对于不立户就占田或代他人占田者，不仅要收回土地，还要戍边二岁。田宅和不动产皆可继承，由家庭成员协商好继承人，然后在户籍中注明即可。如立遗嘱继承，则一式三份：自留一份，乡和县各留一份备案以防篡改。《张家山汉简》中还记载，农民可以买卖田宅或将其赠人，但不能重新授田。土地买卖要由基层官吏办理相关手续。其《田律》也对农民所交的租税做了规定。②

　　从立户入籍着手，把原组织在大家族中的人民编制在国家名下，由此作为授田、征税、服役的基础。这样，原来家族的人，变成了国家的人；家族的实力，变成了国家的实力；分散在家族中的公共权力，集中为国家掌控的公共权力，国家治理体系的社会基础发生了根本性变化。人民原来是由血缘关系连接起来的家族共同体的一分子，现在变成了国家编户中的一粒粒散沙。在血缘大家族作为社会管理组织的情况下，人民都是家族的成员，人与人之间的关系有一层温情脉脉的血缘面纱。一个家族在社会上的影响力取决于家族的实力，家族的实力则取决于组成这个家族的个人的数量和质量，因此家族成员对家族统治阶层有很大的制约作用。在传统的原始平等观念下，家族内部土地等生产资料的分配大体是平等的；租税的收取大体是有度的；处理家族成员之间的关系大体是公正的；统治阶层对家族重大事情做出决定时，人民会参与甚至表

---

　　① 藏知非：《西汉授田制度与田税征收方式新论——对张家山汉简的初步研究》，《江海学刊》2003年第3期。

　　② 藏知非：《西汉授田制度与田税征收方式新论——对张家山汉简的初步研究》，《江海学刊》2003年第3期。

决；军队是由人民组成的。这后两项意味着最重要的公权利掌握在人民手中。家族公权力的运行和家族所有成员的行为规范都是按祖上流传下来的惯例进行的，祖制族规就是家族中不变的法律。家族统治阶层和家族成员之间近距离的生活，互相是比较了解的，如果统治阶层做出出格的、不合祖制的事情，也比较容易得到纠正，如前面所举周历王的例子就是如此。在这种管理体系下统治者搞个人独裁几乎是不可能的，公权力也不会异化成为人民异己的力量。但是，当血缘大家族的公权力集中到国家手中后，情况就不一样了：统治阶级与人民不再是一家人或一族人，亲情没有了；统治阶级的决策根本不需要再经过人民的参与和表决，成了皇帝一人乾纲独断；军队成了国家支配和控制的武装力量，和人民没有任何隶属关系；税赋的征收完全脱离了祖制，由国家任意决定。总而言之，这个中央集权的国家不再是人民能够控制的公权力机构，也不受人民的监督和任何制约，它成为人民所不熟知的、真正的异己的力量。当经济基础和社会基础发生了根本变化之后，整个上层建筑也发生了根本性变化。

第二节 欧洲政治力量多元化权力架构及对王权的制约

在血缘大家族作为社会基本单位的欧洲，多元化的政治权力架构是必然的。每个大家族都是高度自治的独立王国，而国王所在王族也只是众多大家族中的一个。大家族的联合组成中世纪所谓的国家，国王只是这个联合体成员公认的共主。各大家族的实力虽然有所不同，但没有哪个家族能够强大到通吃其他所有的家族。家族之间的力量大致均衡是维系整个社会政治力量均衡的前提，也是构成欧洲多元化政治结构的前提。

恩格斯引述德国学者格·路·毛勒关于欧洲古代社会组织的研究认为："有两个自发产生的事实，支配着一切或者几乎一切民族的古代历史：民族按亲属关系的划分和土地公有制。日耳曼人的情况也是如此。

他们从亚洲带来了这种按部落、亲族和氏族的划分……亲属关系较近的较大集团，分配到一定的地区，在这个地区里面，一些包括若干家庭的氏族，又按村的形式定居下来。几个有亲属关系的村，构成一个百户（古代高地德意志语为 huntari，古代斯堪的纳维亚语为 heradh），几个百户构成一个区（Gau）。区的总和便是民族自身了。村没有留用的土地，都归百户支配。没有分配给百户的土地，都归区管辖。如果还有可以使用的土地（大多面积极大），则归全民族直接掌管。例如，我们在瑞典，就可以看到上述各种层次的公社占有制同时并存着。……由于人口的激增，在划归每一个村的极其广阔的土地上，也就是在马尔克里面，产生了一批女儿村，它们作为权利平等或者权利较小的村，跟母村一起，构成一个统一的马尔克公社。因此，我们在德国，在史料所能追溯的范围内，到处可以看到，有或多或少的村联合成一个马尔克公社。但在这种团体之上，至少在初期，还有百户或区这种较大的马尔克团体。最后，为了管理归民族直接占有的土地和监督在它领土以内的下级马尔克，整个民族在最初阶段构成一个统一的大马尔克公社。一直到法兰克王国征服莱茵河东岸的德意志的时候，马尔克公社的重心似乎在区里面，而区的范围就是马尔克公社本身。因为只有这样才能够说明，在法兰克王国划分行政区域时，为什么会有那么多的古老的大马尔克作为司法区重新出现。……在十三世纪和十四世纪的'帝国法'里还规定，一个马尔克通常包括6个到12个村。"[1]在恩格斯或者毛勒看来，欧洲社会是由村、百户、区、国家四级构成的。前三级都是由血缘大家族和家族集团（原部落）构成的，而国家则是不同大家族联合组成的。

布洛赫也认为：在英国，由日耳曼各分支的定居区而来的这个海岛的旧时区划，大致上充当了大行政区的边界线，这些大行政区是10世纪以后英国国王为了一些大人物的利益而习惯性地建立起来的。在英国南部，郡相当于实际的族群区划，诸如肯特或苏塞克斯这样的古王国。德意志各公国的起源方式与西法兰西亚或意大利的大公国相同：就是将几个伯爵领归并于军事辖区而形成公国。公爵被视为一个部族的首领而

---

[1]　《马克思恩格斯全集》第19卷，人民出版社1963年版，第353、354页。

不只是某个省区行政长官。公爵的权力是公共职位性质与牢固的部族地方性的结合。①《欧洲中世纪史》的作者朱迪斯·M. 本内特和C. 沃伦·霍利斯特认为：在9世纪的东法兰克，由于时局混乱，这些部族公国（之所以有这个称呼，是因为他们的土地基本上是根据当地部族势力划分的）几乎就成了自治领导人。公国的公爵们不仅直接拥有土地和权力，还控制着地区内的主教管区和修道院。加洛林王朝此时气数已尽，无力领导诸公国抗击外侵，东法兰克五个公国也无法单独抵抗马札尔人的侵略，所以当加洛林家族在东法兰克最后一个国王去世后，五公国的公爵们从他们之中选举一个日耳曼国王以领导五国联合作战，此人就是萨克森家族的捕鸟者亨利公爵。而西法兰克在987年，由各大贵族选举卡佩家族登上王位，取代了加洛林王朝。卡佩家族的实力范围也就是巴黎周边一小块称为"法兰西岛"的地方，"这地方并不比别的领主国家大，其财富也不比它们多。卡佩在理论上是全法兰克人的国王，但在实际上只是诸多国王中的一个"。在10—11世纪，有的贵族家族通过联姻或战争，将几个独立郡县合并在一起，形成更大的地块，在势力上格外强劲。11世纪时，阿基坦、诺曼底公爵及佛兰德斯、安茹、布卢瓦、香巴尼、勃艮第伯爵的实权和法王不相上下。他们控制了先前属于加洛林王朝的管制的土地、贡赋、税收和公共事业，以此为基础建立起自己的权力。② 1022年，法王虔诚者罗伯特与封臣布卢瓦的奥多二世发生纷争，罗伯特无法用国王的权力和威严迫使封臣屈服，反而把解决纷争的裁决权交由另一个封臣诺曼底公爵处理。③ 说明在这位国王心中，自己与其他贵族处于同等地位；诺曼底公爵能处理国王与其他贵族的纠纷，也说明大贵族对国王有很强的制约作用。这与秦以后中国专制集权下皇帝与臣下发生纷争时，"君叫臣死，臣不得不死"的情况形成天壤之别。卡佩

---

① [法]马克·布洛赫：《封建社会》，张绪山、李增洪、侯树栋译，商务印书馆2004年版，第599、637、638、639页。

② [美]朱迪斯·M. 本内特、C. 沃伦·霍利斯特：《欧洲中世纪史》，杨宁、李韵译，上海社会科学院出版社2007年版，第149、143、144页。

③ 王加丰：《西欧中世纪的权利之争与近代人权观的形成》，《世界历史》2003年第5期。

王室实际控制的范围不到 3 万平方千米，此时法兰西有 45 万平方千米，卡佩王室占十五分之一。即使在这 3 万平方千米内，卡佩王朝也不能取得完全有效的统治。王室领地以外的贵族，有的仅仅承认卡佩国王是名义上的宗主；有的如南部的贵族，自 889 年后便不再去北方参加国王召开的同侪会议，过去还保留名义上的宗主与附庸关系，现在连名义上的臣属关系也不承认。各领主在自己领地上各自为政。10—11 世纪，这些公爵、伯爵对其领地的统治权也在丧失，更小的封建主即城堡封建主开始兴起，并取得自己领地上的独立。10 世纪末和 11 世纪，大批地方小城堡封建主割据一方，除了诺曼底公国、佛兰德尔伯国稍好外，其他地方概莫能外。如 980 年，勃艮第公爵属下的马康内伯爵完全独立，接着伯爵之下一个个更小的封建主又不断独立，甚至不把伯爵放在眼里。①本内特不无感慨地说："查理曼帝国的腹地，如今已演变成一幅由数百个独立的公国拼贴而成的马赛克。"②

从本质上讲，封建制度就是分权制度，任何封建王朝都不过是各大家族的联合体，一如远古时期的部落联盟。所谓国王只是这个联合体推选或大家认可的宗主和共主。这个共主只是外族入侵或联合体整体利益遭到损害时才能发挥类似国王的作用，平时他和大家一样，也是一个领地上的领主。他的权力所及一般不会超出自己的领地。正因为王室的实力并不能一统天下，所以王室和各大家族上层即贵族在斗争中保持着相对的平衡。各大贵族之所以敢和王室较量，是因为他们身后都有一个大家族的支撑，这些大家族有自己的领地，有自己的军队，有自己的财政收入，有自己的司法权，是一个名副其实的独立王国。

国家与家族的实力消长是成反比的。因此，国君与家族贵族的争斗一直贯彻整个中世纪。不论是成为东法兰克即德意志王国国王的亨利，还是西法兰克的卡佩家族，在上台后都力图改变贵族尾大不掉的情况。但两国命运却不尽相同。在西法兰克，卡佩王朝采取了扩大王室领地加强王权的做法。首先是清理门户，即清理王室领地上的小城堡封建主。

---

① 　沈炼之主编：《法国通史简编》，人民出版社 1990 年版，第 67、68 页。

② 　［美］朱迪斯·M. 本内特、C. 沃伦·霍利斯特：《欧洲中世纪史》，杨宁、李韵译，上海社会科学院出版社 2007 年版，第 142 页。

路易六世(1108—1137年)时，王室以各个击破的方式，摧毁了大量小封建主城堡，使这些小封建主归顺自己，而不是更倾向于成为独立王国。到腓力二世(1180—1123年)时，王室领地一直在扩大。1214年法国和英国的布汶大战，以法国胜利告终。法王收回了英王在法国北部的许多领地，使法国王室的领地扩大了三倍。领地扩大了，人口就增多了，财富和军力都相应地增强了。腓力二世也开始向地方发力，在法国北方实行地方官员由王室任命，薪酬由王室支付，官员对王室负责的所谓"拜宜"制。到路易九世(1226—1270年)，进行了司法改革和币制改革：从1247年每年由王室向地方派出巡回法庭审理重要案件；币制改革则是使王室铸币标准化，并流通全国。1263年，王室颁令，王室所铸的金、银币是王室领地上唯一的流通货币，在贵族领地和有铸币权的贵族货币共同使用。后来，王室的货币便逐渐取代了贵族的铸币。① 通过这些手段，也经过漫长的岁月，法国王室的实力得到了极大的加强。到卡佩王朝后期，王室领地一度达全国总面积的70%，人口占全国总人口的80%。这样，法王不管是作为各大家族的宗主和共主还是作为国家的君主，其私权和公权都大大增加了。② 再往后，因为不断分封，法王领地面积和人口又有所减少。

在德意志，萨克森王朝(919—1024年)亨利一世也在加强王权。他注重军队的建设，利用中小封建主，特别是教会的力量和大贵族作斗争。921年挫败了士瓦本公国和巴伐利亚公国的抵制，至少在名义上重建了王国的统一。他依靠向外扩张来扩大王权统治的范围，也避免与国内大贵族直接争夺领土。925年，他利用西法兰克王国内讧之际，吞并了洛林地区；934年，帅军击败入侵的匈牙利人；同年进攻丹麦，重建原先就有的丹麦边区马克；928—929年，亨利开始了征服斯拉夫人的战争，这个战争持续了约50年，后来由其子孙完成。日耳曼人在易北河和萨勒河以东斯拉夫人居住地区建立了迈森和勃兰登堡两个边区马克，这在德国历史发展中有着重要意义。亨利的儿子奥托一世(936—973年

① 沈炼之主编：《法国通史简编》，人民出版社1990年版，第85、86、87页。
② 沈炼之主编：《法国通史简编》，人民出版社1990年版，第84页。

在位）继续亨利的加强王权的政策，一方面把多数公爵职位用自己的亲戚、亲信充当；另一方面，拉拢教会力量为王室服务，给予教会收取集市税和关税的权力，把主要的教职任命权掌握在自己手中，并授予教会行政管理职能，使教会统治区等同于伯爵统治区，以平衡地方贵族势力。教会封建主则为王室提供军役。应该说，在亨利一世和奥托一世前期，地方贵族的势力受到了一定的限制，如按照这个路子走下去，可能德国的王权也会强大起来。

但是，奥托一世却把国家发展的重点放在了南方的意大利。此时的意大利是欧洲最富裕的地区，却又由各地贵族割据一方，邦国林立，没有形成统一王权。奥托一世的后任，不论是法兰克尼亚王朝（1024—1125年，也称萨利安王朝），还是霍亨斯陶芬王朝（1138—1254年），都实行了南向政策，重点向意大利扩张。由于意大利是教皇统治的核心区域，所以德国的南向政策实施过程中，皇权和教权不可避免地会发生斗争。而国内的大封建主在皇权和教权斗争的天平上，屡屡扮演关键的胜负手作用。亨利四世（1056—1106年）和"红胡子"弗里德里希一世（1152—1190年在国王位，1155—1190年在皇帝位）以及弗里德里希二世，在入侵意大利并和教皇的斗争中的每次失败，背后都与德意志国内大贵族的反叛有关。当霍亨斯陶芬王朝垮台后，德意志国家的王权完全衰落了，成为教皇和大贵族手中的玩偶，国家陷入各邦割据的分裂状态。1254—1273年，是德意志历史上的"空位时期"，也就是没有国君的时期。各诸侯乘机争夺和扩大自己的领地，确立领地内的司法权、行政权、铸币权、关税权、市场管理权、矿山权、森林权，设置堡垒权等权力，成为名副其实的诸侯邦国。1257年，德意志选举国王时，有七大诸侯参加，他们分别是科伦大主教、美因茨大主教、特利尔大主教、萨克森公爵、巴拉丁伯爵、勃兰登堡伯爵和波西米亚国王。有意思的是，这些选侯在选举国王时总是把那些实力较小的家族代表选为国王，以此好操纵朝廷，保全自己家族的利益。于是我们看到一段时间内，德意志国王像走马灯一样换来换去。在王权强大时，这些诸侯们常常利用教皇的权力与王权对抗。但当王权弱小时，诸侯们也不愿让教权来干涉他们的内政。1338年，七大选侯在伦塞开会，决定由选侯选出的德意志国王不需经过教皇同意，就能成为皇帝。1356年，出身卢森堡家族同时又是波西米亚国王的查理四世(1346—1387年在位)加冕德意志皇帝后不久，就颁布了用金印盖戳的"金印诏书"，以法律的形式确认各选侯的地位和特权。"金印诏书"把七大选侯称为德意志国家的七大柱石，确认他们拥有的司法权、行政权、铸币权、关税权等权力。诏书实际上是对德意志国家各邦国割据状态的承认，也是贵族权力对王权的胜利。这个诏书直到1648年都具有法律效力。

英国的贵族和法国、德国一样，也是很强势的。在"七国"时期，由各大家族的上层贵族组成的贤人会议把持着朝政，各邦国的防务、税收、分封继承、国王废立都由贤人会议决定。757年，威塞克斯国王希格伯特因违反习惯法被夺去王位。774年，诺森伯里亚国王阿尔莱德因行为不轨被废，另选塞尔莱德主政。5年后，塞尔莱德亦因失职被废，而阿尔莱德有改过行为，被贤人会议重新召回，再登王位。有时大贵族与国王还会兵戎相见。在7世纪，统治诺森伯里亚的8位国王中有6位在斗争中丧命。其他各国的大贵族也是时有篡位弑君者。进入9世纪以后，威塞克斯国王艾格伯特成为"全英格兰的国王"。其后任者阿尔弗烈德在抗击丹麦人的入侵中表现神勇，迫使丹麦人退居欧洲大陆，并迫使威尔士人、苏格兰人俯首称臣，阿尔弗烈德也成为除北部"丹麦法区"之外所有英格兰人公认的领袖。在899—1016年，英国10位国王中，仅有3位国王是凭借血缘关系登上王位的。其余7位国王都是由贤人会议选举推荐，再由绝嗣的在任国王赐予王位继承权的。①

威廉征服后，英国的王权得到了空前的加强。1086年，威廉在索尔兹伯里召开会议，要求所有领主对他行臣服礼，宣誓永远效忠于他，史称"索尔兹伯里誓约"。当然，如同克洛维、矮子丕平、查理曼等强势人物在位时，贵族就比较顺从一样，只要强权人物一去，贵族的势力又会卷土重来。王权与贵族势力此消彼长，此一时，彼一时，难分胜负。威廉在王位的继承上犯了一个明显的错误：他把最高统治权一分为二，诺曼底的领地交给长子罗伯特继承；而将英国的交给次子威廉二世继承。

---

① 阎照祥：《英国贵族史》，人民出版社2000年版，第27~29页。

于是英国和诺曼底的贵族在王权的争夺上也分成两大阵营。后来，威廉二世在森林中突然中箭而死，有重大嫌疑的其胞弟亨利迅速登基加冕，称亨利一世。亨利的治国才能远超两个兄弟之上。他上台后立即平定海峡两岸的贵族叛乱，并进军诺曼底，战胜罗伯特的军队，罗伯特被俘，后死于狱中。鉴于大贵族屡次作乱的教训，亨利一世尽量任用新人。亨利时期的250多家世俗贵族中，在王室担任重要职务的新人就有45家。而1100年亨利一世继位时就已经担任王室官职的贵族也不过50家。另外，未能在王室任职的"次级贵族"140家，他们多数在地方政府中任职，成为支持王权、遏制旧贵族的可靠力量。[①] 亨利一世死后，因儿子先亡无男嗣，又引起外甥斯蒂芬和亨利爱女莫德及儿子亨利的王位之争。许多贵族又趁机作乱。好在斯蒂芬和亨利达成了协议，和平解决了君权继承问题。斯蒂芬死后，亨利继位，是为亨利二世。亨利二世仿效威廉一世和亨利一世的做法，继续削减大贵族的势力。1154年英国的伯爵领地有24个，30年后仅余12个。亨利另一项意义深远的改革是实行雇佣军取代封建骑士。1159年，他下令征收代役税，以此款招募雇佣军，取消封臣原有的军役。亨利二世在位时，王权是巩固的。但在王位继承上又出了问题，亨利本想传位于幼子，次子理查德却不愿意了。他依靠英国的支持者并联合法国的力量，战胜了英王室军队，迫使亨利二世传位于他。理查德在位的10年间，仅在英国居留5个月。他热心于十字军东征，却把英国的政务交给贵族们处理。此时的摄政大臣朗香独断专行，处理政务很少与由贵族组成的大会议协商，引发贵族的不满，遭贵族们的弹劾而罢免并处以流刑。后来理查德被德意志皇帝羁押，约翰企图夺取王权，却遭到贵族们的普遍反对。此年，摄政大臣主持大会议，以"王国普遍同意"的名义，判处约翰背叛国君之罪，没收其全部土地和城堡。显示了贵族力量及组织机构——大会议权力的上升。1199年，理查德参战受伤，弥留之际指定约翰为继承人，大会议讨论许久，才承认约翰有继承王位的优先权，使本已穷途末路的约翰终于登上了王位。约翰上台后的一系列内外政策不得人心，1214年，约翰率军再征诺

---

①　阎照祥：《英国贵族史》，人民出版社2000年版，第46页。

曼底又遭败绩，次年一些大贵族以约翰未能保护封臣和王国利益为由发动叛乱，叛乱得到了市民的支持，王室军队一败涂地。1215 年 6 月，一些贵族和高级教士向国王约翰递交了一份文件，约翰和 25 名贵族签署后生效，这便是著名的《大宪章》。《大宪章》主要内容是重申贵族的封建权力和防止国王侵夺这些权力，同时也限定了国王的权限范围。虽然《大宪章》是一个封建习惯法的文献，却有着极其深远的意义和影响，后面我们还会讨论这个问题。

之后，贵族和王权的斗争还有几次是值得一提的：

1234 年，贵族们再次反叛，虽然王室军队小胜，但在大会议上，众多贵族却迫使亨利三世罢免了首席大臣罗杰斯，并允许贵族反对派进入国王和近臣组成的小会议，创下了大会议迫使国王改组中央政府的先例。

1258 年，以西门·德·孟福尔为首的贵族因国王亨利三世征税，而聚集数万军队，迫使国王召开牛津大会，与国王达成协议，组成贵族参加的 24 人委员会制定政府改革方案。方案规定：成立大贵族为主体的 15 人委员会参与国事管理，国王需依该委员会意见治理国家，政府官员和地方官员每年应向委员会述职以决定其去留；议会每年召开三次，以决定国家大事；每个郡选出 4 名骑士监督地方官员工作。

1262 年，亨利三世在罗马教廷支持下，取消牛津和威斯特敏斯特法令。许多贵族又聚集在西门·孟福尔周围与国王斗争。1264 年，贵族军队生擒亨利和王子爱德华，以西门为首的贵族实际控制了英国朝政。虽然次年爱德华脱逃，纠集保王派势力打败西门恢复了王权。但爱德华登位后却非常重视议会的作用，通常每年召开两次议会，其在位 35 年中，共开 52 了次议会。

1422 年，亨利六世不满周岁，格罗斯特公爵以王叔身份和先王遗嘱为由，要求出任摄政王。议会上院反驳说：摄政王的权力不是来自他的王族血统和先王遗嘱，而是来自议会的承认。格罗斯特公爵几年后再提此要求，又被拒绝。1429 年，议会取消了护国公称号。①

① 阎照祥：《英国贵族史》，人民出版社 2000 年版，第 79~86、88、89 页。

15 世纪，由兰开斯特家族和约克家族为争夺王位而进行的"红白玫瑰战争"是大贵族干政的典型。战争长达 30 年，过程曲折跌宕，胜负几易其手，最终是兰开斯特家族的亨利·都铎取得胜利，建立都铎王朝。由于红白玫瑰战争，贵族互相火并，损失惨重。加上长期以来大家族分化和土地的分割，大贵族的规模急剧减少，在议会中的作用也大大降低。1441 年流行的《格洛斯特女公爵的衰歌》唱出了大贵族衰落的无奈："我曾经何等荣华富贵，我有无数的地产住宅；却无奈应验了福音的教诲，时运轮回，盛极者必衰。世间一切都不可更改，惟有听从命运安排。"①当时有人感慨古老贵族的衰亡："博亨上哪里去了？莫布雷上哪里去了？摩提墨上哪里去了？不，最重要的还是安茹王朝上哪里去了？"②14 世纪末，出席上院的教俗贵族常在百名左右，其中世俗贵族超过半数。1461 年上院世俗贵族为 44 名，而亨利七世召开第一届议会时降为 29 人。14—15 世纪，英国议会中贵族院（上院）和平民院（下院）的人数比很少达到 1：2，可到伊丽莎白女王晚期两院议员的比例为 1：5。③ 作为中小贵族的骑士阶层，自从亨利二世军改，用代役税取代骑士军役后，骑士逐渐参加生产经营活动，利益上更接近市民，向资产阶级转化，与传统封建贵族的利益出现了明显的分化。代表新型生产力的市民阶层也随着工商业的发展，力量急剧地增加，在政治舞台上发挥愈来愈大的作用。

贵族与王权的斗争是封建社会政治舞台上的永恒话题。贵族群体的存在是封建制度本身制度性安排的必然结果，是血缘大家族存在的必然结果。反过来说，只要血缘大家族存在，只要地方的公共管理职能掌握在大家族手中，只要大家族有公共财政来源和军队士兵的来源，封建制度就必然会实行下去。在社会多元政治力量中，王族也只是各大家族中的一枝。每一个家族都没有力量以一己之力战胜其他所有的家族，因此大家族之间保持着力量的平衡。封君与封臣关系是双向的责任、义务关

---

① 阎照祥：《英国贵族史》，人民出版社 2000 年版，第 118 页。

② ［英］约翰·克拉番：《简明不列颠经济史》，上海译文出版社 1980 年版，第 279 页。

③ 阎照祥：《英国贵族史》，人民出版社 2000 年版，第 89 页。

系，即契约关系，即便是最高封主的国王也是如此。他必须承担起应负的责任和义务，必须遵循祖制和习惯法。君主稍有越轨之处就会遭到封臣的反对甚至反抗，这种反抗被当时的社会认为是正当的合法的。所以，君主的权力是受到祖制、习惯法及其他贵族等政治力量的制约的。贵族与王权的斗争固然有地方割据、使统一国家难以形成的一面，但也有遏制王权无限发展的一面。王权如果不受限制的发展，其结果只有一个，就是中央集权制度和君主专制制度的形成，即真正的"普天之下，莫非王土；率土之滨，莫非王臣"。在这种制度下只有皇帝一人是主人，其他人都是奴才。这种制度才是天下最不公平的制度。

秦统一后的中国就是如此。秦延续战国时期各国的做法，国家把从血缘大家族中分离出来的人民重新进行组织，使之成为国家而非家族的编户齐民。在此社会基础上实行了以郡县制为依托的中央集权、皇帝独断乾纲的专制主义统治方式。当然，秦汉之初分封制还是较有市场的。秦始皇曾就实行郡县制还是分封制进行过廷议，丞相绾建议实行分封制，而"群臣皆以为便"，只有廷尉李斯坚持郡县制，并得到了秦始皇的支持。由于经济基础和社会基础已经发生了改变，回到封建制度在中国已无可能。楚汉相争时，刘邦为了笼络人心，先后封了八个异姓王，如齐王韩信、淮南王黥布、赵王张耳等。汉立国之后，刘邦首先收拾这些异姓王。八个异姓王中的七个被剪除，只保留了一个实力弱小的长沙王。但他又封了齐、楚、梁、燕、吴、赵、代七个同姓王。对这些出自同一血脉的同姓王，从文帝、景帝到汉武帝一直采取削藩的政策。随着中央政府与藩国的矛盾激化，景帝时终于爆发七国之乱，景帝平叛后没收了叛王的领地改设郡县，并把藩国的官员任免权收回中央政府。汉武帝进一步缩小藩王权力，使其只有收取租税的权力。作为藩国已名存实亡，如同郡县了。西汉以后郡县制得到了巩固，成为其后两千多年古代中国的主要政治制度。但这两千多年中也有两次较大的分封并导致藩国与中央政府的斗争。

一次是西晋。晋武帝司马炎认为，曹魏政权之所以灭亡，是没有王室家族作为中央政府的藩篱。所以他即位后大肆分封，共封了27个同姓王。这些同姓王是按照春秋之前的分封制度实行的：有自己的藩国，有自己的属民，有自己的军队和行政系统，有自己的财政来源。晋武帝死后，其子晋惠帝痴呆无能，皇后贾南风兴风作浪，挑起八王之乱。八王之乱历时16年(291—306年)，参与者不止八个藩王，但八王是主要参与者，他们是楚王司马玮、赵王司马伦、齐王司马冏、长沙王司马乂、汝南王司马亮、成都王司马颖、河间王司马颙、东海王司马越。这八王为争夺中央权力互相残杀，使司马家族及西晋的国力在内讧中几乎消耗殆尽，最终导致西晋灭亡和"五胡乱华"局面的形成。

另一次是明朝。明太祖朱元璋出身草根，创立明朝后为保他朱家江山的稳固，分封了24个儿子和一个从孙为王。朱元璋死后，其四子燕王朱棣不满朱元璋长孙建文帝朱允文的削藩举措，举兵造反，灭建文帝自己称帝，史称"靖难之乱"。明成祖朱棣死后，其次子高煦也想学朱棣夺取长孙的皇位但没有成功。明武宗正德十四年(1519年)，南昌的宁王发生叛乱，但很快被平息。

总的来说，秦以后以郡县制为基础的中央集权制一直稳定的运行，君主的权力越来越大，而且不受任何制约；分封制有时也会实行，但被限制在很小的范围内，只是中央集权体制在某一时期的补充，所以不能形成与中央王朝抗衡的常态化政治力量。

第三节 古代欧洲政治力量与精神支柱
——基督教会的作用

基督教在欧洲历史发展中的影响是中国历史上任何一种宗教力量所无法比拟的。自从基督教为罗马帝国所接受后，其影响力便在欧洲迅速发展。日耳曼人灭罗马帝国时，其各部落都有自己的宗教。496年，克洛维率三千亲兵皈依基督教后，基督教会便与世俗的政治力量结合在一起，且随着法兰克王国的武力征服，被征服的各部族也皈依基督教，遂使基督教成为欧洲世界的一支极为重要的政治力量和精神力量。克洛维之所以皈依基督教，反映出其内心的虚弱，及对当时社会政治形势高瞻远瞩的战略判断。在部落林立的情况下，全社会的政治力量基本是均势的，任何人都没有一统天下的实力和把握。克洛维的高明之处，就在于他能先人一步认识到这个问题，而且找到了借助基督教的社会和精神力量来加强自己实力的途径。应该说当时的基督教也需要借助世俗的政治力量来扩大自己的影响，所以二者心照不宣，一拍即合。在其后漫长的封建社会历史中，教会与王权即互相利用，又互相制约，深刻影响着欧洲封建社会的发展。

之初，教会力量的壮大和宗教的传播是要借助世俗力量的，法兰克人的兵峰所及，把基督教带到了所征服地区。不借助法兰克人的武力，基督教的发展不可能这么快，因为各部族的原始宗教是排他性的，不会自动接纳基督教。从克洛维到查理曼，基督教在欧洲有了很大的发展。公元800年冬，罗马主教利奥因受到教士中反对派的威胁，向查理曼求援。当查理出现在罗马圣彼得教堂时，利奥突然给他戴上皇冠，加冕为"罗马皇帝"。利奥的这一做法是有深意的：此即对查理开疆拓土从而使基督教也随之扩大影响的赞赏，同时也表明查理是西方世俗世界的统治者，而教皇则是上帝在人间的代表，君权神授则寓意教权高于君权。

在欧洲封建化的早期，王权和教权的关系是比较融洽的。除了教会借力王权向外扩展，教会还因获得大量的封地，为王室提供军役成为拱卫王室的重要政治力量。奥托一世时，为了平衡大贵族的势力，他把一些关税征收权力交给教会，还将行政管理职能赋予教会，以限制大贵族地盘的扩张。951年，奥托进攻意大利，占领帕维亚，自称"伦巴德国王"。961年，罗马教廷为摆脱罗马城市贵族的控制，向奥托求助。奥托自然不会放过这一机会，立刻帅兵翻过阿尔卑斯山，吞并伦巴德邦国，占领了意大利大部分地区。次年，罗马教皇在罗马圣彼得大教堂，为奥托加冕"罗马皇帝"，重现了162年前查理大帝在罗马加冕的一幕。当然，这个所谓"罗马皇帝"并不是世袭的，必须由罗马教皇加冕才能得到。这就形成了皇权与教权之间互相支持又互相制约的关系：德意志国王保卫教皇，教皇则为德意志国王加冕为"罗马皇帝"，名义上这个罗马皇帝是整个西方的最高封建领主。腓特烈一世写道："在天国只有一个上帝，上帝在世界上安置了两个权威。因此，在尘世只有一个教皇，一个皇帝。"①既然是相互利用的关系，就不仅有一致的时候，也会有矛盾的时候，一旦二者的利益发生矛盾，皇权与教权的纷争就不可避免了。奥托的继任者，1024年即位的法兰克尼亚王朝（1024—1125年，也称萨利安王朝）延续了原来的教会政策，却又把教会玩弄于股掌之中。德意志的主教都由皇帝直接授予职权，皇帝热衷于出卖教会高级职务，为皇室聚富敛财，有时皇帝还会把原属教会的地产分封给自己的侍从和骑士，以培养效忠自己的低级贵族。这种做法引起了教会的不满。

10世纪在法国南部勃艮第的克吕尼修道院，教士们发起了禁止圣职买卖、教士娶妻，反对世俗政权任命神职人员，反对教产还俗的克吕尼运动。11世纪克吕尼运动传遍西欧，这次宗教改革被伯尔曼称之为西方历史上第一次反对皇帝、国王、领主控制神职人员的革命，是旨在使罗马教会成为一个在教皇领导下的独立的、共同的、政治的和法律实体的革命。1059年，教皇尼古拉二世在罗马宗教会议上首次禁止世俗授职，并确立了通过枢机主教选举教皇的程序，由此取得了无需经过皇帝而任命教皇的权力。② 1073年，排除德意志皇帝和罗马贵族干扰登上教皇宝座的格雷戈利七世，积极支持克吕尼运动，推动各教会不受世俗政权的干预，认为教皇的权力高于世俗皇帝的权力，教皇是上帝在人间的代理人，皇帝的权力是教皇代表上帝授予的，所以教皇有任免世俗君主之权。这个教权至上的教皇出现，皇权与教权的斗争就浮出水面了。1075年，格雷戈利七世警告德意志国王亨利四世不要干预米兰大主教的授职，否则将其逐出教会。1076年，在亨利四世的主持下，德意志的主教和部分世俗贵族召开高级宗教会议，会议宣布废黜教皇格雷戈利七世。而教皇则宣布破门律：开除亨利四世教籍，废黜其罗马皇帝名号，如果一年内不能得到教皇的宽赦，他的臣民都要对他解除效忠。在这场斗争的关键时刻，德意志国内大封建主反叛。士瓦本公爵、巴伐利亚公爵、克恩滕公爵在乌尔姆聚会，准备推选一位新国王。许多贵族利用皇权与教权的斗争，要求亨利四世尊重大封建主的权利，要他一年内自己设法

①　郝明金：《德国的皇权、诸侯与宗教改革》，《世界历史》1987年第6期。
②　［美］伯尔曼：《法律与革命》，贺卫方译，中国大百科全书出版社1993年版，第520页。

解除教皇的破门律，否则就不承认他为君主。这种情况下，亨利四世不得不向教皇屈服。1077年，亨利四世翻过阿尔卑斯山到意大利北部的卡诺莎，在风雪中披毡赤足等待三天，向教皇忏悔赎罪，终于获得原谅。从斗争表面上看是教皇对德意志国王的胜利，实质上是贵族削弱王权的胜利。没有贵族的牵制，教皇就不可能取得胜利。后面的历史就说明了这一点。待亨利四世喘过气来之后，皇权与教权的斗争继续。德意志的大封建主在教皇的授意下，选出士瓦本的鲁道夫为国王，与亨利四世争夺王位，但这一次亨利四世联合巴伐利亚、士瓦本低级贵族特别是莱茵城市的支持，赢得了斗争。1084年，亨利四世攻陷罗马，另立教皇，格雷戈利七世被驱逐逃亡后去世。这场斗争直到1122年才由亨利和教皇的继任者达成和解，即沃尔姆斯宗教和约。后来，被加冕为"神圣罗马皇帝"的弗里德里希一世在意大利问题上，又与罗马教皇发生矛盾，受罗马教皇支持的意大利北部城市联盟——伦巴德联盟，在斗争中战胜德国皇帝，使这些城市争取到组织自由公社的权力。1177年，弗里德里希一世不得不与教皇亚历山大三世达成威尼斯和约，答应归还所占教产，并屈辱地吻了教皇的脚。此后，德意志王权衰落，七大选侯在德国的政治舞台上开始轮番表演。

早在盎格鲁-撒克逊时代的英格兰，因与欧洲大陆的分离，使这里的教会相对独立于罗马教廷。威廉一世征服英格兰是得到罗马教廷支持的，他对教会也是比较支持的。但是强势的威廉在英国教职人员的任用上坚持由王权来主导。从威廉二世起到亨利一世，王权与教会的矛盾逐渐明朗化，焦点还是教职授权问题。1104—1106年，亨利与坎特伯雷大主教经过一再争吵达成协议：国王放弃圣职的授予权，大主教在接受国王任命后向国王行臣服礼。主张政教合一的亨利二世时，与坎特伯雷大主教贝克特的矛盾不断激化。亨利二世手下的4名骑士居然自作主张地刺杀了贝克特，从而引起轩然大波。贝克特成为人们心中的殉教圣者，朝拜者络绎不绝。在巨大的社会压力下，亨利二世不得不宣布废除加强王权的《克类伦登法规》，并多次到贝克特的墓地光着上身跪拜，甚至接受教士们象征性地鞭刑。这才得到教会的原谅。13世纪初，英王约翰没收教会财产又与教会发生矛盾。1209年教皇宣布开除英王教籍。1213

年，约翰在世俗贵族的反对和教皇的打压下，被迫遣使向教皇求和并达成协议，称臣纳贡，归还教产。但当 1214 年，贵族反叛者打败英王的军队后，教皇却于 1215 年致函反叛贵族，要求他们接受兰顿大主教的调停，否则开除教籍。教皇的这一行动，促使贵族、教会和英王谈判，最终达成《大宪章》。可见，教会虽然限制王权，但也需要或依靠王权来发展自己的势力和影响。

如果说 13 世纪之前，王权在和教权的斗争中往往落于下风的话，13—14 世纪以后，随着商品经济的发展和工商业城市的兴起，利用国家力量保证全国商品自由流通，形成统一市场的需求日渐强烈。另一方面，各国的民族意识也逐渐形成，这些都十分有利于王权的加强。法国和英国的王权在这一时期都有加强的趋势，与教权的斗争中已站得上风。法王腓力四世上台后，为建立强大王权的需要，向素来有免税特权的教会征税。1296 年教皇则针锋相对，申明教会免税特权不容侵犯。随着斗争的发展，腓力四世召开了法国历史上第一次由贵族、教士、市民参加的三等级会议，利用市民和中小贵族的反教会情绪压制教士服从国王。教皇卜尼法斯八世颁布教谕：称人欲得救，必须服从罗马教皇，并开除了腓力四世的教籍。腓力四世则列举卜尼法斯八世 29 条罪行，并准备派军队赴罗马把卜尼法斯八世带回法国审判。1303 年的一天，教皇正在开会，法军突然闯入。教皇吓得倒在床上浑身颤抖。受此凌辱，教皇气愤难忍，不久便死去。1305 年，腓力四世授意法国波尔多大主教任教皇，即克来门特五世。教皇长期滞留法国，后来索性将教廷迁往法国阿维农。史家把在这里待了七十年的教廷称为"阿维农之囚"。之后，有两个甚至三个教皇同时并存。教会处于分裂状态，影响力江河日下。

在英国，都铎王朝建立后，随着王权的不断强化及英国民族意识的形成，加之欧洲大陆宗教改革的兴起，对教会地位产生了极大的影响。亨利八世的宗教改革就是在这样的大背景下开始的。此时的英国教会占有全国约三分之一的土地，通过向人民收什一税及其他捐献，收入甚至超过王室。在政治上，高级教士在政府中担任许多重要官职，如在政务会和议会上院中，高级教士占其成员的一半以上。司法领域教会自设法庭，教士犯罪可以拒绝世俗法庭审判。教会还是国际性的组织，教皇可以运用国际资源支持某一国的教会。君权神授、神权也就是教权高于王权的思想在人们中也有一定的市场。总之教会是除了贵族之外，另一支能与王权抗衡的重要政治力量。这对正在加强的王权无疑是不利的。改革的导火索是教皇拒绝批准亨利八世与皇后离婚，而亨利八世只有一个女儿，王后已四十多岁而生育无望，面临断嗣的危险，这是亨利八世决不能容忍的。从1529年开始历时7年的宗教改革拉开序幕。翌年，国王在最高法院的代理人以侵害王权罪起诉整个教会，最高法院最终判决教会缴纳11.8万英镑的罚款。1532年，下院向国王呈交《控诉主教书》，谴责教会滥用司法特权，漠视王权。教士会议迫于压力在一份名为《教士的屈服》的文件中表示：教会未经国王允准不再制定新的律令，现有教会法律要经国王任命的32人委员会修订认可，再经国王同意才能生效。1534年议会通过《至尊法案》，宣布：亨利八世及继承人是英国唯一的最高首脑，也是英国教会的最高首脑，拥有决定一切宗教事务的权力。国王可派员巡视各修道院，纠正其各种弊端。这样，英国与罗马教廷彻底决裂，国王成为教会的实际统治者。1559年，议会又通过《信仰划一案》，标志着英国安立甘国教的确立。①

　　15—16世纪的欧洲，一场轰轰烈烈的宗教改革运动在各地方兴未艾。罗马天主教会是欧洲封建社会的精神支柱，是君权神授的始作俑者，是拥有巨大封建领地和财富的最大领主，也是各国各民族独立的一大障碍。15世纪是欧洲面临社会大变局的前夜，由于社会经济的发展和长期的文化融合，各地的民族意识和国家意识已经形成，反对罗马教廷对各国内部事务的干预已成为共识；另外，教会本身的腐败及对人民无节制的掠取也遭到人民的怨恨。于是宗教改革不可避免地爆发了。1517年马丁·路德（1483—1546年）在维登堡的教堂门口贴出"九十五条论纲"，抨击教廷出售所谓的赎罪券来搜刮民财的丑恶现象；否认教皇的神权，认为人们不需要通过教会神职人员，只要自己笃信上帝，就可以

① 阎照祥：《英国贵族史》，人民出版社2000年版，第138、139页；钱乘旦：《英国王权的发展及文化与社会内涵》，《历史研究》1991年第5期。

与上帝直接沟通；通过忏悔改过，可以完成对自己的救赎。路德的"论纲"是把人们的思想从教会制定的繁琐教义中解放出来的动员令，立即引起人们的强烈反响。在1520年的《论罗马教皇权》中，路德甚至提出了"把罗马来的恶棍逐出国境"①，几乎就是吹响了德意志民族独立的冲锋号。马丁·路德的宗教改革契合了德国最下层的农民和平民的利益诉求，引发了1524—1525年波及德国许多地区的农民起义。起义军的行动纲领是建立统一的德国，消灭封建剥削。由于起义军成分复杂，利益分歧较大，各自为战，没有形成统一的力量，也没有得到城市市民的支持，所以很快被各个击破。宗教改革也契合了原本就有极强独立性的各诸侯的利益，他们利用宗教改革来扩张自己的势力。许多诸侯仿效萨克森选侯，组织本邦新教教会，自己则成为本邦教会的首领，集政权和教权于一身，巩固了邦国的独立性，并且在教产还俗的过程中获得了大量地产和财富。宗教改革当然会触动德意志皇帝的利益，因为诸侯权力的加强，会对德国皇帝的中央权力形成威胁。由此，围绕宗教改革德国形成两大对立的政治集团：一是萨克森选侯，吕纳堡、普鲁士、马格德堡等诸侯及新教人士组成的支持宗教改革的集团；另一个是以德皇和巴伐利亚公爵及南德意志的主教结成的利益集团。1531年，新教诸侯和城市结成同盟，这个同盟包括了德国北部和东德的大部分地区。而德国南部和奥地利是天主教的堡垒。同时，北欧国家瑞典、挪威、丹麦及瑞士、荷兰都成了新教国家。双方的斗争既有思想上的辩论，也有帝国议会中的表决，更有战场上的军事较量。较量的结果是1555年，双方签订了著名的奥格斯堡宗教和约。和约规定：各邦诸侯、各个等级和城市都有选择信仰路德教或天主教的自由；新教和天主教享有平等的权利；各自由城市和各诸侯邦有自行进行宗教改革的权利。一句话，"教随邦（国）定"。

奥格斯堡和约是诸侯、国王、各派宗教势力的暂时妥协，它并没有能够阻止诸侯之间的领土争夺，天主教诸侯也在重整旗鼓，力图取消新

---

①　丁建弘：《德国通史》，上海社会科学出版社2002年版，第51页。

教诸侯已取得的地位，双方的战争一触即发。1618—1648 年进行的长达三十年的战争，是欧洲宗教改革进程中天主教联盟和新教联盟之间斗争的继续。其间，除了德意志诸侯、新旧宗教势力、德国王权之间的斗争外，瑞典、西班牙、法国等国外势力也进行了军事介入，战争打得跌宕起伏，互有胜负，直到各方都筋疲力尽才于 1648 年签订条约。条约正式承认荷兰独立，承认瑞士脱离神圣罗马帝国独立；确立了欧洲大陆各国的国界，承认国家之间地位平等、信仰自由；使欧洲各国摆脱了中世纪以来"一个教皇、一个皇帝"统治的局面。在战胜国法国和瑞典的参与下，德皇和诸侯制定了帝国宪法。宪法规定各级诸侯、选侯、城市都有完整的主权——包括内政、外交上的全部主权，对外可以单独与别国订立条约，对内诸侯有真正的君主权力。这部宪法意味着原来至少表面上统一的德意志帝国瓦解，从法律上保证了诸侯割据状态的合法化。

从教会与王权的关系中，我们可以清楚地看到二者既互相利用、互相依赖，又互相争斗、互相制约。在基督教的学说中，虽然也认为国王是人间的最高统治者。但是国王的统治权来自上帝的授予，而上帝又是通过其在人间的代表教会教皇来实行王权授予的。既然王权需要教会代表上帝授予，教会对王权就有很强的制约作用。反过来，教会在人间的财富并不是靠自己劳动所得，而是靠国王打下天下后给予的，所以教会也离不开王权。教会作为欧洲中世纪一支政治力量和社会的精神支柱，构成了欧洲中世纪政治多元化格局中的极为重要的一级，是欧洲中世纪政治生态平衡中不可或缺的力量。

古代中国没有类似欧洲基督教会这一类的宗教组织，也没有基督教这一类的宗教思想。秦统一后，更是用"焚书坑儒"这样的暴政来清理、排斥一切不利于皇权至上的学说和异己思想。到汉代，虽然从刘邦至文帝、景帝都崇尚黄老之学，但黄老之学与事实上已经形成的皇帝高度集权的专制政体和大一统思想并不匹配，所以，被董仲舒改造后完全成为为专制皇权服务的新儒术应运而生，成为统治古代中国两千多年的唯一政治思想。从此，中国的学术和思想流派不再具备任何独立性，中国没有任何一种学说或思想能制约皇权，更没有一种思想派别能像基督教那样作为政治力量与皇权抗衡。

第四节　中世纪欧洲"国王靠自己过活"与"王在法下"

一、国王靠自己生活

在封建社会中，国王虽贵为天下共主，但只是诸多领主中的一个，他不可能到别的领地上去收取财物，欧洲各国国王的固定收入主要来自自己的领地。"国王靠自己过活"是中世纪欧洲流行的谚语和国王生活的真实写照。当时国王的收入来源主要有三项：一是领地收入，这是国王收入中的主项；二是协助金，即国王打仗中被敌人俘虏、长子封骑士及长女出嫁三种特殊情况可征收协助金；三是司法收入。由于各领主在自己的领地内都有司法权，所以刚开始国王的司法权也大致只在自己的领地内。13世纪以后，随着王权的加强和国家机构的健全，国王的司法权才逐渐向全国延伸。

在相当长的时间里，欧洲的国王没有固定首都，甚至没有固定驻地。他们在自己的领地内到处蹭饭吃，称为"巡行就食"。布洛赫说："国王们实际上是在四处旅行中耗尽了精力。譬如，人们知道，皇帝康拉德二世在1033年的例行巡程中，依次从勃艮第到波兰边境，然后再到香槟，最后返回卢萨提亚。这位大贵族及其随从人员不断地从领地的一处转移到另一处，不仅仅是为了更有效地管理这些地产。对他来说，必须就地消耗每一领地的产品，因为要把产品运送到某一个中心，既不方便也相当昂贵。"[1]有学者指出康拉德皇帝的这个旅程的直线距离为1500英里左右。[2] 按照布洛赫的估计，当时旅行的大贵族和携带辎重行

---

① ［法］马克·布洛赫：《封建社会》，张绪山、李增洪、侯树栋译，商务印书馆2004年版，第126页。

② ［美］伯尔曼：《法律与革命》，贺卫方译，中国大百科全书出版社1993年版，第367页。

李的队伍，通常每天的行程在 19 至 25 英里之间。① 康拉德皇帝即使每天移动 25 英里，走完 1500 英里也需要 60 天。而且实际距离比直线距离要长很多，所以走完这些距离实际可能需要约 80 天或更多。加上他在每一个地方都要住上一段时间，生活消费，如按每地住 5 天算，这位皇帝终年都在路上了。不仅德国皇帝是这样，英国的盎格鲁·撒克逊诸王如诺曼诸王、金雀花诸王，以及法兰克诸王都是如此。

那时的国王一是没有一支常备的军队。前面说过，国王的军队是靠他分封的领主提供的。军备也是各领主自己提供的。因此国王不打仗时并没有什么军费开支。二是没有从中央到地方的行政管理系统。王室的管理主要是对自身领地的管理。如墨洛温王朝时，王室的各种官职就是王室总管、马官、司厨官等。可见这是家族内的管理。后来，随着王权的不断扩大，王室的行政机构才不断扩大。此时王室自身的花销不是太大，更谈不上奢靡。三是没有全国统一的税收。只是在面临外族入侵时才能向全国征税，以应付大规模战争。国王的主要收入只能来自自己领地，使"国王靠自己生活"成为必然。这当然也是封建制度权力层层分割下王权的一种无奈。有学者根据现有资料整理出英王室领地收入与支出如表 1②：

表 1　英王室领地收入与支出

国　王	时　间	王室领地年收入（英镑）	王室每年开支（英镑）
亨利一世	1100—1135 年	24072	
亨利二世	1154—1189 年	19723	
约翰王	1199—1216 年	24000	7760
亨利三世	1216—1272 年	16000	10000

---

①　[法]马克·布洛赫：《封建社会》，张绪山、李增洪、侯树栋译，商务印书馆 2004 年版，第 125 页。

②　施诚：《论中古英国"国王靠自己过活"的原则》，《世界历史》2003 年第 1期。

续表

国　王	时　间	王室领地年收入(英镑)	王室每年开支(英镑)
爱德华一世	1272—1307 年	17000	15000
爱德华二世	1307—1327 年	11000	11000
爱德华三世	1327—1339 年	8300	12000
	1340—1359 年		21530
	1360—1363 年		30400
	1363—1367 年		39800
	1368—1377 年		26200
理查二世	1377—1386 年	31150	20700
	1386—1389 年		20700
	1389—1392 年		25100
	1392—1395 年		33800
	1395—1399 年		53200
亨利六世	1433 年	25000	13000
	1449 年		24000

从表 1 可以看出，王室的收入和支出的规模很小。这说明当时王室的规模较小，官员较少，开支也很少。这也说明王室的事权较小，也就是国王管的事情很少。国王当时有两重角色，一是作为国家公权力象征的国王，二是作为私权象征的领主。封建初期，后者的角色色彩更加浓厚；前者的色彩比较浅淡。一个明显的标志是王室的官员，都是由国王自己养活的。这就等于社会并不承认这些官员是国家公权力代表的角色。既然国王主要的角色是一个领主，所以你应该和其他领主一样"靠自己过活"。虽然这个口号在开始时并没有被明确地提出，但自古以来一直是这么实行的。部落联盟时期的盟主是靠自己部落的领地生活的，进入国家阶段，所谓国王实质上仍然是一个大家族联盟的盟主，因此还得靠自己领地生活。不管是法兰西、德意志还是英格兰，所有的土地都

是有主的，国王不可能到别人的领地上去拿东西，只能靠自己的领地养活自己。

当然，国王毕竟还是国家的代表，一旦他要代表国家处理国家大事或要加强国家机构的建设，仅靠领地上的收入是远远不够的。国王在领地收入之外寻找新的财源的努力从没停止过。如早在盎格鲁-撒克逊时代，英国就以抗击丹麦人入侵为由在全国征收丹麦金。诺曼征服后还尝试收过盾牌钱和动产税。但当国王想把财政收入来源扩大到自己领地以外的地方时，就会遭到其他领主的反对。1215 年，英王约翰与法国交战，战争经费严重不足，于是向贵族征收盾牌钱，引起贵族的武装反抗，迫使约翰签署了历史上重要的政治文件《大宪章》。该文件第 25 条规定，"除了王领以外，国王不能任意增加其它郡和百户区的包租"。这是英国历史上第一次在公共文件中明确把国王在王领与在郡和百户区中的财政权力区分开来。有学者认为这是"国王靠自己过活"原则的渊源。① 说渊源似乎有点不妥。因为这个原则早已存在且一直都在实行。只不过《大宪章》作为政治文件，第一次用文字明确了这个原则。13 世纪后期，英王爱德华一世为了和苏格兰、法国作战，除了连年征收动产税外，还利用国王的先买权在市场上购买军需品。由于经费紧张，优先购买变成了低价购买、赊账购买甚至不付款的强拿。先买权演变为强买权。这引起了社会的极大不满。爱德华二世为了和法国的战争继续这种强买权，以解决军需问题，更是招致贵族的强烈反对。在 1297 年，议会就迫使英王爱德华一世签署《大宪章确认令》，规定："如无全国公众之同意并为了王国之共同利益，除了古代应交纳协助金外，将不再征收协助金、税金等。"②至此，议会已牢牢掌握了国家的制税权。1311 年，"贵族立法团"制定法令，第一次明确提出了国王应该"靠自己过活"的表述。此后 1332 年和 1340 年，英国下院议员又不断在议会中重申"国王靠自己过活"的原则。国王与贵族及议会在扩大财源方面的斗争一直在

① 施诚：《论中古英国"国王靠自己过活"的原则》，《世界历史》2003 年第 1 期。

② 马克垚主编：《中西封建社会比较研究》，学林出版社 1997 年版，第 414 页。

继续。但在传统的封建收入方面，国王要想扩大是非常困难的，于是他把目光转向了开征新的税种。开征新税种有两个办法，一是用暴力的办法征收。但在欧洲封建社会中，国王征收新税种实际就是动了别人的奶酪，就会影响到社会其他阶层的利益，必然会引发社会各阶层的不满和反抗。当时的欧洲国王只是众多封建领主中的一个，并不能以一己之力与整个社会抗衡，所以这种办法是行不通的。二是协商解决。即国王召开各阶层的会议，告知国家面临的财政困境及需要征收新税种的理由、用途、数量，在得到大家理解的情况下再开征。征收方式和数量则由议会协商决定。早在封建制度形成之初，国王收取自己领地以外的税收，就是靠协商解决的。后来的动产税、人头税、关税、所得税等都是通过各阶层的协商才形成的税收制度。13 世纪后期，爱德华一世征收全国性的关税，加上动产税，使得新税种在王室收入中的比重不断增加。王室领地收入占比从亨利一世时的 90%，下降到查理二世时的 22%。1407年，议会经过长期的斗争，确立了国家税收"由下院制定，经上院同意"的原则。① 更加规范了制税权的程序。约克王朝的爱德华四世(1461—1483 年在位)时，由于仅每年关税的收入就达 3.5 万英镑，加上他又收回了不少王领地，所以成为一百多年来没有出现财政破产的国王。1467年，他在议会宣布："我想靠自己过活，除非在紧急情况下，我将不再向臣民征税。"②

法国也是如此。开始法王主要通过扩大王领来增加自己的收入。卡佩王朝建立时，其领地只局限在法兰西岛，国王一无固定住所，更不用说豪华的王宫了；二无常设行政机构，国王走到哪里，由少数随从组成的"政府"就跟到哪里；三是除了领地之外，再没有固定的财政收入，为了过上体面的王家生活，甚至国王也会极不体面地参与打家劫舍、拦截商旅的活动。③ 1214 年法国和英国的布汶战争后，法王收回了不少土

---

① 赵文洪：《中世纪英国议会与私有财产神圣不可侵犯原则的起源》，《世界历史》1998 年第 1 期。

② 施诚：《论中古英国"国王靠自己过活"的原则》，《世界历史》2003 年第 1期。

③ 陈文海：《法国史》，人民出版社 2004 年版，第 84 页。

地，使领地扩大了三倍。到卡佩王朝末期，王室领地已达全国总面积的70%。当然，法王又通过不断分封，将这些土地中的一部分分封给了自己的封臣。靠传统的封建收入无法平衡法国王室的支出。于是法王也通过和社会各阶层协商方式，先后开征了商税、户税、盐税等国税新税种。这些税种逐渐成为法国王室财政收入的主体。1302年，为解决征收新税问题，法王腓力四世召开法国第一次三级会议，除教会贵族、世俗贵族外，还有市民代表参加。市民代表是由王领内的主要城市各派两名代表参加。后各地区也都纷纷效仿，建立了三级会议。此后税收问题便由三级会议决定了。腓力四世以后，国税的增加十分迅速，1460年，其征收的数量已超过封建税的33倍，而在路易十一去世时，达45倍。众多国税项目中，又以户税收入最为突出，查理七世末年，户税收入120万里弗，占国王岁入的三分之二；路易十一时，更是高达450万里弗，占国王全部岁入的85%。美国经济史家汤普逊认为这些税制的变化是"中世纪税制的革命"。[1]

德意志王权比英法更弱小，更没有力量与其他贵族去争夺税收。德意志的所谓"神圣罗马帝国"的皇帝则把目光转向了意大利。除了头上的这顶虚幻的皇冠让德王过高地估计自己，不能准确地给自己定位外，意大利的财富也是德意志南向政策的巨大推手。弗里德里希一世时，每年从意大利掠得的财富达3万镑之多，远超在德意志领地内的收入。只不过好景不长，以米兰为首的北意大利城市结成伦巴德城市同盟，在教皇的支持下于1176年打败了德皇的入侵。此后德皇地位江河日下，国内邦国林立。与英法两国不同，德意志国王没有把精力放在国内，没有在税制改革、建立新税种上下工夫，所以走上了一条王权衰落的道路。

既然国税征的是全国纳税人的钱，纳税人就有权利知道这笔钱的用途。况且每一次征税前均需向纳税人说明此次征收的目的和用途，如果说服不了纳税人，就无法征收这笔税款。因此，税收用途是决定税收能否成功征收的关键。英法两国议会形成后，不仅有权决定国王是否能够

---

[1]　马克垚主编：《中西封建社会比较研究》，学林出版社1997年版，第395页。

征税，而且还要决定这些税收的用途。英国的《大宪章》和《大宪章确认令》中所说的国王征税要经全国公众同意，实质也是指国王这笔税收的用途需得到大众的认可，大家才会同意你开征。法国 1357 年《三月大敕令》也明确了三级会议有权确定征税数额，及监督税赋的征收和使用的权力。在实践中，议会的这些权力都得到了发挥。1242 年，英王亨利三世为筹措对法作战的经费而召开会议。参会者一致反对英王的做法，认为国王应遵守前不久与法王签订的停战协议，除非法国违约对英宣战，因此否定了亨利征收经费的要求。同时与会者也对亨利继位后几次征税，却不公开费用支出账目表示不满。这次会议对英王筹措经费的否定，实质上是对这笔钱用途的否定。1244 年，亨利三世再次开会要求征税，与会人员起草了一份文件，其中一条是重复 1242 年会议对国王不公开账目问题的不满，指责国王没有将议会批准的税款用到王国的公益事业方面，因而要求任命一名大法官和国库长、中书令组成一个联合委员会监督税收使用。只有国王同意这些要求，议会才会同意国王征税。结果是国王拒绝了会议的要求，会议则再次否定国王的征税的动议。

1341 年，英国议会通过审计国王账目的决定，规定"委派某些人审计所有那些已从国王处接受羊毛或者其他的议会批准给他的捐纳的人的账目，也审计那些自国王开始战争（指与法国之战争——引者）以来，直到现在，在海外和本国接受和使用过国王的钱的人的账目；所有在国外制作的卷宗和其他记录、债务和其他材料，送交财务署，登记成册……"。1377 年，一项批准税收的法令规定：对于这些税收，"国王应任命一些合宜的人作为掌管人或监督者，以求保证这些钱整个地用于这场战争，而决不挪作他用"。为此，国王按照议会要求任命了两人监管这些税收的使用，并当国王和全体议会成员的面宣誓尽忠职守。1378 年，下院向国王要求："……向平民们通报为此次战争而批准之大笔款项之开支情况；应颁布适当的命令，如果参加上次远征或对任何别的地方的远征的任何贵族或任何其他人所带领的远征者比应带领的要少，而又从国王处领取了足够薪金的话，那么，多领取的薪金应退还给国王，以用于战争。"1379 年，在议会的要求下，国王发布命令："你们（指议会——引者）可以得到关于过去和今后必要开支的真实情况，此次战争开支之负责人将在你们认为合适的时间里来到你们面前，向你们清楚地出示文字记载的自上一届议会以来他们的收支账目……"另外，应下院要求，国王还任命了一些人以检查国王的地产情况和岁入情况。① 议会还限制国王违法勒索的行为。对一些税收用途，议会规定的十分明确。1348 年，英国下院批准国王征税，规定该税"只能用于苏格兰战争"。1390 年，下院批准国王对出口羊毛每袋可征 40 先令关税，其中 30 先令必须用于战争费用。兰开斯特王朝后，议会对税款使用作了更加明确的规定，一般来说，大项拨款用于卫国战争，大宗货物的吨税、磅税用于保卫领海，羊毛磅税用于维持加来驻军的军需，只有国王领地收入用于王室消费。必须指出的是，欧洲王室的官员都是由国王领地的收入来支付薪酬的，不能动用国税支付。12 世纪的文件表明，英王亨利一世官员的薪酬，高的每天有 5 先令，依官职高低依次递减。薪俸之外还有少量食物补贴如面包、饮料等。地方官员如郡守，则从所征收的税赋中扣除一部分作为薪俸，直至伊丽莎白一世时，英国政府官员的薪俸仍然来自国王个人的收入。②

　　法国和英国一样，议会对国税的使用有监督权，这是 1357 年《三月大敕令》中明确规定了的。但与英国不同的是，英法百年战争期间，法国议会让出了制税权和用税权的控制，其结果是法王有了征税和用税权。有了钱花后，法王便把议会晾在一边，使议会长期停开，法国王权走向了专制。好在法国地方的三级会议还在与王权进行不懈的斗争。地方三级议会代表，就是纳税人，他们对国家税收的变化更加敏感，反应也更为激烈。所以，即便是在法国王权较为专制的路易十四时代，税赋的征收也要征求地方三级会议的意见。尽管如此，法国地方上的暴力抗税事件时有发生。

　　由上述事例可知，欧洲封建国家的制税权、用税权和监督审计权都掌握在议会手中（议会形成之前掌握在贵族会议手中），各国国王一般并

---

　　①　以上皆转引自赵文洪：《中世纪英国议会与私有财产神圣不可侵犯原则的起源》，《世界历史》1998 年第 1 期。

　　②　马克垚主编：《中西封建社会比较研究》，学林出版社 1997 年版，第 402、403、404 页。

不富裕，有的甚至靠借债度日。1311 年，尼德兰罗伯特三世声称不敢去法国，因为怕见到那里的债主。1433 年前后，英国政府收入 5.7 万英镑，却欠大商人债主 2 万英镑，到期未还的年金及旧债达 8.8 万镑。而在德国，一些城市不得不出钱替德皇还债，以免自己被德皇抵押掉。①

欧洲封建社会的国王靠自己领地收入生活，是所有封建国家的普遍现象。这一现象的背后所反映的，是这个制度下社会多元政治力量的均衡而产生的相互制约。只有在中国形成皇帝专制集权的体制下，才会出现皇帝可以随意调用全国的资源供自己享用的不正常局面。

二、王在法下

世上本来没有凌驾于众人之上的王。远古时期氏族、家族中有经验有头脑的长老是管理者，他们的管理要受全体氏族或家族成员的监督，重大事情要由全体成员决定。在长期的民主制度下，形成了一整套符合大多数民众利益的处理氏族、家族事务及人与人关系的习惯，这些习惯经代代相传被固化为制度化的行为规范。这种古老的行为规范就是古代的法律。它可能没有见诸文字，却比后来的成文法更深入人心，左右着人们的行为方式。

人类进入阶级社会及国家形态出现后，原来的长老或长老的后代成为国家初级形态的王，但这个王也是要受血缘大家族成员制约、监督的，他的行为方式是要受传统习惯法左右的。只要具有公权力的血缘大家族存在，这个王就要受到传统习惯法的制约，"王在法下"就是必然现象。我的研究生导师吴于廑先生认为，关于法律是自古已然的问题，可以从西欧的古文字来考察。在古日耳曼语里面，相当于"法律"一词的字是"ê"。对于这个字的训义，有两种意见。有的认为"ê"字和"aegnus"一字有关，义为"公平"；有的认为和"aevus"一字有关，义为"长久"。在盎格鲁·撒克逊语中，也有相当于"法律"一词的"æ"字，这个字传为英文的"ay"或"aye"，义为"长久"或"久已存在"。从上面的两个例子来

———————————

① 马克垚主编：《中西封建社会比较研究》，学林出版社 1997 年版，第 382 页。

看，"法律"一词本身就含有"自古已然"的意义。寇恩(F. Kem)说："在中世纪人的意识之中，这两个意义几乎是同一的；因为凡是久已存在的就是公平的，凡是公平的也可回溯到久已存在的事务的秩序。"所以在中世纪前期，人们确实把"自古已然"看作法律的必备的条件。"所谓法律就是指从不可记忆的时候起已经存在的旧法。法律越古老，就越有不可摇撼的权威。"①这就导出了一个很有意思的问题：封建时期的法律，不像后代的法律是一些人制定出来的，而是被发现的。

人们是如何发现古代法律的呢？吴于廑师认为是通过询问和"采风"的方式。"著名的撒利法，在编定以前，曾经由专人采访，并且经过各地人士的探讨。690年左右委撒克斯王伊涅(Ine)的法律序言，说国王在确定该项法律的时候，曾经咨询了所有的'长老'(Cealdoren)，最知名的'贤达'(witan)，以及众多的'上帝的臣仆'(God's servants)等等。诺曼底公爵威廉在征服英国以后，曾从每郡征召12人，向他们询问英国的法律。在日耳曼，很久记载下来的庄园法，也是从庄园会议(halimot)的成员中询问而来的。至于为了个别的案件而征询有关的法律，则更是习以为常。例如1065年关于洛林(Lorraine)一个寺院案件的审判，就曾询问当地最老的居民，要求他们举出闻之于先代的风俗。当然，在这一类的'采风'之中，被询问的人不可能包括某一地区的全体居民。一般被询问的人总是所谓'长老'或'贤达'(witan, Sapientes 或 Prud' hommes)。他们之所以被询问，不仅是由于他们具有一定的地位，而是由于他们年龄大，阅世深，因而具有丰富的关于社会古老风习的知识。按照当时的想法，法律的整体并不存在于所谓'法典'之中，而是存在于社会的记忆之中。作为法律记载并用以帮助记忆的法典，既不包括法律的全部，也不被认为是包括了法律的全部。因之每遇阙疑，就必须询及'耆贤'；而这些'耆贤'的知识，也就被看作是代表社会所记忆的古老的风习。盎格鲁·撒克逊文中的'法律'一字，也作'witod'，有'知识'或'智慧'之义。从这个字上，我们似可得到一隙的微光，更能看清当时法律的特点。这

①　吴于廑：《从中世纪前期西欧的法律和君权说到日耳曼马克公社的残存》，《吴于廑文选》，武汉大学出版社2007年版，第311页。

个特点就是法律乃存于民间，而非出自官府。唯其如此，所以对于法律，才只有知道或不知道的问题，不会有制定或未经制定的问题。'采风'这个方式的本身，就已说明法律不是由于官府的制定。"①

1263 年，英国以西门·德·孟福尔为首的大宪章派在路易斯战争中获胜。孟福尔的一名信徒写诗祝贺："让王国的各社区提供惯例，并探询一般人的意见，因为他们最明白自己的法律。他们对于世代相传的习惯做法，不会糊涂到比外人更不清楚。"可见，视约定俗成的传统习俗为法律是当时人们的共识。布洛克指出："习惯法已经成为唯一有生命力的法律渊源，君主们甚至在他们的立法中也不过要求对习惯法作出解释而已"。所以西方思想史家赛班称：中世纪日耳曼人的法律是"发现"（Discover）的，而不是制定（Make）的。② 直到 16 世纪初，法王路易十一还要求各地的律师写定各地区的习俗，各地的习俗志经三个等级代表认可后送给国王批准。③

欧洲封建时期的法律是发现的这一特点，也说明了封建制度与原始社会一脉相承的关系。在原始民主制度下，王还不成为其王。进入阶级社会后，王的地位开始凸显出来，但他还是受到血缘大家族的制约。这种制约是双重的：既要受到王自身家族内部习惯法的制约；也要受其他家族政治力量的制约。前者是法律制度层面即传统习俗的制约，后者是政治组织层面的制约。"王在法下"就是这双重制约的结果。1140 年成书的大部头法律论著《歧异教规之协调》中载："君主要受到他们的法律的拘束并依据其法律而生活。"④当古老的习惯法为法律的唯一来源的情况下，"王在法下"是必然的结果。

然而，王作为具有私有观念的人，作为国家的代表，他必然有强化王权的倾向，这是世界各地的王所具有的同一性倾向。关键在于有没有

---

①　吴于廑：《从中世纪前期西欧的法律和君权说到日耳曼马克公社的残存》，《吴于廑文选》，武汉大学出版社 2007 年版，第 312、313 页。

②　侯建新：《西欧法律传统与资本主义的兴起》，《历史研究》1999 年第 2 期。

③　王加丰：《西欧中世纪的权利之争与近代人权观的形成》，《世界历史》2003 年第 5 期。

④　王加丰：《西欧中世纪的权利之争与近代人权观的形成》，《世界历史》2003 年第 5 期。

制约王权无限扩展的政治力量和制度。世界历史上真正具有绝对专制皇权的国家，非秦统一后的中国莫属。王权之所以能在中国秦以后发展成专制皇权，其原因就在于具有公权力的血缘大家族的过早消亡。说中国的血缘大家族过早消亡，是因为此时的中国社会还没有能孕育出一种在公权力从血缘大家族中流出之后，还能制约王权的社会政治力量和制度，因此，古代中国的王权如同癌细胞一样在不受限制的条件下疯长，也把皇帝个人的私欲放大到了极限。欧洲的王权则没有出现这种情况，是因为欧洲具有公权力的血缘大家族依然存在，传统的习惯法依然存在，它们共同形成了对王权的制约。

在原始社会末期和封建社会形成的早期，各部族的人民大会和习惯法对部族首领和王权有很强的制约作用。法兰克王国的"民众大会"延续了好几个世纪。墨洛温王朝部族民众大会"三月校场"每年都要召开，国王必须参加。加洛林王朝时期的"三月校场"，后改为"五月校场"，国王也都参加，查理大帝也不例外。后来人民大会逐渐演变成代理人大会即贵族会议，如英国的贤人会议等，对王权一直起着制约的作用。前面我们说过，英国的贤人会议在国王继承、废立、分封、税收及司法等方面有很大权力，国王发布的命令也须贤人会议的贵族们共同签署才能生效。国王一旦失德，贤人会议即可重新废立。774 年，诺森伯里亚国王阿尔莱德因行为不轨被废，另选塞尔莱德即位。5 年后，塞尔莱德亦因失职被废，而阿尔莱德却因改过前非德行好转，被贤人会议重新立为国王便是典型。899—1016 年英格兰的 10 位国王中，仅有 3 位是凭血缘关系继承王位的，其他 7 位多是由贤人会议推荐，由绝嗣的在任国王授予王位继承权。[1] 在这样的体制和传统下，国王自己也没有把自己看得高高在上、不可一世。盎格鲁·撒克逊时期的阿尔弗雷德大帝欲把私产遗赠给后代，事先召开贤人会议，询问此举是否符合习惯法。[2] 向贤人会议询问习惯法，说明他心中有法律的约束。梅特兰这样评价贤人会议："这就是王国的议会，至少从理论上来看其权力相当大。它可以选举和

①　阎照祥：《英国贵族史》，人民出版社 2000 年版，第 28 页。

②　刘新成：《再议英国议会的起源》，《世界历史》1991 年第 3 期。

废黜国王；国王和这些智者行使立法权；在征询这些智者的意见和由其认可之后国王可以公布法律；方伯和主教也由国王及智者提名，他们还可以分拨共有土地、征税、决定战争与和平问题，及组建作为民刑案件最后救济场所的法庭。总之它是最高的立法、行政和司法集会。"①即便是非常强势的征服者威廉一世，在其死前顾及其王位的权威性，在遗嘱中不敢以国王血统自居传位于儿子，而是说："若神意让他继承王位，愿他的治下弘扬不光大。"②

我们再看看当时地方的行政管理。英国地方行政由村、百户和郡三级地方组织行使。村的日常管理是由马尔克公社依习惯法行使的。百户和郡的最高权力机构是自由人都可以参加的公民大会。百户会议和郡会议行使地方法庭的职能，前者每四周开庭一次，后者每年开庭两次。法庭的主持人是国王任命的百户长和郡守，但行使裁判权的是出席法庭的全体成员。也有学者称郡会议为郡议会，是古代郡民众大会演化而来。议会作为法庭时一般有几十人参加，而碰到选举或解决重大问题时则可能有几百人参加。理论上讲，1430年选举法颁布前，所有自由人都有资格参加。③ 法国、德国的地方管理也大体如此，因为英法德等西欧诸国的行政管理体制，都是从日耳曼人所建的法兰克王国一脉相承下来的。也就是说，不论是国家层面还是地方层面上，国王的行政管理都是要受习惯法和各种久已存在的群体组织(公民大会、贤人会议等)制约的。

以上史实告诉我们，尽管"王在法下"的口号提出的较晚，但"王在法下"的原则早已实行。这是原始民主制在封建社会的流变。欧洲封建制度的建立实际上意味着国王、贵族和教会共同治理国家政治局面的形成。国王与教、俗贵族三方组成的会议(贵族会议、御前会议等)及会议作出的决定享有最高权威。英国历代国王的命令都要由教、俗贵族的集

---

① [英]梅特兰：《英格兰宪政史》，中国政法大学出版社2010年版，第40页。

② 钱乘旦：《英国王权的发展及文化与社会内涵》，《历史研究》1991年第5期。

③ 陶松云、刘心勇、郭宪纲：《中世纪英国二元政体结构初探》，《世界历史》1988年第4期。

体署证就是其表现形式。从亨利一世(1100—1135年)到失土约翰
(1199—1216年),国王都一再宣称变动法律须与贵族商量。《查士丁尼
法典》所说的"涉及众人之事必须得到众人赞同"的观点获得广泛地传播
和认同。爱德华一世(1272—1307年)也承认这是"最公正的法律"。①
当时的社会舆论也是支持"王在法下"原则的。12世纪英国政治家约翰
在《论暴政与杀戮暴君》中说:国王与暴君的区别在于,国王遵从法律,
而暴君则以强权压迫人民。暴君是可以诛杀的。②"布拉克顿,这位在
亨利三世时期任职达二十年之久的法官,不断地正面重复:国王不在任
何人之下,但却低于上帝和法律;是法律造就了国王;国王应该遵守法
律,尽管如果国王违法,对他的惩罚必须留给上帝。……布拉克顿本人
曾在某处暗示,如果国王犯了错误或拒绝主持公道,由贵族所代表的王
国全体民众就可以在王室法庭以国王的名义主持正义。在布拉克顿著述
的印刷本中有一段比这走得更远(很可能是编注者的发挥),它宣称国王
不仅在上帝和法律之下,而且还在其法庭之下,也就是说还低于其伯爵
和男爵;之所以称伯爵(earls,comites),就是因为他们是国王的同侪,
而有同侪者必有主人;因此他们应给国王施加限制以保证他公正行
事。……显然,当时通行的观念是可以废黜那些未依据法律进行统治的
国王——有关王位世袭权具有神圣性且不能为任何世俗权力所弃置的观
念不属于这一时代。"③布莱克顿还说:"如果国王能不要马勒子,那就
是不要法律,他们(指元老们,即伯爵们和男爵们)则必定要安个马勒子
给他,以免他们自己跟着国王一起没了马勒子。"布莱克顿的话明显认
为,如果贵族们不制止国王违法,他们自己就违背了法律。作为日耳曼
古老习惯法汇编的《萨克森法鉴》说:"当国王和法官犯错时,个人必须
抵制他,必须以任何方式阻止他,无论他是这个人的亲戚或封建领主。"
英格兰议会1399年废除英王查理二世的法案中声称,该法案旨在捍卫

---

① 刘新成:《再议英国议会的起源》,《世界历史》1991年第3期。

② 陶松云、刘心勇、郭宪纲:《中世纪英国二元政体结构初探》,《世界历史》
1988年第4期。

③ [英]梅特兰:《英格兰宪政史》,中国政法大学出版社2010年版,第67、
68页。

王国古已有之的法律。① 也就是说议会的行动是符合习惯法的。布洛赫在《封建社会》中也引用《萨克森法鉴》的话："一个人在他的国王逆法律而行时，可以抗拒国王和法官，甚至可以参与发动对他的战争……他并不由此而违背其效忠义务。""这一著名的'抵抗权'的萌芽，在斯特拉斯堡誓言（843 年）及秃头查理与其附庸签订的协定中已经出现，13 和 14世纪又重现于整个西欧世界的大量文件中。……这些文件包括：1215 年的英国大宪章；1222 年匈牙利的'黄金诏书'；耶路撒冷王国条令；勃兰登堡贵族特权法；1287 年的阿拉贡统一法案；布拉邦特的科登堡宪章；1341 年的多菲内法规；1356 年的朗格多克公社宣言。"②也就是说，"王在法下"是当时整个欧洲的共识。

　　当然，真正让"王在法下"原则得以实行的，还是贵族、教会、国王三方政治力量的均衡。只要这一均衡不被打破，"王在法下"的原则就能得以贯彻。王与教、俗贵族三方共商国是、共治天下，从而把王权纳入法律的框架内，做得最好最规范的是英国。1215 年教、俗贵族迫使英王签署的《大宪章》里有一条重要的原则：国王必须受法律的约束，如果国王不守法，臣民有权强制国王遵守。《大宪章》规定，推选 25 个男爵监督法官、行政官员及国王的活动，并允许 25 个男爵在必要时"可联合全国人民共同行使其权力，用一切方法向他们施加压力"，使弊政能及时纠正。表现出贵族民主制的特征。③ 英国的《大宪章》就是三方力量均衡和斗争的产物。《大宪章》意义非常重大，它开启了近代议会组织建设和制度建设的早期进程。而议会的形成是真正把王权纳入法律框架内实现"王在法下"的组织保证和制度保证。英国议会的形成在世界史上具有典型意义，值得我们重点关注。在英国早期议会形成和利用议会限制王权的过程中，除了《大宪章》运动外，还有一些事件也是值得我们关注的：

---

　　① 皆转引自吴于廑：《士与古代封建制度之解体　封建中国的王权和法律》，武汉大学出版社 2012 年版，第 209、210 页。

　　② ［法］马克·布洛赫：《封建社会》，张绪山、李增洪、侯树栋译，商务印书馆 2004 年版，第 713 页。

　　③ 沈汉：《资产阶级自由民主观念的起源问题》，《世界历史》1988 年第 5 期。

1213 年，中小贵族代表首次参加国王的御前会议，每郡派 4 名代表。

1236 年，国王的秘书第一次在记录中把御前扩大会议称之为"议会"，后人一直沿用这一称谓。这年的大会议制定了《默顿法规》，是《大宪章》后的又一部成文法，规定了立法、司法、土地所有权等事项。

1258 年，牛津会议是西门·孟福尔为首的贵族为反对亨利三世征税，集结数万大军迫使国王召开的会议。这次会议决定组成 24 人委员会制定政府改革方案。方案规定：(1)成立贵族为主体的 15 人委员会参与国事管理，国王依委员会意见治理国家。政府高官和地方官员每年应向委员会述职以决定去留。(2)议会每年召开 3 次，决定国家大事。(3)每郡选出 4 名骑士，监督地方官员的工作。

1259 年，迫使国王颁布《威斯特敏斯特法令》，保护贵族、骑士、市民的权益。

1262 年，亨利三世在罗马教廷支持下，取消牛津和威斯特敏斯特法令。西门·孟福尔组织贵族反击。1264 年贵族军队生擒亨利三世和王子爱德华。贵族实际控制了国家政权。

1265 年，叛乱贵族西门·孟福尔为寻求更广泛的社会支持，除了通知骑士外，还邀请东南五港口和其他城市各派 4 名市民代表参加议会。这是市民代表第一次参加议会。"西门议会"被称为未来下院乃至议会制的重要起点。1265 年《牛津条例》规定：议会法是最高权威，一切法令不得与其相悖。

1295 年，"模范议会"召开，出席者 400 名，其中宗教代表 91 名，50 名伯爵、男爵，63 名骑士，172 名市民代表。英国宪政史家威廉·斯塔布斯认为，人民是否参与立法是立法机构具有宪政性质的标志。"模范议会"标志着英国议会的形成。

1313 年，议会召集令第一次明确地方代表有"议决权"。从 1327 年起，地方代表提交请愿书，必须由全体地方代表审议，这进一步为下院形成奠定了基础。

1325 年，"没有平民代表即可召开议会的时代最终结束了"。有学者认为这才是英国议会的形成。

1327 年，议会全体议员一致同意，由坎特伯雷大主教宣布，废黜英王爱德华二世，立其长子爱德华三世为国王。并派员通知滞留在国外的爱德华二世，如不退位，将废其子王位继承权，另立新君。爱德华二世只得含泪接受议会裁决。这是西欧历史上议会弹劾国王第一例。

1332年，议会中贵族和平民首次分院议事，尔后又合并。这是两院制出现的标志。

1341年，议会中的一些人指责大主教斯特拉福理财不善，要求议会立案审判。斯特拉福辩解：依据古代旧制，只有贵族有资格审判他。在场的贵族一致赞成。于是贵族们退出壁画大厅，到白厅聚会。两院制终于形成。1343年，议会档案首次详细记录了两院议事情况，两院分离明确无疑。两院分离后，上下院各出12名代表组成协商会议，以求对所议之事达成一致。但上院的重要性明显高于下院。

1353年，议会立法否定以国王令诏作为法律。

1386年，议会通知国王，如他违背法律，背离人民，议会可合法将其废黜。

1399年，议会废黜理查德二世。在理查德二世退位的声明中，议会列举了33条罪状，如"独裁、破坏自由和法律……践踏议会法规……狂妄地凌驾于法律之上，妄称立法权为国王所独有"等。上院以最高法庭名义宣布废黜理查德二世。使长达183年的金雀花王朝寿终正寝。

1404年，亨利四世宣布：没有全国各等级的同意，任何人不得改变法律。

1407年，亨利四世与上院商定要征羊毛出口税和财产税，然后通知下院。下院议员抗议国王和上院侵犯了他们的权利，并郑重宣称他们代表全国人民，理应有提出并决定税案的特权。亨利四世被迫收回成命，宣告："今后任何税收均由下院提出和批准。"13—14世纪，立法是由政府或上院提出。而15世纪，法案几乎全由下院提出。此时法案序言的措辞也发生了变化。1420年前，是在"平民的请求下，经教俗贵族同意，特制定以下法规"。1420年后则改为："凭议会权威，经教俗贵族和平民同意，特制定以下法规。"这表明下院的地位和作用大大提高了。

1461年，因"红白玫瑰战争"中，贵族互相火拼，伤亡极大，元气大伤，上院规模缩小。这一年的议会中，爱德华四世在开幕式上宣称，他是靠下院支持才得到应有权力的。随后议会在确认以前议会法案时，坚持所有修改部分必须征得平民院的同意。这一规定促成了正规立法议案制度的确立，也是两院地位和作用趋于平等的标志。

1534年，都铎王朝《豁免法》规定："最高贵之议会……可自行或授予他人制定、废除、增加或删改任何法律。"亨利八世时的大法官奥德里说：议会权力至上。①

尽管英国议会在把王权关进法律和制度的笼子里面的斗争中取得了具有世界意义的进步，但是王权还会在适当的时机试图摆脱议会和法律的控制。都铎王朝建立后，君主专制的倾向就显现出来，国王相当长时间里不召开议会，把议会晾在一边，《大宪章》也无人提起。然而，此时英国议会的作用和地位已经难以撼动。伊丽莎白女王时期的国务大臣托马斯·史密斯爵士，在其1589年出版的《英格兰王国及其治理模式》一书中说："英格兰王国至高和至上的权力存在于议会…… 经其同意之所作所为将被视为有强制性、永恒性和合法性，会被视为法律。议会可以取缔旧法、制定新法，规范过去之事，并为将来确立范例，它可以改变民众的权利和财产占有，将非婚生子女合法化，确定宗教的形式，改变度量衡，规范王位继承的方式，还可以在法律没有规定的情况下界定有争议的权利，批准并发放各项津贴、征收各种税赋和摊派，决定大赦和做出无罪宣判，对国王交付审判之人予以定罪或赦免，并以最高司法机构之名恢复其人身和名誉。简言之，所有罗马人曾经可以在百人团民众大会(centuriatis comitiis)或部落民众大会(tributis)上做的事，现在都可以由英格兰的议会完成，它代表并拥有着整个王国(无论是国王还是平民)的权力。因为每一个英格兰人都被认为或者是亲自或者是通过代理人出席了议会，从国王(无论是国王还是女王)到最底层的人士，无论其身份、地位、荣誉如何。议会的同意即被视为每一个人的同意。"②作为

① 以上资料来自阎照祥：《英国贵族史》，人民出版社2000年版，第79~96页；赵文洪：《中世纪英国议会与私有财产神圣不可侵犯原则的起源》，《世界历史》1998年第1期；刘新成：《再议英国议会的起源》，《世界历史》1991年第3期。

② ［英］梅特兰：《英格兰宪政史》，中国政法大学出版社2010年版，第164、165页。

英国女王的国务大臣，托马斯·史密斯的这番话，代表了统治阶级高层对议会政治的高度认可。当然，议会与王权的争斗会一直延续下去，并进入下一个世纪。斯图亚特王朝的国王也是具有专制王权倾向的君王。查理一世长期不开议会，直到为了筹措军费才恢复议会，从而导致了内战。内战的结果是议会军取胜，1649 年查理一世被送上断头台。后来又发生议会军首领克伦威尔专权和斯图亚特王朝复辟，直到 1688 年"光荣革命"才推翻斯图亚特王朝，实现了"议会主权"和"王在法下"的决定性胜利。1689 年颁布的《权利法案》标志着人类历史上第一次由君主与人民签署契约，君主依约登位，君主立宪制在英国确立。

　　法国王权的发展与英国大致相似。先是受制于贵族和贵族会议的制约，然后这种商讨国事的方式逐渐规范化。如路易九世时，不但召开教会代表和贵族参加的国务会议，有时还不定期地让一些有社会地位的城市市民代表也参加进来，和贵族、教会僧侣一起讨论国事。其子腓力三世在召集各个省的贵族代表、教会代表商讨国事时，贵族和教会代表分席讨论，再向国王报告。这些都是古老的部族民众大会流变为贵族会议后的惯性延续。1302 年，法王腓力四世因向教会征税与教皇发生冲突。为获得国内各阶层的支持，腓力四世召开了有教会、贵族和城市市民代表参加的三等级会议。结果腓力四世得到了民众的支持，使王权得到了加强，教权受到削弱。此后，教皇被法王强制性地搬迁到法国南部，成为"阿维农之囚"。法国各地方也按照中央的三级会议模式，成立了地方的三级会议。百年战争期间（1337—1453 年），由于战争危及王权，急需得到民众支持及此时法国民族意识的觉醒，三级会议多次召开，作用明显加强。1355—1359 年会议每年召开一次。特别是 1356 年英军打败法军，法王约翰二世及大批贵族被俘，英国要求法国交 300 万克朗赎人。19 岁的王太子查理监国，为筹措军费和赎金，召开三级会议。除了教会和贵族外，城市市民代表占了代表的半数。会议要求惩治失职的官员，由三级会议选出 28 名代表与太子共掌国政。查理拒绝并解散议会。但严峻的形势逼迫查理不得不于次年再次召开三级会议。会议制定了"三月大敕令"共 61 条，主要内容是：允许三级会议代表参加国王的御前会议，各等级 12 人共 36 人监理国政；改组行政管理机构，罢免失职官员；

三级会议有权不经国王批准每三个月自行开会一次；会议代表不受侵犯等。查理虽签署该法令，但等危机过去后却并不实行。

1436年，三级会议批准国王可以永久性征收交易税、盐税等间接税，数量由政府决定；1439年，北方三级会议又批准对平民征收基于财产的直接税即"达依税"。自此，法王取得了不经三级会议批准自行征税的权力。加上查理七世时常备军的建立，法王掌握了军权和财权，确立了君主专制的基础。此后虽然三级会议也会召开，但已要仰仗法王的鼻息行事，三级会议的权力和作用被大大削弱。1614年三级会议后，至1789年法国资产阶级革命爆发前，175年没有召开三级会议。而在此期间，法国君主专制制度得以确立。路易十四"朕即国家"的论调表明，三级会议已失去了对君王的制约作用。当然，说三级会议完全不起作用是不客观的。虽说国王可以长期不开议会，但议会的政治组织能力、制定法律的能力及它在社会上的号召力、影响力都在，一有机会便可发挥巨大的作用。1789年的最后一次三级会议是法国大革命的导火索，它推翻了君主制，也开启了近代民主议会制的序幕。

中世纪德国的王权与其他政治力量如贵族、教会、市民的相互作用，和英国、法国大同小异。只不过，德国的地方贵族势力更为强大。特别是在13、14世纪后，英法等国的王权借力国内工商业的发展，通过税制改革和军事改革，不断得以强化时，德国却深深地陷入了地方诸侯割据、王权更加弱化的窘境。封建化初期的德国，也形成了贵族会议决定国家重大事情的惯例，这就是国王的御前会议。直到1495年，哈布斯堡王朝才将御前会议正式更名为"德意志帝国议会"。议会中也分三个等级：大贵族——选帝侯、中小贵族和城市市民。当时的权力更多掌握在第一等级——选帝侯手中。议会中的第三等级市民，到1648年后才获得投票权。而真正具有近代议会性质的国民议会，是1848年在美国、法国等国的影响下才召开的，并以《独立宣言》和《人权宣言》为蓝本，公布了《德意志人民基本权利》，次年在此基础上制定了民主宪法。

封建化后的欧洲，由于存在王权、贵族、教会以及后来城市市民阶层等多元化的政治力量，形成了相互制约、谁都无法一家独大的政治均衡局面。正是在这种格局下，近代意义上的议会制度逐渐形成和发展起来，"王在法下"的原则得以组织化、规范化、程序化，为将来"三权分立"政治体制打下了良好的基础。

第五节　中央集权专制政体、皇权至上的典范
——秦以后中国的社会治理模式

反观秦以后的中国，则是皇权疯长的时期，财权、军权和以郡县制为基础的行政权统统掌握在皇帝手中，社会上再也没有任何有组织的政治力量可以和皇权抗衡。在这种政治生态下，皇权至高无上，形成高度集权的专制政体是必然的。

一、中国的皇帝根本不需要"靠自己生活"，而是"以天下奉一人"

全国统一的税赋征收体制的建立，使皇帝可以统一调用全国的资源为自己服务、享用，根本不需要"靠自己生活"。宋元之际的史学家马端临在《文献通考·国用考》中说："周盖千八百国，以九州之民，养千八百国之君。用民之力，不过岁三日。君有余财，民有余力，而颂声作。秦皇帝以千八百国之民自养，力罢而不能胜其役，财尽而不能胜其求。一君之身耳，所以自养者，驰骋弋猎之虞，天下勿能供也。"说的是周代有一千八百个国家，其国君都是靠自己国家的人民养活的，也就是靠自己领地生活的。那时尚能"君有余财，民有余力"。而到了秦始皇时期，一千八百个国家的人民养秦一国之政权，却"力罢而不能胜其役，财尽而不能胜其求"，秦一个国家比一千八百个国家还难养。《文献通考·自序》中又载：秦始皇欲"以宇内自私"，"尺土一民，始皆视为己有"，"秦废封建，而始以天下奉一人矣"。这些事实就是封建制度和专制君主制度的重大区别。周代封建制度下的君主和欧洲封建时代的君主一样，也是要靠自己生活的，周天子也不例外。周天子的领地就是京畿千里之地，他的家族和周王朝的开支主要来自这里。各国诸侯的贡俸只能起辅

助作用。那时没有常备军，没有大量的官员，君主自己的生活也比较简朴，自然开支较小。前面我们已引周初周公作《酒诰》，告诉人们殷鉴不远，不要沉迷酒中，不要奢侈浪费，特别是官员如犯禁者，严惩不贷。在周公看来，殷人的嗜酒奢靡，放纵无度，最终遭到天谴。因此，周代的官员如沿袭殷人恶习将杀无赦，以此确保周代江山的稳固。在春秋之前，中国的各级君主(包括周天子和诸侯)都是生活在血缘大家族中的。首先是家族成员对他们有制约作用，作为他们的近亲——国人，对君王违反祖制、侵犯百姓利益，会作出强烈的反应；其次是他的非血缘关系的封臣，也就是其他大家族，会对他们有制约作用。天子则是家族大宗和天下各大家族公推的共主。若天子失德，行为不轨，或生活奢靡或广施暴政，就会使广大家族成员和其他家族离心离德。夏桀、商纣亡国，并不是因为对手的强大，而是因为民心倒向、众叛亲离。

秦统一后，具有公权力的血缘大家族消亡，封建制度消亡，公共权力全部集中到国家手中，整个社会没有任何能对集权制国家进行制约的政治力量，而国家的权力又都集中在皇帝一人手中，国家治理体系中也没有任何组织和制度能对皇帝形成有效的制约。于是皇帝的私欲极大膨胀，到了为所欲为的地步。皇帝的生活也逐渐走向奢靡、浪费。《史记·秦始皇本纪》云："秦每破诸侯，写放其宫室，作之咸阳北阪上。南临渭，自雍门以东至泾渭，殿屋复道，周阁相属。所得诸侯美人钟鼓，以充入之。""始皇表河以为秦东门，表汧以为秦西门，表中外殿观百四十五，后宫列女万余人。"这还只是秦始皇在咸阳的营造，其他地方还有筑信宫于渭南，造阿房宫为朝宫之前殿等。另外，秦始皇即位时便开始穿骊山修建陵墓，一直修到秦二世。《史记·秦始皇本纪》载："太子胡亥袭位，为二世皇帝。九月，葬始皇骊山。始皇初即位，穿治骊山，及并天下，天下徒送诣七十余万人，穿三泉，下铜而致椁，宫观百官奇器珍怪徒臧满之。令匠作机弩矢，有所穿近者辄射之。以水银为百川江河大海，机相灌输，上具天文，下具地理，以人鱼膏为烛，度不灭者久之。"用七十万人年复一年的修建，可见花费了多大的财力物力。"上具天文，下具地理""以水银为百川江河大海"又是何等宏大壮观！可这都是人民的血脂血膏堆砌而成的。《汉书·食货志》载：秦"收泰半之赋(颜师古注：乃三分取其二），发闾左之戍。男子力耕，不足粮饷，女子纺绩，不足衣服，竭天下之资财以奉其政，犹未足以澹其欲也。海内愁怨，遂用溃畔"。从上引资料可见，这已经不是"国王靠自己生活"那么简单了。华丽的宫殿，宏大的陵墓，后宫美女万余人，天下奇珍异宝，处处都彰显了皇室的豪华与奢侈。秦始皇是中国第一任专制皇帝，就如此为所欲为压榨百姓，如此奢侈浪费，成为以后皇帝效仿的榜样。只是从今往后苦了中国的老百姓。

天下苦秦久矣。秦王朝不把人民当人看的苛政暴政，引起了人民的强烈不满。随着陈胜、吴广揭竿而起，秦王朝便湮灭在人民起义的大潮中。问题在于，由于血缘大家族的破坏，人民已经无法回到曾经披着温情脉脉面纱的血缘大家族之中了；公权力也无法再从高度集权的国家流回家族或人民手中。皇帝专制集权的组织模式和制度模式一旦形成，便会不断复制代代沿袭下去。而且会在私欲的驱使下，趋向更加专制，更加集权。

推翻秦王朝后建立的是汉朝。汉初，统治者尚能体恤民情，与民休息，发展生产，皇帝本身也比较节俭。汉高祖看到宰相萧何营建的未央宫比较壮丽，"怒，谓萧何曰：'天下匈匈苦战数岁，成败未可知，是何治宫室过度也？'"后在萧何"非壮丽无以重威"的说辞下才转怒为喜。[1]汉初皇宫宫女不过十数人，且姬妾无俸给之制。可是经过文景之治，国家经济状况好转后的汉武帝时代，皇帝的奢靡之风又起。《汉书·贡禹传》载，武帝日益骄奢，"多取好女，至数千人，以填后宫"。宫中人数剧增，光给这些人做衣服的缝衣工就达数千人，岁费数巨万。另外制金银器，各岁用五百万；专为皇室服务的三工宫（考工室、右工室、东园匠）费用五千万；皇室的厩马由百余匹，增至上万匹。相比之下，人民"大饥而死，死又不葬，为犬猪所食，人至相食，而厩马食粟，苦其大肥"。天下大饥，人至相食，而皇室的马却因吃得过好，"苦其大肥"，这是多么强烈的反差。汉武帝是好大喜功之人，其消耗在宫廷建设上的费用之大，皇室生活之奢靡，当时的大臣东方朔都看不下去了，他说："今陛

---

① 《史记·高祖本纪》。

下以城中为小，图起建章，左凤阙，右神明(楼台名——引者注)，号称千门万户，木土衣绮绣，狗马被缋罽(布锦和毛织品——引者注)，宫人簪瑇瑁，垂珠玑，设戏车，教驰逐，饰文采，丛珍怪；撞万石之钟，击雷霆之鼓，作俳优，舞郑女。上为淫侈如此，而欲使民独不奢侈失农，事之难者也。"①在亭台楼阁中，纸醉金迷，声色犬马，这就是中国帝王奢靡生活的写照。

除了宫殿美人，各朝皇帝特别热衷于死后的享受——修建陵墓，而且是新帝即位就开始修建。宏大的陵墓加上园林耗资甚巨。秦始皇陵用人七十余万常年修建，需要多少钱，无法统计，但耗用巨大是肯定的。汉代的陵墓所耗费用有个大致的估算，《晋书》卷六十《索靖传》载："汉天子即位一年而为陵，天下贡赋三分之，一供宗庙，一供宾客，一充山陵"，山陵即皇陵。《唐会要》卷二十"陵议"条载："汉氏之法，人君在位，三分天下贡赋，以一分入山陵。"②说天下三分之一的贡赋修建陵墓，其数字准确性无从考证，但陵墓费用之巨则是不争的事实。仅以汉成帝为例，《汉书·刘向传》载："陛下(汉成帝)即位，躬亲节俭，始营初陵，其制约小，天下莫不称贤明。及徙昌陵，增埤为高，积土为山，发民坟墓，积以万数，营起邑居，期日迫卒；功费大万百余。死者恨于下，生者愁于上，怨气感动阴阳，因之以饥馑，物故流离以十万数。"还算比较节俭的汉成帝都是如此，那些平日就奢侈的皇帝就更不用说了。

汉代的财政收入区分了皇室费用和国家公共开支，而且是从财政收入上就将两者区分开来了。财政公私分离从汉高祖时即已实行，至惠帝"天下即定……上于是约法省禁，轻田租，什五而税一，量吏禄，度官用，以赋于民。而山川园池市肆租税之入，自天子以至封君汤沐邑，皆各为私奉养，不领于天子之经费"③。具体来说，国家公共财政来源于田租、算赋、口钱(东汉灵帝时归为皇帝私财政)、专卖、官田屯田、均输平准、卖官鬻爵以及缗钱的大部分；皇帝的私财政来源于山泽园地的

---

①　《汉书》卷六十五《东方朔传》。

②　《唐会要》皆转引自周伯棣：《中国财政史》，上海人民出版社1981年版，第83页。

③　《汉书》卷二十四《食货志》。

税、酒税、关市之征、贡金及酎金、算缗钱的小部分、公田收入的一部分及口赋。[1] 汉代政府管财政的机构是大司农；皇帝管财政的机构是少府，汉武帝时在少府之外又置水衡都尉管钱，东汉时撤之，仍由少府统管。汉代国家公共财政和皇帝的私财政的收入谁多谁少呢？有两则史料可以大致说明这个问题：一是《汉书·王嘉传》云："孝元皇帝奉承大业，温恭少欲，都内钱四十万万，水衡钱二十五万万，少府钱十八万万。……故少府、水衡见钱多也。"也就是说皇帝的私财政水衡钱加少府钱为四十三万万，多于国家公共财政的四十万万。二是《太平御览》卷六百二十七《治道部》所引桓谭语："汉定以来，百姓赋敛，一岁为四十余万万，吏俸用其半，余二十万万藏于都内为禁钱，少府所领园池作物之八十三万万，以给宫室供养诸赏赐。"按这段话的意思，汉代的国家公共财政收入四十万万，与上引《汉书·王嘉传》所说的数字相同，但皇室私财政则是八十三万万，比《汉书·王嘉传》中的数字多了四十万万。两段记载都说明皇帝的私财政是多于国家公共财政的。[2] **治理一个国家的公共财政收入居然不如皇帝的私人财政收入多，皇室的私人费用超过治理一个国家的费用，这种奇怪的现象只能在高度集权的专制国家才会出现。**

中国古代皇帝的奢靡生活故事很多，我们再选几个有代表性的事例陈述如下。隋炀帝巡游。隋炀帝也是一个好大喜功的帝王，他在位十二年，只在京城待了不足一年。到处巡游是他的一大爱好。大业元年（605年），隋炀帝游江都，后宫、诸王、官员加上各种服务的随从、护卫，所用的船只达数千艘。文武官员五品以上乘楼船，九品以上乘黄篾舫，光挽船的力夫就征用了八万余人，船队"舳舻相接，二百余里。所经州县，并令供顿，献食丰办者，加官爵，阙乏者，谴至死"。此事由太府少卿何稠办理。船上的生活用品、仪仗用品、车舆辇辂、宫女的化妆用品不计其数，所费金银钱物巨亿计。[3] 这与欧洲中世纪早期的国王，特

---

[1] 周伯棣编著：《中国财政史》，上海人民出版社1981年版，第127页。

[2] 周伯棣编著：《中国财政史》，上海人民出版社1981年版，第127、131页。

[3] 《资治通鉴》卷一百八十《隋纪四》，《隋书》卷二十四《食货志》，《隋书》卷六十八《何稠传》。

别是和隋朝同时期的墨洛温王朝，国王坐着牛车，带着为数不多的随从，在自己的领地上到处蹭饭吃的情景形成非常强烈的对比。中国皇帝的奢靡是建立在对人民的强取豪夺，暴政压迫的基础之上的，必然会引起人民的强烈反抗，隋王朝的短命是与之分不开的。

唐朝开元之初，玄宗把金银器交国库熔化，把珠宝烧了，以示节俭；遣散宫女，以示寡欲。可是天宝年间，唐玄宗性情大变，变得极度奢侈好色，专设花鸟使满世界寻找美女带入宫中，据"新唐史所叙，谓开元、天宝中宫嫔大率至四万"①，四万宫嫔如果再加上为她们服务的杂役，可能近十万人之多。唐玄宗晚年沉溺于酒色歌舞之中，花费必然是巨大的。唐朝后期的藩镇之乱至此埋下祸根。

明王朝的皇室费用也是非常巨大的。《清朝文献通考·国用考》将康熙时期与明王朝的宫廷费用作了比较，认为明朝宫廷费用甚奢，如宫女九千余人，内监至十万人。宫内每年用金花银96.94万两，仅脂粉钱就达40万两。明宫廷每年用木柴2686万余斤，红螺等炭1208万斤，各宫床帐舆轿花毯等项每年用银2.82余万两，明宫殿楼亭门名共786座。②还有一组数字可以看出明王朝国家公共财政和皇帝私财政的对比：明末李自成进攻北京时，因国库空虚，朝廷只得要各大臣和皇亲国戚捐款，但所得寥寥。李自成攻入北京城后，在国库中只找到70万两白银，而在皇宫内库中却发现了大量白银，仅养心殿后窖就有二百万金，宫内全部窖藏当有几千万之多。《明史》卷三百九《李自成传》载：李自成从北京撤退时"悉熔所拷索金及宫中帑藏、器皿，铸为饼，每饼千金，约数万饼，骡车载归西安"。即李自成带走掠夺的金银数千万两。③可见皇帝的私房钱之多。专制体制下，苦了国家和人民，却富了皇帝和一帮贪官。

---

①　《文献通考》卷二五四《帝系五·后妃》。

②　周伯棣：《中国财政史》，上海人民出版社1981年版，第451页。

③　(清)张廷玉等撰：《明史》。另见：赵士锦《甲申纪事》载"解内库银尚存三千余万两，金一百五十万两"，银锭上还有万历八年年号；谈迁《国榷》载"括各库金三千七百万两有奇"。皆转引自财政部编著：《中国农民负担史》，中国财政经济出版社1991年版，第664、665页。

清王朝与所有王朝一样，在开国之初，皇帝的开支大约还算是节制的。但政权稳固了，往后的帝王们便奢华无度了。清末慈禧太后为颐养天年及过 60 大寿，长期占用建造海军的军费修颐和园。有学者认为，当时海军军费的十之八九被挪用，至少达六千万两左右。① 光绪皇帝的父亲，时任海军总理大臣的醇亲王奕𫍽为掩人耳目，迎合慈禧的意愿，上折奏请在昆明湖训练水兵。慈禧心领神会当然同意。于是颐和园在这个荒唐的名目下大肆建造。按皇家园林的形制修建的颐和园，说是用来训练现代海军，岂不是弥天大谎！更有甚者，1894 年 9 月 17 日，北洋水师与日本联合舰队在鸭绿江口的大东沟相遇，李鸿章苦心经营的北洋舰队损失惨重。在这前后，当一些主战大臣上疏，请求停止修建颐和园以移作海军军费时，慈禧大怒曰："今日令吾不欢者，吾亦令彼终生不欢。"11 月 7 日，修葺一新的颐和园里张灯结彩、鼓乐喧天，慈禧大宴群臣，赏戏三天。而就在这一天，日军没费一枪一弹占领了大连湾，严重威胁到北洋水师的战略基地旅顺口的安全。只有昏庸的统治者、腐败的朝廷、专制的体制三体合一时，才会发生这样荒诞的事情。具有讽刺意义的是，1886 年，北洋水师"靖远"舰在英国建成下水时，按惯例要奏舰艇所有国的国歌，而当时大清朝尚无法定国歌，于是，英方随意用了一首西方民歌在下水仪式上演奏，歌名叫《妈妈好糊涂》。真是一语成谶！为一己之私，不顾当时国家已经遭到列强瓜分的威胁，居然动用国家巨额海军军费，修建圆明园为自己庆生，作为清王朝国母的慈禧太后难道不是"好糊涂"吗?！反观日本，明治天皇为了建设强大海军以对付中国，节衣缩食，省钱捐款，一天只吃一顿饭，说："帝国海军一日不强，朕一日不再食矣。"日本朝野深为感动，贵族院议员决定捐出年俸的1/4，政府官员捐出收入的 1/10 作为购买海军装备之用。② 战争决胜岂止在战场，还在于战场之外、之后的国家组织、制度和统治者智慧等种种因素的支撑。中日海战还没打响，中国实际已经输掉了这场战争。正如日本联合舰队司令、北洋水师提督丁汝昌的老朋友伊东祐亨给丁汝昌

① 周伯棣：《中国财政史》，上海人民出版社 1981 年版，第 510 页。
② 《走向海洋》节目组：《走向海洋》，海洋出版社 2012 年版，第 127、128、136、137 页。

的信中所说："您知道 30 年前日本帝国处于何等艰苦的境地，您也知道我们是如何抛弃旧体制，采取新体制以求摆脱威胁我们的困难。贵国也应采取这种新的生存方式。如能这样，就会一切顺利，否则它就可能灭亡！"①

至于说光绪皇帝大婚，提拨京饷五百五十万两这样的事情举不胜举。在古代中国专制帝制下，皇帝的个人利益远远大于国家利益、人民利益，这个体制的最大特点就是举全国之力，保障皇帝一人的权力，供给皇帝一人享受。

二、无法无天的皇帝集权专制制度

在古代中国，皇帝通常将大部分国家财政收入纳入私囊，这是专制集权体制下特有的情况。当年，周历王在王畿范围内，想垄断山泽之利，结果被其他大家族成员赶跑了，落得个流落异乡的下场。因为那时是封建制，所谓"普天之下，莫非王土，率土之滨，莫非王臣"的周王，只是个徒有虚名的天子，并没有掌管天下的实权。可是秦统一六国后，天下形势为之大变。天下权力归为皇帝一人手中，秦始皇才是真正的"普天之下，莫非王土，率土之滨，莫非王臣"的皇帝。统一之后的秦始皇在巡视各地时不忘到处刻词，向天下宣布他的权威和权力。其琅琊石刻说"六合之内，皇帝之土。西涉流沙，南尽北户，东有东海，北过大夏。人迹所至，无不臣者"。② 这是何其霸道！秦统一后，海内为郡县，法令由一统，"天下之事无大小皆决于上"。立法权、行政权、财权、军事指挥权、外交权、人事任免权、最高审判权、监察权等都集于一身。皇帝下设辅助治国理政的中枢机构——丞相府，职能是"掌丞天子，助理万机"，是中枢决策机构；太尉府——中央最高军事指挥管理机构；御史大夫府——为中央最高监察机构。三个机构又被称为"三公"。三公下面是九个执行机构称"九卿"，分别是奉常、郎中令、卫尉、太仆、廷尉、典客、治粟内史、宗正、少府，分管皇室、警卫、礼仪、农业、司

---

① 《走向海洋》节目组：《走向海洋》，海洋出版社 2012 年版，第 138 页。
② 《史记·秦始皇本纪》。

法、民族、外交等事务，下与郡县行政机构相连。秦始皇的这一套政治体制，大致奠定了中国往后两千年的皇权专制集权体制的框架。以后各王朝在机构名称和职能上会有所调整变化，但大体上还是延续了皇帝——辅助皇帝的中枢决策机构——职能各异执行机构的模式。如西汉仍用三公九卿制，东汉三公变成了太尉府、司徒府、司空府。其中太尉是最高军事机构，为三府之首。另外设立了"尚书台"成为中枢机构，架空了原来的三府（三公），尚书台下设"六槽"，各有职事并分槽办公，为今后的六部制的雏形。这一时期是皇帝专制集权体制形成的初级阶段。

两晋南北朝时期，中国的家族和地方势力一度在混乱的局势下抬头。门阀制度、九品中正制的盛行就是例证。但是这种势头随着隋唐的统一被打断。隋唐的国家管理机构是三省六部制，三省为中书省——拟制奏章，出纳诏令；门下省——主掌审核、驳斥谏议；尚书省——中央最高行政管理机构，下管六部。六部为吏部、礼部、兵部、刑部、工部、民部，是执行机构。唐朝为强化君权，分散三省权力，却带来了部门间相互推诿、行政效率低下等弊端。高宗时合中书、门下二省于"中书堂"，另外设置"同中书门下平章事"行宰相权力。玄宗时又设翰林院，和"中书门下平章事"共掌中枢，分散"中书门下平章事"的权力。

宋朝开国皇帝赵匡胤是篡位的，其篡位的方式是自导自演一出由下属给自己黄袍加身的好戏。在这之前的五代时期，虽然只有区区五十几年，却出了十四位君主，手握兵权的军队将领在政权的更迭中起到了决定性的作用。赵匡胤自己就曾以军队将领的身份，帮助后周太祖郭威登上王位。正因为如此，赵匡胤特别怕他的下属旧戏重演，把皇袍加到别人身上。于是怎样防止军队将帅篡位，加强皇帝对军队的绝对控制，成为立国后赵匡胤加强中央集权、保证赵家江山代代相传的重中之重。生性还算厚道的赵匡胤，没有像不少前朝皇帝那样大杀功臣，而是采取了比较温和的方式——杯酒释兵权，即赵匡胤在酒席之间，巧妙地劝解一些德高望重、手握重兵的高级将领放弃兵权，而后则选择一些资历、威望较低的亲信将领掌握禁军，消除了心中一大隐患。

之后，赵匡胤开始削弱各藩镇的权力。首先是"制其钱谷"，即在各路设置专管财物的转运史，管理各路所属州县的财政收入，除留下少量财物以供地方日常开支外，其余运解至京城。其次，把各藩镇中骁勇善战的将士以选拔为名调回京城，削弱藩镇的军力。然后，宋太祖故伎重演，温和地解除了几位藩镇节度使的兵权，并把节度使驻地之外的州郡统统直属中央管理。这样，赵匡胤就兵不血刃地把过去权力过重的藩镇兵权、财权、司法权都收归中央。赵匡胤还不时地把将领和军队进行调换，称为"兵无常将，将无常师"，防止将领与部队士兵之间形成过于亲密的关系；另外，军队驻防地也不断更换，防止部队长期驻防某地，与当地群众结下不解之缘。在中央政府层面，皇帝下面设二府：中书门下政事堂和枢密院，分管政务及军队。但出于对军人的戒心，枢密院的枢密使多由文官担任。宋朝对文官比较优厚，认为文官不会危及朝廷安全，定下不杀文官的规矩。在官员任用上重文轻武，在国力配置上（包括军力和财力）重内轻外（边镇），这些都大大强化了中央集权。

元代为蒙古人建立的政权，政体上依然仿汉人，实行一省六部制。一省是合原来汉人的中书、门下、尚书三省为中书省，皇太子任长官。六部为吏部、户部、礼部、兵部、刑部和工部。元代汉人地位极低，汉文化遭到极大的摧残。所以有"崖山之后无中华"之说。

明清时期是中国皇帝专制集权制度的顶峰。朱元璋建立明朝后，虽然也设中书省丞相一职，主持行政事务。但却一直认为中书省丞相权力过大，处心积虑加以裁汰。早在洪武十一年，朱元璋就命令以后大臣上奏书，不必经过中书省，可直达皇帝，[1] 就已经表露出废除中书省和丞相的意向。洪武十三年（1380 年），朱元璋以左丞相胡惟庸"谋不轨"之罪，诛杀胡惟庸九族，此案涉及极广，有三万多人被牵连诛杀。此后朱元璋宣布废除中书省和左右丞相，其事务由六部分担，对皇帝直接负责。军权则由原来的大都督负责，分为中、左、右、前、后五军都督府分管。因事务繁忙，皇帝一人统揽有困难，后虽设殿阁大学士一职，是为内阁，但这只是皇帝的参谋、秘书、顾问性质的职务。朱元璋对丞相一职的痛恨，源自于皇帝对手中握有一定权力的大臣极不信任。胡惟庸案实际是皇权忌惮相权过大，影响皇帝权力和权威的结果。胡惟庸是中

---

① 周良宵：《皇帝与皇权》，上海古籍出版社 2014 年版，第 299 页。

国最后一个名副其实的丞相，此后至清朝，在中国实行了 1500 多年的宰相制度被废除。废除了丞相，朱元璋还不放心，在行政、监察系统之外又设立了监督官员的机构，即直接向皇帝负责的特务机构——锦衣卫，及后来的东厂（明成祖时建）、西厂（明宪宗时建）。把大臣的一举一动都纳入皇帝的监控范围，使大臣们人人自危，不敢再生异心。

清朝作为少数民族建立起来的政权，入关以后很快放弃了原来还带有原始军事民主制意味的"八王议政"，直接承袭了明朝高度专制集权的政治制度。小的变化就是在六部之上设立了只具参谋、秘书功能的"军机处"，协助皇帝处理日常政事。六部并无向地方发布命令的权力，任何命令须先奏请皇上批准后，以皇帝名义发布诏令。

从以上机构设置和制度安排来看，秦以后的中国政治体制是皇帝一人乾纲独断，不受任何机构和制度制约的。皇帝的话就是圣旨，不可更改，必须执行，因此就是法律。皇帝是集立法、司法、军政、人事等大权于一身的统治者，没有之一。朝廷虽然有监察机构，但这个机构是监察大臣的；大臣们也可对皇帝提出建议和劝谏，但采不采纳要看皇帝的选择。没有一个机构和一条法律是能有效制约皇帝的。有学者把英法从 15 世纪到资产阶级革命前的这段历史称为君主专制时期。如果和英国、法国历史上的王权相比，此时王权是加强了，对社会其他政治力量有了明显的优势。但若以中国的君主专制集权为标杆来对比，那英法的这段历史根本不能称为君主专制，因为那时有议会、有贵族、有教会、有新兴的市民阶级等政治力量可以制约王权，必要时可以强制性制约，一如欧洲历史上发生过的议会、贵族、市民对国王的制约行动那样。中国的皇帝专制集权制形成的过程和特点，我们可以从以下四个方面或角度来认知：

首先，从"百花齐放，百家争鸣"到"罢黜百家，独尊儒术"的文化、思想专制的形成。春秋战国时期，是中国历史上文化、思想最活跃的时期，老子、孔子、孟子、荀子、墨子、韩非子等一大批有才华的思想家活跃在历史舞台上，他们所创造的道家、儒家、法家等各种思想和学术流派争相斗艳，呈现出百花齐放、百家争鸣的文化、思想盛世。秦统一之后，这种大好的局面戛然而止。始皇三十四年（始皇即帝位后并没改元，其纪年仍以即王位来计），朝廷中有博士作奉承秦始皇的文章，秦始皇读了很高兴。但也有博士却上书责备作者阿谀奉承。秦始皇征求宰相李斯的意见，李斯复奏道："古者天下散乱，莫之能一，是以诸侯并作，语皆道古以害今，饰虚言以乱实，人善其所私学，以非上之所建立。今皇帝并有天下，别白黑而定一尊。私学而相与非法教，人闻令下，即各以其学议之，入则心非，出则巷议，夸主以为名，异取以为高，率群下以造谤。如此弗禁，则主势降乎上，党与成乎下。禁之便。臣请史官非秦记者皆烧之。非博士官所职，天下敢有藏诗、书、百家语者，悉诣守、尉杂烧之。有敢偶语诗书者弃市。以古非今者族。吏见知不举者与同罪。今下三十日不烧，黥为城旦。所不去者，医药卜筮种树之书。若欲有学法令，以吏为师。"①李斯认为，一统天下要从统一思想开始，百家争鸣显然不利于皇帝"辩白黑而定一尊"，最简单的办法就是对各类藏书除医书、种树等书外皆烧之，有敢宣扬诗书或以古非今者，或杀或灭族。秦始皇自然认可这种加强皇帝权威的举措，但许多儒生不满秦始皇的专制弃职逃亡，还有一些儒生则对秦始皇的求仙寻药等行为颇多议论，秦始皇认为这是诽谤，于是便"焚书坑儒"，所焚书籍难以统计，所坑儒生凡460人，造成千古叹恨的文化浩劫。

汉初，百废待兴。刚从秦文化暴政下解放出来后，社会上各种思想又开始活跃起来。刘邦及继任者深知老百姓对秦苛政的痛恨，所以用黄老之术无为而治、与民休息的同时，思想文化上也比较宽容。递及汉武帝，国力强大，基业已稳。朝廷大臣中，有信黄老之术的，也有推崇儒学的。汉武帝即位的次年（建元元年，即公元前132年），诏丞相、御史大夫、列侯、诸侯王相等推荐"贤良修絜博习之士"来朝廷建言献策，"欲闻大道之要，至论之极"②。于是大儒董仲舒上了著名的《天人三策》，其中建议："《春秋》大一统者，天地之常经，古今之通宜也。今师异道，人异论，百家殊方，指意不同，是以上亡以持一统；法制数变，下不知所守。臣愚以为诸不在六艺之科、孔子之术者，皆绝其道，勿使

---

① 《史记·秦始皇本纪》。
② 《汉书》卷五十六《董仲舒传》。

并进。邪辟之说灭息，然后统纪可一，而法度可明，民知所从矣。"①同时，丞相卫绾也上奏："所举贤良，或治申、商、韩非、苏秦、张仪之言，乱国政，请皆罢。"②听取各学派的思想交锋后，汉武帝最终选择了公羊学派大师董仲舒提出的思想，作为治国理政的指导思想。建元五年（公元前136年）汉武帝把朝中不是治儒家《五经》的博士都罢黜了。这也是学者常说的"罢黜百家，独尊儒术"。董仲舒的儒术之所以被汉武帝所看重，至少有以下几点：一是大一统思想。秦汉以来，政治上的大一统靠军事手段实现了，但政治上的大一统还需要思想上的大一统与之匹配。法家的思想过于偏激、严苛，反人性、反良知，是不被广大读书人接受的，而用经过董仲舒改造过的、极为有利于维护国家集权统治的所谓儒家思想来一统思想的天下，正是汉代统治者所需要的。二是董仲舒的君权至上主张，他说："君人者，国之本也，夫为国，其化莫大于崇本。崇本则君化若神。"③他提出了"君权天予"说，认为："唯天子受命于天，天下受命于天子，一国则受命于君"；"下至公、侯、伯、子、男，海内之心，悬于天子"；还煞有介事地说："古之造文者，三画而连其中，谓之王。三画者，天、地与人也……取天、地与人之中以为贯而参通之，非王者孰能当是？"④三是儒学的礼制、等级、忠孝等思想，有助于维护君主的权威，有助于维护社会秩序的稳定，对于已经得到天下的汉朝来说，这一点非常重要。四是儒家提倡的德治教化，是一种看似非常华丽的束缚人们思想的绳索。它比法家简单粗暴的禁心、禁言要柔和得多，却有殊途同归的效果。五是儒家的仁政学说和儒家的礼制仪节，可以把专制集权的暴力统治装点的温情脉脉，使本质上残忍无比的专制统治穿上了一件很有"品味"的外套。司马光说：汉武帝"虽好儒，好其名而不知其实，慕其华而废其质"⑤，真是一针见血。汉武帝看重

---

① 《汉书》卷五十六《董仲舒传》。

② 《汉书》卷六《武帝纪》。

③ 《春秋繁露·立元神》。

④ 《春秋繁露》之《为人者天》、《奉本》、《王道通三》。

⑤ 《温国文正司马公文集》卷十二，转引自刘泽华、葛荃主编：《中国古代政治思想史》，南开大学出版社2001年版，第199页。

儒家的只是它的华丽外表及这个外表对残暴统治的装饰功能。

其实，在汉武帝眼中用不用哪一家学派，关键在于哪一个学派推崇皇权至上的思想，有利于大一统帝国政权的巩固，那一派学说就是有用的思想。从对董仲舒的使用上就可以看出，汉武帝并不十分欣赏董仲舒个人及他具体的政策主张。董仲舒应试之后，出任江都相，并没有在朝廷任官。在国家大政方针上，汉武帝主张打击匈奴，开疆拓边，董仲舒则主张以德服人；汉武帝行均输、平准、盐铁政策，与民争利，董仲舒却认为"仁人者，正其道不谋其利，修其理不急其功。致无为而习俗大化，可谓仁圣矣，三王是也"，故圣者"亦不得兼小利，与民争利业，乃天理也"。① 二者相差甚远。可见，汉武帝欣赏的只是董仲舒的大一统思想和皇权至上的政治思想。

应当强调的是，董仲舒的所谓"儒术"已经不是孔子、孟子的原教旨儒家思想，而是塞进了许多符合建立大一统国家和皇权至上思想的新儒术。这个新儒术虽然也打着儒家的旗号，但却在一些重要的原则问题上与孔孟的儒学背道而驰，比如董仲舒提出阴阳之道，即"君为阳，臣为阴；父为阳，子为阴；夫为阳，妻为阴""君臣、父子、夫妇之义，皆取诸阴阳之道"，来论证"君为臣纲"的合理性，认为"王道之三纲，可求于天"②在《春秋繁露·阳尊阴卑》中还说："臣之义比于地，故为人臣者视地之事天也……是故孝子之行、忠臣之义，皆法于地也。地事天也，犹下之事上也。"否则，"罪不臣子莫大焉"③这些观点与崇尚君权至上的法家代表韩非子"臣事君，子事父，妻事夫。三者顺则天下治，三者逆则天下乱，此天下之常道也"④的思想非常相似，而与孔孟的"民为贵，社稷次之，君为轻"的思想则天差地别。很明显，孔孟儒家学说中的民本位思想，被董仲舒篡改为君权至上的君本位思想了。"三纲"之说源于《论语·颜渊》："齐景公问政与孔子，孔子对曰：'君君、臣臣、父父、子子。'"意思是君要像君，臣要像臣，父要像父，子要像子。各安其位，

① 《春秋繁露·对胶西王越大夫不得为仁》《度制》。
② 《春秋繁露·基义》。
③ 《春秋繁露·奉本》。
④ 《韩非子·忠孝》。

各遵其礼，各行其是。后面我们还会谈到，按照孔子、孟子的观点，如果君不像君，臣即可不尊君、不事君，甚至反对君。君臣之间都需依礼而行，并无君权至上的臣对君的依附关系。董仲舒却公然扭曲孔子的原意，强调君对臣、父对子的主仆关系、统属关系。说公然扭曲，是因为像董仲舒这样的大学问家是不可能不知道孔子原话意思的。他做这样的改动，就是要迎合和宣扬汉代实际已经形成的皇权至上和大一统的格局。这样的新儒术，统治者当然喜欢，所以才能被皇帝"独尊"，其实这里真正被"独尊"的，表面上是儒学，实质上是皇权。

自汉武帝以后，董仲舒的新儒术就成了中国两千多年专制主义中央帝国治理体系中唯一的指导思想。也是从此往后中国的文化人必须学习和践行的思想规范、学术规范、道德规范、行为规范。这个虽然打着儒家旗号，实则宣扬君为贵、民为轻的皇权至上的专制主义的思想，从骨子里讲，是和商鞅的"民弱国强"思想以及韩非的禁言、禁心思想如出一辙的。当这一思想成为全中国唯一的思想规范时，思想领域的百花齐放就成了一花独放、万马齐喑的局面了。

这种以"君为臣纲"、忠君报国为核心的新儒学，到了隋唐，与朝廷官员的选拔制度结合了起来。隋炀帝以主张皇权至上的新儒学作为选拔官员的科举制度敲门砖。要想飞黄腾达、要想改变社会地位成为养尊处优的上流社会的一员，首先就要学习、接受、认同、践行皇权主义为核心的新儒术。这样就把社会上经过新儒术洗脑的读书人全部纳入统治阶级队伍之中，受到官场中各种制度的约束，成为皇权的附庸。他们不可能有自己独立的思想，更不可能作为制约或抗衡皇权的力量独立存在。他们往往是皇权至上的效忠者，是专制主义思想的宣传布道者。五代人王定保撰《唐摭言》说唐太宗："尝私幸端门，见新进士缀行而出，喜曰：'天下英雄入吾彀中矣！'"[1]唐太宗的兴奋是有理由的，把天下英雄尽揽于自己门下，就没有谁可以与自己抗衡，大唐的江山就稳固了。皇权至上，臣民愚忠的意识形态一直贯穿中央帝国始终，深深地影响了一代又一代中国人的思想和行为方式，成为推动皇权走向极端专制的有利思想

---

① 《唐摭言》卷一。

武器。

　　在元、明之前，中国文化人——士大夫阶层在人格上还是比较独立的，其奉行的是儒家"达则兼济天下，穷则独善其身"的原则，如与皇帝意见不合，可以隐退山林。其时也有因文字而获罪的情况，如苏轼就曾因描述两棵老桧树的诗"根到九泉无曲处，世间惟有蛰龙知"，被政敌认为是侮辱了皇帝，因龙是皇帝的象征，怎么能说它蛰伏在地底下。虽然苏东坡为此受到了审查，吃了点苦，最后被贬职黄州，但毕竟这种事情还只是个案。到了明朝，事态大变，士子们连退隐山林、独善其身的权力都没有了。广信府贵溪县儒生夏伯启叔侄二人各自残其左手大拇指，以示不为朝廷效命之意。朱元璋大怒，认为"去指不为朕用，是异其教而非朕所化之民，尔宜枭令，籍没其家，以绝狂夫愚夫仿效之风"①。后来朱棣发动靖难之变，大军进逼南京时，建文帝朝中的不少文士如翰林编修周是修相约同僚解晋、胡靖、杨士奇、黄淮等一同守节殉死，但朱棣破城之后，除周是修外其余人都食言，成了明成祖的幕僚。而对宁死不屈的大儒方孝孺，明成祖居然灭其十族。顾炎武指出："自八股行而古学弃，《大全》出而经说亡；十族诛而臣节变。洪武、永乐之间，亦世道升降之一会矣。"②有学者指出：科举制度"以拘守《五经大全》《四书大全》为内容，以八股文为程式，则把士子的思想牢牢禁锢，斫杀任何一线的生机。酷刑造就了驯顺，科举造成了迂腐。驯顺与迂腐，开始成为明清士大夫的丑陋习性，而这些恰恰是极端专制主义皇权统治必然也是必要的产物"③。

　　明朝时"文字狱"已经出现。朱元璋因自己出身低微，当过和尚，参加红巾军起义被骂为贼，故对"光""秃""僧""贼""寇"等字十分忌讳，还有"则"字因和江淮口音"贼"字相似，也在禁忌之列。浙江府学教导林元亮所作《增俸表》中有"作则垂宪"一句，被朱元璋认为：作则就是作

---

　　①　《大诰三篇·秀才剁指第十》，转引自周良霄：《皇帝与皇权》，上海古籍出版社2014年版，第300页。

　　②　《日知录》卷十八《书传会选》，转引自周良霄：《皇帝与皇权》，上海古籍出版社2014年版，第301页。

　　③　周良霄：《皇帝与皇权》，上海古籍出版社2014年版，第301页。

贼，作则垂宪就是骂作贼的人当了皇帝，于是杀之；北平府学训导赵伯宁因所作《万寿贺表》中有"垂子孙而作则"被杀；桂林府学训导蒋质作《正旦贺表》中有"建中作则"被杀；北平府学训导程镇所作《正旦贺表》中有"睿性生知"被杀，因"生"字音近"僧"；尉氏县教谕许元《万寿贺表》中有"体乾法坤，藻饰太平"被杀，因"法坤"二字近"发髡"，讽刺朱元璋当过和尚剃过头。① 这些文人死得冤枉，死得不明不白，他们根本就没有搞清楚怎么回事，就成了刀下之鬼。明朝人徐祯卿在《翦胜野闻》里说：杭州府学教授徐一夔所作《万寿贺表》中有"光天之下，天生圣人，为世作则"几句，其中"光""生""则"都违忌，朱元璋阅后大怒，说"生"者"僧"也，我曾出家为僧；"光"者秃头也，"则"字"贼"也，如此猖狂，罪在不赦，于是令锦衣卫将其收斩。群臣见状跪倒请罪，说臣等"愚懵不知忌讳，乞降表式，永为遵守。"朱元璋这才息怒，此后颁发了文章格式，这才避免了更多的文人因字而获罪。更有甚者，因文字遭罪的情况连藩国朝鲜也不能逃脱，朝鲜国王进表笺，也有犯上字样，朱元璋当即令所贡之物全部退回，要朝鲜交出撰写此文的人，朝鲜不得不将此人押解至南京，被朱元璋发配云南，并令辽东都司不许高丽人通界，不许客商贸易。② 朱元璋之后也有一些文人因言获罪，但还称不上是一场运动。

　　时至清朝，中国历史上出现了第二次"焚书坑儒"运动。不过这次运动的表现方式是"文字狱"。文明发展阶段远远落后于汉民族，又是少数民族的满族，在夺取政权后，清帝不仅防范大臣，还防范汉人造反；不仅从政治机构设置，官员的安排，军事布防上防范，还从文化上防范。

　　清朝文字狱早在顺治时期就已发生。曾任工部侍郎的张缙彦，被人告发在其诗中有"将明之才"一句，认为这句话诡谲暧昧，难以解释，有褒奖明朝之疑。议政王大臣会议认为该诗"煽惑人心，情罪重大"，应立斩。后顺治下旨，革职流放。仅因与"明"有关的字样，就可治人死罪，可见满族作为少数民族，其统治者的心态是何等脆弱。顺治五年，毛重

---

①　王业霖：《中国文字狱》，花城出版社 2007 年版，第 105、106 页。

②　《国初事迹》。

倬等人为坊刻制艺所写序文中没有书写"顺治"年号，被大学士刚林认为"目无本朝"，是有关"正统"的"不赦之条"，于是将有关人员毛重倬、胥庭清、史树骏等人一起法办，并规定："自今闱中墨牍必经词臣造订，礼臣校阅，方许刊行，其余房社杂稿概行禁止。"①由此诞生了清朝的言论检察官，开始了中国言论出版审查专制制度。中国人的言论自由权受到极大的限制。

雍正四年，海宁人礼部侍郎查嗣庭担任江西主考官，所用试题用了《诗经》中"维民所止"这句话。有人说他居心叵测，"维""止"二字意在削去"雍正"二字的头，所以是大不敬。雍正得知后大怒，令人搜罗查嗣庭的罪过，最终让他入狱病死。面对如此冤案，查嗣庭的女儿蕙娘题诗于徙边的驿馆壁上："……口读父书心未死，目悬国难泪空流。伤神漫谱琵琶怨，罗袖香消土满头。"怨愤之情跃然墙壁之上。像这样牵强附会，杀人于莫须有的事情，在有清一代却比比皆是。②

又如翰林院庶吉士徐骏，因其诗稿中有"明月有情还顾我，清风无意不留人"等诗句而被告发"思念明代，无意本朝"，刑部认为："原任庶吉士徐骏狂诞居心，悖戾成性，于诗文稿内，造为讥讪悖乱之言，应照大不敬律，拟斩立决，将文稿尽行烧毁。"得旨："从之。"③像这样的诗文创作，被恶意污蔑歪曲，引来杀身之祸，实在可悲可叹。

到乾隆朝，文字狱达到了顶峰，有学者统计，见于记载的"文字狱"在顺治时有 6 宗，康熙时 13 宗，雍正朝 20 宗，乾隆朝 140 宗，嘉庆朝 1 宗，光绪朝 1 宗，共 181 宗。④ 因为许多文字狱的事例并没有记载下来，所以这些数字会比实际发生的文字狱数字少很多。在这样残暴的文化清理运动中，每个大臣都噤若寒蝉，生怕惹事上身。

清朝实行文化暴政的另一个重要举措，就是乾隆借编撰《四库全书》

---

①　郭成康、林铁钧：《清朝文字狱》，群众出版社 1990 年版，第 291、288、289 页。

②　王业霖：《中国文字狱》，花城出版社 2007 年版，第 172~174 页。

③　郭成康、林铁钧：《清朝文字狱》，群众出版社 1990 年版，第 307 页。

④　郭成康、林铁钧：《清朝文字狱》，群众出版社 1990 年版，根据书中第 278~385 页"清朝文字狱大事记"统计。

为名所进行的全国范围的焚书运动。该书由乾隆亲自组织，著名大臣纪晓岚主持编修，从1772年开始，历时十多年编成，丛书分经、史、子、集四部，故称"四库"；有3500多类，近4万册，8亿多字，几乎涵盖了古代所有书籍，故称"全书"。《四库全书》的编撰过程是一次有组织有预谋的全国性的文化清理运动，期间要求所有民间的藏书都要上交审查，违令者处死。"私家著述，一经疆臣辇送至京，廷臣检阅，指出一二近似谤讪之语，于是生者陷大辟，死者戮尸，虽妻子亦从而坐死。"①同时，要求所有检查官员，对收上来的书籍都要严格检查，不容一丝马虎，哪怕是书中有一点不利于清王朝的话，都要烧毁；有的书则进行删改，使之失去了原来的意义。就连宋应星的科学技术类著作《天工开物》都没能幸免于难，若不是后来在日本发现该书，我们恐怕今天也难以得见它的真容。编修《四库全书》过程中共烧毁多少各类书籍，现在难以统计，据章炳麟估计"乾隆焚书无虑二千种，畸重记事，而奏议、文献次之"。② 关于这个问题社会上说法甚多，有人估计光是明代的档案就被销毁1000多万份，至于各类书籍，各家估计更是不同，从7万到70万册的说法都有。无论哪种说法更准确，都说明这是中国历史上又一次全面的焚书运动和文化浩劫，所以民国时期就有"四库全书出，中国古书亡"的说法。

清朝的"焚书坑儒"运动同秦始皇如出一辙，其目的都是打断中国文化人的脊梁，形成文化禁锢，用皇权主义来统一人们的思想，从而在思想文化上巩固大一统皇权。

其次，从君臣仪礼的变化看君权专制的形成。如前所述，春秋战国时期中国还处于封建社会，君权一如欧洲封建时代的君权，是受到其他贵族家族制约的，不可能形成专制君主制度。君臣之间虽有尊卑之分，但双方都有相互制约的权利义务关系，在君主面前为臣的并不需要卑躬屈膝。《吕氏春秋·下贤》记载：魏文侯去见社会贤达段干木，站着说话却不敢休息。回朝后见大臣翟黄时，箕踞在于堂上，翟黄很不高兴。魏

---

① 《清稗类钞》第八册3738页《四库全书》，转引自周良宵：《皇帝与皇权》，上海古籍出版社2014年版，第394页。

② 周良宵：《皇帝与皇权》，上海古籍出版社2014年版，第394页。

文侯说，我礼遇段干木，是因为让他做官他不肯，给他俸禄他不要。可你现在身居相位，拿着俸禄，不能要求我像对待段干木一样对待你。所谓箕踞就是两腿岔开坐着，翟黄认为这就是对大臣不尊重了，不应该是君主所为。可见那时的君臣关系还是比较平等的。《晏子春秋·内篇谏上》记载了一件事：齐景公和大臣喝酒，非常高兴，对大家说今天与大家痛快畅饮，都不必讲究礼节。晏子马上进言说，人比禽兽高贵就是因为人讲礼节。景公不听。过了一会，景公出去，晏子没有任何反应；又过一会，齐景公进来，晏子还是视而不见，却故意抢先喝酒。景公不高兴了，怪晏子不讲礼节。晏子离席向景公鞠了一躬说，我是故意用自己的行为让你看看无礼对人的伤害。景公说，是我的不对。请你入席，我听从你的劝谏。类似的事情还有不少。晏子是封建礼教的忠实捍卫者，经常提醒君臣要讲礼节。这就是孔子说的"君君、臣臣"的意思——君要像君，臣要像臣，各守其礼，不可逾越。也说明当时的君臣之间还不是主仆关系，更不是主奴关系。

战国时期的君臣关系也大体如此。最典型的事例是齐王见隐士颜斶，《战国策·齐策四》记载："齐宣王见颜斶，曰：'斶前！'斶亦曰：'王前！'宣王不悦。左右曰：'王，人君也。斶，人臣也。王曰斶前，亦曰王前，可乎？'斶对曰：'夫斶前为慕势，王前为趋士。与使斶为趋势，不如使王为趋士。'王忿然作色曰：'王者贵乎？士贵乎？'对曰：'士贵耳，王者不贵。'王曰：'有说乎？'斶曰：'有。'"于是，斶引经据典，从尧有九佐，舜有七友，禹有五丞，汤有三辅，说明天下明君皆靠贤人辅助治国，国君只有不耻下问，才能扬功名于后世。"老子曰：'虽贵，必以贱为本；虽高，必以下为基。是以侯王称孤、寡、不榖，是其贱之本与？'非夫孤寡者，人之困贱下位也，而侯王以自谓，岂非下人而尊贵士与？夫尧传舜，舜传禹，周成王任周公旦，而世世称曰明主，是以明乎士之贵也。""宣王曰：'嗟乎！君子焉可侮哉，寡人自取病耳！及今闻君子之言，乃今闻细人之行，愿请受为弟子。'"齐王见颜斶，以自己国君之尊要颜斶到自己跟前来，颜斶以不愿慕势为由，要齐王礼贤下士到自己面前来，由此展开了一场谁贵谁贱的辩论，最后颜斶"士贵耳，王者不贵"的观点说服了齐王，以齐王愿为颜斶弟子而告终。颜斶一类的士人之所以在国君面前肆无忌惮谈论士贵君贱，就在于当时的各诸侯国势均力敌，作为国君，要想保住君位和国家的长治久安，就得礼贤下士、不耻下问得到天下贤达之士的帮助。而傲慢自负的国君则可能人心涣散、国将不国，或自身性命不保，这样的事例在当时屡见不鲜。

秦统一后，集诸多权力于一身的皇帝地位发生了根本性变化，君臣之间的礼仪也必然随之改变。但在秦统一之初，秦始皇在咸阳宫做寿，《史记·秦始皇本纪》中没有大臣们对他跪拜或礼仪重大变化的记录。可能是刚刚统一，国事太多还顾不过来。秦朝又短命，很多礼节上的事情还没有建立就灭亡了。汉初，那些战功显著却不读书、不知礼的大臣们，在宫殿内"群臣饮酒争功，醉或妄呼，拔剑击柱，高帝患之"①，于是用叔孙通作礼仪。叔孙通是个特别善于专营的儒生，曾在秦王朝任候补博士，后投项梁，再投刘邦。叔孙通接命之后，先用一批儒生做朝礼的实验，却遭到两个"食古不化"的儒生反对，他们说："公所事者且十主，皆面谀以得亲贵。今天下初定，死者未葬，伤者未起，又欲起礼乐。礼乐所由起，积德百年而后可兴也，吾不忍为公所为！公所为不合古，吾不行。公往矣，无污我！"叔孙通笑这两个儒生："若真鄙儒也，不知时变。"②。这几个儒生认为，战争刚结束，天下百姓还处在水深火热之中，应该先救百姓于水火，而不是先搞这些铺张浪费的礼仪。再说，叔孙通搞的这套朝仪于古制不合，所以不与叔孙通合作。所谓与古制不合，应该就是过分拔高皇帝的地位，与古时的君臣之礼不合。真正有骨气的儒生毕竟是少数，大多数儒生在叔孙通的带领下反复操练，并传授给大臣。公元前200年，汉长乐宫落成，便在此举行朝礼。宫殿庄严巍峨，旌旗仪仗鲜明。群臣按等级依次进入大殿分列两边，列侯、诸武将向东而立；丞相和文官向西而立。皇帝到达后，礼仪官引领百官夹侍两旁，然后各官员依次奉贺，诚惶诚恐。行礼完毕后皇帝赐酒百官，大家都低头喝酒，全然没有了往日的大呼小叫、忘乎所以的丑态。斟酒到第九次，礼官又喊一声"罢酒"，百官即刻肃静退出。整个过程次序井

---

① 《史记·刘敬、叔孙通列传》。
② 《史记·刘敬、叔孙通列传》。

然，皇帝的威严则大大彰显。刘邦高兴地说："吾乃今日知为皇帝之贵也。"《史记·刘敬、叔孙通列传》中的这段记载，把皇权至上的朝礼描述的十分生动形象，也标志着皇权主义在中国的形成。很显然这套礼仪与传统的周礼并不相合，所以也受到后世史学家的痛批，司马光说："睹叔孙之仪而叹息；然所以不能肩于三代之王者，病于不学而已。当是之时，得大儒而佐之，与之以礼为天下，其功烈岂若是而止哉！惜夫，叔孙生之器小也！徒窃礼之糠秕，以依世、谐俗、取宠而已，遂使先王之礼沦没而不振，以迄于今，弃不痛甚矣哉！"①

宋朝是皇权主义强化的又一个阶段。虽然汉代的皇帝已经高高在上，与大臣们拉开了尊卑的距离，但皇帝上朝后，要起身为大臣赐坐，以示尊重。到了宋代这一礼节发生了变化，在加强皇权的措施中，工于心计的宋太祖赵匡胤除了对武将"杯酒释兵权"外，对朝堂上的礼节也作了改变。宋人邵博在《邵氏闻见后录》卷一中记载："自唐以来，大臣见君，则列坐殿上，然后议所进呈事，盖坐而论道之义。艺祖（开国皇帝之称，这里指宋太祖——引着注）即位之一日，宰执范质等犹坐，艺祖曰：'吾目昏，可自持文书来看。'质等起进呈罢，欲复位，已密令中使去其坐矣，遂为故事。"从此宋朝大臣在朝廷上就是站而议政了。宋太祖此举无非是想借这种微妙的礼仪上的变化，来抬高皇帝地位，从坐而论道到站而论道，在这一坐一站之间拉开了皇帝和大臣身份上尊卑差别的距离。

蒙古人统治中国后，汉人的地位十分低下，在君臣关系上出现大臣跪拜的情况。《元史》卷六十七《礼乐志一》就记载了在皇帝面前，"丞相跪""在位官皆跪""俯伏""三叩头""山呼万岁"等礼仪制度。君尊臣卑的地位一目了然。进入明代，中国经历了游牧民族残酷的战争蹂躏后，已呈现出"崖山之后无中华"的特征：古代优秀的文化传统受到了极大的摧残，民族文化出现了严重的奴化现象。明朝因袭元朝君臣的礼节，朝堂上大臣与皇帝之间由宋代的"站而论道"，变成了"跪而论道"。《明史》卷五十三《礼七》载：在大朝仪等仪礼上，"众官皆跪"，且"百官拱手加

---

① 《资治通鉴》卷第十一《汉纪三》。

额曰'万岁'；唱山呼，曰'万岁'；唱再山呼，曰'万万岁'"。明代《大明会典》卷四十四《礼部二》载："洪武三年定，凡百官奏事皆跪。有旨令起即起。"洪武二十六年定：凡百官朝见皇帝"稽首顿首五拜，乃臣下见君上之理。先拜手稽首四拜，后一拜叩头成礼"。在有些场合，官员还须行"一拜三叩头"或"五拜三叩头"礼。这是中国的皇权进入极端专制集权后的代表性现象。到了清朝，大臣们不但要在大朝时对皇帝行三跪九叩的大礼，而且要在皇帝面前自称奴才，完全丧失了做人的基本人格。君臣关系由坐到站，再由站到跪的变化，就是中国皇帝专制集权不断加强的非常直观、形象的递进过程。没有比较就没有鉴别。与中国的皇帝专制集权相比，封建社会时的西欧君主制度简直是小巫见大巫。

再次，"尊君抑臣""君为臣纲"。 秦统一之前，君臣之间虽有等分，却受封建权利、义务的双向约束。孔子云："君使臣以礼，臣事君以忠。"①《孟子·离娄下》曰："君之视臣如手足，则臣视君如腹心；君之视臣如犬马，则臣视君如国人；君之视臣如土芥，则臣之视君如寇雠。"可见，君臣双方都要遵守相应的行为规范，从这点上看，双方是对等的。秦统一后，君臣关系骤变。《史记·礼书》说："至秦有天下，悉内六国礼仪，采择其善，虽不合圣制，其尊君抑臣，朝廷济济，依古以来。"《资治通鉴》卷十一也云："初，秦有天下，悉内六国礼仪，采择其尊君、抑臣者存之。""尊君抑臣"是秦以后君臣关系的主轴。秦自商鞅变法之后，其治国理政的理念基本上就是法家思想，商鞅主张"权者，君之所独制也""权制独断于君则威"。② 秦以后的政治制度是按照君权至上的原则来设计的，自然不会给大臣留下制约皇权的可能。君主既然集立法权、人事权、军权等于一身，必然形成君尊臣卑以及"君让臣死，臣不得不死"的局面。

中国古代有句政治俗语，"飞鸟尽，良弓藏；狡兔死，走狗烹；敌国破，谋臣亡"。这说的是君王得天下后不少功臣的下场。秦在商鞅变法后，就逐渐走上了以郡县制为基础的君主集权的道路，君主的权力极

---

① 《论语·八佾第三》。
② 《商君书·修权》。

大地增加，大臣的命运则掌握在君主手中。从一个为人熟知的故事可以看出当时的大臣对君主的敬畏心理。秦统一天下时，派大将王翦率六十万大军征伐楚国，王翦在就任之前和进军途中三番五次向当时还是秦王的嬴政索要良田美宅和各种封赏，说是为子孙后代添点家业，以至于身边人都觉得他太小家子气了。王翦对自己的心腹说，君王生性多疑，如今秦全国的兵力都交到我手中，此时惟有向秦王多要美宅良田，以示自己贪图享受，并无大志，不会危及王权，才能消除秦王怕他拥兵自立的疑虑。这就是王翦的过人之处，王翦显然是看透了君主制下"兔死狗烹"的因果关系，主动采取避让措施的。王翦灭楚国之后急流勇退，才终于能够善终。汉初的异姓王就没有那么幸运了。刘邦打天下和得天下时封过七个异姓王，分别是楚王韩信、梁王彭越、淮南王英布、赵王张耳、燕王臧荼、长沙王吴芮、韩王信。这些人都是在楚汉相争的过程中，为汉朝的建立立下大功的人。可是当刘邦坐稳江山后，就开始各个击破，消灭异姓王。这七人之中除了实力最弱、最低调行事的长沙王吴芮外，全部被消灭。刘邦还订下"白马之盟"："非刘氏而王，天下共击之。"①

当然，西汉消灭了异姓王，却没有躲过同姓王的叛乱。经过文、景、武三朝的削藩行动，才得以巩固了中央政权。但是，皇帝权力太大，皇位始终是许多人觊觎的对象，而且除了正常的传位继统外，只有靠武力才能取得。所以历史上的弑君篡位或逼君篡位者屡见不鲜。先是西汉末年王莽篡位。后有东汉末年曹操"挟天子以令诸侯"，最终由其子曹丕篡位，建立魏。之后司马懿篡位灭魏建晋。五胡十六国时期，天下次序大乱，弑主夺权者屡见不鲜，皇帝一度成为高危职业。到了隋唐就是同室操戈了，杨广弑君父而成隋炀帝；李世民玄武门之变杀害兄、弟、逼君父退位，成为千古一帝唐太宗。宋太祖也是篡北周小皇帝之位建立宋朝的；而宋太宗则因"烛影斧声"，亦有弑君夺位之嫌。明成祖又是篡侄儿建文帝之位才当上皇帝的。所以皇帝在位时防范大臣甚至自己的亲属，是专制集权体制下必然的逻辑。

总体而言，在秦以后的君主集权政治体制下，君权始终是占上风

---

① 《史记·吕太后本纪》。

的。大臣们稍不顺心，或杀或逐，决不手软。不要说制约皇权，就是一句话说的不称皇帝的心，就会招来大祸；弹劾皇帝更是无异于谋反，是大臣们想都不敢想的事情。司马迁不过是因为治史的过程中秉笔直书，记录了一些汉武帝不想被记录的东西，在李陵事件上发表了自己的看法，就被汉武帝治罪，使之惨遭最侮辱人格的宫刑。作为一个文人，司马迁根本谈不上会危及汉政权，可是汉武帝下手之很全凭自己好恶和一时冲动，丝毫不顾忌任何律条和行事规范，充分暴露了皇权的随意性和残暴性。唐太宗是古代皇帝中比较能纳谏的，他在魏徵等一批谏臣的劝谏下，屡屡承认"此乃朕之不是"，并切实加以改正，一直被传为历史佳话。魏徵对唐太宗纳谏的总结是"贞观之初，恐人不言，导之使谏；三年以后，见人谏，悦而从之；（近）一二年来，不悦人谏，虽勉强听受，而意终不平，谅有难色"。唐太宗承认"诚如公言，非公无能道此者"。①即便是这样一个大家公认的能虚怀纳谏的明君，有一次也被魏徵的直言劝谏所激怒，退朝后自言自语地说要杀掉魏徵这个庄稼汉，好在被长孙皇后听见，问明事由后，长孙皇后换上正式的皇后朝服立于庭上给唐太宗行大礼，唐太宗惊问其故，长孙皇后恭喜李世民说："妾闻主明臣直，今魏徵直，由陛下之明故也，妾敢不贺！"长孙皇后的这番巧言善语，才使唐太宗转怒为喜。②如果不是长孙皇后贤明，魏徵的命运如何还真不好说。唐太宗在位二十三年，用了二十五个丞相，虽然唐代的尚书、门下、中书三省长官及左右仆射都可称丞相，但此事表明，一人之下、万人之上的丞相尚且被皇帝如此玩弄于股掌之间，说换就换，就更不用说一般官员了。历史上换丞相和杀丞相最多的皇帝是武则天，她在位二十一年，共用了七十三个丞相，其中有十四位丞相被杀。隋唐史专家岑仲勉先生在其专著《隋唐史》中说："武后任事率性，好恶无定，终其临朝之日，计曾任宰相七十三人。"③这些人中只有狄仁杰一人得以善终。其间，狄仁杰也曾被酷吏来俊臣诬告谋反而下狱，后凭借自己的智慧和武则天的信任才得以申冤平反。明末的崇祯皇帝也是频繁更换宰相，其在

①　《贞观政要》上。

②　《资治通鉴》卷一百九十四《唐纪十》。

③　岑仲勉：《隋唐史》，商务印书馆2017年版，第141、166、167页。

位期间用了几十个宰相。当然，明代的宰相实际是相当于宰相位置但没有宰相实权的内阁大学士。

明代是宋以后皇权专制主义发展的新阶段——极端专制主义的形成阶段。朱元璋开国之始便大开杀戒，跟随他打天下的约三十四名功高位重的功臣中，除常遇春、李文忠、邓愈等人病故外，只有信国公汤和、长兴侯耿炳文、西平侯沐英、武定侯郭英免遭毒手，其余文臣武将尽遭杀害。朱元璋不惟杀害主要功臣，也不放过其下属。宰相胡惟庸案受牵连而被杀者达三万余人，包括前任宰相、胡惟庸的举荐者李善长。十三年后又兴蓝玉案。如果说胡惟庸案是以诛杀文臣为主，蓝玉案则是屠戮武将为主，涉案被杀者一万五千余人。加上后来的空印案和郭桓案杀的七、八万人，共有十几万人被朱元璋诛杀，就连有神机妙算之称的刘伯温也是神秘死亡。清代史学家赵翼说："独至明祖，籍诸功臣以取天下，及天下既定，即尽举取天下之人而杀之，其残忍实千古所未有。盖雄猜好杀，本其天性。"[1]在中国古代历史上，诛杀功臣最多的皇帝非朱元璋莫属。为什么朱元璋如此嗜杀？朱元璋自己有个解读。据明朝曾任国子监博士的徐祯卿记载：太子朱标对父亲诛杀功臣不以为然，"太子谏曰：'陛下诛夷过滥，恐伤和气'，帝默然。明日，以棘杖遗于地，命太子持，太子难之。帝曰：'汝弗能执舆，使我润琢以遗汝，岂不美哉？今所诛者，皆天下之险人也，除以燕汝，福莫大焉。'"[2]朱元璋的意思是说，屠戮功臣是为太子继位后不至于受这些功臣挟制而为之。真是欲加之罪，何患无辞。皇帝为一己之私、一家之私，可以拿千万人的生命作牺牲品，只有在极端专制的制度下才有可能发生这样惨无人寰的事件。在明朝还有件怪事，就是皇帝和大臣一言不合，就拿大臣打屁股，以示皇威。从朱元璋到最后一位皇帝朱由检，"廷杖"一直是明朝处罚大臣的特色。开始打屁股还允许穿着裤子，给大臣留点体面，后来皇帝觉得不解恨，据说在太监刘瑾的唆使下，干脆扒光大臣的裤子打，打得皮开肉绽、鲜血直流，好让那些敢于直言的大臣长记性。两场壮观的大臣被集

---

① 《廿二史劄记》卷三二《胡蓝之狱》。

② 《翦胜野闻》。

体打屁股事件，一是发生在正德十四年(1519年)，大臣们"谏(武宗)巡幸"等事，惹怒了武宗，分批次打了一百四十七名大臣的屁股，其中十二人被打死；二是嘉靖三年(1524年)，嘉靖皇帝与大臣们在"皇太后尊号"上争论不休，气的嘉靖皇帝将员外郎马理等一百三十四名大臣下锦衣卫狱，后又杖马理等人于廷，其中十六名官员丧命。① 这成为震惊天下的大礼仪事件。皇帝就是想以此告诉天下，皇帝的话就是圣旨就是法律，不容挑战。所有这些说明一个问题，随着皇帝专制集权的极端化，中国的皇帝和大臣的地位、权力极其不对称，在皇帝面前连宰相这样的高官也就是一个仆人而已，到了清朝更变成了一奴才，说换就换，说杀就杀。

最后，依附于专制皇权制度的毒瘤——宦官制度。宦官又称阉人、阉宦、腐人、太监、内官、内侍、中人、中宫等，指被阉割的男性，专门负责皇宫内事务的一群特殊的人。宦官本来就是为君主服务的家奴，他们的身体遭受摧残后，人性扭曲、性格变态、行事无常。在帝王的深宫里，除了众多的女性为皇帝服务外，还有许多女性做不了的事情，需要宦官这样特殊的人群去做，大到为皇帝秉笔、文书、随军监督、甚至主持东西厂等特务组织，小到照顾皇帝起居生活等。宦官原本地位低下，却因长期在皇帝身边，"手握王爵，口含天宪"，宣旨传令，从而成为无冕之王。诚如有的学者所说："宦官制度实际上是秦以来专制主义皇权制度的派生物。从政治角度看，由皇帝个人采取专制独断的办法，统治一个广袤的东方大国，而自己又身处九重，与外世隔绝，他唯一可以依赖的只是供奉在自己周围、与外界又无奥援的宦者。"②

开宦官专权乱政之先河的是秦朝的赵高，正是依靠秦始皇对他的信赖及假借秦始皇的名义，赵高指鹿为马、废长立幼、赐死秦始皇长子扶苏等一系列政治阴谋才能够得逞。没有秦始皇的绝对权威和绝对权力，没有秦始皇贴身宦官这个招牌，赵高什么也不是。宦官在中国历史的政治舞台上能呼风唤雨、风生水起，反映的是中国专制皇帝的绝对权力，

① 《明史·武宗本纪》，《明史·世宗本纪》。
② 周良霄：《皇帝与皇权》，上海古籍出版社2014年版，第162页。

这种权力哪怕皇帝自己不去运用，只要投射到一个普通人身上都能产生巨大的政治能量。

汉承秦制，汉初的宦官并无大害。武帝时，宦官的数量大增，也介入一些政事的处理。及至元帝，因身体病弱不亲政，又怕大权旁落大臣，认为"中人无外党，精专可信任，遂委以政"，于是任命石显为中书令，"事无大小，因显白决，贵幸倾朝，百僚皆敬事显"①，东汉时宦官开始大规模地专权乱政。自和帝以后的东汉皇帝，都是幼年嗣位，母后当政，外戚擅权。和帝即位方十岁，外戚窦宪兄弟专权，群臣无法接触皇帝，和帝乃独与宦官郑众定谋划抑制窦宪，从此形成了外戚与宦官互斗，交替擅权的局面。和帝死后，皇后邓氏和她哥哥主政。待安帝长大后，依靠宦官李闰等人诛灭了邓氏家族，宦官的势力渐张。安帝的皇后阎氏也开始兴起，阎氏兄弟并为卿校，典领禁军。安帝死后，阎氏家族专权，但他们援立的北乡侯即位不到一年便夭折。宦官乘机拥立顺帝，并诛灭阎氏兄弟同党。顺帝即位，皇后的父亲梁商以大将军身份辅政。宦官张逵等人阴谋废顺帝失败。顺帝死后，皇后与其兄梁冀先后立冲帝（病死）、质帝（被梁冀毒死）、桓帝。桓帝不满梁冀专权，遂引宦官单超等人谋杀梁冀。桓帝死，皇后父亲窦武与单超等立灵帝。后来窦武谋除宦官，却被宦官曹节等人所害。灵帝死，小皇帝即位不及半年也死了，于是汉献帝即位。灵帝皇后何氏临朝，其兄何进以大将军辅政。何进欲除宦官，但又为宦官张让等十长侍所害。后来靠何进的同谋、司隶校尉袁绍率兵入京，才诛杀宦官。同时，东汉王朝也走到了尽头。② 这反反复复六轮外戚与宦官的较量，把宦官干政推向了一个高潮。东汉的宦官一朝得势，便穷奢极欲，广置田宅，其"宗亲宾客，虐遍天下"。黄巾起义时，张钧上书分析起义原因，说"其源皆由十常侍多放父兄、子弟、婚亲、宾客典据州郡，辜榷财利，侵掠百姓，百姓之冤无所告诉，故谋议不轨，聚为盗贼。宜斩十常侍，县头南郊，以谢百姓"③。这是把黄巾起义的原因归之于宦官贪婪和专横。宦官的危害暴露无遗，但没有了

① 《汉书》卷九十三《佞幸·石显传》。
② 周良宵：《皇帝与皇权》，上海古籍出版社2014年版，第163、164页。
③ 《后汉书》卷七十八《张让列传》。

宦官，宫闱之内谁来管理又成了大问题。袁绍用士人管理宫闱，很快就
"中外杂错，丑声彰闻"。① 皇帝要维持奢华的生活方式，就离不开宦
官，成千上万的年轻美女在后宫之中，如果没有宦官这个特殊的人群来
管理和伺候，而用身体正常的男人管理，只会引起更大混乱。

　　宦官乱政的另一个高峰期是在唐后期。唐初李世民对宦官的管理比
较严格，官不过四品，不予事权，只是管理宫闱内务而已。但中宗以
后，随着后宫人数的增加，宦官也逐渐增多。玄宗时宦官已四千余人，
宠宦高力士官至大将军，阶从一品，权重望高，连太子、王公都畏惧其
三分。至德宗时，因忌诸将难以管制，遂将禁军统帅权交于宦官管理。
代宗时由宦官组成的机要组织枢密院部分取代和分割宰相的权力。《文
献通考·枢密院》云："枢密之名，始于唐代宗宠任宦者，故置内枢密
使，使之掌机密文书，如汉之中书谒者令是也。若内中处分，则令内枢
密使宣付中书门下施行，则其权任已侔宰相。至僖、昭间，杨复恭、西
门季元之徒遂至于视事行文书矣。"宦官既控制了禁军，又掌握了宰相的
大部分权力，愈发变得无法无天了。唐自穆宗之后的八位皇帝中，有七
位是宦官废立的：先是王守澄与内侍陈弘志弑宪宗，又与中尉马进潭等
人立穆宗。穆宗死，敬宗立才二年，夜晚在宫中和中官刘克明等人酣
饮，入内更衣，宫中蜡烛忽然熄灭，敬宗遇害。枢密使王守澄、中尉梁
守谦率禁军讨平乱党，迎立文宗。后文宗死，中尉仇世良等人矫诏废太
子，立懿宗。懿宗死，中尉刘行深等人立普王为皇太子即位，是为僖
宗。僖宗死，群臣欲立其长子吉王保，而观军容使杨复恭率兵迎寿王为
皇太弟继位，是为昭宗。② 这走马灯似的皇帝废立，完全由宦官操控，
皇帝成了宦官任意摆弄的提线木偶。宋代史学家司马光指出："东汉之
衰，宦官最名骄横，然皆假人主之权，依凭城社，以浊乱天下，未有能
劫胁天子如制婴儿，废置在手，东西出其意，使天子畏之若乘虎狼而挟
蛇虺如唐之世者也。所以然者非他，汉不握兵，唐握兵故也。"③唐朝宦
官比东汉宦官为害更大是因掌握了兵权。

---

① 《通典》卷二七《职官九·内侍省》。
② 周良霄：《皇帝与皇权》，上海古籍出版社 2014 年版，第 166 页。
③ 《资治通鉴》卷二六三《唐纪七十九》。

　　中国古代宦官乱政的最后一个高峰期是明朝。其实朱元璋对宦官乱政是有认识的，他认为："汉末之时，宦官虽号骄纵，尚无兵权。故凡所为，不过假人主之名，以浊乱四海。至唐世以兵柄授之，驯至权势之盛，劫胁天子，废兴在其掌握。"①这段议论和司马光的见识差不多。明初朱元璋对宦官的防范是非常严格的，定下制度：内官不得干预外事，各司也不得与内官往来。太监官不过四品，不得兼外臣文武衔，不得服外臣冠服。宫门树一铁牌，上书"内臣不得干预政事，预者斩"。②朱元璋自认为对宦官的防范和约束是没有漏洞的，是可以放心的。他说："大抵此曹只充使令，岂可使之当要路，执政操权，擅作福威？朕深鉴前辙，自左右服役之外，重者不过俾传令四方而已。彼既无威福可以动人，岂能为患？但遇有罪，必罚无赦，彼自不敢骄纵也。"③朱元璋治吏严苛，自然不会有宦官作乱的事情发生。但是，专制体制下，皇帝对大臣的戒备防范心态及宦官的特殊地位，宦官为害的事是必然会发生的，只是看时机成不成熟而已。永乐以后，宦官就开始逐渐被重用，或出使或监军或刺探臣民隐事。按朱元璋制定的制度，宦官不许读书识字，这也是防止将来宦官干政的一个措施。可宣宗时设内书堂，选小内侍，令大学士教习之，并为定制。宦官读了书，有了知识，就有可能做更多更大的事情。英宗年幼继位，就有宦官替皇帝阅文断事的现象。再往后，出现宦官逐渐掌握大权，在朝堂上呼风唤雨的局面。英宗时的王振、宪宗时的汪直、武宗时有刘瑾、世宗时有冯保，至熹宗，魏忠贤当政，权倾朝野，被称为"九千岁"。史称魏忠贤"岁数出，辄坐文轩，羽幢青盖，四马若飞，饶鼓鸣镝之声，轰隐黄埃中。锦衣玉带靴裤握刀者，夹左右驰，厨传、优伶、百戏、舆隶相随属以万数。百司章奏，置急足驰白乃下。所过，士大夫遮道拜伏，至呼九千岁，忠贤顾盼未尝及也"。④这

---

　　①　《洪武宝训》卷四《评古》，转引自周良宵：《皇帝与皇权》，上海古籍出版社 2014 年版，第 167 页。

　　②　《明史》卷三百四《宦官一》。

　　③　《洪武宝训》卷四《评古》，转引自周良宵：《皇帝与皇权》，上海古籍出版社 2014 年版，第 167 页。

　　④　《明史》卷三百五《魏忠贤传》。

段形象的描述，使魏忠贤权倾朝野、众大臣阿谀奉承的丑态跃然纸上。

周良宵先生总结明朝宦官专权，是因为其有三项重要的权力：一是"批朱"。明制，臣下所有奏章的批答，先由阁臣草拟，谓之"票拟"，再由皇帝以朱笔批出执行，谓"批朱"或"批红"。因皇帝大权独揽，每天需要批阅的奏章太多，无法一一亲自批出，故大量的"批朱"实由司礼监秉笔太监代批。这样，内阁大臣与皇帝的联系，完全依赖宦官来进行。宦官名正言顺地成为口衔天宪的皇帝代理人，而内阁几乎成了宦官的附庸。当朝许多大臣巴结宦官，就是因为只有靠宦官才能巴结上皇帝。以"九千岁"魏忠贤为例，仅是党附者，就有五虎、十狗、十孩儿、四十孙之号，那些没有名号的党附者多不胜数。从这些名号就可以看出党附者与魏忠贤的不正常关系。二是主持东、西厂等特务机构。两厂的指挥权在司礼监，以秉笔太监中的第二人或第三人充任东、西厂提督。开始，每当大臣奏事时，司礼监掌印太监须回避。嘉靖中，始命司礼掌印太监兼理东厂，"自此内廷事体一变"。宦官的权力又大大增加了。三是一度用宦官来代表皇帝搜刮全国的财富。从明中叶开始，任命宦官为矿监、税监、织造、市舶、营造、采珠、盐监等，大事搜刮财富，"通都大邑皆有税监，两淮则有盐监，广东则有珠监。或专遣、或兼摄。大珰小监纵横绎骚，吸髓饮血，以供进俸。大率入公帑者不及什一，而天下萧然，生灵涂炭矣"。① 宦官权力如是之大，除了大权在握外，自然也富可敌国。武宗时的大宦官刘瑾被抄家，计有金二十四万锭又五万七千八百两，元宝百万锭，银八百万锭又一百五十八万三千六百两。宝石二斗，金钟二千，金钩三千，玉带四千一百六十二束，狮蛮带二束……以上金共一千二百五万七千八百两，银共二万五千九百五十八万三千八百两。② 魏忠贤比刘瑾的权势有过之无不及，所搜刮的财富比这自然还要多。

明末清初思想家黄宗羲指出："奄宦之祸，历汉、唐、宋而相寻无已，然未有若有明之为烈也。汉、唐、宋有干与朝政之奄宦，无奉行奄

---

① 《明史》卷三百五《陈增传》。
② 《继世纪闻》卷三，转引自周良宵：《皇帝与皇权》，上海古籍出版社2014年版，第168、169页。

宦之朝政。今夫宰相、六部，朝政所自出也。而本章之批答，先有口传，后有票拟。天下之财赋，先内库而后太仓。天下之刑狱，先东厂而后法司。其他无不皆然。则是宰相、六部为奄宦奉行之员而已。"又说："汉、唐、宋之奄宦，乘人主之昏而后可以得志，有明则格局已定，牵挽相维，以毅宗(崇祯皇帝)之哲王，始而疑之，终不能舍之，卒之临死而不能与廷臣一见，其祸未有若是之烈也。"有明一代"一世之人心学术为奴婢之归者，皆奄宦为之也。祸不若是其烈与"①。

至清朝，鉴于明朝宦官祸害之烈，顺治十二年诏谕："朕今裁定内官衙门及员数、职掌，法制甚明。以后但有犯法干政，窃权纳贿，嘱托内外衙门，结纳满汉官员，越分擅奏外事，上言官吏贤否者，即行凌迟处死，定不姑贷。特立铁碑，世世遵守。钦此。"②前面说过，明初朱元璋也立铁碑以禁太监专权，最终不但禁而不止，而且阉宦之害愈演愈烈。当然，清代对宦官的控制还是有效的，清朝的宦官数量比明代也少得多，只是到晚期才有所增加。宦官制度是专制皇权制度派生出的毒瘤，只要专制皇权存在一天，宦官制度就会存在一天。宦官制度可以折射出专制皇权制度的种种弊端。

总之，当血缘与公权力相结合的大家族消亡后，人民从原来的大家族高度自治、自我管理的体系中独立出来，孤单的面对纷繁复杂的社会，他们希望有一个强大的公平的政府来保护他们的安全和利益，强大的中央集权国家正是在这种背景下应运而生的。问题的关键在于，掌握公权力的大家族消亡后，社会公权力集中到政府手中时，谁来制约政府？不受制约的政府权力会无限膨胀，它会和人民去争夺受生产力发展限制而长期稳定在某一水平的社会财富，我们前面提到的以天下奉一人，皇室的收入大于整个国家的财政收入就是明证，从而造成国富(实际上是皇帝富，高官富)民穷的局面。当原来在大家族中与人民近距离接触的公权力，变成了高高在上的陌生面孔，人民却没有任何办法制约它时，由于全国的资源都掌握在国家手中，如国家政策符合自然规律、

---

①　《明夷待访录·奄宦上》。

②　《癸巳类稿》卷九《太监》，转引自周良霄《皇帝与皇权》，170 页。

社会发展规律和人民的利益，社会尚能够正常地发展，所谓"其兴也勃焉"，如汉代之文景之治，唐代之贞观之治；而一旦中央政府的政策偏离了社会和经济发展规律或皇帝贪得无厌、横征暴敛，如每个王朝的中后期，人民就会遭受大难，继而爆发大起义，社会发生大动荡，导致旧王朝覆灭，也就是所谓"其亡也忽焉"。于是，我们看到一轮又一轮治乱离合的轮回，在两千多年的中央集权体制下不断上演，不仅耗尽了好不容易积累起来的技术、财富和综合国力，而且也拖住了古代中国社会前进的步伐，每一次大乱之后，国家又回到了前朝的起点上重新出发。哪里是头呢？在当时的体制下没有答案！

本 章 小 结

本章我们想用尽可能多的历史资料，力图比较形象直观地描述出中国大一统中央集权政治体制与欧洲封建制度下的国家治理模式的不同。首先是社会基础的不同。秦以后的中国社会基础是从血缘大家族中分离出来的、经济和政治上都已经独立的个体农民家庭，欧洲的农民则一直生活在以血缘关系维系的村社共同体中。中国的农民从大家族独立出来后，面对的是陌生的与自己没有任何血缘关系的强大国家，而自己却失去了原来依托大家族形成的自我组织、自我管理、自我保护能力，无法再以一个常态化的组织与社会对话，而是如一盘散沙面对社会和政府。欧洲的农民却依然凭借高度自治的村社共同体，维护自身的经济和政治利益，并在社会上有着自己很大的话语权。其次是建立在不同社会基础之上的政治体制和社会治理模式不同。中国中央集权政体是建立在个体农户基础上的，各血缘大家族在农户独立后，其原先具有的公权力都流向了国家，使国家具有了财政、军事、司法、行政等几乎一切公权力，而皇帝是这个国家的总代表，也就是所有的国家权力都集中在皇帝一人手中。整个社会没有任何政治力量可以和皇权抗衡，形成了皇权至上的政治生态。这种政治生态下，国家或皇帝可以调用全社会的资源为自己服务，即"以天下奉一人"，出现皇室收入大于整个国家收入的奇怪现象；这种政治生态下，皇帝可以无法无天，想杀谁就杀谁，想灭谁九族就灭谁九族，连罪名都可以是莫须有的。人民不要说平等、民主了，就连基本的做人尊严都没有，不仅老百姓没有，大臣没有，甚至宰相也没有——宰相在皇帝面前也是奴才，也会随时被废被杀；这种政治生态下，除了大规模的农民起义可以形成朝代更迭外，靠某个皇帝个人的自觉将国家导向民主制度是不可能的。以小农经济为经济基础和个体家庭为社会基础，加上政治上的大一统和思想上的大一统，古代中国专制皇权主义下的中央集权制度形成了封闭式的、可复制、可遗传的、不易变异的政治基因和政治生态。

而中世纪欧洲的政治生态架构是建立在血缘大家族社会基础之上，由王权、教权和家族贵族共同构成的三足鼎立的政治格局。在后来的发展中，这一政治架构中又加入了工商业界的代表市民阶层。这几种力量的互相争斗、互相制约、互相利用，平衡了整个欧洲中世纪政治生态的稳定性，同时这一政治生态中所创造出来的解决政治矛盾的协商机制——议会以及契约精神，又为这一政治生态向现代新的政治生态的进化留足了发展空间。不论是英国议会还是法国三级会议、德国的帝国议会，都是近现代议会制的前身，它们在多种政治力量的互相制约、斗争中不断完善，并最终将国家导入近现代民主制度。在政治力量多元、平衡的态势下，"王在法下""国王靠自己过活"是必然的现象。

中国和欧洲的这段历史的演变告诉我们两个道理：第一，个体农户还是血缘大家族(村社共同体)作为社会的基本细胞，决定了整个社会和国家的政治体制和治理模式。在家庭、家族与国家的关系上，我想再重复前面我们得出的一个定律：国家组织形态的成熟、强弱与小家庭成正比，与大家族成反比。即家族越强大，越高度自治，社会公共管理职能尽在其中，国家的职能就越不完善，国家权力就越弱小；而随着小家庭经济、社会、政治上的独立，从大家族中剥离出来成为社会的基本细胞，成为国家的编户齐民，血缘大家族就失去了管理对象，其公权力会流入国家手中，建立在一个个小家庭之上的国家组织形态和上层建筑才能得以完善、成熟和强大。因此，建立在以血缘大家族作为基本社会组织之上的欧洲王权，必定是弱小的，国家职能也是极不完善的，当时的国家充其量只是一个大家族联盟。第二，在进入阶级社会后，民主制度是各政治力量相互均衡、相互制约的结果。民主协商和契约精神，是双方或多方力量对等下的处事原则，没有多元政治力量的均衡和制约，或哪一方力量独大，就不可能有民主制度，只会走向专制。

第六章　中欧不同社会治理模式下的农业、农民生存状态

农民是古代社会人数最多、最基本的阶层；农业是古代社会生产力发展的最主要构成要素。农民的生产、生活状况直接反映着当时社会的发展水平。农民的生产、生活状况是多方面的，我们主要从农业劳动生产力水平和农民承受的各种税赋负担两大方面来剖析中欧古代农民的生存状况。由于资料的限制和观察问题的角度不同，学者对中欧古代劳动生产率和农民负担的研究，存在较大争议，我们列举几个有代表性的观点进行比较，并试图得出我们的结论。

第一节　中欧古代农业生产力水平比较

中欧古代的农业生产力水平和劳动生产率谁高？侯建新先生认为，西欧古代的农业劳动生产率高于中国同期，并截取13世纪—14世纪和15世纪—16世纪两个时间段的英国作比较，其观点如下：首先，根据科斯敏斯基对13—14世纪末英国六个郡的百户区22000份维兰农民持有地案卷研究表明，拥有一维格特以上（20~40英亩以上）土地的维兰占1%，为一等；一维格特（20~40英亩）土地的占25%，为二等；二分之一维格特（10~20英亩）土地的占36%，为三等；四分之一维格特（5~10英亩）土地的占9%，为四等；小土地持有者（5英亩以下）占29%，为五等。前三等维兰占比为62%，他们的土地是较充足的。其他学者如利普森、希尔顿、波斯坦等也持相似估计。侯先生对西方学者S.罗杰斯、

H. 贝内特、N. 格拉斯和苏联学者拉斯那特、波梁斯基等人的研究成果综合后得出结论：以半维格即 15 英亩作为中等农户的标准，在三圃制下实际种植 10 英亩。13 世纪英国小麦、大麦、燕麦混合估计，每英亩为 10.32 蒲式耳或 237 公斤（含什一税）。一英亩约等于中国现在六市亩，故合中国市制每亩地 76 市斤。据此，**13—14 世纪，英国中等农户每年约产粮 103 蒲式耳或 2369 公斤，即劳动生产率为每户 2369 公斤。**103 蒲式耳粮食按格拉斯提供的 13 世纪中期英国粮食市场价格，可折合 70 先令。另外，每个农户会养羊、牛等畜产品，侯先生将畜牧业收入计为 21 先令，大约相当于粮食收入的 30% 以上。还有劳务收入，罗杰斯估计，一般农民劳工收入一年可达一镑，侯先生按 8.4 先令计。据此，英国中等农户的总收入为 99.4 先令。①

　　与英国大致相同时期的中国宋朝的农业生产率情况。侯建新先生引用宋史专家漆侠先生及吴慧、徐涤新、蒙文通等学者的研究，认为：宋代的农户中，主户（自耕农）占全国总农户的 50%，占全部耕地的 40%。主户中有五等，其中五等户占全部主户的 71%（375 万户：525 万户），若取五等户代表一般农户占田情况，不会低于农户占田平均水平。漆侠先生依据熙宁五年的耕地资料估算"第五等户平均 15 亩"。另外，各位学者均认为宋代南方水稻亩产大约谷四石（合米二石），北方麦亩产一石。当时南方粮亩已占全国耕地 60%，所以用南方亩产代表宋代生产力水平比较符合历史原貌。宋一石合今 0.6641 市石，宋亩合今 0.85 市亩，宋代亩产二石则为市亩 217 市斤。若将 15 亩视为市亩（宋亩合 0.85 市亩），即将漆侠先生估算调高 10%~15%，**则宋代的劳动生产率为 217 市斤乘 15 市亩等于 3255 市斤，或每户 1627.5 公斤，与英国 13—14 世纪农户的每户 2369 公斤相比，仅是英国农户的 69%。**且由于苛政盘剥，"百家为村，有食者不过数家，贫迫之人十常

---

　　①　侯建新：《中世纪英国农民个人力量的增长与自然经济的解体》，《历史研究》1997 年第 3 期；侯建新：《现代化第一基石——农民个人力量与中世纪晚期社会变迁》，天津社会科学院出版社 1991 年版，第 46、47、53、68~72 页。

八九"。漆侠先生肯定地说:" '十常八九'饥饿者中便包括了极大多数五等户。"①

进入15、16世纪,英国的农业生产力获得了明显地增长,侯先生估算每英亩小麦的亩产可达16蒲式耳,即368公斤。而此时农户持有土地的数量也有增长,一般农户为20英亩,在三圃制下,实种15英亩。**这样15—16世纪英国一般农户的劳动生产率为:16蒲式耳乘以15英亩,为240蒲式耳或5520公斤/户。**②而同时的中国明代南方的农户劳动生产率,侯先生认为一般农户有地15明亩(和14.79市亩),亩产米**294市斤,故明中叶的南方一般农户劳动生产率为294市斤乘以14.79市亩,等于4347市斤/户(2173公斤)。**③ **按侯先生的标准,明代中国农户的劳动生产率只有英国同期的39%。**

侯建新先生这番比较研究中,有两个问题我觉得可以商榷,主要是关于劳动生产率的定义。侯先生把户均占有粮食数量作为劳动生产率的标准,很容易让人产生欧洲古代的粮食种植业水平高于中国古代的误解。我觉得农业劳动生产率应该是单位时间、单位土地面积上,个人或农户依靠生产技术和管理经验获得农产品的能力和效率。不能不计单位生产产量,只看每人或每户的粮食总产量。只有在单位生产产量一定的情况下,人均管理的生产面积越多才越有意义。也就是说,在中欧亩产水平同等的情况下,谁种的地越多才能反映出谁的劳动生产率越高。广种薄收的原始粗放式经营,即使人均或户均种地面积大、粮食数量多也不能视之为劳动生产率高的标准。用户均占有粮食作为劳动生产率的定义中,看不出生产力要素中科学技术、资源利用等要素对生产效率生成的重要作用和影响。户均占有粮食的多少,只能反映农户的生活水平及生产性积累、扩大再生产能力等指标,并不能完全反映劳动生产效率

---

① 侯建新:《中英劳动生产率及其在近代化的核心含义》,《世界历史》1994年第5期。

② 侯建新:《现代化第一基石——农民个人力量与中世纪晚期社会变迁》,天津社会科学院出版社1991年版,第57页。

③ 侯建新:《现代化第一基石——农民个人力量与中世纪晚期社会变迁》,天津社会科学院出版社1991年版,第264页。

水平或者农业生产力发达水平。我们前面已谈到，中国在春秋战国时期，农业耕作就已经从休耕轮作制进入连作制。这是在耕作技术、田间管理技术、施肥技术、灌溉技术、病虫防治技术等一系列农业技术和管理水平的进步基础上才能实现的。连作制耕种技术大大提高了资源的利用率，在占用同等资源的情况下，经济效益大幅度提高了，这就是生产效率，这就是集约经营。而中世纪的西欧，农业整体上还处在粗放式经营的阶段，二圃制、三圃制就是例证。严格地讲，英国中等农户的占地面积如果是 15 英亩，虽然它实际只使用 10 英亩，不能像中国古代那样实行连作制，是因为农业生产技术水平达不到，但资源你已经占用了，所以计算平均亩产时应该用总产量除以 15 英亩，得出 13 世纪英国亩产 52 市斤才更准确。中国古代在战国时期的魏国就能实现亩产粟 187.5 市斤，① 而一千多年后的英国亩产才 52 市斤或侯先生说的 76 市斤，中国战国时期亩产是英国 13 世纪亩产的 3.6 倍或 2.4 倍。宋代粮食亩产更是达 217 市斤米，如果按当时一斤米约为二斤谷的出米率，则为 434 市斤，是英国 13 世纪粮食亩产量的 8.3 倍或 5.7 倍。说亩产量比中国少了好几倍的英国农户劳动生产率超过中国，是很难让人信服的。英国的户均粮食拥有量是靠面积多实现的，15 英亩相当于 90 市亩左右。我们总不能说广种薄收、粗放式经营比精耕细作科技含量要高、资源利用率和生产效率更高吧。所以用户均占有粮食的多少作为劳动生产率指标，很容易让人产生当时中国的农业生产力水平远不及英国的误解，它远远不及用粮食亩产量来得直观。其次是侯先生在比较宋、明两代粮食产量时，用的是亩产米 217 市斤和 294 市斤；而英国的粮食产量用的是麦而不是面粉，这样的比较没有使用同一标准，是不够准确的，特别是宋代，当时的出米率可能只有 50%，故原粮和大米相隔一倍的量，因此用同一种标准比如原粮比较更为客观、准确。当然，这些问题只是对评估中英两国农业生产力水平有影响，却并不影响对中英或中欧整体农民生活、生产状况的评价。除这两点之外，侯先生的其

---

① 林甘泉主编：《中国经济通史·秦汉经济卷》，经济日报出版社 1999 年版，第 243 页。

他观点我是深表赞同的。

李躬圃先生认为，农业劳动生产率不论是以人均产量产值还是以亩均产量产值为据都不够完整。他认为侯建新先生对劳动生产率的定义不够准确，提出了用劳动生产率衡量中英中世纪双方农户农业生产水平的标准：即以同等人口的农户，利用同等面积的土地资源，所创造出来的农产品总量的总价值作为标准，具体而言就是五口之家的农户占有的全部农田(包括产粮田和桑麻田等，英国则是产粮田和畜牧用地)所生产的粮食，桑麻织成的布和畜牧业的产品，按两地当时的市场价值，换算成等值的粮食数量，即将粮食总产量和桑麻、畜产品换算成的等值粮食数量相加形成总指数，再用这个总指数除以两个主劳力及农田面积，得出劳动生产率。据此，李先生认为，东周时一般中国农户占用的土地为100周亩，桑麻用地5周亩。《管子》《荀子》中认为，正常年景下，每周亩土地的粮食产量是2石，魏国丞相李悝认为，一般年景为1.5石，以李悝说法为准，100周亩年产粮150石。吴慧先生将周亩和周石换算成市制，就是32市亩农田产粮6585市斤左右，亩产205.8市斤粟。5周亩桑麻田，2周亩种桑，3周亩植麻。每周亩约为汉大亩的二分之一强，按西汉《氾胜之书》记载，2周亩桑田，至少可以产帛5匹。除去缴纳给国家的丁帛，余3匹。据漆侠先生考订，"中国古代农民间丝织品价格一直在匹值千钱左右"，《秦律》中的记述也与之大体相同，故3匹帛价值3000钱。当时谷价为一石30钱，3匹帛值100石谷；每石谷是45市斤，效率指数为4500。3周亩麻田约合1.3明亩，按《农政全书》记载"每亩得麻三十斤，少不下二十斤"，1.3明亩麻田按产麻20斤计，可织麻布10匹左右。据陈直先生考订，战国时期的一匹布的尺寸与汉代相同，一匹麻布价格相当于10石谷价格，10匹麻布的价值3000钱，换算成指数为4500。根据上述数据匡算，**东周一农户的劳动生产效率是：所产出的粮食和根据市值换算成粮食的桑麻制品的总和，扣除国家什一税赋后得出的总指数14925，除以2名劳动力，再除以耕织二业生产所需的105周亩土地，其效率指数为219。**这是东周自耕农的情况。李躬圃先生认为要和13世纪英国农户比较，得用佃农的劳动生产效率作比较，于是他用同样的方式计算东周佃农劳动生产效率：一户佃农用地34市亩，亩产粟 205.8 市斤，34 亩地纳地租 3498 市斤("见税什五")，粮产指数为 3087，加上丝帛与麻布产值指数 9000，总产指数为 12087。西欧的农奴用地面积没有包括为领主劳动时所使用的土地数量，因此，中国东周的农户也应扣除缴纳实物地租所占用的耕地 17 市亩，这样**东周时期缴纳实物地租后农户劳动生产效率指数为 355**。①

李躬圃先生把 13 世纪英国农户分三类：占地 30 英亩农户（占总农户的 26%），实播地 20 英亩，年收获粮食 6800 市斤；占地 20 英亩及以下的农户（占比 36%），已播地 13.3 英亩，年收获粮食 4533 市斤；占地 8 英亩的农户（占比 38%），已播地 5.3 英亩，年收获粮食 1813 市斤。一个五口之家，一年食用粮为 2800 市斤；播种用粮按《亨莱农书》计算，每英亩 2.5 蒲式耳，即 100 市斤；穿衣用粮，按《亨莱农书》载，每蒲式耳小麦值 6 便士，故每户每年要支出 17 先令，相当于 1360 市斤粮食。

占地 30 英亩的农户，一年食用粮 2800 市斤，衣用粮 1360 市斤，20 英亩已播地谷种用粮 2000 市斤，总共用粮 6160 市斤，还有余粮 640 市斤。10 英亩休耕地，至少可养羊 20 只，每只羊全年产值为 10.8 便士，20 只羊产值 216 便士，折合 1440 斤粮食。那么，这类农户全年农牧总产指数为 8240，以此数除以 2 个劳动力，再除以 180 市亩土地，**其家庭劳动生产效率指数为 22.8**。

占地 20 英亩土地的农户，一年食用粮 2800 市斤，衣用粮 1360 市斤，13.3 英亩土地播种用粮 1330 市斤，总计需用粮 5490 市斤，而年粮食总产量是 4533 市斤，缺口 957 市斤。6.7 英亩休耕地可养羊 13 只，年总产值 140 便士，折合 930 市斤粮食，实际赤字 27 市斤粮食，**其家庭劳动生产效率指数为 22.7**。

占地 8 英亩的农户，一年食用、衣用粮也是 4160 市斤，播种用粮 530 市斤，总共需粮 4690 市斤，粮食不足额为 4690 市斤减去年产量 1813 市斤为 2877 市斤。休耕地 2.7 英亩，可养羊 5 只，余 45 只羊必须依赖公共牧场，至少需要 15 英亩公共牧场。50 头羊年产值 540 便士，

---

① 李躬圃：《中英古代农民家庭经济产业结构、劳动生产效率及分化原因》，《中国农史》1991 年第 1 期。

可换算成 3600 市斤粮食。全年在使用 23 英亩土地的条件下，农牧总产值指数为 5413，**其家庭劳动生产效率指数为 19.6**。李躬圃先生依据上述估算所列东周和 13 世纪英国农户劳动生产效率指数比较如表 2：

表 2　中英古代农民五口之家劳动生产效率比较

不同时期中英农户类别	劳动生产效率指数	平均指数
13 世纪英国维兰三类农户指数	22.8(30 英亩)	三类平均 21.7
	22.7(20 英亩)	
	19.6(8 英亩)	
东周北方自耕农	219(100 周亩)	
东周北方租地农	355(100 周亩)	二类平均 287

由表 2 可以看出，**中国东周时期的租地农，其家庭劳动生产效率是英国 13 世纪占地 20~30 英亩农户(维兰)劳动生产效率的 16 倍左右，是占地 8 英亩农户的 18 倍左右；自耕农是英国占地 20~30 英亩农户的 9.6 倍左右，是占地 8 英亩农户的 11 倍左右。**①

与 15、16 世纪同期的明代的劳动生产效率，李躬圃先生根据《沈氏农书》、《补农书》等资料及其他学者的研究估算，明代的江南一般农户种地 10 亩，桑麻地 2 亩，粮食亩产 280 市斤，10 亩稻田产量 2800 市斤，扣除什一税后，余 2500 市斤，加上 10 亩地中轮作的小麦、豆类(称"春花")亩产 140 市斤，共 1400 市斤，两季合计产粮 3920 市斤。桑麻田各一亩，桑蚕业可织绢 11.6 匹，扣除绢赋 2 匹，余 9.6 匹，值银 9.6 两，换算成谷物指数为 1344；苎麻一亩可产麻布 13 匹，值银 7.8 两，等于 7.8 石稻谷价格，换算成指数为 1092。将以上谷物、绢、麻布指数相加，总指数为 6356。用总指数除以 2 名劳力，再除以 12 亩用地，**明代农户劳动生产效率指数为 265，比东周北方农户劳动生产效率高 20%，而使用的土地量仅为东周农户的 35%。**明代租地 12 亩的佃农，地

---

① 李躬圃：《中英古代农民家庭经济产业结构、劳动生产效率及分化原因》，《中国农史》1991 年第 1 期。

租量为稻谷 12 石，余 8 石，麦、豆等春花 10 石，指数为 2520，丝、麻布换算成指数为 2436，合计总指数为 4956，佃农用地中扣除纳实物地租用地 4 亩，余 8 亩，总指数除以两个劳力及 8 亩用地，**其农户劳动生产效率指数为 310。**

李躬圃先生还估算，东周占地的自耕农，扣除自用口粮 3951 市斤、种粮 987 市斤、、衣被支出指数 2250，什一税 660 市斤，丁绢帛 2 匹（指数为 3000）等支出外，年剩余产品指数 4737，年剩余产品率为 30%。东周的佃农，在扣除地租支出 3498、衣食支出 6201、赋绢支出 3000、种子支出 987 后，剩余产品指数为 1899，年剩余产品率为 12%。明代的自耕农扣除自用口粮 18 石，指数 2520，人均需原粮 504 市斤；什一税和绢赋缴纳 700；种子用粮以 15% 计，为 630 市斤；衣用支出指数 420，总计一年支出总指数为 4270，年剩余产品指数 2646，年剩余产品率为 38%。明代佃农则是扣除地租支出指数 1680，绢赋支出指数 280，食用粮、种子粮、衣用支出指数 3570，总计一年总支出指数 5530，耕织二业年剩余产品指数为 1386，年剩余产品率为 20%。而英国 13 世纪占地 30 英亩的农户，亩产粮食 56.7 市斤，年剩余产品率 25%；占地 20 英亩及以下的农户均无剩余产品。①

李躬圃先生关于劳动生产效率的计算方式，相对比较全面合理，能够反映出农户对土地资源的利用率，农业生产技术对生产力的贡献等多种因素，能够大体反映出农业生产力的水平。但有一利必有一弊，李先生的计算方式虽好，却因参数较多，特别是桑、麻、畜牧业产品要按当时的市场价格换算成等值的粮食，市场价格又是经常波动的，要想准确计算非常困难，其精准度难以保证。另外，他对东周粮食亩产 205.8 市斤的估算偏高。据林甘泉先生主编的《中国经济通史·秦汉经济卷》认为：银雀山出土的汉简中有战国时的《田法》，其中记载："岁收，中田小亩廿斗，中岁也"，即中等年份一小亩亩产 2 石。又据出土的汉代实物容器实测，汉代一石为 20000 毫升，一斗为 2000 毫升，即秦汉时一斗

---

① 李躬圃：《中英古代农民家庭经济产业结构、劳动生产效率及分化原因》，《中国农史》1991 年第 1 期。

粮重 2.7 市斤，一石粮 27 市斤。小亩即周亩，等于 0.288 市亩，如此折算过来为每市亩 187.5 市斤。[①] 在众多对先秦亩产量的估算中，这一估算较为可信，因为它是经过对汉代的容器实物测量得来的。当然即便是这个亩产量，比英国 13 世纪的亩产量也高了数倍，说明中国古代的农业(指粮食生产)生产力水平要远高于英国。另外，李躬圃先生对明代农户产品剩余率的估算中，把粮食税收定为十分之一，大大低估了明代农户的经济负担，从而也就过高地估计了农户的产品剩余率。而对 13 世纪英国农户的产品剩余率又作了过低的估计。

除了上述两位学者外，马克垚先生主编的《中西封建社会比较研究》中，也对中欧中世纪农户的生产力水平及生存状况做了探讨，因该章的执笔者为侯建新先生，所以其观点大致相同，不再复述。

当然，对几百年甚至上千年以前的粮食亩产量及中英乃至中欧农户的生产力水平、家庭消费支出、产品商品率、剩余率作准确的判断，是十分困难的。中外学者对此做出了极大努力，才使我们在历史的迷雾中，看到了古代中欧农民生产生活的大致状况。笔者没有能力对中欧中世纪农民的生产力水平做独立的研究，只能利用这些学者的研究成果得出以下判断：(1)以单位粮食亩产量所反映的种植业生产力水平，中国古代要大大领先于欧洲。这从中国古代粮食亩产量一直数倍于欧洲看得非常清楚。这主要得益于中国古代农民的种植业生产技术水平比欧洲高出许多——中国在战国时代(公元前)就已经进入土地集约化经营阶段，而欧洲中世纪末仍然处于粗放式经营阶段；同时也得益于中国土地资源禀赋高于欧洲的事实。(2)中国古代农业生产力水平较高的这一优势，却被人多地少，人均或户均土地远远少于欧洲农户而抵消。所以从农户户均拥有的农产品数量，农产品商品化率，农产品剩余率等指标看，我同意侯建新先生的估算，即欧洲中世纪农户在这些指标上都远远高于中国古代农户。(3)中欧中世纪农户的赋税水平相差悬殊，欧洲农户的赋税水平要远低于秦统一后的中国各朝代的农民(这一点我们下面将详细

---

① 林甘泉：《中国经济通史·秦汉经济卷》，经济日报出版社 1999 年版，第239、240、242、243 页。

讨论）。在这方面我赞同侯建新先生对欧洲中世纪农民负担和农户农产品剩余率、商品率方面的论证。而李埏圃先生对中国古代农民负担的过分低估，影响了他对古代中国农民生存状态的判断。中欧古代农民税赋、劳役负担的巨大差异，拉大了欧洲农民对中国古代农民在生产性积累和生活质量方面的优势。中国古代农民创造的财富通过各种名目繁多的赋税，流进了国家口袋，铸就了各朝各代表面的金碧辉煌，而农民却失去了提高生活质量和扩大再生产积累的可能。

第二节　中欧古代农户的赋役负担及生存状态比较

农民的赋税和徭役负担的高低，关系到农民的家庭生活状况及生产性积累和能否扩大再生产的问题。在农业社会，农民披星戴月、辛辛苦苦创造的劳动成果，如果不能把其中大部分留下来用于维持温饱、改善生活质量或转化成生产性积累用于再生产和扩大再生产，整个社会就不可能进步和发展。

（1）西欧农民的赋税和生存状况。侯建新先生在他的文章和著述中，综合国外学者的研究成果，得出 13—14 世纪，英国一个占地 15 英亩中等农户租税总额和生存状况的结论：

如上一节所述，占地 15 英亩的中等农户，农业和畜牧业外加打短工的全部收入为 99.4 先令。其中农户的直接消费部分，即每个农户一年的口粮为 54 蒲式耳，大约值 27 先令。种子消费，估算为 31 蒲式耳，21.1 先令。什一税 10.3 蒲式耳，7 先令。进入市场部分，每户穿衣支出14.5 先令（主要靠市场）。

租税支出，科斯敏斯基对 16 个百户区佃农货币地租统计表明，自由农半维格特地租为平均 3 先令，维兰为 7 先令 9 便士。此外还有相当于粮食总收入十六分之一的磨坊税、法庭税、额外放牧而交的畜牧税等，若将诸种封建税估计为与地租大体相等，不会低估。由此，维兰的地租加各种税，约 15 先令，占全部收入 99.4 先令的 15%。而罗杰斯估算的租税总额为 10 先令，格拉斯估算的租税总额为 5 先令 9 便士。

据此，13—14世纪，英国中等农户总收入99.4先令中，直接消费部分55.1先令；进入市场部分44.3先令（含穿衣14.5先令，租税15先令，剩余值14.8先令）；商品率45%（44.3先令），储蓄率15%（14.8先令）。① 一个农户能有15%的储蓄率，说明其温饱是有保证的，生活状态是不错的；而生产的产品能有45%的商品率，亦能说明当时农户与市场的联系已经比较紧密了。

在法兰西，大部分公簿持有农"能够把土地收益的三分之二作为他们独自的利得"②。13世纪劳役地租折算成货币地租后，其数量更便于学者考察了。陶内通过对几个郡的27个庄园档案资料进行研究、统计结果表明，自13世纪实行货币地租以来至16、17世纪，租金基本是稳定的，有的庄园地租长达若干世纪保持不变或相对不变。另一方面，农民在自己土地上的收获量却在这一时期如前所述获得了很大的增长。那么，地租在农民总收入中的占比就大大下降了，陶内的结论是：13世纪前后，农民所交地租与收入之比大约为1∶3。到1608年，艾鲍姆庄园公簿持有农的总收入93镑4先令4便士，租金16先令5便士，租金与农民个人收入之比为1∶5.8。同年，赫克斯哈姆庄园314名公簿持有农的总收入是624镑4先令1便士，租金是126镑4先令8.25便士，租金与收入之比是1∶5。在巴克比庄园，1636年自由农和习惯佃农总收入为215镑1先令6便士，租金是11镑8先令7.5便士，租金只占农民收入的1/18.9。陶内认为，固定的租金是农民富足的一个重要因素。这时期还有一个重要的因素是价格的上涨，也就意味着农民所交租金的实际购买力是下降的。③

欧洲国家的农民能够保持租金在较低水平的稳定，最重要的原因是习惯法的存在和村庄共同体的存在。前面我们说过，习惯法是欧洲人民

---

① 侯建新：《现代化第一基石——农民个人力量与中世纪晚期社会变迁》，天津社会科学院出版社1991年版，第52、53、68~73页。

② 马克垚主编：《中西封建社会比较研究》，学林出版社1997年版，第120页。

③ 侯建新：《现代化第一基石——农民个人力量与中世纪晚期社会变迁》，天津社会科学院出版社1991年版，第87页。

世代相传的习俗和行为规范，被视为不可更改的祖宗大法，是包括领主、国王在内的一切人必须遵守的唯一的天条，谁要是破坏这一天条，人民就会起来与他作斗争，即便是国王也是如此。撒克逊法鑑的作者说："一个人必须抵抗行为不轨的国王和法官，而且必须以一切方式来对他抵制……"布莱克顿也说："如果国君撇开了羁约，也就是说，如果他撇开了法律，那么他们（指国君的臣属——引者注）就应当对他加以羁约。否则他们自己将和他一样，也撇开了羁约。"①如果臣属不抵制违法的领主乃至国君，就等于他们自己也抛弃了法律。故而，抵制领主、国君的违法行为是履行对法律的责任，目的是维护自古沿袭下来的不可移易的法律。而村庄共同体则是贯彻和实行习惯法的实体组织，是把农民团结在一起，拧成一股绳和领主乃至国君斗争的最基层组织，也是千百年来从祖上传承下来的、靠血缘关系维系的最有号召力的群众组织。当领主面临着被村庄共同体组织起来的农民和千百年来不能更改的习惯法时，他不能完全按自己的意志轻举妄动，否则会面临农民集体的反抗。

在封建化以后，庄园中的农民与领主之间的矛盾以及村民之间的矛盾一般由庄园法庭来解决。因为"全部的公共权力，在和平的日子里，只限于司法权力，这种权力由百户、区和全部落的民众大会掌握。但是，民众法庭不过是一个民众的马尔克法庭，它所处理的不单是马尔克的事务，而且还有属于公共权力范围以内的事情。在行政区制度形成以后，国家的区法庭和普通的马尔克法庭划分开了，但这两种法庭里面的司法权，仍保留在人民手里"②，这就是原始民主制的遗风。庄园法庭的前身就是村民大会，后来可能因大部分案件是个体之间的矛盾，全体村民参加这些并不涉及整个村民利益的诉讼太过浪费大家的时间，所以才逐渐发展为选举陪审员组成法庭来审判的制度。作为法庭最重要的一个程序就是判决，判决并不是由领主或领主的代理人庄园大管家作出的，而是由全体出席法庭的人作出的。如同恩格斯所说："在这种法庭里，领主也仅仅是个提问题的人，判决者则是臣仆自己。"③贝内特认

---

① 吴于廑：《吴于廑文选》，武汉大学出版社2007年版，第321页。
② 《马克思恩格斯全集》第19卷，人民出版社1963年版，第360页。
③ 《马克思恩格斯全集》第19卷，人民出版社1963年版，第360~361页。

为：审查 13 世纪的任何一部庄园案卷都可以发现，法庭的决定方式，是由全体法庭出席人明确作出表态。例如，在黑尔斯，当我们在该庄园的法庭档案中看到"根据库利亚的审议"等一些提法时，对其含义似乎还不甚明了，但当读到"全体库利亚的裁决如下"一段文字后，其含义已一目了然：是否有罪的裁决以及我们所谓的最后判决是由全体公诉人共同做出的。此外，书记员的法庭记录也表明了这一点：在全体公诉人意见记录的边页上，明确标明"判决"一词。1300 年，格兰庄园一个叫 W. 德的佃农在法庭上认领自己的母牛，全体"库利亚"根据 6 个宣过誓的证人证词确定，该母牛属于 W. 德，于是，"依照他们的规则，当着全体出席人的面将母牛交还给他"。所谓全体"库利亚"含义只能是一个，就是所有在场的法庭出席人，不论是农奴还是自由人。①

庄园法庭记录大约出现于 12 世纪，这些记录中比较多的案例是领主和农民双方利用习惯法的规则作出有利于自己的解释。1300 年，埃尔顿庄园法庭案卷记载了 19 个茅屋农的诉讼案例，领主指控他们没有给马车装草。这些茅屋农却认为，他们没有义务为领主的马车装草。庄园法庭在查阅了有关农户劳役的惯例后认定：茅屋农有义务在草地里及领主的庭院中把牧草垛起来，但没有义务将草装上马车。② 这是一起因领主和茅屋农之间对习惯规则的理解不同而引发的矛盾，是双方利用习惯法的博弈。又如，有的庄园规定农奴需到领主开的磨坊加工粮食，但领主的磨坊比其他人开的磨坊收费要高，不少农奴自然愿意选择廉价的磨坊。1302 年，一个领主在庄园以外的路上堵住了一个准备去外庄园磨粮的农奴，并在法庭起诉他。按惯例如果农奴不到领主开的磨坊磨粮且不是初犯，领主有权没收农奴驮粮食的牲畜和粮食。这场官司本来看似没有悬念——领主肯定能赢，被告却援引另一个判例，即领主在自己庄园之外无权干涉农奴的行为。这个农奴巧妙地运用规则和判例，致使领主

① ［英］亨利·斯坦利·贝内特：《英国庄园生活：1150—1400 年农民生活状况研究》，龙秀清、孙立田、赵文君译，上海人民出版社 2005 年版，第 181 页。
② 侯建新：《现代化第一基石——农民个人力量与中世纪晚期社会变迁》，天津社会科学院出版社 1991 年版，第 100 页。

一无所获。① 大量案件都属于这一类。

农民对于领主最具杀手锏的做法就是集体抗争。1294 年，在克兰斐德有 26 个村民因不为领主犁田也就是拒服劳役地租而被判罚金；1308年，呼顿有 16 个农民应该在午饭后为领主犁田，这些人却在自己的份地上干活，根本没有去领主的自营地犁田。这些属于亨廷顿教会庄园的地产，在 13 世纪最后 25 年 21 次庄园法庭审判中，因农民故意不履行劳役而定罪的有 146 起之多，平均每次开庭就有 7 宗以上抗拒服役的案件，而这其中多数都是集体拒服劳役。这类事件在英国各地都有。1299 年黑姆普顿地区圣斯提凡修道院，有 66 名维兰集体拒服劳役，修道院先求助于本郡的郡长，郡法庭对这些人作出了定罪罚款的处罚，反而激起众怒，这 66 名维兰袭击和殴打了郡长，继续拒绝服劳役。无奈之下，领主又上诉到王室法庭，希望得到国王的协助。王室法庭受理了此案，并派民事官员专程赶到维兰所在的吴斯德庄园处理此案。但因资料没有进一步记载处理结果，这些维兰的命运如何不得而知。②

进入 14 世纪，农民集体反抗行为多了起来，既有突发事件，也有有组织有预谋的农民起义。1338 年，毛兹修道院的管理人员，把一个牵着牲畜闯入修道院长自营地的农民监禁起来。结果导致他的一群农奴同侪闻讯后迅速赶来，救出这个被监禁的农民，殴打了修道院的管事人员和修道士，放跑领主的牲畜，最后还占领了爱尔斯脱威客庄园，使修道院长的总管长时间不敢到该领地来。1349 年剑桥郡潘勃洛克伯爵夫人的庄园管事人员拘留了两名不服管束、不愿服劳役的农奴，但在按惯例送他们去接受惩罚的路上，却被其同伙救走了，而且在救人的过程中，伯爵夫人还受到了伤害。③ 这些事件虽然是偶发事件，却说明此时的农民心很齐、很团结，因而惹不起。14 世纪中叶在欧洲爆发的黑死病，使大

---

① 侯建新：《现代化第一基石——农民个人力量与中世纪晚期社会变迁》，天津社会科学院出版社 1991 年版，第 92 页。

② 侯建新：《现代化第一基石——农民个人力量与中世纪晚期社会变迁》，天津社会科学院出版社 1991 年版，第 174、175 页。

③ 侯建新：《现代化第一基石——农民个人力量与中世纪晚期社会变迁》，天津社会科学院出版社 1991 年版，第 175 页。

量人口死亡，也造成欧洲劳动力的极度缺乏。许多领主企图恢复正在走向消亡的劳役制，英国国王也颁布了维护封建领主利益的《劳工法令》，规定了雇工的工资水平不得超过黑死病之前的水平，领主有优先雇佣本领地农民的权利等。这其实是大小封建主联合起来向农民阶级施压，以保障他们的利益。因为此时已经有一批富裕农民租用了较多土地，扩大了生产规模，并用高工资和自由劳动来吸引封建领地上的劳动力到自己的土地上耕作，形成了农业中的新型雇佣劳动关系并取得了成功。所以《劳工法令》不仅是针对一般农民，而且也损害了这些富裕的带有新型生产关系性质的上层农民的利益。

正是在这样的背景下，1381年英国爆发了农民起义。起义农民向国王提出的主要诉求是：（1）废除农奴和奴隶制；（2）在英国所有的郡、市、区、集市及其他地点，人们都可以自由贸易；（3）佃户领有的耕地，每英亩地租不得超过4便士，如果以前的地租额少于此数，以后也不得增加；（4）国王应对各阶层人实行大赦，赦免任何人所犯的各种罪行，永不追究。很明显，第一条是针对封建领主企图恢复农奴制——其主要表现是恢复劳役制。第二条是要求贸易自由，这一条更多地反映了为市场而进行生产的富裕农民的要求。第三条则是反映的广大农民的要求——限制和固化地租的数量，4便士是农民认为比较合理、可以接受的地租额。起义军进入伦敦时，纪律严明，秩序井然，没有抢劫行为，得到了伦敦市民的好评，使得许多伦敦市民联合起来欢迎起义军。迫于起义军的压力，英王同意了起义军提出的要求。虽然最后起义失败，但全国农民反对农奴制，反对劳役地租，反对增加地租额的斗争并没有停止。1383—1385年，萨福克郡一个村庄的全体佃户拒绝为领主服劳役，还得到教区牧师的支持，他们只按照英王在迈尔恩德所同意的条件，每英亩交货币组4便士。林肯郡、康沃尔郡、萨福克郡、索默塞特等郡的农民也在为保护自身利益继续斗争。利普森在考察了查理二世在位期间（1377—1399年）的文书档案发现，1381年起义后，各地维兰集体反抗劳役地租和捐税的斗争仍然很普遍，有记录的就有以下这些年份：1386年，1387年，1389年，1393年，1394年，1396年，1397年，1398年，1399年。可见这种斗争的持续性和普遍性。戴尔研究了伍斯特大主教庄园上的佃户减租斗争发现，15世纪20年代至15世纪末，佃户拒交或少交租金、捐税的斗争如火如荼，这一时期每年大约占地产收入1/12的租税收不上来。哈里斯对巴金哈姆地产的研究表明，同一时期佃户拖欠的税金平均占年收入的1/10。另一位学者马丁认为"到15世纪中叶，佃户的抵抗斗争达到顶点，不仅整个村庄团结一致，而且许多村庄联合起来共同抗租抗捐，站在这场抵抗运动前列的是阿温、塞弗恩峡谷以及科茨伍德的老村庄，他们保持着村庄共同体传统的公社般的团结"①。

依托村庄共同体和领主作长期的斗争，成效是显著的。中世纪晚期，英国的物价是上涨的，货币是贬值的，地租的趋势却是下降的。1398年，莱特霍恩庄园的领主沃里克伯爵因故被放逐，整个庄园由教区长约翰·布洛基临时托管。1401年，伯爵家族又恢复了对该庄园地产的权利，当接手这块地产时发现租金总额下降了1/12，约翰·布洛基的解释是，在过去的3年中因佃户的抵抗而迫使他作出的让步。孀居的伯爵夫人及家族只得接受既成事实。但事情还没有完，佃户的斗争仍在继续，1437年，庄园大总管托马斯受托与佃户谈判，最后领主再次作出重大让步，即每维格特耕地的地租从15先令6便士下降到5先令，下降幅度超过了2/3，且保证40年不变。莱特霍恩庄园的地租记录簿记载了当时地租下降的原因："地产本已缺少佃户，若不降低地租，他们就要集体离开庄园"，无奈之情溢于言表。直到1480年，该地产转到查尔斯公爵手中时，庄园地产账簿收入一栏里，虽写着每维格特租金15先令6便士，但在支出和损耗一栏里却注明了当时和佃户商定的要扣除10先令6便士。按科斯敏斯基估计，13世纪一个持有1维格特的自由佃户，一般须交地租10先令。经过了200年后的15世纪，其间物价已至少上涨了1/3，而莱特霍恩庄园的地租却比科斯敏斯基对13世纪地租的估算下降了1/2，若加上物价上涨的因素，地租实际下降的幅度超过了3/4。可见，农民集体抗租的成就是非常明显的。②

---

① 侯建新：《现代化第一基石——农民个人力量与中世纪晚期社会变迁》，天津社会科学院出版社1991年版，第179、180页。

② 侯建新：《现代化第一基石——农民个人力量与中世纪晚期社会变迁》，天津社会科学院出版社1991年版，第180、181页。

15 世纪，伍斯特大主教地产上 8 个庄园标准惯例持有地租金比 1299 年平均下降了 26.3%，似乎更能说明情况，见表 3(单位：1 码约等于 30 英亩)[1]。

表 3　伍斯特大主教地产各庄园地租

庄园	持有地面积	1299 年中档地租	15 世纪中档地租	下降幅度
毕伯瑞	1 码地	19 先令	8 先令	-58%
伯瑞登	1 码地	24 先令 9.5 便士	20 先令	-19%
克利夫	1 码地	22 先令 1 便士	22 先令	-0·4%
哈姆吞	1 码地	13 先令 2 便士	9 先令	-32%
汉伯瑞	1/2 码地	11 先令	8 先令	-27%
亨伯瑞	1 码地	28 先令 0.5 便士	25 先令	-11%
凯姆西	1/2 码地	17 先令 10.5 便士	11 先令	-38%
怀特斯	1/4 码地	12 先令 0.75 便士	9 先令	-25%
总　计				-26.3%

总之，14—15 世纪，英国地租的下降为多数经济史家公认的事实。[2] 中世纪欧洲农民减租行动取得的伟大胜利，对改善农民生活质量，提高生产性积累，扩大再生产，意义十分重大。《泰晤士世界历史地图集》概述 1500 年以后，西欧农民一般生存状况："绝大多数农民每年除养活自己一家，家畜和留作来年种子之外，大约还能多出 20% 产品。"[3] 一般农民能有 20% 的农产品剩余到市场上出售，就能为更多的人口从农村中剥离出来从事工商业提供物质基础，就能为发展商品经济，创造关键性的前提条件。

---

① 侯建新：《现代化第一基石——农民个人力量与中世纪晚期社会变迁》，天津社会科学院出版社 1991 年版，第 182 页。

② 侯建新：《现代化第一基石——农民个人力量与中世纪晚期社会变迁》，天津社会科学院出版社 1991 年版，第 181、182 页。

③ ［英］杰弗里·巴勒克拉夫主编：《泰晤士世界历史地图集》，生活·读书·新知三联书店 1982 年版，第 178 页。

地租的持续走低，农产品剩余的增多，使农村中一些头脑灵活的种田能手趁机租入更多的土地，扩大农业经营规模，适逢领主自营地解体，农村中土地买卖现象增多，也为这些种田能手兴办租地农场创造了条件。按科斯敏斯基的估算，中世纪一个农户最多种植 30 英亩土地，超过此数就要雇人经营。所以，扩大土地经营规模的能人，一般都要雇工经营，形成当时农村中新型的生产经营模式——带有资本主义生产关系性质的租地农场模式。这些租地农场从 13 世纪下半叶已经出现，到 16 世纪已形成规模。据侯建新先生引用国外学者的研究表明：在英国若干个郡的 52 个庄园中，有 67 个租地农场，其中超过 200 英亩的农场有 33 个，占全部农场的 53%，更有 15% 的农场规模达到了 500~900 英亩。在 16 个庄园的全部耕地中，租地农场用地的占比高达 58%。[①] 可见，不只是在城市，即便是农本经济的老巢——农村，随着劳役地租向实物地租和货币地租的转变，领主自营地(家族的公田)逐步消亡，封建生产关系日渐式微，同时新型的生产方式和生产关系却发展起来，呈现出勃勃生机。

(2)中国古代农民的赋役负担和生存状况。中国古代农民的税赋和劳役负担以秦统一为标志，划分为两个泾渭分明的阶段。秦统一前，《公羊传》宣公十年说：“古者什一，籍而不税。”也即古者只服劳役不交税，服劳役相当于交了十分之一的农产品收入。《孟子·滕文公上》在概括夏、商、周三代的税赋时说：“夏后氏五十而贡，殷人七十而助，周人百亩而彻，其实皆什一也。”虽然学界对这段话的理解不尽相同，但对税赋率为十分之一这一点，多少还是认同的。春秋末期各国开始变法，其中一项重要内容就是税赋改革：由劳役地租改变为实物地租，租税率开始逐渐增加。《论语·颜渊》：“哀公问于有若曰：‘年饥，用不足，如之何？’有若对曰：‘盍彻乎’，曰：‘二，吾犹不足，如之何其彻也？’”由此说明之前的税额就是十分之一，即“彻”。所以当有若提出行“彻”法时，哀公才会说：“二，吾犹不足，如之何其彻也？”同时也表明当时的

---

① 侯建新：《现代化第一基石——农民个人力量与中世纪晚期社会变迁》，天津社会科学院出版社 1991 年版，第 207、208、212 页。

税赋已由十分之一增加为十分之二了。春秋中后期到战国，不管是齐国的"相地而衰征"，鲁国的"初税亩"，还是楚国的"书土田"，秦国的"初租禾"，目的就是一个，提高税赋的数量。但总体而言，春秋战国时期的税赋还不算高，大约维持在十分之一。①

秦统一后，为了维持百万大军及修驰道、修长城、修陵墓的巨大开支，税赋大大增加。《汉书·食货志上》引董仲舒的说法："古者税民不过什一，其求易共；使民不过三日，其力易足……至秦则不然，用商鞅之法，改帝王之制，除井田，民得买卖……又加月为更卒，已，复为正一岁，屯戍一岁，力役三十倍于古；赋，盐铁之利，二十倍于古。"马端临《文献通考》卷十《户口考》也认为秦力役重："月为更卒，已复为正，一岁屯戍，一岁力役，三十倍于古。"都是说人民的税赋和力役负担大大增加了。《汉书·食货志上》说秦始皇统一天下后，"收泰半之赋"，颜师古注："泰半，三分取其二"，即赋税率高达66.67%，这个数字是有可能的。在秦没有统一之前，若把人民压迫的太苦，人民就会逃到其他国家去。而秦统一之后，农民无处可逃，国家利用手中掌握的公权力，用超经济的手段盘剥广大农民才成为可能。当然，秦帝国之所以很快灭亡，主要原因就是对天下百姓压迫太重，特别是董仲舒、马端临说的三十倍于古的力役。

汉初，刘邦以秦为鉴，减轻田租，什五而税一。《汉书·食货志》载："天下即定，民亡盖藏，自天子不能具醇驷，而将相或乘牛车。上于是约法省禁，轻田租，什五而税一。"至文帝、景帝时税率又调整为三十税一。看起来，西汉的税收较轻，但这只是田税而已，如果把按人头征的口赋、算赋、户赋、徭役加起来，税赋、劳役总额并不轻。关于口赋的起征有不同说法，《汉书·贡禹传》说，口赋"起武帝，征伐四夷，重赋于民，民产子三岁则出口钱，故民重困，至于生子辄杀，甚可悲痛。宜令儿七岁去齿乃出口钱，年二十乃算。"口赋初为每人二十钱，武帝时增至二十三钱。并从三岁的孩子开始征收，后又改为7岁。《汉书·贡禹传》的这条资料透露了一个重要信息：即使是汉初农民的负担

①　黄今言：《秦汉赋税制度研究》，江西教育出版社1988年版，第56、57页。

也是非常重的，孩子三岁要交口赋二十钱，就这区区二十钱已经给农民家庭带来了沉重的负担，到了"故民重困，至于生子辄杀"的地步。可见平日里农民都是在生死线上挣扎，税赋稍有增加便无法承受，以致酿成杀子减负的悲剧。算赋的对象是15～56岁的成年人，初无定制，武帝后才为每人120钱，谓一算，成为定制，后各代皇帝有增有减。根据对湖北江陵凤凰山10号汉墓竹简的释读，有学者认为文、景时的算钱分多项，有上缴中央的，也有地方留用的；算钱不是按年征收的，而是按月征收的。竹简记载市阳里这个地方，在2月至6月的5个月里，每人征纳了227钱，据此估算，每个15岁以上的成年人全年要缴纳算钱500钱左右。一个五口之家，纳算钱的若有四人，共2000钱，若以当时谷价每石50钱计，"百亩之收不过百石"的小农之家，种地收入约为5000钱，而算钱就2000钱，占了粮食收入的40%，可见农民负担的沉重。[1]当然，这里将汉代的亩产估算为一石有点偏低，可能指的汉大石，汉大石等于1.67小石。除口赋、算赋外，还有户赋，每户交二百钱；稿税（稿，禾秆也），《汉书·禹贡传》"已奉谷租，又出稿税"；徭役或更赋（不服徭役者交更赋）。这样我们把西汉文、景时期的农民负担大致归纳如下：

田租。景帝前十五税一，景帝二年改为三十税一。按五口之家农户占地百亩（小亩100步），当时的亩均粮食以2石计比较合理。山东银雀山汉简中有战国时的《田法》，曰："岁收，中田小亩廿斗，中岁也"，即一小亩2石。《淮南子·主术训》载"中田之获，卒岁之收，不过亩四石"，这里的亩显然是大亩（240步）。《管子·治国》说："常山之东，河汝之间……四种而五获，中年亩二石，一夫为粟二百石"，这又是指的小亩，100小亩获200石。年产200石粮食，十五税一要交13.33石，三十税一要交6.66石。

口赋、算赋。如这个农户有4个成年人，一个15岁以下小孩，则交口赋二十钱，算赋2000钱，以当时谷价每石50钱计，为40.4石粮食。

---

[1] 林甘泉主编：《中国经济通史·秦汉经济卷上》，经济日报出版社1999年版，第673、674页。

户赋。每户交二百钱，折合粮食 4 石。

献费。生活在郡国的农户每个成年人交 63 钱，4 个大人交 252 钱，折粮约 5 石。

刍稿若干石，即牧草和禾秆。

徭役或更赋。不服徭役则交更赋。汉代的徭役分三类：（1）正卒，男子从 23 岁到 56 岁均有服役义务，每年一月。不服役者交钱。马端临认为："其不役者为钱二千，入于官以雇佣者。"①（2）更卒，成年男子每年一个月轮番服役于郡县，不服此役者要交二千钱。②（3）徭戍，23 岁以上男子每年要服役三天，亦称更，不服役者"出钱三百入官，官以给戍者，是谓过更也"③。如果都不服这三项徭役，则要交 4300 钱，折粮 86 石。可见，徭役的负担大于赋税负担。

以上各项赋税、徭役加在一起，我们还能说汉代是轻徭薄赋吗？从正税(田税)看汉代的税率是不高，但针对人头的口赋、算赋、户赋和徭役加进来，农民的负担大大增加了。难怪有学者说：汉代的租税"出自人身的重，出自土地的轻"④。《盐铁论·未通》说："田虽三十而以顷亩出税，乐岁粒米狼戾而寡取之，凶年饥馑而必求足，加之以口赋更繇之役，率一人之作，中分其功。农夫悉其所得，或假贷而益之，是以百姓疾耕力作，而饥寒遂及己也。"这里所谓"口赋更徭之役，率一人之作，中分其功"，就是说仅口赋和徭役的剥削，就已占到农民全部劳动产品的一半。作为汉代统治者的王莽说的也很直白："汉氏减轻田租，三十而税一，常有更赋，罢癃咸出，而豪民侵陵，分田劫假。厥名三十税一，实什税五也。父子夫妇终年耕耘，所得不足以自存。"⑤可见，当时的朝廷大臣和统治者都认为，汉代的赋役已达到了农民全部收入的50%。按我们的测算则远超此数：一个有百亩之田的五口之家，产粮200 石，如果以三十税一计，再把口赋、算赋、户赋、献费和三项徭役

① 《文献通考》卷一百五十，《兵考》二。
② 《文献通考》卷一百五十，《兵考》二。
③ 《文献通考》卷一百五十，《兵考》二。
④ 王毓铨：《"民数"与汉代封建政权》，《中国史研究》1979 年第 3 期。
⑤ 《汉书》卷九十九中，《王莽传》。

应交的钱(按马端临以钱折役的算法)折成粮食，则百亩之田上税赋率达到71%；而如果以十五税一计，其他项不变，则为74.4%。号称轻徭薄赋的汉代农民负担不可谓不重。

林甘泉先生主编的《中国经济通史·秦汉经济卷》测算了西汉农户的生活费用，大致描述了西汉普通农户的生存状况。作者是按每亩(指小亩，汉武帝时才在全国"制田二百四十步而一亩")产粟2石计算的，其测算如下：一个五口之家，有田百亩(小亩)，亩产粟2石，共产粮200石。一个成年男人的口粮，《盐铁论·散不足》说："十五斗粟，当丁男半月之食。"《氾胜之书》说丁男长女"岁食三十六石"粟。这些当时人所说的汉代成年人每月口粮大约是3石谷，折合为糙米1.8石。居延汉简记载了汉代边塞吏卒的粮食供应，有每月"三石三斗三升少""三石二斗三升少""三石""二石"等不同记载，其中，"三石三斗三升少"的记载最多，边塞成年男人的口粮比内地多些可能是因条件艰苦。故成年男丁每月口粮按3石算不会差到哪去。如家中有两个大男(15~56岁称大男大女，即成年男女)，两个大女，一个小孩，全年一家约需口粮约149石，食盐折粮5.4石，衣服费用折粮82石，共236.4石，全家一年光生活必需品都入不敷出，缺粮36.4石。[①] 如果国家税收按三十税一算，200石粮食要交税6.66石，成年男女的算钱若按上面引用的凤凰山汉简所载成年人500钱算，则一家要交2000钱，加小孩的口赋20钱，共2020钱，粮价以每石50钱计，折合粮食约40.4石；户税200钱，折粮4石；献费四个大人须交252钱，折粮约5石。总的算下来，一家的粮食缺口，在正常服各种徭役的情况下，大约为92.46石。如再加上再生产所需的种粮及生老病死所需的费用，缺口就更大了。这个测算中没有把农户的家庭副业计算在内。如按前面李躬圃先生所说，一家有五小亩桑麻田，其自产的布可供五口之家一年之需，则可省下衣服支出，以补支出的缺口。若家里养点鸡、鸭、猪或打点临工，一家可能才勉强维持生计。

更为不幸的是那些占地不到百亩的农户。湖北江陵凤凰山10号汉

---

① 林甘泉主编：《中国经济通史·秦汉经济卷上》，经济日报出版社1999年版，第939、940、942、943页。

墓竹简记载的25户农民,多数占地20~30亩,最少的仅8亩,最大的"户人胜能田三人口五人"的五口之家,也只有"田五十四亩"。① 我们不知道这里的亩是周小亩(100步)还是汉大亩(240步)。如是大亩54亩也只合75.6小亩,所以,这些农户生存的都非常艰难是肯定的。

秦是中国古代中央集权帝国体制的奠基者,但秦王朝存世太短,许多制度都是在汉朝才形成定制。其后各朝各代虽有调整,但基本框架没有大的变化。所以汉朝的赋税制度及农民的生存状态,大体代表了之后两千年中国农民的情况。汉之后魏晋南北朝,五胡十六国,战乱频仍,社会动荡,国家更迭,制度不一,难以详述。但也留下了均田制,租调制等对后世影响深远的赋役制度,并且改田赋由比例分成为田亩定额制。下面我们再以隋、宋、明三个王朝为典型来看看中国古代的农民赋税、劳役及生存状况。

隋代。隋朝于公元581年建立。经过长期战乱,人口大减,田地荒芜,经济凋零。隋文帝建国之初也是轻徭薄赋,与民休息。隋沿袭前朝制度,实行均田制。《隋书·食货志》:"其丁男、中男永业露田,皆遵后齐之制;并课树以桑榆及枣。其园宅,率三口给一亩,奴婢则五口给一亩。"后齐之制是:丁男(18~65岁)受露田八十亩,妇女受露田四十亩,另每丁给永业田二十亩为桑田,课种桑树五十根,榆树三根,枣树三根;非养蚕地区,每丁给麻田二十亩。永业田和桑田可以继承和买卖,露田和麻田则须依法还受,即老(66岁)、死还田。② 隋朝的赋役制度是在均田制的基础上实施的。《隋书·食货志》载:"丁男一床,租粟三石。桑土调以绢絁,麻土以布绢。絁以匹(匹长四丈——引者注),加绵三两;布以端(端长五丈),加麻三斤。单丁及仆隶各半之。未受地者皆不课。"同书又记开皇三年(583年)"减调绢一匹为二丈"。种麻地区的麻布是不是也相应减为二丈五尺虽然没说,但按理应作相应的调整。除租调之外,还设义仓,农民得交义仓粮,以备荒年。《隋书·食货志》开皇十六年(596年):"又诏社仓(义仓),准上中下三等税,上户不过一

---

① 裘锡圭:《湖北江陵凤凰山十号汉墓出土简牍考释》,《文物》1974年第7期。

② 《隋书》卷二十四《食货志》。

石，中户不过七斗，下户不过四斗。"

关于徭役《隋书·食货志》载："男女三岁已下为黄，十岁已下为小，十七已下为中，十八已上为丁。丁从课役，六十为老，乃免。"同书又载开皇三年将成丁年龄从十八岁推迟至二十一岁；服役日期从每岁三十日减为"每岁为二十日役"。

从这些规定来看，隋朝的赋役真不算重。隋朝农户夫妻二人(一床)交三石粮，即便是以亩产一石来算，也只有一户粮食总产量的 2.5%。徭役男丁一年二十天也不算多。到隋炀帝即位后将丁男服役年龄又推迟到二十二岁。隋文帝杨坚生活简朴，一再告诫儿子不要奢华。《隋书·食货志》载：开皇"十二年，有司上言，库藏皆满。帝曰：'朕既薄赋于人，又大经赐用，何得尔也？'……于是乃更辟左藏之院，构屋以受之。下诏曰：'既富而教，方知廉耻，宁积于人，无藏于库。河北、河东今年田租三分减一，兵减半，功调全免。'"很显然，这是隋文帝藏富于民。

到了隋炀帝时期，制度还是那个制度，执行起来却天壤之别。隋炀帝和汉武帝一样，是个好大喜功的皇帝，他利用中央集权制度下皇帝可以调配全国资源的权力，不顾人民的死活，征用天下民力财力，没完没了地投入到他想创立的所谓"丰功伟业"中去。大业元年(605 年)，营建东都洛阳，"每月役丁二百万人"，由于工期特紧，劳动强度大，施工条件和生活条件差，这些服役的役丁死亡率极高，"役使促迫，僵仆而毙者，十四五焉。每月载死丁，东至城皋，北至河阳，车相望于道"[1]；同年，开运河之通济渠，"发河南诸郡男女百余万"[2]；同年，还有我们前面谈到的，隋炀帝率文武百官、后宫嫔妃，征用数千艘船，前后相接二百余里，雇用八万名纤夫游江都，加上为这支庞大的队伍提供后勤保障的人员更有几十万人，所费金银钱物巨亿计。大业二年，"又兴众百万，北筑长城，西距榆林，东至紫河，棉亘千余里，死者太半"[3]。大

---

[1] 《隋书》卷二十四《食货志》。
[2] 《隋书》卷三《炀帝纪》。
[3] 《隋书》卷二十四《食货志》。

业三年，"发河北十余郡丁男凿太行山，达于并州，以通驰道"①。大业四年正月，"发河北诸郡男女百余万众，引沁水南达于河，北通涿郡。自是以丁男不供，始以妇人从役"；同年七月，"发丁男二十余万筑长城，自榆谷而东"。② 大业五年，炀帝为了通西域及打击吐谷浑，"自西京诸县及西北诸郡，皆转输塞外，每岁钜亿万计；经途险远及遇寇钞，人畜死亡不达者，郡县皆征破其家"，人已死亡还要破其家，这是多么凶残！大业六年，"敕穿江南河，自京口至余杭，八百余里"。③ 大业七年，隋炀帝为打高丽，"分江淮南兵，配晓卫大将军来护兒，别以舟师济沧海，舳舻数百里。……是岁山东、河南大水，漂没四十余郡，重以辽东覆败，死者数十万，因属疫疾，山东尤甚。……百姓虽困，而弗之恤也"④。由于上一年攻打高丽没结束，大业八年继续调兵"凡一百一十三万三千八百人，号二百万，其馈运者倍之"，⑤ 也就是兵一百多万，加上后勤保障的人，共有数百万人参加这次军事行动。隋炀帝这种不停歇的不顾人民死活的滥用天下民力财力的行为，终于导致了隋末农民大起义，使隋成为继秦以后又一个因横征暴敛而早夭的短命王朝。

隋朝的历史告诉我们一个事实：在高度专制和集权的政治体制下，国家的法度和规定可以凭帝王的喜好而随意更改。隋初制度规定的对农民的轻徭薄赋，只换了个皇帝，便成了一张废纸。当时天下没有任何力量能制止隋炀帝的胡作非为，有良心的大臣最多只能引历史教训劝谏几句，皇帝不听大臣只能徒呼奈何了。

宋代。我们再来看看中国古代历史上经济最为繁荣的宋朝农民的负担状况。宋王朝是历史上对老百姓的人身控制最松的时期，这一时期国家放弃了对土地的控制，使私有土地得到了迅速发展，已占全国垦田总数的95.7%。⑥ 私有制的发展，人民人身的相对自由，都促进了商品经

---

① 《隋书》卷三《炀帝纪》。
② 《隋书》卷二十四《食货志》，《隋书》卷三《炀帝纪》。
③ 《资治通鉴》卷一八一《隋纪五》。
④ 《隋书》卷二十四《食货志》。
⑤ 《资治通鉴》卷一八一《隋纪五》。
⑥ 漆侠：《宋代经济史》，上海人民出版社1987年版，第340页。

济和工商业一定程度的发展和经济的繁荣。

宋朝的农户分主户和客户。主户是有田产的农户，客户是无田产的农户。主户又按其家产（主要是占田的多少）分为五等：占地 400 亩以上的为一等户，他们主要由官户、吏户及一些大商人、高利贷者构成，是大地主阶层；二等户占地在 150~400 亩；三等户占地在 100~150 亩，税钱在一贯以上；四等户占地在 30~100 亩，税钱在 500 文至一贯之间；五等户占地 30 亩以下到几亩不等。二等户和三等户属于中小地主，四等户属于较富裕的自耕农，五等户的上层属于自耕农，下层则须租佃一部分土地，属半自耕农。漆侠先生估算，宋熙宁元丰年间，全国户口达 1500 万户，其中自耕农占总户数的 50%，客户约占 30% 多。在自耕农中，第三等户为 150 万户，占总户数的 10%，第三等户平均占有土地 60 亩左右；第四等户 225 万户，占比 15%，平均占有土地 40 亩；第五等户 375 万户，占比 25%，平均占有土地 15 亩。[①]

宋代因为没有像前几个朝代那样实行国家统一授田制度，在赋役制度上也不太统一。宋代的赋役名目繁多，漆侠先生估计有 70 多种，有的税种甚至让人脑洞大开，难以详述，我们只列与农民影响比较大的一些赋税种类如下，以便尽可能全面而真实地了解宋代农民的负担情况。

第一，国家正赋——两税。

宋代沿袭唐制实行两税法，按夏、秋两季征收，这是正税。两税以田的好坏分为上中下三等，征收的数量不相同。宋初全国各地的税赋也不统一，夏税有 4 文的，有一二百文的；秋米有每亩一斗的，南方则有每亩三斗的。吴越钱氏据两浙时，田赋高达每亩三斗多，后宋太宗派王方贽检定田赋，改为每亩一斗。[②] 秋米一斗大约是两斗谷，宋代的亩产北方低的只有一石，南方高的有三四石，我们按吴慧先生的考证，宋代南北方亩产量混合计算的平均值为 3.514 石谷，[③] 那么秋米的税率是一斗米（和二斗谷），为收成的 5.69% 左右，加上夏税，全国两税税收的平均比率估计大约是收成的 8%，这与北宋时苏轼等人的估算——北宋初

---

① 漆侠：《宋代经济史》，上海人民出版社 1987 年版，第 513、517、334 页。
② 漆侠：《宋代经济史》，上海人民出版社 1987 年版，第 396 页。
③ 吴慧：《中国历代粮食亩产研究》，中国农业出版社 2016 年版，第 181 页。

期国家两税不到什一，比较接近。① 也有的学者估算宋朝的正赋为十分之一。② 南宋的正赋与北宋相仿。③ 应该说宋代国家的正赋与前朝相比也不算高。但是正赋不高不等于整体赋役水平不高。我们只有把正赋的附加税、杂税、徭役加总起来，才可以真正了解宋代的税赋制度和农民的实际负担。

第二，田赋的附加税。

（1）加耗和斗面加耗。粮食在征收、运输和仓储的过程中是有损耗的，宋朝形象地称之为鼠耗、雀耗等，政府把损耗部分摊到农民身上，随两税一起征收。宋太祖时诏令"每一石别输二升鼠、雀耗"④，即增加了2%的税收。但后来征收标准各地不一，南宋比北宋加耗更重。据清代徐松《宋会要辑稿·食货》载：江西有的地方"每石加耗七斗"，这就增加了70%。除此之外，还有"斗面加耗"，即在征粮称重时加耗，徐松同书记载：湖南"往往州县高量斛面，一石正苗有至三石，少至一石"。就是说湖南加耗后的赋税已是正税的二至三倍了。"自江以南，二浙、江东西、湖南、福建诸郡，一石之苗有至二石五六者，有至二石三四者，少亦不下二石一二。"⑤可见，加耗往往为正税的两倍以上。

（2）支移与脚钱。纳粮的农民要自备交通工具和费用，把粮食交到指定的地方。运输距离以农户的户等高低而定，"以税赋户籍在第一等、第二等者支移三百里，三等、四等者二百里，五等一百里。不愿支移而愿输道里脚价者，亦酌度分为三等，以从其便"⑥。北宋时，农民从关中一带送粮至西北边防"费耗十倍"。宋徽宗时不再支移而收脚钱，"脚钱之费，斗为钱五十六（文），比元丰既当正税之数"，再经官府"反复纽折，以至数倍于昔"。⑦ 脚钱之数已经相当于或大大超过正税了。

---

① 漆侠：《宋代经济史》，上海人民出版社1987年版，第519页。
② 周伯棣编著：《中国财政史》，上海人民出版社1981年版，第263、264页。
③ 漆侠：《宋代经济史》，上海人民出版社1987年版，第519、520页。
④ 漆侠：《宋代经济史》，上海人民出版社1987年版，第397页。
⑤ 漆侠：《宋代经济史》，上海人民出版社1987年版，第429、430页。
⑥ 《宋史》卷一七四《食货上二·赋税》。
⑦ 漆侠：《宋代经济史》，上海人民出版社1987年版，第419、420页。

（3）义仓。由政府主导但农民输粮而建，以备荒年。大致是纳税一石交纳一斗，等于增加 10% 的赋税。

（4）折变。两宋时，农民交纳的两税，官府可任意由此物折变成彼物或钱，如以绢折粮或折钱，也可以反过来折，在折变过程中各种物品的价格由官府定而不是由市场定，这就为官员舞弊，扩大税赋量开了方便之门。嘉祐年间，包拯在《请免江淮、两浙折变》奏折中说：淮南、两浙、荆湖诸路把当年的夏税一律折现钱，一等户折纳小绫每匹为二贯八百五十文省，而市价一匹才一贯六百六十六文省；二等户以下至客户折纳小麦每斗九十五文省，而市场价每斗才三十二文，农民要卖三斗多小麦才能交本来一斗的官税。① 据此，通过折变，官府把小绫的税钱提高了 1.27 倍，把小麦的税钱提高了 2.96 倍。更有甚者，陈州的折变把当地夏税大小麦每斗折钱一百文，并附加脚钱二十文，头子仓耗钱二十文，共一百四十文。而当时市场价仅每斗五十文，这样一折增加了 2.8 倍。以上三项对农户税赋的折变，平均增加农民税赋负担 2.34 倍。同时，陈州还将配给农民的蚕盐，每斤折价一百文，而市场价不过二三十文，按三十文算已经增加了 3.3 倍。陈州官吏又翻手为云，将蚕盐一百文又折成小麦，以每斗四十文折合，而市场价为五十文，这样一斤蚕盐又折成 2.5 斗麦了；这还没算完，陈州官吏覆手为雨，把这二斗五升麦按一百四十五文交折纳钱，于是官府配给农民的一斤盐像变魔术般的变成了三百五十文钱，使农民的负担骤然增加了 12～13 倍。② 官府用这种物物折变、物钱折变的方式，像变戏法般地欺负没有文化的农民，其心可诛。

各地的折变方式不一，无法统计增加的税赋到底平均是多少。我们就以包拯提供的这几个数据的平均值 2.34 倍，作为折变后给农民在正赋以外增加的税赋应该不为过。

（5）头子钱。《文献通考·田赋考·历代田赋之制》载："北宋开宝

---

① 《包拯集》卷七，《请免江淮、两浙折变》，转引自漆侠《宋代经济史》，上海人民出版社 1987 年版，第 406 页。

② 《包拯集》卷七，《请免除陈州添折见钱》，转引自漆侠《宋代经济史》，上海人民出版社 1987 年版，第 406、407 页。

年间，川陕人户每贯收取头子钱七文，到徽宗政和年间，每贯增为二十文，到南宋高宗时期，增为四十三文，至孝宗乾道元年，又增加十文。"五十文的头子钱对大户的影响可能不大，但对五等户影响还是很大的。总之提高了农户税率是肯定的。

（6）牛革筋角税。这是对牛征的税。牛革、筋、角都是制作弓箭的战略物资，农民须向国家每顷地交牛皮一张，牛角一对，筋四两，没有牛则纳一贯五百文。由于是按一百亩为缴纳单位，小农户须几家凑着缴纳。

第三，杂变之赋亦称"沿纳"，就是杂税。

五代时就有杂税，仅南唐杂税有 17 项。宋代在此基础上又发明了许多新税种，这里只就几项对农民影响较大的税目作一介绍。

（1）和籴。原本是政府购买农民的粮食以供军需，但不是按市场价购买，而是低价购买。往往是税粮一石，和籴一石，称"对籴"。宋仁宗时，河东路一次和籴五百万石粮，相当于当地的两税总额，每石折价仅三百文，而宋仁宗时的米价每石在 700～2300 文波动，就以 1000 文算，农户也吃了大亏，等于官府拿市场上只能买一石粮的钱，买了农民三石粮。可是就这三百文钱也只给了七十五文现钱，其余四分之三折合成价值仅三十七文的茶叶。如此一来，农民的一石米变成了一百二十文了，只相当于市场价的约十分之一。也就是说，河东路的农户在这次和籴中多交了约九倍的税赋。在南宋，据当时人记载，淮南一农户有田二百四十亩，县司给"和籴百四十四石"，一石和籴须两石才能抵充，加上其他苛敛，"是以二百四十亩之田而欲三四百石米输官也，然则人家无颗粒入口腹矣"。有时和籴干脆一分钱也不给成为"白著"。宋丁宗嘉定年间，平江府有和籴粮百万石，"增额抑价，浙中巨产化为下户者十室而九"。用当时人的话说："名之曰和，其实强估。"①绍兴元年，朱胜非宣抚江、湖诸路，"首访民瘼，皆云正税之外，科条繁重。乃令民间陈其色目。税米一斛，有输及五、六斛，税钱一千，有输及七、八千者；如所谓和籴米，与所输正税等（即正税一石，和籴亦一石，当时称为对籴），而未

---

① 皆引自漆侠：《宋代经济史》，上海人民出版社 1987 年版，第 408、432、1087 页。

尝支钱"①。如果说北宋和籴是低价购买——强买，南宋时连钱也不给，如朱胜非所言就是强夺了，而且是为正税好几倍的强夺。

（2）和买和折帛钱。和买也称预买，最初是一项好政策，由官府在青黄不接的时候贷款给农民，等夏收后农民随夏税纳绸绢一匹，后来改为官府给盐七分、钱三分。宋徽宗以后，和买逐渐变成了高利贷，农民所还的绸绢或钱款要远远高于所贷的钱。后来的和买主要针对三等及以上户等，其标准是家有三十八贯五百以上物力的。和买与和籴的方式是一样的，官府低价购买绸绢。再往后，和买成了官府分文不给却要随两税征收的赋税。建炎三年（1129 年），又将和买绢折变成钱——"折帛钱"，开始每匹折钱二千，后增至三千；绍兴九年、十七年，江西每匹到八千、十千；东南诸路、四川也一样，增加了 5 倍；广西增加 2 倍；西川的布估钱增加 4 至 5 倍。② 宋人汪藻一针见血地指出："古者以暴赋横敛为非，尚有赋敛之名，今则直夺而已耳！"③

（3）预借。开始于宋高宗时，就是政府当年把农民次年应交的米、绢通过预借的方式提前征收过来。这是政府在寅吃卯粮，是政府今天吃农民明天的粮食。先是预借"民户和买绢二分"，后户部又"预借江浙民户来年夏税绸绢之半"，并令"每匹折米二石"。④《宋史·食货志》载：淳祐八年，陈求鲁奏疏中说："预借一岁未已也，至于再，至于三；预借三岁未已也，至于四，至于五。窃闻今之州县有借淳祐十四年者矣，以百亩之家计之，罄其永业岂足支数年之借乎？"是说有地方已预借了六年的两税了。不要说一般老百姓，就是大户人家也吃不消这样的剥夺。

（4）经制钱和总制钱。这两个税并不是独立税种，而是在其他税种的基础上附加的税种，且名目繁多。它虽然不直接向农民征收，但由于它附加于与农民相关的税种上，最终农民还是要承受这些税所增加的负

---

① 《建炎以来系年要录》卷四二，转引自财政部编著：《中国农民负担史》，中国财政经济出版社 1991 年版，第 425 页。

② 漆侠：《宋代经济史》，上海人民出版社 1987 年版，第 435 页。

③ 财政部编著：《中国农民负担史》，中国财政经济出版社 1991 年版，第 424 页。

④ 漆侠：《宋代经济史》，上海人民出版社 1987 年版，第 436 页。

担，而且因为它间接地增加了农民的负担，很难将其量化。南宋以后，经制钱和总制钱合而为一，它的征收数量也越来越多，绍兴十六年达到一千七百二十五万缗，成为压在人民身上的重赋之一。宋人叶适说："经总制不除，一则人才日衰，二则生民日困，三则国用日乏。"①

（5）月桩钱。也是名目繁多的杂税，有纳醋钱、卖纸钱、户长甲贴钱、曲引钱，如两人打官司，输者有罚钱，赢者则令纳"欢喜钱"。这些官吏为了盘剥百姓，可谓是费尽了心思。

除此之外，还有许多税目如板账钱、印契税、助军米、撮课、改钞、畸零等，老百姓买卖田宅、牲畜、婚丧嫁娶也都要收税。另外属于工商税种的盐税、茶税和酒税，也与农民相关，一定程度上加重了农民的负担。

第四，身丁钱——人头税。

20～60岁成丁不分主户和客户都要缴纳身丁钱，北宋时还只在南方征收，到南宋便在全国征收，各地征收标准不一，有交米的，有交绢的，有纳盐的。绍兴六年，有的地方一丁出米六斗，脚乘在外；两浙每丁纳丁盐钱三百六十文，但并不给盐；后来绢涨价，每丁绢一丈，绵一两；在台州，五等户纳丁身钱为绢三尺五，钱七十一文；在湖州，有的县四丁一匹，有的五丁一匹；在常州，客户和五等户，每丁纳丁盐钱二百文。② 身丁钱是按丁交的，如家有两丁就得交两份。因为上述各种苛捐杂税农民已难以承受，再加上按丁缴纳的身丁钱，使农民不敢也不愿多养子女。于是残酷的杀婴现象在宋代十分普遍。苏轼在湖北时就曾记载湖北有杀婴现象，特别是女婴。在婺源，"多止育两子，过是不问男女，生辄投水盆中杀之"。福建路是宋人公认的杀婴最严重的地方，"闽人不喜多子，以杀为常"。按中国的传统，多子多福，养儿防老，最讲究人丁兴旺，哪有不想生子的道理。之所以杀婴成风，实在是因为税赋太重，被逼无奈。南宋最富裕的两浙路也杀婴成风，"湖州丁绢最重，至生子不敢举"；处州"丁钱太重，遂有不举子之风"，这里说得很清楚，

① 《叶适集》。

② 漆侠：《宋代经济史》，上海人民出版社1987年版，第442页。

是因丁钱太重才有杀子之风。宋人留正说："愚民宁杀子不欲输绅绢；又资财嫁遣，力所不及，故生女者例不举。诚由赋役烦重，人不聊生所致也。"①可谓一针见血。

第五，徭役。

宋代的徭役有夫役和职役。夫役是所有男丁都须承担的，不分主户、客户。职役则是针对主户的。夫役的任务是筑路修桥、疏浚河道、运输粮草等，总之是出劳力的苦力活。而职役则需要一定的技能，又称差役，如衙前、里正、户长、乡书手、耆老、弓手、县曹司、押录、仓子等。看名称就知道都是有一定职能的。宋代差役的轻重是依据农户的资产而定的，除了极少数官品之家可以免役外，一般的地主和农户都要负役。其中衙前役来自一等户，负责押运官府财物；里正、户长、乡书手等参与催缴赋税、户籍编制等管理工作，由一、二、三等户担任；其余的职役如弓手、壮丁之类，最后都落到三等以下户身上。衙前、里正、户长、耆老等职役，服役时费用自理，且催粮押运等事责任重大，稍有闪失或公家财物遭受损失，则须以身家赔偿，属于重役。宋仁宗时，全国应役者至少48万人，也就是说有48万农民脱离生产第一线，却要自备生活费用服官役，对农业生产的影响是极大的。

宋代和前朝一样也是役大于赋。特别是对三等以上的农户，职役的负担是非常沉重的。首先是衙前役，宋人郑獬在《论安州差役状》中描述："伏见安州衙前役最为困弊。其合差役之家类多贫苦。……虽重难了当，又无酬奖，以至全家破坏，弃卖田业，父子离散，见今有在本处乞丐者不少。"造成这一状况的原因是"一家作衙前，须用三丁，方能充役，本家农务则全无人主管。兼家人在场务生疏，动是失陷官物，及界满（役期满——引者注）则勒正身赔填"②。这是姜獬亲眼所见的服衙前役农户（地主）的惨状，而这些能服衙前役的都是占地四百亩以上的一等户。时任三司使的韩绛也说："闻京东民有父子二丁将为衙前役者，其父告其子曰：'吾当求死，使汝曹免于冻馁'，遂自缢而死。又闻江南有

---

① 均转引自漆侠：《宋代经济史》，上海人民出版社1987年版，第56、57页。
② 《郧溪集》卷一二《论安州差役状》。

嫁其祖母及与母析居以避役者，又有鬻田减其户等者。田归官户不役之家，而役并于同等见存之户。"①韩绛说了三种规避衙前役的办法：一是为了让儿子不服衙前役，父亲以死规避；二是把祖母嫁出去或与母亲分户居住，以分散田产，降低户等；三是卖田给不服役的官户，降低户等。可见衙前役害人之烈。其次为里正、户长等职役，差充督课，要承担征税不足受罚的责任。在唐代，里正等职役者如征税期限超过，只征到应征税额的十分之三，就要受罚，"乡里正、孔目、书手各徒二年，仍配重役"。② 宋仍承袭唐代旧制。所以里正、户长等职役也有巨大的责任和风险。其余像耆老、弓手、壮丁等差役也不轻松，要承担抓捕盗贼、逃犯等任务。这些职役服役期间除了分派的职责要完成，还有很多对官员的迎来送往、岁时馈赠费用，任役的农户（含地主）也是不堪其苦。苏辙对此描述道："熙宁以前，散从、弓手、手力等役人常苦接送之劳，远者至四、五千里，极为疲敝"，"中至散从官、手力有打草供柴之劳，下至耆长、壮丁有岁时馈送之费，习以成俗，恬不为怪，民被差役，如遭寇虏！"③马端临在《文献通考·职役考》中对隋唐以后的差役状况作如下描述："所谓乡亭之职，至困至贱，贪官污吏，非理征求，极意凌辱。"可见，不管是地主还是一般农户，只要入役，就成为贪官污吏欺凌的对象，就身陷劳民伤财的境地。

宋神宗时王安石变法，改差役制，行免役法，即"计产定税，募民代役"，就是农户交钱给官府，由官府招募人服役。由于遭到司马光等众多官僚及大地主阶层的反对（行免役法这些官户也要出钱助役），免役法实行了一段时间后被废止，改革失败。但是这并没有完，南宋后，免役钱照旧收取，同时又恢复了差役，农户遭受双重剥削。南宋时由于人多地少，许多原五个等户的资产也大为减少，户等下降，无产税户大大增加。各种差役也都落在了中下等户的身上。《宋会要辑稿·食货》载："州县被差执役者，率中下户。中下之家，产业既微，物力又薄，故凡

①　《宋史》卷一七七《食货志·役法上》。
②　《五代会要》卷十九《县令》。
③　《栾城集》卷三六《论差役五事状》，卷三七《再言役法札子》，转引自漆侠：《宋代经济史》，上海人民出版社1987年版，第456页。

一为保正副，鲜不破家败产。"①一般农户一旦被差而不得脱役时，会采取一些迫不得已、不近情理的办法，"则有老母在堂抑令出嫁者，兄弟服阙不敢同居者，指己生之子为他人之子者，寄本户之产为他户之产者，或尽室逃移，或全户典卖，或强迫子弟之为僧道，或毁伤肢体规为废疾。习俗至此，何止可为痛哭而已哉！"②这段细致的描述可见，农户被差役折磨的何等惨烈！

上述种种苛捐杂税，如果加在某一农户身上，不管他是几等户，肯定破产无疑。所谓苛政猛于虎，对于老百姓来说最大的老虎就是超过其负担能力而不断增加的赋役，如前所述，它可以让你倾家荡产，妻离子散，自残自尽。有宋一朝，北宋的赋役轻于南宋，南渡以后，赋役增加很快。漆侠先生认为，从宋太宗太平兴国四年（979 年）到宋光宗绍熙元年（1190 年），宋朝的财政岁入由 1600 余万贯，增至 6800 万贯，增加了三倍多，而南宋的土地只有北宋的四分之三，这期间农作物的产量并没有提高三倍，因此农民赋税负担的剧增才是朝廷财政增加三倍的主要原因。③ 宋高宗是个荒淫无耻的皇帝，南宋偏安一隅，他却不知进取，只知道挖空心思搜刮人民，满足其骄奢淫逸的需求。士大夫张戒批评他说：有作为的皇帝无不"居安思危"，而宋高宗却"居危思安"。朱熹对此大加赞赏，称之为名句。南宋的苛捐杂税有七十多种，被赵瓯北评为"取民无艺"。④《文献通考·田赋考》说：宋高宗初年，农民"税米一斛有输五、六斛者，税钱一缗有输及十、八缗者"。按此说法，农户的实际赋税比法定赋税至少要高出五六倍。南宋高宗时人林勋也指出："宋二税之数，视唐增至七倍。"⑤我认为这些说法都是客观地反映了宋朝农民实际赋税负担的。宋人叶适从另一个角度谈了这个问题，他说"和买、

---

① 转引自漆侠：《宋代经济史》，上海人民出版社 1987 年版，第 490 页。

② 林季仲：《竹轩杂著》卷三《论役法状》，转引自漆侠：《宋代经济史》，上海人民出版社 1987 年版，第 492 页。

③ 漆侠：《宋代经济史》，上海人民出版社 1987 年版，第 448 页。

④ 漆侠：《宋代经济史》，上海人民出版社 1987 年版，第 422、423 页。

⑤ 《宋史》卷四二二《林勋传》。

折帛之类，民间至有用田租一半以上输纳者"。① 宋朝的佃户和地主一般是五五分成，地主所得地租是收成的一半，而仅和买折帛就占地租一半以上，我们就按地租的一半计，当时亩产 2 石米，地租为一石，和买折帛占整个收成的 25%。

我们把前面所列可以量化的各种税收占总收入的比重加总：正税 8%，加上加耗 8%（按多于正税的一倍计，资料显示有数倍者），加上脚钱 8%（按多于正税一倍计，有数倍者），加上和籴 8%（按多于正税一倍计，有数倍者），加折变 8%（按多于正税一倍计，前引包拯所言皆数倍者），加上身丁钱 2%，加上义仓 0.8%，加上和买折帛 25%，总计为 67.8%。这还没有计算不便量化的税收，如头子钱、牛革筋角钱、预借、经总制钱、月桩钱、摊派在农户身上的盐、茶、酒税等；特别是徭役，我们无法将其折算成税赋均摊到农户头上，但徭役对农户特别是三等及以上农户（地主）的负担影响是极大的。这里需要解释的是，宋代的正税并不高，我们估算约为 8%。宋代的赋税主要高在各种名目繁多的附加税、杂税和徭役，它们往往数倍于正税。漆侠先生在《宋代经济史》中引用了南宋嘉泰年间（1201—1204 年），绍兴府赋税征收情况指出，仅和买绢、折帛钱和免役钱三项附加税，就远远超过了由绢、绵、秋苗构成的正税（两税）；另外嘉定年间（1208—1224 年），台州赋税收入同样说明，仅经总制钱、折帛钱、酒税三项加起来，就已占全部上交货币收入的 80%，远高于两税正税。② 这从官府收入的角度佐证了我们以上关于各种附加税、杂税远大于正税的判断。还需要说明的是，宋代农户（主户）分五等，交税是不一致的；土地分上中下三等，赋税是不一致的；各地的征收标准是不一致的；各时段的征收标准是不一致的。如和买折帛是三等及以上户等才有的，四等及以下户等不承担和买，赋税比三等及以上户等要轻不少。这些差异姓使得后世的学者要想准确地计算出当时农户的赋税标准，是极其困难的，我们这里也只能是根据当时人们的陈述，做一个大致的估算。**根据以上资料和分析，我们估算宋代农户（主**

① 《宋史》卷四三四，《叶适传》。

② 漆侠：《宋代经济史》，上海人民出版社 1987 年版，第 444～447 页。

户)的实际赋税(不含徭役),三等及以上户等在 60%以上,四等及以下户等在 50%以上。再加上徭役,农民的负担是非常沉重的。即便是一、二等户,摊上重役稍有不慎即告破产也就不足为奇了。宋人汪藻对宋代赋税的苛重有个总体评价:"古者以暴赋横敛为非,尚有赋敛之名也,今则直夺而已耳。古者以收大半之赋为非,尚有其半也,今则直尽而已耳。"[1]

宋朝的客户如自己有牛等生产工具,和地主基本是五五分成的。没有耕牛和耕具的才四六分成或三七分成。据此,我们来看看宋朝客户的生存状况。

漆侠先生对宋朝的客户生存状况有个大致的描述可做参考。北宋的客户,如有三个成年人,两个未成年人,养有一牛,犁、耙等生产工具齐全,要进行再生产,其必要劳动开支如下:(1)口粮。成年人每天 2 升,未成年人每天 1 升,全家年口粮须 28.8 石(宋石 1 石为 92 市斤)。(2)食盐。全家最少 3 斗,加养蚕盐共 4 斗。按传统算法"斤盐斗粮",全家食盐支出折合 1.2 石粮或更多一些。(3)穿衣。农家以麻布为衣,每人冬衣一身,夏衣二身,至少需要 6 匹布。假定冬衣五年两换,单衣一年一身,全家至少需要麻布 3~4 匹,麻布 1 匹价值三四百文,折合三四石粮食。(4)饲料。牛饲料全年至少 3~4 石粮。(5)农具。农具修理、折旧也要耗去 1 石以上粮食。总计生活之需约在 36~38 石粮食,这是再生产的最起码的条件。要获得这些粮食需要种多少地呢?宋代北方的亩产量一般为 2 石,平年也有 1 石上下。以平年为准,客户则须租种 80 亩地,产粮 80 石,除去种子 8 石,然后实行对分制,自己得粮 36 石,勉强维持生计;没有耕牛的客户按四六分成,仅得粮食 30 石,虽然没有饲料支出,仍缺口 3 石粮食;如既无耕牛又无耕具的客户,按三七分成,仅得粮食 21.6 石,缺粮 10~12 石。弥补不足要靠家庭副业。这样,地租不仅吞噬了客户的全部剩余劳动,也吞噬了其必要劳动的一部分。[2]

我觉得漆侠先生在此对亩产量的估算似乎偏低。其实漆侠先生在考

---

[1]　《浮溪集》卷一《行在越州条具时政》,转引自郑学檬:《中国赋役制度史》,上海人民出版社 2000 年版,第 361 页。

[2]　漆侠:《宋代经济史》,上海人民出版社 1987 年版,第 377~379 页。

证宋代的亩产量时认为，宋代的亩产量一般是二石。① 另外，说客户租
80 亩地也不现实。在没有机械化耕种的条件下，一个五口之家是种不了
80 亩地的，除非像欧洲农户那样粗放式经营。但那样粮食产量很低，不
可能达到 2 石，甚至连 1 石都困难，农民不划算，地主也会因收不到足
额的地租而拒绝租给这样的农民。当时的客户租种 30~40 亩地的可能性
更大。以 40 亩算，每亩产米 2 石，共收粮 80 石，其他均按漆侠先生以
上的测算，留种粮八石外，和地主对分，交租 36 石，自留 36 石，加上
家庭副业才能勉强维持生计。

　　再看主户，除了极少数有品的官户可以免役和享受赋税优惠外，其
他包括一等户在内的各户等，都要承受沉重的赋税和徭役负担。以中等
户中的三等户为例。三等户占田百亩，自种 40 亩，收成 80 石；外租 60
亩收租 60 石，共 140 石，按 60%税率缴纳各种赋税后，自己只剩下 56
石。如按上述客户的必要生活生产开支须 38 石，但像三等户这样的小
地主家庭生活条件会更好一些，因此生活生产开支就不是 38 石，而可
能是 48 多石了。如按漆侠先生说的自己不育秧而是买，30 亩稻秧折米 1
石，自种的 40 亩田约需 1.33 石，② 这样生产生活开支总共须 50 石左
右。如仅仅是这样生活还是略有剩余的。但要命的是，如前所述，三等
户除了税收外还有沉重的徭役，在服役时还要承担对官员迎来送往，岁
时馈赠的费用，如稍有闪失就会倾家荡产，这类中等农户的日子过得也
是战战兢兢。如果说北宋时中等农户还能勉强度日的话，到了南宋中等
农户的日子就越发难过了。漆侠先生引述当时人对中等户的评价说：
"今之家业及千缗者，仅有百亩之田，税役之外，十口之家，未必糊
口"；"中人之家输赋偿逋之余，盖亦无几"。宋末的王柏说："中产之
家，往往一岁之入，不足支一岁之用，日降月下，而窘色不舒，每至秋
成，如解倒悬。"③王柏对中等农户的日子过得愁眉不展，做了形象的描
述。之所以如此就在与赋役太重。连这等小地主阶层生活的都如此艰

---

　　①　漆侠：《宋代经济史》，上海人民出版社 1987 年版，第 135 页。
　　②　漆侠先生估算客户租种 80 亩田，用种粮 8 石，而主户种 30 亩只用 1 石，
标准似乎不太一致。这里我们仍沿用他的估算。
　　③　漆侠：《宋代经济史》，上海人民出版社 1987 年版，第 515 页。

难，更可想而知四、五等农户了。

我们再来看看四等户的情况。以占地40亩计，亩产2石，共收80石粮。赋税按50%计，要缴纳40石，自留40石，这40石中必要的生活开支如上所述为38石(生活条件略好于客户)，加上种粮支出1.33石，共41.33石，缺口约1.33石，如果再加上婚丧嫁娶、生病吃药等支出缺口更大。另外，还要承担差役。所以必须有家庭副业的补贴，才能勉强维持生计。至于五等户，其生活的窘迫状况就更不用说了。宋仁宗时，张方平说：四、五等户常及十分之九，这些户都是"粗粝不充，布褐不备，未免冻馁之忧"的贫苦小农。[1] 宋真宗当年到近郊丁冈村打猎，看到纳税户乔谦居所"墙垣颓坏，室庐卑陋"，于是动了恻隐之心，除钱物之外还"免庸调三年"。这是他看到的人家，那些千千万万他看不到的农户则享受不到这样的免税优惠。所以农村中的常态是"百家为村，有食者不过数家，贫迫之人十常八九"。[2] 司马光在元祐元年的奏疏中指出："窃惟四民之中，惟农最苦。夫寒耕热耘，沾体涂足，戴星而作，戴星而息。蚕妇育蚕治茧，绩麻纺纬，缕缕而织之，寸寸而成之，其勤极矣！而又水旱霜雹蝗虫间为之灾。幸而收成，则公私之债，交争互夺，谷未离场，帛未下机，已非己有矣！农夫蚕妇所食者糠粝而不足，所衣者绨褐而不完，真以世服田亩，不知舍此之外有何可生之路耳！"[3]其中的"谷未离场，帛未下机，已非己有矣"，说的就是赋税和地租对农民的剥夺，农民只能吃糠穿褐，以顾温饱。

宋代是中国古代以土地私有为标志的私有制得以长足发展、商品经济空前繁荣的时期，也是农业及其他行业生产力水平得到很大提高的时期。据吴慧先生考证，宋代的粮食亩产量达到谷4石或米2石。[4] 1宋石等于92.4市斤，1宋亩合0.85市亩，折算下来宋代的亩产量等于今

---

① 财政部编著：《中国农民负担史》，中国财政经济出版社1991年版，第390页。

② 董煟：《救荒活民书》卷一，转引自漆侠：《宋代经济史》，上海人民出版社1987年版，第522页。

③ 司马光：《乞省览农民封事札子》，转引自漆侠：《宋代经济史》，上海人民出版社1987年版，第524页。

④ 吴慧：《中国历代粮食亩产研究》，中国农业出版社2016年版，第177页。

天的亩产谷 434 市斤或米 217 市斤。这是非常了不起的成就。13 世纪的英国，亩产量只有 76 市斤。如果都以未加工的谷物作比较，中国宋代亩产量是 13 世纪英国的 5.72 倍，可见农业生产力水平之高。我甚至有一个大胆的猜想：如果宋代还是实行西周封建制度，还是实行什一税赋；如果不是中央集权制下的皇帝掌握着军队等绝对的权力，可以对百姓进行超经济的强制性剥削，搜刮了人民的大部分财富，使得当时的农民无法进行生产性积累和扩大再生产，很可能在宋代中国就已经进入商品经济的时代，早于欧洲几百年进入工业化社会。当然，历史是不能猜想的。

明代。 明朝的农民赋役和农民生存情况。

第一，明代的田赋。

明朝的赋役基本沿袭唐宋以来的两税法。"丁有役，田有租"，"赋税十取一，役法计田出夫"。① 后又规定"凡官田亩税五升三合五勺，民田减二升，重租田八升五合五勺，没官田一斗二升"。② 明朝的赋税以米、麦为主，丝绢和钞次之。用米、麦缴纳为"本色"，用绢、钞折价交粮，为"折色"。明英宗正统年间（1436—1449 年），在户部尚书黄福等人的建议下，折征金花银，以"米、麦一石，折银二钱五分"的比价，将"南畿、浙江、江西、湖广、福建、广东、广西米麦共四百余万石，折银百万余两，入内承运库，谓之金花银。其后概行于天下。自起运兑军外，粮四石收银一两解京，以为永例。诸方赋入折银，而仓廪之积渐少矣"③。这是为解决各地粮食长途解运的困难而采取的以粮折银的方法，并在全国实行，也可视为明代中前期粮银折价的官方标准。

明代的田赋，各地征收标准差别很大，总体而言，北方轻于南方，南方又以苏州、松江、嘉兴、湖州、常州五府最重。《明史·食货志二》云："浙西官、民田视他方倍蓰，亩税有二三石者。大抵苏最重，松、嘉、湖次之，常、杭又次之"。亩税二三石的税率，不论官田、民田，比上述规定的税率高出数十倍。亩税二三石应是比较极端的现象，因那

① 《明史》卷七八，《食货志二》。
② 《明史》卷七八《食货志二》。
③ 《明史》卷七八《食货志二》。

时的亩产量也不过二三石。有的学者根据洪武二十六年(1393年)苏州等江南几个府的垦田总数，田赋总数和人口总户数，算出几个府的平均亩税(以升计)为：苏州府28.5升，松江府23.8升，常州府8.2升，镇江府8.4升，浙江布政司5.3升①，都明显高于朝廷关于民田正赋三升三合五勺的规定，其中苏州府是正赋的8.5倍，松江是7.1倍，常州府是2.4倍，镇江府是2.5倍，浙江布政司是1.58倍。曾任明孝宗时礼部尚书的丘睿说："洪武中天下夏税秋粮以石计者，总二千九百四十三万余，而浙江布政司二百七十五万二千余；苏州府二百八十万九千余，松江府一百二十万九千余，常州府五十五万余。是此一藩三府之地，其田租比天下重，其粮额比天下为多。"顾炎武说：苏州府(一府七县)"垦田九万六千五百六顷，居天下八百四十九万六千余顷田数之中，而出二百八十万九千石税粮于二千九百四十余万石岁额之内，其科敛之重，民力之竭可知也已"。有学者据此算出，苏州府垦田数占全国垦田数的1.14%(即八十八分之一弱)，夏税秋粮占全国总额的9.55%(即十分之一弱)。② 另外，江西万安县志载在洪武二十四年，也是民田"每亩科米一斗"。③ 广东揭阳县志载：明初"原报田每亩米六升或五升"。④ 福建惠安县，民地2240顷，其中田1430余顷，贫瘠的地、山、塘有800余顷，全县实征税粮12070石，平均田、地、山、塘各等科则，每亩五升以上。⑤ 像揭阳、惠安等地都是经济不发达地区，其每亩税收也都远远超过官方规定的田赋标准。

明朝官田的田赋也远高于五升三合五勺的规定，租种官田的农户同

---

① 财政部编著：《中国农民负担史》，中国财政经济出版社1991年版，第605、606页。

② 财政部编著：《中国农民负担史》，中国财政经济出版社1991年版，第596、597页。

③ 同治《万安县志》卷四《田赋》，转引自郑学檬主编：《中国赋役制度史》，上海人民出版社2000年版，第505页。

④ 乾隆：《揭阳县志》卷三《田赋》，转引自郑学檬主编：《中国赋役制度史》，上海人民出版社2000年版，第505页。

⑤ 叶春及：《惠安政书》卷四《版籍考》，转引自郑学檬主编：《中国赋役制度史》，上海人民出版社2000年版，第505页。

样负担沉重。成化八年(1472年)，山西洪洞县官田每亩征粮二斗四升七合。陕西三原县，官田每亩科正麦一斗七升六合。广东韶州府曲江县，官田每亩征粮三斗四升；顺德县公职田每亩二斗五升六合。福建省福州府，官田"有科米三斗上下以致五斗或七斗者"。[①] 这些地方田赋的实际执行标准比规定高出3.2~13倍。可见，所谓官府规定的田税正赋，可能只是北方某些经济比较落后地方的赋税征收标准，并不是在全国实际执行的田赋征收标准。

明宣宗后，江南赋税有所减轻。《明史·食货志》载："宣宗即位，广西布政使周干巡视苏、常、嘉、湖诸府还，言：'诸府民多逃亡，询之耆老，皆云重赋所致。如吴江、崑山民田租，旧亩五升，小民佃种富民田，亩输私租一石。后因事故入官，辄如私租例尽取之。十分取八，民犹不堪，况尽取乎！尽取则民必冻馁，欲不逃亡，不可得也'……宣德五年二月诏：'旧额官田租，亩一斗至四斗者，各减十分之二，四斗一升至一石以上者，减十分之三。'"即便按这个比率减税，江南各地还是普遍远远高于规定的正赋。

除了正税，明朝同样有征税之外的附加税，如税粮的加耗。《明史·周枕传》载：时漕运，农民自己租船运米到外地，加上杂耗"率三石致一石，往复经年失农业"。《明史·食货志三》载："(宣德)六年，(陈)瑄言：'江南民运粮诸仓，往返几一年，误农业。令民运至淮安、瓜州，兑与卫所。官军运载至北，给与路费耗米，则军民两便'是为兑运。"兑运是周枕、陈瑄推行的一项改革，兑运民粮的加耗，以运距的远近有别。《万历会典》载：浙江、江西、湖广每石正税粮，加征耗米七斗六升；应天、苏、松、常、镇、庐、宁、池、太及安庆各府均加耗六斗六升；凤、淮、杨三府及徐州府均加耗五斗五升。[②]《明史·食货志三》则载每石粮的加耗为："每石，湖广八斗，江西、浙江七斗，南直隶六斗，北直隶五斗。"可见，仅加耗一项，就使农民的田赋增加了50%~80%。

另外，万历九年推行一条鞭法，规定按亩征银，"火耗"也普遍降临

---

① 郑学檬主编：《中国赋役制度史》，上海人民出版社2000年版，第506页。

② 财政部编著：《中国农民负担史》，中国财政经济出版社1991年版，第636页。

到农民身上。在田赋征银的情况下，火耗实质上是一种附加税，而按什么标准加收火耗并无明文规定。黄汝成《日知录集释》引顾炎武《钱粮论》说："籍火耗之名，为巧取之术，盖不知起于何年。而此法相传，代增一代，官重一官，以致于今。于是官取其赢十二三，而民以十三输国之十；里胥又取其赢十一二，而民以十五输国之十。……于是正赋之加焉十二三，杂赋之加焉十七八矣。"①总而言之，通过加征火耗，老百姓的正赋和杂赋都增加了不少。

第二，明朝的徭役。

明代明显加强了对人民的人身控制，在清点人户的基础上，推行黄册里甲制度，洪武十四年又与之相结合，制定了徭役征派制度。《明史·食货志二》载："赋役法，一以黄册为准。册有丁有田，丁有役，田有租。……丁曰成丁，曰未成丁，凡二等。民始生，籍其名曰不成丁，年十六曰成丁。成丁而役，六十而免。又有职役优免者。役曰里甲，曰均徭，曰杂泛，凡三等。以户计曰甲役，以丁计曰徭役，上命非时曰杂役。皆有力役，有雇役。府州县验册丁口多寡，事产厚薄，以均适其力。"

（1）里甲役，是以里甲为单位承担的正役。编入黄册的里甲为110户为一里，一里之中推丁粮多者10人为里长，其他100户分为10甲，每甲10人，有甲首1人。有征派时由一名里长带一甲十户应役，一里中十年一轮换，即每个里长和一甲十户十年里要服役一年。服役内容是管理一里之中的民事，如调解民事纠纷，催办公粮，拘捕罪犯等。最让农户感到压力巨大的是地方官府的日常支出费用由里甲服役户承担。这些费用包括地方向朝廷及各部上贡物质的出办也称"岁贡"，各类地方官府的朝会乡饮，神社名祠的祭祀，士大夫官员的迎来送往，科举生员赴考的盘缠津贴，地方官朝觐的酒礼，衙门修葺及日常物品的费用等。也就是说，农民不但要出力，还要在田赋正税外出钱。时任明户部侍郎郑纪曾谈及弘治年间里甲正役负担云："每甲值一日用银二十余两，十六图

---

① 财政部编著：《中国农民负担史》，中国财政经济出版社1991年版，第583页。

(里)一岁计之，用银三千余两。悉皆庖厨之供、妻妾之奉，与夫过客来使，权门馈赠而已。至于祭饮、科贡、物料之费，国典所载者，率以一科十，岁有千两有奇。"①如按每甲值一日用银二十两算，每甲值一年的用银应是7300两，这似乎超出了农民能够承受的范围，并与这段话后面说的"十六图(里)一岁计之"的4000余两有点矛盾。我们按十六里一岁计之4000两算，一甲是十个人，十甲为一里，一里计一百一十户，其中十户为里长。十六里服役的共1760人，每人一岁摊2.273两。不管以上哪种算法的数字更准确，对农户来说都是个沉重的负担。另外押运粮食也是一项沉重的负担，若有闪失可能倾家荡产。可见明朝的里甲正役既是徭役，又有户税的性质。里长、甲首等都属重役。

(2)杂泛，就是杂役，是里甲正役之外的徭役。也分常役，如粮长、解户、弓兵、皂隶、门禁、厨斗等；临时性的杂役，如修仓、修河等。杂泛是按黄册所载上、中、下三等按户金派的。丁粮多者如十石以上者任重役，丁粮少者如二三石的下等户任轻役。《明史·食货志二》载：明初"田一顷出丁夫一人，不及顷者以他田足之，名曰均工夫。……田多丁少者以佃人充夫，而田主出米一石资其用。非佃人而计亩出夫者，亩资米二升五合"。也就是有一顷田的农户，出丁一人；不足一顷田的，几家凑足一顷轮流出丁，不出丁者每亩出米二升五合；雇人出丁者，出米一石。可见，杂役虽然是轻役，却是每个农户都要服役的。后来，均工夫图册被户帖制度所代替，但每户都要服役，及按户等高低分别服轻役或重役的方式没有改变。服重役的农户(属于富裕农户甚至中小地主)开销更大的多，如驿站的马夫，因为不但人要服役，而且要供应马匹、马鞍、毡衫、驿夫等费用。杂泛的一大危害在于没有一定数量的限制，有很大的随意性，应役的农民不堪重负。洪武末年和建文初年，时人就已感叹："今天下有司役民无度，四时不息"，民户较少的州县，"丁丁当差，男丁有故，役及妇人"。永乐时，营建北京城，"民以百万之众，终岁在宫供役……使耕种不时，农桑废业"。又如修运河、会通河，征发

① 《福建通志》卷四九《田赋志》，转引自郑学檬主编：《中国赋役制度史》，上海人民出版社2000年版，第512页。

山东、徐州、应天、镇江民夫 30 万；修武当山宫观，"督丁夫三十万"。
这些都是浩大的工程。永乐以后，杂役征派更加繁重，成化时给事中丘
弘说："一里之中，甲无一户之闲；十年之内，人无一岁休息。士夫之
家，皆为皂隶；致仕之官，不免杂差，甚至一家当三、五役，一户役
三、四处。"因为制度不严，地方官乘机勒索，滥用民力，有地方"参政
一员，皂隶十名，每名必三四十丁；马夫十户，每户必得三丁，通前计
之，不下四五百丁"①。总体而言，北方的役比南方为重。《古今图书集
成·食货典》载："自淮而北，税粮虽轻，杂役则重……徐州杂役，岁出
班夫银三万八千有奇，洪夫一千五百有奇，复有浅夫、闸夫、泉夫、马
夫等役；洪夫一役银十二两，统而计之，洪夫之役，岁银一万八千有
奇，其余各役，不可究言也。虽穷切骨，亦岁办役银一两。"②可见，这
杂役是不轻的：洪夫一役银十二两；其余各役，最穷的也要岁办役银一
两，对贫苦农民来讲，绝对是笔沉重的负担。按照上述英宗正统元年米
麦一石只折银二钱五分计，最穷的农户交役银一两，折合米麦 4 石；如
果是洪夫一役十二两，折合米麦 48 石。这役比田赋要重得多。

（3）均徭法。针对杂泛的弊端，一些官员推出均徭法，弘治年间
（1488—1505 年）在全国实行。均徭法把经常性的差役和临时性的差役区
分开来，并把差役分为上差、中差、下差，分等的依据是服役地方的远
近和差役本身的费用多少来决定的。"在州县者易当，在府远者难当，
在三司者尤难当。盖在下之差，居家应役，使用既少，且不妨耕；在上
之差使用浩大，既解正身，又要雇人。"③均徭法的金派由杂泛时的户，
转为甲，与里甲正役一样由各甲轮流应役，几年一轮。在江南的常山
县，"自税粮之外，一年里甲，一年粮长，一年丁田，一年均徭，一年
造册。十年之中，五作而五休之，少得喘息"④。均徭开始是力役，后

---

① 皆引自郑学檬主编：《中国赋役制度史》，上海人民出版社 2000 年版，第
514 页。

② 周伯棣：《中国财政史》，上海人民出版社 1981 年版，第 372 页。

③ 郑学檬主编：《中国赋役制度史》，上海人民出版社 2000 年版，第 515 页。

④ 《常山县志》卷八《赋役表》，转引自郑学檬主编：《中国赋役制度史》，上
海人民出版社 2000 年版，第 516 页。

可交银抵差，官府雇人当役。如南京国子监衙门，原有一百名膳夫，皆均徭入户充役，因屡有逃亡，成化二十二年（1486年）改为苏、松、常、徽、宁五府，"每名一年解银一十二两，有闰加一两，充雇役之用"，又如弘治十年，南北两京"公使及仓库秤子等役，不愿应当者，出工食银十两"。① 银十二两、十两都是要应役的农户出的钱。

（4）粮长制度。这是洪武年间朱元璋实行的由农户中的大户催征和解运税粮的制度。运粮是件费神费力的事，《明洪武实录》载苏州粮长解运粮食："粮长下各设知数一人，斗级二十人，送粮夫千人。"《大诰续编》则载：粮长运解税粮，须由各税粮户集款随税粮加粮价的三成以为运费，"催粮之时，其纳户人等，粮少者或百户，或十户，或三五户，自备盘缠，水觅船只，旱觅车轮，于是议让几人总领，跟随粮长赴合该仓分交纳，就乡里加三启程"②。粮长职责的重要性，颇受朝廷重视，还得到朱元璋的亲自召见，有的还可升官。时间稍长，不少粮长开始动起歪心思，如嘉定县粮长金仲芳等人，巧立各种钱米名色达18种之多，科敛粮户。又有郏阿奶的粮长"起立名色"12种，正米"加五收成"，还勒逼粮户以房屋、牲口、农具等折纳田赋。有的粮长与县官吏勾结，弄虚作假，或加派钱米，或将各户税粮侵吞为己有。明成祖迁都北京之后，粮长舞弊现象更重。但也有些比较老实的粮长长途解运，往往亏空破产。随着官吏的欺凌和贪求，粮长也日益成为负担沉重的徭役，"江南赋役必责粮长，粮长承役必致破家"③。粮长成为重役，大户则想方设法把它转嫁到中等甚至下等农户身上。"粮长大抵破家，则轮充又为朋充，朋充有三四人，或五六人，或八九人，而民间以粮长为大害。"④

从以上所述可知，明朝的徭役，是既出人又出钱的，特别是由上等

---

① 郑学檬主编：《中国赋役制度史》，上海人民出版社2000年版，第518页。

② 二则皆转引自郑学檬主编：《中国赋役制度史》，上海人民出版社2000年版，第518页。

③ 《明嘉靖实录》卷五〇四，转引自郑学檬主编：《中国赋役制度史》，上海人民出版社2000年版，第521页。

④ 《天下郡国利病书》卷二三《苏松》，转引自郑学檬主编：《中国赋役制度史》，上海人民出版社2000年版，第521页。

户承担的里长、甲首、粮长等更是如此。这些都是正赋之外的负担，把它们加总在一起，才能真正反映明朝农户的负担。由于正赋之外的赋税和负担没有统一的标准，各地实际执行的差距很大，加上缺乏对当时农民负担的详细记录的资料及我们研究的深度不够，所以，我们无法将明朝的实际赋役量化，准确计算出各阶层农户的实际负担数字。但从当时的一些零星记载和大规模社会性事件还是可以得出结论：明朝中期前的赋役非常沉重，老百姓是不堪忍受的。随着大地主豪强与官吏勾结，想方设法把赋役的负担转嫁给中下等户，老百姓的生存状况也愈加恶化。《明经世文编》载，明人范景文说："（赋役）所佥实非真大户……大半中人耳，中人之产，气脉几何？役一着肩，家便立倾，一家倾而一家继，一家继而一家又倾，辗转数年，邑无完家矣。"[1]可见，徭役的负担比税赋更大，对农民的伤害更深。于是农民纷纷逃亡。早在宣德年间，江南"以太仓一城之户口考之，洪武年间，见丁授田十六亩，二十四年（1391年）黄册，原额六十七里，八千九百八十六户。今宣德七年（1432年）造册，止有一十里，一千五百六十九户，核实又止有见户七百三十八户，其余又皆逃绝虚报之数。户虽耗而原授之田俱在，夫以七百三十八户，而当洪武年间八千九百八十六户之税粮，欲望其输纳足备而不逃去，其可得乎"。[2]洪武年间67里的8986户，到宣德七年核实只剩738户，逃亡人户8248户，占这地区原人户总数的91.78%，逃亡人户的税粮要由未逃亡人户承担，只能加速人们的逃亡。正统年间逃亡人口更是成灾，波及全国。正统三年（1438年），山西繁峙县逃亡农民达一半以上。正统六年浙江金华府等七县逃亡农民有十万余人，占金华府原额户口的2/5；台州四县逃亡农民12.6万余人，占原额户口的2/3。景泰、天顺年间，"河南北、襄南、湖北流民聚郧（阳）、房山中者数十万"。到成化年间，荆、襄山区的流民更不下百万。成化七年（1471年），明朝廷镇压这一带流民暴动，"得检籍出山者，共九十三万八千五百余口"，被斩杀

---

① 郑学檬主编：《中国赋役制度史》，上海人民出版社2000年版，第533页。

② 郑学檬主编：《中国赋役制度史》，上海人民出版社2000年版，第533页，引明朝官员周忱所言。

者还不算。① 全国性的农民逃亡，只能说明一个问题——"苛政猛于虎"，这个"虎"就是压在农民身上沉重的赋税和徭役，其沉重的程度使得农民已无法正常的生产生活，更不用说扩大再生产了，只能选择逃亡或起义。用农民逃亡或起义来衡量赋役的轻重，比学者们的任何精细地计算都更有说服力。

到明中叶以后，因大豪强地主的兼并，农民的逃亡及隐入豪强地主门下，国家对土地、人口、赋税的控制力全面下降。洪武二十六年（1393 年），全国税田 850.7 万余顷，弘治十五年（1502 年）已下降到422.8 顷，下降一半以上；洪武年间，户口 1065 万户，人口 6054 万，弘治四年（1491 年）下降到户 911 万，减少 154 万，口 5338 万，减少 716万；全国夏、秋两税也从洪武年间的秋米 2473 万石，夏麦 471 万石，下降至弘治年间的秋米 2216 万余石，夏麦 462.5 万石。这里需要注意的是，税田减少了一半以上，但赋税中秋米只减少了 10.3%，夏麦减少1.8%。② 这说明弘治年间的税田上负担明显地加重了。明代原来的赋役制度已到了崩坏的边缘，赋役制度改革迫在眉睫。

万历年间张居正主导赋税制度改革——"一条鞭法"，是要改变过去赋役制度混乱无度的状况，简化征收程序，在清丈全国土地的基础上，将赋役合一，除苏、松、杭、嘉、湖地区外，其他地区田赋一律折银征收，徭役也一律征银，役银和田赋由原来的户、丁分担，改为由丁和田负担，也有按田均摊赋税的意图。征收原则为"量入为出，加意撙节"，尽量节省开支。关于一条鞭法的内容，《明史·食货志二》记载："一条鞭法者，总括一州县之赋役，量地计丁，丁粮毕输于官。一岁之役，官为金募。力差，则计其工食之费，量为增减；银差，则计其交纳之费，加以增耗。凡额办、派办、京库岁需与存留、供亿诸费，以及土贡方物，悉并为一条，皆计亩征银，折办于官，故谓之一条鞭。"计亩征银对那些拥有大量土地的地主来说当然要多交税银，占田少的农民自然少

① 皆引自郑学檬主编：《中国赋役制度史》，上海人民出版社 2000 年版，第533 页。

② 郑学檬主编：《中国赋役制度史》，上海人民出版社 2000 年版，第 531、533、535 页。

交，这对均田赋，平贫富是有积极意义的。但是，一条鞭法是以原有赋税额为基准的，这样就把明中叶以来的各种加派固定下来，成为合法化的固定收入。《漳浦县志》载："万历年间杂役纷扰，征敛无艺，不得已而行一条鞭法，实解一时之困……乃田赋之加于旧不啻三倍。"[①]也就是说，一条鞭法后的赋税额比明初规定的正赋要增加了很多。

另外，一条鞭法征收标准是"总括一州县之赋役"，"并为一条，皆计亩征银"，这就等于是量出为入而不是量入为出了，即先预算出州县一岁的总支出，再摊派到丁田上去。这样的赋役没有额度的限制，地方官员可以随时更改预算增加农民的负担。所以时人有指责一条鞭法"无复仓口斗升之数，且岁岁不同，小民茫然不知何谓，该多与少，无从诘究，书手愚弄，出口为非"。[②]还有就是每年赋役折银，农民须把农产品在市场上出售后才能换回银两，又不免商人乘机压价盘剥，造成"银贵谷贱，而民有征输之困矣"。[③]张居正死后，一条鞭法虽仍在实行，但却走了样：一条鞭外又加派徭役，万历十一年（1583年）御史张贞观谈徐州徭役说："有已征条鞭银，而复役里甲者……业已征其银而复役其身，是民昔之所苦者一，而今之所苦者二也。"[④]在江西、河南等地也有类似情况。

更为严重的是，明中叶后随着国家对田地、户口、赋税控制力的下降，大量官吏在征收过程中弄虚作假，中饱私囊，使大量赋税流入私人口袋，甚至形成民输一石米，国家仅得二三斗，私人得七、八斗的极不正常局面。陈洪谟《治世余闻》载：弘治时，孝宗问刘大夏，为何永乐时期大举营造北京城，还发兵北征，财政未见吃紧，而今没有大规模军事和民事行动，却收不足用？"大夏对曰：'祖宗时民出一文，公家得一民

---

①　《漳浦县志》卷四《田赋志》，转引自郑学檬主编：《中国赋役制度史》，上海人民出版社2000年版，第569页。

②　《明经世文编》卷二七八，转引自郑学檬主编：《中国赋役制度史》，上海人民出版社2000年版，第569页。

③　《明万历实录》卷一七二，转引自郑学檬主编：《中国赋役制度史》，上海人民出版社2000年版，第570页。

④　《江南通志》卷七六《食货志》，转引自郑学檬主编：《中国赋役制度史》，上海人民出版社2000年版，第571页。

之用。今取诸民数倍，而实入官者或仅二三。'"①此时作为历经英宗、宪宗、孝宗三朝元老，有过地方官和户部、兵部主管经验的主官，刘大夏的话有两句特别值得重视，一是"今取诸民数倍"，也就是人民赋税比明初增加了数倍；二是老百姓的负担加重了数倍，却没有完全落入国家的口袋，而是被大大小小的官吏侵吞了百分之七八十。另据《明史·阉党传·张綵》载：张綵对大宦官刘瑾说："公亦知贿入所自乎？非盗官帑，即剥小民。彼借公自厚，入公者未十一"也就是说，各级贪官向刘瑾的行贿数额只是自己所贪数额的十分之一。

正德年间的宦官刘瑾被抄家时，抄出了数量惊人的财富，陈洪漠的《继世纪闻》和谈迁的《国榷》中对此有详细地记录：共有金一千二百五万七千八百两，银二万五千九百五十八万三千八百两。刘瑾当权不过五年，平均每年纳贿之数，金二百四十一万一千五百六十两，银五千一百九十一万六千七百六十两。② 这个数字是什么概念呢？明初到英宗正统年间（1436—1449 年），国家财政每年岁入的税粮、马草、盐课等项折合成银两一直维持在二百四十万两左右，③ 而刘瑾每年纳贿所得的私人财富居然是正统年间国家一年财政收入的二十多倍，真是让人目瞪口呆！当然，这些数字的准确性已难以考证，但刘瑾受贿数额十分巨大则是肯定的。这也印证了兵部尚书刘大夏所言"今取诸民数倍，而实入官者或仅二三"的判断是正确的。刘瑾原是贫苦农民出身，所有的太监不是家庭生活贫困到了无以为继的地步，家人都不会让孩子走这一步，因为在当时医学不发达的情况下，做阉割手术风险极大，搞不好就有生命危险。刘瑾的财富都是在他入宦得到皇帝信任后在较短时间里积累起来的。同时也说明，当时官员贪腐成风，没有千万个贪官给刘瑾主动行贿，他也不可能迅速富可敌国。目瞪口呆的不仅是一般百姓，连一贯信任刘瑾，当时并没有打算处死他的明武宗，得知从刘瑾家抄出这么多财

---

① 陈洪漠：《治世余闻》，转引自财政部编著：《中国农民负担史》，中国财政经济出版社 1991 年版，第 658 页。

② 财政部编著：《中国农民负担史》，中国财政经济出版社 1991 年版，第 660 页。

③ 周伯棣：《中国财政史》，上海人民出版社 1981 年版，第 363 页。

富后才勃然大怒，让刽子手分三天，将他凌迟处死。处死一个刘瑾容易，但如何防止千万个步其后尘的王瑾、李瑾出现，则是这个体制无法治愈的毒瘤。与刘瑾同时受宠于武宗的，还有马永成、高凤、罗祥、魏彬、丘聚、谷大用、张永七人，人号"八虎"。① 这些人个个都是横行朝野、鱼肉百姓的高手。再说，明朝的大贪官中刘瑾还不算最大的，后面还有更大的严嵩、魏忠贤。须知这些贪官手中的巨额财富绝大部分都是在国家正赋，即两税或其他税收之外从农民或工商业者手上收刮来的，**换句话说，农民或其他职业的劳动者每年上缴的实际赋税是国家法定赋税的几倍甚至十几倍，其中大部分落入了贪官污吏之手。所以，如果我们仅从国家冠冕堂皇的法定赋税规定来判断农民的负担，就会谬之千里。**

我们把明朝中前期的赋税和徭役简单地汇总如下，说简单是因为我们只列举了几个明显与农民负担有量化关系的项目，而其他名目繁多但不易量化的项目都没有计算在内：

（1）正赋。《明史·食货志》："赋税十取一。"

（2）加耗。一般为正赋的50%~80%，最高3倍。

（3）里甲正役。虽然是服役，农户也要开销，如前所述16图(里)一岁用银4000余两，按4000两算，16里1760人，平均每人摊2.273两。

（4）杂泛。应役的农民因役种的不同开销也不同，如"洪夫一役银十二两"，服最轻役的农户"虽穷切骨，亦岁办役银一两"。

明代的赋役名目还有很多，如类似宋代的支移、脚钱、义仓、折变、杂赋等，因为无法直接量化为农民负担，所以都无法计入了。仅从上面几项我们来大致测算明代中前期农民的负担。据吴慧先生考证，明代晚期以前粮食亩产量南方和北方加权平均的数字是2.31石，其中南方水旱地平均为2.61石，北方为2石，南北方都考虑了不同品种的复杂因素。② 如果我们以明代南方农户家均15明亩土地计算，粮食产量总共为39.15石；北方农户以户均20明亩计为40石，南北方户均总产量相

---

① 《明史》卷三百四《刘瑾传》。

② 吴慧：《中国历代粮食亩产研究》，中国农业出版社2016年版，第191页。

差不大，南北方农户负担分别为：

（1）按"赋税十取一"算，南方为3.915石，北方是4石。

（2）加耗，按每石加65%计，南方3.915石的加耗是2.54石，北方4石的加耗为2.6石。

（3）里甲正役所需开支，每户一岁2.273两。按前面所说英宗正统元年米麦1石折银二钱五分反折过来，为9石多。

（4）杂泛，按最低的农户出银1两计，折变成粮为4石。

仅这四项赋役相加，南方农户要交赋、役（非指劳役，而是指服役时需出的役银）19.455石；北方为19.6石；分别占南方农户农田总收入的49.69%和北方农户农田总收入的49%。若加上其他不好量化的赋税，明代前期农户的赋税总额超过农户农田总收入的50%，应该不会有错。

万历中、后期，国家财政入不敷出，为填补巨大的赤字，于是不断加派田赋：万历二十年（1592年），"每亩加银一厘五毫，二十一年复加一厘五毫，共为三厘"。这还不算，万历四十六年，辽东战事吃紧，加派辽饷"自贵州外，亩增银三厘五毫"；四十七、四十八年，又加派三厘五毫和二厘，每亩已累计加至九厘。而且这九厘加派成为定额，每年征收。崇祯三年（1630年），又"于每亩九厘之外，复征三厘"称"新饷"；崇祯八年，再加"助饷"，"概征每亩一钱"；在往后，为镇压农民起义，又征"剿饷"，"每条银一两加银三分"；"练饷"，每亩一分。从万历四十六年至崇祯十二年，先后累计增饷银约2000万两。此外还有类似宋代的预征、火耗及名目繁多的搜刮。导致农户"盖一年而出数年之赋，一亩而出数亩之粮"[1]。

把这些加派汇总一下：万历之后的加派在"新饷"之前，为每亩12厘；加"新饷"每亩三厘，加"助饷"每亩一钱，加"剿饷"一两银加三分，加"练饷"每亩一分，总共为每亩1.115钱。南方每户15明亩为1.7025两，再加上剿饷的每两银加派三分，而每个农户里甲役和杂泛合为3.273两，即要加派0.098两，共为1.8两；北方20明亩的各种加派为

---

① 《宁化县志·度支》，转引自郑学檬主编：《中国赋役制度史》，上海人民出版社2000年版，第574、575页。

2.26 两，再加剿饷的每两银加三分，即每户加 0.098 两，共计为 2.35
两。这些加派在农户身上的银两，无疑又增加了农民的负担。据现存万
历三十九年(1611 年)徽州休宁县催征税粮条鞭科则内容，可见当时税
粮折银的比价："麦八石四斗一升四合六勺，该征夏税银二两六钱五分
五厘一毫。米一十九石四斗八升一合一勺，该征税粮银九两一钱八分一
厘六毫。"①麦、米平均折算为一石粮 0.39 两银，这样，南方农户加派的
征银折合增加税粮 4.61 石，加上原有的税额，使南方农户的负担总额
占农田总收入的 61.47%；北方农户加派征银后则要增加税粮 6.02 石，
加原有税额，农民的负担总额占农田总收入的 64.05%左右，远超明前
期的农民负担。农民正常的生产生活无法进行下去，最终导致明末农民
大起义。

　　通过以上的论述，我们完全有理由相信，如果再加上税赋和劳役中
不好量化的部分如火耗、轻赍(相当于宋代的折变)、义仓、杂赋、军前
私派等，明代农户的赋税和徭役负担实际平均水平，在前期超过 50%；
后期超过农户农田总收入的 60%。

　　这个计算中，有几个问题需要解释一下：一是除上述农户所交的
粮、钱以外，再加上农户服役所占用的时间，每个有田的自耕农所承受
的赋税和徭役负担非常沉重是个不争的事实，他们的负担甚至超过无田
的佃农(佃农的田租一般为 50%)，否则我们就无法解释为什么有那么多
的自耕农自愿交出土地，投靠到豪强大地主庇护之下，而不愿成为表面
上不依附于他人的自耕农。二是我们计算的田赋和徭役是按全国平均的
轻赋和轻役计算的，实际上，那些没有官员背景的中小地主，他们服的
是重役，如里长、甲首、粮长、驿站等，他们的赋役负担比一般农户更
重，以至于许多人服役后倾家荡产、家破人亡。三是由于许多附加税如
火耗、轻赍、杂赋等，或没有明文规定，或有规定但因时因地不同不好
计算，而无法计入。所以我们得出的农民负担数字，只能是大致的估算
而不可能很精确，只能大致反映当时的农民负担情况。需要指出的是，
明代农民的赋税是高于宋代的。依据明宣德七年当时人杜宗垣上书巡抚

---

①　郑学檬主编：《中国赋役制度史》，上海人民出版社 2000 年版，第 565 页。

江南的工部右侍郎周枕提供的资料，如以南宋末年松江府的田赋岁额为100，则元末为189，洪武初年为284，宣德五年为243。[①] 到了明中后期，因天灾人祸，落到农民身上的赋税负担又高于前期，更是不争的事实。

明代的农户(包括中小地主)占田不多，其收成又大部分被掠夺，其生存状态只能用苟延残喘来形容。比如，一个有地15明亩的南方农户，收成是39.15石，赋税总额我们按60%计(实际可能比这更高)，即交粮食23.49明石，余15.66明石。五口之家的口粮按平均每人30市斤计，为一岁1800市斤，合12.36明石。[②] 另外，一家人的穿衣、用盐、养牛、农具折旧维修、种粮等生产生活开支，与宋代不会有很大的变化，参照漆侠先生对宋代农户估算，除口粮之外为9宋石左右，合明石5.687石。如此，口粮加生产、生活费用为18石左右。这些还只是维持生命和生活必需的费用，如加上生老病死、婚丧嫁娶等费用，仅靠种田还有缺口，必须通过家庭纺织业和其他副业及打点短工才能维持生计和简单再生产。可见，在沉重地剥削下，农民缴纳了赋税和服役后，除了勉强维持简单再生产和生计外，不可能再有生产性积累和扩大再生产。佃农的情况与自耕农相差不大，即便是地主阶层(除去少数可免赋役的官户)，由于重役在身，也过得并不轻松，稍有不慎还会倾家荡产。这就是明代农民阶层(包括大部分中小地主)的生存状况，也是自秦以后中国农民生存状况的真实反映。

清朝的农民状况与明代相差不大，不再赘述。由于背负沉重的赋税和徭役负担，农民生产的大部分农产品都被剥夺，只有极少一部分进入市场流通，严重阻碍了商品经济的发展。从货币地租取代实物地租的进程可以看出中、欧14世纪以后两地商品经济发展程度的巨大差别：西欧在14世纪货币地租就已经占主导地位，而中国到18世纪末19世纪

① 财政部编著：《中国农民负担史》，中国财政经济出版社1991年版，第599页。

② 1800市斤折12.36明石，是按吴慧先生的折算方法，1明石等于145.59市斤原粮(稻麦豆加权平均)。见吴慧：《中国历代粮食亩产研究》，中国农业出版社2016年版，第191页。

初，经济最发达的江苏、浙江、福建、广东四省，货币地租才分别为32.5%、21.3%、18.3%、15.3%。① 农民没有足够的剩余产品，拿什么到市场上出售？反过来，市场经济不发达，社会分工不能细化，人们对市场上商品交换的依赖性很低，商品经济也就不可能发展起来。

本 章 小 结

（1）在古代社会，农业是社会经济的最主要最根本的产业。吴于廑师在谈到农耕社会对工业社会的孕育时认为，只有足量的农产品剩余，才能催生工商业的发展。② 勤劳、聪慧的古代中国农民利用上天给予的气候条件和土壤条件，创造了远高于欧洲并领先世界的农业（主要指种植业）生产效率及农业生产力水平，使农业文明在中国达到了极高的程度。但是，和欧洲相比，中国的沙漠、高山占去了绝大部分版图，耕地面积比欧洲要少得多，随着人口的增长，人均或户均占有土地的数量持续减少，人地矛盾比较突出，使粮食亩产较高的优势被有所抵消。欧洲的中世纪农户，种植业生产力水平虽不如中国古代，但户均占有耕地远超中国，靠着耕地数量上的优势，他们每户获得的粮食总产量却能高于中国古代农户。

（2）中国古代农民所创造的，在当时堪称发达的农业生产力水平所带来的物质财富，有相当一部分为中央集权制国家所剥夺，这对古代中国农户和整个经济的发展影响非常大。因为，随着农业生产力水平的不断提高，人民所创造出来的越来越多的财富，并没有能不断地改善人民的生活水平，增加人民的财富积累，从而导致生产规模的扩大，推动社会向更高的文明阶段发展。财富大量流向国家的结果，只是导致了国家表面的辉煌：如金碧辉煌的宫殿，极度奢侈糜烂的皇家生活，庞大的军

① 马克垚主编：《中西封建社会比较研究》，学林出版社1997年版，第93、116页。

② 吴于廑：《历史上农耕世界对工业世界的孕育》，吴于廑主编：《十五十六世纪东西方历史初学集》续编，武汉大学出版社1989年版，第3页。

队和官吏等。当隋炀帝率领着锦旗蔽日，仪仗威严，绵延二三百里的船队，从西北浩浩荡荡下江南时，确实能让人感到皇权的威严，王朝的强盛。问题是这种威严、强盛与人民何益！与社会文明进步何益！老百姓创造的财富都在这表面的辉煌中消耗殆尽了。于是我们看到，古代中国一方面是国家、朝廷富丽堂皇、如日中天；一方面是民众生活在水深火热中，苟延残喘，两者形成极大的反差，这就是所谓国富民穷，或国强民弱。

而欧洲中世纪，国王过得并不舒心，开始是居无定所，每年都在"巡行就食"的路上。即便是后来，国王要花钱、要增加税收，就要经过议会的批准、审查、监督，还要经过纳税人的同意，否则国王只能花自己领地收入的钱。国王的权力受到贵族、市民、教会等各方面的制约，根本不可能像中国的皇帝那样利用手中的权力，任意设置各种赋税和徭役来集中大量财富。欧洲各基层封建主则面临着村社共同体的制约，也不能随心所欲地增加地租，欺压百姓。欧洲的农民在这种政治、经济生态下，靠着种植较多的土地，靠着缴纳较少的租税，逐渐地积累起财富，改善了生活，扩大了再生产，在所谓的"黑暗"中，走向了商品经济的新世纪。另外，欧洲工商业城市的发展，使工业产品通过和农产品交换过程中的剪刀差价，把各级领主剥削收入中的一部分吸纳到了工商业中，使这部分农业剩余价值成为促进先进生产力和生产关系发展的物质基础。在古代欧洲，虽然看不到中国式的国家的表面辉煌，但是农民、市民得到了实惠，得到了发展的机遇，如侯建新先生所说，欧洲农民个人力量的积累和发展成为欧洲走向现代化的第一块基石。①

由此我们是否可以得出这样的结论：**在封建制度下，由于各种社会政治力量（包括村社共同体）的制衡和习惯法的约束，封建主要对农民实行超经济剥削几乎是不可能的，因为他们没有军队、法庭等专政工具的支撑。只有在秦统一后的中国这样高度集权的专制国家，才可能由国家对人民实行超经济的强制性剥削。因此，超经济剥削应是中央集权专制**

---

① 侯建新：《现代化第一基石——农民个人力量与中世纪晚期社会变迁》，天津社会科学院出版社 1991 年版。

国家的特有现象。

（3）秦以后中国国家赋税有两大特点，一是国家的正赋各朝各代都不高，但是加上各种附加税和徭役，赋役的整体水平就上去了，如前所述，宋代有 70 多种税种。有的附加税远大于正税，如宋代的"折变""和买"等。二是役大于赋。中国古代的农民服役，不但要出人还要出钱，而且服役时出钱很多且没有定额，有很大随意性，如前面我们谈到的宋、明时期的衙前役、里长、甲首、粮长等重役就是如此，基层地方政府的运行费用主要靠当地包括地主在内的农户来支付的。另外，按明代兵部尚书刘大夏的说法："今取诸民数倍，而实入官者或仅二三"，即被各级官员中饱私囊的税赋数额远大于交给官府的数额，而所有这些都是由农民或工商业者负担的。也就是说，中国农民和其他生产者所缴纳的税赋总额，远大于国家账面上的税赋收入总额。因此，如果我们仅仅用文献记录的每年国家赋税总额，除以全国耕地面积和人口数，轻易得出的人均赋税负担额，就会和实际农民的负担额大相径庭，甚至谬之千里。中国古代农民的负担特别重、生活特别苦是不争的事实。这些强加在农民身上的负担，不仅剥夺了农民的剩余劳动，甚至剥夺了一部分必要劳动。在这样的重压下，中国古代农民要改善生活，进行生产性积累，扩大再生产几乎是不可能的，社会经济的停滞不前也就在预料之中了。

第七章 不同政治、经济生态决定了中、欧古代社会发展的不同走向

中、欧社会发展的不同走向，在秦建立的中央集权制国家成型之后就已经开始，只不过初始时不太明显，随着时间的流逝，中、欧在经济、政治、社会各方面的差异越来越大，最终导致了两地发展的不同命运和归宿。

第一节 欧洲多元社会力量的平衡，为社会经济的自由发展留下了巨大的空间

欧洲多元社会政治力量的平衡和相互制约，我们在前面已经做了详细论述。这种政治架构下，各方力量为自身的发展，为和其他社会政治力量竞争，会在自己管辖的领地上采取灵活多样的政策措施，吸引社会、经济资源向本地集中。于是我们看到国王、贵族、教会都会采取吸引农民、市民、商人的政策，以换取各阶层对他们的支持及促进本地经济的发展。对农民、市民和商人来说，统治阶级的力量平衡、相互制约，给他们自由发展经济提供了巨大的空间，哪里适合发展就往哪里流动；哪里受到压迫、受到束缚，就离开哪里，从而形成社会经济资源在多个领地之间或多国之间的流动和配置，这对摆脱不适合生产力发展的旧生产关系、促进新型生产力和生产关系的生成起到了十分重要的作用。下面我们以欧洲历史上几次大的人口迁徙浪潮——也可以说是社会资源流动配置——来说明这一点。

（1）**农奴的逃亡和农村人口向城镇迁徙**。许多学者认为，欧洲的农

奴化时间不长，一般很少超过三代人。因为在英国，11 世纪的威廉一世法典中，维兰还被称为"耕者"，与不自由的"土著"是对立的。在 12 世纪下半叶后，维兰才逐渐与"土著"混淆，后来的森林法中，维兰明显地失去自由，成为农奴。苏联学者认为维兰最晚在 12 世纪末完成了农奴化。英国学者认为农奴化过程完成于 13 世纪初。①

可也就在 12 世纪，农奴逃亡的运动揭开了序幕。在庄园法庭卷宗上，充满着关于农奴逃亡的记录。对相当一部分农奴来说，他们并不是逃亡而是迁徙。因为他们不像中国的农民或因无法生存了才逃亡，聚啸山林，准备起义；或为躲避国家沉重赋税、徭役而隐身于豪强地主的门下。此时欧洲的农民随着生产力的发展，一部分人已经具备了从血缘大家族中独立出来的能力，他们或是具备了一定的资产，或是具备了一定的手工技艺，他们已经感到大家族带有浓厚的公共平等和均贫富色彩的组织、制度，束缚了他们个人的发展，他们需要摆脱这种旧式的生产生活方式的束缚，寻找更适合自由发展的空间和机遇。1252 年，克劳利庄园的记事簿里，保留了一个叫英厄姆的逃亡农奴的动产清单，不知是什么原因，他没有来得及处理或带走这些动产：2 匹马，2 头母牛，2 头公牛，1 匹小马，1 头小母牛，31 只母羊，27 只阉羊，未剪毛的 1 岁羊 11只，26 只羔羊，5 头大猪，4 头小猪，12 只鸡；6 蒲式耳小麦，5.375夸特大麦，3 蒲式耳燕麦；7 个蜂箱和价值 7 便士的蜂蜜；过膝盖的束腰外套一件，床罩一件，衣衫 2 件等。希尔顿教授展示了另一个名叫约翰·马申的逃亡者财产记录：约翰是个有耕地 39 英亩的大农，其中一英亩还转租给另一个佃户。他的庄稼就价值 50 先令，这是邻居们的估价，其中一个邻居买下了它们。此外，他还有一处房产，2 间小屋和牲口棚；1 辆马车，1 辆风车，1 架犁，1 个筛子，3 车柴火；3 大桶(约合5 夸脱)谷物，5 蒲式耳麦芽；2 头公牛，1 头母牛，1 头小牛，4 头母猪，20 只鹅，1 只公鸡，4 只母鸡，还有一些腊肉。② 可见，这些迁徙

---

① 侯建新：《现代化第一基石——农民个人力量与中世纪晚期社会变迁》，天津社会科学院出版社 1991 年版，第 122 页。

② 侯建新：《现代化第一基石——农民个人力量与中世纪晚期社会变迁》，天津社会科学院出版社 1991 年版，第 123、124 页。

的农户都是比较富裕的农户，他们离开出生地，不是因为生计所迫，很可能是已经寻找到了新的更好的发展环境或机遇。庄园中的有一技之长的手工业者、商人在11—12世纪，也都纷纷从村庄中迁向集市或城镇。① 反倒是那些没有突出技能、比较弱小的农户会继续留在村庄中，接受马尔克公社带有一定公共平等色彩的生产生活的照顾，难以割断血缘关系的脐带。

对逃亡农户的追捕是困难的。按照惯例，农奴逃亡4天内，领主可以在任何地方追捕他，4天以后，领主就只能在领地内才有权抓捕他。对逃出庄园4天的农奴，领主无权直接抓捕他，必须向国王法庭申请到特许的"追回农奴状"，凭此令状，领主可以要求郡长协助，在一年零一天之内抓捕逃亡农奴。领主也可要求其他领主协助自己抓捕。问题是，领主之间包括国王和领主都是竞争关系，他们一方面要禁止本领地的农奴向外逃亡，另一方面却又为了自身的利益，宽容和接纳外来的农奴。如国王法庭的"追回农奴状"是保护了领主的利益，但同时又设定了追逃的期限——一年零一天，过了这个期限，逃亡农奴就获得了自由。另外，王室法庭也会给某些逃亡者提供"保释令状"和"自由证明令状"，直接阻止领主抓捕。即便领主抓到了逃亡农奴，如果该农奴否认自己的农奴身份，还需上诉到王室法庭进行身份认证；如果领主不能证明逃亡者是农奴身份，或者逃亡者能证明自己不是农奴，领主就无权抓捕。而要证明农奴身份，则要求逃亡农奴的亲属出庭作证，承认自己是农奴，这样就从血缘关系上确认了逃亡者的身份。这个法律程序往往为逃亡者所利用，因为证人是亲属关系，会互相照顾和庇护。这些逃亡者的亲属或拒绝出庭，或证明其中某人已是自由人，就能在王室法庭上胜诉。在切斯特，有个领主凭着"追回农奴令状"在王室法庭上起诉外逃的农奴，没想到诉状很快就被退回，理由是该领主没有在被告亲属中找到证人，所以起诉被告为农奴身份没有依据，故不予立案。另一个案例是1206年，一个名叫威廉·费恩利斯的领主起诉逃亡者是农奴，并带来4名亲属作证，被告在法庭上证明其亲属已是自由人，从而反驳领主关于自己是农

① 毕道村：《中西封建社会农业剩余流向初探》，《世界历史》1998年第1期。

奴的指控。双方相持不下时，法庭进行了一次所谓"索罗门式的统计裁决"，因被告方证人多于原告一人，被告获释。所以，13世纪法学家布莱克顿(Bracton)说国王法庭的"判决必定有利于自由"。① 国王法庭这样做，当然有削弱地方领主势力的意图。不只是王室，领主之间也会对逃亡者采取宽容和接纳的态度，比如某领主庄园缺乏劳力，或正在兴建市场和城镇需要引进工商业者来居住，他就会帮助至少是暗中帮助逃亡者度过一年零一天的期限。**这就是封建制度下各方社会政治力量互相独立、制衡带来的巨大制度缝隙和组织缝隙，这种制度和组织间的缝隙，会随着时间的推移被越撕越大，对生产者来说就是巨大的自由发展空间。**

　　当然，领主并不会总是失败者。问题是当追逃是一件十分麻烦甚至成本高昂的事情时，他就会考虑值不值得这样做了。于是到后来，越来越多的庄园领主选择向离开的农奴收一笔费用，被称为"迁徙费"。一般来说，这笔费用都很小，一年几个便士或圣诞节给领主送一对老母鸡等。庄园法庭中有很多这样的记载，如拉姆西修道院记载："西门·卡德曼住在歌德曼切斯特，一年上缴两只阉鸡。而住在斯坦顿的亨利·亨利的儿子却只缴一只野鸡……"有时候，领主会有一些小要求：如有需要时，迁徙农奴应临时回来帮忙；或参加半年一次的庄园法庭等，但这些义务的象征意义远大于实际负担。②

　　这些迁出原出生地的农民都去了哪呢？当时至少有两大机遇或发展空间可供他们选择：

　　一是12、13世纪流行于整个西欧的大规模垦殖运动，即人们向荒野、山地、沼泽、森林进行了史无前例地拓荒和殖民活动，也被称为"边疆运动"。参加这场运动的有富裕农民、骑士、领主、修道院，也还有王室。在新垦区拓荒，工作条件肯定是非常艰苦的，但它仍然具有巨大的吸引力，因为它可以极大地拓展人们拥有的财富。拓荒不仅需要资

---

　　① 侯建新：《现代化第一基石——农民个人力量与中世纪晚期社会变迁》，天津社会科学院出版社1991年版，第118、119页。

　　② 侯建新：《现代化第一基石——农民个人力量与中世纪晚期社会变迁》，天津社会科学院出版社1991年版，第125页。

金，而且需要大量的劳动力，拓荒是一项组织性极强的活动，大规模的垦荒必须有优惠的条件才能吸引人们参加。所以我们看到许多封建领主都采取不同于过去的条件招徕移民。在这方面王室也不甘落后，王室原因狩猎的需要，都有广阔茂密的森林，在利益的驱使下王室改变了过去森林禁止垦伐的禁令，允许人们有偿开垦。1179 年，英国王室财政部颁布了垦荒的价目表：开垦 1 英亩小麦田，付 1 先令；开垦 1 英亩燕麦田，付 6 便士等。爱德华二世时(1272—1307 年在位)，在韦尔什出现一份王室公告："凡愿意成为不动产的接受者和经营者的村民，可到赫福德或布鲁兹伯里的王室官吏处登记；凡愿意得到土地同时也要求得到城市安全的村民，可到切斯特大法官及其同事那里登记……他们可望在拉尔兰德一带定居。"这类招徕广告和标榜新垦区种种自由和特权的"宪章"，曾在各地出现。①

　　中外学者的研究认为，新垦区实行了与旧庄园完全不同的制度，垦荒的组织者把新移民称为"客籍民"，把新垦区冠之为"新市镇"，对新移民的优惠政策有：(1)享有完全的人身自由，居民都是自由纳税人；这里因为没有领主的自用地，也就没有劳役。土地都归农民个人使用，有些地方仅有一点集体劳动义务。缴纳的租税是固定的货币地租，而旧式庄园封建主的各种特权，如继承税、结婚税、磨坊捐等都不存在。(2)耕作制度是自由的。在村庄共同体中，实行的是敞田制，即公共份地制度，村民的所有生产行动都要由共同体统一安排，村民几乎没有什么生产自主权。而在新垦区的自己开垦的土地上，移民有较大的生产经营自主权。(3)这里的司法行政制度也与庄园完全不同。这里常仿效城市的模式，取得适合于他们需要的司法和行政自主权。每个新垦区都有自己的委员会，独立地管理居民的司法和行政事务。皮朗认为，这些新市镇农民不同于旧庄园的农民，却与市民相似，甚至他们常常被称作市民，"就像市民一样，他们也取得了适应于他们需要的行政自治权。""许多新村镇，其参政权的规定都以阿尔根的波蒙为榜样，市长常常由农民推

---

　　① 侯建新：《现代化第一基石——农民个人力量与中世纪晚期社会变迁》，天津社会科学院出版社 1991 年版，第 145 页。

选。同样地，它们仿效着市镇的样子，每个新市镇都有自己的委员会来管理其居民的司法审判事务。"这些自由的乡村普遍盛行的是大城市的法律，"例如在布腊班特，公爵们按照鲁文的先例制订宪章，于 1160 年用于贝兹、1216 年用于唐格尔堡、1222 年用于伐弗尔、1228 年用于库瑞尔、1251 年用于麦其特姆。少数几个新市镇的宪章实施结果特别优越，因而传播得远而且广。劳瑞斯的宪章在 1155 年年初就用于加提内和奥尔良的 83 个地方，波蒙的宪章在 1182 年初用于香槟、勃艮第和卢森堡等地的 500 个村庄和城堡，普立契的宪章（1158）则用于阿以诺和咪蒙都瓦的许多新市镇。同样地，诺曼底布勒特伊的法律在十二世纪广泛地传播于英格兰、威尔士、甚至爱尔兰"①。自由的身份，较低的固定的地租，灵活的生产经营方式及土地规模的扩大，吸引了大批移民参与开垦，也大大提高了移民的生产积极性，使开垦新土地的运动取得了极大的成功，深刻地改变了英国乃至整个西欧的自然地理面貌。

二是新城镇的出现。伯尔曼认为：1050—1200 年，欧洲的总人口也许只增加了一倍，但同期的欧洲城市人口却大概增加了 10 倍。② 欧洲新城镇大量地出现，是生产力发展到一定水平的必然产物，是农产品在满足农民自身需要外有较多剩余，从而为手工业和商业进一步从农业从庄园中分离出去创造了前提条件。12 世纪以后兴起的欧洲城市，与前期的军事城堡，宗教或政治中心类型的城市不同，"中世纪的城市从 12 世纪起是一个公社，受到筑有防御工事的城墙的保护，靠工商业维持生存，享有特别的法律、行政和司法，这使它成为一个享有特权的集体法人"。③ 这些新城镇的前身就是农村自然形成的集市。集市一般设在交通便利之处，周围村庄或庄园的农民带着自家多余的各种农产品，从四面八方来到集市上进行交易，并换取自己需要的产品。时间长了，许多

① ［比］亨利·皮朗：《中世纪欧洲经济社会史》，乐文译，上海人民出版社 1987 年版，第 69、70 页；另见侯建新：《现代化第一基石——农民个人力量与中世纪晚期社会变迁》，天津社会科学院出版社 1991 年版，第 144 页。

② ［美］伯尔曼：《法律与革命》，贺卫方译，中国大百科全书出版社 1993 年版，第 637 页。

③ ［比］亨利·皮雷纳：《中世纪的城市》，陈国樑译，商务印书馆 2006 年版，第 133 页。

原来居住在庄园中专为市场生产商品的手工业者和商人，不断地搬出庄园，在集市上定居下来。集市逐渐向更为专业的城镇转化。国外学者德比等人认为：1100年以前，庄园手工业已从意大利庄园财产清单中完全消失；在法国，它的消亡是在12世纪前叶；德国庄园手工业残喘的时间要长一些，但不久也都湮没了。① 这些在庄园消失的工匠毫无疑问大都去了城镇，因为那里有他们更广阔的发展空间。集市和城镇都是要占用土地的，而这些土地都是各级领主的领地，因此，封建领主对城镇发展的态度是城镇能否顺利发展的重要因素。事实上，欧洲新城镇的兴建都是封建主允许，或者就是他们主动建设的。英国史学家贝利斯福德在《中世纪的新建城市》中，对1100—1300年英国新建的172个城镇历史进行了考察，结果表明，绝大多数城镇的创建人是当地领主。对这些新城镇，领主均给予了一定的行政、司法等特权。封建领主承认城市特权的目的很明确，为了立刻获得一笔可观的现金收入。对他们来说，从定期集市、市场交易、通行税中所获得的利益远大于农奴劳役的收入，城镇带来的收益远大于庄园。诺森伯兰的一个领主允许莫佩斯的城市特权后，每年可获得10英镑收入；1299年爱德华一世因颁发拉温塞罗德城市特许状，获得年金300英镑，这些都大大超过了原领地经济的岁入。② 有些地方的市镇是从村庄原地转化来的，如英国的海厄姆原是远近闻名的农牧产品集散地，很久以来人们一直向领主要求一份具有城市特权的特许状，1251年德尔比伯爵终于给了海厄姆特许状，从而使该村庄变成了自治市，村民获得了自由身份。伯爵的特许状上列了海厄姆92人的名单，并有如下说明："对于他们和他们的家庭，以及他们所有的土地，保有地和牲畜，伯爵及其继承人从此不能占有；对于他们及其子女也不能再施派任何劳役"。这类情况决非罕见，克努福德、累斯特、兰卡斯特等城市也都是从昨日的村庄共同体转变而来的。1227—1350年，英王在英格兰和威尔士共批准1200个地方有权设立市场，尽管其中有些市场并没有发展起来，有的甚至消失了，但大多数获得特权的市场逐渐演

---

① 毕道村：《中西封建社会农业剩余流向初探》，《世界历史》1998年第1期。

② 侯建新：《现代化第一基石——农民个人力量与中世纪晚期社会变迁》，天津社会科学院出版社1991年版，第128页。

化成新兴城镇。①

特别是在垦荒区，领主纷纷许诺安家费、"市民权"、减免劳役等优惠措施吸引人们前往，13—14 世纪，英国这类城市有 66 个。希尔顿的结论是：14 世纪初，英国的城镇绝大多数是领主建的。米勒的研究也表明，在中世纪英国，私人领主城市占城市总数的 2/3。② 在法国，中世纪形成的 500 多个城市中，有 420 个是封建主建立的。③ 在德国，拥有完整行政、司法、军事大权的诸侯，在其公国辖区内，也提供了一系列优惠条件，吸引逃亡农奴和工、商业者兴建城镇，促进了 13—14 世纪德国城镇如雨后春笋般地兴起，多达 3000 多个。如美因河流域新产生的 42 个城市，都是由萨尔茨堡主教和诸侯建立的。④

农奴的逃亡或迁徙浪潮与新城镇的兴起过程是高度一致的，从庄园中逃离出来的有一技之长的农奴，进入新城镇是自然的选择。而具有一定自治权的城镇又成了逃亡农奴的保护伞。所以，当时有句谚语为"城市的空气使人自由"。对于城市中的移民来说，住满一年零一天就意味着获得了人身自由。如 1135 年，纽卡斯尔城市特许状规定：农奴要成为城市市民须在城市里住满一年零一天。1157 年，林肯城特许状规定："如果他住满了一年零一天并遵守城市的惯例，他就是自由人。"1190 年诺森普顿城，1215 年多维和赫福德市也有同样的规定。法学史家梅特兰总结道："看来，一个农奴只要在城里住满一年零一天，无论他是否变成了一个市民或一个商会会员，他都会成为一个自由人，至少不能被他的领主指控。"⑤因城市获得特许状后，成为具有独立于封建庄园之外行政、司法等自治权的法人，所以领主是不能随意传唤、逮捕市民的。1306 年，一个维兰出身的伦敦市长西蒙·德·帕里斯回老家诺福克的耐

---

① 侯建新：《现代化第一基石——农民个人力量与中世纪晚期社会变迁》，天津社会科学院出版社 1991 年版，第 131、134 页。

② 谢丰斋：《12—14 世纪英国小城镇兴起初探》，《世界历史》2002 年第 4 期。

③ 金志霖：《试论西欧中世纪城市与封建主的关系》，《历史研究》1990 年第 4 期。

④ 郝明金：《德国的皇权、诸侯与宗教改革》，《世界历史》1987 年第 6 期。

⑤ 侯建新：《现代化第一基石——农民个人力量与中世纪晚期社会变迁》，天津社会科学院出版社 1991 年版，第 134、135 页注（3）。

顿庄园探亲时，被庄园管家抓住，命令他担任庄园的庄头服劳役，帕里斯拒绝后，被监禁了一天。后来帕里斯在伦敦法庭起诉了原领主。法官有点倾向于原领主，态度暧昧地说：“据说，只要一个人在妓院里被抓，就可以吊死，尽管他可能不是坏人，如果待在家里，自然不会大祸临头。这里也是如此，如果帕里斯是个自由市民，为什么不待在城里?”不过，法庭不是由法官裁决而是由陪审团裁决的，陪审团依据在城市居住一年零一天即为自由人的惯例，作出了有利于帕里斯的判决：重申他是自由人，并因受到几个小时的非法监禁而得到 100 英镑的赔偿，即原领主被罚款 100 英镑。① 因此，城市被皮朗称为“一个‘特许地’，保护着逃离城市外面的统治而到城市来避难的人，类似教会保护避难者一样”。皮朗说：“尤其令人感到惊异的是，新市镇的创立人几乎总是一个或数个庄园的领主，他们熟悉庄园的组织制度而小心地不去仿效，明显的理由就是他们认为那是不合于他们所要吸引的人们的愿望和需要的。无论在哪里，我们也看不到老庄园和新市镇之间有丝毫的联系，也看不到有丝毫努力使新市镇依附于庄园的法庭或者是服从于它的司法权力。新市镇与旧庄园是彼此不相干的，就像两个不同的世界一样。”②皮朗的这段描述很有意思，它揭示了封建领主在利益的驱使下，是可以在两个制度下任意切换角色的。换句话说，在利益面前，制度是软弱无力的，是要服从利益的，制度是按照利益要求来塑造的。正因为包括国王在内的各级封建主，从增加领地收入，增强领地实力等自身利益出发，举办集市，兴建城镇，接纳逃亡农奴，从而在不经意间突破了旧制度的藩篱，为新经济因素的发展提供了新的空间。

（2）城市工商业为摆脱行会的束缚向农村转移，工商业在乡村广泛发展。欧洲城镇的兴起对促进工商业与农业的进一步分工，对农奴冲破封建依附关系的束缚，对城市工商业的发展都起到了很大的作用。但是这些城市的工商业者也还难以摆脱那时的观念、意识的影响，城市中广

① 侯建新：《现代化第一基石——农民个人力量与中世纪晚期社会变迁》，天津社会科学院出版社 1991 年版，第 135、136 页。

② ［比］亨利·皮朗：《中世纪欧洲经济社会史》，乐文译，上海人民出版社 2001 年版，第 53、68 页。

泛建立的各行业行会，就带有明显的限制竞争、保护既得利益的计划经济色彩，这是乡村共同体在生产活动中统一计划、统一安排及均贫富的思维方式在城市工商业发展和管理中的体现。12 世纪，行会在欧洲各城市普遍建立起来，各个行业都有自己的行业行会。14、15 世纪，行会进入全盛时期，在英国每个城市一般都有几十个行会，如约克的行会就有71 个，它们在城市经济生活中居于支配地位。① 行业行会在最初对工商业的发展有一定的自我保护和保证产品质量作用，但随着时间的推移，它对工商业发展的限制作用越来越凸显出来，具体表现为：第一，行会限定会员拥有的生产工具和生产资料数量。如 13 世纪，巴黎织匠行会章程第三条规定：每个织匠行会成员，只能有两台宽幅织机和一台窄幅织机，不得在家外的其他地方再设置织机；法兰克福呢绒行会 1345 年章程规定：如果有行会成员使用两台以上的织机工作，将被处以罚款；科隆呢绒零售商行会 1344 年章程则申明："禁止一会员占有两个商店，包括与另一个会员共有的在内。"②可见，行会通过限制工匠的生产资料和工具，可以达到限制每个工匠生产数量的目的，以此来限制行业内的竞争。这也是平均主义在行业制度上的反映。第二，限定产品的产量。1454 年，律贝克皮匠行会章程规定："师傅在整个一年中所硝老牛皮，不得超过 415 张，小牛皮不得超过 520 张，山羊皮不得超过 300 张。凡违反这项规定者，每张应付 3 个银马克的罚款。"第三，限制学徒和工人的数量，巴黎织匠行会规定，每个匠师"在家内至多可带领一个学徒"。赫尔织匠公会 1490 年章程允许每个师傅最多招收两名学徒。第四，限制原材料来源。佛罗伦萨呢绒商会，在 13 世纪初就下令禁止使用来自卢卡及其他地方的毛线。第五，限制产品销售和业务外包的对象。1469年，科隆丝织妇女行会章程第 16 条规定，凡属本行会的师傅不得将纺丝或其他加工业务交给非科隆市民、慈善组织的妇女或修道院的修女

---

① 刘景华：《15、16 世纪英国城市劳动者和城市资本向农村的转移》，吴于廑主编：《十五十六世纪东西方历史初学集》续编，武汉大学出版社 1989 年版，第 172页。

② 金志霖：《论西欧行会的组织形式和本质特征》，《东北师大学报》2001 年第 5 期。

去做，违者剥夺从事本行业的权利。第六，在每个工匠作坊的工作时间上也有限制，巴黎织匠行会章程规定，没有特殊情况，行会任何成员皆不得在日出之前开始工作，违反该条款的师傅罚款 12 便士，帮工罚款 6 便士。赫尔科尔多瓦皮革匠和鞋匠公会 1564 年章程第十五条规定，属该公会管辖的商店星期天皆不准营业，违者罚款 8 便士。①

正如皮朗所说："中世纪城市经济的保护主义精神在这里有了最强烈的表现。它的主要目的是保护工匠既免受外来的竞争，也免受同行之间的竞争。它把城市的市场完全保留给了同业行会的工匠。它排斥外来的产品，同时又监视不使同行的会员因损害别人而致富。正是由于这个原故逐渐形成的许多详细规定，成为对一切会员都严格适用的管理技术，例如规定工作时间，规定价格和工资，禁止任何种类的广告，决定每一个作坊中的工具数量和工人数目，指派监督者进行最细致、最严格的监督。总而言之，它力求保证对每一个会员的保护，并且尽可能做到完全平等。这样，它的结果就是用全体一致的严格服从来保证每个人的独立。同业行会的特权与垄断所造成的反面结果，就是一切创造性的毁灭。任何人不得用比别人生产得更多与更廉价的方法来'损害'别人。技术进步则意味着不忠不义。在没有变化的工业中一切按陈规不动，这就是当时的理想。"②很显然，行会这种靠限制竞争，靠排他性的特权垄断来保护自己的方式，与工商业的发展方向，与商品经济和资本的自身属性，是格格不入的，极大地妨碍了工商业在城市的发展。当工商业的发展在城市受到遏制时，广袤的农村却成为工商业自由发展的新天地，真让人有"三十年河东，四十年河西"的感觉。13 世纪以后，随着以水力为动力的漂洗坊在农村的建立，更因为城市行会的种种限制严重阻碍了工商业在城市的发展，越来越多的城市资本和工商业者向农村转移，在农村建立新的生产基地，而原来的城市则一度衰落。1290 年，牛津城只剩下 7 个织呢工；因织造猩红毛呢而著称的林肯城，14 世纪初期已没有

---

① 金志霖：《论西欧行会的组织形式和本质特征》，《东北师大学报》2001 年第 5 期。

② ［比］亨利·皮朗：《中世纪欧洲经济社会史》，乐文译，上海人民出版社2001 年版，第 175、176 页。

一个织呢工；莱斯特城这时也只剩下一个贫穷的漂洗工；北安普顿曾住有 300 名呢绒工人的住所，1334 年已人去楼空，夷为平地；温切斯特织呢工行会把无力缴纳税款的原因归结为呢绒工人离开了本城；13、14 世纪，伦敦的织机数量也从 380 张骤减至 80 张。另从 14 世纪中叶至 17 世纪中叶，一直是地方城市纳税第二名约克市来看，1400 年，约克羊毛织工行会至少有 50 个成员，到 1561 年时，约克城市当局声称，只有 10 个（或 14 个）贫穷织工留在城内；麻纺和毛织工联合公会仅有成员 20 名。约克城呢绒检查官员检验的呢绒及其征收的税款，在 15 世纪以后明显地减少。1394—1395 年，约克有 3200 匹呢绒接受检验，而 1468—1469年，只有 1800 匹，1475—1478 年年平均为 922 匹；上缴的税款，1394—1395 年为 53 英镑多，1468—1469 年为 30 英镑，1475—1478 年年平均为 15 英镑。据估计 15 世纪初，约克约有 12000 人，16 世纪中期减至 8000 人，城市人口出现下降趋势。诺里季是这一时期英国最大的地方城市，也是最重要的纺织工业城市，16 世纪，随着大量城市纺织工匠向乡村和城市郊区转移，其主要行业纺织业注册的自由人，该世纪末期比初期减少了 40%，他们占城市新注册者总数的比例也由世纪之初的近 30%，下降为该世纪末的 15% 多。考文垂也是中古英国重要的毛纺业城市，自 15 世纪始，城市人口明显减少，1440 年左右人口过万，到 1523 年约为 6000 人，16 世纪中叶，人口维持在四五千人。莱斯特城 1563 年的人口，低于 1377 年，城内纺织工匠的数量从 1510 年到 1603年，减少了约一半。林肯城市人口从 1377 年至 1563 年，减少了 2/3。这些相似的情况还可以在埃克塞特、温切斯特、南安普顿、索尔兹伯利、赫列福德等城市看到。城市人口减少和向城外转移，是一些曾经繁华的城市走向凋零的直接原因。1450 年，温切斯特市民上书国王说："您的城市人口减损……残破荒凉"，"997 处住所几成废墟，17 座教堂久未致用"。1474 年，剑桥城的一些居民声称：本城的贫困化，手工工匠的离城出走是主要原因。亨利八世政府承认："王土上所有大小城镇之许多地方，皆已衰微。"①在老城市走下坡路的情况下，王室不得不于

---

① 均引自刘景华：《15、16 世纪英国城市劳动者和城市资本向农村的转移》，吴于廑主编：《十五十六世纪东西方历史初学集》续编，武汉大学出版社 1989 年版，第 172 页。

1496 年减免许多老城市的动产税，以致该年全国动产税收入远远低于历年。经济史家罗斯说：“工业发展的最一般、最广泛的趋势是离开老城市，集中在新兴城市和乡村。”①

如果说 12 世纪前后“城市的空气使人自由”，那么十四十五世纪以后，城市的空气因行会的种种限制而让人窒息，反倒是乡村的空气让人自由了。乡村没有行会的制约，工商业者来到这里可以放开手脚自由发展；乡村有足够的廉价劳动力和原始的家庭手工业可以利用；乡村也是许多工业原料和可提供天然动力的河流所在地，这一切都为乡村工商业的发展提供了优越的条件。于是我们看到当时英国呢绒工业的四种主要产品，即宽幅呢、沃斯特德呢、克瑟呢和后来居上的新呢布，都集中在当时的三大纺织中心：西南各郡、东盎格利亚和北部兰开夏、约克等郡的广大乡村中。此外，棉麻纺织、长袜编织、皮革、玻璃、烟草、造纸、建材、制陶、冶炼、金属制造、各种矿藏的开采也都在乡村中蓬勃发展起来。② 如 17 世纪中西部的“黑乡”制铁区，这里乡村的工商业人口占总人口的 61%，制铁业人员占总人口的 34%，有的村庄甚至达 66%。生产铁钉、刀片、铁锁、鞍具等铁制品。17 世纪兴起的另一个乡村纺织工业中心是兰开夏郡，这里不仅有毛纺业，还有麻纺业和棉麻混纺业。工业革命前夕，兰开夏成长为英国最重要的纺织中心，乡村中纺织业人口一般都多于农业人口，少数农村教区的纺织业人口占总人口的 70%左右。③ 所以，科斯敏思基说：“英国工业发展的主流是在城市之外，工业组织的新形式——资本主义手工工场——主要是在农村里形成着。”④

当时，农村手工业占主导地位的组织形式是分散手工工场，也称“家

---

①　薛惠宗：《15—17 世纪英国乡村工商业的发展与其早期近代化》，《世界历史》1987 年第 6 期。

②　薛惠宗：《15—17 世纪英国乡村工商业的发展与其早期近代化》，《世界历史》1987 年第 6 期。

③　刘景华：《乡村工业兴起与西欧早期近代化》，《长沙水电师院学报》1989 年第 1 期。

④　[苏]科斯敏斯基、斯卡斯金主编：《中世纪史》第 1 卷，朱庆永等译，三联书店 1957 年版，第 435 页。

内制"，是城市资本向乡村扩展，包买商阶层迅速成长并控制生产过程
而形成的。随着国内外市场的扩大和竞争的日趋激烈，由工匠自身从事
产、供、销这种没有组织的生产方式已经不适应市场需求了，而商人阶
层既掌握原料渠道，又了解生产需求且因商业利润比较丰厚拥有较多资
本，所以他们中一部分人参与并控制了乡村手工业的生产过程，成为了
工场主。1575 年，萨福克郡呢绒工场主在一份请愿书中谈到了他们的生
产组织方式：我们郡的习惯是把羊毛交给许多人去梳和纺，这些人在家
中有孩子或帮工协助工作。纺成纱后则交给织工去织，直到制成成品。①
家内制的形式很符合传统生产习惯，容易被人们接受而普及开来。人们
虽然还在家中像往常一样生产，但其内容和生产性质却悄悄发生了本质
变化——从原来自给自足的家庭副业，转变为商品经济和具有资本主义
因素的生产方式。分散手工工场的普遍出现是工业组织发展史上一次巨
大变革，是封建行会与近代工业组织之间承上启下的重要阶段。在分散
工场中，生产者最大的特点是亦工亦农。一位学者对拉特兰郡人口统计
的研究表明：几乎所有人，在一份表中被称为工匠，在另一份表中则被
称为农夫，这两种称呼都是正确的。② 乡村手工业使这些生产者的经济
生活和社会地位具有两重性：一方面他们占有小块土地，从事农业生产
以供家庭消费，生活在自然经济之中；另一方面他们又从事手工业，生
活在商品经济之下。一方面他们与封建领主之间可能还有着微弱的关
系；另一方面他们却又成为资本主义性质的雇佣工人。过渡时期的两重
性既互相对立，又互相补充共存于矛盾统一体之中。随着历史的进步，
二者又在此消彼长地转化，自然经济的、封建的因素日渐消亡；商品经
济、资本主义的因素日趋占主导地位。历史发展的连续性在这里看得非
常清晰。

　　经济发展到一定阶段，分散手工工场会向集中工场转化。16 世纪，
英国呢布工业中已经出现较大的集中工场主，如威廉·斯普顿 1546 年

---

　　① 薛惠宗：《15—17 世纪英国乡村工商业的发展与其早期近代化》，《世界历
史》1987 年第 6 期。
　　② 薛惠宗：《15—17 世纪英国乡村工商业的发展与其早期近代化》，《世界历
史》1987 年第 6 期。

租用了牛津附近的奥斯尼修道院作工场，雇佣了 2000 多名工人进行生产。另外，阿宾墩的塔卡尔，拉文汉姆的斯普林家族也都是名噪一时的大工场主。也有一些中小工场主同时采取分散和集中两种形式的工场进行生产。约克郡的一个工场主有 21 台织机，其中 11 台在自己集中工场中，雇佣了 100 多名工人生产；其他则分散在织工家里生产。在有些行业如采矿、冶炼、造纸业也是集中式生产。17 世纪英国一个普通煤矿产量都在 2 万吨以上，需雇几百名矿工生产。当时英国的煤产量每年约300 万吨，若以每个煤矿年产 2 万吨为平均数，则全国有 150 个雇人几百名的采矿场。在冶炼行业，一座炼铁炉各道工序要雇几十名工人。17世纪后期，英国有近 300 座炼铁炉和 500 座锻炉，也就是说存在数以百计的冶炼工场。有个叫安布罗斯·克劳利的铁制品工场主，他的工场工人住在一起，早上 5 点上班，晚上 8 点才下班，这与近代工厂组织已没有什么不同了。①

在乡村工商业发达地区，先后出现了一批工业村庄，它是日后工业城市的雏形，16、17 世纪兴起的许多新城市，在 15、16 世纪都处于这一阶段。在格洛斯特郡这样的工业村庄有四十多个。当时英国类似格洛斯特郡发展水平的郡有十几个，据此估计全国的工业村庄是不少的。17世纪，曼彻斯特、伯明翰、波尔顿、哈里发克斯、利兹、拉文汉姆等都已发展成为著名的新兴城市。全国有多少个新兴城市还不清楚，就所掌握的资料看，兰开夏至少有 10 个，格洛斯特郡有 6 个，萨默塞特郡至少有 5 个，威尔特郡有 3 个，东盎格利亚 49 个城市中一大半是新兴城市。总之，新兴城市数量是不少的。一些经济史家也把工业村庄演变为新兴城市视为当时经济运动的主要特点之一。②

欧洲其他地方也出现了同样的现象。14 世纪以后，城市工业纷纷向乡村转移。尼德兰南部佛兰德尔城市发达的毛纺织业向周边农村及

---

①　薛惠宗：《15—17 世纪英国乡村工商业的发展与其早期近代化》，《世界历史》1987 年第 6 期。

②　薛惠宗：《15—17 世纪英国乡村工商业的发展与其早期近代化》，《世界历史》1987 年第 6 期。

邻近的布蜡班特乡村转移。在埃诺地区，在默兹河流域，在韦尔维埃，乡村毛纺业都很发达。在北尼德兰的林堡，毛纺业在 15 世纪也向韦尔特地区和马斯河西岸的村庄扩展。到 16 世纪，麻纺业也从城市转移至佛兰德尔及里尔地区的许多村庄，使这些村庄生产的亚麻布在与美洲的贸易中享有特殊地位。16—18 世纪，列日盆地以及桑比尔河与马斯河之间的乡村地区，是重要的制铁业中心。1602 年，查诺伊林村有 49 个农民，全是制钉的铁匠。1740 年，整个列日地区制铁工人总数达1.5 万人。另外还有弗里西兰的奶品奶油业，泥煤采掘业，泽兰的制盐业和砖瓦业，乌特勒支郊区的丝织业，赞恩地区的漂布、榨油和造纸业等，总之尼德兰出现了许多手工业村庄，农业在那里反而成了辅助性部门。①

在德国，亚麻纺织业是传统的生产部门。14 世纪后麻纺织业迅速向乡村扩散，威斯特伐利亚，南部多瑙河上游和莱希河谷，东部的西里西亚、中部的黑森林，是主要的乡村麻纺区。这里的麻纺织品不少是面向国外市场的，威斯特伐利亚的麻织品出口到斯堪的纳维亚、尼德兰和英国。南部的棉麻混纺布主要出口地中海地区。西里西亚的乡村麻纺织品还进入了美洲市场。在汉堡和卢卑克附近的乡村里，有金属加工业、玻璃制造业。在威斯特伐利亚和莱茵地区有毛纺业、毛麻混纺业、针织、丝织、制袜业。玻璃制造业还分布于黑森林和东威斯特伐利亚，并沿威悉河流域向北发展。各地乡村还分布着采矿、冶金、采石、铸造、制针、制钟、烟草、搓绳、铁丝、木器加工等手工业。总体来说，乡村工业在德国经济生活中的比重，已经超过城市手工业。与德国南部毗邻的瑞士，各地农村也不同程度地发展起了毛纺、麻纺、棉纺、棉麻混纺、丝织、丝质绶带、针织、刺绣业及项链、钟表制造业等。②

法国是国际市场上亚麻布的主要供应地之一，16 世纪后，亚麻在美洲贸易和非洲贸易中占重要地位。17 世纪 80 年代，法国亚麻布的外运

①　刘景华：《乡村工业兴起与西欧早期近代化》，《长沙水电师院学报》1989年第 1 期。

②　刘景华：《乡村工业兴起与西欧早期近代化》，《长沙水电师院学报》1989年第 1 期。

量达到最高点，每年有 75000 船次，在西欧居于领先地位。诺曼底的乡村麻纺业最引人注目，此外还有毛纺、棉纺、丝织、金属加工业等乡村工业。在多菲内地区，乡村毛纺业比较发达。布列塔尼、下美因、伯艮第、皮卡底、奥尔良、伯雷、普瓦图、朗格多克等地区也有乡村毛纺业，朗格多克呢绒通过马赛港不断加入国际市场。最具法国特色的奢侈品制造业也在乡村广泛分布：波旁纳、奥弗涅、诺曼底和阿朗松等地的项链制造；尼姆、下朗格多克、图林纳和普罗文斯等地的丝线也远近闻名；玻璃制造业分布在香槟、上普瓦图、奥弗涅、朗格多克和奎延纳等地的乡村；金属制造业分布在法朗切-孔泰、孔泰得弗瓦、多菲内等地；此外，希耶利附近的制刀，莱格尔地区的制针，上诺曼底的航海器具制造，也主要为乡村工业。著名的法国葡萄酒酿酒业在西部和南部乡村分布极广，是法国大宗出口商品，市场遍及整个西欧。在西班牙、斯堪的纳维亚、中欧内地、意大利，乡村工商业都有一定的发展。按布劳代尔的说法：16 世纪初至 17 世纪初，意大利与地中海地区十分之九的工业在向农村和小城镇转移。①

皮朗在谈到欧洲新兴的乡村工业时说："最重要的是，在制造方面自由代替了昔日的特权。这种新兴的乡村工业，显然是一种资本主义工业。在这里，刻板的市政规章为比较有弹性的制度所替代。受雇者享有充分的自由来与雇主订立合同，确定工资。城市经济的地盘越来越小，它企图约束的资本已经在乡村中开始显露出它的权力的迹象……从 14 世纪出现的一切新工业里，也可以看出同样的过程，例如挂毡制造、麻布织造、最早的造纸业，它们同时出现于欧洲的许多地方。"②

(3) 西欧各国之间的移民潮。 除了上面我们谈到的西欧各国内部乡村和城市之间的两次较大的移民运动——实质是资源的流动配置外，14—17 世纪，西欧各国之间也发生了较大规模的移民运动或曰资源跨国

---

① 刘景华：《乡村工业兴起与西欧早期近代化》，《长沙水电师院学报》1989年第 1 期。

② ［比］亨利·皮朗：《中世纪欧洲经济社会史》，乐文译，上海人民出版社2001 年版，第 204 页。

流动配置。这些国与国之间的移民运动，一是为反抗封建压迫和宗教迫害而产生的，二是有些国家为了吸引国外的人才、技术、资本而采取一系列政策措施的结果。这些移民多半是能工巧匠和商人，他们的迁徙给目的地国家带去了人才、技术、新的商业模式和资本，大大促进了这些国家的经济发展。

在吸引国外人才、技术方面，做得最成功的要数英国。早在 11 世纪，随诺曼征服就有法国等国的工匠流入英国，但那时移民数量有限，不可能对英国经济产生重大影响。14 世纪后，来自西欧大陆的移民逐渐增加，他们多半来自佛兰德尔等地。佛兰德尔那时是西欧大陆经济发展的先进地区，特别是呢绒工业的产品行销国内外市场。然而那里的城市行会的束缚，手工业工匠与城市商人统治集团的斗争，佛兰德尔人与宗主国法国之间的战争等，使得那里的社会矛盾复杂，地区饱受战乱之苦，许多身怀一技之长的工匠移民英国。历史上佛兰德尔一直是英国羊毛的出口地，在那里英国羊毛被纺成成品在市场上销售，佛兰德尔的呢绒纺织业在技术上比英国先进。羊毛出口是英国王室的重要财政收入来源，法国对佛兰德尔的统治威胁了英国的利益，而英国在长期与佛兰德尔的贸易中对它的技术和生产能力有深刻地认识，所以英王爱德华三世（1327—1377 年）时就采取一系列政策，鼓励和吸引佛兰德尔的工匠移居英国。开始，英王对那些越海而来的工匠颁发保护状，如 1331 年，爱德华三世将保护状发给移居英国的佛兰德尔织工约翰·肯普，将他和他的随行雇工学徒置于国王的保护之下；1336 年，爱德华三世对移居约克的两名织工颁发保护状，希望"通过他们的技艺使他本人和自己的臣民获得极大的好处"。此后这种向个别工匠颁发保护状的做法逐步演化成国家政策，1337 年法令宣布："一切打算进入国王治下英格兰、爱尔兰、威尔士和苏格兰的外国呢绒工匠们，不论他们属于何国，均可安然无恙地到来，并且将处于国王的保护之下，得到顺利通行的权利，并且在他们愿意的任何地点定居。为了使上述呢绒工匠更加乐意前来定居，我们崇高的国王陛下将授予大量并足以使他们满意的特权。"当时由于城市行会势力的保守，对外来工匠采取排斥态度，爱德华三世宣布将伦敦的外来工匠置于国王的特殊保护之下，凡漠视此法令者一律囚入伦敦西门的纽盖特监狱。1351年，伦敦织工行会要求将外来织工置于他们管辖之下，并指控移民贾尔斯等六人制造各种颜色的呢布（行会对织布的颜色是有规定和限制的——引者注），搅乱了行业管理。爱德华三世获悉指控后，下令停止对贾尔斯等人的审讯，宣布他们不受伦敦织工行会管辖，行会不得对他们进行刁难。第二年，王室又明确答复外来移民的请愿，重申他们可以自由从业，各地行会不得强迫他们入会和交纳税金。①

16世纪，随着马丁·路德拉开宗教改革的大幕，与工商业发展比较契合的新教星火燎原般在欧洲大陆蔓延开来。因为新教强调在上帝面前人人平等，人们可以靠自己而不是教会和繁琐的教仪来完成自我救赎，特别是卡尔文教，在主张"信仰得救"的同时还宣扬和称赞人们追逐财富、取得成功，以此成为上帝的"选民"。这种反映当时众多在商品经济大潮中奋斗的人们愿望和诉求的宗教，自然会得到许多工商业从业者的认可，从而使他们成为新教徒。宗教改革是欧洲商品经济发展到一定程度的必然反映，是适应商品经济发展，从思想上冲破封建宗教束缚的革命，因此它的出现引起传统天主教极大恐慌和打压。西班牙的属地尼德兰，是工商业比较发达的地区，也是新教徒比较集中的地区。西班牙哈布斯堡王朝在教皇的支持下成立了异端法庭，对新教徒进行了疯狂的迫害，腓力二世甚至宣称要消灭尼德兰这个"异教的温床"。1567年，腓力二世派遣军队前往尼德兰镇压由破坏圣像运动而爆发的革命，导致"成群的难民挤满了尼德兰的道路和船舱，大约有十万人离开祖国去异邦谋生"②。法国是卡尔文教流行的地区，这里的新教教徒称胡格诺教徒，在法国工业比较发达地区有约三十万人之多。法王对新教采取镇压态势，亨利二世（1547—1559年）设"火焰法庭"迫害新教徒，使得大量胡格诺教徒流亡国外，仅在1572年8月"圣巴托罗缪之夜"大屠杀事件后，就有约六千名胡格诺教徒逃亡英国。西班牙的宗教迫害也使许多犹

①　均引自陈勇：《十四至十七世纪英国的外来移民及其历史作用》，吴于廑主编：《十五十六世纪东西方历史初学集》，武汉大学出版社1985年版，第163、164页。

②　［苏］阿·齐斯托兹沃诺夫：《十六世纪尼德兰资产阶级革命》，刘立勋译，三联书店1959年版，第57页。

太人移民英国。此外还有意大利、德国的移民因宗教迫害或封建约束等原因移民英国。①

而都铎王朝时期的英国，在宗教改革后事实上与罗马教廷已经决裂，形成了国王高于教会、有权任命神职人员、规定教义、不受罗马教廷制约的国教，与天主教会的矛盾日趋激化。英王有意利用欧洲大陆的新教势力对抗罗马教廷及与教皇勾结的天主教大国，如西班牙和法国，因此对新教采取了包容的态度。西欧各国的新教徒也把英国看成一块躲避宗教迫害的净土，纷纷向英国移民。英国王室则在早期的移民中尝到了甜头，于是采取了更加开放和优惠的措施吸引外来移民。1551年，摄政大臣萨默塞特在英格兰西南的格拉斯顿伯里修道院旧址设立了移民区，安置一批以佛来明织工为主的外来移民，政府不仅为移民提供食宿，而且答应给每户移民分配四英亩宅旁土地，还发放了近五百镑贷款。爱德华六世亲政后，继续对这些移民提供方便：整修他们的住房，提供贷款购买羊毛、松兰、明矾等原材料和染料，支付纺工、机修匠等非移民工人的报酬等，此后这些移民都加入了英国国籍。②

伊丽莎白时期的移民政策更加积极：一是对外来移民颁发生产许可证，保护移民能够生产经营自己的行业。如伊丽莎白女王分别向伦敦和桑维奇的两位外来移民颁发了"在国王陛下土地上从事佛兰德尔毛织品生产"的许可证；支持诺里季市政当局引进外来移民织工的措施，并向该市尼德兰移民颁发了制造各种新型毛织品的生产许可证。二是授予专利权，吸引有技术有资本的外国人移居英国。为发展英国的矿冶业，英王引进了掌握先进技术的德国矿工移居诺桑伯兰郡和坎伯兰郡开采铜矿。1564年，女王将英格兰北部矿山的采铜专利授予一个德国资本家。1565年，女王又将一项"用新法制白盐和海盐"的专利授予安特卫普移

---

① 陈勇：《十四世纪至十七世纪英国的外来移民及其历史作用》，吴于廑主编：《十五十六世纪东西方历史初学集》，武汉大学出版社1985年版，第168、169、170页。

② 陈勇：《十四世纪至十七世纪英国的外来移民及其历史作用》，吴于廑主编：《十五十六世纪东西方历史初学集》，武汉大学出版社1985年版，第171~172页。

民弗朗西斯·伯尔蒂，期限 20 年。1567 年，女王将窗玻璃制造专利授予安特卫普移民安东尼·贝克恩和让·卡雷，他们从法国洛林地区雇佣技工设立了三家玻璃工场。三是对外来移民实行宗教信仰自由。女王对本国激进的新教徒并不很宽容，但对外来移民却能实行宗教自由，她分别在伦敦、桑维奇、诺里季等地重建了玛丽时代关闭的移民新教教堂，以此吸引外国有技术有资本的新教徒。四是重视外来技术为我所用。在引进外来移民时，强调移民不得保守他们的技术，要求将技术传授给英国人，移民不得使用除自己子女之外的外国人做学徒，禁止雇佣两个以上的外国帮工。在给外来移民颁发专利权时都明文规定，必须雇佣一部分英国工人。如 1567 年颁发窗玻璃专利权时，就要求专利获得者把这种技术教会给英国工人。上述措施对招徕外国移民有很大的吸引力，从这些移民与欧洲大陆的亲属通信中可以得到证明。诺里季一个尼德兰移民写信给还在尼德兰国内的父亲说："您原先的债户彼得·克尔和斯蒂芬·德姆尔现都在诺里季，他们急切地等你前来以还清所欠债款。"还说："我和弟弟将为你提供织工所需的一切物件，因为这里这种行业大有可为"，所以他要求双亲和其余兄弟姐妹"不要有任何犹豫立即前来"。另一位移民给他妻子的信中，要他妻子卖掉家产前来英国，因为"这里贝斯呢(佛兰德尔产的细毛呢)行业生意兴隆，我能像迅速就业一样很快照料好一个家庭，在这里挣钱是便利的"①。

由于一系列政策措施得当，由于英国的政治、宗教、经济环境都较其他国家更为有利于工商业的发展，所以 16 世纪形成了外来移民浪潮，这些移民大多是熟练的手工工匠。英国当时第二大城市诺里季的两万居民中，尼德兰人就占了 6000 人，而 1529 年诺里季英国本籍的织工只有160 人、修剪工 31 人，呢绒行业工匠总数仅 191 人。16 世纪约有十几万外国移民移居英国，其中移民较多的年份有：1558 年，2860 名尼德兰人移居英国；1563—1566 年，有 30000 佛来明人移居英国；1565—1586

---

①　陈勇：《十四世纪至十七世纪英国的外来移民及其历史作用》，吴于廑主编：《十五十六世纪东西方历史初学集》，武汉大学出版社 1985 年版，第 173~175页。

年，有 1293 名荷兰人移居英国；1568—1578 年，有约 6000 名佛来明
人、瓦隆人、荷兰人移居英国；1561—1570 年，约有 30000 名佛来明新
教徒工匠移居英国，包括织工、染工和金属、玻璃、刀具、铁器等行业
的工匠；1573 年，已有 60000 名尼德兰新教徒移居英国。17 世纪移民英
国的浪潮有增无减，其中又以法国胡格诺教徒为最。1685 年，路易十四
废除南特敕令后，大批胡格诺教徒外逃，有大约十万人移居英国。西班
牙的犹太人也大批移民英国，1643 年伦敦建立了西班牙犹太人移民区，
专门安置犹太移民。①

外国移民给英国带来的是生产技术迅速提升和工业的全面振兴。英
国原是羊毛等原材料出口国，14 世纪中叶，英国羊毛年出口量在 3 万袋
以上，其数量可加工成 13 万匹宽呢布，同时，英国的呢绒出口量仅为
4422 匹，二者的比例大约为 30∶1。到 15 世纪中叶，二者的比例就已发
生了根本性变化，呢布出口上升为年均 5.4 万匹，而羊毛出口则下降到
年均 8000 袋，英国纺织业已由原料出口国转变为制成品出口国。这个
趋势还一直在延续，1564—1565 年，英国的外贸出口总值达 110 万镑，
毛纺织品占 81.6%。② 外来移民不仅对英国纺织业的发展有巨大的贡
献，而且在采矿、冶金、金属加工、制盐、玻璃、造纸、印刷、啤酒
酿造、农业、军工制造等许多行业，以及现代商业、金融、保险业的
建立中都发挥了极为重要作用。大家熟知的导致后来英国工业革命的
两大标志性技术发明，瓦特的蒸汽机和哈格里夫斯的多轴纺织机（珍
妮纺织机），都有国外发明者的功劳。首先发明蒸汽机的法国人巴本，
正是移居英国的胡格诺教徒，他发明了与蒸汽机诞生直接相关的高压
蒸汽锅及第一部汽缸活塞蒸汽发动机，为后来瓦特的发明奠定了基础。
另一名法国避难者的儿子刘易斯·保罗与英国木匠怀亚特一起发明了

---

① 陈勇：《十四世纪至十七世纪英国的外来移民及其历史作用》，吴于廑主
编：《十五十六世纪东西方历史初学集》，武汉大学出版社 1985 年版，第 175、169、
180 页。

② 吴于廑主编：《十五十六世纪东西方历史初学集》，武汉大学出版社 1985
年版，第 175、176 页。

滚筒纺织机，30多年后，英国人哈格里夫斯的多轴纺纱机和阿克来特的水力纺纱机，都是在借鉴保罗发明的基础上才诞生的。此外，保罗还发明了圆柱形梳棉机。用这些机器装备起来的北安普顿棉纺厂，是英国第一个用大机器装备起来的工厂，它"是所有在曼彻斯特、格拉斯哥、鲁昂、洛维尔、克姆尼茨以及孟买和大阪周围竖起无数烟囱的工厂的祖宗"①。

除英国外，16—17世纪，西欧各国都有不少流动的移民，如法国、意大利等国受宗教迫害的移民移居瑞士，洛桑的制革业，日内瓦的钟表业和巴塞尔的丝带制造业多为移民建立。荷兰也是许多新教徒的避难地，西班牙的犹太人不少都移居荷兰，南特敕令废除后，大约有10万胡格诺教徒移居荷兰，建立了亚麻、丝绸、造纸、制袜、制帽等工业。在德国，勃兰登堡大选侯颁布法令，收容因南特敕令废除后前来避难的约2万名胡格诺教徒，这些难民带来了工业技术，建立了呢绒、造纸、玻璃、制袜、制帽、蜡烛等制造业。② 大量外国移民为躲避宗教迫害，冲破封建束缚，移居到欧洲适合他们发展的地方，按照商品经济规律的要求组织生产，重新配置资源，这本身就是对封建制度的冲击，为新的商品经济乃至资本主义的生产方式开辟道路。

第二节　中国古代大一统的政治格局是新经济因素发展的桎梏

以上我们看到中世纪西欧国家中的人员和资源的流动：当乡村的空气使人窒息，城市的空气使人自由时，人员和资源会向城市流动；当城市的行会设立种种制度限制工商业在城市发展时，反倒是农村的空气使

---

① ［法］保尔·芒图：《十八世纪产业革命》，商务印书馆1983年版，第167页。

② 吴于廑主编：《十五十六世纪东西方历史初学集》，武汉大学出版社1985年版，第192、193页。

人自由，农村没有城市行会的限制，于是城市的工商业资本和工匠又流向农村；当一国的封建束缚和宗教迫害严重影响工商业的发展时，还会发生国与国之间的人员和资源流动、配置。新经济因素就是在这种不断流动中寻找最适合的发展土壤和环境，从而不断成长和壮大。

在中国，秦统一之前，也曾发生多种社会政治力量互相竞争的情况。在晋国，几个大家族为争取民心，在土地面积和税收上互相较劲。银雀山汉墓竹简《孙子兵法·吴问篇》载：晋之范氏、中行氏以一百六十步为亩；知氏以一百八十步为亩；而韩、魏以二百步为亩；赵氏亩积最大以二百四十步为亩。很明显，晋国的卿族突破周亩一百步的旧制就是为了收买人心，人民分得的土地面积大，税收却保持原来的税额不变，当然愿意来此耕种。诸卿族都以优惠政策吸引民众，结果就是人民归附了各大家族。各大家族竞争的结果是，韩、魏、赵三个亩积最大、吸引民众最多的家族瓜分了晋国。这是一国之内不同家族之间的竞争。国与国之间也存在政策上的竞争以吸引外来移民，如秦国当时就屡屡以土地等优惠措施招徕晋国的边民投奔秦国。

自秦统一后，多元的社会政治单元不见了，代之以皇权的专制和垄断，社会资源和人员在不同政治单元之间的流动和选择已没有可能，不但思想上的百家争鸣、百花齐放不见了，人民像春秋末期和战国时那样在各国之间或一国的各家族领地间自由流动也不可能了。秦帝国成立之初，秦始皇就用强制手段把六国的富豪家族十二万多户迁至咸阳，置于国家的监督之下。继而在北伐匈奴、南征百越的战争中，又率先强征商贾作南北两路大军的军需运输苦力，使许多商贾人家或死亡或破产。这是中央集权制国家诞生之后第一次对商人有计划的整体性的打击，是秦帝国重农抑商政策的重要组成部分。

秦亡后，汉初采取与民休息、无为而治的政策，放松了国家对工商业的行政干预，使经济得到了很大的发展。经文景之治到汉武帝，汉代工商业已开始呈现出繁荣景象。《史记·货殖列传》说：汉兴，海内一统，关梁放开，山泽弛禁，即路上不设关卡征税，盐铁等原来由官府控制的行业可以私营，于是富商大贾贸易天下，交易有无，各得所求。工商业的发展也吸引了大量无地、少地或不堪沉重赋役剥削的农民，离开土地从事工商业。汉文帝时，晁错、贾谊都主张驱赶城镇中大量的游食之民即小工商业者归农，认为背本趋末的人太多了，说明了汉初工商业的发展程度。

汉武帝是个好大喜功的人，汉初实行的与民休息政策到他这戛然而止。由于长期对匈奴战争消耗极大，文景之治留下的财富被消耗殆尽，出现"县官（官府）大空"的局面，国家面临着巨大的财政危机。为了填补财政空缺，必须大量增加赋税，而来自农业的赋税比较固定，增加不易，于是汉武帝想到了拿工商业开刀，颁布了"缗钱令"。据《史记·平准书》和《汉书·食货志第四下》载，这项法令包括了四个方面的内容：

（1）凡属工商业主、高利贷者，不论有无市籍（商人的户口册），都要据实向官府呈报自己的财产，并按一定比例抽取税收。商贾之人按缗钱二千征收一算；一般的小手工业者，为每四缗抽取一算。这称为"算缗"。

（2）除官吏、三老（乡官）和北方边境的骑士外，凡有小马车的家庭，一乘抽取一算；用于贩运货物的小马车，一乘抽取二算；有船五丈以上的抽取一算。

（3）凡隐瞒财产不报或瞒报的，一经查出，罚戍边一年，并没收全部财产。而对告发者，则政府给予没收财产的一半作为奖励，称之为"告缗"。

（4）禁止有市籍的商人及其家属占有土地和奴婢，违令者没收其全部财产。这项工作由杨可主持，所以又称"杨可告缗"。杨可忠实执行了汉武帝打击工商业者、没收其财产以充实国库的政策，广派官吏发动群众举报违规的工商业者，并且"成绩斐然"。《汉书·食货志第四下》载："杨可告缗遍天下，中家以上大氐皆遇告"，国家得"民财物以亿计，奴婢以千万数，田大县数百顷，小县百余顷，宅亦如之。于是商贾中家以上大氐破（产）"。告缗制度一直延续了近十年。同时国家还将盐、铁、酒等涉及老百姓普遍需求的行业收为官营专卖，与民夺利。可以说，这是国家动用专政力量，在全国实行的有计划、有预谋的对工商业从业者的毁灭性打击。说有计划、有预谋，是因为这项政策的设计者已经料到商人们一定不会据实申报财产并老老实实地纳税，故"算缗令"是序幕，"告缗令"才是目的。但这种杀鸡取卵的做法只能得逞于一时，工商业者大批破产的结果，就是工商业的全面凋零衰败，物价上涨，财政收入最终还是会受到影响。元鼎五年（前112年），武帝出巡，河东郡备办不及，致使随从的官员吃不到饭，太守因此自杀，可见当时财政的匮乏。①

汉以后社会长期处在战乱之中，直到唐才获得长期的稳定。唐初虽然政治比较开明，但对城市工商业者的控制和打压却没有丝毫的放松。唐代城市实行坊市制，该制度汉代已经出现，经魏晋南北朝至隋唐进一步巩固和发展。城市内的空间由若干个坊和市组成，坊为居民居住区，周围有坊墙环绕，坊内建有十字街，居民被限制在高大的坊墙之内，临街不允许开门店。夜间坊门关闭，市民不得外出，实行宵禁。市则是法定的货物交易场所，所有的货物只能在市中交易。唐代西京长安城内有109个坊和东、西两个市；东京洛阳城内有103个坊，有南、北、西3个市。地方州县的城市等级也严格以坊市的数量来规定，不得逾制，如县城设立4个坊，小州设立8个坊，大州或府设16~32个坊。这些四方形的坊把每个城市的街道规制成十字相交、棋盘式布局。坊市制体现了中央集权制国家出于对城内人员的控制和社会安定的考虑而采取的城市管理措施。② 城市中的一个个坊，如同一个个笼子，把工商业者和市民关在里面，白天的正午到落日期间，大家才可以做生意，可到了夜晚把门一关，坊里的人就成了"囚犯"，不能出去自由活动。这是当时统治者从空间和时间上严格限制商业活动的措施，也是对工商业者和市民戒备心理和态度的体现，是重农抑商政策在城市建设和管理上的反映。在这种环境下工商业要想长足发展是不可能的。

宋代是历代朝廷对人身控制最松、私有制得到很大发展的时期，也是中国古代工商业发展最为迅速的时期。从国家财政收入的占比中，我们就可以看出工商业的发展情况：宋太宗至道三年（997年），全国赋税总收入为3559万贯，其中农业两税为2321万贯，约占65%；工商税1238万贯，约占35%。到了天禧五年（1021年），全国赋税收入5723万贯，来自农业的两税2762万贯，占48%；工商税为2936万贯，占

---

① 林甘泉：《中国经济通史·秦汉卷》，经济日报出版社1999年版，第699页。

② 马克垚：《中西封建社会比较研究》，学林出版社1997年版，第194页。

52%。到熙宁十年（1077 年），赋税总收入为 7070 万贯，农业两税 2162 万贯，占 30%；而工商税则为 4911 万贯，占 70%。① 可见工商业在宋代经济中占有举足轻重的地位。到了宋代，实行了上千年的城市坊市制，也改成了今天还在沿用的街市制，对工商业者的控制大大放松了，极大方便了人们的货物交易需求。可是，上天弄人。当秦以后的中国迎来最为宽松的经济发展环境时，宋朝周边的游牧民族却一再南下入侵，最终在崖山之役中灭了宋朝，唯一能承载秦以后中国走向繁荣昌盛的美梦也就灰飞烟灭了。

崖山之后，再无中华。此言可能有些夸大，但却道明了这一事实：宋以前中华文明中许多优秀传统在血腥地杀戮中丧失，而游牧民族中一些负面的东西如统治阶级的野蛮性，及在这种野蛮统治下形成的国民屈意服从的奴性，却流行于接下来的元、明、清三朝。

明朝对工商业直接实行军事化管理制度。"洪武初，命在京兵马指挥领市司，每三日一校勘街市度量权衡，稽牙侩物价；在外，城门兵马，亦令兼领市司。"②有明一代，这项制度一直延续，凡新兴城镇同样是兵马司管领。明代法律规定："府州县城门外各置查引帖人，如有客货入城，先吊引帖，照验收税，如现在货物与引不合者，送官问。"③对经商者则实行编户制度，即凡在城市开业的商铺，都要"以其所业所货注之籍"，向官府申报姓名、行业、资本、营业和盈利状况等，官府以此作为征收赋税的依据。商户先是十年审定一次，嘉靖年间才在北京改为五年一审定，后推向全国。编审时，由官府派员"坐坊所，会同该兵马司正副兵马，亲历各铺，验其生理，公定等则，类呈科道再审，请旨定夺"④。通过这些措施，官府对行商坐贾实行严厉地监督，商户开业、

① 黄天华：《中国财政史纲》，上海财经大学出版社 1999 年版，第 218、219 页。

② 《明史》卷 81《食货志五》。

③ 《唐明律合编》卷 157，转引自薛国中：《十五至十七世纪中国商品经济对农本经济的侵蚀》，吴于廑主编：《十五十六世纪东西方历史初学集》，武汉大学出版社 1985 年版，第 81 页。

④ 沈榜：《宛署杂记》卷 13，转引自：吴于廑主编：《十五十六世纪东西方历史初学集》，武汉大学出版社 1985 年版，第 81 页。

歇业、迁徙、转行都没有自由。对手工业的控制，主要是通过官营手工业实现的。明代把大量的原民间手工业者，收入官营手工业。官办手工业涉及织造、营建、冶铸、皮革等几乎所有部门；官府手工业者的数量达约三十万人，其中北京有工匠十八万二千人，南京有五万八千人，另江西官府有工匠三万九千余人，湖广有一万三千余人，福建有六千八百余人，再加上其他地方的官府工匠，数量当在三十万人左右。① 把大量的人力、技术和资源都垄断在官府手中，只供官府使用，严重遏制了民间手工业和商品经济的发展。

除了在国内严格限制工商业的发展，在海外贸易上，明代更是严加禁止，寸板不准下海。朱元璋曾三令五申"禁濒海民不得私出海"，"禁濒海民私通海外诸国"，"无得擅出海与外国互市"。② 明王朝还规定"凡将马、牛、军需、铁货、铜钱、段匹、䌷绢、丝绵私出外境货卖及下海者，杖一百"③。为禁止海外贸易，明王朝不准建造多桅大船，"官民人等擅造二桅以上违式大船，将带违禁货物下海，前往番国买卖，潜通海贼，同谋结聚及为向导劫掠良民者，正犯处以极刑，全家发边卫充军"④。对外国来华的商人，由地方官府严格管控，规定："凡泛海客商，舶船到岸即将货物尽是报官抽分，若停塌沿港土商牙侩之家不报者，杖一百；虽供报而不尽者罪亦如此，物货并入官；停藏之人同罪。"⑤

① 《英宗实录》卷240，《明会典》卷208，转引自吴于廑主编：《十五十六世纪东西方历史初学集》，武汉大学出版社1985年版，第85页。

② 《太祖实录》卷70、卷139、卷252，转引自薛国中：《王直与明王朝的海禁政策》，吴于廑主编：《十五十六世纪东西方历史初学集》，武汉大学出版社1985年版，第360页。

③ 谢国桢：《明代社会经济史料选编》中册，福建人民出版社1980年版，第124页。

④ 朱纨：《议处夷贼以明典刑以消祸患事疏》，转引自杨翰球：《十五至十七世纪西太平洋中西航海贸易势力的兴衰》，吴于廑主编：《十五十六世纪东西方历史初学集》，武汉大学出版社1985年版，第295页。

⑤ 《唐明律合编》卷157，转引自吴于廑主编：《十五十六世纪东西方历史初学集》，武汉大学出版社1985年版，第81页。

　　尽管朝廷严厉禁止海外贸易，但丰厚的利润还是会诱使不少商人冒死出海，王直也称汪直就是16世纪50年代中国东南海上最大的民间武装力量和贸易集团。王直力量最盛时"拥众十万余"，大小船只无数，"控制要害，凡三十六岛之夷，俱从指挥"。① 王直不仅武力强大，而且由于他与东南沿海的各方力量商业往来密切，深得沿海各地人民的拥戴。时人唐枢在《复胡梅林论处王直书》中说王直："结合内地居民，始最亲信，其于海上诸商伴，亦各推服。"就连当时非常敌视王直的万表，也不得不承认王直是深得人民支持的："近地人民，或馈时鲜，或馈酒米，或献子女，络绎不绝；边卫之官，有献红袍玉带者，如把总张四维，因与柴德美（王直部下）交厚，而往来五峰素熟，近则拜伏叩头，甘为臣仆，为其送货，一呼即往，自以为荣"；"杭城歇客之家，明知海贼贪其厚利，任其堆货，且为之打点护送，如铜钱用以铸铳，铅以为弹，硝以为火药，铁以制刀枪，皮以制甲及布帛、丝绵、油麻等物，大船装送，关津不讯盘，明送资贼，继以酒米，非所谓授刃于敌，资粮于盗乎？此古所未有也"②。王直等人之所以受到沿海人民的欢迎，是因为他们代表了人民要求开放海禁的呼声，也打击了包括倭寇在内的海盗，在海上贸易的活动中使沿海人民得到了实惠。王直等人在嘉靖三十年（1551年），曾"申明官府，自愿除贼"，承担"为国家驱盗"和"为国捍边"的责任，并提出了消除倭寇的计划：愿以自身的力量游说日本诸岛，"自相禁治"，勿扰中国沿海；对日本开埠通商，国家抽税纳贡；若日本不从，则举兵征剿。在实际的海事活动中，王直发挥了消灭海盗的作用。他向朝廷报告："嘉靖二十九年，海贼首卢七，抢虏战船，直犯杭州，江头西兴坝堰，劫掠妇女财货，复出马绩山港停泊。臣即擒拿贼船一十三只，杀贼千余，生擒贼党七名，被掳妇女二口，解送定海卫掌印

　　① 《明书》卷162《汪直传》，转引自薛国中：《王直与明王朝的海禁政策》，吴于廑主编：《十五十六世纪东西方历史初学集》，武汉大学出版社1985年版，第369页。

　　② 唐枢：《复胡梅林论处王直书》，万表：《海寇议》，转引自薛国中：《王直与明王朝的海禁政策》，吴于廑主编：《十五十六世纪东西方历史初学集》，武汉大学出版社1985年版，第369、370页。

指挥李寿,送巡抚衙门。三十年,大夥贼首陈四在海,官兵不能拒敌,海道衙门委宁波府唐通判、张把总托臣剿获,得陈四等一百六十四名,被掳妇女一十二口,烧毁大船七只,小船二十只,解丁海道。三十一年,倭贼攻围舟山所城,军民告急,李海道差把总指挥张四维,会臣救解,杀追倭船二只。"①但是,王直所做的这一切,明王朝并不买账,而是全力围剿。从嘉靖三十一年开始,到嘉靖三十六年,官府从各地调集大军二十余万人对王直围剿,却屡战屡败。连负责这次军事行动的总指挥胡宗宪都承认"难与角胜于舟船之间"。武力战胜不了,就采取分化、招安的手段,各个击破。最后靠诱骗的方式引王直上岸而逮捕他,才最终剿灭了王直军事贸易集团。本来是利国利民的好事,明王朝却偏偏违背民心民意,把海外贸易扼杀在摇篮之中。

在对国内和海外工商业的双重打压下,明代的工商业较之宋代大大萎缩。前面说到宋代熙宁十年(1077年)财政收入中,农业两税只占30%,工商业税收占比达70%。而1502年,明朝全国财政收入中,田赋收入占比达75%,收入总量达税粮26799341石。按明代一缗铜钱与一石粮相抵计算,为2679.93万缗,加上另外25%的收入,明代财政收入相比于11世纪中叶的宋代国家每年12600万~15000万缗的预算收入,② 相差了好几倍,反映出明代的工商业和国力同宋代比大大衰弱了。

清朝是少数民族建立的朝代,满人入关时尚处于原始社会末期阶段,与中原各王朝相比,其文明要落后得多。一是人数太少,二是文明落后太多,这两大劣势,使满人有极度的自卑心理,对这种心理的补偿或反弹,就是靠加倍的军事镇压来征服汉人,让汉人在他们面前称奴才、行跪礼都是这种心理的反映。更重要的是长期生活在原始社会末期的满人,根本没有商品经济的意识,对当时世界发展的大趋势更加(相比较汉人的王朝而言)缺乏认识,所以也更加抱着农本经济的大树不放

① 《倭变事略》,转引自薛国中:《王直与明王朝的海禁政策》,吴于廑主编:《十五十六世纪东西方历史初学集》,武汉大学出版社1985年版,第370页。

② 黄仁宇:《十六世纪明代中国之财政与税收》,三联书店2015年版,第60页。

手。最有代表性的事情，便是乾隆皇帝接见英国使团时说的那句既狂妄自大，而又非常无知的话：天朝物产丰盈，无所不有，原不借外夷货物以通有无云云。当时的英国正处在工业革命时期，使团所带来的军舰、蒸汽机、纺织机等世界最先进的机器模型展示，并没有让清朝的上下各级官员意识到西方世界所发生的革命性变化和趋势。从皇帝到大臣都把英国使团带来的先进机器看成奇技淫巧，认为不足为虑，四十多年后，鸦片战争的爆发，英国的炮舰使腐朽的清王朝签下了丧权辱国的《南京条约》。

由于秦以后真正形成了"普天之下，莫非王土"的大一统格局，使中国古代的工商业者不可能向中世纪西欧的工商业者那样，从封建束缚比较严重的地方，流向封建束缚比较轻的地方。由于皇权对社会的各阶层保持着绝对的政治、军事、财政优势，没有任何一个社会力量能形成与皇权对抗的能力，所以当中央政府以举国之力打击工商业时，在古代中国，是没有任何制度缝隙和组织缝隙可供工商业自由发展的，其结果只能是工商业停滞不前。

第三节　由农本到重商
——古代中国和西欧的不同政策取向

农本经济是古代社会的共性，不论东方和西方都把以农为本视为经济的根本准则。秦朝在商鞅变法后，就实行"上农除末"的政策。汉代沿袭秦朝重农抑商的政策，认为"夫农，天下之本也"。[①] 在中国，这个政策一直沿用到清朝都没有改变。封建时代的欧洲也是建立在农本经济之上的，在中世纪的基督教神学家的说教中，农业被视为食物生产之源，是维持公众生存的第一需要，关注和发展农业被认为是统治者应有的职责。而对商业和商人则采取鄙视的甚至谴责的态度：托马斯·阿奎那认为，商业助长贪欲理应受到谴责。早期基督教教父坚持一条严峻的教义，

---

① 《汉书》卷4《文帝纪》二年、十三年诏。

即"基督徒不得为商人"。根据教皇利奥一世致那尔邦主教书而制定的教会法，更指明凡经营买卖者，都不得免于罪孽，这就等于宣布商人不得进天堂。可见在支配西方封建社会意识形态的基督教神学理论中，商业也是最下贱的行业，也是末业。在以农为本的封建社会里，重农抑商可谓概莫能外，是无间东方和西方的通则。① 但和重农抑商的政策在中国古代一直被奉为国策严加执行不同，欧洲封建社会的中后期，社会各政治力量在利益的驱使下，政策取向却逐渐发生了由农本到重商的转变。

(一)中国各王朝对重农抑商政策的坚守

上一节已经谈到了秦统一后的各代王朝对工商业的打压，对农本经济的坚守，这里我们再侧重政策层面简述一下这个问题。重农抑商、奖励耕战，是秦自商鞅变法后的立国之本。秦统一后，秦始皇"徙天下豪富于咸阳"，既有政治目的，也有打击商贾的经济政策的考虑。

汉得天下后，延续秦重农抑商政策而且比秦更具体：对从事农业的农民采取"与民休息"、奖励农耕、十五税一而后又三十税一比较宽松的政策；而对商贾，则采取明显的歧视性政策，如令其不得穿丝绸衣服，不得乘车骑马，不得做官，不得携带武器自卫等。如果说汉初还只是对商人采取歧视性政策，那么，到了汉武帝时期这种政策就变成了实质性的毁灭民间工商业的掠夺政策：其一是把与老百姓日常生活密切相关的大宗商品盐和铁由国家垄断，与民争利；其二是通过"算缗令""告缗令"直接打击工商业阶层，没收工商业者的财产为国有。可以说，秦汉的重农抑商政策为以后约两千年的专制王朝树立了标杆。

在各专制王朝中，宋朝工商业的发展环境是相对宽松的。虽然宋朝对工商业的税收是相当重的，但宋朝私有制的盛行及政治上的比较柔性的政策，使得宋朝的工商业获得了前所未有的发展机遇。宋朝对海外贸易也持比较开明的政策，有学者统计，宋朝与亚洲发生直接或间接贸易关系的国家不下百余。② 此时的海外贸易是宋朝财政收入的重要来源。南宋时广南路通过广州港"收课倍于他路"，宋高宗对此十分关注，不止

---

① 吴于廑：《世界历史上的农本与重商》，《历史研究》1984年第1期。
② 郑鹤生、郑一钧：《郑和下西洋资料汇编》(上)，齐鲁书社1980年版，第242～247页。

一次地说："市舶之利最厚，若措置合宜，所得动以百万计，岂不胜取之民"，"市舶之利，颇助国用，宜循旧法以招徕远人，阜通货贿"。①宋高宗所说的循旧法，应是北宋以来一直奉行的政策。

遗憾的是，宋朝被灭后，当值世界文明史上一个重要的发展阶段：人类社会经过漫长的发展和知识、技术的积累，已经处在历史发展的十字路口，此时国家的政策取向会深深地影响一个国家的发展方向。元朝由游牧民族建立，其相对落后的文明形态使得统治者无法感知当时世界文明的潮流。

推翻元朝的朱元璋出身贫苦农民之家，在坚守农本经济上比前代有过之无不及。朱元璋说："人皆言农桑衣食之本，然弃本逐末，鲜有救其敝者。先王之世，野无不耕之民，室无不蚕之女，水旱无虞，饥寒不至。自什一之涂开，奇巧之技作，而后农桑之业废，一农执末而百家待食，一女事织而百夫待衣，欲人无贫，得乎？朕思足食在于禁末，足衣在于革靡。"②朱元璋把人民贫困的原因竟然归结为大家逐末弃本，所以实行严苛的重农抑商政策也就不足为奇了。朱明王朝的重农抑商政策分内外两个方面：对内，一是如前所述，明初即对工商业实行军管制度，命令兵马指挥领市司，对商人、商户、商铺实行编审管制，其开业、歇业、迁徙、转行都要报官审批，极大限制了商业的自由贸易；二是政府用种种重税对商业进行掠夺。从洪武末年商税日重，如大臣解缙所言：各类商品"既税于所产之地，又税于所过之津。何其夺民之利至于如此之密也"③。宣德四年（1429 年），在全国"三十三府州县商贾所集之处，市镇店肆门摊税课，增旧十倍"④。而且征税的范围也越来越广，不但

---

　　①　《宋会要辑稿》职官四四，转引自薛国中：《王直与明王朝的海禁政策》，吴于廑主编：《十五十六世纪东西方历史初学集》，武汉大学出版社 1985 年版，第 360 页。

　　②　《明实录》洪武十八年九月戊子条，转引自杨翰球：《十五至十七世纪西太平洋中西航海贸易势力的兴衰》，吴于廑主编：《十五十六世纪东西方历史初学集》，武汉大学出版社 1985 年版，第 295 页。

　　③　《明史》卷 147《解缙传》。

　　④　《宣宗实录》卷 50，转引自薛国中：《十五至十七世纪中国商品经济对农本经济的侵蚀》，吴于廑主编：《十五十六世纪东西方历史初学集》，武汉大学出版社 1985 年版，第 82 页。

行商坐贾要交税，船只车马也要纳税。景泰二年（1451年），顺天府所属大兴、宛平两县所征物品就达270余种，除布匹等大宗商品外，蔬菜、扫帚、草鞋、蒲席等家庭手工制品悉数纳税。① 征税的关卡遍及全国各地，"自隆庆以来，凡桥梁、道路、关津私擅抽税，罔利病民，虽累诏察革，不能去也"②。巡抚湖广都御史赵可怀上书曰："国家立税，开厂于货集之地，论物抽分，不至太甚，犹之可也。奈何一水路也，入关有税矣，才行数十里，甚至数里，但遇市口，即竖旗建厂，又名曰拦江，曰上船，曰起货；而陆路之税，大略如之。至州县之中，无一村不税；肩背之贩，无一物不税；绳枢甕牖，无一间不税；官生举监之行李，无一人不税。"③重税之下，许多商人破产逃亡。万历十三年，大臣赵世卿报告："在河西务关则称，税使征敛，以致商少，如先年布店计一百六十余家，今止存三十余家矣。在临清关则称，往年缎商三十八人，皆为沿途税使盘验抽罚，资本尽折，独存两人矣。又称临清向来缎店三十三座，今闭门二十一家；布店七十三座，今闭门四十五家；杂货店六十五座，今闭门四十一家。辽左布商绝无一至矣。在淮安关则称，南河一带，剥来货物，多为仪真、徐州税监差人挟捉，各商畏惧不来矣。""其他各关告苦告急之人，无日不至。"④当时官员的这一番描述，形象地道出了明朝对商业的苛捐杂税之多之重。其实统治者并不是不知道税收过重的问题，而是故意为之，明成祖说得非常明白："商税者，国家以抑逐末之民。"⑤也就是说国家就是要让商人没有钱赚，甚至破

---

　　① 《明会典》卷35，转引自薛国中：《十五至十七世纪中国商品经济对农本经济的侵蚀》，吴于廑主编：《十五十六世纪东西方历史初学集》，武汉大学出版社1985年版，第82页。

　　② 《明史》卷81《食货志五》。

　　③ 《明书》卷83，转引自薛国中：《十五至十七世纪中国商品经济对农本经济的侵蚀》，吴于廑主编：《十五十六世纪东西方历史初学集》，武汉大学出版社1985年版，第83页。

　　④ 《关税亏减疏》、《神宗实录》卷376，转引自薛国中：《十五至十七世纪中国商品经济对农本经济的侵蚀》，吴于廑主编：《十五十六世纪东西方历史初学集》，武汉大学出版社1985年版，第83页。

　　⑤ 《典故纪闻》卷6，转引自薛国中：《十五至十七世纪中国商品经济对农本经济的侵蚀》，吴于廑主编：《十五十六世纪东西方历史初学集》，武汉大学出版社1985年版，第83页。

产，以此来抑制人民舍本逐末。在专制王朝的不断打压下，明朝的商业自然是一落千丈。与宋朝商税占财政收入70%形成鲜明对比的是，明朝的财政收入中除粮食、丝帛、棉布等实物外，货币收入共四百多万两，其中商税只有六十五万四千八百余两，只占全部货币赋税的百分之十六而已，在包括实物在内的全部赋税中，所占的比重就更微不足道了。①三是大规模地举办官府手工业，满足朝廷和官员的需求。这不仅是与民争利的问题，更重要的是官府手工业通过行政手段，把技术最好的工匠收入官府之中，垄断了技术而又不让技术在民间普及，垄断了最好的资源而不让民间利用，而官府的消费市场是极其有限的，官府手工业与其他商品的交换也都偏离了价值规律的轨道，所以官府手工业越大，整个社会的民间手工业就越萎缩，两者成反比例的增减。对民间手工业者也实行严格管制，每人都列入匠籍，每年有一批工匠要听任官府调遣，为官府服务。民间手工业者的活动受到很大限制，没有官府批准，不得转行、迁徙等。这些都极大地阻碍了整个社会手工业的发展。

在对外（海外）贸易上，明朝政策更是令亲者痛，而仇者快。唐宋以后，中国南方沿海的商人就已经取得了西太平洋航海贸易的主导权，15世纪前后更是发展到前所未有的规模，呈现出"富家以财，贫人以躯，输中华之产，驰异域之邦，易其方物"的繁荣景象。《明史》中外国列传所列海外六十余国，郑和船队所到不过一半，而中国民间海上商人差不多都遍历过。中国海商足迹所至，在南海的交通港口形成了不少类似汉萨同盟商馆与意大利商场的中华街或华侨聚居地。例如东爪哇的杜板、新村、苏鲁马益和苏门答腊的旧港，都居住着许多中国人。而拥有数千居民的新村和旧港，全部或大部居民是中国人。他们有自己的行政组织，推举领导进行管理，并一度单独派出使者向明王朝进贡，明显地具有自治港市的性质。华侨及中国人聚集地逐渐成为东南亚社会的重要组成部分。② 这时的中国，

---

① 薛国中：《十五至十七世纪中国商品经济对农本经济的侵蚀》，转引自吴于廑主编：《十五十六世纪东西方历史初学集》，武汉大学出版社1985年版，第84页。

② 杨翰球：《十五至十七世纪西太平洋中西航海贸易势力的兴衰》，及文中引《海澄县志》记载，转引自吴于廑主编：《十五十六世纪东西方历史初学集》，武汉大学出版社1985年版，第286、287页。

只要朝廷不加干预，任由民间海外贸易自由发展，则不论对国家赋税的增长、百姓生活的富裕及经济的发展都是极有好处的。可是，对大家都有利的好事，明王朝却偏偏不做，而是从一开始就实行严厉的禁海政策。朱元璋时宣布的"片板不许下海"的禁令，一直被尊为祖宗成规，以后历代皇帝也一再重申禁海令，甚至本国沿海各地之间的贸易和百姓下海捕鱼也在禁海之列。对民间已经形成规模和气候的商业集团，更是调动军队严加剿灭。前面谈到的王直集团，16世纪中叶已拥众十万余，舰船百余艘，号称徽王，无王直旗号的船只不敢在海上航行，且不光在中国沿海，在日本九州沿海"三十六岛之夷，俱从指挥"。① 西欧诸国对这样的本国商业集团都是给予一切权力和帮助，然后分享海外商业贸易带来的巨额利润，促进本国经济的发展。而明朝政府却反其道而行之，悬赏"有能擒斩王直来献者，封以伯爵，赏银一万两，授坐营坐府职衔管事"②，又劳民伤财，调集二十万大军，费时五年将其剿灭。这在外国人看来简直是自残的事，明王朝却一直乐此不倦。除了王直，被明王朝剿灭的还有陈祖义、张汝厚、施天泰、明山和尚（徐海）等一大批亦商亦盗的海上商业集团。

16世纪以来，也是西方诸国向印度洋、西太平洋扩展的时期。最早来到东方的是葡萄牙人，他们用王室海军战胜了阿拉伯人、印度人、马来人和爪哇人的反抗，在东方建立了以印度和果阿为中心的殖民政权及殖民据点，在果阿、霍尔木兹、马六甲设立海军基地，常驻有一万八千吨的舰队，支持该国在东方的商业贸易活动。西班牙也是用海军舰队征服菲律宾后，在马尼拉设总督府作为统治菲律宾的最高行政机构，又以菲律宾为基地向中国、日本及南洋地区扩展。荷兰则是建立具有行政权力和商业特权的、政企不分的新型殖民统治机构——东印度公司向东方扩展，在政府和海军的支持下，建立了印度洋和西太平洋上一系列殖民据点。这几个国家的海外贸易都是在政府和本国海军的强有力支持下获

---

① 薛国中：《王直与明王朝的海禁政策》，转引自吴于廑主编：《十五十六世纪东西方历史初学集》，武汉大学出版社1985年版，第369页。

② 《明实录》嘉靖三十四年八月乙亥条，转引自吴于廑主编：《十五十六世纪东西方历史初学集》，武汉大学出版社1985年版，第299页。

得成功的。当时的中国，海上造船能力和海军作战能力都在这几个国家之上，郑和下西洋时所用的战船达二百余艘，乘员近三万人，最大的船有九桅十二帆，长四十四丈，宽十八丈，"体势巍然，巨无与敌，蓬帆锚舵，非二三百人莫能举动"，其舰队规模之宏大，航海技术之娴熟，均在西方当时各国之上。① 如果明王朝能跟上时代发展潮流，倾全国之力支持本国商人开展海外贸易，会形成对西方各国的地区优势，并利用对外贸易的出超，换回大量的白银，促进国内经济发展。令人扼腕的是，明王朝所做的一切，都是在帮助敌人，削弱自己。除了调集本国军队剿灭本国从事海外贸易的商业力量外，明王朝还要求所有海外朝贡国家和西方殖民主义者帮助一起剿灭本国的海上商业力量。这正是西方殖民主义者求之不得的事，利用明王朝对本国海外商业力量的镇压，西方西方殖民者轻易取得了靠自由竞争无法做到的事，并获得巨大利益，葡萄牙人应明王朝之请，消灭林剪的海外贸易集团就是一例。

在 17 世纪初的马尼拉，西班牙人不过两千人，而中国人有两万人之多，但中国人仍免不了多次被屠杀的命运。菲律宾的华人潘和五、郭惟太等人不满西班牙人统治起义后，西班牙人居然派遣传教士来中国"申诉"，福建巡抚许孚远不仅不据理驳斥，反而诬称潘和五等人为"无赖之徒"，明神宗更是"檄两广总督，以礼遣僧归国，置惟太等于理"。1603 年，菲律宾西班牙当局屠杀了两万五千华人后，生怕明王朝举兵报复，致书漳州地方长官窥视明王朝意图。漳州地方长官奉敕表示"中国皇帝，宽怀大度，对于屠杀华人一节，决不兴师问罪"，并要西班牙人"对于此次惨杀事，勿容畏惧，对于在境华人，因多系不良之徒，亦勿容爱怜"。② 中国海外商业力量正是在本国政府和外国殖民者的共同打压下，走向衰落的。

清朝的重农抑商政策和实施效果与明朝相同，不再赘述。

---

　① 巩珍：《西洋番国志》，转引自吴于廑主编：《十五十六世纪东西方历史初学集》，武汉大学出版社 1985 年版，第 285、286 页。

　② 菲律·乔治：《西班牙与漳州之初期通商》，转引自吴于廑主编：《十五十六世纪东西方历史初学集》，武汉大学出版社 1985 年版，第 298 页。

(二)西方各国由农本而重商的转变

在农业社会中，产生以农为本的思想，是存在决定意识的表现，是非常正常的事情。如前所述，西欧各国原先也都是以农立国的，也都是坚持农本思想的。但在 12 世纪以后，事情发生了微妙的变化。当许多封建主在自己的领地兴建城镇时，他们并没有意识到这会对社会经济的走向产生什么影响，他们当时的唯一目的就是兴建城镇能够带来更多的利益，他们是在农业和城镇商业的比较利益中选择后者的，前面所引 1299 年英王爱德华一世因颁发拉温塞罗德城市特许状，获得年金 300 英镑，大大超过了原领地经济岁入的例子，就是很好的证明。同理，英法等国的王室，支持城镇的兴建和工商业的发展与他们的封建收入入不敷出有很大关系。13 世纪之前，英王室的收入主要来自身领地和其他封建收入。领地的收入为祖宗惯例已经被固化，很难再提高，我们从作为封建收入之一的土贡数量中可窥其一斑。1252 年，英国 10 个郡的郡守受命将贡品送到国王驻地威斯特敏斯特(此时英王已有固定驻地)，这些贡品是 76 头公猪、60 只天鹅、72 只孔雀、1700 只鹧鸪、500 只野兔、700 只兔子、4200 只家禽、200 只野鸡、1600 只云雀、60 只苍鹭、16000 只鸡蛋等。[1] 显而易见，封建土贡的数量是十分有限的。当然，封建收入还包括盾牌钱、司法收入、协助金、王室领地上的劳役地租等。领地上的收入只能勉强维持王室的日常运转，当国家遇到外族入侵或战争，则要封臣们提供军役或另外征税，13 世纪前英国收取的丹麦金，后改为卡路卡奇，就属此类，是为国税，但数量不大，1200 年和 1220 年征收的卡路卡奇仅为 7500 镑、5500 镑。英国 1129—1130 年的财政收入为 26000 镑，其中仅 2500 镑来自丹麦金，其余皆来自封建收入，以此推算，国税不及封建税的九分之一。[2]

14 世纪前，法国王室的收入也主要来自封建收入。1202—1203 年法王财政收入由两部分组成：一部分是王室领地、森林猎场及各种司法

---

[1]　马克垚主编：《中西封建社会比较研究》，学林出版社 1997 年版，第 393 页。

[2]　马克垚主编：《中西封建社会比较研究》，学林出版社 1997 年版，第 390 页。

权、市场权和教会捐赠等，这部分收入在偿付某些地方性费用后，余计60000 里弗；另一部分来自军事代役金、人头税、犹太税及城镇献纳等，约 63000 里弗。这些税收大部分属于封建收入，到 13 世纪末叶，王室收入以封建税为主体的格局没有改变。①

14 世纪以后，情况发生了变化，随着各国民族意识的增强，国家在社会生活中的地位日益重要，代表国家的王室，管理国家的事务越来越多，当然也出于王室想扩大自身权力和影响的要求，王室必然努力扩大税收，没有日益增长的财政收入作保证，王权的强化就是一句空话。由于封建收入的固化，各国王室都把眼光放在了城镇和工商业的收入上。14 世纪上半叶，英国王室领地收入逐渐减少，1322 年、1332 年，盾牌钱与任意税先后废止。与此同时，一些要由议会批准才能征收的国税项目，如城乡动产税、关税、人头税、户税等相继起征，其中经常征收且数额较大的是关税和动产税。到爱德华三世时的 1374—1375 年，财政署总收入 11.2 万镑，其中 2.2 万镑来自封建收入，其余 8.2 万镑主要来自后来兴起的针对动产和商品的直接税和间接税。法国也是如此，14 世纪以后的财政收入主要由三部分组成：一是王室领地收入为主体的封建税；二是构成全部财政收入支柱的商品税、盐税、户税；三是关税、僧侣什一税和一些新税项的综合。第二项、第三项为国税，与封建税相比，占绝对优势。② 要想多收税，国家就要支持工商业和城镇的发展，开始是王室对兴办市场和城镇给予支持，在授予城市特许状的同时也收取城市所交的税赋，并给城市工商业以保护；后来各国又出台一系列政策(如前所述)，吸引外国的工匠和资本移居本国和投资。此外，对本国工商业的保护还体现在着力统一本国流通市场，限制本国原材料出口和鼓励本国制成品出口，参与开拓海外市场等一系列重商主义政策上。

封建制度就是分权制度，层层分封的结果就是层层分割，不仅是权力的层层分割，也是领地的层层分割。在封建社会，家族领地如同国家

---

①　马克垚主编：《中西封建社会比较研究》，学林出版社 1997 年版，第 391页。

②　马克垚主编：《中西封建社会比较研究》，学林出版社 1997 年版，第 395页。

领土，领地内的一切事物皆由拥有该领地的家族首领和家族成员自行处理，外人不得染指。这种状况不利于统一大市场的建立，与日益发展的商品经济格格不入。商品经济的属性是商品能在尽可能大的范围内自由流通，这就要求打破领地各自为政、关卡林立的状况，建立统一的民族市场和相互关联的世界市场。而推动民族统一市场的建立，光靠工商业阶层自己的力量是不可能完成的，必须依靠王权和国家的力量来完成。因此重商主义者支持建立强大的王权，结束国内的市场分割状况；而王权也想借助工商业的税收为强化王权提供财政支持，同时也要借助工商业阶层和市民阶层作为支持王室的政治力量，所以两者在一定的历史时段找到了契合点，成为互相支持的力量。封建领地对市场的分割主要体现在各领地关卡林立，严重阻碍了商品的自由流通。吴于廑师对封建欧洲的市场分割情况有如下描述："莱茵河是西欧沟通南北的一条要道，到中世纪晚期，全部航程上共有关卡约六十四道，商船才过前一卡，就可以望见后一卡。今天为游人流连忘返的一座座景色苍茫的莱茵旧堡，在当年，几乎全是税吏呼喝停船的税站。水路如此，陆路亦然。在今北巴伐利亚这样一个幅员很小的地区，仅仅是穿越境内的一条商道上，到十七世纪末，还有关卡二十几处。这种闭关经济的象征物，在德国出现集中统一的政权以前，一直继续存在下去。但是在英国，由于较早地执行重商政策，情况大不一样。封建的英国也设置关卡，但须得国王批准，规定限期二、三年，五、七年不等。中世纪后期，这些关卡逐渐消失。消失的过程不清楚。但有一点是可以想见的，即实行重商政策的中央王权，在关卡设置满期之后，不再批准，其自然结果就是各地关卡的消失。在西欧各国中，英国最先实现税制统一，因之国内贸易最自由，商品转运最通畅。……近代西方国家的统一税制，是随着封建地方关卡消失而实现的。实行重商政策在国内产生的一个重要结果，是在全国范围内消除封建闭塞。"①正因为英国王权与市民阶层相结合，实行重商主义比较彻底，所以才最先消除封建割据，实现了全国范围的统一税制，由此促进了商品经济较之于德国等其他欧洲国家更快的发展。吴于廑师

---

① 吴于廑：《世界历史上的农本与重商》，《历史研究》1984 年第 1 期。

引用德国历史学派经济学家施摩勒尔的观点：重商主义的历史意义在于"国家的建立"，即集中统一的民族国家的建立。吴先生还引用瑞典经济史家赫克希尔的观点，重商主义是和近代西方国家在兴起和巩固过程中既反对封建分立，又反对帝国大一统这一政治形势相联系的，在这个意义上"重商主义是统一的动因"。吴于廑师认为，对重商主义的理解既要看到国家求强的一面，也要看到求富的一面，求强则要对内消除封建分立势力，对外需要同实力相当的敌国或者更强大的敌对势力作斗争；求富就要保护和发展工商业，求得经济利益。两者的结合中，政治方面是次，经济方面是主。重商主义在西方这个特定历史时期取得的意义最深远的结果，不在于转瞬即逝的封建国家统一的威力，而在于国内外封建农本经济闭塞状态的空前突破，在于商业，接着是工业的空前发展。①

实行重商主义政策的另一个重要意义在于海外国际航道的开辟和海外国际市场的建立。英国在都铎王朝之前，海外贸易一直落后与德国、意大利、西班牙、葡萄牙等国。14世纪爱德华一世到爱德华三世的一系列商业法令中，给予了外国商人在居住、贸易、通行税等方面许多便利，使外国商人同英国本地商人一样"不受干扰地，自由地出售粮食和物品给他们所乐于出售的任何人"，甚至来自汉萨同盟等外国商人获得了比本国商人更加优惠的关税。因为这些外国商业集团实力更加雄厚，能给英国缴纳更多的税收，给英国政府提供更多的贷款。② 15世纪以后，随着国内工商业的发展，对海外市场需求越来越大，都铎王朝适应了国内的这一需求，实行了旨在扶持本国海上贸易势力与国外竞争，鼓励海外贸易和军事扩张的政策。15世纪末，英国通过一些航海法案，规定外国进口的葡萄酒必须用英国船只装运，船上的水手也须大多数是英国人；外国人用自备船只运货需缴纳高额关税外，还限定只有当港口内没有英国船只时，才能向英国官员申请特别许可证运货。1490年，亨利七世政府乘丹麦统治区仇视汉莎同盟商人贸易垄断之机，与丹麦签订条约，完全恢复英国商人在挪威、丹麦、和冰岛的贸易特权。接着，亨利

---

① 吴于廑：《世界历史上的农本与重商》，《历史研究》1984年第1期。

② 高作钢：《英国都铎王朝海上政策初探》，吴于廑主编：《十五十六世纪东西方历史初学集》，武汉大学出版社1985年版，第195、196页。

七世又和属于汉莎同盟的一些城市签约，试图分裂汉莎同盟，进入波罗的海。亨利七世说："我的臣民在普鲁士和所有属于汉莎城市的区域必须如同汉莎商人在英国一样的自由。"这些条约的签订，有利于打破英国商人被排除在波罗的海等北方海域的局面。1503 年，英国商船经过松德海峡的达 21 艘。到 1547 年，英国的商船已经可以和荷兰的船队竞争了。① 在地中海，亨利七世政府与佛罗伦萨缔结条约，宣布在该城市管辖的比萨港建立英国羊毛市场，凡出口到意大利的英国羊毛必须由英国船只运达，再由此向其他地方出售。条约还规定对威尼斯的羊毛供应限定为六百袋。这些规定对威尼斯的贸易和呢绒业构成了严重威胁。经过长期的角逐，一度称雄地中海经英国至弗兰德尔航线上的威尼斯船队日益衰落，终于在 1532 年停航。而与之相对照的却是 16 世纪上半叶，"各种伦敦的高桅帆船……还有南安普顿和布里斯托尔的其他船只到西西里、坎迪亚、开俄斯进行通常的贸易，有时还到塞浦路斯"、的黎波里和叙利亚。英国商船满载呢布而去，又满载丝绸、大黄、芒剂、葡萄酒、橄榄油、棉花和香料而归。②

亨利七世政府还分别与西班牙、法国、德国、弗里西兰、尼德兰签订商业条约，扩大了英国商人在这些地区的特权和市场。1500—1502年，平均每年从伦敦出口的短呢布为四万九千二百一十四匹；1533—1535 年增至八万三千零四十三匹；到 1550 年，短呢布出口则达十三万二千七百六十六匹。此外，亨利七世政府还给从事海外贸易的商业集团颁发特许状，规定在公司所属范围进行贸易的商人都须服从公司的统一管理，这样就"加强和扩大了公司的权力和特权，以至于从那以后，这个公司大为繁荣和富裕起来，而且在它的基础之上……培育出了……这个王国的几乎所有的主要商人——至少，从那以后兴起的贸易公司，是从这一商人冒险家公司得到了启发，获得了榜样，并且吸取了贸易和政策的形式"。如 1496 年，亨利七世发给约翰·卡伯特特许状，以国王分

① 高作钢：《英国都铎王朝海上政策初探》，吴于廑主编：《十五十六世纪东西方历史初学集》，武汉大学出版社 1985 年版，第 200 页。

② 高作钢：《英国都铎王朝海上政策初探》，吴于廑主编：《十五十六世纪东西方历史初学集》，武汉大学出版社 1985 年版，第 201 页。

享五分之一利益为条件，允许他自备船只到"至今为基督教徒所不知的"陆地探险，享有所占土地的管辖权和贸易垄断，免缴任何关税。卡伯特探险返回后，亨利授予他海上将军称号，并颁赐奖金和年金。其他英国的探险家的航行也得到了类似的鼓励。①

海外贸易必须有国家的强大海军作后盾，都铎王朝之前，英国没有一支真正意义上的常备海军舰队，1485年亨利七世即位时，只有四只供海岸巡逻用的小船归国王所有。后来政府不仅自己造装有225门火炮的大舰，而且鼓励民间造舰，特别是对建造一百二十吨以上的船只发给津贴。亨利八世即位后，既造舰又买舰，组织正规皇家海军，成立海军部，在伍里奇和德特福德建立了两个海军造船厂，三年内建成和购买了十七艘新船。每逢新船下水，国王都要率官员亲临现场以示重视。亨利八世统治结束时，皇家海军总吨位已达到一万一千二百六十八吨，包括五十三艘战舰，其中五百吨以上的六艘，二百至五百吨的十九艘，舰队战时有人员七千七百八十名，大炮二千零八十七门。② 英国皇家海军的建立，有效地保障了英国商船的通行安全，有时海军甚至派战舰从事长途贸易。1558年伊丽莎白女王即位后，立即把海上政策的制定提上了日程。国务大臣威廉·塞西尔在这一年加冕典礼的备忘录中注明："考虑海上事务"是政府必须"立即实行"的要务之一。伊丽莎白政府的政策更为精细，她从培养和训练水手，保证造船所用基本材料，按实战要求改造战舰，支持和参与海外冒险活动等方面入手，积极鼓励海外贸易及海外扩张。为保证造船用的木材供给，1558年和1581年的法令先后禁止砍伐海岸或河岸十四哩内，伦敦周围二十二哩内及其他地方生长的树木。同时，禁止木材外流，任何木桶都不得出口，每出口七桶啤酒必须交回两百块桶板。为保证船用索具的供给，重申亨利八世时的规定，每六十英亩耕地，必须种植四分之一的亚麻或大麻，还引进先进的亚麻纺织技术，从俄国运回绳索。为培养水手，英国把捕鱼业看成"最自然、

① 高作钢：《英国都铎王朝海上政策初探》，吴于廑主编：《十五十六世纪东西方历史初学集》，武汉大学出版社1985年版，第202、204页。

② 高作钢：《英国都铎王朝海上政策初探》，吴于廑主编：《十五十六世纪东西方历史初学集》，武汉大学出版社1985年版，第203页。

最容易、最持久地培养和维持水手的事业", 为此甚至颇费苦心的搞了个"食鱼日", 宣布每个星期三为食鱼日, 任何人都必须和原来的四旬斋、四季斋、每星期五、六等斋期一样, 不许吃肉, 可以吃鱼, 违者处罚金三镑或监禁三个月, 知情不报者处罚金四十先令。食鱼日使更多的英国人因捕鱼而成为谙熟海洋的水手。伊丽莎白政府大力支持海外贸易公司, 颁发许可证, 允许这些公司有贸易垄断权, 1600 年授予东印度公司的特许状就规定公司有权"全部地、完整地独占往来于东印度的贸易", "制定合理的法律"并对违法者实行罚款或监禁。女王还亲自投资这些贸易公司, 1581 年, 她为建立利凡特公司提供四万镑股金, 在其他贸易公司女王也有投资。女王如此, 官员也如此。在政府的鼓励和直接支持下, 从事海外贸易的公司大量出现, 著名的有东印度公司、利凡特公司、莫斯科公司、非洲公司、西班牙公司、东路公司等。这些公司除了开辟海外市场, 进行国际贸易, 有的还从事海盗活动。伊丽莎白政府对英国海盗的行为采取了支持和纵容的态度, 大海盗德雷克的环球海盗航海就得到了许多政府高官入股和支持及伊丽莎白的批准。德雷克自称是英国女王委任的官员, 在进行美洲太平洋沿岸的一系列劫掠活动满载而归后, 有人估算女王从劫掠所得财富中分赃二十六万三千七百九十镑, 其他股东每人得到利润是其投资的百分之四千七百。次年, 即 1581 年, 女王亲自登上德雷克的海盗船, 封他为爵士, 并命令将这只船永久保存, 以纪念德雷克海上劫掠的功劳。①

1585 年, 英国借口西班牙夺取英国商船, 向全国颁发海上劫掠的许可状, 准许英国民间武装船只(海盗船的代名词)可以随意攻击西班牙船只。满朝文武及城市商人、地方绅士都参与其中, 女王在大海盗乔治·克里福德出航时, 给他的亲笔信中称这种海上劫掠为"我们这个时代的乐趣"。此时整个英国变成了一个"海盗岛国"。1588 年, 英国击败西班牙"无敌舰队"的海战, 实际上是由国家海军和商人、海盗的联合行动完成的, 德雷克、霍金斯等大海盗是战争的功勋人物, 战争中四分之三的

---

①　高作钢:《英国都铎王朝海上政策初探》, 吴于廑主编:《十五十六世纪东西方历史初学集》, 武汉大学出版社 1985 年版, 第 207~214 页。

作战船只是属于商人或海盗的。不仅如此，对其他国家的海上船只，英国政府也大开杀戒，允许英国人攻击和劫掠。1589年，枢密院发布命令，宣布可以没收任何运送军需品和粮食给敌国的船只。由此，汉莎同盟、波兰、荷兰、丹麦、哈布斯堡帝国的船只都受到了英国海盗的严重威胁。这些海盗在世界各大航道上大肆劫掠，为英国的原始积累掠夺了大量财富，据估计，半个多世纪中由英国海盗掠夺的财富，价值约一千二百万英镑。16世纪以后，英国的海上活动已经首屈一指，当时的著名航海家哈克卢特说：英吉利民族"在寻找世界彼岸大多数角落和地区方面，更明确地说，在不止一次地绕行地球大部分地区方面，已经超过了世界上所有的国家和民族"。①

其实，在开辟世界海道，进行海外贸易方面，英国并不是先行者。早在15世纪稍前时期，欧亚大陆上的国家就出现了向海外发展航海贸易的趋势，逐渐形成了波罗的海、地中海、印度洋、西太平洋四个航海贸易区，分别由汉莎同盟、意大利北部城市、阿拉伯人、印度人和中国商人所控制。② 在早期远海航行和贸易方面，葡萄牙、西班牙和荷兰做得更为出色。这些国家的共同特点是，国家实行限制进口、鼓励出口的保护关税政策，与其他国家缔结有利的通商条约，保证本国对外贸易的出超；颁布排他性的航海条例，限制外国船只装运货物进入本国及殖民地港口，或对进入本国及殖民地港口的外国商船课以重税，保护本国航运业的发展；大力发展船舶制造业，如葡萄牙国王颁布法令，免除船主各种捐税，允许为造船而砍伐王室的森林，为造船业提供原料保障；为培养本国的航海人员，让人民了解和熟悉海洋，着力发展捕鱼业，使更多的人成为以后水手的后备军；招徕外国技术人员移居本国，以提高本国的造船和航海水平，葡萄牙专门设立航海学校，不惜重金聘请外国造船工匠和航海家，培养、训练本国造船、航海人才；建立强大的海军，以保护和配合本国商船队在海外的商业行动。在具备了基

① 高作钢：《英国都铎王朝海上政策初探》，吴于廑主编：《十五十六世纪东西方历史初学集》，武汉大学出版社1985年版，第214~216页。

② 杨翰球：《十五至十七世纪西太平洋中西航海贸易势力的兴衰》，吴于廑主编：《十五十六世纪东西方历史初学集》，武汉大学出版社1985年版，第284页。

本远洋航海条件后，这些国家的商人在国家海军的支持下，开始向远洋扩展。如前所述，葡萄牙用王室海军战胜了印度洋上的阿拉伯人和印度人，西太平洋的马来人、爪哇人海上军事力量的反抗，在东方建立了由若干殖民地为据点的商业帝国，设立了以印度省和驻果阿总督为中心的殖民政权，在这里常驻 18000 吨位的强大舰队，维护本国的商业利益。西班牙靠海军征服了拉丁美洲，建立了拉美殖民地，后又用殖民地海军征服菲律宾群岛，建立了马尼拉总督府为最高权力机关的殖民政府。再以菲律宾为跳板向南洋、中国、日本扩张。荷兰则组建了政企不分的具有双重性质的东印度公司，在荷兰海军的支持下占领了西太平洋和印度洋的一些殖民据点，并以这些据点为支撑向中国、南洋等地区扩张。正是在本国政府各项政策的支持和本国强大海军的帮助下，这些远离印度洋和西太平洋的国家才能先后战胜阿拉伯人、印度人和中国商人，称霸各大洋的。

从以上论述中我们可以看到，一些欧洲国家逐渐发生由农本到重商的变化，并不是这些国家都有先见之明，都能预见到世界经济发展的潮流而主动地去追逐或做出改变。欧洲这些国家所发生的变化，是与封建社会的特点息息相关的。先是各地的封建主在自己的领地内兴建集市、城镇，并不是他们对城镇的发展前景有什么超前的预见，而完全是基于兴建城镇的收益远高于农村和农业这样一个事实；国王对城镇的支持，如发给特许状等，除了想获取来自城镇的经济利益外，还有利用城市市民阶层与地方封建势力抗衡的政治考虑；至于王室采取重商主义政策，也在很大程度上是因为封建制度下的财政收入不足，严重地困扰着王权的强化和国家的统一，只有开辟新的与工商业、海外贸易、城市发展相关的新税种，才能避开被习惯法固化的种种封建收入限制，满足财政收入不断增加的需求。可见，是利益的需求导致了欧洲各国由农本到重商不自觉的变化。

在由农本到重商的变化过程中，西欧的王室也有许多选择的困扰和自相矛盾的做法。以英国为例，农本经济的主要体现就是粮食种植业，15 世纪以后，当以发展养羊业为目的的圈地运动兴起时，都铎王朝就采取了极力打压的政策，先后颁布了 10 多项反对圈地运动的法案和许多皇家公告；组织了三次较大的圈地调查委员会，调查圈地情况；国家的各行政司法机构如枢密院、星室法庭、财政法庭、请求法庭等，都参与了直接处理各地的非法圈地事件。1489年议会通过的适用于全国的反圈地法案，把农耕誉为"王国最大的财富"，哀叹圈地运动使农耕"大为衰落了"，造成了农村人口的减少，故法案规定任何人不得拆除附有二十英亩以上土地的农舍和其他借以维持农耕的建筑，违者需将其土地年收入的一半交给他的封土领主或者国王。人们通常把反圈地法称为"农耕法"或"限制农村人口减少法"，这些都清楚地表明反圈地政策的实质。①

此外，对城市工商业向乡村的转移及乡村工商业的广泛发展，都铎王朝也持反对态度，认为这会使越来越多的农民脱离传统农业，破坏了耕织结合的自然经济。1534年，一项针对沃斯特郡的法案，谴责一些人为了私利，"不仅把各种农场吞并到手上，变成农场主、牧场主和农民，而且还在他们家里运用纺织、漂洗和修剪呢布的技巧，生产各种呢布"，故法令禁止城市之外的人生产或雇人生产呢布出售。玛丽统治时期，这一政策在全国推行。1555年的织工法规定，禁止乡村呢绒制造商拥有一台以上的织机，不准他们以任何方式出租织机或出租安置织机的房屋牟利；禁止从来没有从事过织呢业的人在城市以外或者有十年呢绒业历史的地方以外纺织呢布；禁止住在乡村的织工拥有两台以上的织机。后来还规定乡村零售商不得把呢布和其他产品在城市零售，禁止乡村织工带两名以上学徒，学徒期限一律为七年，只准有3英镑资产的自由农从师当学徒等。仅后一条规定如果认真执行，就会使乡村中三分之一的人不能进入织呢行业。由于封建制度下王权的统治力是较弱的，所以这些限制政策并没有起到实质性的结果。况且，参与圈地的人中有许多原先的大贵族和当朝的高官，1517年圈地调查报告显示，诺福克公爵、白金汉公爵、希鲁兹伯里伯爵、议会议长、财政次官兼调查委员等一大批权贵参与了圈地。就连当时号称反圈地"英雄"的萨默塞特自己也参加了没收

---

　　①　高作钢：《英国都铎王朝的农本政策及其转变》，吴于廑主编：《十五十六世纪东西方历史初学集》续编，武汉大学出版社1990年版，第153、157页。

教会地产的投机活动之中。这些封建制度的受益者，在利益的驱使下，也都发生了改变，指望他们去坚守农本经济是不可能的。所以，当时一位反圈地人士约翰·哈尔斯抱怨："根本不管颁布了多少法令，因为没有一项法令付诸实施。"①

直到伊丽莎白时期，上述旨在维护农本经济的政策才有所改变。1593 年的法案以"粮食十分丰富和便宜"，及以前"法律不完善、含糊"为由，宣布以往所有禁止将耕地变成牧场的法令一律不再有效。② 后来，关于圈地和反圈地在议会的争论和斗争仍在继续，反映了那个时代，农本经济和商品经济共存及社会经济转型时期人们的认识、利益上的差异，及其在国家政策层面的体现。乡村工商业的政策也在此时发生了变化，原先限制乡村工商业发展的政策被逐步放弃了。由此可见，社会各阶层包括统治者对农本经济和商品经济的认识有一个逐步深化的过程，对二者此消彼长的接续和替代关系的认识也一个逐步深化的过程。等到这种认识趋于一致时，整个社会也就走到了新时代的门口。

第四节　原始平等、民主制度在中国的中断与在欧洲的传承

由于原始社会生产力极其低下，人们面对充满风险的洪荒的自然界，必须依赖以血缘关系组织起来的氏族共同应对，所以，在物质生产过程中人们共同占有、使用生产资料，共同享用生产的产品；在人与人关系和社会公共组织管理中，秉持人人平等的原则，采用民主管理的制度是当时自然而然地选择。尽管后来由于剩余产品的出现和私有观念的发展，血缘大家族共同占有的形式发生了变异，形成了领地仍

---

① 　高作钢：《英国都铎王朝的农本政策及其转变》，吴于廑主编：《十五十六世纪东西方历史初学集》续编，武汉大学出版社 1990 年版，第 156、157、160、170 页。

② 　高作钢：《英国都铎王朝的农本政策及其转变》，吴于廑主编：《十五十六世纪东西方历史初学集》续编，武汉大学出版社 1990 年版，第 164~166 页。

归家族共同占有(实际上是所有),但土地已分配给每个小家庭耕种,收益归个体家庭所有,个体家庭已拥有房屋及一些动产的次生形态的共同占有制。但只要大家族共同占有制存在一天,原始的平等、民主原则就不会消亡,就会一定程度上在这些次生形态的公社共同体中存活并传承着。

既然原始平等、民主制度源于血缘大家族对生产资料的共同占有、使用和分享,那么,只有当具有自我管理功能的血缘大家族的消亡,个体小家庭从这些具有公共管理职能的血缘大家族中完全独立出来了,这种制度才会失去生存的土壤而归于消亡。

一、古代中国原始平等、民主思想和实践的中断

中国和世界上所有民族一样,在原始社会是有原始的平等、民主思想和实践的。商周时期,中国虽然已经进入了阶级社会,但由于血缘大家族的存在,这种原始平等和民主思想及实践也一定程度上被传承下来。可能成文于商代的《尚书·虞书·尧典》,说尧"克明俊德,以亲九族。九族既睦,平章百姓。百姓昭明,协和万邦。黎民於变时雍"。这里的"九族"应指同一血缘关系的家族成员,而"百姓"者则可能指异姓的家族,"万邦"明显是天下各家族或部落的统称。《尧典》说的是尧将传位于舜的事。传说中的"传位"我觉得是后人的附会。原始社会末期,各部落或家族中最强大又最有德行的部落或家族,才有可能被推举为天下共主,而不可能有类似后来君王传位的事情发生。而亲九族、睦百姓、协和万邦,都是天下共主必须具备的"俊德",只有具备这些德行,才能服天下,大家也才愿意推选你出来主持天下的"公道"。董仲舒说:"五帝三王之治天下,不敢有君民之心。"①之所以"不敢有君民之心",是因为当时民的地位很高,没有民的推举和支持,君就不成为其君。《尚书·夏书·五子之歌》说:"皇祖有训,民可近,不可下。民惟邦本,本固邦宁。""民惟邦本"的思想就是民本思想。《尚书·周书·康诰》说:"天畏棐忱,民情大可见",即天意可以从民情上看到,在现实中民情就代表

---

① 《春秋繁露·王道第六》。

天意。《尚书·周书·大诰》说"弗造哲迪民康，矧曰其有能格知天命"，意思是未能达到知人之明，未能引导人民过上安康的日子，怎么能说知天命呢？把天意和民意视为一体，是原始民本思想的体现。《左传》襄公三十一年载穆叔引《尚书·大（太）誓》曰"民之所欲，天必从之"，把民本思想说得更加明白。在《左传》昭公元年，《国语》的《周语》《郑语》中也有这句话的记载。《孟子·万章上》中也引《尚书·泰誓》曰"天视自我民视，天听自我民听"，可见这种民本思想是流传广泛的主流思想。

那时的人民都是生活在大家族中的，民本思想中的民即为各家族的成员，他们是各家族（包括国君所在家族）活跃在政治舞台上的主要社会政治力量。如果国君不能代表他们的利益，违背他们的意愿，很有可能被这些民众赶下台。典型的例子是周厉王，《国语·周语上》载，厉王暴虐，"国人谤王"，辅政的卿士邵公对厉王说"民不堪命矣"，厉王不仅不听劝告检讨自己的行为，反而派人查探那些批评厉王的人，并下令处死他们，使"国人莫敢言，道路以目"。邵公在人民的沉默中预感到了即将到来的政治危机，力劝厉王"防民之口，甚于防川。川壅而溃，伤人必多，民亦如之。是故为川者决之使导，为民者宣之使言"，邵公告诫说："夫民虑之于心而宣之于口，成而行之，胡可壅也？若壅其口，其与能几何？"以当时的情况，国家的经济、军事力量皆掌握在这些国人手中，他们是周王的家族成员，是周王执政的政治基础，厉王不懂《尚书·尧典》说的"克明俊德，以亲九族。九族既睦，平章百姓"的道理，拒不听从邵公之劝，最终被国人赶跑。身为天下共主的周天子都是如此，各诸侯国的国君就更不用说了。成语"众叛亲离"讲的是卫国的故事，《左传》隐公四年载，卫国的州吁弑卫桓公而自立，且暴虐其民，为转移国内视线，联合宋国攻打郑国，"公问于众仲曰：'卫州吁其成乎？'对曰：'臣闻以德和民，不闻以乱。以乱，犹治丝而棼之也。夫州吁，阻兵而安忍。阻兵无众；安忍无亲。众叛亲离，难以济矣。夫兵犹火也，弗戢，将自焚也。夫州吁弑其君而虐用其民，于是乎不务令德，而欲以乱成，必不免矣'"。果不其然，众叛亲离的州吁后被国人所杀。

民本思想从来都不会凭空而生，它是现实生活中社会存在的反映。当民众真正掌握经济军事力量时，统治阶级才会对人民产生敬畏心理，才必须亲民、爱民、为民，才能认识到民众的重要性。卫国的民众赶跑了国君，晋侯认为太过分了，大臣师旷却认为好的君主要"养民如子"，民才能爱戴君主；如果君主是"困民之主"，民众赶走他就是应该的，是符合天理的："天之爱民甚矣，岂其使一人肆于民上，以从其淫，而弃天地之性？必不然矣。"①当时，很多统治者对民众的重要性是有充分认识的，兹举几例：

《左传》桓公六年，随国季梁说："所谓道，忠于民而信于神也。""夫民，神之主也。是以圣王先成民而后致力于神……今民各有心，而鬼神乏主。"民为神之主，自然更为重要。

《左传》僖公十九年，宋公要用人祭，司马子鱼说："祭祀以为人也，民，神之主也，用人，其谁飨之？"

《左传》庄公三十二年，虢国的史嚣说："国将兴，听于民；将亡听于神"将民的地位置于神之上，不仅是民本思想的体现，更是民在家族和国家中真实力量及作用的体现。

《左传》昭公二十三年，楚尹戍在总结梁伯"沟其公宫而民溃"，被秦国灭了这件事时说："民弃其上，不亡，何待？"

《左传》僖公十三年，晋大饥，求助于秦，秦朝廷内有两派意见，一派是想落井下石，趁晋闹粮荒打击晋国；而另一派则认为重要的是收买人心。于桑说："重施而报，君将何求？重施不报，其民必携，携而讨焉，无众必败。"民"携"是指民心涣散，得不到民众支持，如此，则晋国必败，秦国必胜。

《左传》昭公二十五年，宋大夫乐祁在评论鲁昭公被季孙氏赶跑时说："政在季氏三世矣，鲁君丧政四公矣。无民而能逞其志者，未之有也。国君是以镇抚其民。《诗》曰：'人之云亡，心之忧矣。'鲁君失民矣，焉得逞其志？"乐祁这里总结出的一条真理就是"无民而能逞其志者，未之有也"。《左传》昭公二十七年，诸侯会盟，在讨论鲁昭公回国问题时，晋国的范献子也说："季氏甚得其民，淮夷与之，有十年之备，有齐、楚之援，有天之赞，有民之助"，故不赞成鲁昭公回国。与会者觉得范

---

①　《左传》襄公十四年。

献子讲得有道理，遂不再议鲁君回国之事。这件事可以说明一个重要问题，即在当时各国的统治阶级看来，正统的君位传承都比不上民心所向的重要性。这就是民众地位的体现。

《国语·周语下》载，周单穆公在总结历史经验时说："以言德于民，民歆而德之，则归心焉。上得民心，以殖义方，是以作无不济，求无不获，然则能乐"，反之，"上失其民，作则不济，求则不获，其何以能乐？"

《晏子春秋·内篇问下》晋国大夫叔向问晏子："'意（德）孰为高？行孰为厚？'对曰：'意莫高于爱民，行莫厚于乐民。'又问曰：'意孰为下？行孰为贱？'对曰：'意莫下于刻民，行莫贱于害身也。'"即崇高的德行是爱护民众，使民众快乐；最卑下的德行莫过于对民众刻薄和伤害人民。叔向问如何才能既行为正直而又不失掉人民，晏子曰："婴闻之，卑而不失尊，曲而不失正者，以民为本也。苟持民矣，安有遗道？苟遗民矣，安有正行焉？"这里，晏子明确提出了"以民为本"的思想，在晏子眼中，"以民为本"才是正道。

《孟子·梁惠王下》说："乐民之乐者，民亦乐其乐；忧民之忧者，民亦忧其忧"。君民之间只有同甘共苦，民众才能维护君主的地位。在民与君的关系上，孟子民本思想最为鲜明，《孟子·尽心下》中的著名论断是"民为贵，社稷次之，君为轻。是故得乎丘民而为天子"。

统治者若不能体恤民众，其下场必定是可悲的。

《国语·晋语九》载晋国大夫窦犫的话："夫中行、范氏不恤庶难，欲擅晋国，今其子孙将耕于齐，宗庙之牺为畎亩之勤。"说的就是中行、范氏两大家族的统治者，遭民众叛离，最终导致家族败亡，统治者的后代也都沦为贫民的情况。如果说窦犫的话只是事后的总结，那么在中行氏、范氏败落之前，就已有人预见到了这个结果，这个人就是著名军事理论家孙子。前引银雀山竹简《孙子兵法·吴问》中，孙子与吴王对话时，就已经预判到这两个家族最先灭亡，而当时的晋国，包括中行氏、范氏在内的几个大家族都还实力相当。吴王问其原因，孙子分析说：中行氏、范氏相比晋国其他几个家族，民众分得的田地亩积最小（每亩160步），而税赋最重，所以民众必弃之，故最先败亡；智氏虽亩积（每亩

180步)大于中行、范氏，但却小于韩、赵、魏三家，故智氏败亡于次；韩、魏两家亩积(每亩200步)又大于智氏，但小于赵氏(每亩240步)，故又次之；最后晋国将归于赵家。吴王曰："善。王者之道，□□厚爱其民者也。"孙子的分析中除了对韩、魏两家命运的判断不够准确外，对其他几个家族败亡的判断，甚至连顺序都是相当准确的、有预见性的。须知，孙子在做这个判断时，距中行、范氏被灭还有十几、二十年；距智氏被灭，则早了约五十多年。① 孙子预测的依据就是民心的向背。

综上可见，对民众重要性的认识，是血缘大家族中民众自己的经济、军事地位所决定的，并非出于某些人的善意或同情。正因为民众的向背可以决定家族统治阶级的生死存亡，所以统治阶级才会有以民为本的思想和行为。

在君臣之间的关系上，孔子和孟子为代表的儒家，一方面认为天下的治理需要君，但同时又认为君要像君，臣要像臣，各就其位，各行其是，所谓"君君、臣臣、父父、子子"②是也，这就是礼。孔子认为臣事君不能以苟合顺从为上，而要"以道事君"，③ 君有道，可事之；君无道，则不仕。《论语·八佾》："定公问：'君使臣、臣事君如之何？'孔子对曰：'君使臣以礼，臣事君以忠。'"孟子说得更明白"君之视臣如手足，则臣视君如腹心；君之视臣如犬马，则臣视君如国人；君之视臣如土芥，则臣视君如寇雠"④。显然，在孔子、孟子看来，君臣之间的关系是互相尊重和利用的，你对我仁义，我对你尽忠；你对我不仁，我对你不义。这和西欧中世纪的封建君臣关系如出一辙。

战国以后，随着小家庭从大家族中独立出来，社会管理的公权力也逐渐从家族中流失，集中到国家手中，君主集权趋势已越来越明显，而失去家族庇护的人民，地位一落千丈，成为任人摆布的对象。反映这种趋势的学说也出现了，其代表人物是商鞅和韩非。

---

① 孙子预言与中行氏、范氏、智氏灭亡的时间推论，见银雀山汉墓竹简《孙子兵法·吴问》，文物出版社1976年版，第94、95页。

② 《论语·颜渊》。

③ 《论语·先进》。

④ 《孟子·离娄下》。

　　与上述民本思想大相径庭的是，商鞅、韩非把人民仅仅看成供君主统御的、实现专制和强国的工具。商鞅明确地喊出了"民弱国强"的理念，他说："民弱国强，国强民弱。故有道之国务在弱民。"①为了"弱民"就要使民愚昧，使民愚昧国家就要禁止以下这些现象："曰礼、乐，曰《诗》《书》，曰修善，曰孝弟，曰诚信，曰贞廉，曰仁、义，曰非兵，曰羞战。国有十二者，上无使农战，必贫至削。"②礼、义、廉耻、孝道、诚信、修善全都不要，诗、书、礼、乐也统统不要了。为什么要禁止这些被正常人视为人类文明象征的东西呢？商鞅在《商君书·说民》中给出了答案："辩慧，乱之赞也；礼乐，淫佚之征也；慈仁，过之母也；任举，奸之鼠也。"读礼乐诗书，思想的交流和碰撞，会使人们变得聪慧，聪慧的人民国君又怎么能把他们当工具任意使用呢？至于仁慈、诚信、孝道、廉耻、互爱这些美德，如果被全社会接受，国君的自私、专横、残忍就是大逆不道的了，就不能成为其国君了，因此要统统禁止。这还不算，《商君书·垦令》等章节中还提出了：限制工商业的发展；禁止开旅馆，把人民束缚在土地上；商人不能卖粮，农民不能买粮，必须自己生产粮食；禁止提供供人享受的音乐、服装，以免人心涣散；对酒肉等产品收重税，使农民不能饮酒作乐；不准士大夫到处游说，传播异端邪说，以免开启民智；实行联保连坐制度，让人民互相监督、互相告发等措施，全面控制人民的行为；禁止农民迁徙，让农民变得愚昧迟钝，农民就会安心务农，荒地就会得到开垦；而要使农民愚钝，则使"民不贵学问"，"民不贵学则愚，愚则无外交"，不能去外面交游，才能务农。商鞅认为只有耕战才能强国，但耕和战都是老百姓感到最苦、最怕的事情，于是，商鞅提出制定刑法，农耕不是很苦吗？如你不务农就让你受到的处罚比务农还苦得多，这样相比起来务农反而轻松一些，人民就愿意务农了；另外还要限制工商业发展，限制商人厚利，使"市利尽归于农"。对于人民畏战，商鞅则提出："欲战其民者，必以重法。赏则必多，威则必严"，使得"民见战赏之多则忘死，见不战之辱则苦生。

---

　　①　《商君书·弱民》。
　　②　《商君书·靳令》。

赏使之忘死，而威使之苦生"。① 通过重赏和重罚让人民敢战、好战。事实上商鞅的改革，正是实行了一整套把耕战与人们的名誉、地位、财富挂钩的制度，才把秦人变成了虎狼之师。

如果说商鞅学说的核心是强国的话，那么韩非学说的核心则是强君，君权高于一切。《韩非子·外储说右下》提出了君主之利高于国家之利"国者，君之车也"，国家只是君主驾驭的一辆车子而已。国家的政治格局应该是"事在四方，要在中央。圣人执要，四方来效"。君主"独制四海之内，聪智不得用其诈"；"远在千里之外，不敢易其辞"；"臣毋或作威，毋或作利，从王之指；无或作恶，从王之路"。② 韩非从性恶论出发，认为即便是父母子女或夫妻这些最亲近的人也都是不可靠的，都是受利益驱使的。《韩非子·六反》中举例说"父母之于子也，产男则相贺，产女则杀之"，男女同出于父母，为何区别对待呢？原因就在于"虑其后便，计之长利也"。父母子女之间都如此，何况其他人之间的关系呢。《韩非子·备内》说："夫以妻之近与子之亲而犹不可信，则其余无可信者矣。"

从人性恶的角度，韩非认为君臣关系是充满对立的，君臣之间是"一日百战"的关系，所有的臣属都如同阳虎一样，时刻觊觎君主的权位，故"爱臣太亲，必危其身；人臣太重，必易主位"；还说"人主之患在于信人，信人则制于人"。③ 正因如此，君主要防范臣下，驾驭臣下，《韩非子·外储说右上》说："明主之牧臣也，说在畜乌。""驯乌者断其下翎焉。断其下翎，则必恃人而食，焉得不驯乎？夫明主畜臣亦然，令臣不得不利君之禄，不得无服上之名。夫利君之禄，服上之名，焉得不服？"为了驾驭群臣，韩非在《备内》《外储说上》《南面》《八经》《主道》《二柄》等篇中，提出了一系列的帝王之术，如君主要把兵权、财权、用人权、赏罚权全都抓在手中；君主要深藏不露，要防范包括夫人、后妃、太子在内的任何人；要故意说错话，办错事，试探臣下的反应，看

---

① 《商君书·外内》。
② 《韩非子》之《扬权》《有度》。
③ 《韩非子》之《爱臣》《备内》《扬权》《难四》。

其是否忠诚；要让臣下遇事敢言，从中抓他的辫子；要设置密探，对重要的臣属进行控制，将他们的亲戚妻子暗中质押；不易控制的大臣则借故处死，可通过饮食毒杀他们——"生害事，死伤名，则行饮食"，等等。韩非所提倡的君主所作所为，与孔孟等先秦学派推崇、践行仁、义、礼、智、信的君主形象简直有天上地下之别！

韩非认为，人民是供君主驱使的工具。《韩非子·六反》说"君上之于民，有难则用其死，安平则尽其力"，有六种民是有用之民："赴险殉诚，死节之民"；"寡闻从令，全法之民"；"力作而食，生利之民"；"嘉厚纯粹，整谷之民"；"重命畏事，尊上之民"；"挫贼遏奸，明上之民"。这些有用之民的特点就是愚昧寡闻、尊上守法、唯命是从，卖力效死。也只有这样的人才能当工具使用。除了这六种民外，其他人都要受到惩罚，那些不尊君或不愿为上所用的杀无赦。在韩非的眼里，不能为君主所用的大臣和人民都是没有存在价值的。①

要控制人民，把人民驯化成供君主使用的工具，就要"禁心"。《韩非子·说疑》中提出："是故禁奸之法，太上禁其心，其次禁其言，其次禁其事。"《问辩》说："故言行而不轨于法令者必禁。"用法令来禁心、禁言、禁行，从根本上扼杀人们的思想活动，是赤裸裸的思想专制和文化专制。韩非还在《五蠹》篇中提出要"以法为教""以吏为师"，而不是儒、墨等学派提出的以圣贤为师，把教育变成了屈从于政治的附属品，否定了教育的独立性和对世界的认知价值。韩非的目的就是一个，把人民和臣属都变成君主使用的工具和奴隶。

韩非这些强化君主集权和专制的思想，当然会得到君主的青睐。《史记·韩非列传》载：秦王政看到韩非的书后，不禁拍案叫绝说："嗟乎，寡人得见此人与之游，死不恨矣。"后来秦王政果真强迫韩非到了秦国，可是韩非只是个书生，有思想而无行动。倒是与他出自同一师门的李斯，比他更会阴谋诡计，在李斯和姚贾的挑唆、诬陷下，韩非锒铛下狱并冤死于狱中。当然，李斯后来又遇到了更加心狠手辣的赵高也没有落个好下场。

---

① 《韩非子》之《说疑》《经说》《难一》。

很明显，商鞅、韩非的思想是那个时代君主集权专制和人民地位下降发展趋势的反映，迎合了建立以郡县制为基础的中央帝国和专制皇权的需求。这些反人类、反文明的思想，在秦以后历朝历代的政治实践中，经过包装，完整的保存下来，并演变为实实在在君贵民贱、皇权至上的古代中国政治思想和政治体制。

以秦一统天下为标志，商、周以来绵延千年的封建制度和远古中国传承下来的原始民本思想及平等、自由、民主等理念和实践戛然而止。秦帝国的建立，实现了商鞅、韩非等法家流派所倡导的君主专制、中央集权的政治体制。皇帝成为至高无上的存在，"天下之事，无大小皆决于上。上至以衡石量书，日夜有呈，不中呈，不得休息"，"丞相诸大臣皆受成事，倚办于上"。① 没过多久，秦始皇在李斯的建议下，焚书坑儒，实行了人类历史上最为严酷地思想和文化专制，韩非提出的禁心、禁言、禁行都成为了现实。

如前所述，虽然汉初黄老无为而治的思想流行，各学派逐渐活跃，但民本思想和实践赖以生存的经济、社会基础已经失去，中央集权和君主专制政体已经形成，所以，民本思想已无死灰复燃的可能。但是，秦、汉帝国的体制相对于实行了千年的封建制度而言，还是一个刚刚诞生不久的新型国家治理模式，以什么样的思想作为这个新型国家治理模式的指导思想是必须解决的重要问题。这时，董仲舒提出了经过改造的所谓儒家思想——适合大一统中央集权和君主专制的董氏儒家思想，就适应了这一时期统治阶级的政治需求，很快得到了统治者的赞赏，并成为此后各代王朝正统的政治指导思想。

历经近两千年的传续，皇权专制主义和中央集权帝国的政体早已为中国人所习惯、所接受；皇权至上和大一统的思想也因国家的提倡，特别是与隋、唐以来的科举制度相结合，成为天下读书人信奉和践行的思想教条。直到明末清初，才有少数思想家对这种体制进行反思和批判，其代表人物是黄宗羲、顾炎武、王夫之、唐甄。他们的共同特点是歌颂三代盛世，批判秦以后的暴君暴政。黄宗羲认为，三代是"公天下"，后

---

① 《史记·秦始皇本纪》。

来则是"私天下"。"公天下"时的圣王都公而忘私，"不以一己之利为利，而使天下受其利；不以一己之害为害，而使天下释其害"，"凡君所毕世经营者，为天下也"。后来的君主则"以我之大私为天下之大公"，"视天下为莫大之产业"，"以天下之利尽归于己，以天下之害尽归于人"，君主遂成为"天下之大害"。① 顾炎武认为国家是一人一姓的王朝，天下是天下人的天下，"天下"高于一家一姓的"国家"。② 王夫之也认为："以天下论者，必循天下之公，天下非一姓之私也。""一姓之兴亡，私也；而民之生死，公也"，天下为公，君为私，故"不以一人疑天下，不以天下私一人"。③ 唐甄观点更为激进，认为："自秦汉以来，凡为帝王者皆贼也"，其理由是帝王"服衮冕，乘法驾，坐殿前，受朝贺"，"高宫室，广苑囿，以贵其妻妾，以肥其子孙"，帝王的奢侈生活是建立在人民的血汗和白骨之上的，"杀一人而取其匹布斗粟，犹谓之贼；杀天下之人而尽有其布粟之富，乃反不谓之贼乎"④。

　　虽然他们对君主专制进行了批判，但是囿于当时中国并没有出现新的经济形态和社会形态的前景，他们无法超越历史进程，提出更有前瞻性的解决方法，最终还是摆脱不了君主制度的藩篱。思想史学者刘泽华等先生说："黄宗羲把理想政治的企盼寄托于君心大公无私，顾炎武把体制革新的希望寄托于帝王体察一统与分权的哲理，王夫之把天下大治的途径归结为道统与治统的合一，唐甄把平均天下的主体界定为帝王。这就很难把他们的思想体系纳入民主主义体系。"⑤

二、西欧原始平等、民主思想的实践和传承

　　平等、民主、自治的思想和实践，是原始社会以血缘关系为纽带的氏族或家族对生产资料共同占有、使用、分配和受益的产物。只要以血

---

　　① 《明夷待访录·原君》。

　　② 《日知录·正始》。

　　③ 《读通鉴论》卷末、卷17；《黄书·宰制》。另见刘泽华、葛荃主编：《中国古代政治思想史》，南开大学出版社2001年版，第531页。

　　④ 《潜书校释·室语》。

　　⑤ 刘泽华、葛荃主编：《中国古代政治思想史》，南开大学出版社2001年版，第541页。

缘关系为纽带的家族共同体保存了下来，平等、民主、自我管理的思想、制度和实践就能够传承下来。我们从以下三个方面来看欧洲原始民主制度在封建制度下的传承。

（1）在作为当时整个社会基础的农村公社中的传承。在第二章和第五章中，我们谈到了欧洲血缘大家族得以长期存在的自然基础和经济基础：欧洲的土地黏重，不易翻耕，必须使用几头牛共拉的重犁才能耕种，而牛和重犁都是贵重之物，一家一户的农民无法制备齐一个犁队，所以就须依靠大家族成员共同组成耕畜组进行耕种。另外，农牧结合的经济结构，要求耕地上的庄稼收割之后，恢复成牧场以供牲畜过冬。牧场是不能如耕地那样分田到户的，只能是公共占有和使用，所以耕地一旦恢复成牧场，就恢复了公地性质。还有就是森林、草场、沼泽等都因不易划分为小块分到各家各户，而归全体村庄共同体成员所有。这种对生产资料的一定程度的公共占有和使用权，是延续、培养人们平等、民主意识的最好温床。而农业和畜牧业生产过程中的互相转换，需要全体村民的统一行动，如统一耕地、统一播种、统一品种、统一收割、统一放牧，使用共同的犁队，这一切都需要村庄共同体有常态化的很强的指挥、协调能力。同样全体村庄共同体成员也要有非常自觉的互相配合意识和能力。

只要古代欧洲的这种生产方式存在一天，个体家庭就无法从大家族中剥离出来，以血缘为主要纽带的村庄共同体就会存在一天，从而村民的民主、平等意识和实践也会存在一天。村庄共同体不仅是生产的组织者、指挥者，也是村民自我管理的自治机构。从远古时期流传下来的村民最高管理机构是村民大会，它既是村庄的立法机构、行政机构、司法机构，也是村庄共同体的核心。古代欧洲实行的是习惯法，前面我们谈到中世纪欧洲的法律是"发现"的，是村庄的长老们从记忆中、从人们一直以来的习惯中发现的。所谓习惯，就是人们在长期的生产生活实践中约定俗成的行为规范，它的固化需要较长的时间。对中世纪的欧洲而言，习惯法越久远和古老，越说明它的产生是由远古时期农村公社的全体村民大会协商约定的，因为村民大会是当时能够约定全体成员关系的唯一的组织机构，用今天的话来说，就是全体农村公社的成员是立法者，村民大会相当于今天的立法机构。不光是村庄的法律，即便是国家层面的法律也是如此。前面我引用吴于廑师的研究能说明这个问题："690 年左右委撒克斯王伊涅（Ine）的法律序言，说国王在确定该项法律的时候，曾经咨询了所有的'长老'（Cealdoren），最知名的'贤达'（Witan），以及众多的'上帝的臣仆'（Gods servants）等等。诺曼底公爵威廉在征服英国以后，曾从每郡征召 12 人，向他们询问英国的法律。在日耳曼，很久记载下来的庄园法，也是从庄园会议（halimot）的成员中询问而来。至于为了个别的案件而征询有关的法律，则更习以为常。例如1065 年关于洛林（Lorraine）的一个寺院案件的审判，就曾询问当地最老的居民，要求他们举出闻之于先代的风俗。……因之每遇阙疑，就必须询及'耆贤'；而这些'耆贤'的知识，也就被看做代表社会所记忆的古老的风习。盎格鲁·撒克逊文中的'法律一字，也作'witod'，有'知识'或'智慧'之义。从这个字上，我们似可得到一隙的微光，更能看清当时法律的特点。这个特点就是法律乃存于民间，而非出自官府。惟其如此，所以对于法律，才只有知道或不知道的问题，不会有制定或未经制定的问题。'采风'这个方式的本身，就已经说明法律不是由于官府的制定。""英国国王亨利二世曾经在一次包括教俗两界权贵的会议上颁布克拉里顿法规（the Constitution of Claredon，1164 年）。这个法规的序言和结语都声称它是已有习惯和权力的记载。"①

进入中世纪中、晚期，人们越来越觉得有必要把原来口口相传的习惯法以文字的形式记录下来，所以在每次庄园法庭召集会议，达成一致意见后便形成文件。从现在保存下来的庄园法庭卷档中，可以看到当时庄园或村庄法律产生过程。几乎所有的村法开头都有"经领主和村庄共同体全体居民同意做出该规定"，或"经所有自由佃农和所有惯例农的同意"，"经整个共同体一致同意"等表述。领主是大家族的头面人物和家族的代表，当然有权力参与村法的制定，但他并不能一个人说了算，村庄法律是领主和全体村民协商产生的，这本身就是民主立法的体现。当

---

①　吴于廑：《从中世纪前期西欧的法律和君权说到日耳曼马克公社的残存》，《吴于廑文选》，武汉大学出版社 2007 年版，第 312、313、314 页。

时法庭记录下来的条文和依据这些条文所下的判例，都将成为以后村庄全体成员遵循的行为规范。兹举几例如下：

1276 年 7 月 27 日，英国中塞克斯郡威斯敏斯特修道院的一个村庄规定："按整个村庄共同体成员们的规定，制定出的秋收章程是：村内外的任何人都不允许其他人，不论此人是熟识的还是陌生的，在田里拾取庄稼，这就是所谓的拾取落穗权。"

1290 年 7 月 1 日，贝克福德郡一个村庄，"经村庄共同体的授权，由共同体成员们规定，今后任何人，如果有人想雇佣他的话，而他能得到每天挣取一便士并附带食物或两便士不管饭那样的雇佣条件，则不允许拾取落穗。"

英国列彻斯特郡的威姆斯伍德村分属三个领主，1425 年，村庄共同体制定了 19 条村法，其中六条是有关秋收问题，13 条涉及草地问题。档案中反复出现的用语是"如习俗惯例所规定的那样"。档案记载："必须牢记，它是在圣·邓斯坦节日前的最后一个星期二于威斯特伍德村颁布实施的，是当着这三位先生的面，即约翰·尼维尔先生、休·德·威洛比先生和威廉·拉德克利先生——男修道院和布赤夫（Beauchief）女修道院的代理人，并经整个该村全体居民的一致同意，所有下述所记录的法令章程必须坚守，并以前述惩罚措施予以监督。"很明显，这个村法是由全体村民和三个领主或领主代表协商后制定的。

1311 年，亨廷顿郡的霍顿村档案记载："因为它是经由全体惯例农们（customers）同意，并由他们发布命令制定的，就像 1291 年那次法庭的情形一样。该法规规定，任何村民都不应将别人未成熟的庄稼毁坏。否则，任何一个被发现有这种行径的人，都会被处以 6 便士的罚款，罚款归领主所有。"

1357 年记载："经所有自由佃农和所有惯例佃农的同意，任何拾取落穗者只能在邻近主干道的田地里，而不能到别的地里去拾取落穗。"

在达拉姆庄园，陪审员记录了一项村法："由共同体全体成员提起诉讼请求，在总管面前，人们制定该项村法规定，他们中的每一人都应遵守使用公共烤炉的法令，就像在瘟疫流行之前他们所做的那样，否则处以 40 便士的罚款。"

该庄园的另一个村庄的村法规定："在总管面前，该村镇的佃农们提出请求，规定该镇的任何人都不应放牧残株，直到整个村镇的庄稼都收割并运走之后才可以，否则处以半马克的罚款。"

在达拉姆庄园海尔默特的档案中，类似"经村社的同意许可而制定颁布的"，"经村社一致同意制定的惯例法令"作为开头用语的村法次数，超过了 50 次。①

1315 年，意大利特兰托地方的费加拉村村规说："费加拉村全体（村民）于公社处举行大会，制定此应一致遵守之规章如下：①如有人被公社警卫发现于夜间赶着牲畜在别人的草地或田间造成损害，应付罚金 60 苏；如在白天被发现，则每头牲畜应付罚金 12 苏。②如有人被发现在葡萄园内放羊，应为整群羊付罚金 20 苏；如在其他地方，则付 5 个苏。③如有人被发现赶着驾车的牛离开大道穿越别人的草地，应为每对牛付 5 个苏。④如警卫发现有人在别人的葡萄园中放牧牲口，则他应为每头牲口向放牧者征收 5 个苏罚金。⑤如有人被发现在住宅的圈围地内造成损害或砍伐树木，则他应为每个树桩付 5 个苏。⑥如发现有马在别人的草地或已播种的田地中造成损害，则马的主人应付 5 个苏并赔偿损坏之值。⑦如在加里尼山和通往山上的卡斯塔大路间、从山顶直至平原间砍伐林木被抓获，他应为每个树桩付 5 个苏。⑧任何人不得于此山砍伐落叶松作为柴火，否则为每根树枝要付款 5 个苏。⑨任何人除了建房和烧火外，不得在萨莫和斯拉姆岩之间以及通向萨莫的山顶等处砍伐树木，否则每棵树应付 5 个苏。"②这个村庄的村民是在公社处开会并制定村规的，说明公社是有办公地点的，是常态化的存在。

庄园法庭的这些记录充分例说明广大农民是村庄或庄园的立法者，当然立法者也包括领主阶层。其实村民不光是立法者，也是村庄和庄园管理的积极参与者。庄园上有些事情光靠领主是难以解决的，只有依靠村庄共同体成员的共同参与，才能协调各方的利益，使问题得到解决。

---

① 皆引自王玉亮：《英国中世纪晚期乡村共同体研究》，人民出版社 2011 年版，第 101、107、153、155、152 页。

② 马克垚：《西欧封建经济形态研究》，人民出版社 2001 年版，第 273、274 页。

如诺森伯兰郡的哈利道恩村分属六个领主，从 1410 年的档案中可见，该村庄的耕地正由两圃制向三圃制转变，以增加粮食产量。于是，经村庄共同体和六个领主协商同意，决定调整扩大三圃制中第三块田面积，但这要重新设计新的道路，方便村民及车辆的进出，涉及一些土地的占用和调整，是一个比较复杂、需要各方协调配合才能完成的事。为此村里选举产生一个九人组成的委员会来解决具体问题。档案记录了其中两个领主授权将部分土地"给予村庄中的人们，给予该村庄共同体，以拓宽道路"，应该说问题解决得不错。档案最后记录："如果，对于绝大多数村民而言，在六年或八年年终的时候，前述所说的各项安排如果产生不利影响，伤害到村民们的利益，那么，那些安排将一起全部终止。"庄园法庭档案记录这件事，表明这是一次由村庄共同体主导并和各方面进行利益协调的法律实践，是广大村民与各领主民主协商的成功案例，将为以后的同类案例的处理提供法律依据。如果领主损害了村民的利益，村民会利用法庭和集体审判的优势，维护自身的权益。1294 年，某个庄园法庭记录了村民在法庭上起诉领主："他们的领主用犁耕坏了一部分公用道路，以致车辆不能像以前那样正常穿行。法庭发布命令，要求领主必须将道路修复完好。"又如 1427 年，温彻斯特郡圣·斯威森修道院的一个庄园法庭记录，村民起诉领主阻断了马车通行的道路，法庭对此案件进行了审判，对领主处以罚金，并命令他在下一次法庭开庭之前将障碍物搬走。① 可见，村庄共同体有着很强的协调、处理具体事务的能力，他们有时可以起到领主都无法发挥的作用，因为共同体的代表人是由村民选举出来的，村民相信他们会维护自己的利益，这种信任是共同体代表解决问题的必要前提；同样这些代表身后有因利益关系而团结在一起的村民，这是他们强大的后盾，他们在处理具体问题时，就能放开手脚敢于维护村民的利益。尽管在法律实践中，村民不总是胜诉，但毕竟村民或其代表参加村庄的管理和法庭审理，就能保证大致的公平、公正。

---

　　①　王玉亮：《英国中世纪晚期乡村共同体研究》，人民出版社 2011 年版，第 106、53 页。

村民广泛参与的也不仅仅是司法实践，更多的情况下是参与日常行政事务的自我管理：如村庄治安的维护，从古老的十户联保制度，到爱德华三世实行的乡警制度，都是靠村民参与实施的；如乡村基层税收的征缴，英国1334年后，为征缴世俗补助金，政府规定了每一个村庄应缴的税款数额，然后由各村庄共同体按照每户村民的财力等情况分摊下去。特别值得一提的是村庄共同体对公益事业的管理，赡养老人和照顾孤儿。一般情况下，人老了村庄共同体就会为他确定"最亲近的继承人"，通常由老人自己提出要求和条件，愿意接受这些赡养条件的人，才有资格继承受赡养者土地上的权利。实行上述程序时，村民们会作为见证人，监督继承者对受赡养者的照顾。如果赡养人违反约定，"正直诚实的邻居们"就会进行干预。不负责任的赡养人会被取消继承被赡养者土地的权利。即便是受赡养者自己的子女，只要他没有尽到赡养父母的责任，村庄共同体同样可以剥夺他们的继承权。对孤儿也是由村民选出监护人，监护人要像父母一样抚养他、教育他。如果孤儿没有得到应有的照顾，村官有权进行调查，看监护人是否滥用或克扣了孤儿继承的遗产。这样孤儿就处于村民的关注之下，孤儿的人身和财产也处于共同体的行政监管之下。对村庄不良习气的管理，也是村庄共同体的责任。1456年诺森伯兰郡布兰姆顿村规定："经领主和村民们一致同意，规定：禁止任何村民将邻居辱骂为荡妇……或乌龟，否则处以40便士的罚款。"村庄也会对赌博等不良行为进行惩罚，如诺森伯兰郡鲍顿村的十户长起诉了一个名叫约翰的村民，因为他是用纸牌赌博和其他非法游戏的常客。结果法庭对约翰处罚12便士，并制定了村规："经领主和村民们一致同意，做出规定，任何人都不得玩那种类型的游戏，今后无论任何人，无论他是何种地位或是何种情况，只要被发现他经常违犯，就对他处以40便士的罚款。"①乡村共同体的行政职能还体现在一些公共事务的组织、管理、监督、实施上，如乡村的公路、桥梁的修建，沼泽地的改造，慈善救济的实施，兵役的征派等。西方学者戴尔认为："所有这

---

① 王玉亮：《英国中世纪晚期乡村共同体研究》，人民出版社2011年版，第58、56、57、55页。

些功能都有赖于共同体这部机器的存在，它要选出一些村民，来扮演共同体代表的角色，对邻居们进行税额评估。从王室法庭记录来看，村庄共同体中由于拒绝付款或处理不当、管理不善而发生的冲突是极为少见的，这一情况完全可以表明，共同体在实施管理的过程中运转得十分平稳顺利，至少摩擦与不和通常是在共同体内部解决的。"①

拥有自我管理功能的乡村共同体，毫无疑问是社会最基层的自治机构；构成共同体成员的村民，长期生活在这样的自治共同体中，行使着自己自古就有的个人权力，也享受着行使这些权力带来的收益，这种传统和由传统而形成的习惯，将古已有之的平等、民主思想和实践在阶级社会中，在中世纪社会最广大的阶层——农民中基本保持下来，这就为以后整个社会迈入现代民主制度奠定了最广泛最坚实的阶级基础。

（2）农村公社的组织和管理形式又为新兴城镇提供了自治的模板。恩格斯认为："只要村一旦变作城市，也就是说，只要它用壕沟和墙壁防守起来，村制度也就变成了城市制度。后来的一切城市制度，都是从这种最初的城市马尔克制度中发展起来的。最后，中世纪无数并不以地产共有制为基础的自由社团的规章，尤其是自由行会的规章，都是模仿马尔克制度的。人们把赋予行会经营某一行业的特权，和一个公共的马尔克完全同等看待。在行会里，也跟在马尔克里一样，总是用同样的热心，甚至往往用完全相同的方法，力求每一社员完全同等地或者尽可能同等地享用公共的收益。"②马克垚先生也认为：由于西欧社会原始性较多，公社遗存不少，这种公社给予城市居民一个团结斗争的现成组织形式。欧洲中世纪兴起的城市称为自由城市，这是就它的法律地位而言的。这些城市是从管辖它的领主或国王那里，得到一种特权证书，获得一系列的自由、特权和保障的，概括地说有三个方面：一是城市居民的人身自由，以保障工商业者的居住自由，和经商的自由往来。人身自由就意味着这里的居民不是农奴，不再和领主有人身依附关系，可以自由

---

① 王玉亮：《英国中世纪晚期乡村共同体研究》，人民出版社 2011 年版，第81 页。

② 《马克思恩格斯全集》第 19 卷，人民出版社 1963 年版，第 361 页。

地去各地经商，这是工商业活动的必要条件之一。许多城市获得的特许状中就说明了给予市民人身自由，取消作为农奴象征的婚姻税、继承税等。有的城市则是一段时间后才获得这种权力的。西欧的城市渐次形成了习惯，一个农奴如逃往城市并在城里居住了一年零一天，即取得了自由身份，以前的领主即便找到他也不能迫使他返回。德国的谚语是"城市的空气使人自由"。二是有属于城市自己的法庭，以处理市民之间的纠纷和保障市民的权益，使市民从领主法庭下解放出来，不再受制于领主的管控。三是给城市以"和平"保障，保障城市市民不得被任意传唤出庭，不得被强制逮捕，审讯之前不得监禁，在城市之外不受审判（城市之外由领主法庭管辖了），市民去集市或市场时不得逮捕或伤害，废除不宜于工商业发展、不宜取得及保有土地的规定等。①

1120 年，德国的康拉德公爵给他自己建立的自由城市弗莱堡（free town）颁发了特许状：每一个市民必须有一块宽 50 英尺，长 100 英尺的土地，他只须为此每年付一先令租金；公爵得保卫和平，保护全体市民；居民通过附带自由出售和遗赠特权的继承权利来拥有土地；他们应被免除一切强制性的接待和公国的一切通行税以及除合法的军事征伐之外的一切人头税和资助；他们应分享牧场、森林、河流的自由使用；他们仅受商法特别是科隆的商人所享有的法律的支配；公爵未经商人们选举不得任命任何首席行政、司法长官或教士。城市由一批选举出来的市政委员与首席行政司法长官联合执政。商人和公爵的官员宣誓并捍卫以上协议，公爵以一种庄严的握手礼发誓遵守这一约定。自治城市的模式一旦形成，立刻引起其他城市的群起效仿。有 12 个德国主要城市的法律，被 12—14 世纪期间建立的数以百计的城市正式接受。例如吕贝克的法律被 43 个城市所接受，法兰克福的法律被 49 个城市所接受，汉堡的法律被 4 个城市所接受，弗莱堡的法律被 19 个城市所接受，慕尼黑的法律被 13 个城市所接受，不来梅的法律被 2 个城市所接受，不伦瑞克的法律被 3 个城市所接受。然而，最重要的是马格德堡（易北河畔的一个

---

① 马克垚：《西欧封建经济形态研究》，人民出版社 2001 年版，第 297、298 页。

城市）的法律，传播到 80 多个新城市，成为中欧和东欧成文法的主要基础。在法国，1128 年法王路易六世在自称"和平公社"的城市拉昂宣告了《和平令》，承认城市作为一个"一切人——不论其为自由人还是非自由人——的避难所"①。法国北部城市圣康坦城的公社制度，也为我们提供了一个自治城市的实例。1151 年写成的《圣康坦制度》第四条宣称："公社的大门向所有的人敞开着"，"无论是谁希望来，也不管他从哪里来，只要他不是贼，便可以住进公社。一旦进入城里，便没有人对他施以侵害和使用暴力"。1195 年的特许状也规定："国王的自由人和臣属于其他领主的人皆可加入公社。"这些规定无疑为逃亡农奴进城敞开了大门。公社虽然还承认原来的领主，但对他的权利和义务都做了规定。如伯爵除了从公社获得一笔固定收入外，不得再征收任何租税；伯爵可以向市民赊购，但他"赊购的面包、肉、酒的数量要列入清单"，"而且我们有权决定是否再允许他赊购"；伯爵进城时，他的警卫队不得超过四至十二名骑士，如伯爵未经批准就把武装骑士带入或派入城里，他们将被赶出城去。伯爵也像其他贵族一样，"不能对一个市民大喊可耻和不诚实"。城市公社有自己的市长、参议员和法官。这些公社官员如果触犯刑律或伤害市民合法权利，同样要受到惩罚。如一个站在推事室接受市长审讯的市民，被使劲关来的门打伤了脸，这个市长将有被砍手、推倒房屋和"永远被驱逐出城的危险"。如果一个法官腐败了，公社参政员就能决定推倒他的房子，"或用其它方式审判他"；如果市长受贿，法官将判决他，推倒他的房子或予以降职。② 这些规定和制度到底实施的情况如何，我们不得而知。但能有这些成文的制度规定，就说明人们是要付诸实践的。在意大利，从 1050 年到 1150 年这一百年里，没有哪个地方的城市像意大利的城市那样繁荣兴旺。这一时期，数百个意大利城市成为独立的自治共同体。它们常常被称为公社，也常常被称为全城公会及诸如共同体之类的名号。在英国，11—13 世纪，自治城市所享有的特

① ［美］伯尔曼：《法律与革命》，贺卫方译，中国大百科全书出版社 1993 年版，第 454、455、445 页。

② 庞卓恒：《西欧封建社会延续时间较短的根本原因》，《历史研究》1983 年第 1 期。

许权、豁免权和日常权力与欧洲其他地区的自治市差不多：农奴在城市居住一年零一天即可获得自由，市民免除封建庄园的赋税和劳役，市民只接受自治城市法院的审判，自治城市享有行政、司法、征税、军事等一系列权利。伦敦、诺威奇、林肯、北安普顿、约克、安多弗、索尔兹伯里、威尔顿、朴次茅斯等自治城市也都成为后来许多新兴城市的样板。① 另外，欧洲其他地方也有一批著名的自治城市公社，如弗兰德的布鲁日、根特等。

　　西欧城市成为独立的政治单位，具有一定司法、行政、财政、武装自卫等自治权的主要原因，还是我们前面谈到的西欧多元政治力量的均衡化，政治上不能像中国那样形成大一统的帝国；层层分封造成分裂割据严重，王权弱小，全国缺乏统一的行政、财政、军事、司法管理系统，每一个封建领地上都是一个独立王国。在此环境下，城市要想存在和发展也必须挣得同样的独立地位。而各级封建主在看到城镇所带来的利益远大于庄园的利益驱动下，对兴建城镇抱有极大的热情，也恰好迎合了社会进一步分工和商品经济发展的趋势。西欧的自治城市的权力有些是通过斗争争取来的，大部分则是通过谈判用金钱从领主手中购买的。11 世纪，意大利北部龙巴底诸城市即掀起公社运动，反对控制城市的主教和领主，有些地方如米兰这种斗争甚至发展为起义，结果一些城市成立了公社，由商人和进入城市的中等封建主控制了市政权力，从他们当中选出了市政官行使行政、司法等权利。这些城市在特殊情况下还保留着召开人民大会的习惯。法国(包括弗兰德斯)的公社运动则绵延于十一十二世纪。最早是 1077 年，康布雷城的主教离开城市去接受册封时，居民举行起义，宣布成立公社。随后成立的公社还有圣康坦、博维、努瓦荣、琅城等城市。其中最著名的是琅城公社，在和当地主教的激烈斗争中，起义的市民杀死了主教高德里。但这种靠斗争争取而来的城市公社毕竟是少数，大多数城市还是在协商谈判后达成协议，以缴纳金钱、承诺服军役等条件换取的。如法王腓力二世为了和勃艮第公爵及

---

　　① ［美］伯尔曼：《法律与革命》，贺卫方译，中国大百科全书出版社 1993 年版，第 467、463 页。

英国金雀花王朝争斗，就赐予不少城市公社权，以争取这些城市的支持，并要求这些城市公社向国王服兵役，由市长率市民组成的民军随国王作战。英国的城市通常是向国王每年缴纳一笔数目固定的钱，以换取国王赐予城市的特权证书，使城市享有财政、司法等权力。亨利一世和二世都曾颁发过不少这样的证书。在12、13世纪，法国一度还把城市公社作为封臣看待，主要也是要这些城市公社分担军事义务。腓力·奥古斯都时代的王室记录中，在教俗封臣的名字后面，还记下了39个城市公社的名字，这些城市公社都是要向国王提供军役的。有的城市公社徽章上的市长像，就是一个全副武装的骑士，策马飞奔，象征着市长应率领城市民兵奉诏为国王服役。1222年，腓力给普瓦提埃城的特权证书中明确地说："市民应和普瓦都封土上朕之封臣一样，在罗亚尔河外各处为朕服军役及骑役义务。"①

　　尽管西欧的自由城市从性质上讲还有一定的封建属性，但这并不妨碍源自古老公社的民主传统在这里的传承。在法国，只要城市获得了建立公社的权利，即获得了某种自治权，城市公社自治的典型首推诺曼底的鲁昂。鲁昂地处塞纳河上，是区域贸易中心，英法两国在争夺诺曼底的斗争中，都在极力拉拢鲁昂。鲁昂建立公社的特权证书是英国金雀花王朝亨利二世赐予的，后来英法两国都予认可，法国国王腓力二世从英国手中夺回鲁昂后，也承认它建立公社的特权。鲁昂市是由100人组成的市政管理机构集体管理的，城市具有自行管理城市事务的行政权、有自主收取税收的财政权和初级司法权（高级司法权仍在国王手中）。城市从这100人的管理集体中选出24人，称"陪审员"，其中12人为市政官，另12人为顾问，他们组成城市的执政机构。100人会议还选出三个市长候选人，国王任命其中一人为市长。市长有广泛的权力，如主持法庭，处理日常行政事务等。在遇到重大事件时，鲁昂还保留了召集全民大会的古代民主习惯。法国的自治城市大都是鲁昂这种类型，有的独立性更大，市长完全由自己选出，不需国王指定。但也有一些较小的自由

---

①　马克垚：《西欧封建经济形态研究》，人民出版社2001年版，第296、304、305页。

城市，没有获得建立公社的权利，只是从领主或国王那里得到了特许状书，享有一定的自由权利。[1]

在德国，由于城市得不到王权的保护，致使城市自己联合起来组成城市联盟，甚至发展成城市共和国。13世纪，德国莱茵河沿岸的60多个城市成立了以美因兹为首的莱茵同盟，包括科隆、沃尔姆斯、斯特拉斯堡、巴塞尔等城，建立了自己的武装及同盟管理机构和仲裁法庭。1268年，同盟从帝国议会争取到取消莱茵河上通行税的权利，拆除了从斯特拉斯堡到科隆之间的征税堡垒。最重要的城市同盟是北德意志诸城卢卑克、汉堡、不莱梅等重要港口城市建立的有七十多个城市参加的汉萨同盟。这个同盟从事连接英国、斯堪的纳维亚各国乃至波兰、俄国的国际贸易，取得了北海、波罗的海沿岸的经商特权，一般可以免除关税。同盟组织各城市的商人船队联合经商，对封建主的袭击和海盗的劫掠进行武装自卫。同盟在各地有自己的法庭，使自己的商人免受封建主的审判。14世纪后半期是同盟的鼎盛时期，同盟组成的舰队在和丹麦的争夺中，联合瑞典，击败丹麦，订立了斯特拉尔松和约，使同盟获得了松德海峡的捕鱼权和在丹麦自由贸易等特惠权，以致后来没有汉萨同盟的支持和确认，丹麦国王就不能在丹麦执政。可见汉萨同盟当时的势力之大。

在意大利，更是出现了佛罗伦萨这类的所谓"主权城市"，它拥有类似国家的权力，成为完全自治的城市。它按照近代工商业发展要求，建立起一整套银行、信用等近代商业、金融体系。1338年，佛罗伦萨有80家商号经营银行业务和货币兑换。14世纪末，流通中的佛罗伦萨货币总数达200万佛罗林。佛罗伦萨在伦敦、巴黎、布鲁日、比萨、热那亚、威尼斯等欧洲各经济中心都有交易所，仅属佩鲁齐家族的就有16处。[2] 佛罗伦萨几乎拥有行政、立法、司法、军事、外贸等一切自治权利，被称为佛罗伦萨共和国。这种主权城市的一只脚，已经迈入了近代商品经济和资本主义的门槛。

---

① 马克垚：《西欧封建经济形态研究》，人民出版社2001年版，第302页。
② 马克垚主编：《中西封建社会比较研究》，学林出版社1997年版，第282、285页。

不论是自由城市、自治城市还是主权城市，"归根结蒂它们的性质是一样的，其实都是公社"①。伯尔曼认为中世纪欧洲的自治城市的法律制度已具有宪法特征：一是这些城市法律是根据成文的特许状建立起来的，这些既是政府组织的特许状，又是市民权利和特权的特许状，在实效上，它们是最早的近代成文宪法。甚至没有成文特许状的城市或城镇，也被认为具有一种设立其政府组织和其市民的基本权利与特权的基本法。二是通过特许状——或不通过特许状——所建立的政府组织体系在某些重大方面与当代宪政体系相似：城市政府在权利上受到限制，它们通常被分为相互间进行制约的行政、立法、司法部门；官员要定期选举；在许多地方，法官若品行端正，即可任满任期，否则就被撤换；公布法律并颁布法律汇编。三是这些城市法律所授予的市民权利的一大特色，在于包括一种并非神明裁判或决斗裁判而是由同等公民裁判的理性的审判程序。未经法律程序，不得对市民进行任何任意的逮捕和监禁。理论上富人和穷人受到同样的审判。市民享有持有武器的权利、投票的权利，移民在居住一年零一天后被授予与市民相同的权利。外来商人享有与市民商人平等的权利。四是典型的市民特许状在于免除许多封建赋税和劳役。此外还包含对王室特权的限制，如国王应同意接受城市或城镇所交付的固定税款并且被禁止征募强制贷款。最重要的是普遍确立了这样的原则，即市民的义务应该被详细规定下来，市民能保有他们所获得的不受特定义务支配的任何东西。五是市民权利及特权的宪法性法律包含与民众参与城市政府相关的权利和特权。这是与一种从未被接受但也未被拒绝的宪法理论相关联的，即政治权利最终属于市民全体。尽管欧洲城市形式上多有不同，但却存在某些共同的模式，即相当多的新兴城市和城镇是由全体市民参加的公众大会来治理的，官员的选举和新法律的采用均须经过民众大会的同意。12、13世纪才由议会取代公众大会。② 应该说欧洲中世纪的新兴城市或城镇具有双重性，同时具有封建

---

① ［比］亨利·皮雷纳：《中世纪的城市》，陈国樑译，商务印书馆2006年版，第114页。

② ［美］伯尔曼：《法律与革命》，贺卫方译，中国大百科全书出版社1993年版，第479、480页。

色彩和近代宪政民主的因素。随着时间的推移，它们身上的封建色彩渐渐褪去，而宪政民主的因素却日益凸显出来。生活在这些城市中的市民，一方面受到传统公社民主思想的影响，参加城市自治的实践；另一方面又受到商品经济特有文化氛围的熏陶，二者的互相融合会发酵出新的符合近代社会新要求的思想、观念和文化。同时，随着城市的不断发展、壮大，市民阶层作为一个新的生产力代表，也越来越在西欧各国的议会和政治社会中发挥着重要作用，为将来资产阶级登上历史舞台打下了牢固的阶级基础并做好了组织准备和制度准备。

（3）**在国家政治制度层面，由于中世纪西欧的国王、贵族和教会之间多元政治力量的均衡，从国家到地方实行的基本是贵族民主制。**这是原始民主制在社会上层和国家治理方式中的留存。恩格斯指出，日耳曼人"至少在三个最重要的国度——德国、法国北部和英国——以马尔克公社的形式保存下来一部分真正的氏族制度，并把它带到封建国家里去"①。作为古代欧洲社会基础的马尔克公社，它所保留下来的民主、平等、自治等思想和制度，必然投射到古代欧洲封建国家治理层面，这就是贵族民主制。在前面的章节中，我们已经谈到了这个问题，这里只以英国为例作一简述，以说明贵族民主制在欧洲封建国家和地方治理中一直发挥的重要作用，及它与近代民主政治的关联。英国较早的贵族民主制体现在贤人会议的作用上。贤人会议缘起于古老的氏族民众大会议事制度和长老贤达议事制度，贤人会议决定国家大事，包括王位的继承、土地分封等，其权威性要超过国王个人。即便是威廉征服后，英国的王权已是西欧各国中最强大的王权，但仍然沿袭了原有的政治制度，贤人会议演变为御前大会议，可以决定重要的国事，国王的敕令等文件仍须贵族集体签名署证方才有效力，这些都是贵族民主制的表现。《查士丁尼法典》中"涉及众人之事必须得到众人赞同"的原则，经多米尼克教徒在欧洲广为流传，也得到了国王的认可，英王爱德华一世就认为这是"最公正的法律"。② 坎特伯雷大主教在给英王约翰加冕时说：正如

---

① 《马克思恩格斯选集》第4卷，人民出版社1972年版，第152、153页。
② 刘新成：《再议英国议会的起源》，《世界历史》1991年第3期。

人们普遍认为的那样，英国的君主实际上不是世袭的，而是选出来的。如果要承认他同信士爱德华和其他盎格鲁·撒克逊国王的一致性，他就必须借鉴和遵循许多优秀国王的治国原则，依靠教俗贵族实行贤明统治。① 主教这是利用给国王加冕的机会，告诫国王遵循古老传统，走教俗贵族共同治理国家的老路，不得偏离。

在地方行政体系中，除了各领地外，还有百户区、郡（Gau）两级。领地内的行政事务由各马尔克共同体及领主自行管理，不再赘述。百户区和郡也具有很强的自治性。前引恩格斯和毛勒的观点，百户区是几个有血缘关系的村的联合体，而郡（Gau）则是更大的马尔克公社。有的学者认为，盎格鲁撒克逊时期，郡是几个部落联合而成的。百户区的行政、法律事务由每月一次的百户区自由人民众大会决定；郡里的行政、法律事务由郡里的自由人民众大会决定。这些会议也是氏族社会时民众会议的传承，故每一自由人必须参加。由于郡的地域范围较大，有些人参加会议须走较远的路程，所以经常有不愿参加者，故有强迫参加之规定。郡会议的议长多由郡中部落酋长或民众首领担任，郡守则由国王任命。地方政府的管理制度由百户区、郡的人民会议制定，而人民会议的程序及制定政策、制度的依据则是古老的祖制族规。诺曼征服后仍沿用这一体例，只作局部改进。② 总之，地方政府不论是百户区还是郡，都是居住该地的大家族或几个家族联合控制的，具有很强的地方自治性和传统的民主性。当然，在国王的领地上，国王的控制力会比较强。

在中世纪，欧洲各国国王、贵族、教会即斗争又合作的共同执政过程中，以英国贵族和教会利用贵族会议制约英王，后又制定《大宪章》，招入市民阶层参与议会，并用议会的形式团结全国各阶层的力量、按照一定程序治理国家最为典型。在人类政治民主化历史上具有里程碑意义的《大宪章》，是英王在贵族、教会、骑士及伦敦市民的逼迫下签订的。1215 年的《大宪章》全文共 63 条，主要内容是保障封建贵族和教会的特权及骑士、市民的某些权益，限制王权。《大宪章》规定非经贵族会议通

---

①　阎照祥：《英国贵族史》，人民出版社 2000 年版，第 74 页。

②　［英］S. 李德·布勒德：《英国宪政史谭》，中国政法大学出版社 2003 年版，第 16、18、19、20、26 页。

过，国王不得额外征税；保障贵族的采邑继承权；承认教会自主处理自
身事务的自由不受侵犯；尊重领主法庭的管辖权，国王官吏不得任意受
理诉讼；对任何自由人非经合法审判，不得逮捕、监禁、没收财产或放
逐出境；承认伦敦和其他自治城市的自由；统一全国的度量衡，保护商
业自由；由贵族选出 25 人组成常设机构，监督宪章的实施，如国王违
反宪章之规定，该机构可以否决国王的命令，并可联合全国人民，共同
行使其权力以一切方法向国王施压，甚至可以使用武力占据国王的城
堡，没收国王的土地、财产，来纠正国王的错误。① 《大宪章》以成文法
的形式明确了自古以来流行的政治原则，即国王只是贵族中的一员，并
没有超然于贵族之上的特权。《大宪章》第 61 条规定由男爵中选出 25 人
组成的委员会，可以纠正国王及其属下的错误，对国王的执政过程实施
监督，是贵族共同治理国家的组织保证，也是原始民主制度在西欧的遗
存及表现。所有自由人未经合法审判，不得被逮捕、监禁、流放，承认
城市的自由和自治等规定也都是远古自由、民主遗风之体现。《大宪章》
在以后的岁月中又被反复地确认，其内容也做过修改，但其基本精神和
原则都被保留下来，并在英国民主政治的实践中发挥着重要作用。

　　1265 年，在英国贵族与英王的斗争中，贵族代表西门·孟福尔为了
获得市民阶层的支持，在召开议会时首次要求每个城市选派市民代表参
加，此次议会被认为是未来下院乃至议会制形成的重要起点，有学者视
之为英国议会产生的标志。② 从此，市民阶层登上了英国的政治舞台，
在议会中发挥越来越重要的作用。1295 年召开的"模范议会"，出席者
有 400 名，其中教会界 91 人，伯爵、男爵 50 名，骑士 63 名，城市市民
代表已达 172 名。③ 城市市民代表占整个议会代表的 43%。英国宪政史
学者威廉·斯塔布斯认为，英国议会形成于 1295 年，因那年地方代表
成为"议会之必要因素"，被称为"模范议会"，人民是否参与立法是立法

---

　　①　邹瑜：《法学大辞典》，中国政法大学出版社 1991 年版，第 58 页。"大宪
章"辞条。

　　②　阎照祥：《英国贵族史》，人民出版社 2000 年版，第 84 页。

　　③　阎照祥：《英国贵族史》，人民出版社 2000 年版，第 86 页。

机构具有宪政性质的标志。① 当然，市民参加议会开始并不稳定，而是时断时续，直到 1325 年后，"无平民代表即可召开议会的时代最终结束了"。英国议会经过 100 余年的漫长岁月，终于走完了萌芽、产生和形成的历程。②《大宪章》和议会制度，一个从法律上、一个从组织上保证了古老的自由、民主思想、制度在英国能够延续和传承下去，并成为后来资产阶级革命时的重要思想武器和组织手段。

由此可见，中世纪西欧的政治体制中，无论是国家层面、地方层面还是家族领地，都延续了民主、自治的传统和实践。这些传统对欧洲国家后来民主政治制度的形成影响极大。沈汉先生研究资产阶级自由民主观念的起源问题时认为，孟德斯鸠、卢梭等思想家在阐述资产阶级自由民主和法律观念时，他们依据的并非当时代的社会经济事实，而是主要依靠古代和中世纪的思想遗产和政治经验得出其结论，"17 世纪英国资产阶级革命的先驱和思想家在提出自由民主的观念时，不是从现实的经济关系和阶级关系，而是从历史上的政治斗争、法律文件和历史的政治文化传统中汲取思想因素和养料。中古时期的历史和法律文件成为他们提炼摧毁封建专制斯图亚特王朝理论武器的原材料宝库。"沈汉先生通过大量的历史事实来说明这个问题，如 1628 年 6 月 7 日，英国议会下院在同查理一世的斗争中起草了一份重要的文件——《权力请愿书》，要求保障英国人民的各种自由权利，在提出英国人民应有的各种权利时，强调了这种要求的依据是来自中古时期英王爱德华一世的法律和著名的"自由大宪章"。《权利请愿书》写道："在国王爱德华一世统治时代所制订的一项法令曾经宣示并规定，除了依照同级贵族之依法裁判，或经国法判决，任何自由人皆不得被逮捕、监禁、剥夺自由不动产、各种自由或自由习惯、剥夺法律保护权、流放或用任何方法加以损伤"，"今后如不经议会的同意，不得强迫任何人提供任何购物、恩税、德政税或类似的税收；并且不得以任何如上所说的方式去监禁或扣留自由人"。议会的革命党人把封建法律规定的自由权利作为自己斗争的理论根据，1641 年取

---

① 刘新成：《再议英国议会的起源》，《世界历史》1991 年第 3 期。
② 阎照祥：《英国贵族史》，人民出版社 2000 年版，第 86 页。

消皇室法庭的法令强调："根据无数次在议会中确认的大宪章所规定，任何人不得被监禁，被强夺他的自由不动产或人身自由。"在第一次内战，议会军击败查理一世王党后，平等派反复强调包含在大宪章中的基本原则，平等派领袖李尔本说："正是以法律的名义……最重要的是根据大宪章和权利请愿书，议会拿起了武器。"当李尔本被捕后自我辩护时，仍然引用大宪章第 29 条内容，强调是大宪章保证了他的"生而具有的权利"，"毫无疑问，我像英国最伟大的人物那样也完全具有属于自由人的一切特权"。① 沈汉先生从政治、法律、思想、语言学的不同角度考证，总结出历史上英国抑制专制王权的民主政治文化的三个来源：一是远古代氏族政治民主制的残留，如日耳曼人把远古氏族的社会机构转化成国家机关——他们氏族的议会演变成不列颠各王国的贤人会议；远古氏族社会的影响还表现在地方各级行政组织中，日耳曼早期一个部落单位便称为百户村，在盎格鲁-撒克逊时代，百户村及其他各级行政组织如民众大会、郡会议均是自下而上选举代表参加。这些远古民主制的传统无疑影响了英国封建社会的政治和早期代议制的形成。二是作为政治文化最主要组成部分的英国法律思想，则受到属于日耳曼法系的盎格鲁撒克逊法，即习惯法的极大影响。12 世纪后，巡回法官在调查和运用习惯法的过程中形成了英国的普通法，这其中保存了"日耳曼自由"即氏族民主制的残余。三是中世纪贵族在与王权斗争中形成的，以议会传统为代表的政治观念和政治斗争形式。正如 17 世纪思想家托马斯·霍布斯所说："没有哪个人能凭他的头脑构想未来，因为此时未来还不存在。然而，我们是从我们过去的概念中来猜想未来。"②我对沈汉先生的观点深表赞同。当时虽然商品经济在欧洲已成燎原之势，但资本主义生产方式还处于起步阶段，人们包括资产阶级的思想先驱们，对资本主义的认识仅处于朦胧状态，还不大可能从中提炼出丰富的思想养分作为与封建君主斗争的武器。反而是原始的传统的自由民主观念，及马尔克公社、自治城市、贵族民主制这些长期社会政治实践形成的习惯，成为了资产

① 沈汉：《资产阶级自由民主观念的起源问题》，《世界历史》1988 年第 5 期。
② 沈汉：《资产阶级自由民主观念的起源问题》，《世界历史》1988 年第 5 期。

阶级与君主专制制度斗争的最顺手、最方便、最容易引起人们共鸣的武器。不论是英国资产阶级革命，还是法国资产阶级革命的成功都说明了这一点。

所以，我认为，英法等西欧国家民主制度的建立，并不是因为这些国家人的文化素质有多高，因为当时的欧洲人绝大部分是文盲，即便是有些文化的人也不会从思想家的冗长复杂的著述中获取营养。能够让当时的人们形成共识的，是一直延续下来的各层级民主、自治的传统，及由这些传统固化成的人们每天都不断在实践着的习惯——村社自治、城市自治、社会上层贵族民主制的习惯，正是这些不断实践着的传统习惯，成为人们的指导思想和行事规范，导致了17、18世纪现代民主制度在西欧一些国家相继建立。

值得一提的是，原始的古老的自由民主观念和实践，在延续传承到商品经济社会后，与商品经济的内在要求高度契合，与符合商品经济的一系列思想观念形成了交融，完成了新旧思想、观念乃至组织、制度上的接续和创新。商品经济要求有产权明晰、地位平等、多元化的市场主体，这样的市场主体能够自由地生产产品，自由、平等地买卖商品；市场经济不承认生产者身份有贵贱之分，商品本身不会因为生产者的身份高低而分出等差，即便是国王、贵族也无法将其高贵的血统物化在商品上，决定商品价格的只能是商品的质量和供需关系。只有每个生产主体的地位是平等的，等价交换才成为可能和必须。在等级社会中，产品在不同所有者之间的转移，下级给上级是贡品，上级给下级是赐品，但都不能称为商品。而在市场经济中，只有承认和确保生产主体的平等地位，才能保证商品的平等竞争和自由流通；只有商品的平等竞争和自由流通，才能保证技术的进步、分工的细化，促进经济的高速发展。生产主体的地位平等与古老自然法中的人人生而平等的理念是高度契合的，这反映在社会治理层面，便是对民主政治的要求。我们看到，市场经济下商品所具有的这些属性和理念，与原始公社制度所具有的平等、民主、自由等原则，在新的历史时期完成了很好的衔接，当然也被日益赋予全新的内涵，催生了与商品经济社会相吻合的新价值、新文化——新文明的出现。

本 章 小 结

生产力发展到一定程度后的社会分工，多元且产权明晰的市场主体的形成，生产要素能自由地、不受管制地流动，是商品经济发展的必要前提。在历史长河中，人类长时间实行的是族群公有制，即最初的社会物品所有权主体并不是个人，而是共同控制、占有、使用领地，及享用领地上收获物的氏族及后来的血缘大家族。这是人类较早的物权占有形式和所有权形式。大部分社会分工和产品的生产是在氏族或大家族内进行的，不需要通过市场来交换，只有地域性很强的资源性产品，才需要一个氏族或大家族到外部和其他族群去进行交易。毕竟，一个氏族或家族的内部空间是狭小的，需求是有限的，这种以氏族或大家族为外壳的所有权形式并不利于市场在全社会的发育和成长。随着社会分工的不断细化，需求多样化的出现及私有观念的形成，以血缘关系维系的家族所有制越来越成为社会生产力发展的桎梏。冲破家族所有制的束缚，重构面向全社会的市场空间，以个人或小家庭取代家族成为新的市场主体，就成为社会生产力进一步发展的要求。只有随着家族共同所有权的逐渐淡化，家族内部分田到户，从事各行各业、利益独立的小家庭出现，市场主体的外壳才会越来越小，产权也越来越明晰，这也意味着市场主体多元化的形成。我们在前面说过，11—12世纪，欧洲许多有一技之长的工匠、商人离开村庄或庄园前往集市和城镇从业，开拓比村庄、庄园大得多的社会市场，就是个体家庭从原家族所有权外壳下剥离出来，形成多元化市场主体的发展过程。这一过程促进了欧洲城市和整个社会工商业的繁荣。在古代中国，个体农户和工商业者从血缘大家族中独立出来的趋势，春秋战国时期就已经形成，比欧洲早得多。但自秦汉以来，中国一直实行由国家授田为核心的土地国有化制度，并实行重农抑商的政策，使工商业的发展受到了极大的制约。直到宋代，中国才放弃了土地国有化，使得私有土地占比达到了95.7%，同时宋代放松了对工商业的管制，放松了对老百姓的人身控制，其结果是市场主体呈爆发式增长，市场潜能被大大激活，工商业一举成为占经济主导地位的行业，在国家财政收入中占比达到 70%。这说明在当时的情况下，生产资料和产品所有权外壳——所有权组织结构——的大小，与市场主体的多少是成反比的：所有权外壳越大，市场主体就越少；反之所有权外壳越小，市场主体就越多。氏族和大家族所有权形式下的市场主体肯定远远少于个人作为市场主体的数量。市场的成熟度及商品的流动性也是与产品所有权外壳的大小成反比关系的，所有权外壳越大，市场发育度就越低，商品流动性就越小；所有权外壳越小，市场发育才能越成熟，商品流动性才能越高。

纵观历史可以发现，所有权组织结构即我们说的所有权外壳是不断演化的：氏族所有制，是通过全体氏族成员共同占有领地及共享领地上的收益实现的；在向文明社会过渡的进程中，氏族所有制演化成血缘大家族所有制，此时还是大家族成员共同占有领地，但生产经营方式却发生了重大变化——土地分配到了个体小家庭，收益权则由个体家庭和大家族共享(与代表大家族的上层共享)，这表明原始公有制在实行千万年后终于松动，出现了向私有制演化的可能性；之后还有国家所有制，如完成大一统后的中国，从秦汉到隋唐，都实行以国家授田制为核心的国家对土地的控制及分配，在盐、铁等行业实行国家专营，大力举办官府手工业等，这是国家通过不受约束的权力对经济进行干预的结果，但它不是世界范围内的普遍趋势，而只是中央集权制特殊条件下的产物；其后登场的私有制则是经过漫长的历史演变，16 世纪以后在西欧各国才逐步确立的，其标志是个人财产神圣不可侵犯的观念深入人心，保护私人产权的法律制度和社会治理体系完备。私有制的确立是当时人类历史上最重要的制度创新和组织创新，财产权的明晰及其与个人利益直接挂钩，完全激活了个人的潜能，为整个社会注入了无穷无尽的动力。从此，最先确立私有制的国家进入了加速奔跑的节奏，率先迈进了近代文明。

市场和政府的发育成长孰先孰后，对商品经济发展也有很大的关系。市场从来都不是政府建立的，而是在社会分工和物品交换中自然发育出来的。政府和市场在中、欧两地因各方面条件不同，呈现出不同的

465

发展态势：古代中国因前面所述的自然和社会条件，政府先于市场发育成熟，形成了大一统的中央集权式的专制国家，这个国家在它统治的地区内，拥有所有的社会资源和自然资源，并通过重农抑商政策的实施限制市场的发育和成长。欧洲国家在封建制度下，社会各政治力量相互制衡，使大一统的中央集权政府一直无法建立起来。社会各政治力量的相互制衡却给市场发育留下了巨大的制度空间和组织空间，各个领地上的领主在比较利益的驱使下，对市场经济所采取的宽容态度和优惠政策，更是为市场快速、健康发展提供了良好的条件。可见，历史上市场和政府同样存在着此消彼长的关系：当政府先于市场强大起来，就有可能把强化中央集权作为最大的目标，采取以农为本、重本抑末的经济政策，利用自身强大的行政力量配置社会资源，对市场进行行政干预，从而抑制工商业和市场的发展；而市场如先于政府发展起来，代表市场主体的力量如市民阶层，就会把市场所要求的原则通过某种方式如议会民主制的方式灌输到政府政策中去，从而使政府的政策取向朝着有利于市场经济发展的方向倾斜，约束政府对市场的干预，推动市场的成长、成熟。这就是西欧各国先后发生由农本向重商政策转变的关键所在。

　　还有关于封建制度下由层层分封而形成的领地经济与市场发育的关系问题。前面我们反复说过，封建制度下的领地是拥有相当程度治权的独立王国，而领地与领地之间是存在竞争的，有的家族因在领地上经营不善，若干年之后整个家族衰落了，领地也萎缩甚至被别的家族兼并了；有的家族则因善于经营而使家族和领地经济兴旺起来。这种优胜劣汰的形势，促使每个领地的领主必须不断总结经验教训，与时俱进接受新事物，寻找发展机遇，力图在竞争中保持不败之地。不同领地之间的竞争，是靠不断优化和提供好的政策性公共产品来实现的，也就是我们今天所说的改善和优化投资兴业的环境。在与其他领地的比较优势中，提供更多更好具有竞争性的政策、制度等公共产品，不断优化投资兴业的环境，才能满足人们的需要，提高人们的生产积极性，给人们提供较好的发展选择机会，把社会资源吸引到本领地来，繁荣本地的经济。而市场主体也正是在不断的、多样化的选择中，找到最适合自身发展的路径。这样也就给新事物的培育、新经济的发展提供了巨大的生存空间。

如前所述，11、12世纪欧洲的大部分市场和城镇都是领主在自己的领地上建立起来的，这些领主建立市场和城镇的目的，并不是他们高瞻远瞩看到了商品经济的发展前景，而只是因为建立市场或城镇所获取的利益远大于经营庄园和农业。正是这些封建主自己，在比较利益的驱使下，把封建制度撕开了一个个缺口，让市场经济有了发展空间。我们看到不少领主通过低廉且长期固定不变的租金、给城镇颁发特许状、保证工商业从业人员人身自由等措施，吸引周边地区甚至周边国家的工商业者到本地投资兴业，壮大本地经济实力。也有一些领主自己最后也变成了商品经济下的工商业骑士。国与国之间也是如此，如在与其他国家的竞争中，英国采取了宗教、土地、资金、知识产权保护等一系列更加宽容和优惠的政策措施，将周边国家大量的工商业者吸引到本国投资兴业，极大地提升了英国的制造业水平，使英国由一个原料输出国迅速成长为工业产品输出国，也为后来的工业革命奠定了基础。领地之间的竞争，还会抑制政策、制度性公共产品只有利于少数人（贵族和领主）的不良偏好，提高政策性公共产品的公平性、公益性，从而创造出更合理的有利于经济、社会发展的制度环境。因为一个封建领地或一个封建国家，如果不能营造出有利于经济发展的良好环境时，社会资源会流动到其他领地或国家中去。生产要素自由流动和选择是商品经济的天然属性，作为市场主体的工商业从业人员，包括一些后来成为租地农场主的种粮能手的自由选择及流动也是商品经济的必然要求。当工商业者及种粮能手因某个领地的从业环境不好流向其他领地时，必然会对流出地造成一定的经济损失，从而对那些不作为或乱作为的领主起到警示作用。在利益的驱使下，社会中多数领主都开始认识到发展工商业的价值，追逐工商业带来的利益时，由农本到重商的思想转变、政策转变、体制转变就到来了。

于是我们看到本章所描述的现象：西欧各国在15、16世纪后，开始实行重商主义政策，以国家政治、军事、外交力量，积极扶持本国工商业的发展，通过贸易保护主义措施，大力向海外扩张，占领国际市场，推销本国产品，从而达到求强求富的国家战略目标。相比之下，古代中国的地主只是土地上的经营者和受益者，完全没有除经济之外的行政权力，譬如设立城镇、给予工商业者特许状之类的权力都掌握在国家手中。

另外，西欧各国封建制度中保留下来的原始公社的民主、自治传统，使村社自治、城市自治和上层贵族民主政治，成为一直以来社会不同层面政治生活的实践和习惯，它的不断完善和发展，最终催生出现代国家民主制度，使欧洲在人类社会发展史上率先走向了工业社会和近代社会。

结　语

　　本书试图阐明两大问题：一是封建社会的缘起。与过往的学者认为封建制度起源于亲兵制和罗马因素的影响不同，本书首次提出：封建制度缘起于原始氏族社会人口增殖、裂变带来的分宗别氏，及氏族分化过程中母氏族对分离出去的子氏族胙土命氏的制度化安排。每一次母氏族对子氏族的胙土命氏过程，都是一次封（土）、建（氏）过程，这样，原始氏族血缘世系传递的范式形成了封建制最初始的制度化基因。日后，这个封建制的基因在与时俱进的发育、演化中，形成了进入阶级社会后由封君、封臣、封土构成的一整套权利义务关系和社会治理模式。这一观点的提出，揭示了原始社会和封建社会之间的内在血缘联系和两者一脉相承的进化关系，从而说明原始社会必然发展为封建社会的内生原因及客观规律。二是揭示中、欧封建社会不同走向的初始和根本原因。试图说明不同的自然环境是如何决定不同的生产方式、经济结构；不同的生产方式和经济结构又是如何决定人们生产组织及社会组织关系；而不同的社会组织关系进而又如何决定不同的国家政治架构、治理模式的。中、欧不同的自然禀赋、经济结构，及秦统一后中、欧不同的社会政治生态、国家治理模式，决定了中、欧古代社会的不同发展走向。解开这两个问题的共同钥匙就是血缘关系在人类社会发展过程中的作用。

　　人类在从猿到人的漫长进化过程中，就一直生活在以血缘关系组织起来的族群之中，时长达几百万年。正是由于血缘族群的组织作用，才使人类这个从大自然中进化而来的新物种，抱团取暖，利用群体的力量，在洪荒的、危机重重的世界中能够生存下来。而血缘族群的解体却是非常晚近的事：在中国，具有公权力的血缘大家族解体的最早，距今也只有两千多年；在欧洲具有公权力的血缘大家族解体不过三四百年；

在美洲、非洲或印度等地的原住民中，这种血缘族群的解体则来得更晚。生活在国家组织非常成熟的今天，当下的学者们由于所生时代而形成的固有观念，加之客观上古代资料的缺乏，对已经远去的血缘族群组织的历史作用及它解体的过程，往往关注不够，言之不详。我恰恰觉得这是解开人类历史由原始社会向阶级社会进化过程中诸多问题的密钥，与原始社会接续的封建社会，由它而起，也由它而亡。本书以血缘关系为主线，呈现了人类社会组织和社会治理模式由氏族——部落——部落联盟——初级阶段国家（封建社会大家族联盟）——统一国家（基于个体民众之上）的演变、进化过程。

比较中、欧两地封建社会的发展进程，会发现一个耐人寻味的历史现象：如果我们以中国西周大分封作为进入成熟的封建社会标志，西欧公元 10 世纪进入成熟的封建社会，则中国封建社会形成的时间比西欧早了两千多年；如果以公元前 221 年秦统一中国标志封建社会在中国的消亡，欧洲 17、18 世纪资产阶级革命才标志其封建制度在一些国家先后消亡的话，中国封建社会消亡的时间也比欧洲早了约两千年。为什么会出现这么大差距？本书从一个独特的角度，提出了农业文明中，生产力水平的高低，是由人、生产工具、劳动对象（土地）三要素相互作用、共同发力的结果，其中任何一个要素的短缺，都会形成木桶的短板效应，从而对生产力水平的发挥产生决定性影响。中、欧古代虽然在农业生产力前两个要素，即人和生产工具上是同质的，但土地等自然资源禀赋却存在巨大差异：中国先民赖以生存的黄土地是千百万年由西北季风从大漠带来的风尘堆积而成，所以具有疏松柔软、极易开垦耕种的特点，使中国古代很早就发展出先进的以种植业为主的农耕文明，较早进入了成熟的封建社会；而欧洲的土地多为黏重板结的灰土，这在生产力低下，只有木、蚌、石及简单金属劳动工具的古代，开垦耕种的难度极大。所以，欧洲直到 11 世纪多牛共挽的重犁出现后，土地才得以大规模地开发。这大大迟滞了古代欧洲种植业的发展，进而拖累了欧洲整个经济社会的发展，使欧洲进入成熟封建社会的时间比中国晚了两千多年。同样，中国古代土地等自然禀赋的特点，使得中国的个体农户在掌握了金属生产工具和新的农业生产技术后，具备了耕织结合、自给自足的能力，逐渐从一直以来就生活其中的血缘大家族中独立出来，成为社会的基本细胞。这一现象极为重要，它使运行了千万年的具有公共管理权力的血缘大家族失去管理对象而趋于瓦解，而社会公权力从大家族中流出的结果，在没有新质生产力和新型生产关系出现的情况下，只能导致中央集权国家体制的形成。于是我们看到，古代中国历经春秋战国几百年的经济组织、社会组织、政治格局大变迁大重组后，在仍是农耕文明的经济基础上，以个体农民小家庭为社会基础，以郡县制为行政组织基础，形成了大一统的中央集权帝国，完成了中国历史大变局。欧洲则因其自然禀赋的特点，种植业相对落后，形成了半农半牧的经济结构。土地的黏重需要多牛共挽重犁组成的耕畜组才能翻挖耕种；半农半牧的生产方式，需要不断地在农业和牧业两种生产模式中切换，这些都需要依赖血缘大家族的集体力量，统一指挥、相互配合才能完成，所以古代欧洲个体农户无法像中国农户那样从大家族中独立出来。欧洲血缘大家族的存在，使得封建制度在欧洲一直存在到以工商业为代表的新质生产力的兴起才将其瓦解。封建制度因血缘关系而生，也会因血缘关系而亡。中国古代的个体农户较早地从具有社会公共管理权力的血缘大家族中独立出来，是中国封建制度消亡、中央集权制国家生成的根本原因；欧洲具有公权力的血缘大家族的存在，则是其封建制度延续的根本原因。在人类社会组织的发展演化进程中，家（族）与国呈此消彼长的关系：家族规模越大，社会公共管理权力越齐全，自治程度就越高，国家就会越弱小，此时的国家只不过是松散的大家族联盟；反之，只有个体农户从具有公权力的血缘大家族中独立出来，成为社会的基本细胞，家族中的公权力消亡了流入国家手中，国家组织才能发育成熟。本书论述了社会公共管理权力最早先于国家存在于血缘氏族、大家族中，后来随着历史的发展，才从血缘大家族中剥离出来流向国家的过程，这也就是近代国家从部落联盟、大家族联盟发展而来，一步步趋于形成的过程。中央集权制与封建制是两种截然不同的社会组织结构和国家治理模式，书中我们详细比较了古代中欧两种不同国家治理模式在经济组织、社会组织、政治架构、政策取向等方面的不同，从而最终决定了中、欧两地经济、社会、政治发展的不同走向。

　　我们的历史教科书中，习惯地把秦以后的古代中国仍然称为封建社会，并称中国的封建社会创造了灿烂的领先世界的古代文明；而欧洲自希腊罗马文明被蛮族消灭后便进入了"黑暗的中世纪"。这种观点无法解释，何以15、16世纪后，辉煌灿烂的中华文明停滞不前，而以西欧为代表的欧洲文明却性情大变，一跃冲到了世界的前面，率先由农业社会进入工业社会，由封建制度进入资本主义制度。辩证唯物主义告诉我们，任何事物的发展都是由其内在因素决定的，都有一个由量变到质变的过程。中、欧封建道路的不同走向和不同结局，在中国古代周、秦大变局之后就已经决定了。本书除了第一章外，其他几个章节都是用来说明中、欧封建社会不同走向的初始原因——自然环境对两地生产生活方式、经济结构乃至社会组织、政治架构的塑造，比较秦以后中国的经济、社会、政治体制等整个国家治理模式与欧洲封建社会的不同，试图厘清中欧封建社会不同走向的进程。

　　笔者认为，秦统一前的中国经历了与欧洲相似的封建社会，但以秦帝国的建立为标志，封建社会终结，中央集权专制帝国形成。在这种国家治理模式下，全国的财力、物力、人力、军力等所有公权力都集中在国家手中、皇帝手中，所以能以天下财力、物力、人力"奉一人"，建造出华丽的宫殿，组成威武的仪仗、强大的军队和组织动员能力极强的政府。劳动人民创造的物质财富，通过各种税赋大部分流向了国家，由此才造就了为后人津津乐道的巍巍大汉、煌煌盛唐。与国家强大极不协调的是脱离了大家族保护的广大"弱民"，尽管他们以勤劳、智慧，创造了领先世界的农耕文明，却因肩负沉重的赋税和徭役，无法有效地进行财富积累，扩大生产规模，从而也就无法推动经济上一个新的台阶。大一统国家强有力的行政干预，也没有给新的经济因素留下发展空间。于是我们只能看到一个个王朝"其兴也勃焉，其亡也忽焉"，走马灯式地在中国历史舞台上更替在原体制内轮回，并没有给社会带来新的发展前景。

　　历史的发展自有其内在的规律。中世纪的欧洲，从原始人类社会组织进化而来的封建社会，仍然保留了血缘大家族的存在：在农村有血缘关系维系的村社共同体；在城市有以农村公社为样本、由市民自我管理的城市公社自治体；在国家层面则实行国王、贵族、教会各政治力量共同执政的贵族民主制度。由于各层面共同体的存在和社会各政治力量的相互均衡、制约，以及源于原始血缘关系的平等、民主制度的延续，从观念和制度上大大抑制了统治阶级的贪欲和危害人民利益的行为，也为近代民主政治的诞生打下了良好的组织基础和制度基础。农村中较低的税赋，城市中较为自由的空气，都为农民和工商业者的财富积累、生产规模的扩大创造了较好的条件；而各领地的统治阶层为自身利益采取的有利于商品经济发展的优惠政策，更是为新经济因素的成长提供了良好的环境，从而促使农业、工业、商业悄无声息地在所谓"黑暗中世纪"中得到了长足的发展，终于在17世纪以后厚积薄发，完成了经济和社会的巨变——欧洲一些国家先后由农业文明进入工业文明，由封建社会进入资本主义社会。

参 考 书 目

《尚书》，中华书局 2012 年版。

《诗经》，中华书局 2015 年版。

《左传》，上海古籍出版社 2016 年版。

《春秋公羊传》，中华书局 2016 年版。

《春秋穀梁传》，中华书局 2016 年版。

左丘明著，韦昭注：《国语》，上海古籍出版 2015 年版。

郑玄注，贾公彦疏：《周礼注疏》，上海古籍出版社 2010 年版。

《周礼》，中华书局 2014 年版。

《礼记》，西苑出版社 2016 年版。

《仪礼》，中华书局，2012 年版。

《战国策》，上海古籍出版社 2015 年版。

《论语》，中华书局 2016 年版。

《孟子》，中华书局 2015 年版。

《管子》，中华书局 2016 年版。

《庄子》，中国文联出版社 2016 年版。

《荀子》，中华书局 2016 年版。

《墨子》，中华书局 2016 年版。

《商君书》，中华书局 2016 年版。

《韩非子》，中华书局 2015 年版。

《尔雅》，中华书局 2014 年版。

《小尔雅集释》，中华书局 2008 年版。

《释名》，中华书局 2016 年版。

《淮南子》，北方文艺出版社 2016 年版。

《吕氏春秋》，中华书局 2011 年版。

《帝王世纪·世本·逸周书·古本竹书纪年》，齐鲁书社 2010 年版。

《晏子春秋》，华龄出版社 2002 年版。

《史记》，中华书局 2000 年版。

《汉书》，中华书局 2000 年版。

《后汉书》，中华书局 2000 年版。

《晋书》，中华书局 2000 年版。

《北齐书》，中华书局 2000 年版。

《隋书》，中华书局 2000 年版。

《旧唐书》，中华书局 2000 年版。

《新唐书》，中华书局 2000 年版。

《宋史》，中华书局 2000 年版。

《元史》，中华书局 2000 年版。

《明史》，中华书局 2000 年版。

《资治通鉴》，中华书局 2009 年版。

《贞观政要》，时代文艺出版社 2001 年版。

《蒙古秘史》，青海人民出版社 2014 年版。

《五代会要》，上海古籍出版社 2006 年版。

《邵氏闻见后录》，中华书局 1983 年版。

《唐摭言》，上海古籍出版社 2012 年版。

《南村辍耕录》，上海古籍出版社 2012 年版。

《国初事迹》，中华书局 1991 年版。

《翦胜野闻》，中华书局 1991 年版。

《明夷待访录》，岳麓书社 2016 年版。

《读通鉴论》，中华书局 2013 年版。

《春秋繁露》，中华书局 2012 年版。

《盐铁论》，中华书局 2015 年版。

元江编著：《白话书经》，陕西人民出版社 2007 年版。

郭沫若主编，胡厚宣总编辑：《甲骨文合集》，中华书局 1979—1982 年版。

中国社会科学院考古所编:《殷周金文集成》,中华书局 1984—1994 年版。

银雀山汉墓竹简整理小组编:《孙子兵法》,文物出版社 1976 年版。

睡虎地秦墓竹简整理小组编:《睡虎地秦墓竹简》,文物出版社 1990 年版。

张家山二四七号汉墓竹简整理小组编:《张家山汉墓竹简》,文物出版社 2006 年版。

吴于廑:《士与古代封建制度之解体·封建中国的王权和法律》,武汉大学出版社 2012 年版。

吴于廑:《吴于廑文选》,武汉大学出版社 2007 年版。

吴于廑主编:《十五十六世纪东西方历史初学集》,武汉大学出版社 1985 年版。

吴于廑主编:《十五十六世纪东西方历史初学集》续编,武汉大学出版社 1990 年版。

马克垚主编:《中西封建社会比较研究》,学林出版社 1997 年版。

马克垚:《西欧封建经济形态研究》,人民出版社 2001 年版。

马克垚:《英国封建社会研究》,北京大学出版社 2005 年版。

竺可桢:《竺可桢文集》,科学出版社 1979 年版。

李玄伯:《中国古代社会新研》,开明书店民国三十八年版。

林甘泉主编:《中国经济通史·秦汉经济卷》,经济日报出版社 1999 年版。

漆侠:《宋代经济史》,上海人民出版社 1987 年版。

顾准:《希腊城邦制度——读希腊史笔记》,中国社会科学出版社 1982 年版。

侯建新:《现代化第一基石——农民个人力量与中世纪晚期社会变迁》,天津社会科学院出版社 1991 年版。

胡厚宣:《甲骨学商史论丛初集》,河北教育出版社 2002 年版。

朱凤瀚:《商周家族形态研究(增订版)》,天津古籍出版社 2004 年版。

刘泽华、葛荃主编:《中国古代政治思想史(修订本)》,南开大学出版社 2001 年版。

宋镇豪：《夏商社会生活史》，中国社会科学出版社 1994 年版。

陈絜：《商周姓氏制度研究》，商务印书馆 2007 年版。

周良宵：《皇帝与皇权》，上海古籍出版社 2014 年版。

李辑：《中国远古暨三代思想史》，人民出版社 1994 年版。

岑仲勉：《隋唐史》，商务印书馆 2015 年版。

吴慧：《中国历代粮食亩产研究》，中国农业出版社 2016 年版。

王星光：《中国农史与环境史研究》，大象出版社 2012 年版。

沈炼之主编：《法国通史简编》，人民出版社 1990 年版。

周伯棣：《中国财政史》，上海人民出版社 1981 年版。

财政部编著：《中国农民负担史》，中国财政经济出版社 1991 年版。

郑学檬：《中国赋役制度史》，上海人民出版社 2000 年版。

马端临：《文献通考》，中华书局 1986 年版。

黄天华：《中国财政史纲》，上海财经大学出版社 1999 年版。

冯天瑜：《封建考论》，中国社会科学出版社 2010 年版。

唐汉：《发现汉字》，红旗出版社 2015 年版。

阎照祥：《英国贵族史》，人民出版社 2000 年版。

王国维：《观堂集林》，中华书局 1959 年版。

李根蟠：《中国农业史》，文津出版社 1997 年版。

王玉亮：《英国中世纪晚期乡村共同体研究》，人民出版社 2011
年版。

王业霖：《中国文字狱》，花城出版社 2007 年版。

郭成康，林铁钧：《清朝文字狱》，群众出版社 1990 年版。

谢维杨：《周代家庭形态》，中国社会科学出版社 1990 年版。

范文澜：《范文澜历史论文选集》，中国社会科学出版社 1979 年版。

丁建弘：《德国通史》，上海社会科学院出版社 2002 年版。

［古希腊］修昔底德：《伯罗奔尼撒战争史》，徐松岩译，广西师范大
学出版社 2004 年版。

［古罗马］凯撒：《高卢战记》，任炳湘译，商务印书馆 1979 年版。

［古罗马］塔西佗：《阿古利可拉传·日耳曼尼亚志》，马雍、傅正元

译，商务印书馆 1959 年版。

《萨利克法典》，法律出版社 2000 年版。

[法兰克]艾因哈德：《查理大帝传》，戚国淦译，商务印书馆 1979 年版。

[法兰克]格雷戈里：《法兰克人史》，寿纪瑜、戚国淦译，商务印书馆 1981 年版。

[瑞典]多桑：《多桑蒙古史》，冯承钧译，东方出版社 2013 年版。

[美]摩尔根：《古代社会》，杨东莼等译，商务印书馆 1971 年版。

[法]古朗士：《希腊罗马古代社会研究》，李玄伯译，上海文艺出版社 1990 年版。

[法]杜丹：《古代世界经济生活》，志扬译，商务印书馆 1963 年版。

[苏]科瓦略夫：《古代罗马史》，王以铸译，上海书店出版社 1957 年版。

[波斯]拉施特主编：《史集》，余大钧、周建奇译，商务印书馆 2017 年版。

[美]乔治·W. 霍夫曼主编：《欧洲地理》，南开大学经济研究所等合译，天津人民出版社 1982 年版。

吉林师范大学等高校编：《世界自然地理》，高等教育出版社 1980 年版。

[法]马克·布洛赫：《封建社会》，张绪山等译，商务印书馆 2004 年版。

[英]亨利·梅因：《古代法》，沈景一译，商务印书馆 1996 年版。

[比]亨利·皮朗：《中世纪欧洲经济社会史》，乐文译，上海人民出版社 2001 年版。

[英]梅特兰：《英格兰宪政史》，李红海译，中国政法大学出版社 2010 年版。

[法]瑟诺博斯：《法国史》，沈炼之译，商务印书馆 1972 年版。

[美]哈罗德·J. 伯尔曼：《法律与革命》，贺卫方译，中国大百科全书出版社 1993 年版。

[英]S. 李德·布勒德：《英国宪政史谭》，陈世第译，中国政法大

学出版社 2003 年版。

[法]勒内·格鲁塞：《草原帝国》，赵晓鹏译，中国致公出版社 2019 年版。

[美]巴菲尔德：《危险的边疆：游牧帝国与中国》，袁剑译，江苏人民出版社 2011 年版。

[法]P. 布瓦松纳：《中世纪欧洲生活和劳动》，潘源来译，商务印书馆 1985 年版。

[英]查尔斯·辛格主编：《技术史》，潜伟译，上海科技教育出版社 2004 年版。

[英]M. M. 波士坦等主编：《剑桥欧洲经济史》，王春法等译，经济科学出版社 2002 年版。

[英]J. 克拉潘：《简明不列颠经济史》，姚曾廙译，上海译文出版社 1980 年版。

[英]亨利·斯坦利·贝内特：《英国庄园生活：1150—1400 年农民生活状态研究》，龙秀清等译，上海人民出版社 2005 年版。

[美]朱迪斯·M. 本内特、C. 沃伦·霍利斯特：《欧洲中世纪史》，杨宁、李韵译，上海社会科学院出版社 2007 年版。

[比]亨利·皮雷纳：《中世纪的城市》，陈国樑译，商务印书馆 2006 年版。

[苏]科斯敏思基、斯卡斯金主编：《中世纪史》，朱庆永等译，三联书店 1957 年版。

[英]佩里·安德森：《从古代到封建主义的过渡》，郭方、刘键译，上海人民出版社 2016 年版。

[德]斐迪南·滕尼斯：《共同体与社会》，张巍卓译，商务印书馆 2019 年版。